KĀLI GAN
MORI
SAKYA
Kapilavatthu I
Sāvatthi
Lumbinī
Kapilavatthu II
KOLIYA
ACIRAVATĪ
Sāketa
(Ayojjhā)
Kusināra
Lucknow
Gorakhpur
KOSALA
GHĀGARA
VAMSĀ
GOMATI
KĀLĀMA
GANGES
KĀSI
GANGES
YAMUNĀ
Prayāga
(Allāhabād)
Sārnāth
Kosambī
Benares
M
AVANTI
부처님 당시의 도시들
부처님 이후의 도시들
네팔 국경선
부처님 당시의 강줄기
무역로

Kathmandu
ARUN
SUN KOSI
VIDEHA
Mithilā
NEPAL
VAJJI
INDIA
Darbhanga
Muzaffarpur
LICCHAVI
Vesāli
BĀGHMATI
SAPTI KOSI
SONA
Monghyr
Bhāgalpur
Campā
Nālandā
Rājagaha
AṄGA
DHA
Gayā
Uruvelā
NERAÑ-
JARĀ
PHALGU

생활 속의 명상수행

개정판

ॐ सत्यमेव जयते ॐ

譯註·退玄 全在星

철학박사. 서울대학교를 졸업했고, 한국대학생불교연합회 13년차 회장을 역임했다. 동국대학교 인도철학과 석·박사과정을 수료했고, 독일 본대학에서 인도학 및 티베트학을 연구했으며, 독일 본대학과 쾰른 동아시아 박물관 강사, 동국대 강사, 중앙승가대학 교수, 경전연구소 상임연구원, 한국불교대학(스리랑카 빠알리불교대학 분교)교수, 충남대 강사, 가산불교문화원 객원교수를 역임했고, 현재 한국빠알리성전협회 회장을 역임하고 있다.

저서에는 〈거지성자〉(선재, 안그라픽스), 〈빠알리어사전〉 〈티베트어사전〉 〈범어문법학〉 〈초기불교의 연기사상〉 〈천수다라니와 붓다의 가르침〉이 있고, 역주서로는 〈금강경－번개처럼 자르는 지혜의 완성〉 〈붓다의 가르침과 팔정도〉 〈쌍윳따니까야 전집〉 〈오늘 부처님께 묻는다면〉 〈맛지마니까야〉 〈명상수행의 바다〉 〈디가니까야 전집〉 〈신들과 인간의 스승〉 〈앙굿따라니까야 전집〉 〈생활 속의 명상수행〉 〈법구경－담마파다〉 〈숫타니파타〉 〈우다나－감흥어린 싯구〉 〈이띠붓따까－여시어경〉 〈예경지송－쿳다까빠타〉 〈테라가타－장로게경〉 〈테리가타－장로게경〉 〈마하 박가－율장대품〉 〈쭐라박가－율장 소품〉 〈빅쿠비방가－ 율장비구계〉 〈빅쿠니비방가－율장비구니계〉(이상, 한국빠알리 성전협회) 그리고 역서로 〈인도사회와 신불교〉(일역, 한길사)가 있다.
주요논문으로 〈初期佛敎의 緣起性 硏究〉 〈中論歸敬偈無畏疏硏究〉 〈學問梵語의 硏究〉 〈梵巴藏音聲論〉 등 다수가 있다.

빠알리대장경 앙굿따라니까야 앤솔로지

생활 속의 명상수행

Aṅguttara-Nikāya

한 권으로 읽는 앙굿따라니까야

퇴현 전 재 성 역주

한국빠알리성전협회
Korea Pāli Text Society

-앙굿따라니까야 앤솔로지-
생활 속의 명상수행

값35,000원

발행일 2008년 1월 25일 초판발행
2013년 5월 20일 재판발행
2017년 5월 27일 개정판발행

발행인 도 법

역주자 전재성

편집위원 보국 김광하 최훈동 수지행

발행처 한국빠알리성전협회
1999년 5월 31일 등록갱신(등록번호:제13-938)
서울 서대문구 홍제동 456 #성원102-102
전화 02-2631-1381 팩스 02-735-8834
전자우편 kptsoc@kptsoc.org
홈페이지 www.kptsoc.org

Korea Pali Text Society
107-2 3Ga Dangsan-dong Youngdeungpo-ku
Seoul 150-043 Korea
TEL 82-2-2631-1381 FAX 82-2-735-8834

전자우편 kptsoc@kptsoc.org
홈페이지 www.kptsoc.org

ISBN 89-89966-38-8 04220
ISBN 89-89966-40-X (세트)

생활 속의 명상수행

ॐ सत्यमेव जयते ॐ

발 간 사

성전협회의 덕분으로 근본경전을 최근에 접하게 되었습니다. 근본경전에 안에 들어있는 내용이 극히 정밀, 세밀, 적절하여 번역하신 분의 혼신의 노력과 정성이 느껴졌습니다.

진작 모든 불교 교단의 신자들이 해야 할 일을 전 박사님께서 홀로 맡으시어 긴 세월 사재까지 넣어가면서 이 장대한 역경사업을 하고 계신데, 이 고귀한 책을 편하게 보는 저희들은 너무 고맙고 부끄럽고 송구스럽습니다.

대승경전은 한역경전을 통해 중역되다 보아서 그런지 난해하고 명료한 근본경전과 다르다 보니, 상당히 신비적이고 추상적이고 문학적으로 느껴집니다.

그러나 전 박사님의 근본경전을 읽으면 어느 경전이건 부처님 말씀이 이렇게 명료하고 구체적이고 사실적이고 현실적이고 정밀한데, 왜 이런 책이 일천육백 여년의 한국불교의 지성사에서 최근까지 번역이 되지 않았는지 안타깝고 의아해집니다.

불교가 중국을 거쳐 들어오면서 도가풍의 격의불교로 변질되고 대승이라는 이름으로 한국불교계에 많은 왜곡이 주어지지 않았는지 생각해봅니다. 역사적 부처님 이외의 다양한 부처님의 등장, 역사적 부처님의 직설이 아닌 대승경전이 주경전으로 전도된 것, 기복위주의 신행과 포교, 대중과의 영합 등이 그러한 것입니다. 복잡하고 어려울수록 근본으로 돌아가야 합니다. 불교는 초기교단의 가르침과 정신으로 돌아가야 합니다. 역사적인 석가모니 부처님께 귀의하고 믿고 따르며 부처님께서 직접 말씀하신 가르침을 근본으로 수행하고 공부

해야 합니다.

불교교단은 수행자의 참모임이지 사업기관이나 권력기관이 아닙니다. 수행자는 단지 말이 아니라 집착을 여의고 삼독을 여읜 청정한 모습을 보여주어야 합니다. 부처님과 초기교단의 제자들은 목숨을 걸고 수행하였습니다. 당시의 부처님 말씀을 배우고 청정한 정신을 회복해야 할 것입니다.

오늘날 하늘·땅·바다뿐만 아니라, 인심까지도 도처에서 금전과 권력에 오염되었으니, 세상살이가 이기적이고 무섭고 각박하게 느껴집니다. 이럴 때 일수록 더욱 부처님께 의지하고 가르침에 의지하고 참모임에 의지해야 합니다.

우리의 삶은 짧지만 부처님과 가르침은 영원합니다. 이러한 혼탁한 시대에 성전협회의 전 박사님께서 근본경전을 번역하고 발간하는 것은 어둠속에서 광명을 드러내는 것이고, 흙탕물 속에서 연꽃을 들어올리는 것입니다.

우리에게 이천 오백년을 장구한 세월과 이역만리의 공간을 뛰어넘어, 부처님께서 직설하신 가르침의 육성을 직역하여 주신 전 박사님께 존경과 사랑과 성원을 보내며, 도와주고 후원하시는 모든 분들에게 깊은 감사를 드리며, 근본경전 바른정법을 보다 많은 사람이 읽고 공부하길 간절히 기원합니다.

2017년 5월 27일 초여름

이 진 홍 합장

추 천 사

이제 10년의 세월이 흘렀습니다만, 돌이켜보면 당시에 저는 인생에서 언뜻 보기에는 부러울 것 없는 성취를 이루었음에도 불구하고 바로 그 때문에 심한 마음고생, 마음앓이를 겪어야 했었습니다. 삶의 의미가 무엇이고 세상은 왜 이리 살기 힘든 것인지 삶의 무게가 새삼 저를 짓눌렀습니다.

나의 내면에는 끝없는 의문이 솟아 나왔습니다. '나'란 무엇인가? 올바른 삶은 무엇인가? 삶의 목적은 무엇인가? 어떻게 보면 사춘기적이기도 한 근본적인 의문들에 부딪치면서 죽음을 가까이 둔 무력감 속에 여기저기 명상수행의 길을 찾아 방황하였었습니다.

이 때 도움을 주신 분들이 한별병원 최훈동 원장님과 지산 스님이었습니다. 두 분의 도움으로 기적적으로 만난 부처님의 가르침이 실존적 위기에 처한 저를 구해냈고 제 인생의 방향을 바꾸어놓았습니다. 당시에 배운 부처님의 말씀과 명상수행은 메말랐던 땅이 물을 빨아드리듯, 제 마음에 속속들이 각인되어, 세파에 갈라진 마음의 황무지에 단 비가 되었습니다.

그래서 홀로 여러 불교서적을 읽고 탐구하던 도중에 역사적인 부처님의 원음 가르침을 담고 있는 아함경의 중요성을 알게 되었습니다. 그리고 그보다 더 원형적인 빠알리대장경인 니까야가 있다는 사실도 알게 되었습니다. 그런데 그 니까야가 아직 우리나라에 번역되지 않은 것을 알고 부끄럽고 안타깝게 여기던 가운데 퇴현 전재성 선생님을 우연한 기회에 뵈었는데 선생님이 빠알리대장경을 번역중이라는 사실을 알게 되었습니다.

그래서 그 후에 아주 감격에 겨워 직역된 경전을 구해서 읽었던 것을 기억합니다. 어느 사이에 퇴현 선생님이 방대한 경전 군으로 구성된 ≪쌍윳따니까야≫, ≪맛지마니까야≫, ≪앙굿따라니까야≫를 모두 완역하여 세상에 내놓았으니 불자로서 얼마나 고맙고 다행스러운 일인지 모르겠습니다. 이 자리를 빌어 새삼 존경과 감사를 드립니다.

그 가운데 이 ≪앙굿따라니까야≫는 일상의 삶 속에서 부딪치는 문제들을 구체적으로 다루고 있는 것 같습니다. 왜냐하면, 삶의 유혹과 재난, 부끄러움을 아는 것과 창피함을 아는 것을 다른 니까야보다 더 역설하기 때문입니다. 또한 일반사람들이 불교는 무신론이라고 단정 짓는 오해를 불식시킬 만한 메시지들도 담겨있는 것 같습니다. 왜냐하면, 불법승 삼보 뿐 아니라 계행과 보시에 대해 늘 마음에 새겨 실천하여야 하고 나아가서 신들의 세계를 명상하는 수행법을 제시하면서 신들에 대해서도 늘 유념할 것을 강조하기 때문입니다.

얼마 전에 협회 측으로부터 ≪앙굿따라니까야≫ 앤솔로지의 발간사를 써달라고 부탁받았을 때, 문득 지난 10년이 주마등처럼 스쳐지나갔습니다. 재가의 불자로서 자칭하며 일상생활과 명상수행이 둘이 아님을 몸소 실천한다는 명분 아래 변명과 방일에 빠져있었던 것이 아닌가라는 생각이 듭니다.

부디 이 고귀한 책 한권으로도 많은 사람이 부처님의 원음의 말씀을 접하게 되고 깨달아 보는 귀중한 기회가 될 수 있었으면 하는 바램입니다. 다시 한 번 퇴현 전재성 선생님의 깊은 신심과 노력에 감사와 존경을 표하며 고개 숙여 합장합니다.

2008년 1월 25일

고흥병원 원장 유홍석 두손모음

머 리 말

이 『생활 속의 명상수행』은 역자가 번역한 ≪앙굿따라니까야≫에 포함된 총 3573경 — 확장하면 8497경 — 가운데 249경을 엄선해서 책으로 엮은 것입니다. 많은 경들 가운데 '생활 속의 명상수행'이라는 주제에 맞게 경들을 선택한다는 것은 결코 쉬운 일이 아니었습니다. 그래서 경들의 선정에는 오랜 심리치료 경험을 지녔을 뿐만 아니라 적지 않은 세월을 명상수행에 전념해 온 인물이 적당하리라고 판단했습니다. 그래서 한별심리연구소의 운강 최훈동 원장님이 그 일을 맡아 중요한 경들을 엄선했습니다.

엄선한 경들을 ≪쌍윳따니까야≫처럼 각각 주제에 맞게 편집하면 금상첨화일 것이라고 생각했지만 ≪앙굿따라니까야≫의 법수에 따른 사전적 편집의 틀을 유지하는 것도 중요하기 때문에 원형대로 열한 개의 모아모음으로 편집했습니다.

≪쌍윳따니까야≫가 철학적 이론과 수행의 주요한 구조를 명확히 표현해주는 짧은 경전들을 집대성했다면, ≪앙굿따라니까야≫는 부처님의 가르침 가운데 심리적 측면이나 윤리적 측면을 재가신도의 일상적인 관심과 연결시키는 교육적 측면에서 주로 기술되었지만 인간의 심리에 대한 예리한 철학적 분석도 배제하지는 않습니다. ≪앙굿따라니까야≫는 우리에게 탐욕과 분노가 일어나게 되는 동기와 진행과정에 대하여 이와 같이 '아름다움의 인상에 이치에 맞지 않게 정신활동을 기울이면, 아직 일어나지 않은 감각적 쾌락에 대한 욕망을 일으키고 이미 일어난 감각적 쾌락의 욕망을 더욱 많게 하고 크게 한다. 혐오스러움의 인상에 이치에 맞지 않게 정신활동을 기울이면, 아

직 일어나지 않은 분노를 일으키고 이미 일어난 분노를 더욱 많게 하고 크게 한다.'라고 하고 있습니다.

≪앙굿따라니까야≫의 교정과 교열에 참여한 보국 스님 이하 전경희 선생님, 윤영란 선생님, 최민철 선생님 등 많은 사람이 참여했습니다. 그 분들의 자발적인 헌신에 깊은 감사를 드립니다.

십년 전에 초판 ≪앙굿따라니까야≫와 『생활 속의 명상수행』이 간행될 때에 후원하여 주신 최훈동 원장님, 유필화 교수님, 박승관 교수님, 실상화 보살님, 황경환 사장님과 특별히 후원하신 김규원 교수님, 황경남 변호사 님, 정인진 변호사님과 유홍석 원장님께도 깊은 감사를 드립니다.

몇 달 전에 『테라가타』와 『테리가타』를 연이어 출간한 이후에 삼개월간 개정판통합 ≪앙굿따라니까야≫ 전집을 준비하면서, 개정판 ≪쌍윳따니까야≫ 등의 다른 니까야와 조율하면서 번역의 윤문이나 용어의 통일을 기하고, 복원하면서 누락된 관용구를 바로잡고, 주석을 보완하다가 보니, 그 앤솔로지인 『생활 속의 명상수행』도 불가피하게 개정하지 않을 수 없었습니다.

초판 이후 십년 만에 개정판 『생활 속의 명상수행』을 간행하기까지 지속적으로 후원하여 주신 혜능 스님, 유필화 교수님, 이준용 상무님, 김현수 상무님, 정진성 선생님께 깊이 감사드리며, 개정판 출간에서 훌륭한 발간사를 써주시고 후원하여 주신 이진홍 선생님께 무엇보다도 깊은 감사를 드립니다.

2017년 초여름 북한산에서

퇴현 전재성 합장

해 제

부처님은 2500여년 전에 가필라바스투 성의 왕자로 태어나 16세 결혼하였으나 삶의 공허함과 생노병사의 현장을 목격하고 세속적인 삶을 포기하고 출가했다. 그리고는 머나먼 숲에 들어가 극단적인 고행을 실천했다. 그러나 부처님은 깨달음에 즈음해서는 왕궁에서의 쾌락주의적인 삶 뿐만 아니라, 숲속에서의 고행주의적 삶을 모두 버리는 두 번째 출가를 통해 정각을 이루었다. 따라서 부처님의 가르침은 실제로 재가와 출가의 삶을 뛰어넘어 출가자뿐만 아니라 재가자를 위한 보편적인 가르침이 되어 전세계로 퍼져나갔다.

그러한 가르침을 잘 반영하고 있는 ≪앙굿따라니까야≫를 읽다보면, 부처님의 교학 체계와 명상수행의 체계는 부끄러움을 아는 것과 창피함을 아는 것이라는 두 개의 거대한 기둥 위에 세워진 거대한 구조물이라는 느낌을 준다. 그러면 여기서 부끄러움과 창피함은 무엇에 대한 것을 지칭하는가? 협의적으로는 악하고 불건전한 모든 것에 대한 부끄러움과 창피함이지만, 광의적으로는 번뇌를 일으키는 모든 것에 대한 부끄러움과 창피함이다. 그렇기 때문에 그 두 개의 기둥이 그 거대한 구조물을 떠받칠 수가 있는 것이다.

그런 의미에서 ≪앙굿따라니까야≫는 불교 밖이건 안이건 다른 어떤 철학체계나 종교적 교리보다도 일상적인 생활세계에 확고한 토대를 두고 있다고 할 수 있다. 따라서 ≪앙굿따라니까야≫는 부처님 가르침 가운데 윤리적이거나 심리적인 것을 재가신도의 일상적인 관심과 연결시키는 교육적 측면에서 고려된 짧은 경전으로 이루어졌다.

그런데 불교에서는 부끄러움을 아는 것이나 창피함을 아는 것은 수많은 법(法) 즉, 담마 또는 다르마 가운데 하나이다. 다르마는 어원적으로 '세계를 지탱하는 것'이라는 뜻이 있는데, 부끄러움을 알고 창피함을 아는 것이야말로 다르마를 다르마답게 하는 두 가지 원리라고 볼 수 있다. 그것들은 정서적인 상태에 대한 자각이라고 볼 수 있지만, 실제로 그것은 대단히 복합적인 인지작용의 작용적 총체라고 볼 수 있다. 그런데 그러한 인지 작용은 뇌의 복잡한 시스템에 의존하고 있다. 최근에 뇌과학의 발달로 모래알 크기 정도의 뇌 속에 10만개의 뉴런과 200만개의 축색돌기, 10억 개의 시냅스가 연결되어 있다는 것이 밝혀졌다. 따라서 부끄러움을 아는 것이나 창피함을 아는 것은 단지 상태라기보다는 그러한 상태에서 뇌의 시스템을 지배하는 원리이기도 하다. 그래서 ≪앙굿따라니까야≫에서는 상태로서의 다르마를 원리로 번역할 때 잘 들어맞는 경우가 많다.

우리가 부끄러움을 모르고 창피함을 모르는 악하고 불건전한 마음의 상태에 있으면, 그것은 악하고 불건전한 원리를 지닌 것과 마찬가지이며, 그 원리가 작용하는 대로 우리를 지옥에 빠뜨린다.

명상수행에서 최상의 상태에 이른 거룩한 님[阿羅漢]에게 조차도 부끄러움을 아는 것은 필수적 요건이다. 명상수행자에게 주어지는 첫 번째 계율인 불살생의 위대한 진리는 부끄러움을 아는 것을 수반으로 하기 때문이다. ≪앙굿따라니까야≫는 불살생에 대해 이렇게 기술하고 있다. '거룩한 님은 목숨이 다하도록, 살아있는 생명을 죽이는 것을 버리고, 살아있는 생명을 죽이는 것을 삼가고, 몽둥이를 놓아버리고, 칼을 놓아버리고, 부끄러움을 알고, 자비심을 일으키고, 일체의 생명을 이롭게 하고 애민히 여긴다.'(AN. I. 205)

부처님은 『숫타니파타』에서 '모든 살아 있는 것은 고통을 싫어한다. 그들에게도 삶은 사랑스러운 것이다. 그들 속에서 너 자신을 인식하라. 괴롭히지도 죽이지도 말라.'라고 말했는데, 이것이 불살생과 관련된 부끄러움을 아는 원리라고 볼 수 있다. 그것이 원리인 이유는 이치에 맞는 정신활동의 소산이기 때문이기도 하다. 부끄러움을 알고 창피함을 아는 것이 이치에 맞는 정신활동을 유도한다. 반대로 부끄러움을 모르고 창피함을 모르면 이치에 맞지 않는 정신활동을 통해서 탐욕과 분노가 생겨난다 : '아름다움의 인상에 이치에 맞지 않게 정신활동을 기울이면, 아직 일어나지 않은 감각적 쾌락에 대한 욕망을 일으키고 이미 일어난 감각적 쾌락의 욕망을 더욱 많게 하고 크게 한다. 혐오스러움의 인상에 이치에 맞지 않게 정신활동을 기울이면, 아직 일어나지 않은 분노를 일으키고 이미 일어난 분노를 더욱 많게 하고 크게 한다.'(AN. I. 3)

≪앙굿따라니까야≫에서 명상수행은 부끄러움을 아는 것에서 출발한다. 그 원리는 우리의 생존을 위해 가장 긴요한 음식의 섭취와도 관련되어 있다. 식사할 때에 알맞은 분량을 알아야 하며, 음식에 대해서는 '놀이나 사치로나 장식이나 치장을 위해서가 아니라 이 몸이 살아있는 한 그것을 유지하고 해를 입지 않도록 하고 청정한 삶을 살기 위한 것이다.'라고 깊이 성찰하여 음식을 섭취해야 한다.

이렇게 출발해서 우리는 보다 높은 계행, 보다 높은 마음, 보다 높은 지혜를 닦아야 한다.(AN. I. 235) 보다 높은 계행의 핵심은 사소한 잘못에서 두려움을 보는 것이다. 보다 높은 마음은 다음과 같은 네 가지 선정을 성취하는 것이다.

1) 감각적 쾌락의 욕망을 여의고 악하고 불건전한 상태에서 떠난 뒤, 사유를 갖추고 숙고를 갖추고 멀리 여읨에서 생겨나는 희열과 행복을 갖춘 첫 번째 선정에 든다.
2) 사유와 숙고가 멈추어진 뒤, 내적인 평온과 마음의 통일을 성취하고, 사유를 뛰어넘고 숙고를 뛰어넘어 삼매에서 생겨나는 희열과 행복을 갖춘 두 번째 선정에 든다.
3) 희열이 사라진 뒤, 평정하고 새김이 있고 올바로 알아차리며 신체적으로 행복을 느끼며 고귀한 님들이 평정하고 새김이 있고 행복하다고 표현하는 세 번째 선정에 든다.
4) 행복과 고통이 버려지고 만족과 불만도 사라진 뒤, 괴로움도 없고 즐거움도 없는 평정하고 새김이 있고 청정한 네 번째 선정에 든다.

그리고 보다 높은 지혜는 '이것은 괴로움이다'라고 있는 그대로 분명히 알고, '이것은 괴로움의 발생이다'라고 있는 그대로 분명히 알고, '이것은 괴로움의 소멸이다'라고 있는 그대로 분명히 알고, '이것은 괴로움의 소멸에 이르는 길이다'라고 있는 그대로 분명히 아는 것이다. 보다 높은 지혜는 궁극적으로는 괴로움의 소멸, 즉, 열반에 대한 깨달음이다.

이러한 맥락에서 부끄러움을 아는 것과 창피함을 아는 것은 마음의 청정이라는 개념과도 깊이 연관되어 있다. 부끄러움을 모르고 창피함을 모르는 것은 마음이 혼탁하기 때문이고, 부끄러움을 알고 창피함을 아는 것은 마음의 청정하기 때문이다. 마음의 청정은 여기서 출발해서 궁극적인 앎과 봄을 실현시킨다 : '물이 가득 찬 호수가 혼탁하고, 혼란되고, 흙탕이라면, 눈 있는 사람이 물가에 서서 움직이거나 서 있는 굴과 조개, 자갈과 돌, 물고기와 수초를 볼 수 없듯, 마음이 혼탁하면, 자신의 이익을 알 수 없고, 타인의 이익을 알 수가 없고, 그 양자의 이익을 알 수 없고 인간의 성품을 뛰어넘는 고귀한 앎과 봄을 실현할 수 없다. 그러나 물이 가득 찬 호수가 청정하고, 맑고, 깨끗하다면, 눈 있는 사람이 물가에 서서 움직이거나 서 있는 굴과 조개, 자갈과 돌, 물고기와 수초를 볼 수 있듯, 마음이 청정하면, 자신의 이익을 알 수 있고, 타인의 이익을 알 수가 있고, 그 양자의 이익을 알 수 있고 인간의 성품을 뛰어넘는 고귀한 앎과 봄을 실현할 수 있다.'(AN. I. 9)

그리고 부끄러움을 알고 창피함을 아는 삶은 재가자나 출가자의 삶을 관통하는 기본적인 원리이다. 재가자나 출가자나 누구나 행복을 추구한다. 불교에서 '버리고 없애는 삶을 살라.'고 한다고 해서 행복한 삶을 거부하는 것이 아니다. 오히려 그 반대이다. 버리고 없애는 삶은 부끄러움을 알고 창피함을 알 때 비로소 가능한 삶이다. 왜냐하면, '버리고 없애는 삶'은 부끄러움을 모르고 창피함을 모르는 '쌓아 모으는 삶'과 정반대이기 때문이다. 우리는 부처님이 쌓아 모으는 것과 버리고 없애는 것에 대하서 어떻게 정의했는가에 대해서 살펴볼 필요가 있다 : '쌓아 모으는 것이란 무엇인가? 살아있는 생명을 죽이고, 주지 않는 것을 빼앗고, 사랑을 나눔에 잘못을 범하고, 거짓말을 하고, 이간질하고, 욕지거리 하고, 꾸며대는 말을 하고, 탐착을 갖고, 분노의 마음을 품고, 잘못된 견해를 지니는 것이다. 버리고 없애는 것이란 무엇인가? 살아있는 생명을 죽이는 것을 삼가고, 주지 않는 것을 빼앗는 것을 삼가고, 사랑을 나눔에 잘못을 범하는 것을 삼가고, 거짓말을 하는 것을 삼가고, 이간질하는 것을 삼가고, 욕지거리 하는 것을 삼가고, 꾸며대는 말을 하는 것을 삼가고, 탐착을 여의고, 분노의 마음을 여의고, 올바른 견해를 갖추는 것이다.'(AN. V. 276)

한편 이러한 버리고 없애는 삶을 적극적인 방식으로 표현한 것이 보시이다 : '닦고 익히면 싫어하여 떠남, 사라짐, 소멸, 적멸, 곧바로 앎, 완전한

깨달음, 열반에 드는 데 도움이 되는 하나의 원리가 보시에 대한 새김이다.'(AN. I. 30)

우리는 위와 같은 버리고 없애는 삶을 통해서만 행복을 구할 수 있다. 그런데 그 행복에는 감각적 쾌락의 욕망에 매인 행복과 감각적 쾌락의 욕망을 여읜 행복이 있는데, 이 두 가지 행복 가운데 감각적 쾌락의 욕망을 여읜 행복이 탁월하다.(AN. I. 80) 재가자는 '긴 의자, 안락의자, 긴 털로 만든 요, 여러 색의 모포, 백색의 양모포, 꽃을 수놓은 모포, 면으로 만든 깔개, 동물로 장식한 모포, 양 단에 테두리가 있는 모포, 한 단에만 테두리가 있는 모포, 금사와 보석으로 장식한 비단덮개, 비단으로 만든 덮개, 양모로 만든 덮개, 코끼리를 수놓은 덮개, 말을 수놓은 덮개, 수레를 수놓은 덮개, 영양의 가죽으로 만든 덮개, 최상의 영양의 가죽으로 만든 외피가 있는 덮개, 양끝에 붉은 베개가 있는 이와 같은 높고 큰 침대'에서 물질적인 행복을 누리지만, 그 보다 훨씬 탁월한 행복은 '네 가지 선정'이라는 높고 큰 침대 위에서 정신적 행복을 누리는 하늘사람의 행복이 탁월하고, '네 가지 청정한 삶'이라는 높고 큰 침대 위에서 정신적 행복을 누리는 하느님들의 행복이 탁월하고, '탐진치의 소멸'이라는 높고 큰 침대 위에서 정신적 행복을 누리는 고귀한 님들의 행복이 탁월하다.(AN. I. 180)

뿐만 아니라 부끄러움을 알고 창피함을 아는 정신은 이론과 실천의 일치와 불일치의 문제에까지 깊이 관여하고 있다. 천둥만 치고 비는 내리지 않는 사람은 부끄러움도 모르고 창피함도 모르는 사람이다 : '천둥만 치고 비는 내리지 않는 사람은 말만 하고 행하지 않는 사람이다.'(AN. II. 102) 이 가르침은 나머지 세 사람을 다음과 같이 분류한다: '비는 내리지만 천둥은 치지 않는 사람은 행하기만 하고 말은 하지 않는 사람이다. 천둥도 치지 않을 뿐만 아니라 비도 내리지 않는 사람이란 말도 하지 않고 행하지도 않는 사람이다. 천둥을 칠 뿐만 아니라 비도 내리는 사람은 말을 할뿐만 아니라 행하기도 하는 사람이다.'

또한 부끄러움을 알고 창피함을 알아야 한다는 준거를 토대로 선악과 관련하여 인식과 표현의 문제도 제기된다 : '보여진 것, 들려진 것, 감지된 것, 의식된 것이라고 모두 표현되어야 하는 것은 아니다. 보여진 것, 들려진 것, 감지된 것, 의식된 것에 대해 표현함으로써 악하고 불건전한 것들이 증가하고 착하고 건전한 것들이 줄어든다면, 그러한 보여진 것, 들려진 것, 감지된 것, 의식된 것에 대해 표현해서는 안 된다. 보여진 것, 들려진 것, 감지된 것, 의식된 것에 대해 표현함으로써 악하고 불건전한 것들이 줄어들고 착하고 건전한 것들이 증가한다면, 그러한 보여진 것, 들려진 것, 감지된 것, 의식된 것에 대해 표현해야 한다.'(AN. II. 172)

그리고 ≪앙굿따라니까야≫에 자주 등장하는 전사의 비유나 전장에서의 코끼리의 비유는 전쟁터에서의 비겁함이나 물러섬에 대한 부끄러움을 아는 것과 창피함을 아는 정신에 바탕을 두고 있다. 이를 테면, 왕의 코끼리는 전장에 나아가 코끼리의 무리를 보거나 말의 무리를 보거나 수레의 무리를 보거나 보병의 무리를 보아도, 두려워하지 않고 경악하지 않고 안정을 잃지 않고 전투에 뛰어들 수 있다. 이것은 왕의 코끼리가 형상을 감내하는 것이다. 수행자는 왕의 코끼리가 형상을 감내하듯, 형상을 감내하기 위해서는, 시각으로 형상을 보고, 욕망을 일으키는 형상에 탐착하지 않고, 마음을 집중시겨야 한다.(AN. III. 157). 이와 마찬가지로 소리, 냄새, 맛, 감촉, 사실에 대하여 탐착하지 않는 것이다. 이것이 수행자에게는 명상수행의 전쟁터에서 부끄럽지 않게 승리하는 길이다. 그래서 부처님으로부터 비파가 소리를 내려면 비파의 현을 너무 당기거나 너무 느슨하게 하면 온전한 소리를 내게 할 수 없다는 충고를 받은 쏘나(AN. III. 374)가 승리한 내용도 다음과 같은 것이다. 그는 마음을 올바로 해탈한 수행승이라면 다음과 같은 사람이라고 주장했다.

1) 시각에 의해 인식되는 다양한 형상이 시각의 영역에 들어오더라도, 그의 마음은 사로잡히지 않고 그의 마음은 혼란되지 않고 확립되어 동요하지 않고 그것의 소멸을 관찰하고,
2) 청각에 의해 인식되는 다양한 소리가 청각의 영역에 들어오더라도, 그의 마음은 사로잡히지 않고 그의 마음은 혼란되지 않고 확립되어 동요하지 않고 그것의 소멸을 관찰하고,
3) 후각에 의해 인식되는 다양한 냄새가 후각의 영역에 들어오더라도, 그의 마음은 사로잡히지 않고 그의 마음은 혼란되지 않고 확립되어 동요하지 않고 그것의 소멸을 관찰하고,

4) 미각에 의해 인식되는 다양한 맛이 미각의 영역에 들어오더라도, 그의 마음은 사로잡히지 않고 그의 마음은 혼란되지 않고 확립되어 동요하지 않고 그것의 소멸을 관찰하고,
5) 촉각에 의해 인식되는 다양한 감촉이 촉각의 영역에 들어오더라도, 그의 마음은 사로잡히지 않고 그의 마음은 혼란되지 않고 확립되어 동요하지 않고 그것의 소멸을 관찰하고,
6) 정신에 의해 인식되는 다양한 사실이 정신의 영역에 들어오더라도, 그의 마음은 사로잡히지 않고 그의 마음은 혼란되지 않고 확립되어 동요하지 않고 그것의 소멸을 관찰한다.

수행의 전쟁터에서 물러남을 부끄럽게 여기는 정신은 그 궁극에 가서는 올바르지 못한 사상이나 견해의 수용불가능성으로까지 확장된다. 올바른 세계관을 가진 사람은 어떤 고통을 당했다고 자기가 만든 것이라거나 타자가 만든 것이라던가 자기와 타자가 만든 것이라던가 자기도 만들지 않고 타자도 만들지 않은 것이라던가라고 생각하여 퇴전한다는 것은 불가능하다.(AN. III. 440) 자기원인설은 원인과 결과가 동일하다는 것으로 인과를 성립시키지 못하고 타자원인설은 원인과 결과가 다르다는 것으로 역시 인과를 성립시키지 못하고 그 양자를 조합하다고 해서 인과가 성립되지 않으며 그렇다고 그 양자를 부정하는 우연론도 인과를 성립시키지 못한다. 견해를 성취한 인과를 믿는 사람이 인과를 부정하는 견해에 빠져 퇴전하는 것은 부끄러운 것이다.

그리고 여인이 여성성을 지니는 것이나 남자가 남성성을 지니는 것조차 상대에 대한 결박에 빠져드는 것으로 수행자가 부끄러워 해야 하는 것이다. 여인이 안으로 여인의 본성, 여인의 행동, 여인의 외관, 여인의 교만, 여인의 욕망, 여인의 소리, 여인의 치장에 정신활동을 기울인다. 그녀는 거기에 탐닉하고 거기에 환희한다. 그녀가 거기에 탐닉하고 거기에 환희하여, 밖으로 남자의 본성, 남자의 행동, 남자의 외관, 남자의 교만, 남자의 욕망, 남자의 소리, 남자의 치장에 정신활동을 기울인다. 그녀는 거기에 탐닉하고 거기에 환희한다. 그녀가 거기에 탐닉하고 거기에 환희하여, 밖으로 결박을 구한다. 그녀에게 결박을 조건으로 안락과 쾌락이 생겨나면, 그

녀는 그것을 구한다. 여성성에 탐닉하는 뭇삶은 남자에게 결박된다. 여인은 여성성을 뛰어넘지 못한다. 남자가 안으로 남자의 본성, 남자의 행동, 남자의 외관, 남자의 교만, 남자의 욕망, 남자의 소리, 남자의 치장에 정신활동을 기울인다. 그는 거기에 탐닉하고 거기에 환희한다. 그가 거기에 탐닉하고 거기에 환희하여, 밖으로 여인의 본성, 여인의 행동, 여인의 외관, 여인의 교만, 여인의 욕망, 여인의 소리, 여인의 치장에 정신활동을 기울인다. 그는 거기에 탐닉하고 거기에 환희한다. 그가 거기에 탐닉하고 거기에 환희하여, 밖으로 결박을 구한다. 그에게 결박을 조건으로 안락과 쾌락이 생겨나면, 그는 그것을 구한다. 남성성에 탐닉하는 뭇삶은 여인에게 결박된다. 이와 같은 남자는 남성성을 뛰어넘지 못한다.(AN. IV. 57)

무상하고 괴롭고 실체가 없다는 진리에 대한 인식은 부끄럽지 않은 일상적인 삶을 영위하기 위해 필수불가결한 것이다. 배우지 못한 일반사람에게 이득이 생겨나면, 그는 '이러한 이득이 나에게 생겨났는데, 그것은 무상하고 괴롭고 변화하는 것이다.'라고 있는 그대로 분명히 알지 못한다. 불익이 생겨나면, 그는 '이러한 불익이 나에게 생겨났는데, 그것은 무상하고 괴롭고 변화하는 것이다.'라고 있는 그대로 분명히 알지 못한다.(AN. IV. 157) 그러면 그의 마음은 부끄럽게도 이득과 불익에 사로잡혀 고통에 빠진다. 칭찬과 비난에 대해서 마찬가지다. 부처님은 자신에게 쏟아지는 비난들에 대하여 아주 슬기롭게 대처한다.(AN. IV. 173)

그 밖에 명상수행의 차제나 광명에 대한 지각과 천상에 대한 명상수행을 통해 성취된 각 단계는 보다 훌륭한 명상수행의 성취에 비하면 차폐가며, 출구를 찾아 떠나서 최종적으로 번뇌가 완전히 소멸해야 한다(AN. IV. 449)는 사상은 궁극적으로 완전한 해탈을 성취하기까지는 어떠한 선정의 성취도 상대적으로 부끄러운 것이고 창피한 것이라는 사실을 알아야 한다는 정신에 입각한 것이다.

부끄러운 것을 알고 창피한 것을 아는 것을 토대로 우리 마음은 점점 더 미세하고 섬세하게 계발되며, 멈춤[사마타]과 통찰[위빠사나]을 통해 모든 번뇌를 제거함으로써 궁극적인 앎과 봄이 완성된다.

목 차

발간사 / 4
개정판 머리말 / 6
초판 머리말 / 8
일러두기 / 28

1. 하나 모아모음[Ekanipāta]

1. 여자의 형상이란 어떠한 것인가? 31
2. 여자의 소리란 어떠한 것인가? 31
3. 여자의 냄새란 어떠한 것인가? 32
4. 여자의 맛이란 어떠한 것인가? 32
5. 여자의 감촉이란 어떠한 것인가? 32
6. 남자의 형상이란 어떠한 것인가? 32
7. 남자의 소리란 어떠한 것인가? 32
8. 남자의 냄새란 어떠한 것인가? 33
9. 남자의 맛이란 어떠한 것인가? 33
10. 남자의 감촉이란 어떠한 것인가? 33
11. 감각적 쾌락의 욕망은 어떻게 생겨나고 유지되는가? 33
12. 분노는 어떻게 생겨나고 유지되는가? 34
13. 해태와 혼침은 어떻게 생겨나고 유지되는가? 34
14. 흥분과 회한은 어떻게 생겨나고 유지되는가? 35
15. 회의적 의심은 어떻게 생겨나고 유지되는가? 35
16. 감각적 쾌락의 욕망을 어떻게 제거할 것인가? 35
17. 분노를 어떻게 제거할 것인가? 36
18. 해태와 혼침을 어떻게 극복할 것인가? 36
19. 흥분과 회한을 어떻게 제거할 것인가? 37

20. 회의적 의심을 어떻게 제거할 것인가? ········· 37
21. 마음이 잘못 놓이면 어떻게 되는가? ········· 37
22. 마음이 올바로 놓이면 어떻게 되는가? ········· 38
23. 사악한 마음의 상태는 어떻게 귀결되는가? ········· 38
24. 청정한 마음의 상태는 어떻게 귀결되는가? ········· 39
25. 혼탁해진 마음으로 고귀한 앎과 봄을 실현할 수 있는가? ········· 39
26. 청정한 마음으로 고귀한 앎과 봄을 실현할 수 있는가? ········· 40
27. 닦고 익힌 마음의 특성이란 무엇인가? ········· 40
28. 마음의 변화속도는 얼마나 빠른가? ········· 41
29. 빛나는 마음이지만 번뇌로 오염될 수 있는가? ········· 41
30. 빛나는 마음이므로 번뇌에서 벗어날 수 있는가? ········· 42
31. 배우지 못한 일반사람은 왜 번뇌로 오염는가? ········· 42
32. 잘 배운 고귀한 제자는 어떻게 번뇌에서 벗어나는가? ········· 42
33. 공허하지 않은 선정수행이란 무엇인가? ········· 43
34. 악하고 불건전한 것들에 선행하는 것은 무엇인가? ········· 43
35. 착하고 건전한 것들에 선행하는 것은 무엇인가? ········· 44
36. 방일하면 어떻게 되는가? ········· 44
37. 방일하지 말아야 할 이유는 무엇인가? ········· 44
38. 부처님에 대한 새김의 의의는 무엇인가? ········· 45
39. 가르침에 대한 새김의 의의는 무엇인가? ········· 45
40. 참모임에 대한 새김의 의의는 무엇인가? ········· 46
41. 계행에 대한 새김의 의의는 무엇인가? ········· 46
42. 보시에 대한 새김의 의의는 무엇인가? ········· 46
43. 신들에 대한 새김의 의의는 무엇인가? ········· 47
44. 호흡에 대한 새김의 의의는 무엇인가? ········· 47
45. 죽음에 대한 새김의 의의는 무엇인가? ········· 47
46. 신체에 대한 새김의 의의는 무엇인가? ········· 48
47. 지멸에 대한 새김의 의의는 무엇인가? ········· 48

2. 둘 모아모음[Dukanipāta]

1. 성찰의 힘과 수행의 힘이란 어떻게 다른 것인가? ········· 49
2. 부모의 은혜란 어떠한 것이고 어떻게 갚을 것인가? ········· 50
3. 존경받는 장로의 조건이란 무엇인가? ········· 51
4. 화합하는 모임과 불화합하는 모임의 특징이란 무엇인가? ········· 53
5. 재가의 행복과 출가의 행복 가운데 어느 것이 나은가? ········· 54
6. 감각적 쾌락의 욕망에 매인 행복과 여읨의 행복 중에 어느 것이 나은가? ········· 54

7. 집착의 대상에 매인 행복과 집착의 대상을 여읜 행복 중에 어느 것이 나은가? ····· 54
8. 버리기 어려운 욕구란 무엇인가? ···················· 55
9. 세상에서 발견하기 힘든 사람이란 어떠한 사람인가? ···················· 55
10. 만족하는 사람과 만족시키는 사람이란 어떠한 사람인가? ···················· 55
11. 탐욕이 생겨나는 두 가지 조건이란 무엇인가? ···················· 56
12. 분노가 생겨나는 두 가지 조건이란 무엇인가? ···················· 56
13. 잘못된 견해가 생겨나는 두 가지 조건이란 무엇인가? ···················· 56

3. 셋 모아모음[Tikanipāta]

1. 공포와 위험과 재난은 누구에게서 생겨나는가? ···················· 58
2. 어리석은 자와 슬기로운 자의 행위적 특징이란 무엇인가? ···················· 59
3. 어리석은 자와 슬기로운 자의 차이는 무엇인가? ···················· 60
4. 잘못을 저질렀을 때 어리석은 자와 슬기로운 자의 차이는 무엇인가? ······· 61
5. 대화할 때에 어리석은 자와 슬기로운 자의 차이는 무엇인가? ···················· 62
6. 희망이 없는 자와 희망이 있는 자와 희망을 여읜 자의 차이는 무엇인가? 63
7. 번뇌를 부수기 위한 효과적인 기반이란 무엇인가? ···················· 65
8. 수행자가 상인에게 배운다면, 상인의 어떠한 점을 닮아야 하는가? ··········· 68
9. 어떠한 사람이 사람들에게 이익을 주는 사람인가? ···················· 69
10. 종기·번개·금강은 무엇을 비유한 것일까? ···················· 70
11. 언어의 사용에서 똥과 꽃과 꿀의 비유란 무엇인가? ···················· 72
12. 부모를 섬기는 가정에서 부모란 어떠한 존재인가? ···················· 73
13. '나'라는 환상과 '나의 것'이라는 환상과 교만의 경향을 어떻게 없앨 것인가? ····· 75
14. 행위의 발생의 조건과 행위의 여읨의 조건이란 무엇인가? ···················· 77
15. 늙음과 죽음이 닥치면 어떻게 할 것인가? ···················· 81
16. 열반이 현세에서 유익한 이유는 무엇인가? ···················· 82
17. 이교도의 가르침과 부처님의 가르침의 차이는 무엇인가? ···················· 85
18. 하늘사람의 침대와 하느님의 침대와 고귀한 님의 침대란 무엇인가? ······· 95
19. 소문이나 권위나 분석에 의존하지 말고 무엇을 판단기준으로 삼아야 할까? ····· 103
20. 어떻게 대화를 이끌어 갈 것인가? ···················· 112
21. 탐진치의 차이와 그 생성과 소멸의 조건은 무엇인가? ···················· 117
22. 소치기의 포살과 니간타의 포살과 고귀한 님의 포살의 차이는 무엇인가? ········ 120
23. 올바로 잘 가신 님은 어떠한 사람인가? ···················· 134
24. 존재의 윤회는 어떻게 조건지어져 있는가? ···················· 134
25. 고행적인 삶이나 이상에 헌신하는 삶은 옳은 것인가? ···················· 139
26. 바람을 거슬러 날아가는 향기란 무엇을 두고 하는 말인가? ···················· 140
27. 수행자다운 수행자가 되기 위해서 어떻게 해야 할까? ···················· 143

28. 보다 높은 계행, 보다 높은 마음, 보다 높은 지혜란 무엇인가? ·········· 144
29. 지은 죄악에 따라 과보를 받는 것은 절대적인 것인가? ······················ 145
30. 금세공사와 보다 높은 마음을 닦는 수행자란 무엇인가? ······················ 152
31. 마음을 수호하지 않으면 무엇이 부패하는가? ·· 157
32. 행위의 생성원인과 업의 발생은 어떻게 이루어지가? ···························· 159
33. 계행·마음·견해의 결함과 구족이란 무엇인가 ······································ 160
34. 자신을 더럽히고 비리게 하고 파리들이 좇게 한다는 것은 무엇을 뜻하는가? ···· 162
35. 수행자와 용감한 전사는 어떠한 점에서 닮았는가? ······························ 165

4. 넷 모아모음[Catukkanipāta]

1. 오랜 세월 유전윤회하며 고통을 겪는 이유는 무엇인가? ························ 168
2. 윤회의 흐름과 관련된 네 종류의 사람이란 무엇인가? ························ 170
3. 인간이 짊어진 네 가지 멍에란 무엇인가? ·· 172
4. 올바른 노력이란 무엇을 말하는가? ·· 177
5. 미세한 통찰이란 무엇인가? ··· 179
6. 깨달은 님이라도 공경하고 의지해야 할 대상은 무엇인가? ···················· 180
7. 여래를 왜 여래라고 하는가? ·· 184
8. 무엇을 위하여 청정한 삶을 사는가? ·· 187
9. 뭇삶을 어떻게 섭수할 것인가? ··· 188
10. 삼매의 수행에는 일반적인 선정 이외에 어떠한 종류가 있는가? ·········· 189
11. 거꾸로 된 것, 전도에는 어떠한 것이 있는가? ···································· 193
12. 오염이란 어떠한 것이고 수행자들과 성직자들의 오염이란 무엇인가? ··· 195
13. 세상에서 얻기 어려운 것들에는 어떠한 것이 있는가? ························· 197
14. 일상생활에서 참사람과 참사람이 아닌 사람의 차이는 무엇인가? ········· 204
15. 열심히 노력해도 사업이 의도한 만큼 성공하지 못하는 이유는 무엇인가? ········ 206
16. 천신들과 아수라들이란 무엇을 두고 하는 말인가? ····························· 208
17. 수행에서 멈춤(사마타)과 통찰(위빠싸나)의 관계는 어떠한 것인가? ······ 209
18. 자리와 이타의 실천에서 최상은 무엇이고 그 의미를 어떻게 발견할 것인가? ···· 210
19. 우리는 칭찬과 비난과 관련하여 어떠한 관점을 가져야 하는가? ·········· 212
20. 천둥만 치고 비는 내리지 않는 사람이란 누구인가? ··························· 215
21. 품위와 통찰의 관계는 어떠한 것인가? ··· 217
22. 결박의 종류와 수행단계는 어떻게 관련되는가? ·································· 219
23. 우리는 몸만 빠져나오고 마음은 빠져나오지 못한 것이 아닌가? ·········· 221
24. 몸의 질병과 마음의 질병의 차이는 어떠한 것인가? ···························· 223
25. 중병에 걸렸다면, 중병에 대한 성찰을 어떻게 할 것인가? ··················· 224
26. 올바른 가르침 즉, 정법이 사라진다면, 그 이유는 무엇일까? ··············· 228

27. 명상수행의 과정에서 빠르면서 즐거운 실천이란 무엇인가? ··················· 231
28. 불인(不忍)과 인내와 제어와 지멸의 실천이란 무엇인가? ······················· 234
29. 윤회하는 존재가 개체의 획득하는 방식은 무엇일까? ···························· 237
30. 인식의 기반이 사라져도 어떠한 것이 남아 있을 수 있는가? ················ 239
31. 법문에 정통성이 있는지를 어떻게 결정할 수 있는가? ························· 244
32. 천신이나 악마나 하느님이나 그 누구에게도 불가능한 것이란 무엇인가? ········ 248
33. 보여진 것이나 들려진 것 등을 그대로 표현하다면 잘못이 없는가? ······· 249
34. 죽기 마련이지만 죽음을 두려워하는 않는 자는 어떠한 자인가? ············ 251
35. 성직자의 진리란 무엇이고 그것을 어떻게 수호할 수 있는가? ·············· 256
36. 참사람이 아닌 사람이 참사람을 알아볼 수 있을까? ···························· 259
37. 하늘사람과 하느님과 부동의 님과 고귀한 님은 어떻게 다른가? ··········· 262
38. 명상수행에서 청정의 네 가지 단계란 무엇인가? ································· 266
39. 무명이 사라져 명지가 일어난 뒤에도 번뇌가 들이닥칠 가능성이 있는가? ········ 269

5. 다섯 모아모음[Pañcakanipāta]

1. 감각적 쾌락의 욕망의 위험성을 어떻게 통찰할 것인가? ························· 276
2. 지혜의 계발과 동료수행자에 대한 존중은 어떠한 관계가 있는가? ·········· 277
3. 올바른 견해는 어떻게 계발된 것이고 어떠한 열매를 맺는가? ················ 278
4. 삼매에서 생겨나는 성찰의 지혜란 무엇인가? ·· 279
5. 고귀한 다섯 가지 고리의 올바른 삼매의 수행이란 무엇인가? ··············· 280
6. 경행을 하면 어떠한 공덕이 있는가? ·· 287
7. 수행자는 명성에 대하여 어떻게 마음가짐을 지녀야 하는가? ················ 287
8. 보시하는 자와 보시하지 않는 자의 차이는 어떠한 것인가? ·················· 290
9. 보시의 공덕에는 어떠한 것들이 있는가? ··· 294
10. 때에 맞는 보시에는 어떠한 종류가 있는가? ·· 295
11. 참다운 재물에는 어떠한 것이 있는가? ·· 296
12. 과도하게 성장한 정신이자 약화되어 허약한 지혜란 무엇인가? ············ 298
13. 수행정진하기에 알맞은 시기란 어떠한 시기를 뜻하는가? ···················· 300
14. 청정한 삶을 감동적으로 살아가려면 어떻게 해야 하는가? ·················· 302
15. 명상과 학습의 차이점은 무엇인가? ·· 306
16. 미래의 두려움을 수행의 추진력으로 삼아 정진할 수 있을까? ·············· 308
17. 미래의 두려움에 대한 부처님의 경책이란 무엇인가? ·························· 310
18. 한적한 숲에서 지낼 수 있는 수행자의 자격 ·· 313
19. 신참 수행자에 대한 수행지침은 어떻게 내릴 것인가? ························· 314
20. 수행자에게 인내란 어떠한 의미를 지니는가? ······································ 315
21. 혐오의 유무에 입각한 지각과 관련된 수행에는 어떠한 것이 있는가? ··· 321

22. 참사람의 보시란 어떠한 보시를 두고 하는 말인가? ··· 323
23. 말하기 어려운 말과 말하기 쉬운 말에는 어떠한 종류가 있는가? ··· 324
24. 가르침을 설하는 자의 마음가짐은 어떻게 해야 하는가? ··· 328
25. 어떤 사람에 대해 원한을 극복하는 순차적인 방법은 무엇인가? ··· 330
26. 어떤 사람에 대해 원한을 극복하는 구체적인 방법은 무엇인가? ··· 331
27. 보거나 듣거나 지각한 것 가운데 최상의 것이란 무엇인가? ··· 336
28. 부처님께서 정각을 이루기 전에 꾼 다섯 가지 꿈이란 어떠한 것인가? · 338
29. 계행을 갖춘 수행자가 가정에 주는 축복은 무엇인가? ··· 342
30. 정신활동을 기울이더라도 뛰어들어 환희하지 않는 여읨의 세계란 무엇인가? ·· 343
31. 말이 많은 자의 재난과 말이 신중한 자의 공덕은 무엇인가? ··· 346
32. 참을성이 없는 자의 재난과 참을성이 있는 자의 공덕은 무엇인가? ··· 347
33. 친절하지 못한 자의 재난과 친절한 자의 공덕은 무엇인가? ··· 347
34. 거룩한 경지를 실현하기 위하여 버려야할 것은 무엇인가? ··· 348

6. 여섯 모아모음[Chakkanipāta]

1. 새김의 대상에는 어떠한 것들이 있는가? ··· 350
2. 고귀한 제자가 자주 닦는 명상에는 어떠한 것이 있는가? ··· 350
3. 여읨의 의미와 여읨의 세계는 어떠한 것인가? ··· 356
4. 죽음에 대한 새김을 어떻게 닦아야 하는가? ··· 359
5. 죽음에 대한 새김을 통해 어떻게 불사(不死)의 길을 예비할 것인가? ··· 363
6. 사람의 다양성과 그 다양한 사람에 대한 평가에는 어떠한 어려움이 있는가? ··· 365
7. 누가 가난한 자이고 빚을 진 자이고 추궁당하는 자인가? ··· 372
8. 현세의 삶에서 유익하고 시간을 초월하는 가치있는 통찰수행이란 무엇인가? ·· 378
9. 명상수행을 하는데, 비파의 연주에서 배워야 할 점은 무엇인가? ··· 381
10. 우리를 지옥과 천상으로 이끄는 원리는 무엇인가? ··· 389
11. 최상의 상태에 도달하기 위해 갖추어야 할 원리는 무엇인가? ··· 390
12. 견해를 성취하기 위한 조건은 무엇인가? ··· 390
13. 견해를 성취한 자에게 불가능한 인식은 무엇인가? ··· 391
14. 견해를 성취한 자에게 불가능한 행위가 있는데 그것들은 무엇인가? ··· 392
15. 견해를 성취한 자에게 불가능한 퇴전은 무엇인가? ··· 392
16. 어떻게 무한하게 무상에 대한 지각을 일으킬 수 있을까? ··· 394
17. 어떻게 무한하게 괴로움에 대한 지각을 일으킬 수 있을까? ··· 394
18. 어떻게 무한하게 실체 없음에 대한 지각을 일으킬 수 있을까? ··· 395
19. 올바른 사유의 원리란 무엇인가? ··· 396

7. 일곱 모아모음[Sattakanipāta]

1. 우리를 묶어버리는 결박에는 어떠한 것이 있는가? ····· 397
2. 일곱 종류의 물에 빠진 사람들이 있는데, 그들은 누구인가? ····· 397
3. 국가에서의 불퇴전의 원리란 어떠한 것인가? ····· 400
4. 수행자의 삶에서의 불퇴전의 원리란 무엇인가? ····· 406
5. 참다운 친구가 되려면 어떻게 해야 하는가? ····· 410
6. 분석적인 앎을 성취하기 위한 명상수행의 토대는 무엇인가? ····· 411
7. 수행자의 청정한 삶은 어떻게 파괴될 수 있는가? ····· 412
8. 여인의 여성성과 남성의 남성성을 뛰어넘어야 하는 이유는 무엇인가? ··· 418
9. 재가의 여신도에게 일어난 놀라운 기적이란 무엇인가? ····· 420
10. 시설되지 않은 것에 대한 의심과 불안은 왜 생겨나는가? ····· 426
11. 여래에게 있는 감추지 않는 것과 잘못이 없는 것이란 무엇인가? ····· 430
12. 오랜 세월 동안 닦은 자애명상의 공덕은 어떠한 것인가? ····· 432
13. 결혼한 연인들을 어떻게 분류할 수 있고 어떠한 여인이 바람직한 아내인가? ···· 435
14. 계행을 어기는 것이 초래하는 고통은 어떻게 비유될 수 있는가? ····· 439
15. 올바른 스승의 가르침을 어떠한 준거를 가지고 구별해야 하는가? ····· 449
16. 수행승이 수행승다운 조건은 무엇인가? ····· 450

8. 여덟 모아모음[Aṭṭhakanipāta]

1. 세상을 움직이는 원리와 그것에서 벗어나는 방법이란 무엇인가? ····· 451
2. 때때로 자신의 잘못과 타인의 잘못에 대해 깊이 성찰하는 것이 왜 필요한가? ···· 455
3. 부처님께서 혹독한 비난을 받았는데, 어떠한 혹독한 비난을 받았는가? ·· 462
4. 진리의 바다에서 궁극적인 앎에 대한 갑작스런 꿰뚫음이 있을 수 있는가? ····· 471
5. 재가수행자로서 수행에서 받아들인 놀랍고 경이로운 원리는 무엇인가? ·· 479
6. 위대한 사람의 사유란 어떠한 것을 두고 하는 말인가? ····· 483
7. 보시와 계행과 수행으로 이루어지는 공덕의 결과의 차이는 무엇일까? ··· 494
8. 학습계율을 어김의 경중에 따른 업보의 차이는 어떻게 될까? ····· 497
9. 차제적 명상수행이란 어떻게 이루어져야 하는 것인가? ····· 499
10. 빛과 형태에 대한 지각과 천신들과의 대화는 어떻게 가능한가? ····· 504
11. 여덟 가지 해탈이란 어떠한 것인가? ····· 508

9. 아홉 모아모음[Navakanipāta]

1. 선정수행의 단계와 번뇌의 부숨의 관계는 어떠한 것인가? ····· 510
2. 선정수행에서 감각영역을 초월할 수 있는가? ····· 522
3. 무한한 지혜로 유한한 세계를 본다면, 어떻게 세계의 종식에 도달할 수 있는가? · 524
4. 차폐(遮蔽)에서 열개(裂開)를 찾는 명상수행이란 어떠한 것인가? ····· 531
5. 몸으로 깨우친 님은 어떠한 선정의 경험을 가진 자를 일컫는 것일까? ··· 535

6. 지혜로 해탈한 님의 선정에 대한 인식은 어떠한 것인가? 537
7. 양면으로 해탈한 님의 선정에 대한 인식은 어떠한 것인가? 540
8. 선정의 단계와 특정한 관점에서의 열반이란 무엇을 뜻하는가? 543

10. 열 모아모음[Dasakanipāta] 546

1. 수행자가 소원을 이루기 위해서 해야 할 일은 무엇인가? 546
2. 한계 없는 마음은 어떻게 성취할 수 있는가? 548
3. 궁극적 앎을 선언한 자에 대하여 어떻게 검증할 수 있을까? 550
4. 욕망을 향유하는 자들에게 존재하는 윤리적 다양성이란 무엇인가? 552
5. 모든 형이상학은 단지 '이것이야말로 진리이다.'라는 견해에 불과한 것인가? 561
6. 수행자가 숲속의 외딴 처소의 삶에서 누리는 즐거움은 어떠한 것인가? .. 568
7. 가르침에 어긋나는 유해한 것과 가르침에 일치하는 유익한 것은 무엇인가? 579
8. 현자인지 현자가 아닌지에 대해 알아보는 척도는 무엇인가? 580
9. 타종교의 종교적 의례에 대한 부처님의 수용방식은 어떠한 것일까? 585
10. 착하고 건전한 것의 전조로서 새벽에 비유될 수 있는 것은 무엇인가? 588
11. 쌓아 모으는 것과 버리고 없애는 것의 차이는 어디에 있는가? 588
12. 의도적으로 만들어지고 집적된 업은 그 과보을 받아야만 하는가? 589
13. 죽을 이 몸을 갖고 갈 수 없다면 우리가 해야 할 일은 무엇인가? 597

11. 열하나 모아모음[Ekādasakanipāta]

1. 수행의 각 단계에서 이익과 공덕에는 어떠한 것들이 있을까? 603
2. 조건의 충족 없이 성취된 마음의 상태가 나타나길 의도하는 것은 옳은 것인가? · 605
3. 지각을 여읜 열반에 대한 지각은 어떻게 가능한 것일까? 607
4. 정신활동을 여읜 열반에 대한 정신활동은 어떻게 이루어질 수 있을까? 612
5. 길들여진 준마처럼 사유하라는 것은 어떠한 의미를 지니는가? 615

참 고 문 헌/624
빠알리어 한글표기법/632
불교의 세계관/634
주요번역술어 / 638
고유명사와 비유의 색인 / 650
빠알리대장경구성 / 654
빠알리성전협회안내/ 655

일 러 두 기

1. 이 앤솔로지는 한국빠알리성전협회의 ≪앙굿따라니까야≫ 전집의 3,573[확대8497] 경에서 발췌한 250개 경들을 모은 것이다.
2. 경제목은 각 경의 내용을 쉽게 알아볼 수 있도록 제목을 다양한 방식으로 다시 달았다. 어떤 주제에 대해 부처님께서 어떻게 말씀하셨는지 쉽게 찾을 수 있도록 했다.
3. 경제목의 주석에서 밝힌 각 경전의 출처는 빠알리어를 로마나이즈화한 PTS.본의 권수와 쪽수를 밝힌 것이고 경전의 원제목은 PTS.본과 상관없이 미얀마 육차결집본에 따른 것이다.
4. 이 빠알리 경전은 한글세대를 위해 가능한 한 쉬운 우리말을 사용했으며, 연결사나 부사를 가감하여 번역했다.
5. 대화의 흐름을 분명히 하기 위하여 원전에는 없으나 화자를 괄호 안에 삽입하였다.
6. 일부 용어가 우리말 ≪앙굿따라니까야≫ 전집과 다를 수도 있는데 그것은 좀 더 독자들이 알기 쉬운 번역용어를 선택해 다시 번역했기 때문이다.
7. 여기 수록된 번역은 이미 출간된 ≪앙굿따라니까야≫ 전집의 해당 경전을 교정한 것이다. 이들 경전의 PTS.본 출처와 미얀마본 원제목을 추적해서 전집의 경들을 찾아 고쳐 읽을 것을 권한다.
8. 부록에는 학문적인 이해를 돕기 위해 빠알리 표기법과 불교의 세계관, 주요번역술어 그리고 고유명사와 비유색인을 포함시켰다.

생활 속의 명상수행

Aṅguttaranikāya

1. **하나 모아모음**[Ekanipāta]

1. 여자의 형상이란 어떠한 것인가?[1]

1. 한때 세존께서는 싸밧티[2] 시의 제따바나 숲[3]에 있는 아나타삔디까 승원[4]에 계셨다.

[세존] "수행승들이여, 나는 여자의 형상처럼 남자의 마음을 사로잡는 다른 하나의 형상을 보지 못했다.

2. 수행승들이여, 여자의 형상은 남자의 마음을 사로잡는다.

2. 여자의 소리란 어떠한 것인가?

1. [세존] "수행승들이여, 나는 여자의 소리처럼 남자의 마음을 사로잡는 다른 하나의 소리를 보지 못했다.

---

1) AN. I. 1 : 여자의 경①-⑤[Itthisutta] 증일아함 4 (대정 2, 563a) 참조

2) Sāvatthī : 부처님 당시 꼬쌀라(Kosala) 국의 수도로 사위성(舍衛城)이라 한역한다. 네팔 국경지역에 놓여 있는 오늘날의 고락뿌르(Gorakhpur)의 북서쪽에 위치하고 있다. 이 도시의 이름은 성자 싸밧타(Sāvattha)가 살았던 데서 유래한다고도 하고, 상업도시이므로 대상(隊商)들이 만나서 '어떤 상품이 있는가(kim bhandan atthi)'라고 물으면 '사밤앗티(sabham atthi : 모든 것이 있다)'라고 대답한 데서 유래한다고도 한다. 부처님께서는 승원생활의 대부분을 이곳에서 보내셨다.

3) Jetavana : 기타림(祇陀林), 혹은 기수(祇樹)라고 하고, 원래 소유하고 있던 태자의 이름을 딴 것이다.

4) Anāthapiṇḍikassa ārāme : 한역으로 급고독원(給孤獨園)이라고 한다. 아나타삔디까는 아나타삔디까는 싸밧티 시의 부호였다. 아나타삔디까라는 이름은 장자 쑤닷따(Sudatta : 須達多)의 별명으로 '외로운 이를 부양하는 자'라는 뜻을 지니고 있다. 그는 부처님의 제자인 재가의 남자 신자 가운데 '보시하는 님 가운데 제일(dāyakānaṃ aggo)'이다. 그가 부처님을 처음 만나 감화된 것은 부처님께서 깨달음을 이룬지 일 년도 안 된 때였고 라자가하 시에서였다. 그는 부처님께 약속한 대로 정사를 짓기 위해 싸밧티에 있는 제따(Jeta) 태자의 공원을 전 재산을 들여서라도 사려고 했다. 그러자 그의 열성에 감동한 태자는 무상으로 기증했고, 그래서 그는 그 돈으로 정사를 지어 부처님께 기증했다.

2. 수행승들이여, 여자의 소리는 남자의 마음을 사로잡는다."

3. 여자의 냄새란 어떠한 것인가?

1. [세존] "수행승들이여, 나는 여자의 냄새처럼 남자의 마음을 사로잡는 다른 하나의 냄새를 보지 못했다.

2. 수행승들이여, 여자의 냄새는 남자의 마음을 사로잡는다."

4. 여자의 맛이란 어떠한 것인가?

1. [세존] "수행승들이여, 나는 여자의 맛처럼 남자의 마음을 사로잡는 다른 하나의 맛을 보지 못했다.

2. 수행승들이여, 여자의 맛은 남자의 마음을 사로잡는다."

5. 여자의 감촉이란 어떠한 것인가?

1. [세존] "수행승들이여, 나는 여자의 감촉처럼 남자의 마음을 사로잡는 다른 하나의 감촉을 보지 못했다.

2. 수행승들이여, 여자의 감촉은 남자의 마음을 사로잡는다."

6. 남자의 형상이란 어떠한 것인가?[5)]

1. [세존] "수행승들이여, 나는 남자의 형상처럼 여자의 마음을 사로잡는 다른 하나의 형상을 보지 못했다.

2. 수행승들이여, 남자의 형상은 여자의 마음을 사로잡는다."

7. 남자의 소리란 어떠한 것인가?

---

5) AN. I. 2 : 남자의 경①-⑤[Purisasutta] 증일아함 4 (대정 2, 563a) 참조

1. [세존] "수행승들이여, 나는 남자의 소리처럼 여자의 마음을 사로잡는 다른 하나의 소리를 보지 못했다.

2. 수행승들이여, 남자의 소리는 여자의 마음을 사로잡는다."

8. 남자의 냄새란 어떠한 것인가?

1. [세존] "수행승들이여, 나는 남자의 냄새처럼 여자의 마음을 사로잡는 다른 하나의 냄새를 보지 못했다.

2. 수행승들이여, 남자의 냄새는 여자의 마음을 사로잡는다."

9. 남자의 맛이란 어떠한 것인가?

1. [세존] "수행승들이여, 나는 남자의 맛처럼 여자의 마음을 사로잡는 다른 하나의 맛을 보지 못했다.

2. 수행승들이여, 남자의 맛은 여자의 마음을 사로잡는다."

10. 남자의 감촉이란 어떠한 것인가?

1. [세존] "수행승들이여, 나는 남자의 감촉처럼 여자의 마음을 사로잡는 다른 하나의 감촉을 보지 못했다.

2. 수행승들이여, 남자의 감촉은 여자의 마음을 사로잡는다."

11. 감각적 쾌락의 욕망은 어떻게 생겨나고 유지되는가?[6)]

1. 한때 부처님께서는 싸밧티 시에 계셨다.

2. [세존] "수행승들이여, 나는 아름다움의 인상[7)]처럼 아직 일어나

---

6) AN. I. 3 : 아름다움의 인상의 경[Subhanimittasutta], 증일아함 4 (대정 2, 563b) 참조

7) subhanimitta : Mrp. I. 31에 따르면, 탐욕에 의해서 생겨난 대상(rāgaṭṭhānīyaṁ ārammaṇaṁ)을 말한다. 인상을 수반하여(sanimittā) 악하고 불건전한 상태가 생겨나고 인상을 뛰어넘어서(animittā) 악하고 불건전한

지 않은 감각적 쾌락에 대한 욕망을 일으키고 이미 일어난 감각적 쾌락의 욕망을 더욱 많게 하고 크게 하는 다른 하나의 원리를 보지 못했다.

3. 수행승들이여, 아름다움의 인상에 이치에 맞지 않게 정신활동을 기울이면,[8] 아직 일어나지 않은 감각적 쾌락에 대한 욕망을 일으키고 이미 일어난 감각적 쾌락의 욕망을 더욱 많게 하고 크게 한다."

12. 분노는 어떻게 생겨나고 유지되는가?[9]

1. [세존] "수행승들이여, 나는 혐오스러움의 인상[10]처럼 아직 일어나지 않은 분노를 일으키고 이미 일어난 분노를 더욱 많게 하고 크게 하는 다른 하나의 원리를 보지 못했다.

2. 수행승들이여, 혐오스러움의 인상에 이치에 맞지 않게 정신활동을 기울이면, 아직 일어나지 않은 분노를 일으키고 이미 일어난 분노를 더욱 많게 하고 크게 한다."

13. 해태와 혼침은 어떻게 생겨나고 유지되는가?[11]

1. [세존] "수행승들이여, 나는 불만, 권태, 졸림, 포식에서 오는 마음의 침체처럼 아직 일어나지 않은 해태와 혼침을 일으키고 이미 일어난 해태와 혼침을 더욱 많게 하고 크게 하는 다른 하나의 원리를 보지 못했다.

것들이 생겨나지 않는다.

8) ayoniso manasikarato : Mrp. I. 31에 따르면, 무상한 것을 영원하다고 여기고, 괴로운 것을 즐겁다고 여기고, 실체가 없는 것을 실체가 있다고 여기고, 부정(不淨)한 것을 아름다운 것으로 여기는 것을 말한다. 반대로 이치에 맞는 정신활동은 무상한 것을 무상하다고 여기고, 괴로운 것을 괴롭다고 여기고, 실체가 없는 것을 실체가 없다고 여기고, 부정(不淨)한 것을 부정한 것으로 여기는 것을 말한다.

9) AN. I. 3 : 혐오스러움의 인상의 경[Paṭighanimittasutta]

10) paṭighanimitta : Mrp. I. 31에 따르면, 원해지지 않은 대상(aniṭṭhaṁ nimittaṁ)을 말한다.

11) AN. I. 3 : 침체의 경[Līnattasutta]

2. 수행승들이여, 불만, 권태, 졸림, 포식에서 오는 마음의 침체에 이치에 맞지 않게 정신활동을 기울이면, 아직 일어나지 않은 해태와 혼침을 일으키고 이미 일어난 해태와 혼침을 더욱 많게 하고 크게 한다."

14. 흥분과 회한은 어떻게 생겨나고 유지되는가?[12)]

1. [세존] "수행승들이여, 나는 마음의 불안처럼 아직 일어나지 않은 흥분과 회한을 일으키고 이미 일어난 흥분과 회한을 더욱 많게 하고 크게 하는 다른 하나의 원리를 보지 못했다.

2. 수행승들이여, 마음의 불안에 이치에 맞지 않게 정신활동을 기울이면, 아직 일어나지 않은 흥분과 회한을 일으키고 이미 일어난 흥분과 회한을 더욱 많게 하고 크게 한다."

15. 회의적 의심은 어떻게 생겨나고 유지되는가?[13)]

1. [세존] "수행승들이여, 나는 이치에 맞지 않는 정신활동처럼 아직 일어나지 않은 회의적 의심을 일으키고 이미 일어난 회의적 의심을 더욱 많게 하고 크게 하는 다른 하나의 원리를 보지 못했다.

2. 수행승들이여, 이치에 맞지 않게 정신활동을 기울이면, 아직 일어나지 않은 회의적 의심을 일으키고 이미 일어난 회의적 의심을 더욱 많게 하고 크게 한다."

16. 감각적 쾌락의 욕망을 어떻게 제거할 것인가?[14)]

1. [세존] "수행승들이여, 나는 부정의 인상[15)]처럼 아직 일어나지

---

12) AN. I. 3 : 불안의 경[Avūpasamasutta]
13) AN. I. 4 : 이치에 맞지 않음의 경[Ayonisosutta], 증일아함 4 (대정 2, 563b) 참조
14) AN. I. 4 : 부정(不淨)의 인상의 경[Asubhanimittasutta]

않은 감각적 쾌락에 대한 욕망을 일으키지 않고 이미 일어난 감각적 쾌락의 욕망을 제거하는 다른 하나의 원리를 보지 못했다.

2. 수행승들이여, 부정의 인상에 이치에 맞게 정신활동을 기울이면, 아직 일어나지 않은 감각적 쾌락에 대한 욕망을 일으키지 않고 이미 일어난 감각적 쾌락의 욕망을 제거한다."

17. 분노를 어떻게 제거할 것인가?[16]

1. [세존] "수행승들이여, 나는 자애의 마음에 의한 해탈[17]처럼 아직 일어나지 않은 분노를 일으키지 않고 이미 일어난 분노를 제거하는 다른 하나의 원리를 보지 못했다.

2. 수행승들이여, 자애의 마음에 의한 해탈에 이치에 맞게 정신활동을 기울이면, 아직 일어나지 않은 분노를 일으키지 않고 이미 일어난 분노를 제거한다."

18. 해태와 혼침을 어떻게 극복할 것인가?[18]

1. [세존] "수행승들이여, 나는 시도의 세계, 추진의 세계, 용맹의 세계[19]처럼 아직 일어나지 않은 해태와 혼침을 일으키지 않고 이미

---

15) asubhanimitta : 아름답지 못한 것에 대한 인상[不淨相]을 말한다. Vism. 110에 따르면, 대표적으로 십부정(十不淨 : dasa asubhā)이 있는데, 우리는 이것에 대한 지각을 계발할 수 있다. ① 부풀어 오른 시체에 대한 지각[膨脹想 : uddhumātaka] ② 푸르게 멍든 어혈을 지닌 시체에 대한 지각[靑瘀想 : vinīlakasaññā] ③ 고름이 가득 찬 시체에 대한 지각[膿爛想 : vipubbakasaññā] ④ 부패해서 갈라진 시체에 대한 지각(斷壞想 : vicchiddakasaññā) ⑤ 동물이 먹고 남은 시체에 대한 지각(食殘想 vikkhāyitakasaññā) ⑥ 흩어진 시체에 대한 지각(散亂想 : vikkhittakasaññā) ⑦ 살해되어 사지가 흩어진 시체에 대한 지각(斬斫離散想 : hatavikkhittakasaññā) ⑧ 피로 물든 시체에 대한 지각(血塗想 : lohitakasaññā) ⑨ 벌레들이 모여 우글거리는 시체에 대한 지각(蟲聚想 : puḷuvakasaññā) ⑩ 해골과 뼈만 남은 시체에 대한 지각(骸骨想 : aṭṭhikasaññā).

16) AN. I. 4 : 자애의 마음에 의한 해탈의 경[Mettācetovimuttisutta]

17) mettācetovimutti : Mrp. I. 47에 따르면, 자애는 모든 뭇삶에 이익을 펼치는 것을 말하고 마음의 해탈은 다섯 가지 장애에 묶인 마음의 해탈을 의미한다. 여기서는 자애를 통한 세 번째 선정과 네 번째 선정의 성취를 말하는 것이다.

18) AN. I. 4 : 시도의 경[Ārambhasutta]

19) ārambhadhātu nikkamadhātu parakkamadhātu : 시도의 계(界), 추진의 계(界), 용맹의 계(界)를말한다. Sr

일어난 해태와 혼침을 제거하는 다른 하나의 원리를 보지 못했다.

2. 수행승들이여, 시도의 세계, 추진의 세계, 용맹의 세계에 이치에 맞게 정신활동을 기울이면, 아직 일어나지 않은 해태와 혼침을 일으키지 않고 이미 일어난 해태와 혼침을 제거한다."

19. 흥분과 회한을 어떻게 제거할 것인가?[20]

1. [세존] "수행승들이여, 나는 마음의 적멸처럼 아직 일어나지 않은 흥분과 회한을 일으키지 않고 이미 일어난 흥분과 회한을 제거하는 다른 하나의 원리를 보지 못했다.

2. 수행승들이여, 마음의 적멸에 이치에 맞게 정신활동을 기울이면, 아직 일어나지 않은 흥분과 회한을 일으키지 않고 이미 일어난 흥분과 회한을 제거한다."

20. 회의적 의심을 어떻게 제거할 것인가?[21]

1. [세존] "수행승들이여, 나는 이치에 맞는 정신활동처럼 아직 일어나지 않은 회의적 의심을 일으키지 않고 이미 일어난 회의적 의심을 제거하는 다른 하나의 원리를 보지 못했다.

2. 수행승들이여, 이치에 맞게 정신활동을 기울이면, 아직 일어나지 않은 회의적 의심을 일으키지 않고 이미 일어난 회의적 의심을 제거한다."

21. 마음이 잘못 놓이면 어떻게 되는가?[22]

---

p. III. 141에 따르면, 시도의 세계는 시작의 단계의 노력을 뜻하고 추진의 세계는 나태함을 버리고 강하게 노력하는 단계를 말하고 용맹의 세계는 목표에 가깝게 잡아당기듯 강하게 노력하는 단계를 말한다.

20) AN. I. 4 : 적멸의 경[Vūpasamasutta]

21) AN. I. 4 : 이치에 맞음의 경[yonisosutta]

22) AN. I. 8 : 무명의 경[Avijjāsutta]

1. 한때 부처님께서는 싸밧티 시에 계셨다.

2. [세존] "수행승들이여, 예를 들어 벼이삭이나 보리이삭이 잘못 놓였다면, 손이나 발이 스치면 손이나 발을 베어 피가 흐르게 할 수 없다. 그것은 무슨 까닭인가? 수행승들이여, 이삭이 잘못 놓인 까닭이다.

3. 수행승들이여, 이와 같이 수행승들에게 마음이 잘못 놓이면, 무명을 베어서 명지를 흐르게 하지 못하여 열반을 실현시킬 수 없다. 그것은 무슨 까닭인가? 수행승들이여, 마음이 잘못 놓인 까닭이다."

22. 마음이 올바로 놓이면 어떻게 되는가?[23)]

1. [세존] "수행승들이여, 예를 들어 벼이삭이나 보리이삭이 올바로 놓였다면, 손이나 발이 스치면 손이나 발을 베어서 피가 흐르게 할 수 있다. 그것은 무슨 까닭인가? 수행승들이여, 이삭이 올바로 놓인 까닭이다.

2. 수행승들이여, 이와 같이 수행승들에게 마음이 올바로 놓이면, 무명을 베어서 명지를 흐르게 하여 열반을 실현시킬 수 있다. 그것은 무슨 까닭인가? 수행승들이여, 마음이 올바로 놓인 까닭이다."

23. 사악한 마음의 상태는 어떻게 귀결되는가?[24)]

1. [세존] "수행승들이여, 여기 어떤 사람이 사악한 마음의 상태에 있다는 것을 나는 나의 마음을 미루어 그의 마음을 안다. 만약 이때 그 사람이 죽는다면 그 과보로 지옥에 떨어질 것이다. 그것은 무슨 까닭인가? 수행승들이여, 마음이 사악해졌기 때문이다.

---

23) AN. I. 8 : 명지의 경[Vijjāsutta]

24) AN. I. 8 : 사악한 마음의 경[Cittapaduṭṭhasutta], 증일아함 4 (대정 2, 562c); It. 20 참조

2. 수행승들이여, 이와 같이 마음이 사악해진 까닭에 세상에 어떤 뭇 삶들은 몸이 파괴되어 죽은 후에 괴로운 곳, 나쁜 곳, 타락한 곳, 지옥[25]에 태어난다."

24. 청정한 마음의 상태는 어떻게 귀결되는가?[26]

1. [세존] "수행승들이여, 여기 어떤 사람이 청정한 마음의 상태에 있다는 것을 나는 나의 마음을 미루어 그의 마음을 안다. 만약 이때 그 사람이 죽는다면 그 과보로 하늘나라에 올라갈 것이다. 그것은 무슨 까닭인가? 수행승들이여, 마음이 청정해졌기 때문이다.

2. 수행승들이여, 이와 같이 마음이 청정해진 까닭에 세상에 어떤 뭇 삶들은 몸이 파괴되어 죽은 후에 좋은 곳, 하늘나라[27]에 태어난다."

25. 혼탁해진 마음으로 고귀한 앎과 봄을 실현할 수 있는가?[28]

1. [세존] "수행승들이여, 예를 들어 물이 가득 찬 호수가 혼탁하고, 혼란되고, 흙탕이라면, 눈 있는 사람이 물가에 서서 움직이거나 서 있는 굴과 조개, 자갈과 돌, 물고기와 수초를 볼 수 없다. 그것은 무슨 까닭인가? 수행승들이여, 물이 혼탁하기 때문이다.

2. 수행승들이여, 이와 같이 수행승이 마음이 혼탁하면, 자신의 이익

---

25) apāya, duggati, vinipāta, niraya : Mrp. I. 57에 따르면, 각각 괴로운 곳(苦處 : apāya), 악한 삶의 길(惡趣 : duggati), 타락한 곳(墮處 : vinipāta) 지옥(地獄 : niraya)은 모두 지옥의 동의어이다. 그러나 Las. I. 51에 따르면, 이 말들은 각각 서로 다른 네 가지 하층의 세계를 의미한다. 즉, 차례로 축생(畜生 : tiracchāna), 아귀의 세계(餓鬼 : pettivisaya), 아수라의 무리(阿修羅 : asuranikāya), 지옥(地獄 : niraya)을 의미한다. 지옥은 어원적으로 '산산 조각난 것'이라는 뜻이 있다. 그런데 네 가지는 동의어로서 네 가지 하층의 세계를 모두 지칭하는 것으로 경전상에서 사용되는 것 같다.

26) AN. I. 8 : 청정한 마음의 경[Cittapasannasutta], 증일아함 4 (대정 2, 563a); It. 21 참조

27) sugatiṃ saggaṃ lokaṃ : 행복한 삶의 길의 세계를 말하며, 인간과 천신의 세계는 좋은 곳(sugati : 善趣)이라고 한다. 이 책의 부록 「불교의 세계관」을 참조하라.

28) AN. I. 9 : 혼탁한 호수의 경[Āvilarahadasutta]

을 알 수 없고, 타인의 이익을 알 수가 없고, 그 양자의 이익을 알 수 없고 인간의 성품을 뛰어넘는[29] 고귀한 앎과 봄을 실현할 수 없다.[30] 그것은 무슨 까닭인가? 수행승들이여, 마음이 혼탁하기 때문이다."

26. 청정한 마음으로 고귀한 앎과 봄을 실현할 수 있는가?[31]

1. [세존] "수행승들이여, 예를 들어 물이 가득 찬 호수가 청정하고, 맑고, 깨끗하다면, 눈 있는 사람이 물가에 서서 움직이거나 서 있는 굴과 조개, 자갈과 돌, 물고기와 수초를 볼 수 있다. 그것은 무슨 까닭인가? 수행승들이여, 물이 청정하기 때문이다.

2. 수행승들이여, 이와 같이 수행승이 마음이 청정하면, 자신의 이익을 알 수 있고, 타인의 이익을 알 수가 있고, 그 양자의 이익을 알 수 있고 인간의 성품을 뛰어넘는 고귀한 앎과 봄을 실현할 수 있다. 그것은 무슨 까닭인가? 수행승들이여, 마음이 청정하기 때문이다."

27. 닦고 익힌 마음의 특성이란 무엇인가?[32]

1. [세존] "수행승들이여, 예를 들어, 여러 종류의 나무들이 있는데,

---

29) uttariṃ vā manussadhammā : Mrp. I. 58에 따르면, 여기서 '인간의 성품'란 열 가지 착하고 건전한 행위의 길[十善業道 : dasakusalakammapatha]을 말한다. '인간의 성품을 뛰어넘는 것은 '선정과 통찰과 길과 경지(jhānavipassanāmaggaphalāni)'를 말한다.

30) alamariyañāṇadassanavisesaṃ sacchikarissatīti, netaṃ ṭhānaṃ vijjati : 부처님의 가르침에서 앎과 봄은 가장 중요한 가르침이다. 봉사가 '붉은 신호등일 때 서고 푸른 신호등일 때 가야 한다.'는 앎이 있어도, 실제 신호등 앞에서는 봄이 없기 때문에 그의 앎은 소용이 없다. 또 어린 아이는 신호등 앞에서 붉은 신호등이나 푸른 신호등을 볼 수 있어도, '붉은 신호등일 때 서야 하고 푸른 신호등일 때 가야 한다.'는 앎이 없기 때문에 그의 봄은 아무런 소용이 없다. 한역에서는 지견(知見)이라고 번역한다. Mrp. I. 58에 따르면, 고귀한 앎과 봄이란 고귀한 자들에게 적합한 탁월한 앎과 봄을 말한다. 그것은 하늘눈의 지혜(dibbacakkhuñāṇa), 통찰의 지혜(vipassanāñāṇa), 길의 지혜(maggañāṇa), 경지의 지혜(phalañāṇa), 성찰의 지혜(paccavekkhanañāṇa)를 포함한다.

31) AN. I. 9 : 청정한 호수의 경[Accharahadasutta]

32) AN. I. 9 : 판다나 나무의 경[Phandanasutta]

그 가운데 판다나[33] 나무가 유연성이나 적응성에서 최상인 것처럼, 수행승들이여, 이와 같이 나는 닦고 익힌 마음처럼 유연성과 적응성을 갖춘 다른 하나의 원리를 보지 못했다.

2. 수행승들이여, 닦고 익힌 마음은 유연성과 적응성을 갖춘다."

28. 마음의 변화속도는 얼마나 빠른가?[34]

1. [세존] "수행승들이여, 나는 마음 보다 빨리 변화하는[35] 다른 하나의 원리를 보지 못했다.

2. 수행승들이여, 마음이 얼마나 빨리 변화하는 지를 설명하는 것은 쉽지 않다."

29. 빛나는 마음이지만 번뇌로 오염될 수 있는가?[36]

1. [세존] "수행승들이여, 이 마음은 빛나는 것이다. 그 마음이 다가오는 번뇌로 오염된다."[37]

---

33) phandana : 학명이 Dalbergia이다. 그런데 주석서에서는 전단나무(candana)라고 읽고 있다.

34) AN. I. 10 : 빨리 변화하는 마음의 경[Lahuparivattacittasutta]

35) lahuparivattaṃ yathayidaṃ cittaṃ : Mrp. I. 59에 따르면, 여기서 변화(parivatta)는 생겨나고 사라지는 것을 말하며, 마음은 잠재의식(有分心 : bhavaṅgacitta)이라고 해석하는 사람도 있지만, 여기서의 마음은 시각의식(cakkhuviññāṇa)에 관련된 것이다.

36) AN. I. 10 : 빛나는 마음의 경①[Paṭhamapabhassarasutta])

37) pabhassaramidaṃ bhikkhave cittaṃ tañca kho āgantukehi upakkilesehi upakkiliṭṭhaṃ : 이 구절은 대승불교의 단초를 제공하는 것 같은 인상을 준다. 능가경의 '여래장은 청정한 모습을 지녔지만, 객진번뇌에 의해서 오염되어 부정하다(以如來藏是淸淨相 客塵煩惱垢染不淨)'이라는 말을 상기시킨다. 실제로 '다가오는 번뇌'는 한역에서 '객진번뇌(客塵煩惱)라고 한다. Mrp. I. 60에 따르면, 빛나는 것이란 밝고 청정한 것(paṇḍaraṁ paris uddhaṁ)을 말하고 마음은 잠재의식으로 이해되는 존재흐름의 마음(有分心 : bhavaṅgacitta)을 말한다. '다가오는 번뇌에 의해서 오염된다.'는 것은 잠재의식과 함께 생겨난 것(sahajāta)이 아니라 나중에 빠른 포착의 찰나에(javanakkhaṇe) 나타나는 탐욕, 성냄, 어리석음의 번뇌에 의해서 마음이 오염된다는 뜻이다. 그 관계는 바른 행실을 갖춘 부모나 스승이 행실이 나쁜 아들이나 제자 때문에 치욕을 얻는 것과 같다. 따라서 '청정한 잠재의식'과 '다가오는 번뇌의 오염'은 동시에 성립하는 것이 아니라 차제로 따르는 것이다. 이러한 이해는 대승불교와는 이해방식은 다른 것이지만, 대승불교나 선불교에 상당한 영향을 끼친 사상임에는 틀림이 없다. 그러나 여기서 말하는 잠재의식은 서구의 심리학에서 말하는 잠재의식과 달리 윤회 속에서 개인적인 삶에 연속성(ekas antati)을 부여하는 무의식적인 정신적 과정을 말한다.

30. 빛나는 마음이므로 번뇌에서 벗어날 수 있는가?[38]

1. [세존] "수행승들이여, 이 마음은 빛나는 것이다. 그 마음이 다가오는 번뇌에서 벗어난다."[39]

31. 배우지 못한 일반사람은 왜 번뇌로 오염는가?[40]

1. [세존] "수행승들이여, 이 마음은 빛나는 것이다. 그 마음이 다가오는 번뇌로 오염된다.

2. 배우지 못한 일반사람은[41] 그것을 있는 그대로 분명히 알지 못한다. 그래서 배우지 못한 일반사람에게는 마음의 수행이 없다고[42] 나는 말한다."

32. 잘 배운 고귀한 제자는 어떻게 번뇌에서 벗어나는가?[43]

1. [세존] "수행승들이여, 이 마음은 빛나는 것이다. 그 마음이 다가오는 번뇌에서 벗어난다.

2. 잘 배운 고귀한 제자는[44] 그것을 있는 그대로 분명히 안다. 그래

38) AN. I. 10 : 마음의 경②[Dutiyapabhassaracittasutta]

39) pabhassaramidaṃ bhikkhave cittaṃ, tañca kho āgantukehi upakkilesehi vippamuttan ti : Mrp. I. 60에 따르면, 여기서 '벗어나는'이라는 것은 순간적인 포착의 순간에(javanakkhaṇe) 탐욕의 여읨, 성냄의 여읨, 어리석음의 여읨이라는 세 가지 조건을 갖춘 지혜에 상응하는 착하고 건전한 것들이 나타나면, 마음이 다가오는 번뇌에서 벗어난다는 뜻이다. 그 관계는 계행을 지키고 행실이 바른 자식이나 제자 때문에 부모나 스승이 '훌륭하게 공부시키고 훈계하고 가르쳤다.'고 칭찬을 듣는 것과 같다.

40) AN. I. 10 : 수행의 빛남의 경①[Paṭhamapabhassarasutta]

41) assutavā puthujjano : 배우지 못한 범부를 말하는데, 이들은 아직 '흐름의 길에 들어선 님[豫流向 : sotāpattimagga]'이 아직 아닌 자를 말한다. 범부의 어원에 관해서는 '많은(*ved.* pṛthu)'과 '개별적, 별개의(*ved.* pṛthak)'라는 두 어원이 있으므로 Srp. II. 97에서는 '많은 번뇌를 지닌 존재' 또는 '고귀한 자와는 별개의 존재'라고 규정하고 있다. Pps. I. 21에 따르면, ① 가르침에 대한 지식이나 수행이 없는 배우지 못한 범부(assutavā puthujjana)와 ② 진리의 흐름에 들지 못했으나 착하고 건전한 범부(kalyāṇa puthujjana)가 있다.

42) cittabhāvanā natthi : Mrp. I. 63에 따르면, 마음의 안정(cittaṭṭhiti)이 없는 것과 마음의 파악(cittapariggaha)이 없는 것을 말한다.

43) AN. I. 10 : 빛남의 경②[Dutiyapabhassarasutta]

44) ariyasāvako : Srp. II. 59에 따르면, 고귀한 제자(ariyasāvaka)는 일반사람의 지위를 뛰어넘은 자(puthujjanabhūmiṁ atikkanto)로 규정하고 있는데 이는 네 쌍으로 여덟이 되는 참사람[四雙八輩] 가운데 거룩한 님[阿羅

서 잘 배운 고귀한 제자에게 마음의 수행이 있다고 나는 말한다."

33. 공허하지 않은 선정수행이란 무엇인가?[45]

1. [세존] "수행승들이여, 손가락을 튕기는 순간이라도 자애의 마음을 닦는다면, 그를 공허하지 않은 선정을 닦는 수행승이라고 한다.[46]

2. 수행승들이여, 그는 스승의 가르침을 실천하는 것이고 훈계를 따르는 것이고 헛되이 백성의 시물을[47] 축내지 않는다. 하물며 그것을 자주 익힌다면 더 무엇을 말하겠는가?"

34. 악하고 불건전한 것들에 선행하는 것은 무엇인가?[48]

1. [세존] "수행승들이여, 악하고 불건전한 것들에 속하고 악하고 불건전한 것들의 편인 어떠한 악하고 불건전한 것들이라도 정신을 선구로 한다.[49]

2. 왜냐하면 그것들 가운데 정신이 먼저 일어나고 악하고 불건전한 것들은 나중에 일어나기 때문이다."

漢]을 제외한 자를 말하는 것이다.

45) AN. I. 10 : 손가락 튕김의 경②[Dutiyāccharāsaṅghātasutta]

46) accharāsaṅghātamattampi ce bhikkhave bhikkhu mettaṃ cittaṃ bhāveti, ayaṃ vuccati bhikkhave bhikkhu arittajjhāno viharati : PTS. 본은 bhikkhu와 arittajjhāno 사이에 방점이 있는 경우와 아예 방점이 없이 다음 문장과 연결된 경우가 있다. 앞에 방점대로 해석하면, 논리적으로 분명하지가 않고 방점이 없이 다음문장과 연결하면, 전체를 하나의 문장으로 만들어야한다. 그러나 미얀마 제6차 결집본은 이 문장이 하나의 문장으로 취급하고 있고, 다음 문장과는 병열관계로 취급하고 있다.

47) raṭṭhapiṇḍaṃ : 원래는 '나라의 시물(施物)'을 뜻한다. 그런데 Mrp. I. 73에 따르면, 친지들을 순례하는 것을 버리고 나라[王國]에 의지하여 출가한 자가 타인의 집에서 얻은 공양을 나라의 보시물이라고 한다.

48) AN. I. 10 : 선구의 경①[Paṭhamapubbaṅgamasutta]

49) manopubbaṅgamā : Mrp. 73에 따르면, 어떠한 것이라도 정신과 함께 일어나고(ekuppādā) 함께 토대를 갖고(ekuvatthukā), 함께 소멸하고(ekanirodhā), 함께 대상(ekārammaṇā)을 갖는다. 그러나 정신이 일어나게 하고(uppādākō) 만들게 하고(kārako) 생겨나게 하고(janako) 발생하게 하고(samuṭṭhāpako) 산출하게 하기(nibbattako) 때문에 정신을 선구라고 한다. Dhp. 1, 2 참조.

35. 착하고 건전한 것들에 선행하는 것은 무엇인가?[50]

1. [세존] "수행승들이여, 착하고 건전한 것들에 속하고 착하고 건전한 것들의 편인 어떠한 착하고 건전한 것들이라도 정신을 선구로 한다.

2. 왜냐하면 그것들 가운데 정신이 먼저 일어나고 착하고 건전한 것들은 나중에 일어나기 때문이다."

36. 방일하면 어떻게 되는가?[51]

1. [세존] "수행승들이여, 나는 방일[52]처럼 아직 생겨나지 않은 악하고 불건전한 것들을 생겨나게 하고 이미 생겨난 착하고 건전한 것들을 끊어버리는 다른 하나의 원리를 보지 못했다.

2. 수행승들이여, 방일하면 아직 생겨나지 않은 악하고 불건전한 것들이 생겨나고 이미 생겨난 착하고 건전한 것들이 끊어진다."

37. 방일하지 말아야 할 이유는 무엇인가?[53]

1. [세존] "수행승들이여, 나는 방일하지 않음처럼 아직 생겨나지 않은 착하고 건전한 것들을 생겨나게 하고 이미 생겨난 악하고 불건전한 것들을 끊어버리는 다른 하나의 원리를 보지 못했다.

2. 수행승들이여, 방일하지 않으면 아직 생겨나지 않은 착하고 건전한 것들이 생겨나고 이미 생겨난 악하고 불건전한 것들이 끊

50) AN. I. 10 : 선구의 경②[Dutiyapubbaṅgamasutta]
51) AN. I. 10 : 방일의 경[Pamādasutta]
52) pamādo : Mrp. 74에 의하면, 신체적 악행, 언어적 악행, 정신적 악행을 통해서 다섯 가지 감각적 쾌락의 욕망 가운데 마음을 던져버리고, 착하고 건전한 것들을 통해서 수행에서 마음을 주의깊게 닦지 않고, 지속적으로 닦지 않고, 견고하게 닦지 않고, 타락하고, 의욕을 버리고, 의지를 버리고, 결정하지 못하고, 전념하지 못하고, 섬기지 않고, 닦지 않고, 익히지 않아서 나태하고 태만하고 부주의한 것을 방일이라고 한다.
53) AN. I. 10 : 방일하지 않음의 경[Apamādasutta]

어진다."[54]

38. 부처님에 대한 새김의 의의는 무엇인가?[55]

1. 한때 부처님께서는 싸밧티 시에 계셨다.

2. [세존] "수행승들이여, 닦고 익히면 결정적으로 싫어하여 떠남, 사라짐, 소멸, 적멸, 곧바로 앎, 완전한 깨달음, 열반에 드는데 도움이 되는 하나의 원리가 있다.[56] 그 하나의 원리란 무엇인가? 부처님에 대한 새김이다.[57]

3. 수행승들이여, 이것이야말로 닦고 익히면 싫어하여 떠남, 사라짐, 소멸, 적멸, 곧바로 앎, 완전한 깨달음, 열반에 드는데 도움이 되는 하나의 원리이다."

39. 가르침에 대한 새김의 의의는 무엇인가?[58]

1. [세존] "수행승들이여, 닦고 익히면 싫어하여 떠남, 사라짐, 소멸, 적멸, 곧바로 앎, 완전한 깨달음, 열반에 드는데 도움이 되는 하나의 원리가 있다. 그 하나의 원리란 무엇인가? 가르침에 대한 새김이다.

---

54) SN. V. 9 참조

55) AN. I. 30 : 부처님에 대한 새김의 경[Buddhānussatisutta]

56) ekadhammo bhikkhave bhāvito bahulīkato ekantanibbidāya virāgāya nirodhāya upasamāya abhiññāya sambodhāya nibbāṇāya saṃvattati : Mrp. II. 18-19에 따르면, 여기서 '결정적으로'라는 것은 '결정적으로 윤회하는 것에서'라는 뜻이고, '싫어하여 떠나고 사라지고 소멸하고 적멸하고'는 '탐욕 등의 번뇌에서 싫어하여 떠나고 사라지고 소멸하고 적멸하는 것'을 의미하는 것이고, '곧바로 아는 것'은 '세 가지의 사실의 특징[三法印]을 아는 것'을 말하고 '올바로 깨닫는 것'은 '네 가지 거룩한 진리[四聖諦]'를 깨닫는 것을 말한다.

57) 이하의 10개의 경전은 각각 열 가지 새김(十隨念 : dasa anussatiyo)을 각각 다루고 있다. ① 부처님에 대한 새김(佛隨念 : buddhānussati) ② 가르침에 대한 새김(法隨念 dhammānussati) ③ 참모임에 대한 새김(僧隨念 : saṅghānussati) ④ 계행에 대한 새김(戒隨念 sīlānussati, ⑤ 보시에 대한 새김(捨隨念 : cāgānussati, ⑥ 하늘사람에 대한 새김(天隨念 : devatānussati, ⑦ 죽음에 대한 새김(死隨念 : maraṇānussati, ⑧ 신체에 대한 새김(身至念 : kāyagatāsati) ⑨ 호흡에 대한 새김(按般念 : ānāpānasati) ⑩ 지멸에 대한 새김(寂至隨念 : upasamānussati). 상세한 것은 Vism. 110을 참조하라.

58) AN. I. 30 : 가르침에 대한 새김의 경[Dhammānussatisutta]

2 수행승들이여, 이것이야말로 닦고 익히면 싫어하여 떠남, 사라짐, 소멸, 적멸, 곧바로 앎, 완전한 깨달음, 열반에 드는데 도움이 되는 하나의 원리이다."

40. 참모임에 대한 새김의 의의는 무엇인가?59)

1 [세존] "수행승들이여, 닦고 익히면 싫어하여 떠남, 사라짐, 소멸, 적멸, 곧바로 앎, 완전한 깨달음, 열반에 드는데 도움이 되는 하나의 원리가 있다. 그 하나의 원리란 무엇인가? 참모임에 대한 새김이다.

2 수행승들이여, 이것이야말로 닦고 익히면 싫어하여 떠남, 사라짐, 소멸, 적멸, 곧바로 앎, 완전한 깨달음, 열반에 드는데 도움이 되는 하나의 원리이다."

41. 계행에 대한 새김의 의의는 무엇인가?60)

1 [세존] "수행승들이여, 닦고 익히면 싫어하여 떠남, 사라짐, 소멸, 적멸, 곧바로 앎, 완전한 깨달음, 열반에 드는데 도움이 되는 하나의 원리가 있다. 그 하나의 원리란 무엇인가? 계행에 대한 새김이다.

2 수행승들이여, 이것이야말로 닦고 익히면 싫어하여 떠남, 사라짐, 소멸, 적멸, 곧바로 앎, 완전한 깨달음, 열반에 드는데 도움이 되는 하나의 원리이다."

42. 보시에 대한 새김의 의의는 무엇인가?61)

1 [세존] "수행승들이여, 닦고 익히면 싫어하여 떠남, 사라짐, 소멸, 적멸, 곧바로 앎, 완전한 깨달음, 열반에 드는데 도움이 되는 하나의

59) AN. I. 30 : 참모임에 대한 새김의 경[Saṅghānussatisutta]
60) AN. I. 30 : 계행에 대한 새김의 경[Sīlānussatisutta]
61) AN. I. 30 : 보시에 대한 새김의 경[Cāgānussatisutta]

원리가 있다. 그 하나의 원리란 무엇인가? 보시에 대한 새김이다.

2. 수행승들이여, 이것이야말로 닦고 익히면 싫어하여 떠남, 사라짐, 소멸, 적멸, 곧바로 앎, 완전한 깨달음, 열반에 드는데 도움이 되는 하나의 원리이다."

43. 신들에 대한 새김의 의의는 무엇인가?[62]

1. [세존] "수행승들이여, 닦고 익히면 싫어하여 떠남, 사라짐, 소멸, 적멸, 곧바로 앎, 완전한 깨달음, 열반에 드는데 도움이 되는 하나의 원리가 있다. 그 하나의 원리란 무엇인가? 신들에 대한 새김이다.

2. 수행승들이여, 이것이야말로 닦고 익히면 싫어하여 떠남, 사라짐, 소멸, 적멸, 곧바로 앎, 완전한 깨달음, 열반에 드는데 도움이 되는 하나의 원리이다."

44. 호흡에 대한 새김의 의의는 무엇인가?[63]

1. [세존] "수행승들이여, 닦고 익히면 싫어하여 떠남, 사라짐, 소멸, 적멸, 곧바로 앎, 완전한 깨달음, 열반에 드는데 도움이 되는 하나의 원리가 있다. 그 하나의 원리란 무엇인가? 호흡에 대한 새김이다.

2. 수행승들이여, 이것이야말로 닦고 익히면 싫어하여 떠남, 사라짐, 소멸, 적멸, 곧바로 앎, 완전한 깨달음, 열반에 드는데 도움이 되는 하나의 원리이다."

45. 죽음에 대한 새김의 의의는 무엇인가?[64]

---

62) AN. I. 30 : 신들에 대한 새김의 경[Devatānussatisutta]
63) AN. I. 30 : 호흡에 대한 새김의 경[Āṇāpānasatisutta]
64) AN. I. 30 : 죽음에 대한 새김의 경[Maraṇasatisutta]

1. [세존] "수행승들이여, 닦고 익히면 싫어하여 떠남, 사라짐, 소멸, 적멸, 곧바로 앎, 완전한 깨달음, 열반에 드는데 도움이 되는 하나의 원리가 있다. 그 하나의 원리란 무엇인가? 죽음에 대한 새김이다.

2. 수행승들이여, 이것이야말로 닦고 익히면 싫어하여 떠남, 사라짐, 소멸, 적멸, 곧바로 앎, 완전한 깨달음, 열반에 드는데 도움이 되는 하나의 원리이다."

46. 신체에 대한 새김의 의의는 무엇인가?65)

1. [세존] "수행승들이여, 닦고 익히면 싫어하여 떠남, 사라짐, 소멸, 적멸, 곧바로 앎, 완전한 깨달음, 열반에 드는데 도움이 되는 하나의 원리가 있다. 그 하나의 원리란 무엇인가? 신체에 대한 새김이다.

2. 수행승들이여, 이것이야말로 닦고 익히면 싫어하여 떠남, 사라짐, 소멸, 적멸, 곧바로 앎, 완전한 깨달음, 열반에 드는데 도움이 되는 하나의 원리이다."

47. 지멸에 대한 새김의 의의는 무엇인가?66)

1. [세존] "수행승들이여, 닦고 익히면 싫어하여 떠남, 사라짐, 소멸, 적멸, 곧바로 앎, 완전한 깨달음, 열반에 드는데 도움이 되는 하나의 원리가 있다. 그 하나의 원리란 무엇인가? 지멸에 대한 새김이다.

2. 수행승들이여, 이것이야말로 닦고 익히면 싫어하여 떠남, 사라짐, 소멸, 적멸, 곧바로 앎, 완전한 깨달음, 열반에 드는데 도움이 되는 하나의 원리이다."

---

65) AN. I. 30 : 신체에 대한 새김의 경[Kāyagatāsatisutta]
66) AN. I. 30 : 지멸에 대한 새김의 경[Upasamānussatisutta]

2. 둘 모아모음[Dukanipāta]

1. 성찰의 힘과 수행의 힘이란 어떻게 다른 것인가?[67]

1. [세존] "수행승들이여, 이와 같은 두 가지 힘이 있다. 두 가지란 어떠한 것인가? 성찰의 힘과 수행의 힘이다.

2. 수행승들이여, 어떠한 것이 성찰의 힘인가?

수행승들이여, 어떤 사람이 있는데, 이와 같이 '신체적인 악행을 하면 현세와 미래세에 악한 과보가 생겨나고, 언어적인 악행을 하면 현세와 미래세에 악한 과보가 생겨나고, 정신적인 악행을 하면 현세와 미래세에 악한 과보가 생겨난다.'라고 성찰한다. 그는 이와 같이 성찰하여 신체적인 악행을 끊어 버리고 신체적인 선행을 닦고, 언어적인 악행을 끊어 버리고 언어적인 선행을 닦고, 정신적인 악행을 끊어 버리고 정신적인 선행을 닦아 자신의 청정을 수호한다.

3. 수행승들이여, 어떠한 것이 수행의 힘인가?

수행승들이여, 세상에 수행승이

1) 멀리 여읨에 기초하고 사라짐에 기초하고 소멸에 기초해서 완전히 버림으로써 열반으로 회향하는[68] 새김의 깨달음 고리[69]를 닦

---

67) AN. I. 52 : 깨달음 고리의 경[Bojjhaṅgasutta] 잡아함 26(대정 2, 184a); 잡아함경(대정 2, 497a) 참조

68) vivekanissitaṁ virāganissitaṁ nirodhanissitaṁ vossaggapariṇāmiṁ : 한역에서는 원리·이탐·지멸·사견회향(遠離·離貪·止滅·捨遣廻向)을 각각 지칭한다. 특히 'virāga'는 이탐(離貪)이라기보다 색깔이 바래서 소멸되는 것을 의미한다. Krs. I. 113의 영역에는 'based on detachment, based on passionlessness, based on cessation, involving maturity of surrender'로 되어 있어 한역의 이탐(離貪)을 어느 정도 받아들이고 있다. 'vossaggapariṇāmiṁ'은 한역에는 사견회향(捨遣廻向) 또는 향어사(向於捨)라고 되어 있는데, 이것을 '버림 가

는다.

2) 멀리 여읨에 기초하고 사라짐에 기초하고 소멸에 기초해서 완전히 버림으로써 열반으로 회향하는 탐구의 깨달음 고리를 닦는다.

3) 멀리 여읨에 기초하고 사라짐에 기초하고 소멸에 기초해서 완전히 버림으로써 열반으로 회향하는 정진의 깨달음 고리를 닦는다.

4) 멀리 여읨에 기초하고 사라짐에 기초하고 소멸에 기초해서 완전히 버림으로써 열반으로 회향하는 희열의 깨달음 고리를 닦는다.

5) 멀리 여읨에 기초하고 사라짐에 기초하고 소멸에 기초해서 완전히 버림으로써 열반으로 회향하는 안온의 깨달음 고리를 닦는다.

6) 멀리 여읨에 기초하고 사라짐에 기초하고 소멸에 기초해서 완전히 버림으로써 열반으로 회향하는 집중의 깨달음 고리를 닦는다.

7) 멀리 여읨에 기초하고 사라짐에 기초하고 소멸에 기초해서 완전히 버림으로써 열반으로 회향하는 평정의 깨달음 고리를 닦는다.

4. 수행승들이여, 이것을 수행의 힘이라고 한다. 수행승들이여, 이와 같은 두 가지 힘이 있다."

2. 부모의 은혜란 어떠한 것이고 어떻게 갚을 것인가?[70)]

1. [세존] "수행승들이여, 두 분에 대하여는 은혜를 갚기가 쉽지 않

운데 성숙하는' 또는 '포기하여 향하게 하는'이라는 뜻을 지닌다. Krs. V. 27은 '자아-정복으로 끝나는(ends in self-surrender)'이라고 번역했고, Cdb. 1524는 '해탈에서 성숙하는'이라고 번역하고 있다. 정확한 번역은 Srp. I. 159에 따르면, '번뇌(kilesa)를 완전히 버림으로써 열반(nibbāna)으로 회향하는 것'을 의미한다.

69) bhojjhaṅga : 한역에서는 칠각지(七覺支)라고 하며, 일곱 가지 깨달음 고리(七覺支 : satta bojjhaṅgā)는 다음과 같다. ① 새김의 깨달음 고리(念覺支 : satisambojjhaṅga) ② 탐구의 깨달음 고리(擇法覺支 : dhammavicayasambojjhaṅga) ③ 정진의 깨달음 고리(精進覺支 : viriyasambojjhaṅga) ④ 희열의 깨달음 고리(喜覺支 : pītisambojjhaṅga) ⑤ 안온의 깨달음 고리(輕安覺支 : passaddhisambojjhaṅga) ⑥ 집중의 깨달음 고리(定覺支 : samādhisambojjhaṅga) ⑦ 평정의 깨달음 고리(捨覺支 : upekhāsambojjhaṅga)

70) AN. I. 61 : 부모의 경[Mātāpitusutta], 증일아함 11(대정 2, 601a) 참조

다. 두 분이란 어떠한 분인가? 어머니와 아버지이다.

2. 수행승들이여, 한쪽 어깨에 어머니를 이고 한쪽 어깨에 아버지를 이고 백년을 지내고 백년을 살면서, 향료를 바르고 안마를 해주고 목욕시키고 맛사지를 해드리며 간호하는데, 그들이 어깨 위에서 똥오줌을 싸더라도 수행승들이여, 어머니와 아버지의 은혜를 갚지 못한다. 수행승들이여, 어머니와 아버지로 하여금 이 칠보로 가득한 대륙의 지배자로서 왕위에 취임하도록 하여도 어머니와 아버지의 은혜를 갚지 못한다. 그것은 무슨 까닭인가? 수행승들이여, 어머니와 아버지는 아이들을 낳고 양육하며 세상에 내보내는 많은 일을 행했기 때문이다.

3. 수행승들이여, 그러나 믿음이 없는 어머니와 아버지에게 믿음을 권하고, 믿음에 들게 하여 믿음을 확고하게 하고, 계행이 없는 어머니와 아버지에게 계행을 권하고, 계행에 들게 하여 계행을 확고하게 하고, 간탐이 있는 어머니와 아버지에게 보시를 권하고, 보시에 들게 하고 보시를 확고하게 하고, 지혜가 없는 어머니와 아버지에게 지혜를 권하고, 지혜에 들게 하고 지혜를 확고하게 하면, 어머니와 아버지의 은혜를 갚는 것이며, 넘치게 갚는 것이다."

3. 존경받는 장로의 조건이란 무엇인가?71)

1. 이와 같이 나는 들었다. 한때 존자 마하 깟짜야나72)는 마두라의 군다바나 숲에73) 있었다. 이때에 깐다라야나74)라는 바라문이 존자

---

71) AN. I. 67 : 깐다라야나의 경[Kaṇḍarāyaṇasutta], 증일아함 10(대정 2, 595b); 잡아함 20(대정 2, 141c) 참조

72) Mahā Kaccāyana : 부처님의 제자 수행승 가운데 '간략하게 설해진 것의 의미를 상세히 설명하는 님 가운데 제일(saṃkhittena bhāsitassa vitthārena atthaṃ vibhajantānaṃ aggaṁ)'이다. 마하 깟짜나(Mahā Kaccāna)라고도 하며, 그는 왕 짠답빳조따(Caṇḍappajjota)의 사제가문 출신으로 웃제니 시에서 태어났다. 그는 베다를 공부했고 아버지가 죽자 사제가 되었다. 그는 왕의 요청을 받들어 다른 사제들과 부처님을 웃제니 시에 초청했다가 부처님의 설법을 듣고 바로 거룩한 님의 경지[阿羅漢果]에 들어 승단에 입단했다.

마하 깟짜야나가 있는 곳을 찾아갔다. 다가가서 존자 마하 깟짜야나와 함께 인사를 하고 안부를 주고받은 뒤에 한쪽으로 물러나 앉았다.

2. 한쪽으로 물러나 앉아 바라문 깐다라야나는 존자 마하 깟짜야나에게 이와 같이 말했다.

[바라문] "존자 깟짜야나여, 수행자 깟짜야나는 늙고, 원숙하고, 연로하고, 만년에 이른 바라문에게 인사하지 않고 일어서서 맞이하지 않고 자리를 내주지 않는다고 들었습니다. 존자 깟짜야나여, 수행자 깟짜야나가 늙고, 원숙하고, 연로하고, 만년에 이른 바라문에게 인사하지 않고 일어서서 맞이하지 않고 자리를 내주지 않는다는 것이 사실입니까? 존자 깟짜야나여, 그렇다면, 그것은 옳지 않습니다."

3. [깟짜야나] "바라문이여, 그 세상에 존경받는 님, 거룩한 님, 올바로 원만히 깨달은 님께서는 장로의 지위와 청년의 지위에 대하여 분명히 설명했습니다. 바라문이여, 태어난 이래 여든 살, 아흔 살, 백 살의 노인이라도 감각적 쾌락의 욕망을 즐기고, 감각적 쾌락의 욕망 속에 살고, 감각적 쾌락의 욕망에서 비롯된 고뇌에 불타고, 감각적 쾌락의 욕망에서 비롯된 사념에 삼켜지고, 감각적 쾌락의 욕망을 추구한다면, 그를 어리석은 장로라고 합니다. 바라문이여, 검은 머리를 하고 꽃다운 청춘이고 초년의 젊음을 지니고 나이 어린 청년이더라도, 감각적 쾌락의 욕망을 즐기지 않고, 감각적 쾌락의 욕망 속에 살지 않고, 감각적 쾌락의 욕망에서 비롯된 고뇌에 불타지 않고, 감각적 쾌락의 욕망에서 비롯된 사념에 삼켜지지 않고, 감각적 쾌락의 욕망을 추구하지 않는다면, 그를 슬기로운 장로

73) madhurāyaṃ viharati gundāvane : 야무나 강변의 쑤라쎄나(Surasena) 국의 수도였고 군다바나 숲은 그 도시의 숲이었다. 마가다 국의 빔비싸라(Bimbisāra) 왕이 죽은 직후에 그 나라의 왕은 아반띠뿟따(Avantiputta)였다.

74) Kaṇḍarāyaṇa : 이 경에만 등장하는 바라문의 이름으로 주석서에 별다른 언급이 없다.

라고 부릅니다."

4. 이와 같이 말하자 바라문 깐다라야나는 자리에서 일어나 한쪽 어깨에 웃옷을 걸치고 아주 젊은 수행승의 발에 머리를 조아렸다.

[바라문] "존자께서는 성숙한 사람으로 장로의 지위에 서 있습니다. 저는 미성숙한 사람으로 청년의 지위에 서 있습니다."

5. [바라문] "깟짜야나여, 참으로 놀라운 일입니다. 깟짜야나여, 일찍이 없었던 일입니다. 깟짜야나여, 넘어진 것을 일으켜 세우듯, 가려진 것을 열어 보이듯, 어리석은 자에게 길을 가리켜 주듯, 눈 있는 자는 형상을 보라고 어둠 속에 등불을 가져오듯, 존자 깟짜야나께서는 이와 같이 여러 가지 방법으로 진리를 밝혀 주셨습니다. 그러므로 존자 깟짜야나여, 이제 세존께 귀의합니다. 또한 그 가르침에 귀의합니다. 또한 그 수행승의 참모임에 귀의합니다. 존자 깟짜야나께서는 저를 재가신도로 받아 주십시오. 오늘부터 목숨이 다하도록 귀의하겠습니다."

4. 화합하는 모임과 불화합하는 모임의 특징이란 무엇인가?[75)]

1. [세존] "수행승들이여, 이와 같은 두 가지 모임이 있다. 두 가지란 무엇인가? 불화합의 모임과 화합의 모임이 있다.

2. 수행승들이여, 불화합 모임은 어떠한 것인가? 그 모임의 수행승들이 세상에서 다툼을 하고, 싸움을 하고, 논쟁을 일으키며, 서로 입에 칼을 물고 다툰다면, 수행승들이여, 그 모임을 불화합의 모임이라고 한다.

3. 수행승들이여, 화합의 모임은 어떠한 것인가? 그 모임의 수행승

75) AN. I. 70 : 불화합 모임의 경[Vaggaparisāsutta]

들이 세상에서 화합하고, 기뻐하고, 논쟁을 하지 않고, 우유와 물처럼 화합하여, 서로 사랑스러운 눈으로 대한다면, 수행승들이여, 그 모임을 화합의 모임이라고 한다.[76]

4. 수행승들이여, 이와 같은 두 가지 모임이 있다. 수행승들이여, 이와 같은 두 가지 모임 가운데 훌륭한 것은 화합의 모임이다."

5. 재가의 행복과 출가의 행복 가운데 어느 것이 나은가?[77]

1. 한때 부처님께서는 싸밧티 시에 계셨다.

2. [세존] "수행승들이여, 이 세상에 두 가지 행복이 있다. 두 가지란 무엇인가? 재가의 삶을 사는 행복과 출가의 삶을 사는 행복이다.

3. 이 두 가지 행복 가운데 출가의 삶을 사는 행복이 탁월하다."

6. 감각적 쾌락의 욕망에 매인 행복과 여읨의 행복 중에 어느 것이 나은가?[78]

1. [세존] "수행승들이여, 이 세상에 두 가지 행복이 있다. 두 가지란 무엇인가? 감각적 쾌락의 욕망에 매인 행복과 감각적 쾌락의 욕망을 여읜 행복이다.

2. 이 두 가지 행복 가운데 감각적 쾌락의 욕망을 여읜 행복이 탁월하다."

7. 집착의 대상에 매인 행복과 집착의 대상을 여읜 행복 중에 어느 것이 나은가?[79]

1. [세존] "수행승들이여, 이 세상에 두 가지 행복이 있다. 두 가지란 무엇인가? 집착의 대상에 매인 행복과 집착의 대상을 여읜 행복이다.[80]

---

76) MN. I. 203 참조
77) AN. I. 80 : 재가의 경[Gihīsutta]
78) AN. I. 80 : 감각적 쾌락에 대한 욕망의 경[Kāmasutta]
79) AN. I. 80 : 집착의 대상의 경[Upadhisutta]

2 이 두 가지 행복 가운데 집착의 대상을 여읜 행복이 탁월하다."

8. 버리기 어려운 욕구란 무엇인가?[81]

1. 한때 부처님께서는 싸밧티 시에 계셨다.

2. [세존] "수행승들이여, 이와 같은 두 가지 욕구는[82] 버리기 어려운 것이다. 두 가지란 무엇인가? 이득에 대한 욕구와 목숨에 대한 욕구이다.[83]

3. 수행승들이여, 이와 같은 두 가지 욕구는 버리기 어려운 것이다."

9. 세상에서 발견하기 힘든 사람이란 어떠한 사람인가?[84]

1. [세존] "수행승들이여, 이와 같은 두 종류의 사람은 세상에서 발견하기 힘들다. 두 종류란 무엇인가? 은혜를 베푸는 사람과 은혜를 알고 은혜에 보답하는 사람이다.[85]

2. 수행승들이여, 이와 같은 두 종류의 사람은 세상에서 발견하기 힘들다."

10. 만족하는 사람과 만족시키는 사람이란 어떠한 사람인가?[86]

---

80) upadhisukhañca, nirupadhisukhañca : Mrp. II. 153에 따르면, 집착의 대상에서 오는 행복은 삼계[欲界·色界·無色界]의 행복(tebhūnakasukha)이고 집착의 대상을 여읜 행복은 출세간적 행복(lokuttarasukha)이다.

81) AN. I. 86 : 욕구의 경[Āsāsutta]

82) āsā : Mrp. II. 156에 따르면, 욕구는 갈애(taṇhā)를 말한다.

83) lābhāsā ca, jīvitāsā ca : Mrp. II. 156에 따르면, 이득에 대한 욕구도 버리기 어려워 왕을 섬기고, 농업에 종사하고, 양쪽 전열에서 전투에 뛰어들고, 산양의 통로에 많은 투창 등을 꽂아놓기도 하고, 배를 타고 대해로 나가기도 한다. 목숨에 대한 욕구도 버리기 어려워 사람이 죽을 때가 되어도, 자신이 백 년은 살 것이라고 생각한다. 그는 운명을 예감하면서도 측은해 하는 사람이 '보시를 베풀고 헌공을 하시오.'라고 말해도 '나는 죽지 않을 것이다. 나는 살 것이다.'라는 욕구를 버리지 않고 아무의 말도 듣지 않는다.

84) AN. I. 87 : 은혜를 아는 자의 경[Katavedīsutta]

85) yo ca pubbakārī, yo ca kataññū katavedī : Mrp. II. 156에 따르면, 먼저 도움을 주는 자와 행한 것을 알고 나중에 행하는 자인데, 먼저 도움을 주는 자가 돈을 빌려준다고 생각하면, 나중에 행하는 자는 그것을 알고 빚을 갚을 것이라고 생각하는 것이다.

1. [세존] “수행승들이여, 이와 같은 두 종류의 사람은 세상에서 발견하기 힘들다. 두 종류란 무엇인가? 스스로 만족하는 사람과 타인을 만족시키는 사람이다.87)

2. 수행승들이여, 이와 같은 두 종류의 사람은 세상에서 발견하기 힘들다.”

11. 탐욕이 생겨나는 두 가지 조건이란 무엇인가?88)

1. [세존] “수행승들이여, 이와 같은 두 가지 조건이 탐욕을 생겨나게 한다. 두 가지란 무엇인가? 아름다운 인상89)과 이치에 맞지 않는 정신활동이다.

2. 수행승들이여, 이와 같은 두 가지 조건이 탐욕을 생겨나게 한다.”

12. 분노가 생겨나는 두 가지 조건이란 무엇인가?90)

1. [세존] “수행승들이여, 이와 같은 두 가지 조건이 분노를 생겨나게 한다. 두 가지란 무엇인가? 혐오스러운 인상91)과 이치에 맞지 않는 정신활동이다.

2. 수행승들이여, 이와 같은 두 가지 조건이 분노를 생겨나게 한다.”

13. 잘못된 견해가 생겨나는 두 가지 조건이란 무엇인가?92)

---

86) AN. I. 87 : 만족의 경①[Paṭhamatappaṇasutta]

87) titto ca, tappetā ca : Mrp. II. 156에 따르면, 홀로 연기법을 깨달은 님과 번뇌를 부순 여래의 제자는 스스로 만족 하는 사람(titto)이고, 이렇게 오신 님, 거룩한 님, 올바로 원만히 깨달은 님은 스스로 만족하고 타인을 만족시키는 사람(tappetā)이다.

88) AN. I. 87 : 탐욕의 경[Rāgasutta]

89) subhanimitta : Mrp. II 157에 따르면, 원하는 대상(iṭṭhārammaṇa)을 말한다.

90) AN. I. 87 : 성냄의 경[Dosasutta]

91) paṭighanimitta : Mrp. II 157에 따르면, 원하지 않는 대상(aniṭṭhārammaṇa)을 말한다.

92) AN. I. 87 : 잘못된 견해의 경[Micchādiṭṭhisutta]

1. [세존] "수행승들이여, 이와 같은 두 가지 조건이 잘못된 견해를 생겨나게 한다. 두 가지란 무엇인가? 다른 사람의 잘못된 말과 이치에 맞지 않는 정신활동이다.

2. 수행승들이여, 이와 같은 두 가지 조건이 잘못된 견해를 생겨나게 한다."

3. 셋 모아모음[Tikanipāta]

1. 공포와 위험과 재난은 누구에게서 생겨나는가?[93)]

1. 이와 같이 나는 들었다. 한때 세존께서 싸밧티 시의 제따바나 숲에 있는 아나타삔디까 승원에 계셨다.

2. 그때 세존께서는 '수행승들이여'라고 수행승들을 불렀다. 수행들은 '세존이시여'라고 대답했다. 세존께서는 이와 같이 말씀하셨다.

3. [세존] "수행승들이여, 어떠한 공포가 생겨나든지 모든 공포는 어리석은 자에게서 나오지 슬기로운 자에게서 나오지 않으며, 어떠한 위험이 생겨나든지 모든 위험은 어리석은 자에게서 나오지 슬기로운 자에게서 나오지 않으며, 어떠한 재난이 생겨나든지 모든 재난은 어리석은 자에게서 나오지 슬기로운 자에게서 나오지 않는다.

4. 수행승들이여, 예를 들어 갈대로 엮은 집이나 풀로 엮은 집에서 생겨난 불이 안팎으로 회칠을 했고 바람이 차단되고 빗장도 잠기도 창문도 잠긴 누각마저도 태워버리듯, 어떠한 공포가 생겨나든지 모든 공포는 어리석은 자에게서 나오지 슬기로운 자에게서 나오지 않으며, 어떠한 위험이 생겨나든지 모든 위험은 어리석은 자에게서 나오지 슬기로운 자에게서 나오지 않으며, 어떠한 재난이 생겨나든지 모든 재난은 어리석은 자에게서 나오지 슬기로운 자에게서 나오지

93) AN. I. 101 : 공포의 경[Bhayasutta]

않는다.[94)]

5. 수행승들이여, 어리석은 자는 공포를 초래하고 슬기로운 자는 공포를 초래하지 않으며, 어리석은 자는 위험을 초래하고 슬기로운 자는 위험을 초래하지 않으며, 수행승들이여, 어리석은 자는 재난을 초래하고 슬기로운 자는 재난을 초래하지 않는다.[95)]

6. 그러므로 수행승들이여, 그대들은 이와 같이 '우리는 어리석은 자임을 알아보게 하는 세 가지 원리를 버리고, 슬기로운 자임을 알아보게 하는 세 가지 원리를 받아들이겠다.'[96)]라고 배워야 한다."

2. 어리석은 자와 슬기로운 자의 행위적 특징이란 무엇인가?[97)]

1. [세존] "수행승들이여, 어리석은 자도 행위를 특징으로 하고 현명한 자도 행위를 특징으로 하니, 행위 가운데 지혜가 드러난다.[98)]

2. 수행승들이여, 이와 같은 세 가지 원리를 갖추면 어리석은 자라고 알 수 있다. 세 가지란 무엇인가? 신체적으로 악행을 하고 언어적으로 악행을 하고 정신적으로 악행을 한다. 수행승들이여, 이와 같은

---

94) evameva kho bhikkhave yāni kānici bhayāni uppajjanti, sabbāni tāni bālato uppajjanti, no paṇḍitato. ye keci upaddavā uppajjanti, sabbe te bālato uppajjanti. no paṇḍitato. ye keci upasaggā uppajjanti, sabbe te bālato uppajjanti no paṇḍitato : 여기서 공포(bhaya), 위험(upaddava), 재난(upasagga)에 대하여 Lba. I. 99에서는 위험, 불만, 곤궁이라고 번역하고 있다. Lba. 184에 따르면, 공포(bhaya)는 두 가지 의미를 지니고 있다. 하나는 주관적 측면에서 두려움, 공포를 말하고 하나는 객관적인 측면에서 위험, 놀람을 말하는데, 이 경에 등장하는 비유로 보아 위험에 가까운 말이라고 볼 수 있다. Mrp. II. 167에서는 각각, 마음의 두려움(cittutrāsa), 산만(anekaggatā), 핍박(upassaṭṭhākāra)이라고 해석하고 있다. 이러한 것들은 어리석은 자 안에 생겨나는 것이 아니라 어리석은 자로부터 나오는 것이다.

95) MN. 115를 참조하라.

96) yehi tīhi dhammehi samannāgato bālo veditabbo, te tayo dhamme abhinivajjetvā yehi tīhi dhammehi samannāgato paṇḍito veditabbo, te tayo dhamme samādāya vattissāmāti : 여기서 세 가지 원리는 다음 경(3 : 2)에 나오는 원리를 말한다.

97) AN. I. 102 : 특징의 경[Lakkhaṇasutta], 증일아함 12(대정 2, 607c) 참조

98) kammalakkhaṇo bhikkhave bālo, kammalakkhaṇo paṇḍito, apadānasobhinī paññā ti : Mrp. II. 169에 따르면, 신체의 감관(kāyadvāra) 등에서 발생한 행위를 지각의 근거인 특징으로 삼기 때문에 행위를 특징으로 하는 것(kammalakkhaṇa)이다. 지혜는 행동을 통해서(apadānena) 나타난다.

세 가지 원리를 갖추면 어리석은 자라고 알 수 있다.

3. 수행승들이여, 이와 같은 세 가지 원리를 갖추면 슬기로운 자라고 알 수 있다. 세 가지란 무엇인가? 신체적으로 선행을 하고 언어적으로 선행을 하고 정신적으로 선행을 한다. 수행승들이여, 이와 같은 세 가지 원리를 갖추면 슬기로운 자라고 알 수 있다.

4. 그러므로 수행승들이여, 그대들은 이와 같이 '우리는 어리석은 자임을 알아보게 하는 세 가지 원리를 버리고, 슬기로운 자임을 알아보게 하는 세 가지 원리를 받아들이겠다.'라고 배워야 한다."

3. 어리석은 자와 슬기로운 자의 차이는 무엇인가?[99]

1. [세존] "수행승들이여, 어리석은 자에게는 이와 같은 세 가지 어리석은 자의 특징, 세 가지 어리석은 자의 인상, 세 가지 어리석은 자의 행로가 있다. 세 가지란 무엇인가?

2. 수행승들이여, 어리석은 자는 악한 생각을 하고 악한 말을 하고 악한 행위를 한다.[100] 수행승들이여, 만약 어리석은 자가 악한 생각을 하지 않고 악한 말을 하지 않고 악한 행위를 하지 않는다면, 어떤 점에서 그를 두고 어리석은 자, 참사람이 아닌 자라고 알 수 있겠는가? 수행승들이여, 어리석은 자는 악한 생각을 하고 악한 말을 하고 악한 행위를 하기 때문에, 그런 점에서 그를 두고 어리석은 자, 참사람이 아닌 자라고 알 수 있다. 수행승들이여, 어리석은 자에게는 이와 같은 세 가지 어리석은 자의 특징, 세 가지 어리석은 자의

99) AN. I. 102 : 생각의 경[Cintāsutta], 증일아함 12(대정 2, 607c) 참조

100) duccintitacintī … dubbhāsitabhāsī … dukkatakammakārī : 열 가지 악하고 불건전한 행위의 길[十惡業道 : dasākusalakammapatha]을 분류한 것으로 Mrp. 169에 따르면, 악한 생각은 탐욕, 분노, 잘못된 견해를 말하고 악한 말은 거짓말, 이간질, 욕지거리, 꾸며대는 말을 뜻하고, 악한 행위는 살아있는 것을 죽이는 것, 주지 않는 것을 빼앗는 것, 사랑을 나눔에 잘못을 범하는 것을 의미한다.

인상, 세 가지 어리석은 자의 행로가 있다.

3. 수행승들이여, 슬기로운 자에게는 이와 같은 세 가지 슬기로운 자의 특징, 세 가지 슬기로운 자의 인상, 세 가지 슬기로운 자의 행로가 있다. 세 가지란 무엇인가? 수행승들이여, 슬기로운 자는 선한 생각을 하고 선한 말을 하고 선한 행위를 한다.[101] 수행승들이여, 만약 슬기로운 자가 선한 생각을 하지 않고 선한 말을 하지 않고 선한 행위를 하지 않는다면, 어떤 점에서 그를 두고 슬기로운 자, 참사람인 자라고 알 수 있겠는가? 수행승들이여, 슬기로운 자는 선한 생각을 하고 선한 말을 하고 선한 행위를 하기 때문에, 그런 점에서 그를 두고 슬기로운 자, 참사람이 아닌 자라고 알 수 있다. 수행승들이여, 슬기로운 자에게는 이와 같은 세 가지 슬기로운 자의 특징, 세 가지 슬기로운 자의 인상, 세 가지 슬기로운 자의 행로가 있다.

4. 그러므로 수행승들이여, 그대들은 이와 같이 '우리는 어리석은 자임을 알아보게 하는 세 가지 원리를 버리고, 슬기로운 자임을 알아보게 하는 세 가지 원리를 받아들이겠다.'라고 배워야 한다."

4. 잘못을 저질렀을 때 어리석은 자와 슬기로운 자의 차이는 무엇인가?[102]

1. [세존] "수행승들이여, 세 가지 특징을 갖추면, 어리석은 자임을 알 수 있다. 세 가지란 무엇인가? 잘못을 잘못이라고 보지 못하는 것, 잘못을 잘못이라고 보고나서 여법하게 참회하지 않는 것, 다른

101) sucintitacintī … subhāsitabhāsī … sukatakammakārī : 열 가지 착하고 건전한 행위의 길[十善業道 : dasakusalakammapatha]을 분류한 것으로 Mrp. 169에 따르면, 선한 생각은 탐욕의 여읨, 분노의 여읨, 올바른 견해를 말하고 악한 말은 거짓말을 삼가는 것, 이간질을 삼가는 것, 욕지거리를 삼가는 것, 꾸며대는 말을 삼가는 것을 뜻하고, 악한 행위는 살아있는 것을 죽이는 것을 삼가고, 주지 않는 것을 빼앗는 것을 삼가고, 사랑을 나눔에 잘못을 범하는 것을 삼가는 것을 의미한다.

102) AN. I. 103 : 잘못의 경[Accayasutta]

사람이 잘못을 지적해도 여법하게 수용하지 않는 것이다. 수행승들이여, 이와 같은 세 가지 특징을 갖추면, 어리석은 자임을 알 수 있다.

2. 수행승들이여, 세 가지 특징을 갖추면, 슬기로운 자임을 알 수 있다. 세 가지란 무엇인가? 잘못을 잘못이라고 보는 것, 잘못을 잘못이라고 보고나서 여법하게 참회하는 것, 다른 사람이 잘못을 지적해도 여법하게 수용하는 것이다. 수행승들이여, 이와 같은 세 가지 특징을 갖추면, 슬기로운 자임을 알 수 있다.

3. 그러므로 수행승들이여, 그대들은 이와 같이 '우리는 어리석은 자임을 알아보게 하는 세 가지 원리를 버리고, 슬기로운 자임을 알아보게 하는 세 가지 원리를 받아들이겠다.'라고 배워야 한다."

5. 대화할 때에 어리석은 자와 슬기로운 자의 차이는 무엇인가?[103]

1. [세존] "수행승들이여, 세 가지 특징을 갖추면, 어리석은 자임을 알 수 있다. 세 가지란 무엇인가? 이치에 맞지 않게 질문을 제기하는 것, 이치에 맞지 않게 질문에 응답하는 것, 다른 사람이 형식이 완성되고 구체적이고 적절하게 질문에 응답해도 만족하지 않는 것이다. 수행승들이여, 이와 같은 세 가지 특징을 갖추면, 어리석은 자임을 알 수 있다.

2. 수행승들이여, 세 가지 특징을 갖추면, 슬기로운 자임을 알 수 있다. 세 가지란 무엇인가? 이치에 맞게 질문을 제기하는 것, 이치에 맞게 질문에 응답하는 것, 다른 사람이 형식이 완성되고 구체적이고 적절하게 질문에 응답하면 만족하는 것이다. 수행승들이여, 이와 같

---

103) AN. I. 103 : 질문의 경[Pañhasutta]

은 세 가지 특징을 갖추면, 슬기로운 자임을 알 수 있다.

3. 그러므로 수행승들이여, 그대들은 이와 같이 '우리는 어리석은 자임을 알아보게 하는 세 가지 원리를 버리고, 슬기로운 자임을 알아보게 하는 세 가지 원리를 받아들이겠다.'라고 배워야 한다."

6. 희망이 없는 자와 희망이 있는 자와 희망을 여읜 자의 차이는 무엇인가?[104]

1. [세존] "수행승들이여, 세상에는 발견되는 세 종류의 사람이 있다. 세 종류란 무엇인가? 희망이 없는 사람, 희망이 있는 사람, 희망을 여읜 사람이다.[105]

2. 수행승들이여, 희망이 없는 사람이란 무엇인가? 수행승들이여, 이 세상에 어떤 사람은 비천한 가문, 짠달라 가문, 사냥꾼 가문, 죽세공 가문, 수레공 가문, 청소부 가문, 가난하여 음식을 구하기 어렵고 근근이 연명하는 가문에 태어난다. 그리고 그는 추악하거나, 혐오스럽거나, 기형이거나, 질병이 많거나, 애꾸눈이거나, 불구이거나, 절름발이이거나, 반신불수이다. 더구나 그는 음식이나 음료나 의복이나 수레나 화환이나 향기나 크림이나 침대나 집이나 등불을 얻지 못한다. 그는 '이러한 이름을 한 왕족에게 왕족들이 왕의 지위를 부여했다.'고 들어도 '언제 나에게 왕족들이 왕의 지위를 부여할 것인가?'라고 생각하지 않는다. 수행승들이여, 이러한 사람을 희망이 없는 사람이라고 부른다.[106]

3. 수행승들이여, 희망이 있는 사람이란 무엇인가? 수행승들이여, 이 세상에 어떤 사람은 왕족의 권정왕의 장남으로 세자의 책봉되었

---

104) AN. I. 107 : 희망이 없는 자의 경[Nirāsasutta]
105) nirāso āsaṃso vigatāso : 각각 희망이 없는 사람, 희망이 있는 사람, 희망을 여읜 사람을 나타낸다.
106) SN. I. 94 참조.

으나 아직 등극하지 않았다. 그는 '이러한 이름을 한 왕족에게 왕족들이 왕의 지위를 부여했다.'고 들으면, '언제 나에게 왕족들이 왕의 지위를 부여할 것인가?'라는 생각한다. 수행승들이여, 이러한 사람을 희망이 있는 사람이라고 부른다.

4. 수행승들이여, 희망을 여읜 사람이란 무엇인가? 수행승들이여, 이 세상에 어떤 사람은 이미 왕위에 등극했다. 그가 '이러한 이름을 한 왕족에게 왕족들이 왕의 지위를 부여했다.'고 들으면, '언제 나에게 왕족들이 왕의 지위를 부여할 것인가?'라는 생각하지 않는다. 그것은 무슨 까닭인가? 수행승들이여, 아직 등극하지 않은 자에게는 등극에 대한 희망이 있지만 그에게는 그것이 그쳐버린 것이다. 수행승들이여, 이러한 사람을 희망을 여읜 사람이라고 부른다.

5. 수행승들이여, 이와 같이 세상에 발견되는 세 종류의 수행승들이 있다. 세 종류란 무엇인가? 희망이 없는 사람, 희망이 있는 사람, 희망을 여읜 사람이다.

6. 수행승들이여, 희망이 없는 사람이란 무엇인가? 수행승들이여, 이 세상에 어떤 수행승은 계행이 지키지 않고, 악한 성품을 지니고, 청정하지 못하고 의심스러운 행위를 일삼고, 숨기는 일을 하고, 수행자가 아니면서 수행자인체 하고, 청정행자가 아니면서 청정행자인 체하고, 안으로 부패하고, 타락하고, 오물로 가득 찼다. 그가 '이러이러한 수행승이 번뇌를 부수고 번뇌 없이 마음에 의한 해탈과 지혜에 의한 해탈을 현세에서 곧바로 알고 깨달아 성취했다.'라고 들어도 '언제 나는 번뇌를 부수고 번뇌 없이 마음에 의한 해탈과 지혜에 의한 해탈을 현세에서 곧바로 알고 깨달아 성취할 것인가?'라고 생각하지 않는다. 수행승들이여, 이러한 사람을 희망이 없는 사람이라고 부른다."

7. 수행승들이여, 희망이 있는 사람이란 무엇인가? 수행승들이여, 이 세상에 어떤 수행승은 계행을 지키고 선한 성품을 갖고 있다. 그가 '이러이러한 수행승이 번뇌를 부수고 번뇌 없이 마음에 의한 해탈과 지혜에 의한 해탈을 현세에서 곧바로 알고 깨달아 성취했다.'라고 들으면, '언제 나도 번뇌를 부수고 번뇌 없이 마음에 의한 해탈과 지혜에 의한 해탈을 현세에서 곧바로 알고 깨달아 성취할 것인가?'라고 생각한다. 수행승들이여, 이러한 사람을 희망이 있는 사람이라고 부른다.

8. 수행승들이여, 희망을 여읜 사람이란 무엇인가? 수행승들이여, 이 세상에 번뇌를 부수어버린 거룩한 님이 있다. 그가 '이러이러한 수행승이 번뇌를 부수고 번뇌 없이 마음에 의한 해탈과 지혜에 의한 해탈을 현세에서 곧바로 알고 깨달아 성취했다.'라고 들으면, '언제 나도 번뇌를 부수고 번뇌 없이 마음에 의한 해탈과 지혜에 의한 해탈을 현세에서 곧바로 알고 깨달아 성취할 것인가?'라고 생각하지 않는다. 그것은 무슨 까닭인가? 수행승들이여, 아직 해탈하지 못한 자에게는 해탈에 대한 희망이 있지만 그에게는 그쳐버렸기 때문이다. 수행승들이여, 이러한 사람을 희망을 여읜 사람이라고 부른다."

7. 번뇌를 부수기 위한 효과적인 기반이란 무엇인가?[107]

1. [세존] "수행승들이여, 수행승이 세 가지 원리를 갖추면, 확실한 길을 확보하고 번뇌를 부수기 위한 효과적인 기반을 얻는다.[108] 세

---

107) AN. I. 113 : 확실한 길의 경[Apaṇṇakatapaṭipadasutta], 증일아함 21(대정 2, 603c); Pug. II. 17 참조

108) tīhi bhikkhave dhammehi samannāgato bhikkhu apaṇṇakataṃ paṭipadaṃ paṭipanno hoti, yoni cassa āraddhā hoti, āsavānaṃ khayāya : 확실한 길은 Mrp. II. 181에 따르면, 왜곡되지 않은 길, 결정적인 길, 목표로 이끄는 길, 의무의 길, 핵심이 되는 길, 제호와 같은 길, 반대되지 않는 길, 순리적인 길, 여법한 길을 의미한다.

가지란 무엇인가? 수행승들이여, 세상에 수행승이 감각능력의 문을 수호하고, 식사에서 알맞는 분량을 알고, 깨어있음에 철저한 것이다.

2. 수행승들이여, 감각능력의 문을 수호한다는 것이란 무엇입니까? 수행승들이여, 세상에 수행승은

1) 시각으로 형상을 보더라도 그 인상에 집착하지 않고 그 연상에 집착하지 않는다.[109] 그가 시각능력을 이렇게 제어하지 않으면, 그것을 원인으로 탐욕과 불만의 악하고 불건전한 것들이 그를 공격할 것이기 때문에, 그는 그렇게 제어하기 위해 노력함으로써, 시각능력을 보호하고 시각능력을 수호한다.
2) 청각으로 소리를 듣더라도 그 인상에 집착하지 않고 그 연상에 집착하지 않는다. 그가 청각능력을 이렇게 제어하지 않으면, 그것을 원인으로 탐욕과 불만의 악하고 불건전한 것들이 그를 공격할 것이기 때문에, 그는 그렇게 제어하기 위해 노력함으로써, 청각능력을 보호하고 청각능력을 수호한다.
3) 후각으로 냄새를 맡더라도 그 인상에 집착하지 않고 그 연상에 집착하지 않는다. 그가 후각능력을 이렇게 제어하지 않으면, 그것을 원인으로 탐욕과 불만의 악하고 불건전한 것들이 그를 공격할 것이기 때문에, 그는 그렇게 제어하기 위해 노력함으로써, 후각능력을 보호하고 후각능력을 수호한다.
4) 미각으로 맛을 맛보더라도 그 인상에 집착하지 않고 그 연상에

109) nimittaggāhī hoti nānuvyañjanaggāhī : 일반적으로 한역에서 니밋따(nimitta)는 상(相)이라고 번역되고 아누비얀자나(anuvyañjana)는 수상(隨相)이라고 번역되는데, 썩 만족스러운 번역이라고 보기는 힘들다. 상응 IV. 168에서는 니밋따를 총상(總相), 아누비얀자나는 별상(別相)이라고 했고 Krs. II. 63에서는 니밋따를 외관(its outer view)라고 했고, 아누비얀자나를 상세(its lesser details)라고 했다. Rbg. IV. 67에서는 니밋따는 표상(表象 : Vorstellung), 아누비얀자나는 연상(聯想 : Assoziation)이라고 번역했다. Cdb. 1193에서는 인상(sign)과 특징(feature)으로 번역했다. 역자는 인상(印象)과 삼법인(三法印)이나 삼십이상(三十二相)에서의 특징(lakkhaṇa)과 구별하기 위해 특징을 피하고 연상(聯想)으로 번역한다. 자세한 것은 Vism. 31-33을 보라.

집착하지 않는다. 그가 미각능력을 이렇게 제어하지 않으면, 그것을 원인으로 탐욕과 불만의 악하고 불건전한 것들이 그를 공격할 것이기 때문에, 그는 그렇게 제어하기 위해 노력함으로써, 미각능력을 보호하고 미각능력을 수호한다.

5) 촉각으로 감촉을 촉지하더라도 그 인상에 집착하지 않고 그 연상에 집착하지 않는다. 그가 촉각능력을 이렇게 제어하지 않으면, 그것을 원인으로 탐욕과 불만의 악하고 불건전한 것들이 그를 공격할 것이기 때문에, 그는 그렇게 제어하기 위해 노력함으로써, 촉각능력을 보호하고 촉각능력을 수호한다.

6) 정신으로 사실을 인식하더라도 그 인상에 집착하지 않고 그 연상에 집착하지 않는다. 그가 정신능력을 이렇게 제어하지 않으면, 그것을 원인으로 탐욕과 불만의 악하고 불건전한 것들이 그를 공격할 것이기 때문에, 그는 그렇게 제어하기 위해 노력함으로써, 정신능력을 보호하고, 정신능력을 수호한다. 수행승들이여, 감각능력의 문을 수호한다는 것은 이와 같은 것이다.

3. 수행승들이여, 식사할 때에 알맞은 분량을 안다는 것이란 무엇인가? 수행승들이여, 세상에 수행승은 '이것은 놀이나 사치로나 장식이나 치장을 위해서가 아니라 이 몸이 살아있는 한 그것을 유지하고 해를 입지 않도록 하고 청정한 삶을 살기 위한 것이다. 나는 예전의 괴로움을 제거하고 새로운 괴로움을 받아들이지 않을 것이다. 이것으로 나는 허물없이 안온하게 살 것이다.'라고 깊이 성찰하여 음식을 섭취한다. 수행승들이여, 식사할 때에 알맞은 분량을 안다는 것은 이와 같은 것이다.

4. 수행승들이여, 깨어있음에 철저한 것이란 무엇인가? 수행승들이여, 세상에 수행승은 낮에는 거닐거나 앉아서 장애가 되는 것들로부

터 마음을 정화시킨다. 밤의 초야에는 거닐거나 앉아서 장애가 되는 것들로부터 마음을 정화시킨다. 밤의 중야에는 오른쪽 옆구리를 밑으로 하여 사자의 형상을 취한 채, 한 발을 다른 발에 포개고 새김을 확립하여 올바로 알아차리며 다시 일어남에 주의를 기울여 눕는다.[110] 밤의 후야에는 일어나 거닐거나 앉아서 장애가 되는 것들로부터 마음을 정화시킨다.[111] 수행승들이여, 깨어있음에 철저한 것은 이러한 것이다.

5. 수행승들이여, 그러므로 이와 같이 배워야 한다. 감각능력의 문을 수호하고 음식을 먹을 때는 알맞은 분량을 지키고 깨어있음에 철저해야 한다. 수행승들이여, 이와 같이 배워야 한다."

8. 수행자가 상인에게 배운다면, 상인의 어떠한 점을 닮아야 하는가?[112]

1. [세존] "수행승들이여, 세 가지 고리를 갖추면 상인은 얻지 못한 부를 얻을 수 없고 이미 얻은 부를 증대시킬 수 없다. 세 가지란 무엇인가? 수행승들이여, 세상에 상인이 아침에 성실하게 일에 종사하지 않고, 대낮에도 성실하게 일에 종사하지 않고, 저녁에도 성실하게 일에 종사하지 않는다. 수행승들이여, 이러한 세 가지 고리를 갖추면 상인은 얻지 못한 부를 얻을 수 없고 이미 얻은 부를 증대시킬 수 없다.

2. 수행승들이여, 이와 같이 세 가지 원리를 갖추면 수행승은 얻지 못한 착하고 건전한 것들을 얻을 수 없고 이미 얻은 착하고 건전한

110) dakkhiṇena passena sīhaseyyaṁ kappesi, pāde pādaṁ accādhāya sato sampajāno uṭṭhānasaññaṁ manasi karitvā : 부처님은 특별한 시간에 다시 일어날 것을 의도하고 잠드셨다.

111) rattiyā pathamaṁ yāmaṁ, rattiyā majjhimaṁ yāmaṁ, rattiyā pacchimaṁ yāmaṁ : 밤의 12시간을 세부분으로 나누어 초분(初分), 중분(中分), 후분(後分) 또는 초경(初更), 중경(中更), 후경(後更)이라고 한다.

112) AN. I. 115 : 수행자의 비유에 대한 경①[Paṭhamapāpaṇikasutta]

것들을 증대시킬 수 없다. 세 가지란 무엇인가? 수행승들이여, 세상에 수행승이 아침에 성실하게 삼매의 인상에 전념하지 않고, 대낮에도 성실하게 삼매의 인상에 전념하지 않고, 저녁에도 성실하게 삼매의 인상에 전념하지 않는다.[113] 수행승들이여, 이러한 세 가지 원리를 갖추면 수행승은 얻지 못한 착하고 건전한 것들을 얻을 수 없고 이미 얻은 착하고 건전한 것들을 증대시킬 수 없다.

3. 수행승들이여, 세 가지 고리를 갖추면 상인은 얻지 못한 부를 얻을 수 있고 이미 얻은 부를 증대시킬 수 있다. 세 가지란 무엇인가? 수행승들이여, 세상에 상인이 아침에 성실하게 일에 종사하고, 대낮에도 성실하게 일에 종사하고, 저녁에도 성실하게 일을 종사한다. 수행승들이여, 이러한 세 가지 고리를 갖추면 상인은 얻지 못한 부를 얻을 수 있고 이미 얻은 부를 증대시킬 수 있다.

4. 수행승들이여, 이와 같이 세 가지 원리를 갖추면 수행승은 얻지 못한 착하고 건전한 것들을 얻을 수 있고 이미 얻은 착하고 건전한 것들을 증대시킬 수 있다. 세 가지란 무엇인가? 수행승들이여, 세상에 수행승이 아침에 성실하게 삼매의 인상에 전념하고, 대낮에도 성실하게 삼매에 전념하고, 저녁에도 성실하게 삼매의 인상에 전념한다. 수행승들이여, 이러한 세 가지 원리를 갖추면 수행승은 얻지 못한 착하고 건전한 것들을 얻을 수 있고 이미 얻은 착하고 건전한 것들을 증대시킬 수 있다."

9. 어떠한 사람이 사람들에게 이익을 주는 사람인가?[114]

---

113) idha bhikkhave bhikkhu pubbanhasamayaṃ na sakkaccaṃ samādhinimittaṃ adhiṭṭhāti, majjhantikaṃ samayaṃ na sakkaccaṃ samādhinimittaṃ adhiṭṭhāti. sāyanhasamayaṃ na sakkaccaṃ samādhinimittaṃ adiṭṭhāti : Mrp. II. 188에 따르면, 삼매의 인상은 삼매의 대상(Samādhārammaṇa)을 말한다. ≪앙굿까라니까야≫의 3 : 103 경을 참조하라.

1. [세존] "수행승들이여, 세상에 이와 같은 세 종류의 사람은 사람에게 이익을 주는 자이다.

2. 수행승들이여, 사람으로서 깨달은 님께 귀의하고 가르침에 귀의하고 참모임에 귀의하면 그러한 사람은 사람에게 이익을 주는 사람이다.

3. 수행승들이여, 또한 사람으로서 '이것은 괴로움이다'라고 있는 그대로 분명히 알고, '이것은 괴로움의 발생이다'라고 있는 그대로 분명히 알고, '이것은 괴로움의 소멸이다'라고 있는 그대로 분명히 알고, '이것은 괴로움의 소멸에 이르는 길이다'라고 있는 그대로 분명히 안다면, 그러한 사람은 사람에게 이익을 주는 사람이다.

4. 수행승들이여, 또한 사람으로서 번뇌를 부수고 번뇌 없이 마음에 의한 해탈과 지혜에 의한 해탈을 현세에서 스스로 곧바로 알고 깨달아 성취한다면, 그러한 사람은 사람에게 이익을 주는 사람이다.

5. 수행승들이여, 세상에 이와 같은 세 종류의 사람은 사람에게 이익을 주는 자이다. 수행승들이여, 이러한 세 종류의 사람들보다 사람에게 이익을 주는 다른 사람은 없다고 나는 말한다. 사람이 그 세 종류의 사람에게 인사하고 일어나 맞이하고 합장하고 대접하고 의복과 음식과 와좌구와 생필품과 의약품의 필수품을 제공하는 것으로써 은혜를 갚는 것은 쉽지 않다고 나는 말한다."

10. 종기·번개·금강은 무엇을 비유한 것일까?[115]

1. [세존] "수행승들이여, 이와 같이 세상에 발견되는 세 종류의 사

---

114) AN. I. 123 : 이익을 주는 사람의 경[Bahukārāsutta]
115) AN. I. 123 : 종기와 같은 사람의 경[Arūkasutta], Pug. III. 5 참조

람이 있다. 세 종류란 무엇인가?

2. 수행승들이여, 마음이 종기와 같은 사람, 마음이 번개와 같은 사람, 마음이 금강과 같은 사람이다.

3. 수행승들이여, 누가 마음이 종기와 같은 사람인가? 수행승들이여, 이 세상에 어떤 사람이 화를 잘 내고 울화가 많아서 조금만 말을 걸어도 성내고 골내고 짜증내고 증오하고 공격하고 미움과 분노와 불만을 드러낸다. 예를 들어 수행승들이여, 상처 난 종기를 나뭇가지나 돌조각으로 찌르면 많은 고름이 흘러나오는 것처럼, 수행승들이여, 이 세상에 어떤 사람이 화를 잘 내고 울화가 많아서 조금만 말을 걸어도 성내고 골내고 짜증내고 증오하고 공격하고 미움과 분노와 불만을 드러낸다. 수행승들이여, 이와 같은 사람을 두고 마음이 종기와 같은 사람이라고 한다.

4. 수행승들이여, 누가 마음이 번개와 같은 사람인가? 수행승들이여, 이 세상에 어떤 사람은 '이것이 괴로움이다'라고 분명히 알고, '이것이 괴로움의 발생이다'라고 분명히 알고, '이것이 괴로움의 소멸이다'라고 분명히 알고, '이것이 괴로움의 소멸에 이르는 길이다'라고 분명히 안다. 예를 들어, 수행승들이여, 눈 있는 사람이 밤의 어둠과 암흑 속에서 갑자기 번개가 내려치면 형상들을 볼 수 있는 것처럼, 수행승들이여, 이 세상에 어떤 사람은 '이것이 괴로움이다'라고 분명히 알고, '이것이 괴로움의 발생이다'라고 분명히 알고, '이것이 괴로움의 소멸이다'라고 분명히 알고, '이것이 괴로움의 소멸에 이르는 길이다'라고 분명히 안다. 수행승들이여, 이와 같은 사람을 두고 번개와 같은 사람이라고 한다.

5. 수행승들이여, 누가 마음이 금강과 같은 사람인가? 수행승들이여,

이 세상에 어떤 사람은 번뇌를 부수고 번뇌 없이 마음에 의한 해탈과 지혜에 의한 해탈을 현세에서 스스로 곧바로 알아 깨닫고 성취한다. 예를 들어, 수행승들이여, 금강이 어떠한 보석이나 어떠한 돌도 부술 수 있는 것처럼, 수행승들이여, 이 세상에 어떤 사람은 번뇌를 부수고 번뇌 없이 마음에 의한 해탈과 지혜에 의한 해탈을 현세에서 스스로 곧바로 알고 깨달아 성취한다. 수행승들이여, 이와 같은 사람을 두고 금강과 같은 사람이라고 한다.

6. 수행승들이여, 이와 같이 세상에 발견되는 세 종류의 사람이 있다."

11. 언어의 사용에서 똥과 꽃과 꿀의 비유란 무엇인가?[116]

1. [세존] "수행승들이여, 이와 같이 세상에 발견되는 세 종류의 사람이 있다. 세 종류란 무엇인가? 세 종류란 무엇인가?

2. 수행승들이여, 똥처럼 말을 하는 사람, 꽃처럼 말을 하는 사람, 꿀처럼 말하는 사람이 있다.

3. 수행승들이여, 누가 똥처럼 말하는 사람인가? 수행승들이여, 이 세상에 어떤 사람은 공회 가운데서나 군중 가운데서나 친족 가운데서나 조합가운데서나 법정가운데서나 증인으로 소환되어, '이 사람아, 와서 자네가 아는 것을 말해보게!'라고 추궁 받으면, 그는 알지 못하면서도 '안다'라고 말하거나, 알면서도 '알지 못한다'고 말하며, 보지 못하고도 '보았다'고 말하거나, 보고도 '보지 못했다'고 말하며, 자신을 위해 혹은 타인을 위해 또는 어떠한 조그마한 이익을 위해서 일부러 거짓말을 한다. 수행승들이여, 이와 같은 사람이 똥처럼 말하는 사람이다.

4. 수행승들이여, 누가 꽃처럼 말하는 사람인가? 수행승들이여, 이

116) AN. I. 127 : 꽃처럼 말하는 자의 경[Pupphabhāṇīsutta], Pug. III. 4 참조

세상에 어떤 사람은 공회 가운데서나 군중 가운데서나 친족 가운데서나 조합가운데서나 법정가운데서나 증인으로 소환되어, '이 사람아, 와서 자네가 아는 것을 말해보게!'라고 추궁 받으면, 그는 알지 못하면 '알지 못한다'라고 말하거나, 알면 '안다'고 말하며, 보지 못했다면 '보지 못했다'고 말하거나, 보았으면 '보았다'고 말하며, 자신을 위해 혹은 타인을 위해 또는 어떠한 조그마한 이익을 위해서라도 일부러 거짓말을 하지 않는다. 수행승들이여, 이와 같은 사람이 꽃처럼 말하는 사람이다.

5. 수행승들이여, 누가 꿀처럼 말하는 사람인가? 수행승들이여, 이 세상에 어떤 사람은 거친 말을 버리고 거친 말을 삼간다. 그는 온화하고 듣기에 좋고 사랑스럽고 마음에 와 닿고 상냥하고 많은 사람의 사랑을 받으며 많은 사람의 마음에 드는 그러한 말을 한다. 수행승들이여, 이와 같은 사람이 꿀처럼 말하는 사람이다.

6. 수행승들이여, 이와 같이 세상에 발견되는 세 종류의 사람이 있다."

12. 부모를 섬기는 가정에서 부모란 어떠한 존재인가?[117)]

1. 한때 세존께서는 싸밧티 시에 계셨다.

[세존] "수행승들이여, 자식들이 부모를 섬기는 가정에는 하느님이 함께 한다.[118)] 수행승들이여, 자식들이 부모를 섬기는 가정에는

---

117) AN. I. 132 : 하느님과 함께의 경[Sabrahamasutta], AN. IV. 63; SN. IV. 38; It. 109 참조

118) sabrahmakāni bhikkhave tāni kulāni : 하느님은 브라흐마[梵天 : brahma]라고 하는데, 바라문교에서 우주의 창조자이자 제의의 대상으로 숭배되는 최고신을 지칭하는 것이다. 그러나 부처님은 하느님을 재해석해서 미세한 물질적 세계와 비물질적 세계에 사는 신들의 부류에 바라문교의 신들을 집어넣었다. 그들이 사는 곳은 신들의 하느님의 세계[梵天界]라고 한다. 이 신들의 하느님의 세계에는 여러 차원이 존재하는데 그 각각의 차원에 그에 상응하는 정신계가 있다. 이 책의 부록 「불교의 세계관」을 참조하라. 하느님들은 그들의 동료와 함께 그들의 차원의 세계에 살며 위대한 하느님(Mahābrahmā)이 그들의 지배자이다. 이 하느님의 모음에서 하느님은 자기 자신을 알지 못하고 스스로 영원한 자라고 생각하지만, 다른 모든 뭇삶들과 마찬가지로 윤회의 사슬에 묶여있는 존재이다. 하느님들의 세계에 태어나는 길은 미세한 물질계나 비물질계의 특수한 차원과 일치하는 선정에 도달함으로써 이루어질 수 있다. 때로는 청정한 삶이라고 번역되는 하느님의 삶[梵住]이 있는데, 그것은

최초의 스승이 함께 한다. 수행승들이여, 자식들이 부모를 섬기는 가정에는 존귀한 님이 함께 한다.

2. 수행승들이여, 그 하느님이라는 것도 부모를 말하는 것이며, 수행승들이여, 그 최초의 스승이라는 것도 부모를 말하는 것이며, 수행승들이여, 그 존귀한 님도 부모를 말하는 것이다.

3. 그것은 무슨 까닭인가? 수행승들이여, 부모는 자식에 대하여 많은 은혜를 베풀고 자식을 보호하고 양육하고 이 세상을 보여주었기 때문이다."

4. [세존]

"부모는 하느님이고
부모는 최초의 스승이라 하니
자식들에게 존귀한 님,
자손들을 어여삐 여기는 님이다.119)

현명한 자라면 그래서
존경을 표하고 섬겨야 하리.
음식과 음료를 제공하고
의복과 침대를 제공하여
크림을 바르고 목욕을 시켜드리고
발을 씻어드리며 섬겨야 하리.120)

부모에게 행한 이러한 섬김으로
이 세상에 현명한 자들이 그를 칭찬하고

자애(mettā)와 연민(karuṇā)과 기쁨(muditā)과 평정(upekkhā)의 삶을 말한다.

119) brahmāti mātāpitaro | pubbācariyāti vuccare | āhuneyyā ca puttānaṃ | pajāya anukampakā ||

120) tasmā hi ne namasseyya | sakkareyyātha paṇḍito | annena atha pānena | vatthena sayanena ca | ucchādanena nahāpanena | pādānaṃ dhovanena ca ||

사후에 저 세상에서는
하늘나라에서 기쁨을 누린다."121)

13. '나'라는 환상과 '나의 것'이라는 환상과 교만의 경향을 어떻게 없앨 것인가?122)

1. 마침 존자 싸리뿟따가 세존께서 계신 곳을 찾아왔다. 가까이 다가와서 세존께 인사를 드리고 한쪽으로 물러나 앉았다.

2. 한쪽으로 물러나 앉은 존자 싸리뿟따에게 세존께서는 이와 같이 말씀하셨다.

[세존] "싸리뿟따여, 나는 가르침을 간략하게 설하기도 하고 나는 가르침을 상세하게 설하기도 하는데, 이것을 이해하는 자는 발견하기 힘들다."

[싸리뿟따] "세상에 존귀한 님이시여, 그때가 되었습니다. 올바른 길로 잘 가신 님이시여, 그때가 되었습니다. 세존께서 가르침을 간략하게 설하기도 하고 세존께서 가르침을 상세하게 설하기도 하시면, 그 가르침을 이해하는 자가 있을 것입니다."

3. [세존] "싸리뿟따여, 그렇다면, 이와 같이 '이 의식을 갖춘 몸에서 '나'라는 환상, '나의 것'이라는 환상, 교만의 경향을123) 없애고, 외부의 일체의 인상에서 '나'라는 환상, '나의 것'이라는 환상, 교만의 경향을 없애고, 마음에 의한 해탈과 지혜에 의한 해탈을 닦아서, '나'라는 환상, '나의 것'이라는 환상, 교만의 경향이 없는 마음에 의한 해탈과 지혜에 의한 해탈을 성취하리라.'라고 배워야 한다. 싸리뿟

---

121) tāya naṃ paricariyāya | mātāpitusu paṇḍitā | idhaceva naṃ pasaṃsanti | pecca sagge ca modatīti ||

122) AN. I. 133 : 싸리뿟따의 경[Sāriputtasutta]

123) ahaṁkāramamaṁkāramānānusayā na honti : 역자가 '나'라는 환상이라고 번역한 아항까라(ahaṁkāra)는 한역에서 아집(我執)이라고 번역하고, 역자가 '나의 것'이라는 환상이라고 번역한 것은 한역에서 아소집(我所執), 교만의 경향(mānānusaya)은 한역에서 만수면(慢隨眠)이라고 한다.

따여, 이와 같이 배워야 한다.

4. 싸리뿟따여, 수행승이 이 의식을 갖춘 몸에서 '나'라는 환상, '나의 것'이라는 환상, 교만의 경향이 없고, 외부의 일체의 인상에서 '나'라는 환상, '나의 것'이라는 환상, 교만의 경향이 없이 마음에 의한 해탈과 지혜에 의한 해탈을 닦으면, '나'라는 환상, '나의 것'이라는 환상, 교만의 경향이 없는 마음에 의한 해탈과 지혜에 의한 해탈을 성취한다. 싸리뿟따여, 그러한 수행승을 두고 갈애를 끊고, 결박을 풀고, 완전히 자만을 꿰뚫어보아 괴로움의 종식을 이루었다고 한다.

5. 싸리뿟따여, 그것에 관하여 '피안으로 가는 길'에서 우다야[124]의 질문에서 나는 이와 같이 설했다."

6. [세존]

"감각적 쾌락에 대한 욕망과,
그것이 충족되지 못했을 경우의 불만,[125]
그 두 가지를 버리고[126]
해태를 없애고 회한을 품지 말아야 하리.[127]
평정과 새김으로 청정해지고[128]
가르침에 대한 탐구가 앞서가면,[129]

---

124) Udaya : 바라문 학인으로 숫타니파타의 '학인 우다야의 질문에 대한 경[Udayamāṇavapucchā Stn. 214]'이 있다. Prj. II. 599-600에 따르면, 우다야가 이 질문을 하고 법문을 들을 때에는 이미 네 번째의 선정을 성취하였기 때문에 선정과 관련하여 답변을 한 것이다. Prj. II. 600에 따르면, 이 경의 법문이 끝나자 우다야와 그의 제자들은 모두 아라한이 되어 승단에 가입했다.

125) kāmacchandānaṃ domanassānaṃ : 본문은 '감각적 쾌락에 대한 욕망과 불만'으로 되어있다.

126) pahānaṃ kāmacchandānaṃ : Prj. II. 600에 따르면, '첫 번째 선정이 생겨나는 자에게 감각적 쾌락의 욕망이 버려지는 것(paṭhamajhānaṃ nibbattentassa kāmacchandappahānam)'을 말한다.

127) Stn. 1106. pahānaṃ kāmacchandānaṃ (udayā ti bhagavā) domanassāna c'ūbhayaṃ | thīnassa ca panūdanaṃ kukkuccānaṃ nivāraṇaṃ ||

128) upakhāsatisaṃsuddhaṃ : Prj. II. 600에 따르면, '네 번째 선정에서의 평정과 새김에 의한 청정(catutthajhāna-upekhasatīhi saṃsuddhaṃ)'을 말한다.

129) dhammatakkapurejavaṃ : Prj. II. 600에 따르면, '아라한의 해탈은 길과 관련된 올바른 사유 등을 구별하

무명을 부수는 것이며,
지혜에 의한 해탈이라고[130] 나는 말한다."[131]

14. 행위의 발생의 조건과 행위의 여읨의 조건이란 무엇인가?[132]

1. [세존] "수행승들이여, 이와 같이 행위의 발생에 대한 세 가지 조건이 있다. 세 가지란 무엇인가? 탐욕이 행위의 발생의 조건이다. 분노가 행위의 발생의 조건이다. 어리석음이 행위의 발생의 조건이다.[133]

2. 수행승들이여, 탐욕에서 출현하고, 탐욕에서 기원하고, 탐욕에서 연원하고, 탐욕에서 일어나는 행위가 있는데, 그러한 행위는 현세에서나 다음 생에서나 더 먼 미래에서나 언제나 그 해당하는 존재가[134] 생겨나는 곳에서 그 행위가 성숙하며, 그 행위가 성숙한 곳에서 행위의 과보가 거두어지게 된다.

3. 수행승들이여, 분노에서 출현하고, 분노에서 기원하고, 분노에서 연원하고, 분노에서 일어나는 행위가 있는데, 그러한 행위는 현세에서나 다음 생에서나 더 먼 미래에서나 언제나 그 해당하는 존재가 생겨나는 곳에서 그 행위가 성숙하며, 그 행위가 성숙한 곳에서 행

는 법의 탐구를 앞세우기 때문이다.(arahattavimokkhassa hi magga-sampayutta-sammāsaṅkappādibhedo dhammatakko purejavo hoti.)'

130) aññāvimokhaṃ pabrūmi avijjāya pabhedanaṃ : Prj. II. 600에 따르면, '지혜의 해탈(aññāvimokkha), 무명을 부숨(avijjāppabheda)이라고 불리는 열반(saṃkhātaṃ nibbānaṃ)'을 말한다.

131) Stn. 1107. upakhāsatisaṃsuddhaṃ | dhammatakkapurejavaṃ | aññāvimokhaṃ pabrūmi | avijjāya pabhedanaṃ ||

132) AN. I. 134 : 조건의 경[Nidānasutta], 증일아함 28(대정 2, 650a) 참조

133) lobho nidānaṃ kammānaṃ samudayāya, doso nidānaṃ kammānaṃ samudayāya, moho nidānaṃ kammānaṃ samudayāya : 탐욕·분노·어리석음은 세 가지 악하고 불건전한 것의 뿌리(akusalamūla)이다.

134) attabhāvō : 글자 그대로 하자면, 자아존재(自我存在)를 말한다. 즉 윤회하는 것으로서 '몸'이나 '해당하는 존재'이라는 관용적 표현으로(vohāravasena) 사용한 것이다. 그것을 궁극적인 표현으로(paramaṭṭhavasena) 이해해서는 안 된다.

위의 과보가 거두어지게 된다.

4. 수행승들이여, 어리석음에서 출현하고, 어리석음에서 기원하고, 어리석음에서 연원하고, 어리석음에서 일어나는 행위가 있는데, 그러한 행위는 현세에서나 다음 생에서나 더 먼 미래에서나 언제나 그 해당하는 존재가 생겨나는 곳에서 그 행위가 성숙하며, 그 행위가 성숙한 곳에서 행위의 과보가 거두어지게 된다.

5. 수행승들이여, 예를 들어, 상처가 없고 부패가 없고 바람과 열기에 해를 받지 않고 단단하고 견실하게 보존된 씨앗이 좋은 밭의 잘 경작된 토지에 파종되고 또한 하늘이 적절히 비를 내리면, 수행승들이여, 그 씨앗은 반드시 발아하고 줄기는 성장하여 증대하는 것처럼, 수행승들이여, 탐욕에서 출현하고, 탐욕에서 기원하고, 탐욕에서 연원하고, 탐욕에서 일어나는 행위가 있는데, 그러한 행위는 현세에서나 다음 생에서나 더 먼 미래에서나 언제나 그 해당하는 존재가 생겨나는 곳에서 그 행위가 성숙하며, 그 행위가 성숙한 곳에서 행위의 과보가 거두어지게 되며, 분노에서 출현하고, 분노에서 기원하고, 분노에서 연원하고, 분노에서 일어나는 행위가 있는데, 그러한 행위는 현세에서나 다음 생에서나 더 먼 미래에서나 언제나 그 해당하는 존재가 생겨나는 곳에서 그 행위가 성숙하며, 그 행위가 성숙한 곳에서 행위의 과보가 거두어지게 되며, 어리석음에서 출현하고, 어리석음에서 기원하고, 어리석음에서 연원하고, 어리석음에서 일어나는 행위가 있는데, 그러한 행위는 현세에서나 다음 생에서나 더 먼 미래에서나 언제나 그 해당하는 존재가 생겨나는 곳에서 그 행위가 성숙하며, 그 행위가 성숙한 곳에서 행위의 과보가 거두어지게 된다.

6. 수행승들이여, 또한 이와 같은 행위의 발생에 대한 세 가지 조건

이 있다. 수행승들이여, 행위의 발생에 대한 세 가지 조건이 있다. 세 가지란 무엇인가? 탐욕의 여읨이 행위의 발생의 조건이다. 분노의 여읨이 행위의 발생의 조건이다. 어리석음의 여읨이 행위의 발생의 조건이다.135)

7. 수행승들이여, 탐욕의 여읨에서 출현하고, 탐욕의 여읨에서 기원하고, 탐욕의 여읨에서 연원하고, 탐욕의 여읨에서 일어나는 행위가 있는데, 그러한 행위는 탐욕을 떠날 때에 그 행위가 버려지고, 뿌리째 뽑히고, 종려나무 그루터기처럼 되고, 존재하지 않게 되고, 미래에 다시 생겨나지 않게 된다.

8. 수행승들이여, 분노의 여읨에서 출현하고, 분노의 여읨에서 기원하고, 분노의 여읨에서 연원하고, 분노의 여읨에서 일어나는 행위가 있는데, 그러한 행위는 분노를 떠날 때에 그 행위가 버려지고, 뿌리째 뽑히고, 종려나무 그루터기처럼 되고, 존재하지 않게 되고, 미래에 다시 생겨나지 않게 된다.

9. 수행승들이여, 어리석음의 여읨에서 출현하고, 어리석음의 여읨에서 기원하고, 어리석음의 여읨에서 연원하고, 어리석음의 여읨에서 일어나는 행위가 있는데, 그러한 행위는 어리석음을 떠날 때에 그 행위가 버려지고, 뿌리째 뽑히고, 종려나무 그루터기처럼 되고, 존재하지 않게 되고, 미래에 다시 생겨나지 않게 된다.

10. 수행승들이여, 예를 들어, 상처가 없고 부패가 없고 바람과 열기에 해를 받지 않고 단단하고 견실하게 보존된 씨앗이 좋은 밭의 잘 경작된 토지에 파종되었지만 사람이 그것을 불로 태우고, 불로

---

135) alobho nidānaṃ kammānaṃ samudayāya, adoso nidānaṃ kammānaṃ samudayāya, amoho nidānaṃ kammānaṃ samudayāya : 세 가지, 즉 탐욕의 여읨·분노의 여읨·어리석음의 여읨을 착하고 건전한 것의 뿌리(kusalamūla)라고 한다.

태워서 재로 만들고, 재로 만들어서 강풍에 날려 보내거나 강에 급류에 흘려보내면, 그 씨앗은 버려지고, 뿌리째 뽑히고, 종려나무 그루터기처럼 되고, 존재하지 않게 되고, 미래에 다시 생겨나지 않게 되는 것처럼, 수행승들이여, 탐욕의 여읨에서 출현하고, 탐욕의 여읨에서 기원하고, 탐욕의 여읨에서 연원하고, 탐욕의 여읨에서 일어나는 행위가 있는데, 그러한 행위는 탐욕을 떠날 때에 그 행위가 버려지고, 뿌리째 뽑히고, 종려나무 그루터기처럼 되고, 존재하지 않게 되고, 미래에 다시 생겨나지 않게 되며, 분노의 여읨에서 출현하고, 분노의 여읨에서 기원하고, 분노의 여읨에서 연원하고, 분노의 여읨에서 일어나는 행위가 있는데, 그러한 행위는 분노를 떠날 때에 그 행위가 버려지고, 뿌리째 뽑히고, 종려나무의 그루터기처럼 되고, 존재하지 않게 되어, 미래에 다시 생겨나지 않게 되며, 어리석음의 여읨에서 출현하고, 어리석음의 여읨에서 기원하고, 어리석음의 여읨에서 연원하고, 어리석음의 여읨에서 일어나는 행위가 있는데, 그러한 행위는 어리석음을 떠날 때에 그 행위가 버려지고, 뿌리째 뽑히고, 종려나무 그루터기처럼 되고, 존재하지 않게 되고, 미래에 다시 생겨나지 않게 된다. 수행승들이여, 이와 같은 행위의 발생에 대한 세 가지 조건이 있다.”

11. [세존]

“미혹하여 탐욕에서 생겨나고
분노에서 생겨나고
어리석음에서 생겨난 크고
작은 행위를 저지르면,
세상에 그 과보를 받아야지
다른 가능성은 없으니.136)

수행승이라면 탐욕과 성냄과
어리석음을 분명히 알아
명지를 일으켜서
모든 나쁜 존재의 길을 끊어 버려야 하리."137)

15. 늙음과 죽음이 닥치면 어떻게 할 것인가?138)

1. 한때 세존께서는 싸밧티 시의 아나타삔디까 승원에 계셨다. 그때에 늙고 연로하고 나이가 들고 만년에 이르러 노령에 달해 향년 백이십 세가 된 두 명의 바라문이 세존께서 계신 곳을 찾아왔다. 가까이 다가와서 세존과 함께 인사를 나누고 안부를 주고받은 뒤에 한쪽으로 물러나 앉았다.

2. 한쪽으로 물러나 앉은 그들 바라문들은 세존께 이와 같이 말씀드렸다.

[바라문들] "존자 고따마여, 저희들은 늙고 연로하고 나이가 들고 만년에 이르러 노령에 달해 향년 백이십 세가 된 바라문들입니다. 그러나 저희들은 아직 선행을 하지 못했고, 착하고 건전한 일을 하지 못했고, 두려움에서 피할 곳을 마련하지 못했습니다. 저희들에게 오랜 세월 동안 이익과 행복이 있도록, 존자 고따마여, 저희들에게 충고하여 주십시오. 존자 고따마여, 저희들에게 가르침을 주십시오."

3. [세존] "바라문들이여, 실로 그대들은 늙고 연로하고 나이가 들고 만년에 이르러 노령에 달해 향년 백 이십 세나 되었습니다. 그러나

136) lobhajaṃ dosajaṃ ceva | mohajaṃ cāpaviddasu | yaṃ tena pakataṃ kammaṃ | appaṃ vā yadi vā bahuṃ | idheva taṃ vedanīyaṃ | vatthu aññaṃ na vijjati ||

137) tasmā lobhaṃ ca dosaṃ ca | mohajaṃ cāpi viddasu | vijjaṃ uppādayaṃ bhikkhu | sabbā duggatiyo jahe'ti ||

138) AN. I. 155 : 두 바라문의 경①[Paṭhamadvebrāhmaṇasutta], 잡아함 42(대정 2, 310b), 별역잡 5(대정 2, 403b) 참조

그대들은 아직 선행을 하지 못했고, 착하고 건전한 일을 하지 못했고, 두려움에서 피할 곳을 마련하지 못했습니다. 바라문들이여, 이 세상은 늙음과 병듦과 죽음으로 이끌어집니다. 바라문들이여, 이 세상이 늙음과 병듦과 죽음으로 이끌어지더라도 어떤 사람이 신체를 제어하고, 언어를 제어하고, 정신을 제어하면, 그 사람에게 그것이 죽은 뒤의 구원이고 동굴이고 섬이고 피난이고 피안입니다."

4. [세존]

"사람의 생애는 짧은 수명에 이끌려지고,
늙어가야만 하는 자에게 구원은 없다.
죽음의 그 두려움을 잘 관찰하여
행복을 실어 나르는 공덕을 쌓아야 하리.[139)]

신체적으로나 언어적으로나 정신적으로
세상에 자신을 제어하여
살아있는 동안에 공덕을 쌓으면
그것이 죽은 뒤의 행복이 되리."[140)]

16. 열반이 현세에서 유익한 이유는 무엇인가?[141)]

1. 한때 바라문 자눗쏘니[142)]가 세존께서 계신 곳을 찾아왔다. 가까이 다가와서 세존과 함께 인사를 나누고 안부를 주고받은 뒤에 한

---

139) upanīyati jīvitamappamāyu jarūpanītassa na santi tāṇā | etaṃ bhayaṃ maraṇe pekkhamāno puññān i kayirātha sukhāvahāni ‖ SN. I. 2, 55 참조

140) yodha kāyena saññamo vācāya uda cetasā | taṃ tassa petassa sukhāya hoti yaṃ jīvamāno pakaroti puññanti ‖

141) AN. I. 158 : 열반의 경[Nibbānasutta]

142) Jānussoṇi : 바라문으로서 경에 자주 나온다. DN. I. 235와 MN. II. 202에 따르면, 그는 꼬쌀라(Kosala)국 바라문 마을 마나싸까따(Manasākaṭa)에서 아주 훌륭한 다른 바라문과 함께 살았다. MN. I. 175와 SN. V. 4에서 그는 고귀하고 부유한 사람으로 묘사되고 있다. 부처님과의 대론은 여러 경전에서 다양한 주제로 나오는데, AN. II. 76에서는 존재(有 : atthi)와 비존재(無 : natthi)에 관하여 논한다.

쪽으로 물러나 앉았다.

2. 한쪽으로 물러나 앉은 바라문 자눗쏘니는 세존께 이와 같이 말씀 드렸다.

[자눗쏘니] "존자 고따마여, 현세의 삶에서 유익한 열반이라고 하셨는데, 존자 고따마여, 어떻게 열반이 현세의 삶에서 유익한 것이고, 시간을 초월하는 것이며, 와서 보라고 할 만한 것이고, 최상의 목표로 이끄는 것이며, 슬기로운 자라면 누구나 알 수 있는 것입니까?"

3. [세존] "바라문이여, 탐욕으로 인해 애착하고, 탐욕에 정복되고, 마음이 사로잡히면, 스스로를 해치는 사유를 하고 남을 해치는 사유를 하고 양자를 해치는 사유를 하며 마음으로 괴로움과 근심을 경험합니다. 그러나 탐욕을 버리면, 스스로를 해치는 사유를 하지 않고 남을 해치는 사유를 하지 않고 양자를 해치는 사유를 하지 않으며 마음으로 괴로움과 근심을 경험하지 않습니다. 바라문이여, 이와 같이 열반은 현세의 삶에서 유익한 것이고, 시간을 초월하는 것이며, 와서 보라고 할 만한 것이고, 최상의 목표로 이끄는 것이며, 슬기로운 자라면 누구나 알 수 있는 것입니다.

4. 바라문이여, 성냄으로 인해 분노하고, 성냄에 정복되고, 마음이 사로잡히면, 스스로를 해치는 사유를 하고 남을 해치는 사유를 하고 양자를 해치는 사유를 하며 마음으로 괴로움과 근심을 경험합니다. 그러나 성냄을 버리면, 스스로를 해치는 사유를 하지 않고 남을 해치는 사유를 하지 않고 양자를 해치는 사유를 하지 않으며 마음으로 괴로움과 근심을 경험하지 않습니다. 바라문이여, 이와 같이 열반은 현세의 삶에서 유익한 것이고, 시간을 초월하는 것이며, 와서 보라고 할 만한 것이고, 최상의 목표로 이끄는 것이며, 슬기로운 자

라면 누구나 알 수 있는 것입니다.

5. 바라문이여, 어리석음으로 인해 미혹하고, 어리석음에 정복되고, 마음이 사로잡히면, 스스로를 해치는 사유를 하고 남을 해치는 사유를 하고 양자를 해치는 사유를 하며 마음으로 괴로움과 근심을 경험합니다. 그러나 어리석음을 버리면, 스스로를 해치는 사유를 하지 않고 남을 해치는 사유를 하지 않고 양자를 해치는 사유를 하지 않으며 마음으로 괴로움과 근심을 경험하지 않습니다. 바라문이여, 이와 같이 열반은 현세의 삶에서 유익한 것이고, 시간을 초월하는 것이며, 와서 보라고 할 만한 것이고, 최상의 목표로 이끄는 것이며, 슬기로운 자라면 누구나 알 수 있는 것입니다.

6. 바라문이여, 이와 같이 남김없이 탐욕이 부수어진 것을 경험하고 남김없이 분노가 부수어진 것을 경험하고 남김없이 어리석음이 부수어진 것을 경험하기 때문에, 바라문이여 이와 같은 열반은 현세의 삶에서 유익한 것이고, 시간을 초월하는 것이며, 와서 보라고 할 만한 것이고, 최상의 목표로 이끄는 것이며, 슬기로운 자라면 누구나 알 수 있는 것입니다."

7. [자눗쏘니] "존자 고따마여, 훌륭하십니다. 존자 고따마여, 훌륭하십니다. 존자 고따마여, 넘어진 것을 일으켜 세우듯, 가려진 것을 열어 보이듯, 어리석은 자에게 길을 가리켜 주듯, 눈 있는 자는 형상을 보라고 어둠 속에 등불을 가져오듯, 존자 고따마께서는 이와 같이 여러 가지 방법으로 진리를 밝혀 주셨습니다. 그러므로 이제 존자 고따마께 귀의합니다. 또한 그 가르침에 귀의합니다. 또한 그 수행승의 참모임에 귀의합니다. 존자 고따마께서는 저를 재가신도로 받아 주십시오. 오늘부터 목숨이 다하도록 귀의하겠습니다."

17. 이교도의 가르침과 부처님의 가르침의 차이는 무엇인가?143)

1. 한때 세존께서는 싸밧티 시에 계셨다.

[세존] "수행승들이여, 이와 같은 세 가지의 이교도의 관점이 있는데,144) 그것들은 현자에 의해서 조사되고, 탐구되고, 철저하게 연구되고, 단지 전승 때문에 그것들을 추구한다고 하더라도145) 무작설로146) 드러난다. 세 가지란 무엇인가?

---

143) AN. I. 173 : 이교도의 경[Titthasutta], 중아함 3(대정 1, 435a) 참조

144) tīṇimāni bhikkhave titthāyatanāni : 일반적으로 tittha(*sk.* tīrtha)는 '나룻터. 도장(渡場)'라는 말인데 '해탈의 교리'란 의미로 쓰인다. 빠알리 경전에서는 이교도의 교리를 나타낸다. 이교도는 titthiya라고 한다. 그리고 titthiyāyatana는 Mrp. II. 272에 따르면 DN. 1에 나오는 62가지의 사견을 말한다.

145) parampi gantvā : Mrp. II. 273에 따르면, '스승의 계맥를 따라, 견해의 계맥를 따라, 개인의 계맥을 따라(ācariyaparamparā, laddhiparamparā, attabhāvaparamparā)' 가운데 어느 하나를 따라는 것이라고 해석하고 있다. 그러나 단순히 전승을 이러한 계맥(paramparā)이라고 해석하는 것은 일반적인 것은 아니다.

146) akiriya : 한역에서 무작(無作)이라고 한다. 인간의 도덕적인 삶을 부정하는 강한 결정론이나 강한 비결정론을 무작설이라고 한다. 깟싸빠(Kassapa)의 비결정론 — 대왕이여, 참으로 [어떠한 일을] 하거나 하도록 시켜도, 도륙하고 도륙하도록 시켜도, 학대하고 학대하도록 시켜도, 슬프게 하고 피곤하게 하고 전율하고 전율하게 만들고 생명을 해치고 주지 않는 것을 빼앗고 가택을 침입하고 약탈하고 절도하고 노략질하고 타인의 처를 겁탈하고 거짓말을 하더라도 죄를 범하는 것이 아니다(DN. I. 52) — 은 일상적 의미의 우연론이 아니라 절대적인 우연론으로서의 무인론(無因論 : ahetuvāda)이다. 그는 모든 원인과 결과는 무(無)에서 유(有)가 나오는 것처럼 초월적이고 완전히 우연적이어서 절대적으로 예측가능하지도 않고, 무법칙적으로 변화하므로 인과관계는 애초부터 성립될 수 없으며, 인과적 연속성을 담보할 수 없으므로 단멸론(斷滅論 : ucchedavāda)에 속한다. 따라서 인간 행위에 있어서도 도덕적 책임감은 성립될 수 없다. 이것이 깟싸빠가 윤리적인 삶을 부정하는 무작설(無作說 : akiriyavāda)이라고 불리우는 견해를 갖게 된 이유이다. AN. I. 287에 따르면, 부처님은 그러한 깟싸빠를 무작론자(無作論者 : akiriyavādin)라고 부르고, 자신은 작론자(作論者 : kiriyavādin)라고 불렀다. 그와는 반대로 고쌀라(Gosala)의 주장은 인과법칙의 가혹함에서 연원된 것이다. 그러나 이러한 숙명론은 결과적으로 정신적인 인과성에서 자명한 자유의지마저 부정할 수밖에 없었다. 그는 이렇게 주장했다. "팔만사천 대겁이 있어서, 그 사이에 어리석은 자도 현자도 유전윤회하면서 괴로움의 종극을 이룬다. 그래서 그 사이에는 '나는 계행과 덕행과 고행과 범행에 의해 미숙업을 성숙시키고, 혹은 이미 익은 업을 참아내고 그것을 소멸시킨다'는 것이 없다..... 어리석은 자도 현자도 유전윤회한 뒤에 괴로움의 종극을 이룬다.(DN. I. 54)" 초기경전은 그의 이론을 깟싸빠의 경우처럼 인간의 도덕적 행위를 무력하게 만든다는 측면에서는 무작설(無作說 : akiriyavāda)이라고도 하며, 팔만사천 대겁 뒤에는 윤회가 종식한다는 측면에서는 단멸론(斷滅論 : ucchedavāda)이며, 인간의 도덕적 행위의 필요성을 거부하는 절대적인 결정론으로서의 무인론(無因論 : ahetuvāda)이고, 정해진 윤회의 기간이 종식하면 청정해진다는 측면에서는 윤회청정(輪廻清淨 : saṁsarasuddhi)의 이론이라고도 한다. 그리고 이 밖에 바로 이 경에서는 절대자에 의해 모든 것이 운명지어졌다고 하는 절대신에 의한 창조설, 즉 존우화작설(尊祐化作說 : issaranimmāṇahetuvāda)이나 절대신(絶對神 : issaro)의 창조자(創造者 : sañjitā)로서의 창생(創生)과 일체견자(一切見者 : aññadatthudaso)로서의 전지(全知)와 주재자(主宰者 : vasī)로서의 전능(全能)에 의해 모든 것이 결정된다는 신학적 견해도 무작설에 포함시키고 있다. 그리고 이 경에서 무작설의 전형으로 거론되는 숙작인(宿作因 : pubbekatahetu)은 자이나교도인 니간타들의 사상을 말하는데, 그 교주인 마하비라(Mahavira)는 사물들이 '부분적으로는 결정되고 부분적으로는 비결정된다(Sū. I. 1. 2. 4 niyayāniyayaṁ saṁtaṁ)'고 주장했다. 그러므로 그것이 강한 결정론과 강한 비결정론의 조합이고 업에 관한 한 강한 결정론적 입장

2. 수행승들이여, 한 부류의 수행자들이나 성직자들은 '어떤 사람이 어떠한 느낌이라도, 즐겁거나 괴롭거나 즐겁지도 않고 괴롭지도 않은 느낌을 체험하더라도, 그 모든 것은 전생이라는 원인에 의해 만들어진 것이다.'[147]라고 이와 같이 말하고 이와 같이 본다.

3. 수행승들이여, 한 부류의 수행자들이나 성직자들은 '어떤 사람이 어떠한 느낌이라도, 즐겁거나 괴롭거나 즐겁지도 않고 괴롭지도 않은 느낌을 체험하더라도, 그 모든 것은 절대자라는 원인에 의해 만들어진 것이다.'[148]라고 이와 같이 말하고 이와 같이 본다.

4. 수행승들이여, 한 부류의 수행자들이나 성직자들은 '어떤 사람이 어떠한 느낌이라도, 즐겁거나 괴롭거나 즐겁지도 않고 괴롭지도 않은 느낌을 체험하더라도, 그 모든 것은 원인 없이 조건 없이 만들어진 것이다.'[149]라고 이와 같이 말하고 이와 같이 본다.

5. 수행승들이여, 그들 가운데 한 부류의 수행자들이나 성직자들이 '어떤 사람이 어떠한 느낌이라도, 즐겁거나 괴롭거나 즐겁지도 않고 괴롭지도 않은 느낌을 체험하더라도, 그 모든 것은 전생이라는 원인에 의해 만들어진 것이다.'라고 이와 같이 말하고 이와 같이 보는데, 나는 그들에게 접근해서 이와 같이 '존자들이여, 그대들이 '어떤 사람이 어떠한 느낌이라도, 즐겁거나 괴롭거나 즐겁지도 않고 괴롭지도 않은 느낌을 체험하더라도, 그 모든 것은 전생이라는 원인에 의해 만들어진 것이다.'라고 이와 같이 말하고 이와 같이 본다는데, 그

을 취하기 때문에 불경에서는 주로 강한 결정론자로서 나오며 결국 무작설로 인정되는 것이다.

147) sabbaṃ taṃ pubbekatahetū'ti : 니간타들의 숙작인설(宿作因說 : pubbekatahetuvāda)이다. 위의 무작설의 주석을 보라.

148) sabbaṃ taṃ issaranimmāṇahetū'ti : 존우화작설(尊祐化作因說 : issaranimmāṇahetuvāda)이라고 한다. 위의 무작설의 주석을 보라.

149) sabbaṃ taṃ ahetuappaccayā'ti : 무인론(無因論 : ahetuvāda)을 말한다. 위의 무작설의 주석을 보라.

것이 사실인가?'라고 말한다. 내가 질문하면 그들은 '그렇다'고 동의한다. 나는 그들에게 이와 같이 말한다. '존자들이여, 그렇다면 사람들이 살아있는 생명을 죽이더라도 전생의 원인 때문일 것이고, 주지 않는 것을 빼앗더라도 전생의 원인 때문일 것이고, 청정하지 못한 삶을 살더라도 전생의 원인 때문일 것이고, 거짓말을 하더라도 전생의 원인 때문일 것이고, 이간질하더라도 전생의 원인 때문일 것이고, 욕지거리하더라도 전생의 원인 때문일 것이고, 꾸며대는 말을 하더라도 전생의 원인 때문일 것이고, 탐욕스럽더라도 전생의 원인 때문일 것이고, 분노하더라도 전생의 원인 때문일 것이고, 잘못된 견해를 지니더라도 전생의 원인 때문일 것이다.'150) 수행승들이여, 전생의 행위가 결정적인 것이라고 고집한다면, 그들에게는 이것은 해야 하고 이것은 하지 말아야 한다는 의도나 정진이 없는 셈이다. 그들에게 이것은 해야 하고 이것은 하지 말아야 한다는 것이 진실로 확실히 알려지지 않는다면, 그들은 새김을 잃게 되고 수호를 잃게 되는데, 자신을 수행자라고 칭할 타당할 이유가 없는 것이다.

6. 수행승들이여, 이것이 이와 같이 말하고 이와 같이 보는 수행승들이나 성직자들에 대한 나의 첫 번째 논박이다.

7. 수행승들이여, 그들 가운데 한 부류의 수행자들이나 성직자들이 '어떤 사람이 어떠한 느낌이라도, 즐겁거나 괴롭거나 즐겁지도 않고 괴롭지도 않은 느낌을 체험하더라도, 그 모든 것은 절대자라는 원인

150) pāṇātipātino bhavissanti pubbekatahetu, adinnādāyino bhavissanti pubbekatahetu, abrahmacārino bhavissanti pubbekatahetumusāvādino bhavissanti pubbekatahetu, pisunavācā bhavissanti pubbekatahetu. Pharusavācā bhavissanti pubbekatahetu, samphappalāpino bhavissanti pubbekatahetu, abhijjhāluno bhavissanti pubbekatahetu, byāpannacittā bhavissanti pubbekatahetumicchādiṭṭhikā bhavissanti pubbekatahetu : 열 가지 악하고 불건전한 것(十不善業道 : dasa akusladhammapathā)에 대하여 언급한 것이다. 반대로 정의로운 행위와 바른 행위는 십선업(十善業도 : dasa kusladhammapathā)을 말한다. 즉, ① 불살생(不殺生) ② 불투도(不偸盜) ③ 불사음(不邪淫) ④ 불망어(不妄語) ⑤ 불양설(不兩說) ⑥ 불기어(不綺語) ⑦ 불악구(不惡口) ⑨ 불탐욕(不貪欲) ⑨ 불진에(不瞋恚), ⑩ 불사견(不邪見)이다.

에 의해 만들어진 것이다.'라고 이와 같이 말하고 이와 같이 보는데, 나는 그들에게 접근해서 이와 같이 '존자들이여, 그대들이 '어떤 사람이 어떠한 느낌이라도, 즐겁거나 괴롭거나 즐겁지도 않고 괴롭지도 않은 느낌을 체험하더라도, 그 모든 것은 절대자라는 원인에 의해 만들어진 것이다.'라고 이와 같이 말하고 이와 같이 본다는데, 그것이 사실인가?'라고 말한다. 내가 질문하면 그들은 '그렇다'고 동의한다. 나는 그들에게 이와 같이 말한다. '존자들이여, 그렇다면 사람들은 살아있는 생명을 죽이더라도 절대자 때문일 것이고, 주지 않는 것을 빼앗더라도 절대자 때문일 것이고, 청정하지 못한 삶을 살더라도 절대자 때문일 것이고, 거짓말을 하더라도 절대자 때문일 것이고, 이간질하더라도 절대자 때문일 것이고, 욕지거리하더라도 절대자 때문일 것이고, 꾸며대는 말을 하더라도 절대자 때문일 것이고, 탐욕스럽더라도 절대자 때문일 것이고, 분노하더라도 절대자 때문일 것이고, 잘못된 견해를 지니더라도 절대자 때문일 것이다.' 수행승들이여, 절대자가 결정적인 것이라고 고집한다면, 그들에게는 이것은 해야 하고 이것은 하지 말아야 한다는 의도나 정진이 없는 셈이다. 그들에게 이것은 해야 하고 이것은 하지 말아야 한다는 것이 진실로 확실히 알려지지 않는다면, 그들은 새김을 잃게 되고 수호를 잃게 되는데, 자신을 수행자라고 칭할 타당할 이유가 없는 것이다.

8. 수행승들이여, 이것이 이와 같이 말하고 이와 같이 보는 수행승들이나 성직자들에 대한 나의 두 번째 논박이다.

9. 수행승들이여, 그들 가운데 한 부류의 수행자들이나 성직자들이 '어떤 사람이 어떠한 느낌이라도, 즐겁거나 괴롭거나 즐겁지도 않고 괴롭지도 않은 느낌을 체험하더라도, 그 모든 것은 원인 없이 조건 없이 만들어진 것이다.'라고 이와 같이 말하고 이와 같이 보는데, 나

는 그들에게 접근해서 이와 같이 '존자들이여, 그대들이 '어떤 사람이 어떠한 느낌이라도, 즐겁거나 괴롭거나 즐겁지도 않고 괴롭지도 않은 느낌을 체험하더라도, 그 모든 것은 원인 없이 조건 없이 만들어진 것이다.'라고 이와 같이 말하고 이와 같이 본다는데, 그것이 사실인가?'라고 말한다. 내가 질문하면 그들은 '그렇다'고 동의한다. 나는 그들에게 이와 같이 말한다. '존자들이여, 그렇다면 사람들은 살아있는 생명을 죽이더라도 원인이 없고 조건이 없을 것이고, 주지 않는 것을 빼앗더라도 그 원인이 없고 그 조건이 없을 것이고, 청정하지 못한 삶을 살더라도 그 원인이 없고 그 조건이 없을 것이고, 거짓말을 하더라도 그 원인이 없고 그 조건이 없을 것이고, 이간질하더라도 그 원인이 없고 그 조건이 없을 것이고, 욕지거리하더라도 그 원인이 없고 그 조건이 없을 것이고, 꾸며대는 말을 하더라도 그 원인이 없고 그 조건이 없을 것이고, 탐욕스럽더라도 그 원인이 없고 그 조건이 없을 것이고, 분노하더라도 그 원인이 없고 그 조건이 없을 것이고, 잘못된 견해를 지니더라도 그 원인이 없고 조건이 없을 것이다.' 수행승들이여, 원인 없는 것과 조건이 없는 것이 결정적인 것이라고 고집한다면, 그들에게는 이것은 해야 하고 이것은 하지 말아야 한다는 의도나 정진이 없는 셈이다. 그들에게 이것은 해야 하고 이것은 하지 말아야 한다는 것이 진실로 확실히 알려지지 않는다면, 그들은 새김을 잃게 되고 수호를 잃게 되는데, 자신을 수행자라고 칭할 타당할 이유가 없는 것이다.

10. 수행승들이여, 이것이 이와 같이 말하고 이와 같이 보는 수행승들이나 성직자들에 대한 나의 세 번째 논박이다.

11. 수행승들이여, 이와 같은 세 가지의 이교도의 관점이 있는데, 그것들은 현자에 의해서 조사되고, 탐구되고, 철저하게 연구되고, 단

지 전승 때문에 그것을 추구한다고 하더라도 무작설로 드러난다.

12. 수행승들이여, 내가 설한 이러한 가르침은 논박되지 않고, 오염되지 않고, 비난받지 않고, 수행자나 성직자나 현자에게 비방받지 않는다. 수행승들이여, 내가 설한 어떠한 가르침이 논박되지 않고, 오염되지 않고, 비난받지 않고, 수행자나 성직자나 현자에게 비방받지 않는가?

13. 수행승들이여, 내가 '이러한 것들이 여섯 가지 세계이다.'라고 설한 가르침은 논박되지 않고, 오염되지 않고, 비난받지 않고, 수행자나 성직자나 현자에게 비방받지 않는 것이다. 수행승들이여, 내가 '이러한 것들이 여섯 가지 접촉감역이다.'라고 설한 가르침은 논박되지 않고, 오염되지 않고, 비난받지 않고, 수행자나 성직자나 현자에게 비방받지 않는 것이다. 수행승들이여, 내가 '이러한 것들이 열여덟 가지 정신적 사유이다.'라고 설한 가르침은 논박되지 않고, 오염되지 않고, 비난받지 않고, 수행자나 성직자나 현자에게 비방받지 않는 것이다. 수행승들이여, 내가 '이러한 것들이 네 가지 진리이다.'라고 설한 가르침은 논박되지 않고, 오염되지 않고, 비난받지 않고, 수행자나 성직자나 현자에게 비방받지 않는 것이다.

14. 수행승들이여, 나는 '내가 '이러한 것들이 여섯 가지 세계이다.' 라고[151] 설한 가르침은 논박되지 않고, 오염되지 않고, 비난받지 않고, 수행자나 성직자나 현자에게 비방받지 않는 것이다.'라고 말했

---

151) imā cha dhātuyo ti : 땅, 물, 불, 바람의 네 가지 광대한 세계와 허공과 의식을 말한다. 상세한 설명은 MN. 140을 참조하라. Mrp. II. 278에 따르면, 땅은 확립의 요소(patiṭṭādhātu)이고, 물은 연결의 요소(ābandhanadhātu)이고, 불은 성숙의 요소(paripācanadhātu)이고, 바람은 지탱의 요소(vitthambhanadhātu)이고, 공간은 채워지지 않은 요소(asaphuṭadhātu)이고, 의식은 인식의 요소(vijānanadhātu)로 의식의 다발이라고 한다. 그와 동시에 발생하는 느낌의 다발, 지각의 다발, 형성[접촉-의도]의 다발이 있다. 이 네 가지가 비물질의 다발이다. 땅, 물, 불, 바람은 근본물질이고, 땅, 물, 불, 바람의 네 가지 근본물질과 허공에서 파생된 물질(upādarūpaṁ)인 공간이 있다. 이것들이 물질의 다발이다. 이렇게 해서 근본적으로는 두 가지, 즉 비물질의 다발과 물질의 다발이 있다.

는데, 무엇을 조건으로 그것을 말했는가? 여섯 가지 세계, 즉 땅의 세계, 물의 세계, 불의 세계, 바람의 세계, 공간의 세계, 의식의 세계이다. 수행승들이여, 나는 '내가 '이러한 것들이 여섯 가지 세계이다.'라고 설한 가르침은 논박되지 않고, 오염되지 않고, 비난받지 않고, 수행자나 성직자나 현자에게 비방받지 않는 것이다.'라고 말했는데, 이러한 것을 조건으로 그것을 말한 것이다.

15. 수행승들이여, 나는 '내가 '이러한 것들이 여섯 가지 접촉감역이다.'라고[152] 설한 가르침은 논박되지 않고, 오염되지 않고, 비난받지 않고, 수행자나 성직자나 현자에게 비방받지 않는 것이다.'라고 말했는데, 무엇을 조건으로 그것을 말했는가? 여섯 가지 접촉의 감역, 즉 시각의 접촉감역, 청각의 접촉감역, 후각의 접촉감역, 미각의 접촉감역, 촉각의 접촉감역, 정신적 접촉감역이다. 수행승들이여, 나는 '내가 '이러한 것들이 여섯 가지 접촉감역이다.'라고 설한 가르침은 논박되지 않고, 오염되지 않고, 비난받지 않고, 수행자나 성직자나 현지에게 비방받지 않는 것이다.'라고 말했는데, 이러한 것을 조건으로 그것을 말한 것이다.

16. 수행승들이여, 나는 '내가 '이러한 것들이 열여덟 가지 정신적 탐구이다.'라고[153] 설한 가르침은 논박되지 않고, 오염되지 않고, 비난받지 않고, 수행자나 성직자나 현자에게 비방받지 않는 것이

---

152) imāni cha phassāyatanānī'ti : MN. III. 285에 따르면, 시각의식은 시각과 형상을 조건으로 생겨난다. 이 세 가지의 화합(和合)이 접촉이다. 접촉을 조건으로 즐겁거나 괴롭거나 괴롭지도 즐겁지도 않은 상태가 감수된다(cakkhuñ ca... paṭicca rūpe ca upajjati cakkhuviññāṇaṁ, tiṇṇam saṅgati phasso ; phassapaccayā uppajjati vedayitaṁ sukhaṁ vā dukkhaṁ vā adukkhamasukhaṁ vā).

153) ime aṭṭhārasa manopavicārā'ti : 한역으로 하자면 열여덟 가지의 의근사(manopavicāra : 意近伺)이다. Pps. V. 21에 따르면, 정신적인 탐구는 사유(vitakka)와 숙고(vicāra)를 말한다. 사유와 숙고를 통해 대상을 경험한다. 여기서 경험이라고 번역한 단어는 우빠비짜라(upavicāra)인데, 그 의미는 전념, 사념, 식별의 뜻을 갖고 있으나 문맥상 어느 것도 잘 들어맞지 않는다. 참고로 Mls. III. 137에서는 '범주 · 돌아다님(range)'라는 단어를 사용했고, Mdb.1069에서는 '탐험 · 조사 · 탐구(exploration)'라는 단어를 썼다.

다.'라고 말했는데, 무엇을 조건으로 그것을 말했는가? 시각으로 형상을 보고 쾌락을 야기하는 형상에 대한 탐구, 불쾌를 야기하는 형상에 대한 탐구, 평정을 야기하는 형상에 대한 탐구를 행하고, 청각으로 소리를 듣고 쾌락을 야기하는 소리에 대한 탐구, 불쾌를 야기하는 소리에 대한 탐구, 평정을 야기하는 소리에 대한 탐구를 행하고, 후각으로 냄새를 맡고 쾌락을 야기하는 냄새에 대한 탐구, 불쾌를 야기하는 냄새에 대한 탐구, 평정을 야기하는 냄새에 대한 탐구를 행하고, 미각으로 맛을 맛보고 쾌락을 야기하는 맛에 대한 탐구, 불쾌를 야기하는 맛에 대한 탐구, 평정을 야기하는 맛에 대한 탐구를 행하고, 촉각으로 감촉을 촉지하고 쾌락을 야기하는 감촉에 대한 탐구, 불쾌를 야기하는 감촉에 대한 탐구, 평정을 야기하는 감촉에 대한 탐구를 행하고, 정신으로 사실을 인지하고 쾌락을 야기하는 사실에 대한 탐구, 불쾌를 야기하는 사실에 대한 탐구, 평정을 야기하는 사실에 대한 탐구를 행한다. 수행승들이여, 나는 '내가 '이러한 것들이 열여덟 가지 정신적 탐구이다.'라고 설한 가르침은 논박되지 않고, 오염되지 않고, 비난받지 않고, 수행자나 성직자나 현자에게 비방받지 않는 것이다.'라고 말했는데, 이러한 것을 조건으로 그것을 말한 것이다.

17. 수행승들이여, 나는 '내가 '이러한 것들이 네 가지 진리이다.'라고[154] 설한 가르침은 논박되지 않고, 오염되지 않고, 비난받지 않고, 수행자나 성직자나 현자에게 비방받지 않는 것이다.'라고 말했는데, 무엇을 조건으로 그것을 말했는가? 수행승들이여, 여섯 가지 세계에 취착하여 입태가 있고, 입태를 조건으로 명색이 있고,[155] 명

154) imāni cattāri ariyasaccānī'ti : 사제(四諦) = 사성제(四聖諦)를 말한다.

155) channaṃ bhikkhave dhātūnaṃ upādāya gabbhassāvakkanti hoti, okkantiyā sati nāmarūpaṃ : 여기 일반적으로 십이연기에서 의식이 들어설 연기고리의 자리에 입태가 들어가 있다. 이것은 의식이 결생식(結生

색을 조건으로 여섯 가지 감역이 있고, 여섯 가지 감역을 조건으로 접촉이 있고 접촉을 조건으로 느낌이 있다. 수행승들이여, 나는 느끼는 자의 관점에서[156] '이것은 괴로움이다'라고 선언하고, '이것은 괴로움의 발생이다'라고 선언하고, '이것은 괴로움의 소멸이다'라고 선언하고, '이것은 괴로움의 소멸에 이르는 길이다'라고 선언한다.

18. 수행승들이여, 무엇이 괴로움인가? 태어남도, 늙음도, 병듦도, 죽음도 괴로움이고, 슬픔, 비탄, 고통, 근심, 절망도 괴로움이고, 원하는 것을 얻지 못하는 것도 괴로움이고, 간략히 말해서 다섯 가지 집착다발이[157] 괴로움이다. 수행승들이여, 이것이 괴로움이다.

識)을 의미한다는 것을 암시한다. 입태는 다음과 같이 이루어진다. MN. 38에 따르면, 이 세상에서 어머니와 아버지가 결합하고, 어머니에게 경수가 있고, 태어나야 할 존재가 현존하여, 이러한 세 가지 일이 조화가 되어 입태가 이루어진다(idha matāpitaro va sannipatitā honti, mātā ca utunī hoti, gandhabbo va paccupaṭṭhito hoti ; evaṁ tiṇṇaṁ sannipatā gabbhassa avakkanti hoti). 여기서 역자가 태어나야 할 존재라고 번역한 건달바(乾達婆)는 생명현상으로서의 의식을 말하는 것인지 애매하다. 만약에 그것이 주석가들의 의견처럼 결생식(結生識)을 의미한다면, 의식의 윤회라는 무아설과 모순되는 이론이 생겨날 소지가 있다. 그래서 역자는 붓다고싸처럼(Pps. II. 310), '태어나야 할 존재'라고 번역한다. 그러나 그것을 용인한다면, 생명체가 어떤 종으로 태어나기 위해서는 ① 암수의 교합, ② 적당한 시기, ③ 생명현상으로서의 의식(結生識 : gandhabba)이라는 세 가지 조건이 충족되어야 함을 보여주고 있다.

156) vediyamānassa : Mrp. II. 282에 따르면, 단순히 '느낌을 경험하는 자에게'라는 것뿐만 아니라 '아는 자에게'를 의미한다. 따라서 느낌에 대한 새김을 하는 것과 관계된 표현이다.

157) pañcupācupādānakkhandha : '다섯 가지 존재의 집착다발'은 오취온(五取蘊)이라고 한역된다. 존재의 집착다발이란 의미는 존재의 다발[五蘊] ― 물질[色 rūpa], 느낌[受 vedanā], 지각[想 saññā], 형성[行 saṅkhārā], 의식[識 viññāṇa] ― 이 '나의 소유, 나의 존재, 나의 자아'라는 유위법적 사유의 근본구조 속에서 나타날 때 성립한다. 존재의 다발과 존재의 집착다발에 대해서는 SN. III. 47을 참조하라. 그리고 존재의 집착다발에 관해서는 MN. I. 190-191에 다음과 같이 잘 나타나 있다. "벗들이여, 안으로 정신능력이 완전하더라도, 밖에서 사실이 정신영역에 들어오지 않고 그것에 주의를 기울이지 않으면, 그것에 일치하는 의식은 나타나지 않습니다. 벗들이여, 안으로 정신능력이 완전하고 밖에서 사실이 정신영역에 들어오더라도, 그것에 주의를 기울이지 않으면, 그것에 일치하는 의식은 나타나지 않습니다. 벗들이여, 안으로 정신능력이 완전하고 밖에서 사실이 정신영역에 들어오고, 그것에 주의를 기울이면, 그것에 일치하는 의식이 나타납니다. 이와 같은 상태에서 물질이라는 것은 물질의 집착다발에 포섭되고, 이와 같은 상태에서 느낌이라는 것은 느낌의 집착다발에 포섭되고, 이와 같은 상태에서 지각이라는 것은 지각의 집착다발에 포섭되고, 이와 같은 상태에서 형성이라는 것은 형성의 집착다발에 포섭되고, 이와 같은 상태에서 의식이라는 것은 의식의 집착다발에 포섭됩니다. 그는 '이러한 방식으로 참으로 이러한 것들은 다섯 가지 존재의 집착다발에 포섭되고, 집합되고, 결합된다.'고 이와 같이 잘 압니다. 그런데 세존께서는 '연기를 보는 자는 진리를 보고, 진리를 보는 자는 연기를 본다.'고 이와 같이 말씀하셨습니다. 이러한 다섯 가지 집착다발은 연기된 것입니다. 이러한 다섯 가지 집착다발에 욕망하고 집착하고 경향을 갖고 탐착하는 것은 괴로움의 발생입니다. 이러한 다섯 가지 집착다발에서 욕망과 탐욕을 제거하고 욕망과 탐욕을 버리는 것이 괴로움의 소멸입니다."

19. 수행승들이여, 무엇이 괴로움의 발생인가? 무명을 조건으로 형성이 생겨나고, 형성을 조건으로 의식이 생겨나며, 의식을 조건으로 명색이 생겨나고, 명색을 조건으로 여섯 가지 감역이 생겨나며, 여섯 가지 감역을 조건으로 접촉이 생겨나고, 접촉을 조건으로 느낌이 생겨나며, 느낌을 조건으로 갈애가 생겨나고, 갈애를 조건으로 집착이 생겨나며, 집착을 조건으로 존재가 생겨나고, 존재를 조건으로 태어남이 생겨나며, 태어남을 조건으로 늙음과 죽음, 슬픔, 비탄, 고통, 근심, 절망이 생겨난다. 이와 같이 해서 모든 괴로움의 다발들이 생겨난다.[158] 수행승들이여, 이것이 괴로움의 발생이다.

20. 수행승들이여, 무엇이 괴로움의 소멸인가? 무명이 남김없이 사라져 소멸하면[159] 형성이 소멸하고, 형성이 소멸하면 의식이 소멸하며, 의식이 소멸하면 명색이 소멸하고, 명색이 소멸하면 여섯 가지 감역이 소멸하며, 여섯 가지 감역이 소멸하면 접촉이 소멸하고, 접촉이 소멸하면 느낌이 소멸하며, 느낌이 소멸하면 갈애가 소멸하고, 갈애가 소멸하면 집착이 소멸하며, 집착이 소멸하면 존재가 소멸하고, 존재가 소멸하면 태어남이 소멸하며, 태어남이 소멸하면 늙음과 죽음, 슬픔, 비탄, 고통, 근심, 절망이 소멸한다. 이와 같이

---

158) 조건적 발생의 법칙(*pali.* paţiccasamuppāda; *sk.* pratītyasamutpāda)이라고 하며, 한역에서는 연기(緣起)라고 한다. 연기의 각 항목은 빠알리어와 한역에서 ① avijjā(無明) ② saṅkhārā(行) ③ viññāṇa(識) ④ nāmarūpa(名色) ⑤ saḷāyatana(六入) ⑥ phassa(觸) ⑦ vedanā(受) ⑨ taṇhā(愛) ⑨ upādāna(取), ⑩ bhava(有), ⑪ jāti(生), ⑫ jarāmaraṇa(老死)로 되어 있다. 여기서는 각 항목을 한글로 ① 무명 ② 형성 ③ 의식 ④ 명색 ⑤ 여섯 가지 감역 ⑥ 접촉 ⑦ 느낌 ⑨ 갈애 ⑨ 집착, ⑩ 존재, ⑪ 태어남, ⑫ 늙고 죽음으로 각각 번역한다. 상세한 것은 역자의 번역 ≪쌍윳따니까야≫의 제2권 해제 및 『초기불교의 연기사상』 247-300 쪽을 보라. 이것은 생성연기(生成緣起)를 표현한 것이고 다음에 나오는 소멸의 연기는 환멸연기(還滅緣起)를 표현한 것이다.

159) asesavirāganirodhā : 여기서 'virāga'를 한역에서처럼, 이탐(離貪)이라고 번역할 수도 있지만 십이연기 고리의 중간에 갈애가 존재하므로 무명에 앞서는 선제조건으로서 이탐을 상정할 필요가 없으므로, 가이거가 Ggs. II. 3에서 번역했듯이 이염(離染)의 의미로서의 사라짐(verschwinden)을 택한다. SN. II. 18에서처럼 'virāga'는 원리(遠離)의 의미로도 널리 쓰인다. 'nirodhā'는 소멸을 뜻하므로 없어짐의 의미로 해석했다. 가이거는 특히 이것을 '지양(止揚 : Aufhebung)'의 의미로 사용했다.

해서 모든 괴로움의 다발들이 소멸한다. 수행승들이여, 이것이 괴로움의 소멸이다.

21. 수행승들이여, 무엇이 괴로움의 소멸에 이르는 길인가? 그것은 바로 여덟 가지 고귀한 길이다. 곧 올바른 견해, 올바른 사유, 올바른 언어, 올바른 행위, 올바른 생활, 올바른 정진, 올바른 새김, 올바른 집중이다.[160] 수행승들이여, 이것이 괴로움의 소멸에 이르는 길이다.

22. 수행승들이여, 나는 '내가 '이러한 것들이 네 가지 진리이다.'라고 설한 가르침은 논박되지 않고, 오염되지 않고, 비난받지 않고, 수행자나 성직자나 현자에게 비방받지 않는 것이다.'라고 말했는데, 이러한 것을 조건으로 그것을 말한 것이다."

18. 하늘사람의 침대와 하느님의 침대와 고귀한 님의 침대란 무엇인가?[161]

1. 한때 세존께서는 꼬쌀라[162] 국을 유행하시면서 많은 수행승의 무

---

160) 여덟 가지 고귀한 길[八正道 : aṭṭhaṅgikaṁ maggaṁ]을 말한다. 정견(正見 : sammādiṭṭhi)·정사유(正思惟 : sammāsaṅkappo)·정어(正語 : sammāvācā)·정업(定業 : sammākammanto)·정명(正命 : sammā-ājīvo)·정정진(正精進 : sammāvāyāmo)·정념(正念 : sammāsati)·정정(正定 : sammāsamādhi). 팔정도(八正道)에 관하여 상세한 것은 역자의 『초기불교의 연기사상』 403-493쪽 참조

161) AN. I. 180 : 베나가뿌라의 경[Venāgapurasutta]

162) Kosala : Ppn. I. 695에 따르면, 꼬쌀라(Kosalā) 인들이 사는 국가로 중부 갠지스 강 지역에 위치하고 마가다 국의 서북쪽에 놓여 있었다. 사대공화국[Magadha, Kosala, Vaṁsa, Avantī] 가운데, 그리고 십육대국(十六大國 : Mahājanapada : 사대공화국과 Kāsi, Aṅga, Vajjī, Malla, Cetiya, Kuru, Pañcala, Maccha, Sūrasena, Assaka, Gandhara, Kamboja) 가운데 두 번째 강대국이었고 수도는 당시 인도의 무역의 중심지였던 싸밧티(Sāvatthī)였다. 그 밖의 주요한 도시로 싸께따(Saketa) 시와 아욧자(Ayojjha) 시가 있었다. 싸라부(Sarabhū) 강이 꼬쌀라 국을 북-꼬쌀라와 남-꼬쌀라로 나누며 흘렀다. 부처님 당시에는 빠쎄나디(Pasenadi)라는 강력한 왕과 그의 아들 비두다바(Vidūḍabha)가 통치하고 있었다. 빠쎄나디 왕의 누이인 꼬쌀라데비(Kosalsdevī)는 당시의 제일의 강대국이었던 마가다의 왕 빔비싸라(Bimbisāra)와 결혼하였는데 지참금으로 까씨 국의 한 마을을 바친 것(Jāt. II. 237)으로 보아 그 결혼은 정략적인 것이었고 당시의 강대국의 하나였던 까씨(Kāsī) 국은 꼬쌀라 국의 속국이었다는 사실을 알 수 있다. 빠쎄나디 왕과 빔비싸라 왕의 아들인 아자따쌋뚜(Ajātasattu) 왕 사이에 전쟁이 있어서 일승일패하다가 빠쎄나디 왕이 아자따쌋뚜 왕을 사로잡았으나 조카의 목숨을 살려주고 자신의 딸인 바지라(Vajirā)를 왕비로 주었다. 한편 비두다바는 아버지 빠쎄나디 왕을 추방하여 왕위를 물려받은 후에 싸끼야 족을 멸망시킨다. 그리고 부처님의 입적한 이후에 아자따쌋뚜 왕은 릿차비(Licchavi) 족을 멸망시키고 꼬쌀라 국마저도 병합해 버린다.

리와 함께 베나가뿌라[163]라고 하는 꼬쌀라 국의 바라문 마을에 도착했다.

2. 베나가뿌라 마을의 바라문 장자들은 이와 같이 '싸끼야 족의 아들 수행자 고따마는 싸끼야 족에서 출가하여 꼬쌀라 국을 유행하시면서 많은 수행승의 무리와 함께 베나가뿌라에 도착했다. 또한 그 세존이신 고따마는 이와 같이 '세존께서는 거룩한 님, 올바로 원만히 깨달은 님, 명지와 덕행을 갖춘 님, 올바른 길로 잘 가신 님, 세상을 아는 님, 위없이 높으신 님, 사람을 길들이는 님, 하늘사람과 인간의 스승이신 님, 깨달은 님, 세상의 존귀한 님입니다.'라고 명성을 드날리고 있다. 그는 신들의 세계, 악마들의 세계, 하느님들의 세계, 성직자들과 수행자들, 그리고 왕들과 백성들과 그 후예들의 세계에서 스스로 곧바로 알고 깨달아 설법하고 있다. 그는 처음도 훌륭하고 중간도 훌륭하고 마지막도 훌륭한, 내용을 갖추고 형식이 완성된 가르침을 설한다. 그는 지극히 원만하고 오로지 청정한 거룩한 삶을 실현한다. 이와 같이 거룩한 님을 친견하는 것은 얼마나 훌륭한 일인가?'라고 들었다.

3. 그래서 베나가뿌라 마을의 바라문 장자들은 세존께서 계신 곳으로 찾아왔다. 가까이 다가와서 어떤 이들은 세존께 인사를 드리고 한쪽으로 물러나 앉았다. 어떤 이들은 세존과 인사를 나누고 안부를 주고받은 뒤에 한쪽으로 물러나 앉았다. 어떤 이들은 세존께 합장공경하고 한쪽으로 물러나 앉았다. 어떤 이들은 세존께 이름을 대고 한쪽으로 물러나 앉았다. 어떤 이들은 말없이 한쪽으로 물러나 앉았다.

---

163) Venāgapura : 이 경에만 등장하는 꼬쌀라 국의 바라문 마을이다.

4. 한쪽으로 물러나 앉아서 그 베나가뿌라 마을의 바라문 장자 가운데 밧차곳따라는 바라문이 세존께 이와 같이 말씀드렸다. .

[바라문] "존자 고따마여, 아주 드문 일입니다. 존자 고따마여, 예전에 없던 일입니다. 존자 고따마의 감관은 지극히 청정하고 피부색은 지극히 맑고 지극히 깨끗합니다. 존자 고따마여, 가을의 연한 노란색의 대추가 지극히 맑고 지극히 깨끗한 것처럼, 존자 고따마의 감관은 지극히 청정하고 피부색은 지극히 맑고 지극히 깨끗합니다. 존자 고따마여, 줄기에서 막 따낸 야자열매가 지극히 맑고 지극히 깨끗한 것처럼, 존자 고따마의 감관은 지극히 청정하고 피부색은 지극히 맑고 지극히 깨끗합니다. 존자 고따마여, 재주 있는 금세공사가 염부단금을[164] 공들여 정련하여 만든 금장식이 황색의 모포 위에 던져져서 빛나고 반짝이고 광채를 내는 것처럼, 존자 고따마의 감관은 지극히 청정하고 피부색은 지극히 맑고 지극히 깨끗합니다."

5. [바라문] "존자 고따마여, 높고 큰 침대가 있는데, 예를 들어 긴 의자, 안락의자, 긴 털로 만든 요, 여러 색의 모포, 백색의 양모포, 꽃을 수놓은 모포, 면으로 만든 깔개, 동물로 장식한 모포, 양 단에 테두리가 있는 모포, 한 단에만 테두리가 있는 모포, 금사와 보석으로 장식한 비단덮개, 비단으로 만든 덮개, 양모로 만든 덮개, 코끼리를 수놓은 덮개, 말을 수놓은 덮개, 수레를 수놓은 덮개, 영양의 가죽으로 만든 덮개, 최상의 영양의 가죽으로 만든 외피가 있는 덮개, 양끝에 붉은 베개가 있는 이와 같은 높고 큰 침대를 존자 고따마께서는 원하는 대로 얻되 힘들지 않게 얻고 어려움 없이 얻습니까?"

6. [세존] "바라문이여, 높고 큰 침대가 있는데, 예를 들어 긴 의자,

---

164) jambonada : 염부단금(閻浮鍛金 : *sk.* jāmbūnada)은 장미사과나무[閻浮樹 : jambu]와 강[河 : nadī]의 복합어이다. 잠보 강에서 생산되는 품질 좋은 금을 뜻한다.

안락의자, 긴 털로 만든 요, 여러 색의 모포, 백색의 양모포, 꽃을 수놓은 모포, 면으로 만든 깔개, 동물로 장식한 모포, 양 단에 테두리가 있는 모포, 한 단에만 테두리가 있는 모포, 금사와 보석으로 장식한 비단덮개, 비단으로 만든 덮개, 양모로 만든 덮개, 코끼리를 수놓은 덮개, 말을 수놓은 덮개, 수레를 수놓은 덮개, 영양의 가죽으로 만든 덮개, 최상의 영양의 가죽으로 만든 외피가 있는 덮개, 양끝에 붉은 베개가 있는 이와 같은 높고 큰 침대를 출가자들은 얻기 어렵고, 얻어도 허락되지 않습니다.

7. 바라문이여, 이와 같은 세 가지 높고 큰 침대는 내가 지금 원하는 대로 얻되 힘들지 않게 얻고 어려움 없이 얻습니다. 세 가지란 무엇인가? 하늘사람의 높고 큰 침대, 하느님의 높고 큰 침대, 고귀한 님의 높고 큰 침대입니다. 이와 같은 세 가지 높고 큰 침대는 내가 지금 원하는 대로 얻되 힘들지 않게 얻고 어려움 없이 얻습니다."

8. [바라문] "존자 고따마여, 존자 고따마께서 지금 원하는 대로 얻되 힘들지 않게 얻고 어려움 없이 얻는 하늘사람의 높고 큰 침대란 무엇입니까?"

[세존] "바라문이여, 나는 지금 마을이나 도시에 가까이에 살면서 아침 일찍 옷을 입고 발우와 법복을 들고 마을이나 도시로 탁발하러 들어가서 식후에 걸식에서 돌아와 숲속에 들립니다. 나는 그곳에 있는 풀이나 나뭇잎을 한곳에 모아 그 위에 앉아 결가부좌하여 몸을 바로 세우고 앞으로 새김을 확립하고는

1) 감각적 쾌락의 욕망을 여의고 악하고 불건전한 상태를 떠난 뒤, 사유를 갖추고 숙고를 갖추고 멀리 여읨에서 생겨나는 희열과 행복을 갖춘 첫 번째 선정에 듭니다.
2) 사유와 숙고가 멈추어진 뒤, 내적인 평온과 마음의 통일을 성취하

고, 사유를 뛰어넘고 숙고를 뛰어넘어 삼매에서 생겨나는 희열과 행복을 갖춘 두 번째 선정에 듭니다.

3) 희열이 사라진 뒤, 평정하고 새김이 있고 올바로 알아차리며 신체적으로 행복을 느끼며 고귀한 님들이 평정하고 새김이 있고 행복하다고 표현하는 세 번째 선정에 듭니다.

4) 행복과 고통이 버려지고 만족과 불만도 사라진 뒤, 괴로움도 없고 즐거움도 없는 평정하고 새김이 있고 청정한 네 번째 선정에 듭니다.

9. 바라문이여, 내가 이와 같이 되어서 거닐면, 그때에 나의 거님은 하늘사람의 거님이며, 바라문이여, 내가 이와 같이 되어서 서 있으면, 그때에 나의 서 있음은 하늘사람의 서 있음이며, 내가 이와 같이 되어서 앉아 있으면, 그때에 나의 앉아 있음은 하늘사람의 앉아 있음이며, 내가 이와 같이 되어서 누워 있으면, 그때에 나의 누워 있음은 하늘사람의 높고 큰 침대입니다. 바라문이여, 이것이 이른바 지금 원하는 내로 얻되 힘들지 않게 얻고 어려움 없이 얻는 하늘사람의 높고 큰 침대입니다."

10. [바라문] "존자 고따마여, 참으로 놀라운 일입니다. 존자 고따마여, 일찍이 없었던 일입니다. 존자 고따마 이외에 어느 누가 하늘사람의 높고 큰 침대를 지금 원하는 대로 얻되 힘들지 않게 얻고 어려움 없이 얻겠습니까? 존자 고따마여, 존자 고따마께서 지금 원하는 대로 얻되 힘들지 않게 얻고 어려움 없이 얻는 하느님의 높고 큰 침대란 무엇입니까?"

[세존] "바라문이여, 나는 지금 마을이나 도시에 가까이에 살면서 아침 일찍 옷을 입고 발우와 법복을 들고 마을이나 도시로 탁발하러 들어가서 식후에 걸식에서 돌아와 숲속에 들립니다. 나는 그곳에

있는 풀이나 나뭇잎을 한곳에 모아 그 위에 앉아 결가부좌하여 몸을 바로 세우고 앞으로 새김을 확립하고는[165)]

1) 자애의 마음으로 동쪽 방향을 가득 채우고, 자애의 마음으로 남쪽 방향을 가득 채우고, 자애의 마음으로 서쪽 방향을 가득 채우고, 자애의 마음으로 북쪽 방향을 가득 채우고, 자애의 마음으로 위와 아래와 옆과[166)] 모든 곳을 빠짐없이[167)] 가득 채워서, 광대하고 멀리 미치고 한량 없고 원한 없고 분노 없는 자애의 마음으로 일체의 세계를 가득 채우고,

2) 연민의 마음으로 동쪽 방향을 가득 채우고, 연민의 마음으로 남쪽 방향을 가득 채우고, 연민의 마음으로 서쪽 방향을 가득 채우고, 연민의 마음으로 북쪽 방향을 가득 채우고, 연민의 마음으로 위와 아래와 옆과 모든 곳을 빠짐없이 가득 채워서, 광대하고 멀리 미치고 한량 없고 원한 없고 분노 없는 연민의 마음으로 일체의 세계를 가득 채우고,

3) 기쁨의 마음으로 동쪽 방향을 가득 채우고, 기쁨의 마음으로 남쪽 방향을 가득 채우고, 기쁨의 마음으로 서쪽 방향을 가득 채우고, 기쁨의 마음으로 북쪽 방향을 가득 채우고, 기쁨의 마음으로 위와 아래와 옆과 모든 곳을 빠짐없이 가득 채워서, 광대하고 멀리 미치고 한량 없고 원한 없고 분노 없는 기쁨의 마음으로 일체의 세계를 가득 채우고,

---

165) 이하는 네 가지의 청정한 삶(四梵住 cattāro brahmavihārā)을 말한다. 즉 한량없는 자애의 삶(慈無量住), 한량없는 연민의 삶(悲無量住), 한량없는 기쁨의 삶(喜無量住), 한량없는 평정의 삶(捨無量住)을 말한다.

166) tiriyaṁ : Vism. 308에 따르면, '사방의 중간지역'을 말한다.

167) sabbadhi sabbatthatāya : 원래 '모든 곳에 모든 경우에'라는 뜻이다. 싱할리본이나 미얀마본에서 'sabbatthatāya'는 'sabba'attatāya'로 읽는다. 'sabba'attatāya'로 읽으면, 완전히 다른 번역이 된다. 즉, Lba. III. 64에서는 '모든 방향으로 자신을 다시 인식하면서'라고 독역하고 있고, 비구 보디는 Cdb. 1325에서 '자신과 관련된 모든 곳에'라고 영역하고 있다. Vism. 352에서는 '저열하거나 중간이거나 수승하거나 적대자이거나 친구이거나 등등한 자이거나 모든 존재를 자신 자신을 바라보듯이'라고 해석한다.

4) 평정의 마음으로 동쪽 방향을 가득 채우고, 평정의 마음으로 남쪽 방향을 가득 채우고, 평정의 마음으로 서쪽 방향을 가득 채우고, 평정의 마음으로 북쪽 방향을 가득 채우고, 평정의 마음으로 위와 아래와 옆과 모든 곳을 빠짐없이 가득 채워서, 광대하고 멀리 미치고 한량 없고 원한 없고 분노 없는 평정의 마음으로 일체의 세계를 가득 채웁니다.

바라문이여, 내가 이와 같이 되어서 거닐면, 그때에 나의 거님은 하느님의 거님이며, 바라문이여, 내가 이와 같이 되어서 서 있으면, 그때에 나의 서 있음은 하느님의 서 있음이며, 내가 이와 같이 되어서 앉아 있으면, 그때에 나의 앉아 있음은 하느님의 앉아 있음이며, 내가 이와 같이 되어서 누워 있으면, 그때에 나의 누워 있음은 하느님의 높고 큰 침대입니다. 바라문이여, 이것이 이른바 지금 원하는 대로 얻되 힘들지 않게 얻고 어려움 없이 얻는 하느님의 높고 큰 침대입니다."

11. [바라문] "존자 고따마여, 참으로 놀라운 일입니다. 존자 고따마여, 일찍이 없었던 일입니다. 존자 고따마 이외에 어느 누가 하느님의 높고 큰 침대를 지금 원하는 대로 얻되 힘들지 않게 얻고 어려움 없이 얻겠습니까? 존자 고따마여, 존자 고따마께서 지금 원하는 대로 얻되 힘들지 않게 얻고 어려움 없이 얻는 고귀한 님의 높고 큰 침대란 무엇입니까?"

[세존] "바라문이여, 나는 지금 마을이나 도시에 가까이에 살면서 아침 일찍 옷을 입고 발우와 법복을 들고 마을이나 도시로 탁발하러 들어가서 식후에 걸식에서 돌아와 숲속에 들립니다. 나는 그곳에 있는 풀이나 나뭇잎을 한곳에 모아 그 위에 앉아 결가부좌하여 몸을 바로 세우고 앞으로 새김을 확립하고는, 이와 같이 '나에게 탐욕

은 버려지고, 뿌리째 뽑히고, 종려나무 그루터기처럼 되고, 존재하지 않게 되고, 미래에 다시 생겨나지 않는다. 나에게 성냄은 버려지고, 뿌리째 뽑히고, 종려나무 그루터기처럼 되고, 존재하지 않게 되고, 미래에 다시 생겨나지 않는다. 나에게 어리석음은 버려지고, 뿌리째 뽑히고, 종려나무 그루터기처럼 되고, 존재하지 않게 되고, 미래에 다시 생겨나지 않는다.'라고 분명히 압니다.

12. 바라문이여, 내가 이와 같이 되어서 거닐면, 그때에 나의 거님은 고귀한 님의 거님이며, 바라문이여, 내가 이와 같이 되어서 서 있으면, 그때에 나의 서 있음은 고귀한 님의 서 있음이며, 내가 이와 같이 되어서 앉아 있으면, 그때에 나의 앉아 있음은 고귀한 님의 앉아 있음이며, 내가 이와 같이 되어서 누워 있으면, 그때에 나의 누워 있음은 고귀한 님의 높고 큰 침대입니다. 바라문이여, 이것이 이른바 지금 원하는 대로 얻되 힘들지 않게 얻고 어려움 없이 얻는 고귀한 님의 높고 큰 침대입니다."

13. [바라문] "존자 고따마여, 참으로 놀라운 일입니다. 존자 고따마여, 일찍이 없었던 일입니다. 존자 고따마 이외에 어느 누가 고귀한 님의 높고 큰 침대를 지금 원하는 대로 얻되 힘들지 않게 얻고 어려움 없이 얻겠습니까? 존자 고따마여, 훌륭하십니다. 존자 고따마여, 훌륭하십니다. 세존이시여, 넘어진 것을 일으켜 세우듯, 가려진 것을 열어 보이듯, 어리석은 자에게 길을 가리켜 주듯, 눈 있는 자는 형상을 보라고 어둠 속에 등불을 가져오듯, 존자 고따마께서는 이와 같이 여러 가지 방법으로 진리를 밝혀 주셨습니다. 그러므로 이제 존자 고따마께 귀의합니다. 또한 그 가르침에 귀의합니다. 또한 그 수행승의 참모임에 귀의합니다. 존자 고따마께서는 저를 재가신도로 받아 주십시오. 오늘부터 목숨이 다하도록 귀의하겠습니다."

19. 소문이나 권위나 분석에 의존하지 말고 무엇을 판단기준으로 삼아야 할까?[168]

1. 이와 같이 나는 들었다. 한때 세존께서는 많은 수행승들의 무리와 함께 꼬쌀라 국을 유행하다가 께싸뿟따[169] 시라고 하는 깔라마[170] 인들의 조그마한 도시에 도착했다.

2. 께싸뿟따 시의 깔라마 인들은 이와 같이 '싸끼야 족의 아들로서 싸끼야 족에서 출가한 수행자 고따마가 께싸뿟따 시에 도착했다. 또한 그 세존이신 고따마는 이와 같이 '세존께서는 거룩한 님, 올바로 원만히 깨달은 님, 명지와 덕행을 갖춘 님, 올바른 길로 잘 가신 님, 세상을 아는 님, 위없이 높으신 님, 사람을 길들이는 님, 하늘사람과 인간의 스승이신 님, 깨달은 님, 세상의 존귀한 님입니다.'라고 명성을 드날리고 있다. 그는 신들의 세계, 악마들의 세계, 하느님들의 세계, 성직자들과 수행자들, 그리고 왕들과 백성들과 그 후예들의 세계에서 스스로 곧바로 알고 깨달아 설법하고 있다. 그는 처음도 훌륭하고 중간도 훌륭하고 마지막도 훌륭한, 내용을 갖추고 형식이 완성된 가르침을 설한다. 그는 지극히 원만하고 오로지 청정한 거룩한 삶을 실현한다. 이와 같이 거룩한 님을 친견하는 것은 얼마나 훌륭한 일인가?'라고 들었다.

3. 그래서 께싸뿟따 시의 깔라마 인들은 세존께서 계신 곳을 찾아왔다. 가까이 다가와서 어떤 이들은 세존께 인사를 드리고 한쪽으로 물러나 앉았다. 어떤 이들은 세존과 인사를 나누고 안부를 주고받은 뒤에 한쪽으로 물러나 앉았다. 어떤 이들은 세존께 합장공경하고 한쪽으로 물러나 앉았다. 어떤 이들은 세존께 이름을 대고 한쪽으로

---

168) AN. I. 188 : 깔라마의 경[Kālāmasutta], 중아함 3(대정 1, 438b) 참조

169) Kesaputta : 꼬쌀라(Kosala) 국의 도시로서 깔라마(Kālāma)인들이 살던 곳이다.

170) Kālāma : 께싸뿟따 시에 사는 사람들로 Mrp. II. 304에 따르면, 왕족 출신의 귀족들이다.

물러나 앉았다. 어떤 이들은 말없이 한쪽으로 물러나 앉았다.

4. 한쪽으로 물러나 앉아서 그 께싸뿟따 시의 깔라마 인들은 세존께 이와 같이 말씀드렸다.

[깔라마들] "세존이시여, 이곳 께싸뿟따 시를 방문한 어떤 수행자들과 성직자들이 있었습니다. 그들은 오직 자기의 가르침만을 설명하고 계몽할 뿐, 다른 교리에 대해서는 비난하고 욕하고 경멸하고 코웃음치는 것이었습니다. 그리고 다른 수행자들과 성직자들이 왔는데 그들도 역시 차례로 자기의 가르침만을 설명하고 계몽할 뿐, 다른 교리에 대해서는 비난하고 욕하고 경멸하고 코웃음치는 것이었습니다. 세존이시여, 저희들로서는 그들 존경스러운 수행자들과 성직자들 가운데 누가 진리를 말하고 누가 거짓을 말하는지 미심쩍고 의심스럽기만 합니다."

5. [세존] "깔라마들이여, 당신들이 미심쩍어하고 의심스러워하는 것은 당연합니다. 왜냐하면 의심스러운 것은 미심쩍은 일에서 생겨나기 때문입니다. 깔라마들이여, 소문이나 전승이나 여론에 끄달리지 말고,[171] 성전의 권위나 논리나 추론에도 끄달리지 말고,[172] 상태에 대한 분석이나 견해에 대한 이해에도 끄달리지 말고,[173] 그럴

---

171) mā anussavena, mā paramparāya, mā itikirāya : 여기서 나열되는 것 가운데, 일반적인 경(MN. II. 170, 218, 234, SN. IV. 138)에서 전승(anussava : 聞)이라고 하는 것을 이 경에서는 소문(anussava), 전승(paramp ara), 여론(itikira)의 세 가지로 분류한 것이다.

172) mā piṭakasampadānena, mā takkahetu, mā nayahetu : Mrp. II. 305에 따르면, 성전의 구절과 일치, 추론에 의한 파악, 논리에 의한 파악을 의미한다.

173) mā ākāraparivitakkena, mā diṭṭhinijjhānakkhantiyā : 상태에 대한 고찰(ākāraparivitakka : 行覺想), 견해에 대한 이해(diṭṭhinijjhānakkhanti : 見審諦忍)는 정형구로 MN. II. 170과 218, 234, SN. IV. 138에도 나온다. Srp. II. 122에 따르면, '상태에 대한 고찰'은 고찰하여 합리적이라고 생각하여 진리로 받아들이는 것이고, '견해에 대한 이해'는 사유하여 이해한 뒤에 진리로 받아들이는 것을 뜻한다. AN. II. 191에서는 '전승, 상태에 대한 고찰, 견해에 대한 이해'가 다른 연결관계에서 나온다. 그것들은 해탈의 길로 이끄는 전제적인 단계로 묘사된다. 거기서 전승은 '가르침에 대한 학습'으로, '상태에 대한 고찰'은 '의미에 대한 고찰'로 이해되고, '견해에 대한 이해'는 '진리에 대한 이해'에 해당한다. MN. II. 170에서 다음과 같은 가르침이 있다 : '상태에 대한 고찰, 견해에 대한 이해가 있습니다. 바라드와자여, 상태가 잘 고찰되었더라도 그것이 공허한 것, 거짓

듯한 개인적 인상이나 '이 수행자가 나의 스승이다'라는 생각에 끄달리지 마십시오.[174] 깔라마들이여, 이러한 것들이 악하고 건전하지 못하고, 이러한 것들이 잘못된 것이고, 이러한 것들은 식자에게 비난받을 만하고, 이러한 것들은 실천하여 받아들이면, 유익하지 못하고, 괴로움을 야기하는 것이라고 스스로 알게 되면, 깔라마들이여, 그때에 그것들을 버리십시오."

6. [세존] "깔라마들이여, 어떻게 생각하십니까? 사람의 안에서 생겨나는 탐욕은 유익한 것입니까 무익한 것입니까?"

[깔라마들] "세존이시여, 무익한 것입니다."

[세존] "깔라마들이여, 탐욕으로 가득 찬 사람이 탐욕에 사로잡혀 마음이 현혹되어, 살아있는 생명을 죽이고, 주지 않은 것을 빼앗고, 남의 아내를 겁탈하고, 거짓말을 하고, 타인에게 이와 같은 것을 권하면, 그는 오랜 세월 무익하고 고통스러울 것입니다."

[깔라마들] "세존이시여, 그렇습니다."

7. [세존] "깔라마들이여, 어떻게 생각하십니까? 사람의 안에서 생겨나는 성냄은 유익한 것입니까 무익한 것입니까?"

[깔라마들] "세존이시여, 무익한 것입니다."

[세존] "깔라마들이여, 성냄으로 가득 찬 사람이 성냄에 사로잡혀 마음이 현혹되어, 살아있는 생명을 죽이고, 주지 않은 것을 빼앗고, 남의 아내를 겁탈하고, 거짓말을 하고, 타인에게 이와 같은 것을 권

된 것, 허망한 것이 되기도 하고, 상태가 잘 고찰되지 않았더라도 그것이 실재하는 것, 사실인 것, 진실한 것이 되기도 합니다. 바라드와자여, 견해가 쉽게 이해되었다고 할지라도 그것이 공허한 것, 거짓된 것, 허망한 것이 될 수 있고, 견해가 쉽게 이해되지 않았다고 할지라도 그것이 실재하는 것, 사실인 것, 진실한 것이 되기도 합니다.' 오늘날 해석한다면, 상태에 대한 고찰은 자연과학적인 진리, 견해에 대한 이해는 인문과학적인 진리에 해당한다고 볼 수 있다.

174) mā bhabbarūpatāya, mā samaṇo no garū'ti : '그럴 듯한 가능성 때문에(bhabbarūpatāya)'라는 말은 Mrp. II. 305에 따르면, '유력한 인물의 발언은 받아들이기에 적당하다'고 생각한 것을 의미한다.

하면, 그는 오랜 세월 무익하고 고통스러울 것입니다."

[깔라마들] "세존이시여, 그렇습니다."

8. [세존] "깔라마들이여, 어떻게 생각하십니까? 사람의 안에서 생겨나는 어리석음은 유익한 것입니까 무익한 것입니까?"

[깔라마들] "세존이시여, 무익한 것입니다."

[세존] "깔라마들이여, 어리석음으로 가득 찬 사람이 어리석음에 사로잡혀 마음이 현혹되어, 살아있는 생명을 죽이고, 주지 않은 것을 빼앗고, 남의 아내를 겁탈하고, 거짓말을 하고, 타인에게 이와 같은 것을 권하면, 그는 오랜 세월 무익하고 고통스러울 것입니다."

[깔라마들] "세존이시여, 그렇습니다."

9. [세존] "깔라마들이여, 어떻게 생각하십니까? 이러한 것들은 착하고 건전한 것입니까 악하고 불건전한 것입니까?"

[깔라마들] "세존이시여, 악하고 불건전한 것입니다."

[세존] "이러한 것들은 잘못이 있는 것입니까 잘못이 없는 것입니까?"

[깔라마들] "세존이시여, 잘못이 있는 것입니다."

[세존] "이러한 것들은 식자에게 비난받는 것입니까 식자에게 칭찬받는 것입니까?"

[깔라마들] "세존이시여, 식자에게 비난받는 것입니다."

[세존] "이러한 것들은 실천하고 받아들이면, 무익하고 고통으로 이끄는 것입니까 그대들은 어떻게 생각합니까?"

[깔라마들] "세존이시여, 이러한 것들은 실천하고 받아들이면, 무익하고 고통으로 이끄는 것입니다. 우리는 이와 같이 생각합니다."

10. [세존] "깔라마들이여, 그래서 나는 말합니다. 깔라마들이여, 소문이나 전승이나 여론에 끄달리지 말고, 성전의 권위나 논리나 추

론에도 끄달리지 말고, 상태에 대한 분석이나 견해에 대한 이해에도 끄달리지 말고, 그럴듯한 개인적 인상이나 '이분이 나의 스승이다'라는 생각에 끄달리지 마십시오. 깔라마들이여, 이러한 것들이 악하고 건전하지 못하고, 이러한 것들이 잘못된 것이고, 이러한 것들은 식자에게 비난받을 만하고, 이러한 것들은 실천하여 받아들이면, 유익하지 못하고, 괴로움을 야기하는 것이라고 스스로 알게 되면, 깔라마들이여, 그때에 그것들을 버리십시오. 내가 이와 같이 말한 것을 이러한 것들과 관련하여 말한 것입니다.

11. 그러므로 깔라마들이여, 소문이나 전승이나 여론에 끄달리지 말고, 성전의 권위나 논리나 추론에도 끄달리지 말고, 상태에 대한 분석이나 견해에 대한 이해에도 끄달리지 말고, 그럴듯한 개인적 인상이나 '이분이 나의 스승이다'라는 생각에 끄달리지 마십시오. 깔라마들이여, 이러한 것들은 착하고 건전하고, 이러한 것들이 잘못이 없는 것이고, 이러한 것들이 식자에게 칭찬받을 만하고, 이러한 것들은 실천하고 받아들이면, 유익하고 행복을 가져오는 것이라고 스스로 알게 되면, 깔라마들이여, 그때에 그것들을 받아들이십시오."

12. [세존] "깔라마들이여, 어떻게 생각하십니까? 사람의 안에서 생겨나는 탐욕의 여읨은 유익한 것입니까 무익한 것입니까?"

[깔라마들] "세존이시여, 유익한 것입니다."

[세존] "깔라마들이여, 탐욕을 여읜 사람이 탐욕에서 벗어나 마음이 현혹되지 않아, 살아있는 생명을 죽이지 않고, 주지 않은 것을 빼앗지 않고, 남의 아내를 겁탈하지 않고, 거짓말을 하지 않고, 타인에게 이와 같은 것을 권하지 않으면, 그는 오랜 세월 유익하고 행복할 것입니다."

[깔라마들] "세존이시여, 그렇습니다."

13. [세존] "깔라마들이여, 어떻게 생각하십니까? 사람의 안에서 생겨나는 성냄의 여읨은 유익한 것입니까 무익한 것입니까?"

[깔라마들] "세존이시여, 유익한 것입니다."

[세존] "깔라마들이여, 성냄을 여읜 사람이 성냄에서 벗어나 마음이 현혹되지 않아, 살아있는 생명을 죽이지 않고, 주지 않은 것을 빼앗지 않고, 남의 아내를 겁탈하지 않고, 거짓말을 하지 않고, 타인에게 이와 같은 것을 권하지 않으면, 그는 오랜 세월 유익하고 행복할 것입니다."

[깔라마들] "세존이시여, 그렇습니다."

14. [세존] "깔라마들이여, 어떻게 생각하십니까? 사람의 안에서 생겨나는 어리석음의 여읨은 유익한 것입니까 무익한 것입니까?"

[깔라마들] "세존이시여, 유익한 것입니다."

[세존] "깔라마들이여, 어리석음을 여읜 사람이 어리석음에서 벗어나 마음이 현혹되지 않아, 살아있는 생명을 죽이지 않고, 주지 않은 것을 빼앗지 않고, 남의 아내를 겁탈하지 않고, 거짓말을 하지 않고, 타인에게 이와 같은 것을 권하지 않으면, 그는 오랜 세월 유익하고 행복할 것입니다."

[깔라마들] "세존이시여, 그렇습니다."

15. [세존] "깔라마들이여, 어떻게 생각하십니까? 이러한 것들은 착하고 건전한 것입니까 악하고 불건전한 것입니까?"

[깔라마들] "세존이시여, 착하고 건전한 것입니다."

[세존] "이러한 것들은 잘못이 있는 것입니까 잘못이 없는 것입니까?"

[깔라마들] "세존이시여, 잘못이 없는 것입니다."

[세존] "이러한 것들은 식자에게 비난받는 것입니까 식자에게 칭찬받는 것입니까?"

[깔라마들] "세존이시여, 식자에게 칭찬받는 것입니다."

[세존] "이러한 것들은 실천하고 받아들이면, 유익하고 행복으로 이끄는 것입니까 그대들은 어떻게 생각합니까?"

[깔라마들] "세존이시여, 이러한 것들은 실천하고 받아들이면, 유익하고 행복으로 이끄는 것입니다. 우리는 이와 같이 생각합니다."

16. [세존] "깔라마들이여, 그러므로 나는 말합니다. 깔라마들이여, 소문이나 전승이나 여론에 끄달리지 말고, 성전의 권위나 논리나 추론에도 끄달리지 말고, 상태에 대한 분석이나 견해에 대한 이해에도 끄달리지 말고, 그럴듯한 개인적 인상이나 '이분이 나의 스승이다'라는 생각에 끄달리지 마십시오. 깔라마들이여, 이러한 것들은 착하고 건전하고, 이러한 것들이 잘못이 없는 것이고, 이러한 것들이 식자에게 칭찬받을 만하고, 이러한 것들은 실천하고 받아들이면, 유익하고 행복을 가져오는 것이라고 스스로 알게 되면, 깔라마들이여, 그때에 그것들을 받아들이십시오. 내가 이와 같이 말한 것은 이것들과 관련하여 말한 것입니다.

17. 깔라마들이여, 고귀한 제자는 이와 같이 탐욕을 여의고 분노를 여의고, 미혹을 여의고, 올바로 알아채고, 새김을 확립하여,

1) 자애의 마음으로 동쪽 방향을 가득 채우고, 자애의 마음으로 남쪽 방향을 가득 채우고, 자애의 마음으로 서쪽 방향을 가득 채우고, 자애의 마음으로 북쪽 방향을 가득 채우고, 자애의 마음으로 위와 아래와 옆과 모든 곳을 빠짐없이 가득 채워서, 광대하고 멀리 미치고 한량 없고 원한 없고 분노 없는 자애의 마음으로 일체의 세계를 가득 채웁니다.

2) 연민의 마음으로 동쪽 방향을 가득 채우고, 연민의 마음으로 남쪽 방향을 가득 채우고, 연민의 마음으로 서쪽 방향을 가득 채우고, 연민의 마음으로 북쪽 방향을 가득 채우고, 연민의 마음으로 위와 아래와 옆과 모든 곳을 빠짐없이 가득 채워서, 광대하고 멀리 미치고 한량 없고 원한 없고 분노 없는 연민의 마음으로 일체의 세계를 가득 채웁니다.

3) 기쁨의 마음으로 동쪽 방향을 가득 채우고, 기쁨의 마음으로 남쪽 방향을 가득 채우고, 기쁨의 마음으로 서쪽 방향을 가득 채우고, 기쁨의 마음으로 북쪽 방향을 가득 채우고, 기쁨의 마음으로 위와 아래와 옆과 모든 곳을 빠짐없이 가득 채워서, 광대하고 멀리 미치고 한량 없고 원한 없고 분노 없는 기쁨의 마음으로 일체의 세계를 가득 채웁니다.

4) 평정의 마음으로 동쪽 방향을 가득 채우고, 평정의 마음으로 남쪽 방향을 가득 채우고, 평정의 마음으로 서쪽 방향을 가득 채우고, 평정의 마음으로 북쪽 방향을 가득 채우고, 평정의 마음으로 위와 아래와 옆과 모든 곳을 빠짐없이 가득 채워서, 광대하고 멀리 미치고 한량 없고 원한 없고 분노 없는 평정의 마음으로 일체의 세계를 가득 채웁니다.

18. 깔라마들이여, 그 거룩한 제자는 이와 같이 원한을 여읜 마음으로, 이와 같이 폭력을 여읜 마음으로, 이와 같이 오염을 여읜 마음으로, 이와 같이 청정한 마음으로 현세에서 네 가지 안식을 얻습니다.

1) 만약 다른 세상이 있고 선행과 악행의 과보가 있다면, '나는 몸이 파괴되어 죽은 뒤에 좋은 곳, 하늘나라에 태어날 것이다.'라는 희망이 그가 얻는 첫 번째 안식입니다.

2) 만약 다른 세상이 없고 선행과 악행의 과보가 없다면, '나는 세상에 현세에 원한을 여의고 폭력을 여의고 고뇌 없이 행복하게 자신을 수호한다.'는 그것이 그가 얻는 두 번째 안식입니다.

3) 만약 악한 자가 악을 행하더라도 '내가 누구에게도 악을 행하지 않는다면, 어떻게 악을 행하지 않는 나에게 고통이 닥치겠는가?'라는 그것이 그가 얻는 세 번째 안식입니다.

4) 만약에 악한 자가 악을 행하지 않는다면, '나는 양자가 잘못이 없다는 것을 안다.'는 그것이 그가 얻는 네 번째 안식입니다. 깔라마들이여, 그 거룩한 제자는 이와 같이 원한을 여읜 마음으로, 이와 같이 폭력을 여읜 마음으로, 이와 같이 오염을 여읜 마음으로, 이와 같이 청정한 마음으로 현세에서 네 가지 안식을 얻습니다."

19. [깔라마들] "세상에 존귀한 님이시여, 그렇습니다. 올바른 길로 잘 가신 님이시여, 그렇습니다. 세존이시여, 그 거룩한 제자는 이와 같이 원한을 여읜 마음으로, 이와 같이 폭력을 여읜 마음으로, 이와 같이 오염을 여읜 마음으로, 이와 같이 청정한 마음으로 현세에서 네 가지 안식을 얻습니다.

1) 만약 다른 세상이 있고 선행과 악행의 과보가 있다면, '나는 몸이 파괴되어 죽은 뒤에 좋은 곳, 하늘나라에 태어날 것이다.'라는 희망이 그가 얻는 첫 번째 안식입니다.

2) 만약 다른 세상이 없고 선행과 악행의 과보가 없다면, '나는 세상에 현세에 원한을 여의고 폭력을 여의고 고뇌 없이 행복하게 자신을 수호한다.'는 그것이 그가 얻는 두 번째 안식입니다.

3) 만약 악한 자가 악을 행하더라도 '내가 누구에게도 악을 행하지 않는다면, 어떻게 악을 행하지 않는 나에게 고통이 닥치겠는가?'라는 그것이 그가 얻는 세 번째 안식입니다.

4) 만약에 악한 자가 악을 행하지 않는다면, '나는 양자가 잘못이 없다는 것을 안다.'는 그것이 그가 얻는 네 번째 안식입니다.

세존이시여, 그 거룩한 제자는 이와 같이 원한을 여읜 마음으로, 이와 같이 폭력을 여읜 마음으로, 이와 같이 오염을 여읜 마음으로, 이와 같이 청정한 마음으로 현세에서 네 가지 안식을 얻습니다.

20. 세존이시여, 훌륭하십니다. 세존이시여, 훌륭하십니다. 세존이시여, 넘어진 것을 일으켜 세우듯, 가려진 것을 열어 보이듯, 어리석은 자에게 길을 가리켜 주듯, 눈 있는 자는 형상을 보라고 어둠 속에 등불을 가져오듯, 세존께서는 이와 같이 여러 가지 방법으로 진리를 밝혀 주셨습니다. 그러므로 이제 세존께 귀의합니다. 또한 그 가르침에 귀의합니다. 또한 그 수행승의 참모임에 귀의합니다. 세존께서는 저를 재가신도로 받아 주십시오. 오늘부터 목숨이 다하도록 귀의하겠습니다."

20. 어떻게 대화를 이끌어 갈 것인가?175)

1. 수행승들이여, 이러한 세 가지 대화주제가 있다. 세 가지란 무엇인가?

2. 수행승들이여, '과거세에 이와 같은 것이 있었다.'라고 과거세를 끌어들여 대화한다. 수행승들이여, '미래세에 이와 같은 것이 있을 것이다.'라고 미래세를 끌어들여 대화한다. 수행승들이여, '지금의 현세에 이와 같은 것이 있다.'라고 지금의 현세를 끌어들여 대화한다.

3. 수행승들이여, 대화상대로 적합한지 적합하지 않은지는 대화를 이끌어가는 방식에서 알 수 있다.

---

175) AN. I. 197 : 대화주제의 경[Kāthavatthusutta], 중아함 29(대정 1, 609a) 참조

4. 수행승들이여, 질문을 받으면, 단언적으로 대답해 주어야 하는 경우에 단언적으로 대답하지 못하거나, 질문을 받으면, 분석적으로 대답해 주어야 하는 경우에 분석적으로 대답하지 못하거나, 질문을 받으면, 질문의 화살을 되돌려 주어야 하는 경우에 질문의 화살을 되돌려 주지 못하거나, 질문을 받으면 그 질문을 제쳐 두어야 하는 경우에 질문을 제쳐두지 못한다면, 그러한 사람은 대화상대로 적합하지가 않다.176) 그러나 수행승들이여, 질문을 받으면, 단언적으로 대답해주어야 하는 경우에 단언적으로 대답을 하거나, 질문을 받으면, 분석적으로 대답해 주어야 하는 경우에 분석적으로 대답을 하거나, 질문을 받으면, 질문의 화살을 되돌려 주어야 하는 경우에 질문의 화살을 되돌려 주거나, 질문을 받으면 그 질문을 제쳐 두어야 하는 경우에 질문을 제쳐둔다면, 수행승들이여, 그러한 사람은 대화상대로 적합하다. 수행승들이여, 대화상대로 적합한지 적합하지 않은지는 이와 같이 대화를 이끌어가는 방식에서 알 수 있다.

5. 수행승들이여, 질문을 받고는 옳고 그름에 입각하지 못하고, 취지에 입각하지 못하고, 알려진 발언에 입각하지 못하고, 절차에 입각하지 못하면,177) 수행승들이여, 그러한 사람은 대화상대로 적합하

176) sace panāyaṃ bhikkhave puggalo pañhaṃ puṭṭho samāno ekaṃsavyākaraṇīyaṃ pañhaṃ ekaṃsena vyākaroti, vibhajja vyākaraṇīyaṃ pañhaṃ vibhajja vyākaroti, paṭipucchā vyākaraṇīyaṃ pañhaṃ paṭipu cchā vyākaroti, ṭhapanīyaṃ pañhaṃ ṭhapeti, evaṃ santāyaṃ bhikkhave puggalo kaccho hoti : 한역과 Mrp. II. 308-309에서 언급하고 있는 예를 병기하면 아래와 같다. ① 응일향기문(應一向記問 : pañho ekaṃsa vyākaraṇīyo) : 시각은 무상한가? 그렇다. ② 응분별기문(應分別記問 : pañho vibhajjavyākaraṇīyo) : 무상한 것은 시각만인가? 시각만이 아니고 청각도 … 무상하다. ③ 응반힐기문(應反詰記問 : pañho paṭipucchāvyākaraṇīyo) : 시각과 청각은 동일한 것인가? 두 감각능력과 관련해서 묻는 것인가? 그렇다면 다르다. 그 무상성의 관점에서 묻는 것인가? 그렇다면 동일하다. ④ 응사치기문(應捨置記問 : pañho ṭhapaṇīyo) : 육체와 영혼은 동일한 것인가? 세존께서는 이것에 대해 응답하지 않았다.

177) sacā'yaṃ bhikkhave puggalo pañhaṃ puṭṭho samāno ṭhānāṭhāne na saṇṭhāti, parikappe na saṇṭhāti, aññavāde na saṇṭhāti, paṭipadāya na saṇṭhāti : Mrp. II. 309-310에 따르면, ① 옳고 그름에 입각하지 못하는 것(ṭhānāṭhāne na saṇṭhāti) : 예를 들어 만약에 어떤 사람이 허무주의를 영원주의의 토대로 반박하고 영원주의를 받아들인다면, 논박을 위해서 받아들인 잘못된 입장을 유지할 수 없다. ② 취지에 입각하지 못하는 것(p

지 않다. 그러나 수행승들이여, 질문을 받고는 옳고 그름에 입각하고, 취지에 입각하고, 알려진 발언에 입각하고, 절차에 입각하면, 수행승들이여, 그러한 사람은 대화상대로 적합하다. 수행승들이여, 대화상대로 적합한지 적합하지 않은지는 이와 같이 대화를 이끌어가는 방식에서 알 수 있다.

6. 수행승들이여, 질문을 받고는 달리 다른 것으로 답변하고 밖으로 화제를 돌리고 화내고 성내고 실망을 드러내면, 수행승들이여, 그러한 사람은 대화상대로 적합하지 않다. 그러나 수행승들이여, 질문을 받고는 달리 다른 것으로 답변하지 않고 밖으로 화제를 돌리지 않고 화내지 않고 성내지 않고 실망을 드러내지 않으면, 수행승들이여, 그러한 사람은 대화상대로 적합하다. 수행승들이여, 대화상대로 적합한지 적합하지 않은지는 대화를 이끌어가는 방식에서 알 수 있다.

7. 수행승들이여, 질문을 받고는 공격하고 유린하고 조롱하고 말꼬리를 붙잡고 늘어지면,178) 수행승들이여, 그러한 사람은 대화상대로 적합하지 않다. 그러나 수행승들이여, 질문을 받으면, 공격하지 않고 유린하지 않고 조롱하지 않고 말꼬리를 붙잡고 늘어지지 않으면, 수행승들이여, 그러한 사람은 대화상대로 적합하다. 수행승들이여

---

arikappe na saṇṭhāti : 예를 들어 사람이 토론 상대자에 의해서 '그대는 이것을 물을 것이다'라고 제기되면, 자신이 알려진 것을 알고 '아니야 나는 다른 것을 질문 할 것이다'라고 하고 '당신은 그것에 대해 이렇게 이야기할 것이다'라고 하면, 자신은 '아니야, 나는 달리 말하겠다!'라고하면, 자신의 의도에 입각하지 못한 것이다. ③ 알려진 발언에 입각하지 못하는 것(aññavāde na saṇṭhāti) : 예를 들어, 자신의 발언에 대하여 적대자가 칭찬하면, 올바름에도 불구하고 자신의 입장을 바꾸는 것이다. ④ 절차에 입각하지 못하는 것(paṭipadāya na saṇṭhāti) : 예를 들어 어떤 사람이 식사할 때와 같이 적당하지 않은 시간에 진지한 질문을 하거나, 토론의 규칙을 잘 지키지 않는 것이다.

178) sacāyaṃ bhikkhave puggalo pañhaṃ puṭṭho samāno abhiharati, abhimaddati, anupajagghati, khalitaṃ gaṇhāti : Mrp. II. 311에 따르면, ① 공격하는 것(abhiharati)은 많은 전거를 통해서 질질 끌며 공격하는 것을 말하고 ② 유린하는 것(abhimaddati)은 근거를 취해서 비판하는 것을 말하고 ③ 조롱하는 것(anupajagghati)은 다른 사람이 질문하거나 말할 때에 손바닥을 치면서 박장대소하는 것을 말한다. ④ 말꼬리를 붙잡고 늘어지는 것(khalitaṃ gaṇhāti)은 사소하게 입으로 잘못한 말을 취해서 혐책하며 조사하는 것이다.

여, 대화상대로 능력이 있는지 능력이 없는지는[179] 대화를 이끌어 가는 방식에서 알 수 있다.

8. 수행승들이여, 귀를 기울이지 않으면, 관심이 없다. 귀를 기울이면, 관심이 있다. 관심이 있다면, 하나의 법을 곧바로 알고, 하나의 법을 완전히 알고, 하나의 법을 끊어 버리고, 하나의 법을 깨닫는다.[180] 하나의 법을 곧바로 알고, 하나의 법을 완전히 알고, 하나의 법을 끊어 버리고, 하나의 법을 깨달으면, 반드시 해탈을 경험한다.

9. 수행승들이여, 집착 없는 마음에 의한 해탈이 대화의 목적이고, 대담의 목적이고, 관심의 목적이고, 귀를 기울임의 목적이다."

10. [세존]

"분노로 가득 차 대화를 한다.
화를 내고 오만하고
고귀하지 못한 수단을 사용하며
다른 사람에게서 잘못을 찾는다.[181]

악담을 하고, 무례를 범하고
혼란스럽고, 상대를 짓밟는 것을
대화에서 서로가 즐겨하니
그것은 고귀하지 못한 것이다.[182]

---

179) yadi vā saupaniso yadi vā anupaniso : '조건·전제가 있는지 없는지'의 뜻이다.

180) so saupaniso samāno abhijānāti ekaṃ dhammaṃ, parijānāti ekaṃ dhammaṃ, pajahati ekaṃ dhammaṃ, sacchikaroti ekaṃ dhammaṃ : Mrp. II. 312에 따르면, ① 하나의 법을 곧바로 아는 것은 괴로움의 소멸로 이끄는 고귀한 길[道聖諦]을 말하고 ② 하나의 법을 완전히 아는 것은 괴로움의 진리[苦聖諦]를 완전히 아는 것이고 ③ 하나의 법을 끊어 버리는 것은 괴로움의 발생의 고귀한 진리[集聖諦]를 말하고 ④ 하나의 법을 깨닫는다는 것은 괴로움의 소멸의 진리[滅聖諦]를 말한다.

181) ye viruddhā sallapanti | viniviṭṭhā samussitā | anariyaguṇamāsajja | aññamañña vivaresino ||

182) dubbhāsitaṃ vikkhalitaṃ | sampamohaṃ parājayaṃ | aññamaññassābhinandanti | tadariyo kathanā care ||

현자가 대화하고자 원하면
그때를 알고 나서
고귀한 삶에 대한 대화를
가르침에 입각하여 말해야 하리.[183]

집착을 여읜 정신으로
화내지 않고 오만하지 않고
질투함이 없이 성급함이 없이
현자는 대화를 이끌어야 하리.[184]

그는 질투를 여읜 마음으로
올바른 앎으로 말한다.
잘 말해진 것에 대해서는 칭찬하고
잘못 말해진 것이더라도 비웃지 않는다.[185]

비난하는 것을 알지 못하고
말꼬리를 붙잡고 늘어지지 않고
공격하지 않고 유린하지 않고
함부로 지껄이지 않는다.[186]

바른 말은 청정한 믿음을 주고
우리의 앎을 깊게 한다.
고귀한 님은 이와 같이 말할 줄 안다.
그것이 고귀한 님의 말이다.
총명한 님은 이것을 알아서

---

183) sace cassa kathākāmo | kālamaññāya paṇḍito | dhammaṭṭhapaṭisaṃyuttā | yā ariyācaritā289 kathā ||
184) taṃ kathaṃ kathaye dhīro | aviruddho anussito | anupādinnena manasā | apalāso asāhaso ||
185) anusuyyāyamāno so | sammadaññāya bhāsati | subhāsitaṃ anumodeyya | dubbhaṭṭhenāvasādaye ||
186) upārambhaṃ na sikkheyya | khalitañca na gāhaye | nābhihare nābhimadde | na vācaṃ payutaṃ bhaṇe ||

교만하지 않고 참답게 말한다."[187]

21. 탐진치의 차이와 그 생성과 소멸의 조건은 무엇인가?[188]

1. [세존] "수행승들이여, 이교도의 유행자가 이와 같이 '벗이여, 세 가지 원리가 있다. 세 가지란 무엇인가? 탐욕과 성냄과 어리석음이다. 벗이여, 이 세 가지 원리에는 어떠한 구별, 어떠한 차별, 어떠한 차이가 있는가?'라고 질문한다고 하자. 수행승들이여, 이와 같은 질문을 받으면, 그 이교도의 유행자들에게 무엇이라고 대답하겠는가?"

2. [수행승들] "세존이시여, 저희들은 세존을 뿌리로 하고 저희들의 원리는 세존을 뿌리로 하고 세존을 스승으로 하고 세존을 귀의처로 합니다. 세존이시여, 세존께서는 그 말씀하신 것의 의미를 밝혀주시면 감사하겠습니다. 수행승들은 세존으로부터 듣고 받아 지닐 것입니다."

[세존] "수행승들이여, 그렇다면, 듣고 잘 새겨라. 내가 설명할 것이다."

[수행승들] "세존이시여, 그렇게 하겠습니다."

3. 세존께서는 이와 같이 말씀하셨다.

[세존] "수행승들이여, 이교도의 유행자가 이와 같이 '벗이여, 세 가지 원리가 있다. 세 가지란 무엇인가? 탐욕과 성냄과 어리석음이다. 벗이여, 이 세 가지 원리에는 어떠한 구별, 어떠한 차별, 어떠한 차이가 있는가?'라고 질문한다고 하자. 수행승들이여, 이와 같은 질문을 받으면, 그 이교도의 유행자들에게 이와 같이 대답해야 한다.

---

187) aññātatthaṃ pasādatthaṃ | sataṃ ve hoti mantanā | evaṃ kho ariyā mantenti | esā ariyāna mantanā | etadaññāya medhāvī na | samusseyya mantaye'ti ||

188) AN. I. 199 : 이교도의 경[Aññatitthiyāsutta]

'벗들이여, 탐욕은 작은 잘못이지만 극복하기 어렵고, 분노는 크나큰 잘못이지만 극복하기 쉽고, 어리석음은 크나큰 잘못일 뿐만 아니라 극복하기 어렵다.[189]

4. 벗들이여, 그런데 어떠한 원인 어떠한 조건으로 아직 생겨나지 않은 탐욕이 생겨나고, 이미 생겨난 탐욕이 더욱 많아지고 증대하는 것인가? 아름다운 인상이라고 말할 수 있다. 그 아름다운 인상에 대해서 이치에 맞지 않는 정신활동을 하면, 아직 생겨나지 않은 탐욕이 생겨나고, 이미 생겨난 탐욕이 더욱 많아지고 증대하는 것이다. 이러한 원인 이러한 조건으로 아직 생겨나지 않은 탐욕이 생겨나고, 이미 생겨난 탐욕이 더욱 많아지고 증대하는 것이다.

5. 벗들이여, 그런데 어떠한 원인 어떠한 조건으로 아직 생겨나지 않은 성냄이 생겨나고, 이미 생겨난 성냄이 더욱 많아지고 증대하는 것인가? 혐오스러운 인상이라고 말할 수 있다. 그 혐오스러운 인상에 대해서 이치에 맞지 않는 정신활동을 하면, 아직 생겨나지 않은 성냄이 생겨나고, 이미 생겨난 성냄이 더욱 많아지고 증대하는 것이다. 이러한 원인 이러한 조건으로 아직 생겨나지 않은 성냄이 생겨나고, 이미 생겨난 성냄이 더욱 많아지고 증대하는 것이다.

6. 벗들이여, 그런데 어떠한 원인 어떠한 조건으로 아직 생겨나지 않은 어리석음이 생겨나고, 이미 생겨난 어리석음이 더욱 많아지고 증

189) rāgo kho āvuso appasāvajjo dandhavirāgī, doso mahāsāvajjo khippavirāgī, moho mahāsāvajjo dandhavirāgī'ti : Mrp. II. 315-317에 따르면, ① 탐욕은 작은 잘못이라는 것은 세상의 판단이나 업의 과보라는 관점에서 비난받는 일이나 잘못이 적다는 것을 말하는 것이다. 그것은 적어도 다섯 가지 계행을 지키는 한도 내에서 말하는 것이다. 그리고 탐욕은 극복하기 어렵다는 것은 기름칠한 검댕이처럼 제거하기 어려워 오랜 세월 윤회하면서 지속한다는 뜻이다. ② 분노는 크나큰 잘못이라는 것은 세상의 판단이나 업의 과보라는 관점에서 크게 비난받은 일이고 잘못이 많다는 뜻이다. 그리고 분노가 극복하기 쉽다는 것은 사람이 분노가 초래하는 분노와 위험을 보면 쉽게 극복할 수 있다는 뜻이다. ③ 어리석음이 크나큰 잘못이라는 것은 세상의 판단이나 업의 과보라는 관점에서 크게 비난받은 일이고 잘못이 많다는 뜻이다. 그리고 어리석음을 극복하기 어렵다는 것은 어리석음은 인간에게 깊이 뿌리박혀 있어 제거하기 어렵다는 뜻이다.

대하는 것인가? 이치에 맞지 않는 정신활동이라고 말할 수 있다. 그 이치에 맞지 않는 정신활동을 하면, 아직 생겨나지 않은 어리석음이 생겨나고, 이미 생겨난 어리석음이 더욱 많아지고 증대하는 것이다. 이러한 원인 이러한 조건으로 아직 생겨나지 않은 어리석음이 생겨나고, 이미 생겨난 어리석음이 더욱 많아지고 증대하는 것이다.

7. 벗들이여, 그런데 어떠한 원인 어떠한 조건으로 아직 생겨나지 않은 탐욕이 생겨나지 않고, 이미 생겨난 탐욕이 사라지는 것인가? 아름답지 않은 인상이라고 말할 수 있다. 그 아름답지 않은 인상에 대해서 이치에 맞는 정신활동을 하면, 아직 생겨나지 않은 탐욕이 생겨나지 않고, 이미 생겨난 탐욕이 사라지는 것이다. 이러한 원인 이러한 조건으로 아직 생겨나지 않은 탐욕이 생겨나지 않고, 이미 생겨난 탐욕이 사라지는 것이다.

8. 벗들이여, 그런데 어떠한 원인 어떠한 조건으로 아직 생겨나지 않은 성냄이 생겨나지 않고, 이미 생겨난 성냄이 사라지는 것인가? 자애로운 마음에 의한 해탈이라고 말할 수 있다. 그 자애로운 마음에 의한 해탈에 대해서 이치에 맞는 정신활동을 하면, 아직 생겨나지 않은 탐욕이 생겨나지 않고, 이미 생겨난 성냄이 사라지는 것이다. 이러한 원인 이러한 조건으로 아직 생겨나지 않은 성냄이 생겨나지 않고, 이미 생겨난 성냄이 사라지는 것이다.

9. 벗들이여, 그런데 어떠한 원인 어떠한 조건으로 아직 생겨나지 않은 어리석음이 생겨나지 않고, 이미 생겨난 어리석음이 사라지는 것인가? 이치에 맞는 정신활동이라고 말할 수 있다. 그 이치에 맞는 정신활동을 하면, 아직 생겨나지 않은 탐욕이 생겨나지 않고 이미 생겨난 탐욕이 사라지는 것이다. 이러한 원인 이러한 조건으로 아직 생겨나지 않은 탐욕이 생겨나지 않고, 이미 생겨난 탐욕이 사라지는

것이다."

22. 소치기의 포살과 니간타의 포살과 고귀한 님의 포살의 차이는 무엇인가?[190]

1. 이와 같이 나는 들었다. 한때 세존께서 싸밧티 시의 뿝바라마[191]에 있는 미가라마뚜 강당에 계셨다.[192] 이 때 미가라의 어머니 비싸카가 포살일에[193] 세존께서 계신 곳을 찾아왔다. 가까이 다가와서 세존께 인사를 드리고 한쪽으로 물러나 앉았다.

2. 한쪽으로 물러나 앉은 미가라의 어머니 비싸카에게 세존께서는 이와 같이 말씀하셨다.

[세존] "오 비싸카여, 그대는 대낮에 무슨 일로 왔습니까?"

[비싸카] "세존이시여, 오늘 포살을 지키는 것입니다."

3. [세존] "비싸카여, 세 가지 포살이 있습니다. 세 가지란 무엇입니까? 소치기의 포살과 니간타[194]의 포살과 고귀한 님의 포살이 있습니다.

4. 비싸카여, 어떠한 것이 소치기의 포살입니까? 비싸카여, 예를 들어, 소치기가 저녁 무렵 주인에게 소를 돌려주면서 '오늘 소는 여기저기 돌아다니면서 여기저기서 물을 마셨는데, 내일은 여기저기 돌

---

190) AN. I. 205 : 포살의 덕목에 대한 경[Uposathaṅgasutta], 증일아함 24(대정 2, 624b); 중아함 55(대정 1, 770a) 참조.

191) Pubbārāma : 싸밧티의 동문 밖의 승원이었다.

192) MN. 26. 「고귀한 구함의 경[Ariyapariyesanāsutta]」의 주석 참조.

193) uposatha : 계(戒)를 설하는 것, 혹은 그날. 재일(齋日), 포살(布薩)이라고 한역된다. 불경에 나타난 고대인도의 역법에 따르면, 인도의 일 년은 삼 계절 - 겨울, 여름, 우기 - 로 나뉘며, 각 계절은 4개월씩 계속된다. 4개월은 8개의 보름단위의 기간(pakkha)으로 나뉘고, 세 번째와 일곱 번째는 14일로 구성되고 나머지는 15일로 구성된다. 신월이나 보름달이거나 반달[상현이나 하현]의 날이 특별히 길조인 것으로 여겨진다. 불교에서는 이런 날에 포살의식(懺悔儀式)을 행한다. 보름날과 신월의 포살일에는 수행승들이 자신들의 의무계율[戒本]을 외우고, 일반신도들은 설법을 듣거나 수행을 하기 위해 승원을 방문한다.

194) Nigaṇṭha : 니간타(Nigaṇṭha)의 어원적 의미는 '속박에서 벗어난 자'의 뜻이다. 경전에서 니간타라고만 할 경우에는 자이나교도를 의미한다. 그 교주는 부처님과 동시대인인 니간타 나타뿟따(Nigaṇṭha Nāthaputta) 또는 니간타 나따뿟따(Nigaṇṭha Nātaputta)였다.

아다니면서 여기저기서 물을 마실 것이다.'라고 생각합니다. 이와 같이 비싸카여, 이 세상의 어떤 사람은 '나는 오늘 이러저러한 단단하거나 부드러운 음식을 먹었다. 나는 내일 이러저러한 단단하거나 부드러운 음식을 먹을 것이다.'라고 생각합니다. 그 때문에 그는 탐욕에 의해서 탐착에 가득 찬 마음으로 하루를 보냅니다. 비싸카여, 소치기의 포살은 이와 같습니다. 비싸카여, 이와 같이 보낸 소치기의 포살에는 크나큰 과보, 크나큰 공덕, 크나큰 광명, 크나큰 충만이 없습니다.

5. 비싸카여, 어떠한 것이 니간타의 포살입니까? 비싸카여, 니간타라고 부르는 수행자의 부류가 있는데, 그들은 제자들에게 이와 같이 '이보게 오라. 동쪽으로 백 요자나 밖에서 사는 뭇삶이 있는데, 그들에 대하여 폭력을 행사하지 말라. 남쪽으로 백 요자나 밖에서 사는 뭇삶이 있는데, 그들에 대하여 폭력을 행사하지 말라. 서쪽으로 백 요자나 밖에서 사는 뭇삶이 있는데, 그들에 대하여 폭력을 행사하지 말라. 북쪽으로 백 요자나 밖에서 사는 뭇삶이 있는데, 그들에 대하여 폭력을 행사하지 말라.'라고 권합니다. 이처럼 그들은 특정한 뭇삶에 대하여 자비를 베풀고 연민을 베풀지만, 특정한 뭇삶에 대해서는 자비를 베풀지 않고 연민을 베풀지 않습니다. 그러나 오늘 포살에는 그들은 제자들에게 이와 같이 '이보게, 오라. 모든 옷을 버리고 '나는 어디에도 속하지 않고, 나는 누구에게도 속하지 않고, 나는 어떠한 것에도 속하지 않는다. 어떠한 곳도 나에게 속하지 않고, 누구도 나에게 속하지 않고, 어떠한 것도 나에게 속하지 않는다.'[195]라

195) nāhaṃ kvacani kassaci kiñcanattasmiṃ; na ca mama kvacani katthaci kiñcanatā'tthī'ti : 이 자이나의 나체수행자[空衣派의 修行者]들이 외우는 진언으로 모든 소유 심지어 의복마저 벗어버려 모든 사회적인 관계에서마저 벗어나는 것을 의미한다. 그런데 부처님은 때때로 이 표현을 MN. 106에서는 '아무것도 없는 경지(無所有處 : ākiñcaññāyatana)'를 서술하는데 사용한다.

고 말하라.'라고 권합니다. 그러나 부모는 그가 나의 아들이라는 것을 알고, 아들은 그들이 나의 부모라는 것을 압니다. 처자는 그가 우리의 가장이라는 것을 알고, 가장은 그들이 나의 처자라는 것을 압니다. 하인들과 노복들은 그가 우리의 주인이라는 것을 알고, 주인은 그들이 나의 하인들과 노복들이라는 것을 압니다. 그들은 이와 같이 진실을 권해야 할 때에 거짓을 권합니다. 그러나 나는 그것을 그들의 거짓이라고 말합니다. 그들은 이 밤이 지나면 주어지지 않은 소유를 사용합니다.[196] 그러나 나는 그것을 주어지지 않은 것을 빼앗는 것이라고 말합니다. 비싸카여, 니간타의 포살은 이와 같습니다. 비싸카여, 이와 같이 보낸 니간타의 포살에는 크나큰 과보, 크나큰 공덕, 크나큰 광명, 크나큰 충만이 없습니다.

6. 비싸카여, 어떠한 것이 고귀한 님의 포살입니까? 비싸카여, 오염된 마음을 바른 방법으로 정화시키는 것입니다. 비싸카여, 어떻게 오염된 마음을 바른 방법으로 정화시킵니까? 비싸카여, 이 세상에 고귀한 제자는 여래를 이와 같이 '세존께서는 거룩한 님, 올바로 원만히 깨달은 님, 명지와 덕행을 갖춘 님, 올바른 길로 잘 가신 님, 세상을 아는 님, 위없이 높으신 님, 사람을 길들이는 님, 하늘사람과 인간의 스승이신 님, 깨달은 님, 세상의 존귀한 님이다.'라고 새기면, 여래를 새기는 그의 마음에는 청정이 생겨나고 기쁨이 생겨나서 마음의 오염이 끊어지는 것이 비싸카여, 마치 오염된 머리가 치유되어 정화되는 것과 같습니다. 비싸카여, 어떻게 오염된 머리를 바른 방법으로 정화시킵니까? 가루비누를 조건으로 향기로운 진흙을 조건으로 물을 조건으로 사람의 노력을 조건으로 비싸카여, 오염된 머리

196) so tassā rattiyā accayena te bhoge adinnaññeva paribhuñjati : Mrp. II. 320에 따르면, 포살일에 모든 것이 나의 것이 아니라고 선언하였는데, 다음 날에 침대에 다시 눕고, 의자에 앉고, 수프를 먹고, 밥을 먹는 등 주어지지 않은 것을 사용한다는 뜻이다.

를 바른 방법으로 정화시킵니다. 비싸카여, 이와 같이 오염된 마음을 바른 방법으로 정화시킵니다. 비싸카여, 어떻게 오염된 마음을 바른 방법으로 정화시킵니까? 비싸카여, 이 세상에 고귀한 제자는 여래를 이와 같이 '세존께서는 거룩한 님, 올바로 원만히 깨달은 님, 명지와 덕행을 갖춘 님, 올바른 길로 잘 가신 님, 세상을 아는 님, 위없이 높으신 님, 사람을 길들이는 님, 하늘사람과 인간의 스승이신 님, 깨달은 님, 세상의 존귀한 님이다.'라고 새기면, 여래를 새기는 그의 마음에는 청정이 생겨나고 기쁨이 생겨나서 마음의 오염이 끊어집니다. 비싸카여, 이와 같이 오염된 마음을 바른 방법으로 정화시킵니다.

7. 비싸카여, 오염된 마음을 바른 방법으로 정화시키는 것입니다. 비싸카여, 어떻게 오염된 마음을 바른 방법으로 정화시킵니까? 비싸카여, 이 세상에 고귀한 제자는 가르침에 대하여 이와 같이 '세존께서 잘 설하신 이 가르침은 현세의 삶에서 유익한 것이고, 시간을 초월하는 것이며, 와서 보라고 할 만한 것이고, 최상의 목표로 이끄는 것이며, 슬기로운 자라면 누구나 알 수 있는 것이다.'라고 새기면, 가르침을 새기는 그의 마음에는 청정이 생겨나고 기쁨이 생겨나서 마음의 오염이 끊어지는 것이 비싸카여, 마치 오염된 몸이 치유되어 정화되는 것과 같습니다. 비싸카여, 어떻게 오염된 마음을 바른 방법으로 정화시킵니까? 화장용 석말을 조건으로 화장용 분말을 조건으로 물을 조건으로 사람의 노력을 조건으로 비싸카여, 오염된 몸을 바른 방법으로 정화시킵니다. 비싸카여, 이와 같이 오염된 마음을 바른 방법으로 정화시킵니다. 비싸카여, 어떻게 오염된 마음을 바른 방법으로 정화시킵니까? 비싸카여, 이 세상에 고귀한 제자는 가르침에 대하여 이와 같이 '세존께서 잘 설하신 이 가르침은 현세의 삶

에서 유익한 것이고, 시간을 초월하는 것이며, 와서 보라고 할 만한 것이고, 최상의 목표로 이끄는 것이며, 슬기로운 자라면 누구나 알 수 있는 것이다.'라고 새기면, 가르침을 새기는 그의 마음에는 청정이 생겨나고 기쁨이 생겨나서 마음의 오염이 끊어집니다. 비싸카여, 이와 같이 오염된 마음을 바른 방법으로 정화시킵니다.

8. 비싸카여, 오염된 마음을 바른 방법으로 정화시키는 것입니다. 비싸카여, 어떻게 오염된 마음을 바른 방법으로 정화시킵니까? 비싸카여, 이 세상에 고귀한 제자는 참모임에 대하여 이와 같이 '세존의 제자들의 모임은 훌륭하게 실천한다. 세존의 제자들의 모임은 정직하게 실천한다. 세존의 제자들의 모임은 현명하게 실천한다. 세존의 제자들의 모임은 조화롭게 실천한다. 이와 같은 세존의 제자들의 모임은 네 쌍으로 여덟이 되는 참사람으로[197] 이루어졌으니, 공양받을 만하고 대접받을 만하며 보시받을 만하고 존경받을 만하며 세상의 위없는 복밭이다.'라고 새기면, 참모임을 새기는 그의 마음에는 청정이 생겨나고 기쁨이 생겨나서 마음의 오염이 끊어지는 것이 비싸카여, 마치 오염된 옷이 치유되어 정화되는 것과 같습니다. 비싸카여, 어떻게 오염된 옷을 바른 방법으로 정화시킵니까? 열기를 조건으로 양잿물을 조건으로 쇠똥을 조건으로 물을 조건으로 사람의 노력을 조건으로 비싸카여, 오염된 마음을 바른 방법으로 정화시킵니다. 비싸카여, 이와 같이 오염된 마음을 바른 방법으로 정화시킵니다. 비싸카여, 어떻게 오염된 마음을 바른 방법으로 정화시킵니까? 비싸카여, 이 세상에 고귀한 제자는 참모임에 대하여 이와 같이 '세존의 제자들의 모임은 훌륭하게 실천한다. 세존의 제자들의 모임은 정직하게 실천한다. 세존의 제자들의 모임은 현명하게 실천한다.

197) sāvakasaṅgha : 원래 '제자들의 모임'이란 뜻인데, '참사람의 모임'으로 번역할 수 있다.

세존의 제자들의 모임은 조화롭게 실천한다. 이와 같은 세존의 제자들의 모임은 네 쌍으로 여덟이 되는 참사람으로 이루어졌으니, 공양받을 만하고 대접받을 만하며 보시받을 만하고 존경받을 만하며 세상의 위없는 복밭이다.'라고 새기면, 참모임을 새기는 그의 마음에는 청정이 생겨나고 기쁨이 생겨나서 마음의 오염이 끊어집니다. 비싸카여, 이와 같이 오염된 마음을 바른 방법으로 정화시킵니다.

9. 비싸카여, 오염된 마음을 바른 방법으로 정화시키는 것입니다. 비싸카여, 어떻게 오염된 마음을 바른 방법으로 정화시킵니까? 비싸카여, 이 세상에 고귀한 제자는 자신을 위해 계행에 대하여 이와 같이 '파괴되지 않고, 균열되지 않고, 흠이 없고, 오점이 없고, 자유로 이끌고, 양식 있는 님들이 칭찬하고, 집착에서 벗어나게 하고, 삼매로 이끄는 계행을 갖추고 있다.'라고 새기면, 계행을 새기는 그의 마음에는 청정이 생겨나고 기쁨이 생겨나서 마음의 오염이 끊어지는 것이 비싸카여, 마치 오염된 거울이 치유되어 정화되는 것과 같습니다. 비싸카여, 어떻게 오염된 거울을 바른 방법으로 정화시킵니까? 기름을 조건으로 재를 조건으로 털수건을 조건으로 사람의 노력을 조건으로 비싸카여, 오염된 거울을 바른 방법으로 정화시킵니다. 비싸카여, 이와 같이 오염된 마음을 바른 방법으로 정화시킵니다. 비싸카여, 어떻게 오염된 마음을 바른 방법으로 정화시킵니까? 비싸카여, 이 세상에 고귀한 제자는 자신을 위해 계행에 대하여 이와 같이 '파괴되지 않고, 균열되지 않고, 흠이 없고, 오점이 없고, 자유로 이끌고, 양식 있는 님들이 칭찬하고, 집착에서 벗어나게 하고, 삼매로 이끄는 계행을 갖추고 있다.'라고 새기면, 계행을 새기는 그의 마음에는 청정이 생겨나고 기쁨이 생겨나서 마음의 오염이 끊어집니다. 비싸카여, 이와 같이 오염된 마음을 바른 방법으로 정화시킵니다.

10. 비싸카여, 오염된 마음을 바른 방법으로 정화시키는 것입니다. 비싸카여, 어떻게 오염된 마음을 바른 방법으로 정화시킵니까? 비싸카여, 이 세상에 고귀한 제자는 자는 하늘사람에 대하여 이와 같이 '네 위대한 왕들의 하늘나라가 있고, 서른셋 신들의 하늘나라가 있고, 축복받은 신들의 하늘나라가 있고, 만족을 아는 신들의 하늘나라가 있고, 자신이 만든 것을 즐기는 신들의 하늘나라가 있고, 남이 만든 것을 즐기는 신들의 하늘나라, 하느님의 무리의 하늘나라와 그 이상의 하늘나라가 있다.[198] 하늘사람들은 믿음을 갖추고 여기서 죽어서 거기에 태어난다. 그러한 동일한 믿음을 나도 갖추고 있다. 하늘사람들은 계행을 갖추고 여기서 죽어서 거기에 태어난다. 그러한 동일한 계행을 나도 갖추고 있다. 하늘사람들은 배움을 갖추고 여기서 죽어서 거기에 태어난다. 그러한 동일한 배움을 나도 갖추고 있다. 하늘사람들은 보시를 갖추고 여기서 죽어서 거기에 태어난다. 그러한 동일한 보시를 나도 갖추고 있다. 하늘사람들은 지혜를 갖추고 여기서 죽어서 거기에 태어난다. 그러한 동일한 지혜를 나도 갖추고 있다.'라고 새깁니다. 그가 그 자신과 그 하늘사람들의 믿음, 계행, 배움, 보시, 지혜를 새기면, 마음이 청정이 생겨나고 기쁨이 생겨나서 마음의 오염이 끊어지는 것이 비싸카여, 마치 오염된 금이 치유되어 정화되는 것과 같습니다. 비싸카여, 어떻게 오염된 금을 바른 방법으로 정화시킵니까? 화로를 조건으로 석염을 조건으로 황토를 조건으로 배기관을 조건으로 집게를 조건으로 오염된 금을 바른 방법으로 정화시킵니다. 비싸카여, 이

198) santi devatā cātummahārājikā santi devā tāvatiṃsā santi devā yāmā santi devā tusitā santi devā nimmāṇaratino santi devā paranimmitavasavattino, santi devā brahmakāyikā, santi devā tatuttariṃ : 이 책의 부록 「불교의 세계관」을 참조하라. 범신천(梵神天 : brahmakāyikā)은 범중천(梵衆天)과 범보천(梵補天)과 대범천(大梵天)을 함께 부르는 것이다.

와 같이 마음을 바른 방법으로 정화시킵니다. 비싸카여, 어떻게 오염된 마음을 바른 방법으로 정화시킵니까? 비싸카여, 이 세상에 고귀한 제자는 하늘사람들에 대해 이와 같이 '네 위대한 왕들의 하늘나라가 있고, 서른셋 신들의 하늘나라가 있고, 축복받은 신들의 하늘나라가 있고, 만족을 아는 신들의 하늘나라가 있고, 자신이 만든 것을 즐기는 신들의 하늘나라가 있고, 남이 만든 것을 즐기는 신들의 하늘나라, 하느님의 무리의 하늘나라와 그 이상의 하늘나라가 있다. 하늘사람들은 믿음을 갖추고 여기서 죽어서 거기에 태어난다. 그러한 동일한 믿음을 나도 갖추고 있다. 하늘사람들은 계행을 갖추고 여기서 죽어서 거기에 태어난다. 그러한 동일한 계행을 나도 갖추고 있다. 하늘사람들은 배움을 갖추고 여기서 죽어서 거기에 태어난다. 그러한 동일한 배움을 나도 갖추고 있다. 하늘사람들은 보시를 갖추고 여기서 죽어서 거기에 태어난다. 그러한 동일한 보시를 나도 갖추고 있다. 하늘사람들은 지혜를 갖추고 여기서 죽어서 거기에 태어난다. 그러한 동일한 지혜를 나도 갖추고 있다.'라고 새깁니다. 그가 그 자신과 그 하늘사람들의 믿음, 계행, 배움, 보시, 지혜를 새기면, 마음이 청정이 생겨나고 기쁨이 생겨나서 마음의 오염이 끊어집니다. 비싸카여, 이와 같이 고귀한 제자는 하늘사람의 포살을 지키는 자는 하늘사람들과 함께 보내며, 하늘사람과 관련하여 마음이 청정이 생겨나고 기쁨이 생겨나서 마음의 오염이 끊어집니다. 비싸카여. 이와 같이 오염된 마음을 바른 방법으로 정화시킵니다.

11. 비싸카여, 그 고귀한 제자는 이와 같이 성찰합니다.

1) '거룩한 님은 목숨이 다하도록, 살아있는 생명을 죽이는 것을 버리고, 살아있는 생명을 죽이는 것을 삼가고, 몽둥이를 놓아버리고,

칼을 놓아버리고, 부끄러움을 알고, 자비심을 일으키고, 일체의 생명을 이롭게 하고 애민히 여긴다. 나도 바로 오늘 낮 오늘 밤 살아있는 생명을 죽이는 것을 버리고, 살아있는 생명을 죽이는 것을 삼가고, 몽둥이를 놓아버리고, 칼을 놓아버리고, 부끄러움을 알고, 자비심을 일으키고, 일체의 생명을 이롭게 하고 애민히 여기리라. 이러한 성품으로 나는 거룩한 님을 따르며, 포살을 지킬 것이다.'

2) '거룩한 님은 목숨이 다하도록, 주지 않은 것을 빼앗는 것을 버리고, 주지 않은 것을 빼앗는 것을 삼가고, 주는 것만을 취하고, 주어진 것만을 바라고, 도둑질하지 않고, 청정한 마음을 지닌다. 나도 바로 오늘 낮 오늘 밤 주지 않은 것을 빼앗는 것을 버리고, 주지 않은 것을 빼앗는 것을 삼가고, 주는 것만을 취하고, 주어진 것만을 바라고, 도둑질하지 않고, 청정한 마음을 지내리라. 이러한 성품으로 나는 거룩한 님을 따르며, 포살을 지킬 것이다.'

3) '거룩한 님은 목숨이 다하도록, 순결하지 못한 삶을 버리고, 순결한 삶을 살고, 멀리 여읨의 삶을 살고, 천한 행위인 성적 접촉을 삼간다. 나도 바로 오늘 낮 오늘 밤 순결하지 못한 삶을 버리고, 순결한 삶을 살고, 멀리 여읨의 삶을 살고, 천한 행위인 성적 접촉을 삼가리라. 이러한 성품으로 나는 거룩한 님을 따르며, 포살을 지킬 것이다.'

4) '거룩한 님은 목숨이 다하도록, 거짓말을 버리고, 거짓말을 삼가고, 진실을 말하고, 진실과 관련된 것, 사실인 것, 신뢰할 수 있는 것, 세상을 속이지 않는 것을 말한다. 나도 바로 오늘 낮 오늘 밤 거짓말을 버리고, 거짓말을 삼가고, 진실을 말하고, 진실과 관련된 것, 사실인 것, 신뢰할 수 있는 것, 세상을 속이지 않는 것을

말하리라. 이러한 성품으로 나는 거룩한 님을 따르며, 포살을 지킬 것이다.'

5) '거룩한 님은 목숨이 다하도록, 곡주나 과일주 등 취하게 하는 것을 마시는 것을 버리고, 곡주나 과일주 등 취하게 하는 것을 마시는 것을 삼간다. 나도 바로 오늘 낮 오늘 밤 곡주나 과일주 등 취하게 하는 것을 마시는 것을 버리고, 곡주나 과일주 등 취하게 하는 것을 마시는 것을 삼가리라. 이러한 성품으로 나는 거룩한 님을 따르며, 포살을 지킬 것이다.'

6) '거룩한 님은 목숨이 다하도록, 하루 한 끼 식사를 하고 저녁은 들지 않고, 때 아닌 때에 식사를 삼간다. 나도 바로 오늘 낮 오늘 밤 하루 한 끼 식사를 하고 저녁은 들지 않고, 때 아닌 때에 식사를 삼가리라. 이러한 성품으로 나는 거룩한 님을 따르며, 포살을 지킬 것이다.'

7) '거룩한 님은 목숨이 다하도록, 춤, 노래, 음악, 연극을 보거나 화환, 향기, 크림을 가지고 단장하고 치장하는 것을 삼간다. 나도 바로 오늘 낮 오늘 밤 춤, 노래, 음악, 연극을 보거나 화환, 향기, 크림을 가지고 단장하고 치장하는 것을 삼가리라. 이러한 성품으로 나는 거룩한 님을 따르며, 포살을 지킬 것이다.'

8) '거룩한 님은 목숨이 다하도록, 높은 침대, 큰 침대를 버리고 높은 침대, 큰 침대를 삼가고 낮은 침대 즉 안락의자나 풀로 엮은 깔개에서 잠을 청한다. 나도 바로 오늘 낮 오늘 밤 높은 침대, 큰 침대를 버리고 높은 침대, 큰 침대를 삼가고 낮은 침대 즉 안락의자나 풀로 엮은 깔개에서 잠을 청하리라. 이러한 성품으로 나는 거룩한 님을 따르며, 포살을 지킬 것이다.'

12. 비싸카여, 고귀한 님의 포살은 이와 같습니다. 비싸카여, 이와

같이 보낸 고귀한 님의 포살에는 크나큰 과보, 크나큰 공덕, 크나큰 광명, 크나큰 충만이 있습니다.

13. 비싸카여, 어느 정도 크나큰 과보가 있고, 어느 정도 크나큰 공덕이 있고, 어느 정도 크나큰 광명이 있고, 어느 정도 크나큰 충만이 있습니까?" 비싸카여, 예를 들어 많은 일곱 가지 보물[199]을 소유하고 있는 십육대국, 즉 앙가, 마가다, 꼬쌀라, 밧지, 말라, 쩨띠야, 방싸, 꾸루, 빤짤라, 맛차, 쑤라쎄나, 앗싸까, 아반띠, 간다라, 깜보자[200]에 대하여 왕이 왕권을 가지고 권력을 행사하더라도 여덟 가지 덕목을 갖춘 포살을 준수하는 것의[201] 십육 분의 일[202]에도 미치지 못합니다. 그것은 무슨 까닭입니까? 비싸카여, 하늘나라의 행복에 비해서 인간의 권력은 저열한 것이기 때문입니다.

14. 비싸카여, 인간의 오십 년이 네 위대한 왕들의 하늘나라의 하루 낮 하루 밤이고, 그 하루의 삼십 일이 한 달이고, 그 한 달의 십이 개월이 일 년이고, 그 일 년의 오백 년이 네 위대한 왕들 하늘나라의 신들의 수명입니다. 비싸카여, 세상의 어떤 남자나 여인이 여덟 가지 덕목을 갖춘 포살을 지키면, 몸이 파괴되어 죽은 뒤에 네 위대

---

199) satta ratanāni : 한역의 칠보(七寶)를 말한다. 금, 은, 진주, 보석, 묘목(猫目), 금강(金剛), 산호(珊瑚)를 말한다. 그리고 전륜왕(轉輪王)의 칠보에는 ① 수레바퀴의 보물(cakkaratana) ② 코끼리의 보물(hatthiratana) ③ 말의 보물(assaratana) ④ 구슬의 보물(maṇiratana) ⑤ 여자의 보물(itthiratana) ⑥ 장자의 보물(gahapati ratana) ⑦ 장군의 보물(pariṇāyakaratana)이 있다. 일곱 가지 보물에 대하여 MN. 129에서 상세히 설명되고 있다.

200) Aṅga, Magadha, Kāsī, Kosala, Vajji, Malla, Cetiya, Vaṅsa, Kuru, Pañcāla, Maccha, Sūrasena, Assaka, Avanti, Gandhāra, Kamboa : 부처님 당시에 인도를 지배하던 십육대국(十六大國 : soḷasan mahājanapadā)의 이름이다. 그러나 Niddesa(CNid. 37)에서는 간다라 대신에 깔링가(Kaliṅga)를 집어넣고, 자이나교의 바가바띠쑤뜨라(Bhagavatīsutra)에서는 Aṅga, Baṅga, Magadha, Malaya, Mālava, Accha, Vaccha, Kocchaka, Pāḍha, Lāḍha, Bajji, Moli, Kāsī, Kosala, Avaha, Sambhuttara의 열여섯 국가를 들고 있다. Journal of PTS 1897-1901 참조하라.

201) aṭṭhaṅgasamannāgatassa uposathassa : 한역에서는 팔재계(八齋戒) 또는 팔관재계(八關齋戒)라고 한다. 고귀한 제자가 포살일에 지켜야할 여덟 가지 덕목으로 이 경에서 상세히 언급하고 있다.

202) kalam pi : 1/16이란 뜻이고 가이거도 그 의미를 취했다. 이것은 원래 베다시대의 제사장에게 딸린 16 제관이 있었는데, 그 하나의 제관과 관계가 있다. 그러나 후대에 와서 '조금'이라는 뜻으로 쓰이게 되었다.

한 왕들의 하늘나라의 신들의 동료로 태어나는 것이 가능합니다. 비싸카여, 그러므로 하늘나라의 행복에 비해서 인간의 권력은 저열한 것이라고 말한 것입니다.

15. 비싸카여, 인간의 백 년이 서른 셋 신들 하늘나라의 하루 낮 하루 밤이고, 그 하루의 삼십 일이 한 달이고, 그 한 달의 십이 개월이 일 년이고, 그 일 년의 천년이 서른 셋 신들 하늘나라의 신들의 수명입니다. 비싸카여, 세상의 어떤 남자나 여인이 여덟 가지 덕목을 갖춘 포살을 지키면, 몸이 파괴되어 죽은 뒤에 서른 셋 신들 하늘나라의 신들의 동료로 태어나는 것이 가능합니다. 비싸카여, 그러므로 하늘나라의 행복에 비해서 인간의 권력은 저열한 것이라고 말한 것입니다.

16. 비싸카여, 인간의 이백 년이 축복받은 신들 하늘나라의 하루 낮 하루 밤이고, 그 하루의 삼십 일이 한 달이고, 그 한 달의 십이 개월이 일 년이고, 그 일 년의 이천 년이 축복받은 신들의 하늘나라의 신들의 수명입니다. 비싸카여, 세상의 어떤 남자나 여인이 여덟 가지 덕목을 갖춘 포살을 지키면, 몸이 파괴되어 죽은 뒤에 축복받은 신들의 하늘나라의 신들의 동료로 태어나는 것이 가능합니다. 비싸카여, 그러므로 하늘나라의 행복에 비해서 인간의 권력은 저열한 것이라고 말한 것입니다.

17. 비싸카여, 인간의 사백 년이 만족을 아는 신들의 하늘나라의 하루 낮 하루 밤이고, 그 하루의 삼십 일이 한 달이고, 그 한 달의 십이 개월이 일 년이고, 그 일 년의 사천 년이 만족을 아는 신들의 하늘나라의 신들의 수명입니다. 비싸카여, 세상의 어떤 남자나 여인이 여덟 가지 덕목을 갖춘 포살을 지키면, 몸이 파괴되어 죽은 뒤에 만족을 아는 신들의 하늘나라의 신들의 동료로 태어나는 것이 가능

합니다. 비싸카여, 그러므로 하늘나라의 행복에 비해서 인간의 권력은 저열한 것이라고 말한 것입니다.

18. 비싸카여, 인간의 팔백 년이 창조하고 즐기는 신들의 하늘나라의 하루 낮 하루 밤이고, 그 하루의 삼십 일이 한 달이고, 그 한 달의 십이 개월이 일 년이고, 그 일 년의 팔천 년이 창조하고 즐기는 신들의 하늘나라의 신들의 수명입니다. 비싸카여, 세상의 어떤 남자나 여인이 여덟 가지 덕목을 갖춘 포살을 지키면, 몸이 파괴되어 죽은 뒤에 창조하고 즐기는 신들의 하늘나라의 신들의 동료로 태어나는 것이 가능합니다. 비싸카여, 그러므로 하늘나라의 행복에 비해서 인간의 권력은 저열한 것이라고 말한 것입니다.

19. 비싸카여, 인간의 천육백 년이 다른 신들이 만든 것을 누리는 신들의 하늘나라의 하루 낮 하루 밤이고, 그 하루의 삼십 일이 한 달이고, 그 한 달의 십이 개월이 일 년이고, 그 일 년의 만육천 년이 다른 신들이 만든 것을 누리는 신들의 하늘나라의 신들의 수명입니다. 비싸카여, 세상의 어떤 남자나 여인이 여덟 가지 덕목을 갖춘 포살을 지키면, 몸이 파괴되어 죽은 뒤에 다른 신들이 만든 것을 누리는 신들의 하늘나라의 신들의 동료로 태어나는 것이 가능합니다. 비싸카여, 그러므로 하늘나라의 행복에 비해서 인간의 권력은 저열한 것이라고 말한 것입니다."

20. [세존]

"생명을 죽이지 말고, 주지 않는 것을 빼앗지 말고
거짓말을 하지 말고, 취기있는 것을 마시지 말고
순결하지 못한 것을 삼가고 성적 교섭을 금하라.
그리고 밤의 때 아닌 때에 식사하지 말라.[203]

화환과 향수를 사용하는 것을 피하고
낮은 침대, 바닥에 누워야 하리.
이것이 포살일에 지켜야 하는 계행이다.
괴로움을 종식시킨 부처님이 설하신 것.204)

태양과 달이 모두 밝게 비추고
그 궤도를 따라 멀리 비춘다.
어둠을 몰아내고 허공을 달리며
모든 방향으로 비추며 하늘에서 빛난다.205)

그 빛나는 지역에 모든 재보
진주와 보석과 황금과 청금석과
쇠뿔모양의 황금과 광산의 황금과
황색의 황금과 황금티끌이 있어도206)

여덟 가지 덕목을 갖춘 포살을 지키는 것에 비하면
이들은 십육 분의 일의 가치에도 미치지 못하리.
마치 달이 허공에 비추면
별들의 무리들이 빛을 잃어버리듯.207)

남자이든지 여자이든지

---

203) pāṇaṃ na hāne na ca dinnamādiye | musā na bhāse na ca majjapo siyā | abrahmacariyā virameyya methunā | rattiṃ na bhuñjeyya vikālabhojanaṃ ||

204) mālaṃ na dhāre na ca gandhamācare | mañce chamāyaṃ va sayetha santhate | etaṃ hi aṭṭhaṅgika māhu'posathaṃ | buddhena dukkhantagunā pakāsitaṃ ||

205) cando ca suriyo ca ubho sudassanā | obhāsayaṃ anupariyanti yāvatā | tamonudā te pana antalikkh agā | nabhe pabhāsenti disā virocanā ||

206) etasmiṃ yaṃ vijjati antare dhanaṃ | muttā maṇi veeriyañca bhaddakaṃ | siṅgīsuvaṇṇaṃ athavā'p i kañcanaṃ | yaṃ jātarūpaṃ haṭakanti vuccati || Mrp. II. 329에 따르면, 쇠뿔황금(siṅgīsuvaṇṇa)는 쇠뿔모양의 황금알갱이로 장식을 만드는데 사용한다. 광산의 황금(kañcana)는 산에서 출토되는 황금을 말하고, 황색의 황금(jātarūpaṃ)은 부처님의 몸처럼 황금색의 금을 말하고, 황금티끌(haṭaka)은 개미가 모은 황금티끌을 말한다.

207) aṭṭhaṅgupetassa uposathassa | kalampi te nānubhavanti soḷasiṃ | candappabhā tāragaṇā va sabbe ||

계행을 지키며 여덟 가지 덕목을 갖춘 님은
지복을 가져오는 공덕을 쌓아
비난받지 않고 하늘나라에 이른다."208)

23. 올바로 잘 가신 님은 어떠한 사람인가?209)

1. 한때에 존자 아난다210)가 꼬쌈비211) 시의 고씨따라마212) 승원에 있었다. 그때 사명외도213)의 제자인 한 장자가 존자 아난다가 있는

---

208) tasmā hi nārī ca naro ca sīlavā | aṭṭhaṅgupetaṃ upavassu'posathaṃ | puññāni katvāna sukhudrayā ni | aninditā saggamupenti ṭhānanti ||

209) AN. I. 217 : 사명외도의 경[Ājīvakasutta]

210) Ānanda : 부처님의 제자 수행승 가운데 '많이 배운 자 가운데 제일(bahussutānaṃ aggo'이고, '새김 있는 님 가운데 제일(satimantānaṃ aggo)'이고, '행동거취가 분명한 님 가운데 제일(gatimantānaṃ aggo)'이고, '의지가 확고한 님 가운데 제일(dhitimantānaṃ aggo)'이고, '시중드는 님 가운데 제일(upaṭṭhākānaṃ aggo)'이다. 그는 부처님과 같은 나이의 사촌이었으며, 나중에 부처님의 시자가 되었다. 그는 도솔천(兜率天)에서 내려와 보살로 태어났다. 그의 아버지는 싸끼야 족의 아미또다나(Amitodana)였다. 그의 형제로는 이복형제인지 분명하지 않지만 쑷도다나(Suddhodana), 마하나마(Mahānāma), 아누룻다(Anuruddha)가 있었다. 그는 부처님이 법륜을 굴리기 시작한 이듬해에 싸끼야 족의 왕자 밧디야(Bhaddiya), 아누룻다, 바구(Bhagu), 낌빌라(Kimbala), 데바닷따와 함께 교단에 들어갔다. 그의 친교사(親教師)는 벨랏타씨싸(Belaṭṭhasīsa)였고 뿐나 만따니뿟따(Puṇṇa Mantāniputta)의 설법을 듣고 흐름에 든 님[豫流者 : sotāpaṇṇa]의 경지에 이르렀다. 깨달은 뒤 20년간 부처님에게는 시자가 없었다. 그러나 20년 뒤 모든 위대한 제자들이 부처님을 시봉하길 원했을 때 부처님은 말없이 앉아 있던 아난다를 시자로 택했다. 아난다는 가사나 생필품이나 잠자리를 마련하고 방문객을 맞거나 여행을 준비하는 등의 일을 맡기로 하고 마지막으로 자신의 부재중에 한 설법을 자신에게 반복해주길 요청해서 허락을 받았다. 그 후 25년간 아난다는 부처님을 그림자처럼 따라다니며 씻을 물을 준비하고 발을 씻어 드리고 방청소를 하고 모든 곳으로 따라다녔다. 그는 언제나 스승의 손이 닿는 곳에 있다가 스승에게 필요한 것은 미리 알아서 조치했다. 밤에는 단단한 지팡이와 크나큰 등불을 들고 부처님의 향실(香室 : Gandhakuṭi) 주변을 아홉 번이나 돌았다. 그 이유는 필요하면 부처님을 깨우고 때로는 주무시는 데 장애가 되는 요인을 제거하기 위해서였다. 그는 부처님이 열반에 드신 이후에 아라한의 경지를 얻어 칠엽굴(七葉窟 : Sattapaṇṇaguhā)에서 경전을 결집할 당시에 참여할 수 있었다. 그때 아난다가 대부분의 경을 송출하여 후대에 대장경으로 남게 되었다.

211) Kosambī : 방싸 국(Vaṁsa : 사대공화국이자 십육대국 가운데 하나) 또는 바뜨싸(Vatsa) 족의 수도로 부처님 당시에는 빠란따빠(Parantapa) 왕이 다스렸고 그의 후계자는 우데나(Udena) 였다. 아난다는 이곳을 부처님이 열반하시기에 좋은 장소라고 언급한 적이 있다. 서쪽이나 남쪽 지방에서 꼬쌀라(Kosala) 국이나 마가다(Magadha) 국으로 가는 길목에 위치하고 있으며 바라나씨에서 강을 따라 150Km정도의 거리에 있었다. 갠지스 강과 야무나 강이 만나는 지점에 위치하고 있으며 오늘날의 카가(Khāga) 지역이다.

212) Ghositārāma : 한역에서는 미음정사(美音精舍)라고 한다. 부처님과 수행승들을 위해 고씨따(Ghosita)가 지은 승원이다. 부처님께서 꼬쌈비(Kosambī) 시를 방문할 때면 자주 머물던 곳이다. 이 승원에는 가르침에 정통한 한 승려와 계율에 정통한 한 승려가 있었는데, 그들의 첫 번째 승단분열의 논쟁을 일으킨 곳으로 유명하다.

213) Ājīvaka : 사명외도(邪命外道)란 '잘못된 생활을 영위하는 자'란 의미에서 불경에서 해석한 용어이다. 부처

곳을 찾아왔다. 가까이 다가와서 존자 아난다에게 인사를 하고 한쪽으로 물러나 앉았다.

2. 한쪽으로 물러나 앉은 사명외도의 제자인 장자는 존자 아난다에게 이와 같이 말했다.

[장자] "벗이여 아난다여, 누구의 가르침이 잘 설해졌습니까? 누가 세상에서 올바로 잘 실천합니까? 누가 세상에서 올바른 길로 잘 가신 님214)입니까?"

3. [아난다] "그렇다면, 장자여, 내가 그대에게 그것에 관해 질문을 하겠는데, 그대의 마음에 든다면, 대답하기 바랍니다. 장자여, 어떻게 생각합니까? 누군가가 탐욕을 끊어 버리도록 가르침을 설하고 성냄을 끊어 버리도록 가르침을 설하고 어리석음을 끊어 버리도록 가르침을 설하면, 그의 가르침은 잘 설해진 것입니까?"

[장자] "존자여, 누군가가 탐욕을 끊어 버리도록 가르침을 설하고 성냄을 끊어 버리도록 가르침을 설하고 어리석음을 끊어 버리도록 가르침을 설하면, 그의 가르침은 잘 설해진 것입니다. 나는 그것에 대해 이와 같이 생각합니다."

4. [아난다] "장자여, 어떻게 생각합니까? 누군가가 탐욕을 끊어 버리는 것을 실천하고 성냄을 끊어 버리는 것을 실천하고 어리석음을 끊어 버리는 것을 실천하면, 그는 올바로 잘 실천하는 것입니까?"

[장자] "존자여, 누군가가 탐욕을 끊어 버리는 것을 실천하고 성냄을 끊어 버리는 것을 실천하고 어리석음을 끊어 버리는 것을 실천하면, 그는 올바로 잘 실천하는 것입니다. 나는 그것에 대해 이와

님 당시의 막칼리 고쌀라(Makkhali Gosāla)가 이끌던 강한 의미의 운명론자이자 결정론자들이고 나형외도(裸形外道)였다.

214) sugata : '올바른 길로 잘 가신 님'은 한역에서는 선서(善逝 : sugata)라고 한다. 후세에 인도에서는 이 선서의 제자라고 하면 불교도를 의미했다.

같이 생각합니다."

5. [아난다] "장자여, 어떻게 생각합니까? 누군가가 탐욕을 끊어 버리고 뿌리째 뽑고 종려나무 그루터기처럼 만들고 존재하지 않게 하여 미래에 다시 생겨나지 않게 하고, 성냄을 끊어 버리고 뿌리째 뽑고 종려나무 그루터기처럼 만들고 존재하지 않게 하여 미래에 다시 생겨나지 않게 하고, 어리석음을 끊어 버리고 뿌리째 뽑고 종려나무 그루터기처럼 만들고 존재하지 않게 하여 미래에 다시 생겨나지 않게 하면, 그는 올바른 길로 잘 가신 님입니까?"

[장자] "존자여, 누군가가 탐욕을 끊어 버리고 뿌리째 뽑고 종려나무 그루터기처럼 만들고 존재하지 않게 하여 미래에 다시 생겨나지 않게 하고, 성냄을 끊어 버리고 뿌리째 뽑고 종려나무 그루터기처럼 만들고 존재하지 않게 하여 미래에 다시 생겨나지 않게 하고, 어리석음을 끊어 버리고 뿌리째 뽑고 종려나무 그루터기처럼 만들고 존재하지 않게 하여 미래에 다시 생겨나지 않게 하면, 그는 올바른 길로 잘 가신 님입니다. 나는 그것에 대해 이와 같이 생각합니다."

6. [아난다] "장자여, 그대는 이와 같이 '존자여, 누군가가 탐욕을 끊어 버리도록 가르침을 설하고 성냄을 끊어 버리도록 가르침을 설하고 어리석음을 끊어 버리도록 가르침을 설하면, 그의 가르침은 잘 설해진 것입니다.'라고 대답했습니다. 또한 그대는 이와 같이 '존자여, 누군가가 탐욕을 끊어 버리는 것을 실천하고 성냄을 끊어 버리는 것을 실천하고 어리석음을 끊어 버리는 것을 실천하면, 그는 올바로 잘 실천하는 것입니다.'라고 대답했습니다. 또한 그대는 이와 같이 '누군가가 탐욕을 끊어 버리고 뿌리째 뽑고 종려나무 그루터기처럼 만들고 존재하지 않게 하여 미래에 다시 생겨나지 않게 하고, 성냄을 끊어 버리고 뿌리째 뽑고 종려나무 그루터기처럼 만들고 존

재하지 않게 하여 미래에 다시 생겨나지 않게 하고, 어리석음을 끊어 버리고 뿌리째 뽑고 종려나무 그루터기처럼 만들고 존재하지 않게 하여 미래에 다시 생겨나지 않게 하면, 그는 올바른 길로 잘 가신 님입니다.'라고 대답했습니다."

7. [장자] "존자여, 참으로 놀라운 일입니다. 존자여, 일찍이 없었던 일입니다. 자신의 교리를 치켜세우지 않고 타인의 교리를 깔보지 않고, 조건에 따라 가르침을 설하고 의취를 설하고 자신을 끌어들이지 않았습니다. 존자 아난다여, 그대가 탐욕을 끊어 버리도록 가르침을 설하고 성냄을 끊어 버리도록 가르침을 설하고 어리석음을 끊어 버리도록 가르침을 설한 것입니다. 그대의 가르침은 잘 설해진 것입니다. 존자 아난다여, 그대가 탐욕을 끊어 버리는 것을 실천하고 성냄을 끊어 버리는 것을 실천하고 어리석음을 끊어 버리는 것을 실천한 것입니다. 그대는 올바로 잘 실천하는 것입니다. 존자 아난다여, 그대가 탐욕을 끊어 버리고 뿌리째 뽑고 종려나무 그루터기처럼 만들고 존재하지 않게 하여 미래에 다시 생겨나지 않게 하고, 성냄을 끊어 버리고 뿌리째 뽑고 종려나무 그루터기처럼 만들고 존재하지 않게 하여 미래에 다시 생겨나지 않게 하고, 어리석음을 끊어 버리고 뿌리째 뽑고 종려나무 그루터기처럼 만들고 존재하지 않게 하여 미래에 다시 생겨나지 않게 한 것입니다. 그대는 올바른 길로 잘 가신 님입니다.

8. 존자여, 참으로 놀라운 일입니다. 존자여, 일찍이 없었던 일입니다. 존자여, 넘어진 것을 일으켜 세우듯, 가려진 것을 열어 보이듯, 어리석은 자에게 길을 가리켜 주듯, 눈 있는 자는 형상을 보라고 어둠 속에 등불을 가져오듯, 존자 아난다께서는 이와 같이 여러 가지 방법으로 진리를 밝혀 주셨습니다. 그러므로 존자 아난다여, 이제

저는 세존께 귀의합니다. 또한 그 가르침에 귀의합니다. 또한 그 수행승의 참모임에 귀의합니다. 존자 아난다께서는 저를 재가신도로 받아 주십시오. 오늘부터 목숨이 다하도록 귀의하겠습니다."

24. 존재의 윤회는 어떻게 조건지어져 있는가?[215]

1. 한때 존자 아난다가 세존께서 계신 곳을 찾아왔다. 가까이 다가와서 세존께 인사를 드리고 한쪽으로 물러나 앉았다.

2. 한쪽으로 물러나 앉은 존자 아난다는 세존께 이와 같이 말씀드렸다.

[아난다] "세존이시여, '존재, 존재'라고 하는데 세존이시여, 어떻게 해서 존재가 됩니까?"

3. [세존] "아난다여, 감각적 쾌락의 욕망계라는 결과를 낳는 업이 없이도 감각적 쾌락의 존재가 시설될 수 있는가?"

[아난다] "세존이시여, 시설될 수 없습니다."

[세존] "아난다여, 그래서 업은 밭이고 의식은 종자이고 갈애는 수분이다.[216] 무명의 장애가 있고 갈애의 결박이 있는 뭇삶에게는 하층의 세계에 의식이 확립된다.[217] 이와 같이 해서 미래의 재생존재가 태어난다."

4. [세존] "아난다여, 미세한 물질의 세계라는 결과를 낳는 업이 없

215) AN. I. 223 : 존재의 경①[Paṭhamabhavasutta]

216) iti kho ānanda, kammaṃ khettaṃ, viññāṇaṃ bījaṃ, taṇhā sineho : Mrp. II. 334에 따르면, 착하고 건전하거나 악하고 불건전한 업(kusalākusalakamma)이 자라는 장소이기 때문에 밭이고, 그것과 동시에 생겨나는 유위적인 형성의 의식(abhisaṅkhāraviññāṇa)이 싹트는 장소이기 때문에 종자이고, 보살피고 자라게 하기(saṅgaṇhanānubrūhana) 때문에 갈애(taṇhā)는 수분이라고 한다.

217) hīnāya dhātuyā viññāṇaṃ patiṭṭhitaṃ : Mrp. II. 334에 따르면, 하층의 세계란 감각적 쾌락에 대한 욕망의 세계(欲界 : kāmadhātu)를 의미한다. 의식을 확립한다는 것은 유위적 형성의 의식(abhisaṅkhāraviññāṇa)을 확립한다는 것이다.

이도 미세한 물질의 존재가 시설될 수 있는가?"

[아난다] "세존이시여, 시설될 수 없습니다."

[세존] "아난다여, 그래서 업은 밭이고 의식은 종자이고 갈애는 수분이다. 무명의 장애가 있고 갈애의 결박이 있는 뭇삶에게는 중층의 세계에[218] 의식이 확립된다. 이와 같이 해서 미래의 재생존재가 태어난다."

5. [세존] "아난다여, 비물질의 세계라는 결과를 낳는 업이 없이도 비물질의 존재가 시설될 수 있는가?"

[아난다] "세존이시여, 시설될 수 없습니다."

[세존] "아난다여, 그래서 업은 밭이고 의식은 종자이고 갈애는 수분이다. 무명의 장애가 있고 갈애의 결박이 있는 뭇삶에게는 상층의 세계에[219] 의식이 확립된다. 이와 같이 해서 미래의 재생존재가 태어난다."

25. 고행적인 삶이나 이상에 헌신하는 삶은 옳은 것인가?[220]

1. 한때 존자 아난다가 세존께서 계신 곳을 찾아왔다. 가까이 다가와서 세존께 인사를 드리고 한쪽으로 물러나 앉았다.

2. 한쪽으로 물러나 앉은 존자 아난다는 세존께 이와 같이 말씀드렸다.

[아난다] "세존이시여, 참으로 이 모든 것, 규범과 금계를 지키는 삶, 고행적인 삶, 청정한 삶, 이상에 헌신하는 삶은 유익한 것입니까?[221] 세존이시여, 거기에 대하여 결정적으로 말할 수는 없을 것

218) majjhimāya dhātuyā : 미세한 물질계(色界 : rūpadhātu)를 말한다.
219) paṇītāya dhātuyā : 비물질계(無色界 : arūpadhātu)를 말한다.
220) AN. I. 225 : 헌신의 경[Upaṭṭhānasutta]
221) sabbaṃ nu kho ānanda sīlabbataṃ jīvitaṃ brahmacariyaṃ upaṭṭhānasāraṃ saphalanti : '고행적인

입니다."

[세존] "아난다여, 그대가 설명해보라."

3. [아난다] "세존이시여, 규범과 금계를 지키는 삶, 고행적인 삶, 청정한 삶, 이상에 헌신하는 삶을 실천하여, 악하고 불건전한 것들이 증가하고 착하고 건전한 것들이 감소한다면, 이와 같은 규범과 금계를 지키는 삶, 고행적인 삶, 청정한 삶, 이상에 헌신하는 삶은 무익한 것입니다. 세존이시여, 규범과 금계를 지키는 삶, 고행적인 삶, 청정한 삶, 이상에 헌신하는 삶을 실천하여, 착하고 건전한 것들이 증가하고 악하고 불건전한 것들이 감소한다면, 이와 같은 규범과 금계를 지키는 삶, 고행적인 삶, 청정한 삶, 이상에 헌신하는 삶은 유익한 것입니다."

4. 아난다가 이와 같이 말하자, 세존께서는 그것에 동의하셨다. 그래서 존자 아난다는 세존께서 동의하셨다고 알고, 자리에서 일어나 세존께 인사를 드리고 오른 쪽으로 돌아 그곳을 떠났다.

5. 그러자 세존께서는 존자 아난다가 떠난 지 얼마 되지 않아 수행승들에게 이와 같이 말씀하셨다.

[세존] "수행승들이여, 아난다는 학인이다. 그러나 그와 지혜를 견줄 만한 사람을 발견하기는 쉽지 않다."

26. 바람을 거슬러 날아가는 향기란 무엇을 두고 하는 말인가?[222]

1. 한때 존자 아난다가 세존께서 계신 곳을 찾아왔다. 가까이 다가와

삶(jīvitaṃ)'은 원래 활명(活命)이라는 말인데, Mrp. II. 335에 따르면, '고행자의 실천(dukkarakārikānuyogo)'을 의미한다. 그리고 네 번째의 이상에 헌신하는 삶(upaṭṭhānasāraṃ)은 '가장 최상이고(vara), 최종의 목표인, 구경인(niṭṭhā)' 것을 섬기는 것을 의미한다.

222) AN. I. 225 : 향기의 경[Gandhasutta], 증일아함 23(대정 2, 613b); 잡아함 38(대정 2, 278c) 참조

서 세존께 인사를 드리고 한쪽으로 물러나 앉았다.

2. 한쪽으로 물러나 앉은 존자 아난다는 세존께 이와 같이 말씀드렸다.

[아난다] "세존이시여, 이와 같은 세 가지 향기는 바람을 좇아 향기가 날아가지 바람을 거슬러 향기가 날아가지는 못합니다. 세 가지란 무엇입니까? 뿌리의 향기, 나무심의 향기, 꽃의 향기입니다. 세존이시여, 이와 같은 세 가지 향기는 바람을 좇아 날아가지 바람을 거슬러 날아가지는 못합니다. 세존이시여, 바람을 좇아도 향기가 날아가고, 바람을 거슬러도 향기가 날아가고, 바람을 좇거나 거슬러도 향기가 날아가는 그러한 향기가 있습니까?"

3. [세존] "아난다여, 바람을 좇아도 향기가 날아가고 바람을 거슬러도 향기가 날아가고 바람을 좇거나 거슬러도 향기가 날아가는 그러한 향기가 있다. 아난다여, 이 세상에 마을이나 도시에서나 여인이나 남자가 부처님에게 귀의하고, 가르침에 귀의하고, 참모임에 귀의하고, 살아있는 생명을 죽이는 것을 삼가고, 주지 않는 것을 빼앗는 것을 삼가고, 사랑을 나눔에 잘못을 범하는 것을 삼가고, 거짓말하는 것을 삼가고, 곡주나 과일주 등의 취기있는 것을 마시는 것을 삼가고, 계행으로 착한 성품을 지니고, 마음속에 간탐의 때를 제거하여, 관대하게 주고, 아낌없이 주고,[223] 기부를 즐기고, 구걸에 응하고,[224] 베풀고 나누는 것을 좋아하며 집에서 지낸다.

4. 그러면, 그 지방의 수행자들이나 성직자들이 그를 두고 '이러 이러한 마을이나 도시에서 여인이나 남자가 부처님에게 귀의하고, 가

223) payatapāṇī : Srp. III. 280에 따르면, '돌아오던 돌아오지 않던 보시를 위하여 손을 깨끗이 한(āgatāgatānaṁ dān'atthāya dhotahattho)'의 뜻이다.

224) yācayogo : '구걸에 사용된'의 뜻이 아니라 Srp. III. 280에 따라 '요청된 식사에 응해진(yācitabbhakayutto)'의 뜻이다.

르침에 귀의하고, 참모임에 귀의하고, 살아있는 생명을 죽이는 것을 삼가고, 주지 않는 것을 빼앗는 것을 삼가고, 사랑을 나눔에 잘못을 범하는 것을 삼가고, 거짓말하는 것을 삼가고, 곡주나 과일주 등의 취기있는 것을 마시는 것을 삼가고, 계행으로 착한 성품을 지니고, 마음속에 간탐의 때를 제거하여, 관대하게 주고, 아낌없이 주고, 기부를 즐기고, 구걸에 응하고, 베풀고 나누는 것을 좋아하며 집에서 지냅니다.'라고 칭찬을 한다.

5. 그러면, 하늘사람들도 그를 두고 '이러 이러한 마을이나 도시에서 여인이나 남자가 부처님에게 귀의하고, 가르침에 귀의하고, 참모임에 귀의하고, 살아있는 생명을 죽이는 것을 삼가고, 주지 않는 것을 빼앗는 것을 삼가고, 사랑을 나눔에 잘못을 범하는 것을 삼가고, 거짓말하는 것을 삼가고, 곡주나 과일주 등의 취기있는 것을 마시는 것을 삼가고, 계행으로 착한 성품을 지니고, 마음속에 간탐의 때를 제거하여, 관대하게 주고, 아낌없이 주고, 기부를 즐기고, 구걸에 응하고, 베풀고 나누는 것을 좋아하며 집에서 지냅니다.'라고 칭찬을 한다.

6. 아난다여, 이와 같이 바람을 쫓아도 향기가 날아가고 바람을 거슬러도 향기가 날아가고 바람을 쫓거나 거슬러도 향기가 날아가는 그러한 향기가 있다.

7. [세존]

"꽃향기도 바람을 거스르지 못하고
전단향이나 다라수향이나 말리까향도 못하지만
참사람의 향기는 바람을 거슬러 가니
참사람은 모든 방향으로 향기를 품는다."[225)]

27. 수행자다운 수행자가 되기 위해서 어떻게 해야 할까?[226]

1. 한때 세존께서는 싸밧티 시에 계셨다.

[세존] "수행승들이여, 이와 같은 수행자를 수행자답게 만드는 세 가지가 있다. 세 가지란 무엇인가? 보다 높은 계행에 대한 배움의 수용, 보다 높은 마음에 대한 배움의 수용, 보다 높은 지혜에 대한 배움의 수용이다.[227] 수행승들이여, 이와 같은 수행자를 수행자답게 만드는 세 가지가 있다.

2. 그러므로 수행승들이여, 이와 같이 배워야 한다. '우리는 보다 높은 계행에 대한 배움에 치열한 의욕을 일으켜야 하고, 보다 높은 마음에 대한 배움에 치열한 의욕을 일으켜야 하고, 보다 높은 지혜에 대한 배움에 치열한 의욕을 일으켜야 한다.' 수행승들이여, 이와 같이 그대들은 배워야 한다.

3. 수행승들이여, 예를 들어, 한 당나귀가 소떼들의 뒤를 따라가면서 '나도 소이다. 나도 소이다.'라고 생각하고 싶어도, 당나귀에게는 소와 같은 모습, 소와 같은 목소리, 소와 같은 발걸음이 없기 때문에, 소떼들의 뒤를 따라가면서 '나도 소이다. 나도 소이다.'라고 단지 생각할 뿐이다. 수행승들이여, 이와 같이 세상에 어떤 수행승이 수행승의 참모임의 뒤를 따라가면서 '나는 수행승이다. 나는 수행승이

---

225) na pupphagandho paṭivātameti | na candanaṃ tagaramallikā vā | satañca gandho paṭivātameti | sabbā disā sappuriso pavātīti || Dhp. 54 참조.

226) AN. I. 229 : 수행자의 경[Samaṇasutta], 잡아함 29(대정 2, 212b); 증일아함 16(대정 2, 579b) 참조

227) adhisīlasikkhāsamādānaṃ, adhicittasikkhāsamādānaṃ, adhipaññāsikkhāsamādānaṃ : Srp. I. 27에 의하면, 계정혜[戒・定・慧]에 대한 세 가지 배움[三學 : tayo sikkhā]의 단계를 의미한다. 보다 높은 계행의 배움[增上戒學 : adhisīlasikkhā]을 통해서 '망상을 없애는 것'이고, 보다 높은 마음의 배움[增上心學 : adhicittasikkha]을 통해서 '마음이 집중되는 것'이며, 보다 높은 지혜의 배움[增上慧學 : adhipaññasikkhā]을 통해서 '훌륭한 마음'을 성취하는 것이다. Mrp. II. 346에 따르면, 오계(五戒)에 비해서 십계(十戒)가 보다 높은 계행이고 십계에 비해서 사정계(四淨戒 : catupārisuddhisīla)가 보다 높은 계행이고, 감각적 쾌락에 대한 욕망 세계[欲界]에 속한 마음에 비해 미세한 물질계[色界]에 속한 마음이 보다 높은 마음이고 미세한 물질계에 속한 마음보다 비물질계[無色界]의 마음이 보다 높은 마음이다.

다.'라고 생각하고 싶어도, 그에게 다른 수행승처럼 보다 높은 계행에 대한 배움의 수용이 없고, 다른 수행승처럼 보다 높은 마음에 대한 배움의 수용이 없고, 다른 수행승처럼 보다 높은 지혜에 대한 배움의 수용이 없다면, 그는 수행승의 참모임의 뒤를 따라가면서 '나는 수행승이다. 나는 수행승이다.'라고 단지 생각할 뿐이다.

4. 그러므로 수행승들이여, 이와 같이 배워야 한다. '우리는 보다 높은 계행에 대한 배움에 치열한 의욕을 일으켜야 하고, 보다 높은 마음에 대한 배움에 치열한 의욕을 일으켜야 하고, 보다 높은 지혜에 대한 배움에 치열한 의욕을 일으켜야 한다.' 수행승들이여, 이와 같이 그대들은 배워야 한다."

28. 보다 높은 계행, 보다 높은 마음, 보다 높은 지혜란 무엇인가?[228]

1. [세존] "수행승들이여, 이와 같은 세 가지 배움이 있다. 세 가지란 무엇인가? 보다 높은 계행에 대한 배움, 보다 높은 마음에 대한 배움, 보다 높은 지혜에 대한 배움이다.

2. 수행승들이여, 보다 높은 계행에 대한 배움이란 무엇인가? 수행승들이여, 세상에 수행승이 계행을 지키고, 의무계율을 수호하고, 올바른 행위의 경계를 갖추고, 사소한 잘못에서 두려움을 보고, 지켜야할 학습계율을 수용하여 배운다. 수행승들이여, 이것을 보다 높은 계행에 대한 배움이라고 한다.

3. 수행승들이여, 보다 높은 마음에 대한 배움이란 무엇인가? 수행승들이여, 세상에 수행승이

1) 감각적 쾌락의 욕망을 여의고 악하고 불건전한 상태에서 떠난 뒤,

---

228) AN. I. 235 : 배움의 경①[Paṭhamasikkhāsutta], 잡아함 29, 30(대정 2, 210a, 213c) 참조

사유를 갖추고 숙고를 갖추고 멀리 여읨에서 생겨나는 희열과 행복을 갖춘 첫 번째 선정에 든다.

2) 사유와 숙고가 멈추어진 뒤, 내적인 평온과 마음의 통일을 성취하고, 사유를 뛰어넘고 숙고를 뛰어넘어 삼매에서 생겨나는 희열과 행복을 갖춘 두 번째 선정에 든다.

3) 희열이 사라진 뒤, 평정하고 새김이 있고 올바로 알아차리며 신체적으로 행복을 느끼며 고귀한 님들이 평정하고 새김이 있고 행복하다고 표현하는 세 번째 선정에 든다.

4) 행복과 고통이 버려지고 만족과 불만도 사라진 뒤, 괴로움도 없고 즐거움도 없는 평정하고 새김이 있고 청정한 네 번째 선정에 든다.[229]

수행승들이여, 이것을 보다 높은 마음에 대한 배움이라고 한다.

4. 수행승들이여, 보다 높은 지혜에 대한 배움이란 무엇인가? 수행승들이여, 세상에 수행승이 '이것은 괴로움이다'라고 있는 그대로 분명히 알고, '이것은 괴로움의 발생이다'라고 있는 그대로 분명히 알고, '이것은 괴로움의 소멸이다'라고 있는 그대로 분명히 알고, '이것은 괴로움의 소멸에 이르는 길이다'라고 있는 그대로 분명히 안다. 수행승들이여, 이것을 보다 높은 지혜에 대한 배움이라고 한다. 수행승들이여, 이와 같은 세 가지 배움이 있다.

29. 지은 죄악에 따라 과보를 받는 것은 절대적인 것인가?[230]

1. [세존] "수행승들이여, 이와 같이 '사람은 이러저러한 것에 따라

---

229) paṭhamajjhāna : paṭhamajjhāna … dutiyajjhāna … tatiyajjhāna … catutthajjhāna : 각각 초선(初禪), 이선(二禪), 삼선(三禪), 한역의 사선(四禪)을 뜻한다. 전체는 미세한 물질계에서의 사선(色界四禪)을 뜻한다. 이것에 대한 상세한 설명은 Vism. 163을 보라.

230) AN. I. 249 : 소금덩어리의 경[Loṇaphalasutta], 중아함 3(대정 1, 433a) 참조

어떠한 업을 짓던지, 그러한 이러저러한 것에 따라 과보를 받는다.' 라고[231] 말한다면, 수행승들이여, 이러한 경우에 청정한 삶의 가능성이나 괴로움의 종식을 이룰 가능성이 시설되지 않는다.

2. 수행승들이여, 이와 같이 '사람은 겪어야 하는 이러저러한 것에 따라 업을 지으면, 그러한 이러저러한 것에 따라 그 과보를 받는다.' 라고[232] 말한다면, 수행승들이여, 이러한 경우에 청정한 삶의 가능성이나 괴로움의 종식을 이룰 가능성이 시설된다.

3. 수행승들이여, 세상에 어떤 사람은 적은 죄악을 지어도 그것이 그를 지옥으로 이끈다. 수행승들이여, 세상에 어떤 사람은 동일한 적은 죄악을 지어도 현세에서 받을 수 있는 것을 지었으므로 미래에는 그것이 조금도 나타지 않는데, 하물며 많이 나타나겠는가?

4. 수행승들이여, 어떤 사람이 적은 죄악을 지으면, 그것이 그를 지옥으로 이끄는가? 수행승들이여, 세상에 어떤 사람은 몸을 닦지 않고 계행을 닦지 않고 마음을 닦지 않고 지혜를 닦지 않아, 협소하고 작은 도량을 지니고 있어 작은 것에서 유래한 큰 고통스러운 삶을 산다.[233] 수행승들이여, 이러한 사람이 적은 죄악을 지으면 그것이 그를 지옥으로 이끈다.

---

231) yathā yathā'yaṃ puriso kammaṃ karoti, tathā tathā naṃ paṭisaṃvediyatī'ti : 행위한 그대로의 업의 과보를 받게 된다는 주장은 결코 불교적인 교리가 아니다.

232) yathā yathā vedanīyaṃ ayaṃ puriso kammaṃ karoti, tathā tathāssa vipākaṃ paṭisaṃvediyatī'ti. : 이 경에서 소금결정에 대한 비유에서 보듯이 선악업에 대한 질적인 설명을 통해 이 명제의 타당성과 앞의 명제의 부당성이 잘 밝혀질 수 있다. 그러나 그것에 대해 주석에서는 시간과 관련하여 양적으로 설명을 하고 있다. Mrp. II. 360에 따르면, 겪어야 하는 이러저러한 것이란 ① 현세에서 겪어야 하는 업(diṭṭhadhammavedanīyakamma) ② 다음 생에 겪어야 하는 업(upajjavedanīyakamma) ③ 아주 먼 나중의 생에서 겪어야 하는 업(aparapariyāyavedanīyakamma)이다. 첫 번째와 두 번째의 경우에는 업보의 작용에 필요한 조건이 결여되면 효력을 상실한다. 그러나 세 번째는 받는 시기가 확정되지 않고 윤회하는 한 겪어야 하는 업이다. 따라서 '사람은 어떠한 이러저러한 것에 따라 업을 짓던지 그러한 이러저러한 과보를 받는다.'는 명제는 옳지 않다.

233) idhapana bhikkhave ekacco puggalo abhāvitakāyo hoti abhāvitasīlo abhāvitacitto abhāvitapañño parítto appātumo appadukkhavihārī : 작은 것에서 유래한 큰 고통스러운 삶을 사는 자란 Mrp. II. 361에 따르면, 적은 죄악에도 불구하고 고통스럽게 사는 자(appadukkhavihārī)를 뜻한다.

5. 수행승들이여, 어떤 사람이 똑같이 적은 죄악을 지으면, 현세에서 받을 수 있는 것을 지었으므로 미래에는 그것이 조금도 나타지 않는데, 하물며 많이 나타나겠는가? 수행승들이여, 세상에 어떤 사람은 몸을 닦고 계행을 닦고 마음을 닦고 지혜를 닦아, 협소하지 않고 큰 도량을 지니고 있어 무량한 삶을 산다.[234] 수행승들이여, 이러한 사람은 똑같이 적은 죄악을 지으면, 현세에서 받을 수 있는 것을 지었으므로 미래에는 그것이 조금도 나타지 않는데, 하물며 많이 나타나겠는가?"

6. [세존] "수행승들이여, 예를 들어, 어떤 사람이 소금덩어리를 적은 그릇의 물 속에 던져 넣는다고 하자. 수행승들이여, 어떻게 생각하는가? 그 적은 그릇의 물은 그 소금덩어리 때문에 짜져서 마실 수 없는가?"

[수행승들] "세존이시여, 그렇습니다."

[세존] "그것은 무슨 까닭인가?"

[수행승들] "세존이시여, 그 적은 그릇의 물은 너무 적어 그 소금덩어리 때문에 짜져서 마실 수 없기 때문입니다."

7. [세존] "수행승들이여, 예를 들어, 어떤 사람이 소금덩어리를 갠지스 강에 던져 넣는다고 하자. 수행승들이여, 어떻게 생각하는가? 그 갠지스 강의 물은 그 소금덩어리 때문에 짜져서 마실 수 없는가?"

[수행승들] "세존이시여, 그렇지 않습니다."

[세존] "수행승들이여, 이와 같이 세상에 어떤 사람은 적은 죄악을 지어도 그것이 그를 지옥으로 이끈다. 수행승들이여, 그러나 세

234) idha bhikkhave ekacco puggalo bhāvitakāyo hoti bhāvitasīlo bhāvitacitto bhāvitapañño aparitto mahattā appamāṇavihārī : Mrp. II. 361에 따르면, 무량한 삶을 사는 자는 번뇌를 부순 님을 지칭하는 것이다. 왜냐하면, 그는 헤아릴 수 있는 탐욕 등이 없으므로 무량한 삶을 사는 자(appamāṇavihārī)라고 부른다.

상에 어떤 사람은 똑같이 적은 죄악을 지어도 현세에서 받을 수 있는 것을 지었으므로 미래에는 그것이 조금도 나타지 않는데, 하물며 많이 나타나겠는가?"

8. [세존] "수행승들이여, 어떤 사람이 적은 죄악을 지으면, 그것이 그를 지옥으로 이끄는가? 수행승들이여, 세상에 어떤 사람은 몸을 닦지 않고 계행을 닦지 않고 마음을 닦지 않고 지혜를 닦지 않아, 협소하고 작은 도량을 지니고 있어 작은 것에서 유래한 큰 고통스러운 삶을 산다. 수행승들이여, 이러한 사람이 적은 죄악을 지으면 그것이 그를 지옥으로 이끈다.

9. 수행승들이여, 어떤 사람이 똑같이 적은 죄악을 지으면, 현세에서 받을 수 있는 것을 지었으므로 미래에는 그것이 조금도 나타지 않는데, 하물며 많이 나타나겠는가? 수행승들이여, 세상에 어떤 사람은 몸을 닦고 계행을 닦고 마음을 닦고 지혜를 닦아 협소하지 않고 큰 도량을 지니고 있어 무량한 삶을 산다. 수행승들이여, 이러한 사람은 똑같이 적은 죄악을 지으면, 현세에서 받을 수 있는 것을 지었으므로 미래에는 그것이 조금도 나타지 않는데, 하물며 많이 나타나겠는가?

10. 수행승들이여, 세상에 어떤 사람은 반 까하빠나[235] 때문에 감옥에 가고, 일 까하빠나 때문에 감옥에 가고, 백 까하빠나 때문에 감옥에 간다. 그러나 수행승들이여, 세상에 어떤 사람은 반 까하빠나 때문에 감옥에 가지 않고, 일 까하빠나 때문에 감옥에 가지 않고, 백 까하빠나 때문에 감옥에 가지 않는다.

11. 수행승들이여, 어떤 사람이 반 까하빠나 때문에 감옥에 가고, 일

---

235) kahāpaṇ : 고대인도의 화폐단위이다.

까하빠나 때문에 감옥에 가고, 백 까하빠나 때문에 감옥에 가는가? 수행승들이여, 세상에 어떤 사람은 가난하고 재물이 없고 재산이 없다. 수행승들이여, 이와 같은 사람은 반 까하빠나 때문에 감옥에 가고, 일 까하빠나 때문에 감옥에 가고, 백 까하빠나 때문에 감옥에 간다.

12. 수행승들이여, 어떤 사람이 반 까하빠나 때문에 감옥에 가지 않고, 일 까하빠나 때문에 감옥에 가지 않고, 백 까하빠나 때문에 감옥에 가지 않는가? 수행승들이여, 세상에 어떤 사람은 부유하고 재물이 많고 재산이 많다. 수행승들이여, 이와 같은 사람은 반 까하빠나 때문에 감옥에 가지 않고, 일 까하빠나 때문에 감옥에 가지 않고, 백 까하빠나 때문에 감옥에 가지 않는다.

13. 수행승들이여, 이와 같이 세상에 어떤 사람은 적은 죄악을 지어도 그것이 그를 지옥으로 이끈다. 수행승들이여, 그러나 세상에 어떤 사람은 똑같이 적은 죄악을 지어도 현세에서 받을 수 있는 것을 지었으므로 미래에는 그것이 조금도 나타지 않는데, 하물며 많이 나타나겠는가?

14. 수행승들이여, 어떤 사람이 적은 죄악을 지으면, 그것이 그를 지옥으로 이끄는가? 수행승들이여, 세상에 어떤 사람은 몸을 닦지 않고 계행을 닦지 않고 마음을 닦지 않고 지혜를 닦지 않아, 협소하고 작은 도량을 지니고 있어 작은 것에서 유래한 큰 고통스러운 삶을 산다. 수행승들이여, 이러한 사람이 적은 죄악을 지으면 그것이 그를 지옥으로 이끈다.

15. 수행승들이여, 어떤 사람이 똑같이 적은 죄악을 지으면, 현세에서 받을 수 있는 것을 지었으므로 미래에는 그것이 조금도 나타지

않는데, 하물며 많이 나타나겠는가? 수행승들이여, 세상에 어떤 사람은 몸을 닦고 계행을 닦고 마음을 닦고 지혜를 닦아 협소하지 않고 큰 도량을 지니고 있어 무량한 삶을 산다. 수행승들이여, 이러한 사람은 똑같이 적은 죄악을 지으면, 현세에서 받을 수 있는 것을 지었으므로 미래에는 그것이 조금도 나타지 않는데, 하물며 많이 나타나겠는가?

16. 수행승들이여, 예를 들어 어떤 사람이 양을 훔쳤을 때에는 양주인이나 양도살업자는 그를 죽이거나 포박하거나 약탈하거나 마음대로 처리할 수 있지만, 어떤 사람이 양을 훔쳤을 때에는 그를 죽이거나 포박하거나 약탈하거나 마음대로 처리할 수 없다.

17. 수행승들이여, 어떤 사람이 양을 훔쳤을 때에는 양주인이나 양도살업자가 그를 죽이거나 포박하거나 약탈하거나 마음대로 처리할 수 있는가? 수행승들이여, 세상에 어떤 사람은 가난하고 재물이 없고 재산이 없다. 수행승들이여, 이러한 사람이 양을 훔쳤을 때에는 양주인이나 양도살업자가 그를 죽이거나 포박하거나 약탈하거나 마음대로 처리할 수 있다.

18. 수행승들이여, 예를 들어 어떤 사람이 양을 훔쳤을 때에는 양주인이나 양도살업자가 그를 죽이거나 포박하거나 약탈하거나 마음대로 처리할 수 없는가? 수행승들이여, 세상에 어떤 사람은 부유하고 재물이 많고 재산이 많거나 왕이거나 왕의 대신이다. 수행승들이여, 이러한 사람이 양을 훔쳤을 때에는 양주인이나 양도살업자가 그를 죽이거나 포박하거나 약탈하거나 마음대로 처리할 수 없다. 오히려 그는 두려움에 떨며 합장하여 이와 같이 '주인님, 제게 양이나 그 양의 값을 돌려주십시오.'라고 빌 것이다.

19. 수행승들이여, 이와 같이 세상에 어떤 사람은 적은 죄악을 지어도 그것이 그를 지옥으로 이끈다. 수행승들이여, 그러나 세상에 어떤 사람은 똑같이 적은 죄악을 지어도 현세에서 받을 수 있는 것을 지었으므로 미래에는 그것이 조금도 나타지 않는데, 하물며 많이 나타나겠는가?

20. 수행승들이여, 어떤 사람이 적은 죄악을 지으면, 그것이 그를 지옥으로 이끄는가? 수행승들이여, 세상에 어떤 사람은 몸을 닦지 않고 계행을 닦지 않고 마음을 닦지 않고 지혜를 닦지 않아, 협소하고 작은 도량을 지니고 있어 작은 것에서 유래한 큰 고통스러운 삶을 산다. 수행승들이여, 이러한 사람이 적은 죄악을 지으면 그것이 그를 지옥으로 이끈다.

21. 수행승들이여, 어떤 사람이 똑같이 적은 죄악을 지으면, 현세에서 받을 수 있는 것을 지었으므로 미래에는 그것이 조금도 나타지 않는데, 하물며 많이 나타나겠는가? 수행승들이여, 세상에 어떤 사람은 몸을 닦고 계행을 닦고 마음을 닦고 지혜를 닦아 협소하지 않고 큰 도량을 지니고 있어 무량한 삶을 산다. 수행승들이여, 이러한 사람은 똑같이 적은 죄악을 지으면, 현세에서 받을 수 있는 것을 지었으므로 미래에는 그것이 조금도 나타지 않는데, 하물며 많이 나타나겠는가?

22. 수행승들이여, '사람은 이러저러한 것에 따라 어떠한 업을 짓던지, 그러한 이러저러한 것에 따라 과보를 받는다.'고 이와 같이 말한다면, 수행승들이여, 이러한 경우에 청정한 삶의 가능성이나 괴로움의 종식을 이룰 가능성이 시설되지 않는다. 수행승들이여, '사람은 겪어야 하는 이러저러한 것에 따라 업을 지으면, 그러한 이러

저러한 것에 따라 그 과보를 받는다.'고 이와 같이 말한다면, 수행승들이여, 이러한 경우에 청정한 삶의 가능성이나 괴로움의 종식을 이룰 가능성이 시설된다."

30. 금세공사와 보다 높은 마음을 닦는 수행자란 무엇인가?[236]

1. [세존] "수행승들이여, 금광에는 진흙과 모래, 자갈과 돌조각의 거친 불순물이 있다. 불순물을 제거하는 자나 그 불순물을 제거하는 제자가 통 가운데 그것을 뿌려서 세척하되 두루 세척하고 완전히 세척한다. 그것이 제거되고 그것이 없어지더라도 금광의 미세한 자갈과 굵은 모래의 중간 불순물이 있다. 불순물을 제거하는 자나 그 불순물을 제거하는 제자가 통 가운데 그것을 뿌려서 세척하되 두루 세척하고 완전히 세척한다. 그것이 제거되고 그것이 없어지더라도 금광의 미세한 모래와 검은 반점의 작은 불순물이 있다. 불순물을 제거하는 자나 그 불순물을 제거하는 제자가 통 가운데 그것을 뿌려서 세척하되 두루 세척하고 완전히 세척한다. 그것이 제거되고 그것이 없어지면 거기에 금광만 남는다.

2. 금세공사나 금세공사의 제자가 그 금광을 용광로에 넣고 녹이되, 두루 녹이고 완전히 녹인다. 그 금광이 아직 녹지 않고 두루 녹지 않고 완전히 녹지 않고 아직 찌꺼기가 있고 찌꺼기가 완전히 제거되지 않으면, 유연하지 않고 다루기 힘들고 빛나지 않고 부서지기 쉽고 올바로 가공하기에 적당하지 않다. 금세공사나 금세공사의 제자가 그 금광을 용광로에 넣고 녹이되, 두루 녹이고 완전히 녹인다. 그 금광이 녹고 두루 녹고 완전히 녹아서 찌꺼기가 없고 찌꺼기가 완전히 제거되면, 유연하고 다루기 쉽고 빛나고 부서지기 어렵고 올

236) AN. I. 253 : 금세공사의 경①[Paṭhamasuvaṇṇakārasutta], 잡아함 47(대정 2, 341b, 342a) 참조

바로 가공하기에 적당해진다. 그것으로 금박이든 귀거리이든 목걸이이든 금영락이든지 어떠한 장신구를 만들기 원하더라도, 그것은 그 목적에 적합하다.

3. 수행승들이여, 이와 같이 보다 높은 마음을 닦는 수행승에게는 신체적인 악행, 언어적인 악행, 정신적인 악행과 같은 거친 불순물이 있다. 주의 깊은 유능한 수행승은 그것을 끊어 버리고 제거하고 종식시키고 생겨나지 않게 한다. 그것이 제거되고 그것이 없어지더라도 보다 높은 마음을 닦는 수행승에게는 감각적 쾌락의 욕망에 매인 사유, 분노에 매인 사유, 폭력에 매인 사유와 같은 중간의 불순물이 있다. 주의 깊은 유능한 수행승은 그것을 끊어 버리고 제거하고 종식시키고 생겨나지 않게 한다. 그것이 제거되고 그것이 없어지더라도 보다 높은 마음을[237] 닦는 수행승에게는 가문에 대한 사유, 국가에 대한 사유, 자존에 대한 사유와 같은 작은 불순물이 있다. 주의 깊은 유능한 수행승은 그것을 끊어 버리고 제거하고 종식시키고 생겨나지 않게 한다. 그것이 제거되고 그것이 없어지면, 거기에 가르침에 대한 사유가[238] 남는다. 그러나 그 삼매는 평화롭지 않고 탁월하지도 않고 고요하지도 않고 통일성에 도달하지 못해서 노력을 기울여 겨우 유지하는 제어이다.[239]

4. 그러나 그 마음이 내적으로 안정되고 완전히 고요해서 통일되고 집중되는 때가 온다.[240] 그 삼매는 평화롭고 탁월하고 고요하고 통

237) adhicitta : Mrp. II. 362에 따르면, 보다 높은 마음이란 멈춤과 통찰의 마음(samathavipassanācitta)을 뜻한다.

238) dhammavitakka : Mrp. II. 362에 따르면, 열 가지의 통찰번뇌에 대한 사유(dasavipassanūpakilesavitakka)를 뜻한다. Vism. XX. 105를 참조하라.

239) so hoti samādhi na ceva santo na ca paṇīto na paṭippassaddhiladdho na ekodibhāvādhigato, sasaṃkhāraniggayhavāritavato : Lba. I. 259에 따르면, 이것은 정신적인 번뇌가 충분치 못한 통찰수행으로는 제거되지 않기 때문에 다시 열 가지의 통찰번뇌가 나타난다는 것을 의미한다. 예를 들어 지금까지의 성과에 대한 자만과 같은 것은 다시 의도적으로 반복적으로 제거되어야 한다.

일성에 도달해서, 결코 노력을 기울여 겨우 유지하는 제어가 아니다. 그가 곧바로 알고 실현해야 할 것을 곧바로 알고 실현하기 위해서 마음을 기울일 때는 조건이 충족될 때마다 능히 그것을 곧바로 알고 실현한다.[241]

5. 만약 그가 다양한 종류의 신통을 기대하여, 하나에서 여럿이 되고 여럿에서 하나가 되고, 나타나기도 하고 사라지기도 하고 자유로운 공간처럼 장애 없이 담을 통과하고 성벽을 통과하고 산을 통과해 가고, 물 속처럼 땅 속을 드나들고, 땅 위에서처럼 물 위에서도 빠지지 않고 걷고, 날개 달린 새처럼 공중에서 앉은 채 날아다니고, 손으로 이처럼 큰 신비를 지니고 이처럼 큰 능력을 지닌 달과 해를 만지고 쓰다듬고, 하느님의 세계에 이르기까지 육신으로 영향력을 미치기를 실현시키고자 한다면, 조건이 충족될 때마다 능히 그것을 곧바로 알고 실현한다.

6. 만약 그가 청정하여 인간을 뛰어넘는 하늘귀로 하늘사람들과 인간 또는 멀고 가까운 두 가지 소리를 듣기를 원한다면, 조건이 충족될 때마다 능히 그것을 곧바로 알고 실현한다.

7. 만약 그가 그의 마음으로 미루어 다른 뭇삶이나 다른 사람들의

---

240) hoti so bhikkhave samayo, yaṃ taṃ cittaṃ ajjhattaññeva santiṭṭhati, sannisīdati, ekodihoti samādhiyati : Mrp. II. 363에 따르면, 이것은 강화된 통찰의 마음(vipassanācitta)을 뜻한다.

241) yassa yassa ca abhiññā sacchikaraṇīyassa dhammassa cittaṃ abhininnāmeti abhiññā sacchikiriyāya, tatra tatre'va sakkhibhabbataṃ pāpuṇāti sati sati āyatane : 곧바른 앎(abhiññā)에는 '여섯 가지 곧바른 앎(chaḷabhiññā : 六神通)이 있다. 그것은 초월적 능력을 보다 높은 지혜의 넓은 범주 속으로 포함시킴으로써 명상을 통해 얻어질 수 있는 정신적 성취의 유형에 대한 확장된 해석을 제공한다 : ① 여덟 가지 종류의 초월적 능력[神足通 : iddhi] ② 멀고 가까운 소리를 들을 수 있는 하늘귀[天耳通 : dibbasota] ③ 타인의 마음의 길에 대한 앎[他心通 : parassa cetopariyañāṇa] ④ 자신의 전생에 대한 새김[宿命通 : pubbenivasānussati] ⑤ 타인의 업과 과보를 아는 하늘눈[天眼通 : dibbacakkhu] ⑥ 번뇌 부숨에 대한 궁극적인 앎[漏盡通 : āsavakkhayañāṇa]이 있다. 이 가운데 첫 다섯 가지 곧바른 앎은 세속적인 것이고 명상수행자의 장식물로서는 바람직할지 몰라도 해탈에 필수적인 것은 아니다. 마지막의 번뇌의 소멸에 대한 곧바른 앎[漏盡通]은 출세간적인 것이고 점진적인 수행의 절정에 해당하는 것이다. 이 상세한 내용이 이하의 이 경에서 소개되고 있다.

마음을 분명히 알며, 그가 탐욕으로 가득 찬 마음을 탐욕으로 가득 찬 마음이라고 분명히 알고 탐욕에서 벗어난 마음을 탐욕에서 벗어난 마음이라고 분명히 알고, 성냄으로 가득 찬 마음을 성냄으로 가득 찬 마음이라고 분명히 알고 성냄에서 벗어난 마음을 성냄에서 벗어난 마음이라고 분명히 알고, 어리석음으로 가득 찬 마음을 어리석음으로 가득 찬 마음이라고 분명히 알고 어리석음에서 벗어난 마음을 어리석음에서 벗어난 마음이라고 분명히 알고, 위축된 마음을 위축된 마음이라고 분명히 알고 산만한 마음을 산만한 마음이라고 분명히 알고, 계발된 마음을 계발된 마음이라고 분명히 알고 계발되지 않은 마음을 계발되지 않은 마음이라고 분명히 알고, 고귀한 마음을 고귀한 마음이라고 분명히 알고 고귀하지 못한 마음을 고귀하지 못한 마음이라고 분명히 알고, 삼매에 든 마음을 삼매에 든 마음이라고 분명히 알고 삼매에 들지 않은 마음을 삼매에 들지 않은 마음이라고 분명히 알고, 해탈된 마음을 해탈된 마음이라고 분명히 알고 해탈되지 않은 마음을 해탈되지 않은 마음으로 분명히 알고자 한다면, 조건이 충족될 때마다 능히 그것을 곧바로 알고 실현한다.

8. 만약 그가 전생의 여러 가지 삶의 형태를 기억하는데, 예를 들어 '한 번 태어나고 두 번 태어나고 세 번 태어나고 네 번 태어나고 다섯 번 태어나고 열 번 태어나고 스무 번 태어나고 서른 번 태어나고 마흔 번 태어나고 쉰 번 태어나고 백 번 태어나고 천 번 태어나고 십만 번 태어나고 수많은 세계 파괴의 겁을 지나고 수많은 세계 발생의 겁을 지나고 수많은 세계 파괴와 세계 발생의 겁을[242] 지나면

242) vivaṭṭakappa… saṁvaṭṭakappa : 한역에서는 각각 성겁(成劫 : vivaṭṭakappa)과 괴겁(壞劫 : saṁvaṭṭakappa)을 말한다. 이것은 네 가지 우주의 순환과정 가운데 두 단계를 나타낸 것이다. 이것에 관해서는 AN. IV. 156과 VII. 62에 상세히 나온다. 네 우주기는 아래와 같다. ① 우주소멸기(壞劫 : saṁvaṭṭakappa) ② 우주혼돈기(空劫 : saṁvaṭṭaṭṭhāyikappa) ③ 우주유지기(住劫 : vivaṭṭaṭṭhāyikappa) ④ 우주생성기(成劫 : vivaṭṭakappa)

서, 당시에 나는 이러한 이름과 이러한 성을 지니고 이러한 용모를 지니고 이러한 음식을 먹고 이러한 괴로움과 즐거움을 맛보고 이러한 목숨을 지녔고, 나는 그곳에서 죽은 뒤에 다른 곳에 태어났는데, 거기서 나는 이러한 이름과 이러한 성을 지니고 이러한 용모를 지니고 이러한 음식을 먹고 이러한 괴로움과 즐거움을 맛보고 이러한 목숨을 지녔었다. 그곳에서 죽은 뒤에 여기에 태어났다.'라고 이와 같이 그가 그 자신의 전생의 여러 가지 삶의 형태를 구체적으로 상세히 기억하고자 한다면, 조건이 충족될 때마다 능히 그것을 곧바로 알고 실현한다.

9. 만약 그가 청정하여 인간을 뛰어넘는 하늘눈으로 뭇삶을 보는데, 죽거나 다시 태어나거나 천하거나 귀하거나 아름답거나 추하거나 행복하거나 불행하거나 업보에 따라서 뭇삶을 보고, 예를 들어 '이 뭇삶들은 신체적으로 악행을 갖추고 언어적으로 악행을 갖추고 정신적으로 악행을 갖추었다. 그들은 고귀한 님들을 비난하고 잘못된 견해를 갖추고 잘못된 견해에 따른 행동을 갖추었다. 그래서 이들은 육체가 파괴된 뒤 죽어서 괴로운 곳, 나쁜 곳, 타락한 곳, 지옥에 태어났다. 그러나 이 뭇삶들은 신체적으로 선행을 갖추고 언어적으로 선행을 갖추고 정신적으로 선행을 갖추었다. 그들은 고귀한 님들을 비난하지 않고 올바른 견해를 지니고 올바른 견해에 따른 행동을 갖추었다. 그래서 이들은 육체가 파괴된 뒤 죽어서 좋은 곳, 하늘나라에 태어났다.'라고 이와 같이 그는 청정하여 인간을 뛰어넘는 하늘눈으로 뭇삶을 관찰하여 죽거나 다시 태어나거나 천하거나 귀하거나 불행하거나 업보에 따라서 뭇삶을 보고자한다면, 조건이 충족될 때마다 능히 그것을 곧바로 알고 실현한다.

10. 만약 그가 번뇌를 부수고 번뇌 없이 마음에 의한 해탈, 지혜에

의한 해탈을 현세에서 스스로 완전히 알고 깨달아 성취하고자 한다면, 조건이 충족될 때마다 능히 그것을 곧바로 알고 실현한다."

31. 마음을 수호하지 않으면 무엇이 부패하는가?[243]

1. 한때 아나타삔디까 장자가 세존께서 계신 곳을 찾아왔다. 가까이 다가와서 세존께 인사를 드리고 한쪽으로 물러나 앉았다.

2. 한쪽으로 물러나 앉은 아나타삔디까 장자에게 세존께서는 이와 같이 말씀하셨다.

[세존] "장자여, 마음을 수호하지 않으면, 신체적 행위도 수호되지 않고 언어적 행위도 수호되지 않고 정신적 행위도 수호되지 않는다.

3. 장자여, 신체적 행위도 수호되지 않고 언어적 행위도 수호되지 않고 정신적 행위도 수호되지 않으면, 그의 신체적 행위도 젖고 언어적 행위도 젖고 정신적 행위도 젖는다.[244] 신체적 행위도 젖고 언어적 행위도 젖고 정신적 행위도 젖으면, 신체적 행위도 부패하고 언어적 행위도 부패하고 정신적 행위도 부패한다. 신체적 행위도 부패하고 언어적 행위도 부패하고 정신적 행위도 부패하면, 그의 죽음은 행복하지 않고 그의 임종은 행복하지 않다.

4. 장자여, 예를 들어 누각이 잘 세워지지 않았다면, 용마루도 수호되지 않고 서까래도 수호되지 않고 벽도 수호되지 않는다. 용마루도 수호되지 않고 서까래도 수호되지 않고 벽도 수호되지 않으면, 용마루도 젖고 서까래도 젖고 벽도 젖는다. 용마루도 젖고 서까래도 젖고

243) AN. I. 261 : 누각의 경①[Paṭhamakūṭasutta]

244) kāyakammampi avassutaṃ hoti. Vacīkammampi avassutaṃ hoti. Manokammampi avassutaṃ hoti. : 젖는다(avassutaṃ hoti)는 Mrp. II. 367에 따르면, 젖다·축축해지다(tintaṁ hoti)라는 뜻이다. Lba, I. 110에서는 '악한 것에 노정된다'라는 표현을 쓰고 있다.

벽도 젖으면 용마루도 부패하고 서까래도 부패하고 벽도 부패한다.

5. 장자여, 이와 같이 마음을 수호하지 않으면, 신체적 행위도 수호되지 않고 언어적 행위도 수호되지 않고 정신적 행위도 수호되지 않는다.

6. 장자여, 신체적 행위도 수호되지 않고 언어적 행위도 수호되지 않고 정신적 행위도 수호되지 않으면, 그의 신체적 행위도 젖고 언어적 행위도 젖고 정신적 행위도 젖는다. 신체적 행위도 젖고 언어적 행위도 젖고 정신적 행위도 젖으면, 신체적 행위도 부패하고 언어적 행위도 부패하고 정신적 행위도 부패한다. 신체적 행위도 부패하고 언어적 행위도 부패하고 정신적 행위도 부패하면, 그의 죽음은 행복하지 않고 그의 임종은 행복하지 않다.

7. 장자여, 마음을 수호하면, 신체적 행위도 수호되고 언어적 행위도 수호되고 정신적 행위도 수호된다.

8. 장자여, 신체적 행위도 수호되고 언어적 행위도 수호되고 정신적 행위도 수호되면, 그의 신체적 행위도 젖지 않고 언어적 행위도 젖지 않고 정신적 행위도 젖지 않는다. 신체적 행위도 젖지 않고 언어적 행위도 젖지 않고 정신적 행위도 젖지 않으면, 신체적 행위도 부패하지 않고 언어적 행위도 부패하지 않고 정신적 행위도 부패하지 않는다. 신체적 행위도 부패하지 않고 언어적 행위도 부패하지 않고 정신적 행위도 부패하지 않으면, 그의 죽음은 행복하고 그의 임종은 행복하다.

9. 장자여, 예를 들어 누각이 잘 세워진다면, 용마루도 수호되고 서까래도 수호되고 벽도 수호된다. 용마루도 수호되고 서까래도 수호되고 벽도 수호되면, 용마루도 젖지 않고 서까래도 젖지 않고 벽도

젖지 않는다. 용마루도 젖지 않고 서까래도 젖지 않고 벽도 젖지 않으면, 용마루도 부패하지 않고 서까래도 부패하지 않고 벽도 부패하지 않는다.

10. 장자여, 이와 같이 마음을 수호하면, 신체적 행위도 수호되고 언어적 행위도 수호되고 정신적 행위도 수호된다.

11. 장자여, 신체적 행위도 수호되고 언어적 행위도 수호되고 정신적 행위도 수호되면, 그의 신체적 행위도 젖지 않고 언어적 행위도 젖지 않고 정신적 행위도 젖지 않는다. 신체적 행위도 젖지 않고 언어적 행위도 젖지 않고 정신적 행위도 젖지 않으면, 신체적 행위도 부패하지 않고 언어적 행위도 부패하지 않고 정신적 행위도 부패하지 않는다. 신체적 행위도 부패하지 않고 언어적 행위도 부패하지 않고 정신적 행위도 부패하지 않으면, 그의 죽음은 행복하고 그의 임종은 행복하다."

32. 행위의 생성원인과 업의 발생은 어떻게 이루어지가?[245]

1. [세존] "수행승들이여, 이러한 세 가지 행위의 생성원인이 있다. 탐욕은 행위의 생성원인이다. 성냄은 행위의 생성원인이다. 어리석음은 행위의 생성원인이다.[246]

2. 수행승들이여, 탐욕에서 만들어지고 탐욕에서 생겨나고 탐욕을 인연으로 하고 탐욕을 원인으로 하는 그 행위는 악하고 불건전한 것이며, 그 행위는 죄악이고, 그 행위는 고통의 과보를 가져오고, 그 행위는 업의 발생으로 이끌어질 뿐, 업의 소멸로 이끌지 않는다.

---

245) AN. I. 263 : 원인의 경①[Paṭhamanidānasutta]

246) lobho nidānaṃ kammānaṃ samudayāya. doso nidānaṃ kammānaṃ samudayāya. moho nidānaṃ kammānaṃ samudayāya : 행위의 생성원인이란 Mrp. II. 367에 따르면, 윤회의 소용돌이로 이끄는 업을 집적하는 것의 조건이라는 뜻이다.

3. 수행승들이여, 성냄에서 만들어지고 성냄에서 생겨나고 성냄을 인연으로 하고 성냄을 원인으로 하는 그 행위는 악하고 불건전한 것이며, 그 행위는 죄악이고, 그 행위는 고통의 과보를 가져오고, 그 행위는 업의 발생으로 이끌어질 뿐, 업의 소멸로 이끌지 않는다.

4. 수행승들이여, 어리석음에서 만들어지고 어리석음에서 생겨나고 어리석음을 인연으로 하고 어리석음을 원인으로 하는 그 행위는 악하고 불건전한 것이며, 그 행위는 죄악이고, 그 행위는 고통의 과보를 가져오고, 그 행위는 업의 발생으로 이끌어질 뿐, 업의 소멸로 이끌지 않는다. 수행승들이여, 이러한 세 가지 행위의 생성원인이 있다."

33. 계행・마음・견해의 일탈과 구족이란 무엇인가[247]

1. 수행승들이여, 이와 같은 세 가지 일탈이 있다. 세 가지란 무엇인가? 계행의 일탈, 마음의 일탈, 견해의 일탈이다.[248]

2. 수행승들이여, 계행의 일탈이란 무엇인가? 수행승들이여, 세상의 어떤 사람은 살아있는 생명을 죽이고, 주지 않는 것을 빼앗고, 사랑을 나눔에 잘못을 범하고, 거짓말을 하고, 이간질을 하고, 욕지거리를 하고, 쓸데없는 말을 한다. 수행승들이여, 이것을 계행의 일탈이라고 한다.

3. 수행승들이여, 마음의 일탈이란 무엇인가? 수행승들이여, 세상의 어떤 사람은 탐욕스럽고 분노를 품고 있다. 수행승들이여, 이것을

247) AN. I. 268 : 일탈의 경①[Paṭhamavipattisutta], Pug. II. 9, 19 참조

248) sīlavipatti, cittavipatti, diṭṭhivipatti : 여기서 일탈(vipatti)이라고 번역한 것은 원래 궤도에서 벗어나는 일탈이나 실패를 뜻한다. 그런데 이 경에서 그 반대말로 사용되는 구족(sampadā)이라는 말과 상대가 되기 때문에 '결함'이라고 번역할 수도 있다.

마음의 일탈이라고 한다.

4. 수행승들이여, 견해의 일탈이란 무엇인가? 수행승들이여, 세상의 어떤 사람은 이와 같이 '보시도 없고, 제사도 없고, 헌공도 없고, 선악의 행위에 대한 과보도 없고, 이 세상도 없고, 저 세상도 없고, 어머니도 없고, 아버지도 없고, 화생하는[249] 뭇삶도 없다. 이 세상과 저 세상을 스스로 곧바로 알고 깨달아서, 그것을 다른 사람들에게 알려주는, 세상에서 올바로 살고 올바로 실천하는 수행자들이나 성직자들도 없다.'라는 삿된 견해를 지니고 전도된 견해를 지녔다. 수행승들이여, 이것을 견해의 일탈이라고 한다.

5. 수행승들이여, 뭇삶들은 계행의 일탈로 몸이 파괴되어 죽은 뒤에 괴로운 곳, 나쁜 곳, 타락한 곳, 지옥에 태어난다. 수행승들이여, 뭇삶들은 마음의 일탈로 몸이 파괴되어 죽은 뒤에 괴로운 곳, 나쁜 곳, 타락한 곳, 지옥에 태어난다. 수행승들이여, 뭇삶들은 견해의 일탈로 몸이 파괴되어 죽은 뒤에 괴로운 곳, 나쁜 곳, 타락한 곳, 지옥에 태어난다. 수행승들이여, 이와 같은 세 가지 일탈이 있다.

6. 수행승들이여, 이와 같은 세 가지는 구족이 있다. 세 가지란 무엇인가? 계행의 구족, 마음의 구족, 견해의 구족이다.

7. 수행승들이여, 계행의 구족이란 무엇인가? 수행승들이여, 세상의 어떤 사람은 살아있는 생명을 죽이지 않고, 주지 않는 것을 빼앗지 않고, 사랑을 나눔에 잘못을 범하지 않고, 거짓말을 하지 않고, 이간질을 하지 않고, 욕지거리를 하지 않고, 쓸데없는 말을 하지 않는다. 수행승들이여, 이것을 계행의 구족이라고 한다.

---

249) opapātikā : '화생(化生)하는'의 뜻이다. 잉태되지 않고 즉, 부모가 없이 홀연히 생겨나는 것을 말하며, 여기에는 천상과 지옥과 아귀의 중생이 해당된다.

8. 수행승들이여, 마음의 구족이란 무엇인가? 수행승들이여, 세상의 어떤 사람은 탐욕스럽지 않고 분노를 품지 않는다. 수행승들이여, 이것을 마음의 구족이라고 한다.

9. 수행승들이여, 견해의 구족이란 무엇인가? 수행승들이여, 세상의 어떤 사람은 이와 같이 '보시도 있고, 제사도 있고, 헌공도 있고, 선악의 행위에 대한 과보도 있고, 이 세상도 있고, 저 세상도 있고, 어머니도 있고, 아버지도 있고, 화생하는 뭇삶도 있다. 이 세상과 저 세상을 스스로 곧바로 알고 깨달아서, 그것을 다른 사람들에게 알려주는, 세상에서 올바로 살고 올바로 실천하는 수행자들이나 성직자들도 있다.'라는 바른 견해를 지니고 전도없는 견해를 지녔다. 수행승들이여, 이것을 마음의 구족이라고 한다.

10. 수행승들이여, 뭇삶들은 계행의 구족으로 몸이 파괴되어 죽은 뒤에 좋은 곳, 하늘나라에 태어난다. 수행승들이여, 뭇삶들은 마음의 구족으로 몸이 파괴되어 죽은 뒤에 죽은 뒤에 좋은 곳, 하늘나라에 태어난다. 수행승들이여, 뭇삶들은 견해의 구족으로 몸이 파괴되어 죽은 뒤에 죽은 뒤에 좋은 곳, 하늘나라에 태어난다. 수행승들이여, 이와 같은 세 가지 구족이 있다."

34. 자신을 더럽히고 비리게 하고 파리들이 좇게 한다는 것은 무엇을 뜻하는가?[250)]

1. 한때 세존께서는 바라나씨[251)] 시의 이씨빠따나[252)]에 있는 미가

250) AN. I. 279 : 더럽힘의 경[Kaṭuviyasutta], 잡아함 39(대정 2, 283a), 별역잡 1(대정 2, 380b) 참조

251) Bārāṇasi : 바라나씨는 부처님 당시 까씨 국의 수도로 지금의 베나레스를 말한다. 불교도들이 참배하는 사대성지 — 까삘라밧투, 붓다가야, 꾸씨나라와 함께 — 의 하나이다. 이 바라나씨의 이씨빠따나에서 최초의 설법인 초전법륜이 이루어졌기 때문이다. 바라나씨는 상업과 산업의 중심도시로 싸밧티(Savatthī), 딱까씰라(Takkasilā), 베란자(Verañjā), 라자가하(Rājagaha) 시와는 직접 무역을 하는 요충지였다. 특히 의류산업의 중심지로서 까시 국의 옷, 즉 바라나씨의 옷은 유명했다.

252) Isīpatane : 한역에서 이씨빠따나(Isīpatana)는 선인타처(仙人墮處)라고 번역한다. 부처님은 우루벨라(Uruvelā)에서 바르고 원만한 깨달음을 이룬 이후, 고행을 포기한 자신을 비난하고 떠났던 유명한 다섯 수행승을 아

다야[253] 공원에 계셨다. 그때 세존께서는 아침 일찍 옷을 입고 발우와 가사를 들고 탁발을 하기 위해 바라나씨 시로 들어갔다.

2. 세존께서는 우시장의 무화과 나무 아래에서 탁발하시다가, 어떤 수행승을 보았는데, 그는 넋을 잃고 밖으로 정신이 팔려[254] 새김이 없고 알아차림이 없고 집중이 없고 산만한 마음을 지니고 거친 감관을 지니고 있었다. 그를 보고 나서 그 수행승에게 말했다.

[세존] "수행승이여, 수행승이여, 그대는 자신을 더럽히지 말라! 그대는 자신을 더럽혀 비린내에 젖게 하지 말고, 파리들이 따르게 하지 말고 좇게 하지 말라. 그것은 결코 옳지 않는다."

그러자 그 수행승은 세존께 이러한 충고를 받고 훈계를 받고는 크게 감동을 일으켰다.[255]

3. 그리고 세존께서는 바라나씨 시로 탁발을 하고 식후에 탁발에서 돌아와 수행승들에게 알렸다.

[세존] "수행승들이여, 나는 오늘 아침 아침 일찍 옷을 입고 발우와 가사를 들고 탁발을 하기 위해 바라나씨 시로 들어갔다. 나는 우시장의 무화과 나무 아래에서 탁발하시다가, 어떤 수행승을 보았는데, 그는 넋을 잃고 밖으로 정신이 팔려 새김이 없고 알아차림이 없고 집중이 없고 산만한 마음을 지니고 거친 감관을 지니고 있었다. 그를 보고 나서 그 수행승에게 이와 같이 '수행승이여, 수행승이여, 그대는 자신을 더럽히지 말라! 그대는 자신을 더럽혀 비린내에 젖

쌀라(Āsāḷha) 월의 보름날에 이곳에서 다시 만났다. 그래서 이곳은 최초의 설법인 초전법륜을 굴린 장소로 네 가지 불변의 장소(avijahitaṭṭhānāni : 四大聖地)의 하나로 유명하다."

253) Migadāye : 미가다야는 녹야원(鹿野園)으로 부처님이 처음으로 설법한 장소에 세워진 승원이다.

254) rittāsaṃ bāhirāsaṃ : 넋을 잃고(rittāsaṃ)란 뜻은 원래 '공허한 즐김을 지니고'란 말이고, 밖으로 정신이 팔려(bāhirāsaṃ)란 원래 '밖으로 즐김을 지닌'이라는 말인데, Mrp. II. 378에 따르면, 각각 '선정의 행복이 없는 상태'와 '감각적 쾌락의 대상의 즐거움에 정신이 팔린 상태'를 말한다.

255) saṃvegam āpādi : Mrp. II. 378에 따르면, 이것은 흐름에 든 님(sotāpanno)이 되었다는 것을 의미한다.

게 하지 말고, 파리들이 따르게 하지 말고 좇게 하지 말라. 그것은 결코 옳지 않는다.'라고 말했다. 그러자 그 수행승은 나의 이러한 충고를 받고 훈계를 받고는 크게 감동을 일으켰다."

4. 이처럼 말씀하시자 어떤 수행승이 세존께 이와 같이 말했다.

[수행승] "세존이시여, 무엇이 자신을 더럽히는 것이고 무엇이 비린내이고 무엇이 파리입니까?"

[세존] "수행승이여, 탐욕이 더럽히는 것이고, 성냄이 비린내이고, 악하고 불건전한 것이 파리이다. 그러므로 수행승이여, 그대는 자신을 더럽히지 말라! 그대는 자신을 더럽혀 비린내에 젖게 하지 말고 파리들이 따르게 하지 말고 좇게 하지 말라. 그것은 결코 옳지 않다."

5. [세존]

"눈과 귀를 보호하지 않고
감관을 수호하지 않으면
탐욕적 사유를 따라서
파리들이 그를 좇으리라[256]

수행승이 더럽히고
비린내에 젖으면,
열반과는 동떨어진
그의 운명은 고통일 뿐이다.[257]

마을이나 숲에서
자신의 평온을 찾지 못하고
어리석어 지혜가 없는 자는
파리들이 자신들을 좇게 만든다.[258]

---

256) aguttaṃ cakkhusotasmiṃ | indriyesu asaṃvutaṃ | makkhikā anupatissanti | saṃkappā rāganissatā ||
257) kaṭuviyakato bhikkhu | āmagandhe avassuto | ārakā hoti nibbāṇā | vighātasseva bhāgavā ||

참으로 계행을 갖추고
지혜롭게 평안을 즐기는 자는
파리들을 퇴치하였기에
고요하고 행복하게 산다."[259]

35. 수행자와 용감한 전사는 어떠한 점에서 닮았는가?[260]

1. 한때 세존께서는 싸밧티 시에 계셨다.

[세존] "수행승들이여, 이와 같은 세 가지 고리를 갖춘 전사는 왕에게 가치가 있고, 왕에게 시중들기 알맞고, 왕의 수족이[261] 된다고 한다. 세 가지란 무엇인가? 수행승들이여, 세상에서 전사는 멀리 활을 쏘고, 번개처럼 맞추고, 강력한 대상을 쳐부수어야 한다.[262] 수행승들이여, 이와 같은 세 가지 고리를 갖추면, 전사는 왕에게 가치가 있고, 왕에게 시중들기 알맞고, 왕의 수족이 된다고 한다.

2. 수행승들이여, 이와 같은 세 가지 고리를 갖추면, 수행승은 공양받을 만하고 대접받을 만하며 보시받을 만하고 존경받을 만하며 세상의 위없는 복밭이다. 세 가지란 무엇인가? 수행승들이여, 세상에서 수행승도 멀리 쏘고, 번개처럼 맞추고, 많은 무리를 쳐부수어야 한다.

3. 수행승들이여, 어떻게 수행승이 멀리 쏘는가? 수행승들이여,

1) 어떠한 물질이 과거에 속하든 미래에 속하든 현재에 속하든, 내적

---

258) gāme vā yadi vā'raññ | aladdhā samamattano | pareti bālo dummedho | makkhikāhi purakkhato ||
259) ye ca sīlena sampannā | paññāyupasame ratā | pasantā sukhaṃ sentināsayitvāna makkhikā'ti ||
260) AN. I. 284 : 전사의 경[Yodhasutta]
261) rañño aṅgantveva : 왕의 수족(rañño aṅga)이란 뜻이다. 왕의 몸을 지키는 자이다.
262) mahato ca kāyassa padāletā : Mrp. II. 380에 따르면, 백개의 나무판의 묶음이나 백개의 쇠가죽 묶음이나 엄지손가락정도 빽빽한 동판 등을 말한다.

이든 외적이든, 거칠든 미세하든, 저열하든 탁월하든, 멀리 있든 가까이 있든, 그 모든 물질은 이와 같이 '이것은 나의 것이 아니고, 이것은 내가 아니고, 이것은 나의 자아가 아니다.'라고 있는 그대로 올바른 지혜로 관찰한다.

2) 어떠한 느낌이 과거에 속하든 미래에 속하든 현재에 속하든, 내적이든 외적이든, 거칠든 미세하든, 저열하든 탁월하든, 멀리 있든 가까이 있든, 그 모든 느낌은 이와 같이 '이것은 나의 것이 아니고, 이것은 내가 아니고, 이것은 나의 자아가 아니다.'라고 있는 그대로 올바른 지혜로 관찰한다.

3) 어떠한 지각이 과거에 속하든 미래에 속하든 현재에 속하든, 내적이든 외적이든, 거칠든 미세하든, 저열하든 탁월하든, 멀리 있든 가까이 있든, 그 모든 지각은 이와 같이 '이것은 나의 것이 아니고, 이것은 내가 아니고, 이것은 나의 자아가 아니다.'라고 있는 그대로 올바른 지혜로 관찰한다.

4) 어떠한 형성이 과거에 속하든 미래에 속하든 현재에 속하든, 내적이든 외적이든, 거칠든 미세하든, 저열하든 탁월하든, 멀리 있든 가까이 있든, 그 모든 형성은 이와 같이 '이것은 나의 것이 아니고, 이것은 내가 아니고, 이것은 나의 자아가 아니다.'라고 있는 그대로 올바른 지혜로 관찰한다.

5) 어떠한 의식이 과거에 속하든 미래에 속하든 현재에 속하든, 내적이든 외적이든, 거칠든 미세하든, 저열하든 탁월하든, 멀리 있든 가까이 있든, 그 모든 의식은 이와 같이 '이것은 나의 것이 아니고, 이것은 내가 아니고, 이것은 나의 자아가 아니다.'라고 있는 그대로 올바른 지혜로 관찰한다. 수행승들이여, 이와 같이 수행승이 멀리 쏜다.

4. 수행승들이여, 어떻게 수행승이 번개처럼 맞추는가? 수행승들이여, 세상에 수행승이 '이것은 괴로움이다'라고 있는 그대로 분명히 알고, '이것은 괴로움의 발생이다'라고 있는 그대로 분명히 알고, '이것은 괴로움의 소멸이다'라고 있는 그대로 분명히 알고, '이것은 괴로움의 소멸에 이르는 길이다'라고 있는 그대로 분명히 안다. 수행승들이여, 이렇게 수행승이 번개처럼 맞춘다.

5. 수행승들이여, 어떻게 수행승이 강력한 대상을 쳐부수는가? 수행승들이여, 세상에 수행승이 강력한 무명의 다발을[263] 쳐부순다. 수행승들이여, 이렇게 수행승이 강력한 대상을 쳐부순다. 수행승들이여, 이와 같은 세 가지 고리를 갖추면, 수행승은 공양받을 만하고 대접받을 만하며 보시받을 만하고 존경받을 만하며 세상의 위없는 복밭이다."

---

263) mahantaṃ avijjākkhandhaṃ : 잡아함 298에 따르면, 무명이란 무엇인가? 만약 전제(前際)를 알지 못하고 후제(後際)를 알지 못하고 전후제(前後際)를 알지 못하고 내적인 것을 알지 못하고 외적인 것을 알지 못하고 내외(內外)를 알지 못하고 업(業)을 알지 못하고 보(報)를 알지 못하고 업보(業報)를 알지 못하고 부처(佛)를 알지 못하고 법(法)을 알지 못하고 승단(僧)을 알지 못하고 괴로움(苦)를 알지 못하고 그 발생(集)을 알지 못하고 그 소멸(滅)을 알지 못하고 그 소멸에의 길(道)을 알지 못하고 원인(因)을 알지 못하고 원인에 의해 일어나는 법(因所起法)을 알지 못하고 선(善)과 불선(不善), 죄(罪)와 무죄(無罪), 수습(習)과 불수습(不習), 열등함(劣)과 수승함(勝), 염오(染汚)와 청정(淸淨)을 알지 못하고 분별연기(分別緣起)를 모두 알지 못하고 여섯 감촉의 장(六觸入處)을 여실하게 지각하지 못하며 이러저러한 것을 알지 못하고 보지 못하며 꿰뚫음(無間等 : abhisamaya)이 없어 어리석고 캄캄하여 밝음이 없는 크나큰 어둠을 무명이라고 한다.(云何無明 若不知前際 不知後際 不知前後際 不知於內 不知於外 不知內外 不知業 不知報 不知業報 不知佛 不知法 不知僧 不知苦 不知集 不知滅 不知道 不知因 不知因所起法 不知善不善 有罪無罪 習不習 若劣若勝 汚染淸淨 分別緣起 皆悉不知 於六觸入處 不如實覺知於彼 彼不知不見 無無間等 痴暗無明大明 是名無明) 이 경전은 『빠알리 니까야』에는 나오지 않지만 빠알리 논장인 『도론(道論 : Nettippakaraṇa : Netti. 75-76』—미얀마에서는 경장 속에 편입되어 있다—에 나온다. tattha katamā avijjā? dukkhe aññaṇaṁ dukkhasamudaye aññāṇaṁ dukkhanirodhe aññaṇaṁ dukkhanir odhagāminiyā paṭipadāya aññāṇaṁ pubbante aññaṇaṁ aparante aññaṇaṁ pubbāparante aññaṇaṁ idap paccayatāpaṭiccasamuppannesu dhammesu aññaṇaṁ. yam evarūpam adassanam anabhisamayo ananu bodho asambodho appaṭivedho asallakkhaṇā appaccupalakkhaṇā asamapekkhaṇā apaccakkhakammaṁ dummejjham bālyam asampajaññam moho pamoho sammoho avijjā avijjhogho avijjānusayo avijjāpari yiṭṭhānam avijjālaṅgi moho akusalānaṁ.

4. 넷 모아모음[Catukkanipāta]

1. 오랜 세월 유전윤회하며 고통을 겪는 이유는 무엇인가?[264]

1. 이와 같이 나는 들었다. 한때 밧지 국의 반다가마[265]에 계셨다. 세존께서는 '수행승들이여'라고 수행승들을 불렀다. 수행승들은 '세존이시여'라고 대답했다.

2. 세존께서는 이와 같이 말씀하셨다.

[세존] "수행승들이여, 네 가지 원리에 대하여 깨닫지 못하고 꿰뚫지 못해서 이와 같이 나뿐만 아니라 그대들은 오랜 세월 유전하고 윤회하였다. 네 가지란 무엇인가?

3. 수행승들이여, 고귀한 계율에 대하여 깨닫지 못하고 꿰뚫지 못해서 이와 같이 나뿐만 아니라 그대들은 오랜 세월 유전하고 윤회하였다. 수행승들이여, 고귀한 삼매에 대하여 깨닫지 못하고 꿰뚫지 못해서 이와 같이 나뿐만 아니라 그대들은 오랜 세월 유전하고 윤회하였다. 수행승들이여, 고귀한 지혜에 대하여 깨닫지 못하고 꿰뚫지 못해서 이와 같이 나뿐만 아니라 그대들은 오랜 세월 유전하고 윤회하였다. 수행승들이여, 고귀한 해탈에 대하여 깨닫지 못하고 꿰뚫지 못해서 이와 같이 나뿐만 아니라 그대들은 오랜 세월 유전하

---

264) AN. II. 1 : 깨달음의 경[Anubuddhasutta], 장아함 4 (대정 1, 13a) 참조

265) Bhaṇḍagāma : 베쌀리(Vesali)와 핫티가마(Hatthigama) 사이의 밧지 족의 마을이다. 부처님이 마지막 여행길에 들린 마을로서 유명하다. 여기서 부처님은 이 경에서처럼 수행승들에게 윤회를 끊고 열반에 들기 위한 네 가지 조건을 설했다. DN. II. 123 참조.

고 윤회하였다.266)

4. 수행승들이여, 이제 고귀한 계율에 대하여 깨닫고 꿰뚫었다. 이제 고귀한 삼매에 대하여 깨닫고 꿰뚫었다. 고귀한 지혜에 대하여 깨닫고 꿰뚫었다. 고귀한 해탈에 대하여 깨닫고 꿰뚫었다. 그러므로 존재의 갈애가 부수어지고 존재의 통로267)가 부서져서 다시는 태어나지 않는다."

5. 세상에 고귀한 님께서는 이처럼 말씀하시고 또한 올바른 길로 잘 가신 님께서는 스승으로서 이와 같이 말씀하셨다.

6. [세존] "최상의 계행과 삼매와
지혜, 그리고 해탈
이러한 것들을 명성 있는
고따마는 깨달았다.268)

깨달은 님, 괴로움을 종식시킨 님,

---

266) sīla … samādhi … pañña … vimutti : 세 가지 배움(三學)과 해탈을 뜻한다. 각 요소들은 일반적으로 팔정도와 관련하여 세 가지의 순서적 다발로 구분된다. ① 계행의 다발(戒蘊 sīlakkhandha) : 올바른 언어, 올바른 행위, 올바른 생활 ② 집중의 다발(定蘊 samādhikkhandha) : 올바른 정진, 올바른 새김, 올바른 집중 ③ 지혜의 다발(慧蘊 paññakkhandha) : 올바른 견해, 올바른 사유. 그러나 이렇게 분류하면 계행→집중→지혜의 세 가지 배움의 계기가 여덟 가지 수행의 순서와 들어맞지 않게 되는데 그것이 우리에게 혼란을 불러일으킨다. 지혜는 올바른 견해와 올바른 의도를 수반하는 세 가지 배움의 최종단계지만 올바른 견해와 올바른 의도는 예상 밖으로 경전상에 팔정도의 최초의 두 단계를 구성하고 있다. 그렇지만 이러한 여덟 가지 수행의 순서는 부주의한 실수의 결과가 아니라 중요한 논리적 숙고에 의한 배려였다. 붓다는 마지막 설법에서 반복해서 이러한 세가지 배움에 관해 다음과 같이 말했다. "손으로 손을, 발로 발을 씻는 것처럼 지혜는 계행을 통해 씻겨지고 계행은 지혜를 통해 씻겨진다. 계행이 있는 곳에 지혜가 있고 지혜가 있는 곳에 계행이 있다.(DN. I. 124 : seyyathā pi bho gotama, hatthena vā hatthaṁ dhopeyya, pādena vā pādaṁ dhopeyya, evam eva kho bho gotama sīlaparidhotā paññā, paññāparidhotaṁ sīlaṁ, yattha sīlaṁ tattha paññā, yattha paññā tattha sīlaṁ)" 그리고 마지막으로 해탈(vimutti)은 팔정도가 궁극적으로 완성된 상태를 의미하는 것으로 윤회의 원인인 갈애와 무명이 완전히 제거된 열반의 성취를 뜻한다.

267) bhavanetti : 갈애에 대한 특수한 표현이다. Srp. II. 336은 '존재의 밧줄(bhavarajju)'과 동의어로 보고 있다. Mrp. III. 2에 따르면, 뭇삶을 마치 소처럼 목덜미를 잡아서 존재로 이끌기 때문에 존재의 밧줄(bhavarajju)이라고도 한다.

268) sīlaṃ samādhi paññā ca vimutti ca anuttarā | anubuddhā ime dhammā gotamena yasassinā ‖ Vimuttimagga의 서시에 해당한다.

스승, 눈 있는 님,
적멸에 든 님은 곧바로 알아
수행승들에게 가르침을 설했다."[269]

2. 윤회의 흐름과 관련된 네 종류의 사람이란 무엇인가?[270]

1. [세존] "수행승들이여, 세상에는 네 종류의 사람이 존재한다. 네 종류란 무엇인가? 흐름을 따라 내려가는 사람과 흐름을 거슬러 올라가는 사람과 확립되어 서 있는 사람과 건너 피안에 도착하여 땅 위에 있는 거룩한 님이다.[271]

2. 수행승들이여, 흐름을 따라 내려가는 사람이란 누구인가? 수행승들이여, 세상에 어떤 사람이 감각적 쾌락의 욕망에 빠져서 악한 업을 저지르면, 수행승들이여, 그를 두고 흐름을 따라 내려가는 사람이라고 한다.

3. 수행승들이여, 흐름을 거슬러 올라가는 사람이란 누구인가? 수행승들이여, 세상에 어떤 사람이 감각적 쾌락의 욕망에 빠지지 않고, 악한 업을 저지르지 않고, 고통에도 불구하고, 불만에도 불구하고, 얼굴에 눈물을 흘리면서도 완전한 청정한 삶을 실천한다면, 수행승들이여, 그를 두고 흐름을 거슬러 올라가는 사람이라고 한다.

4. 수행승들이여, 확립되어 서 있는 사람이란 누구인가? 수행승들이여, 세상에 어떤 사람이 다섯 가지 낮은 단계의 결박을[272] 완전히

---

269) iti buddho abhiññāya | dhammamakkhāsi bhikkhūnaṃ ‖ dukkhassantakaro satthā | cakkhumā parini bbuto'ti ‖

270) AN. II. 5 : 흐름의 경[Anusotasutta], 집이문족론9 (대정26, 404a)

271) anusotagāmī puggalo, paṭisotagāmī puggalo, ṭhitatto puggalo, tiṇṇo pāragato thale tiṭṭhati brāhmaṇo : 여기서 흐름은 세상을 말하고, 저 언덕은 열반을 말한다.

272) orambhāgiyāni saṁyojjanāni : 다섯 가지 낮은 단계의 결박[五下分結 : orambhāgiyāni saṁyojjanāni], 즉 ① 개체가 있다는 견해[有身見 : sakkāyadiṭṭhi] ② 회의적 의심[疑 : vicikicchā] ③ 규범과 금기에 대한 집

부수고 화생하여 그곳에서 완전한 열반에 들어 그 세상에서 돌아오지 않는 경지를 성취한다면,[273] 수행승들이여, 그를 두고 확립되어서 있는 사람이라고 한다.

5. 수행승들이여, 건너서 피안에 도달하여 땅 위에 서 있는 거룩한 님이란 누구인가? 수행승들이여, 세상에 어떤 사람이 번뇌를 완전히 부수고 번뇌 없이 마음에 의한 해탈과 지혜에 의한 해탈을 현세에서 스스로 곧바른 앎으로 실현하여 성취한다면, 수행승들이여, 그를 두고 건너서 피안에 도달하여 땅 위에 서 있는 거룩한 님이라고 한다."

6. [세존]

"누구든지 감각적 쾌락의 욕망을 절제하지 못하고
세상의 탐욕을 여의지 못하고 그 욕망을 즐긴다면,
갈애에 사로잡혀 거듭해서 태어나고 늙어 가리니
그들이 바로 흐름을 따라 내려가는 자이다.[274]

그러므로 세상에 총명한 자라면 새김을 확립하고
감각적 쾌락의 욕망이나 악에 빠지지 않고
고통에도 불구하고 감각적 쾌락의 욕망을 버리니
그들이 바로 흐름을 거슬러 올라가는 자이다.[275]

착[戒禁取 : sīlabhatapatāmāsa] ④ 감각적 쾌락에 대한 탐욕[欲貪 : kāmarāga] ⑤ 분노[有對 : paṭigha]를 말한다. 그 위에 다섯 가지 높은 단계의 결박[五上分結 : uddhambhāgiyāni saṁyojjanāni], 즉 ⑥ 미세한 물질계에 대한 탐욕[色貪 : rūparāga] ⑦ 비물질계에 대한 탐욕[無色貪 : arūparāga] ⑧ 자만[慢 : mā-na] ⑨ 흥분[掉擧 : uddhacca] ⑩ 무명[無明 : avijjā]이 있다. 전자는 하계, 즉 감각적 쾌락에 대한 욕망의 세계[欲界]에 속하는 것이고 후자는 상계, 즉 미세한 물질계[色界] 이상에 속하는 것이다.

273) anāvattidhammo : 돌아오지 않는 님(anāgāmin : 不還者)의 상태를 의미한다.

274) ye keci kāmesu asaññatā janā | avītarāgā idha kāma bhogino | punappunaṃ jātijarūpagāhino | taṇ hādhipannā anusotagāmino ||

275) tasmā hi dhīro idhupaṭṭhitāsatī | kāme ca pāpe ca asevamāno | sahāpi dukkhena jaheyya kāme | paṭ isotagāmīti tamāhu puggalaṃ ||

다섯 가지 번뇌를 부수었고
학인의 지위를 성취하여 결코 퇴전할 수 없고
마음을 통제하고 감관을 제어하니
그러한 사람이 확립되어 서 있는 자이다.[276]

높고 낮은 사실들을 통달하여
그에게 그것들은 흩어지고 사라져서 존재하지 않으니
그를 두고 지혜에 정통한 님, 청정한 삶을 이룬 님,
세상의 끝에 이른 님, 피안에 도달한 님이라 이른다."[277]

3. 인간이 짊어진 네 가지 멍에란 무엇인가?[278]

1. [세존] "수행승들이여, 네 가지 멍에가 있다. 네 가지란 무엇인가? 감각적 쾌락에 대한 욕망의 멍에, 존재의 멍에, 견해의 멍에, 무명의 멍에가 있다.[279]

2. 수행승들이여, 감각적 쾌락에 대한 욕망의 멍에란 무엇인가? 수행승들이여, 세상에 어떤 사람은 감각적 쾌락에 대한 욕망의 발생과 소멸과[280] 유혹과 위험과 여읨을 있는 그대로 분명히 알지 못한다.

---

276) yo ve kilesāni pahāya pañca | paripuṇṇasekho apahānadhammo || cetovasippatto samāhitindriyo | sa ve ṭhitatto'ti naro pavuccati ||

277) parovarā yassa samecca dhammā | vidhūpitā atthagatā na santi | sa vedagū vusitabrahmacariyo | lokantagū pāragato'ti vuccatīti ||

278) AN. II. 10 : 멍에의 경[Yogasutta], 아비달마집이문족론 6(대정 26, 399ab) 참조

279) kāmayogo bhavayogo diṭṭhiyogo avijjāyogo : 이것들은 네 가지 번뇌(四煩惱[āsava)이기도 하고 네 가지 거센 흐름(四暴流[ogha])이기도 하다. Mrp. II. 13에 따르면, ① 감각적 쾌락에 대한 욕망의 멍에는 다섯 가지 감각적 쾌락의 종류[五欲樂]를 말하고 ② 존재의 멍에는 미세한 물질계[色界]와 비물질계[無色界]에 대한 욕망과 탐욕을 말하고 ③ 견해의 멍에는 영원주의나 허무주의적 견해를 말하고 ④ 무명의 멍에는 네 가지 진리[四聖諦]에 대한 무지를 말한다.

280) samudayañca atthagamañca : Lba. II. 204에서 인용한 복주에 따르면, 발생(samudaya)은 두 가지의 뜻을 지닌다. ① 발생계기(khaṇikasamudaya)와 ② 발생조건(paccayasamudaya)이다. 발생조건을 알면 발생계기를 알 수 있고 발생계기를 알면 발생조건을 알 수 있다. 형성된 것들의 상승을 조건 속에서 보면, 순간적 계기 속의 상승을 지각할 수 있다. 순간적 계기 속의 상승을 지각하면 그 해당조건들을 잘 파악할 수 있기 때문에

그가 감각적 쾌락에 대한 욕망의 발생과 소멸과 유혹과 위험과 여읨을 있는 그대로 분명히 알지 못해서 감각적 쾌락에 대한 욕망에 관하여 감각적 쾌락에 대한 탐욕, 감각적 쾌락에 대한 환락, 감각적 쾌락에 대한 열애, 감각적 쾌락에 대한 홀림, 감각적 쾌락에 대한 갈증, 감각적 쾌락에 대한 열뇌, 감각적 쾌락에 대한 탐닉, 감각적 쾌락에 대한 갈애를 향한 경향을 일으키면, 수행승들이여, 이것을 감각적 쾌락에 대한 욕망의 멍에라고 한다."

3. 수행승들이여, 감각적 쾌락에 대한 욕망의 멍에가 이와 같다면, 존재의 멍에란 무엇인가? 수행승들이여, 세상에 어떤 사람은 존재의 발생과 소멸과 유혹과 위험과 여읨을 있는 그대로 분명히 알지 못한다. 그가 존재의 발생과 소멸과 유혹과 위험과 여읨을 있는 그대로 분명히 알지 못해서 존재에 관하여 존재에 대한 탐욕, 존재에 대한 환락, 존재에 대한 열애, 존재에 대한 홀림, 존재에 대한 갈증, 존재에 대한 열뇌, 존재에 대한 탐닉, 존재에 대한 갈애를 향한 경향을 일으키면, 수행승들이여, 이것을 존재의 멍에라고 한다.

4. 수행승들이여, 감각적 쾌락에 대한 욕망의 멍에가 이와 같고, 존재의 멍에가 이와 같다면, 견해의 멍에란 무엇인가? 수행승들이여, 세상에 어떤 사람은 견해의 발생과 소멸과 유혹과 위험과 여읨을 있는 그대로 분명히 알지 못한다. 그가 견해의 발생과 소멸과 유혹과 위험과 여읨을 있는 그대로 분명히 알지 못해서 견해에 관하여 견해에 대한 탐욕, 견해에 대한 환락, 견해에 대한 열애, 견해에 대한 홀림, 견해에 대한 갈증, 견해에 대한 열뇌, 견해에 대한 탐닉, 견해에 대한 갈애를 향한 경향을 일으키면, 수행승들이여, 이것을 견해의 멍에라고 한다.

그 조건성을 알 수 있다. 소멸(atthagama)에 대해서도 동일한 방식으로 설명하고 있다.

5. 수행승들이여, 감각적 쾌락에 대한 욕망의 멍에가 이와 같고, 존재의 멍에가 이와 같고 견해의 멍에가 이와 같다면, 무명의 멍에란 무엇인가? 수행승들이여, 세상에 어떤 사람은 여섯 가지 접촉의 감역의[281] 발생과 소멸과 유혹과 위험과 여읨을 있는 그대로 분명히 알지 못한다. 그가 여섯 가지 접촉의 감역의 발생과 소멸과 유혹과 위험과 여읨을 있는 그대로 분명히 알지 못해서 여섯 가지 접촉의 감역에 관하여 무명과 무지의 경향을 일으키면, 수행승들이여, 이것을 무명의 멍에라고 한다.

6. 수행승들이여, 감각적 쾌락에 대한 욕망의 멍에가 이와 같고, 존재의 멍에가 이와 같고, 견해의 멍에가 이와 같고, 무명의 멍에가 이와 같다. 악하고 불건전하고, 오염을 초래하고, 재생을 가져오고, 고뇌를 수반하고, 고통을 초래하고, 미래에 다시 태어남, 늙음, 죽음으로 이끄는 것들에 묶여있다면, 그를 두고 멍에에서 안온을 얻지 못한 자라고[282] 한다. 수행승들이여, 이것이 네 가지 멍에이다.

7. [세존] "수행승들이여, 네 가지 멍에의 여읨이 있다. 네 가지란 무엇인가? 감각적 쾌락에 대한 욕망의 멍에를 여읨, 존재의 멍에를 여읨, 견해의 멍에를 여읨, 무명의 멍에를 여읨이 있다.

8. 수행승들이여, 감각적 쾌락에 대한 욕망의 멍에를 여읨이란 무엇인가? 수행승들이여, 세상에 어떤 사람은 감각적 쾌락에 대한 욕망의 발생과 소멸과 유혹과 위험과 여읨을 있는 그대로 분명히 안다. 그가 감각적 쾌락에 대한 쾌락에 대한 욕망의 발생과 소멸과 유혹과 위험과 여읨을 있는 그대로 분명히 알아서 감각적 쾌락에 대한

281) channaṃ phassāyatanānaṃ : 여섯 가지는 시각접촉, 청각접촉, 후각접촉, 미각접촉, 촉각접촉, 정신접촉을 말한다.

282) ayogakkhemī ti : 여기서 멍에는 네 가지 멍에를 말하고 안온은 열반을 뜻한다.

욕망에 관하여 감각적 쾌락에 대한 탐욕, 감각적 쾌락에 대한 환락, 감각적 쾌락에 대한 열애, 감각적 쾌락에 대한 홀림, 감각적 쾌락에 대한 갈증, 감각적 쾌락에 대한 열뇌, 감각적 쾌락에 대한 탐닉, 감각적 쾌락에 대한 갈애를 향한 경향을 일으키지 않는다면, 수행승들이여, 이것을 감각적 쾌락에 대한 욕망의 멍에를 여윔이라고 한다.

9. 수행승들이여, 감각적 쾌락에 대한 욕망의 멍에를 여윔이 이와 같다면, 존재의 멍에를 여윔이란 무엇인가? 수행승들이여, 세상에 어떤 사람은 존재의 발생과 소멸과 유혹과 위험과 여윔을 있는 그대로 분명히 안다. 그가 존재의 발생과 소멸과 유혹과 위험과 여윔을 있는 그대로 분명히 알아서 존재에 관하여 존재에 대한 탐욕, 존재에 대한 환락, 존재에 대한 열애, 존재에 대한 홀림, 존재에 대한 갈증, 존재에 대한 열뇌, 존재에 대한 탐닉, 존재에 대한 갈애를 향한 경향을 일으키지 않는다면, 수행승들이여, 이것을 존재의 멍에를 여윔이라고 한다.

10. 수행승들이여, 감각적 쾌락에 대한 욕망의 멍에를 여윔이 이와 같고, 존재의 멍에를 여윔이 이와 같다면, 견해의 멍에를 여윔이란 무엇인가? 수행승들이여, 세상에 어떤 사람은 견해의 발생과 소멸과 유혹과 위험과 여윔을 있는 그대로 분명히 안다. 그가 견해의 발생과 소멸과 유혹과 위험과 여윔을 있는 그대로 분명히 알아서 견해에 관하여 견해에 대한 탐욕, 견해에 대한 환락, 견해에 대한 열애, 견해에 대한 홀림, 견해에 대한 갈증, 견해에 대한 열뇌, 견해에 대한 탐닉, 견해에 대한 갈애를 향한 경향을 일으키지 않는다면, 수행승들이여, 이것을 견해의 멍에를 여윔이라고 한다.

11. 수행승들이여, 감각적 쾌락에 대한 욕망의 멍에를 여윔이 이와 같고, 존재의 멍에를 여윔이 이와 같고 견해의 멍에를 여윔이 이와

같다면, 무명의 멍에를 여읨이란 무엇인가? 수행승들이여, 세상에 어떤 사람은 여섯 가지 접촉의 감역의 발생과 소멸과 유혹과 위험과 여읨을 있는 그대로 분명히 안다. 그가 여섯 가지 접촉의 감역의 발생과 소멸과 유혹과 위험과 여읨을 있는 그대로 분명히 알아서 여섯 가지 접촉의 감역에 관하여 무명과 무지의 경향을 일으키지 않으면, 수행승들이여, 이것을 무명의 멍에를 여읨이라고 한다.

12. 수행승들이여, 감각적 쾌락에 대한 욕망의 멍에를 여읨이 이와 같고, 존재의 멍에를 여읨이 이와 같고, 견해의 멍에를 여읨이 이와 같고, 무명의 멍에를 여읨이 이와 같다. 악하고 불건전하고, 오염을 초래하고, 재생을 가져오고, 고뇌를 수반하고, 고통을 초래하고, 미래에 다시 태어남, 늙음, 죽음으로 이끄는 것들에서 벗어나있다면, 그를 두고 멍에에서 안온을 얻은 자라고 한다. 수행승들이여, 이것이 네 가지 멍에의 여읨이다."

13. [세존]

"무명의 멍에를 선구로 하여
감각적 쾌락에 대한 욕망의 멍에와
존재의 멍에의 양자에 묶이고
견해의 멍에에 의해 묶여서
뭇삶들은 윤회한다.
태어남과 죽음의 길을 가면서.[283]

그러나 감각적 욕망을 완전히 알고
일체 존재의 멍에를 완전히 알아
견해의 멍에를 제거하고

283) kāmayogena saṃyuttā | bhavayogena cūbhayaṃ | diṭṭhiyogena saṃyuttā | avijjāya purakkhatā | sattā gacchanti saṃsāraṃ | jātimaraṇagāmino ||

무명을 소멸시킨 님은
모든 멍에를 여의었으니
참으로 멍에를 벗어난 님들이다."284)

4. 올바른 노력이란 무엇을 말하는가?285)

1. [세존] "수행승들이여, 이와 같은 네 가지 올바른 노력이286) 있다.

2. 네 가지란 무엇인가? 수행승들이여, 세상에 수행승은

1) 아직 생겨나지 않은 악하고 불건전한 것들은 생겨나지 않도록, 의

---

284) ye ca kāme pariññāya | bhavayogañca sabbaso | diṭṭhiyogaṃ samūhacca | avijjañca virājayaṃ | sabbayogavisaṃyuttā | te ve yogātigā munīti ||

285) AN. II. 15, 노력의 경[Padhānasutta]

286) cattāro sammappadānā : 네 가지 올바른 노력[四正勤]을 통한 정진을 말한다. 한역에서 사정근(四正勤)이라고 한다. ① 제어의 노력(律儀勤 : saṁvarappadhāna)은 아직 생겨나지 않은 악하고 불건전한 것들이 생겨나는 것을 방지하는 것을 말한다. 마음의 장애는 정신적인 흐름 속에 지속되지만 감각적 체험의 유입을 통해서 활성화된다. 감각적 체험은 감각자료, 즉 시각자료(色), 청각자료(聲), 후각자료(香), 미각자료(味), 접촉자료(觸)로 구성된다. 이러한 감각자료들은 의식에 의존하는 감각과 만나게 된다. 이 때 의식이 함께 수반하면서 감각자료는 지속되고 평가되고 적절한 반응을 일으킨다. 의식이 그러한 자료적 인상에 대하여 이치에 맞는 정신활동[如理作意]을 기울이지 않으면 감각자료는 악하고 불건전하고 다듬어지지 않은 상태로 오염된다. 이러한 오염의 경향은 감각대상에 따라서 규정된다. 매력적인 인상은 탐욕, 혐오적인 인상은 분노, 중성적인 대상은 어리석음을 수반하는 오염을 일으킨다. 따라서 이러한 오염을 제거하기 위해 감관을 다스려야 한다. ② 버림의 노력(斷勤 : pahānappadhāna)은 이미 생겨난 악하고 불건전한 것들을 버리는 것이다. 감관을 제어하고 아직 생겨나지 않은 장애들을 극복하였더라도 과거의 업으로부터 유래된 악하고 불건전한 사유가 남아 있게 마련이다. 이것을 극복하기 위한 것이 '버림에 의한 노력'이다. 여기에는 다섯 가지 정신적 장애가 포함된다. 다섯 가지 장애에는 탐욕, 성냄, 어리석음에서 생겨난 것이므로 그 조건을 소멸시킴으로써 장애를 제거할 수 있다. 그러나 여기서 중요한 것은 악하고 불건전한 사유를 없애는 것은 착하고 건전한 것들에 대한 숙고를 통해 없어지지만, 궁극적으로는 착하고 건전한 것들에 대한 사유마저 소멸되어야 하는 것이다. 그래서 착하고 건전한 것으로 악하고 불건전한 것을 대치하는 것은 마치 능숙한 미장이나 그 도제가 '작은 쐐기로 큰 쐐기를 제거하는 것(MN. II. 116 : sukhumāya āṇiyā olārikaṁ āṇiṁ abhinihaneyya)'과 같다. 궁극적으로는 그 착하고 건전한 것들도 소멸되어야 하는 것이다. ③ 수행의 노력(修勤 : bhāvanāppadhāna)은 아직 생겨나지 않은 착하고 건전한 것들을 생겨나게 하는 것을 말한다. 수행은 다양한 측면을 가지지만 경전에서 특히 일곱 가지 깨달음 고리(七覺支 : satta bojjhaṅgā)를 들고 있다. 새김의 깨달음 고리, 탐구의 깨달음 고리, 정진의 깨달음 고리, 희열의 깨달음 고리, 안온의 깨달음 고리, 집중의 깨달음 고리, 평정의 깨달음 고리를 닦아야 한다. ④ 수호의 노력(守護勤 : anurakkhaṇāppadhāna)은 이미 생겨난 착하고 건전한 것들을 유지하는 것을 말한다. 그것은 정신의 집중을 통해 나타나는 괴로움의 거룩한 진리를 상기시키는 지각의 인상(現相 : nimitta)을 수호함으로써 이루어진다. 수호의 노력은 해골과 뼈로 구성된 시체에 대한 지각, 벌레들이 모여 우글거리는 시체에 대한 지각, 푸르게 멍든 어혈을 지닌 시체에 대한 지각, 고름이 가득 찬 시체에 대한 지각, 부패해서 갈라진 시체에 대한 지각, 부푼 시체에 대한 지각 등을 수호하는 데 있다. 이러한 존재의 궁극적인 괴로움, 즉 죽음에 수반되는 현실의 처참함을 자각함으로써 본질적으로 존재의 속박을 싫어하여 떠나 그것에서 벗어나 해탈을 수호하는 데 있다.

욕을 일으켜 정진하고 정근하고 마음을 책려하여 노력한다.

2) 이미 생겨난 악하고 불건전한 것들은 버리도록, 의욕을 일으켜 정진하고 정근하고 마음을 책려하여 노력한다.

3) 아직 생겨나지 않은 착하고 건전한 것들은 생겨나도록, 의욕을 일으켜 정진하고 정근하고 마음을 책려하여 노력한다.

4) 이미 생겨난 착하고 건전한 것들은 유지하여 잊어버리지 않고 증가시키고 확대시키고 계발하여 충만하도록, 의욕을 일으켜 정진하고 정근하고 마음을 책려하여 노력한다.

수행승들이여, 이와 같은 네 가지 올바른 노력이 있다."

3. [세존]

"올바른 노력으로 악마의[287]
영토를 정복하여 집착을 여의고
태어남과 죽음의 공포에서
그들은 저 언덕으로 건넜다.[288]

만족을 아는 님들은
악마와 그 권속을 이기고 욕망을 여의고
모든 나무찌[289]의 힘을 뛰어넘어
참으로 행복하게 지낸다."[290]

---

287) Māra : 악마는 모든 경우에 부처님과는 다른 입장에 선다. 악마는 일반적으로 감각적 쾌락의 욕망을 유혹하는 자의 입장에 있지만, 여기서는 반대로 엄격한 고행을 주장하고 있다. 이것은 두 가지 극단이 그렇지 않은 것보다 가깝다는 것을 시사한다. 한편, 악마는 다른 종교에서의 악마와는 달리 대조적인 견해를 드러내서 깨달음의 길을 분명히 하는 데 이용된다. 철학적으로는 악마는 번뇌, 업의 형성력, 존재의 다발 등을 상징한다. 악마는 자재천(Vasavatti)으로 하늘아들 다마리까(Dāmarika)라고 불리며, 감각적 쾌락의 욕망계의 하늘나라에서 그 최고천인 다른 신들이 만든 것을 누리는 신들의 하늘나라[他化自在天 : Paranimmitavasavatti]에 살면서 수행자들이 감각적 쾌락의 욕망계를 벗어나는 것을 방해하는 자이다.

288) sammappadhānā māradheyyādhibhūtā | te asitā jātimaraṇabhayassa pāragū ‖

289) sabbe vat'ete namuci ppasatthā : Srp. I. 128에 따르면, 'sabbe va te te(=tayā), namuci(*voc.*), ppasatthā'의 뜻으로 읽고 있다. 여기서 나무찌(Namuci)는 '해탈하지 못한 자'란 뜻을 지닌 악마의 이름이다.

290) te tusitā jetvāna | māraṃ savāhiniṃ | te anejā (sabbaṃ) namucibalaṃ | upātivattā te sukhitāti ‖

5. 미세한 통찰이란 무엇인가?[291]

1. [세존] "수행승들이여, 네 가지 미세한 통찰이[292] 있다. 네 가지란 무엇인가?

2. 수행승들이여, 세상에 수행승이

1) 그 물질에 대한 미세한 통찰보다 더 탁월하고 더 수승한 다른 물질에 대한 미세한 통찰을 보지 못하고, 그 물질에 대한 미세한 통찰보다 더 탁월하고 더 수승한 다른 물질에 대한 미세한 통찰을 바라지도 않는, 그러한 궁극적인 물질에 대한 미세한 통찰을 갖춘다.

2) 그 느낌에 대한 미세한 통찰보다 더 탁월하고 더 수승한 다른 느낌에 대한 미세한 통찰을 보지 못하고, 그 느낌에 대한 미세한 통찰보다 더 탁월하고 더 수승한 다른 느낌에 대한 미세한 통찰을 바라지도 않는, 그러한 궁극적인 느낌에 대한 미세한 통찰을 갖춘다.

3) 그 지각에 대한 미세한 통찰보다 더 탁월하고 더 수승한 다른 지각에 대한 미세한 통찰을 보지 못하고, 그 지각에 대한 미세한 통찰보다 더 탁월하고 더 수승한 다른 지각에 대한 미세한 통찰을 바라지도 않는, 그러한 궁극적인 지각에 대한 미세한 통찰을 갖춘다.

4) 그 형성에 대한 미세한 통찰보다 더 탁월하고 더 수승한 다른 형성에 대한 미세한 통찰을 보지 못하고, 그 형성에 대한 미세한 통찰보다 더 탁월하고 더 수승한 다른 형성에 대한 미세한 통찰을 바라지도 않는, 그러한 궁극적인 형성에 대한 미세한 통찰을 갖춘다.[293]

수행승들이여, 이와 같은 네 가지 미세한 통찰이 있다."

3. [세존]

---

291) AN. II. 17 : 미세한 통찰의 경[sokhummasutta]

292) sokhummāni : 한역으로 미세지(微細智)이다. Mrp. III. 21에 따르면, 미세한 특징(sukhumalakkhaṇa)을 꿰뚫는 앎을 말한다. 여기서 미세한 특징이란 무상하고 괴롭고 실체가 없는 것을 말한다.

293) 이상의 네 가지가 의식[識]과 더불어 다섯 가지 존재의 다발[五蘊]을 구성한다.

"물질의 미세한 통찰과
느낌의 발생과
거기서 지각이 생겨나고
사라지는 것을 알고[294]

형성을 타자로 괴로운 것으로
자아가 아닌 것으로 안다.
이렇게 올바로 보는 수행승이
고요하고 적멸의 경지를 즐긴다면
악마와 그 권속을 이기고
그 최후의 몸을 성취하리."[295]

6. 깨달은 님이라도 공경하고 의지해야 할 대상은 무엇인가?[296]

1. 한때 세존께서 싸밧티 시의 제따바나 숲에 있는 아나타뻰디까 승원에 계셨다. 그때 세존께서는 '수행승들이여'라고 수행승들을 부르셨다. '세존이시여'라고 그들 수행승들은 세존께 대답했다.

2. 세존께서는 이와 같이 말씀하셨다.

[세존] "수행승들이여, 한때 내가 완전한 깨달음을 얻은 직후,[297] 우루벨라[298] 마을의 네란자라 강가에 있는 아자빨라 보리수 아래

---

294) rūpasokhummataṃ ñatvā | vedanānañca sambhavaṃ | saññā yato samudeti | atthaṃ gacchati yattha ca ||

295) saṃkhāre parato ñatvā | dukkhato no ca attato | sa ve sammaddaso bhikkhu | santo santipade rato | dhāreti antimaṃ dehaṃ | jetvā māraṃ savāhininti ||

296) AN. I. 20 : 우루벨라의 경①[Paṭhamuruvelāsutta], SN. I. 138, 잡아함 44권 11(大正 2. 321c, 잡1188) 참조. AN. II. 20-21 참조.

297) paṭhamābhisambuddho : Mrp. III. 24에 따르면 '정각을 이룬 후, 비로소'라는 뜻이다.

298) Uruvelā : 붓다가야(Buddhagayā)의 보리수 근처에 있는 네란자라(Nerañjarā) 강가의 한 지역이다. 부처님은 정각을 이루기기 전의 보살이었을 때에 스승이었던 알라라(Āḷāra)와 웃다까(Uddaka)를 떠나 소위 오비구(五比丘)와 함께 6년간의 고행을 하던 장소였다. 나중에 부처님은 고행을 위해 선택한 장소가 쎄나니가마(Senānigāma)라고 말하기도 했다. 그러나 오비구는 보살이 고행을 늦추자 보살을 떠났다. 보살은 쎄나니가마 마

에[299] 있었다. 그때 나는 홀로 고요히 앉아서 명상하다가 이와 같이 '공경하고 존중해야 할 사람이 없다는 것은 괴롭다. 참으로 그 어떤 수행자나 또는 성직자를 공경하고 존중하고 의지할 수 있을까?'라고 마음속으로 생각했다.[300]

3. 그래서 나는 이와 같이 생각했다.

1) '아직 원만히 성취되지 않은 계행의 다발을 성취하기 위해 다른 수행자나 또는 성직자를 공경하고 존중하고 의지해 보자. 그러나 나는 신들의 세계, 악마들의 세계, 하느님들의 세계, 성직자들과 수행자들, 그리고 왕들과 백성들과 그 후예들의 세계에서 나보다 더 계행을 성취해서 내가 공경하고 존중하고 의지할 수 있는 다른 수행자나 성직자를 보지 못했다.

2) 아직 원만히 성취되지 않은 삼매의 다발을 성취하기 위해 다른 수행자나 또는 성직자를 공경하고 존중하고 의지해 보자. 그러나 나는 신들의 세계, 악마들의 세계, 하느님들의 세계, 성직자들과 수행자들, 그리고 왕들과 백성들과 그 후예들의 세계에서 나보다 더 삼매를 성취해서 내가 공경하고 존중하고 의지할 수 있는 다른 수행자나 성직자를 보지 못했다.

3) 아직 원만히 성취되지 않은 지혜의 다발을 성취하기 위해 다른 수행자나 또는 성직자를 공경하고 존중하고 의지해 보자. 그러나 나는 신들의 세계, 악마들의 세계, 하느님들의 세계, 성직자들과

을의 쑤자따(Sujātā)의 유미죽의 공양으로 몸을 회복하고 네란자라 강에서 목욕을 하고 아자빨라니그로다 나무 아래서 정각을 이루었다.

299) Ajapālanigrodhamūle : 부처님이 최상의 올바르고 원만한 깨달음을 얻은 장소. 아자빨라(ajapāla)는 염소치기 또는 암송하지 못함을 뜻하는데, 이 나무 밑은 염소치기들이 쉬곤 했기 때문에, 또는 나이든 바라문이 베다(Veda)를 암송하지 못하게 되자(ajapā) 이 나무 밑에서 거처를 마련하고 살았기 때문에 붙여진 나무라는 전설이 있다. 니그로다(nigrodha)는 뱅골 보리수로 한역에서는 용수(榕樹) 또는 니구율(尼拘律)이라고 한다.

300) cetaso parivitakko udapādi : Mrp. III. 24에 따르면, 정각을 이룬 후의 5주째에(pañcame sattāhe) 일어난 사유이다.

수행자들, 그리고 왕들과 백성들과 그 후예들의 세계에서 나보다 더 지혜를 성취해서 내가 공경하고 존중하고 의지할 수 있는 다른 수행자나 성직자를 보지 못했다.

4) 아직 원만히 성취되지 않은 해탈의 다발을 성취하기 위해 다른 수행자나 또는 성직자를 공경하고 존중하고 의지해 보자. 그러나 나는 신들의 세계, 악마들의 세계, 하느님들의 세계, 성직자들과 수행자들, 그리고 왕들과 백성들과 그 후예들의 세계에서 나보다 더 해탈을 성취해서 내가 공경하고 존중하고 의지할 수 있는 다른 수행자나 성직자를 보지 못했다.

5) 아직 원만히 성취되지 않은 해탈에 대한 앎과 봄의 다발을 성취하기 위해 다른 수행자나 또는 성직자를 공경하고 존중하고 의지해 보자. 그러나 나는 신들의 세계, 악마들의 세계, 하느님들의 세계, 성직자들과 수행자들, 그리고 왕들과 백성들과 그 후예들의 세계에서 나보다 더 해탈에 대한 앎과 봄을 성취해서 내가 공경하고 존중하고 의지할 수 있는 다른 수행자나 성직자를 보지 못했다.301)

4. 나는 내 스스로 올바로 원만히 깨달은 진리를 공경하고 존중하고 거기에 의지하는 것이 어떨까?'302)

---

301) na kho panāhaṁ passāmi sadevake loke samārake sabrahmake, sassamaṇabrāhmaṇiyā pajāya sadevamanussāya attanā vimutti ñāṇadassanasampannataraṁ aññaṁ samaṇaṁ vā brāhmaṇaṁ vā yam ahaṁ sakkatvā garu katvā upanissāya vihareyyaṁ : 여기까지는 다섯 가지 수행단계를 언급한 것이다. 여기서 다발(khandha)이라는 것은, 이를테면 계행의 다발이란 여러 가지의 계행을 말하는데, 그것들이 서로 긴밀하게 연관되어 있음을 함축한다. ① 계행(戒 : sīla) ② 삼매(定 : samādhi) ③ 지혜(慧 : paññā) ④ 해탈(vimutti) ⑤ 해탈지견(vimuttiñāṇadassana) 이러한 수행단계의 완전성에 도달하지 않는 한, 스승의 지도가 필요하지만 부처님께서는 모든 점에서 다른 수행자들이나 성직자들을 훨씬 능가하므로 스승을 필요로 하지 않는다.

302) yannūnāhaṃ yvāyaṃ dhammo mayā abhisambuddho tameva dhammaṃ sakkatvā garu katvā upanissāya vihareyyanti. : 리스 데이비즈 부인은 부처님께서 깨달은 진리, 즉 법(dhamma)은 불교 발전의 어떤 특정한 시기에 신(神)이 되었다고 했는데, 가이거는 Ggs. I. 139에서 바로 이것이 법신불(法身佛) 사상의 시초이며, 나아가 쌍쓰끄리뜨 문헌인 서사시나 고담에서 법이 신적인 존재로 자주 등장하고 특히 삽따빠타 브라흐마나(Śaptapatha Brahmaṇa) 문헌에서는 법이 인드라 신과 동일시된다고 주장했다.

5. 그때 하느님 싸함빠띠가 내가 마음속으로 생각하는 바를 알아차리고 마치 힘센 사람이 굽혀진 팔을 펴고 펴진 팔을 굽히는 듯한 사이에 하느님의 세계에서 모습을 감추고 내 앞에 모습을 나타냈다.

6. 그리고 하느님 싸함빠띠는 왼쪽 어깨에 가사를 걸치고 오른쪽 무릎을 땅에 꿇은 채 내가 있는 곳을 향해 합장하고 나에게 이와 같이 말했다.

7. [싸함빠띠] "세상의 존귀한 님이여, 그렇습니다. 올바른 길로 잘 가신 님이여, 그렇습니다. 세존이시여, 과거의 거룩한 님, 올바로 원만히 깨달은 님들이셨던 세존들께서도 진리를 공경하고 존중하고 그것에 의지하였습니다. 세존이시여, 미래의 거룩한 님, 올바로 원만히 깨달은 님들이 되실 세존들께서도 진리를 공경하고 존중하고 그것에 의지할 것입니다. 세존이시여, 현재의 거룩한 님, 올바로 원만히 깨달은 님인 세존께서도 진리를 공경하고 존중하고 그것에 의지합니다."

8. 이와 같이 하느님 싸함빠띠는 말했다. 말하고 나서 이와 같은 시를 읊었다.

[싸함빠띠] "과거의 올바로 원만히 깨달은 님,
미래의 올바로 원만히 깨달은 님,
현재의 올바로 원만히 깨달은 님,
수많은 사람의 슬픔을 없애준다.303)

모두가 올바른 가르침을
공경하며 살았고, 살고 있으며,

303) ye ca atītā sambuddhā | ye ca buddhā anāgatā | yo c'etarahi sambuddho | bahunnaṁ sokanāsano ‖ 이하의 시들 560-562는 AN. II. 21; Uv. 21 : 11-13; Abhi-k-bh. p. 467에도 나온다.

또한 살아갈 것이니,
이것이 깨달은 님들의 법성[304]이다.[305]

자신에게 유익한 것을 바라고,
참모임의 성장을 소망하는 자는[306]
깨달은 님의 가르침을 새겨
올바른 가르침을 존중해야 하리."[307]

9. 하느님 싸함빠띠는 이와 같이 말했다. 이와 같이 말하고 나서 세존께 인사를 드리고 오른쪽으로 돌고 나서 그곳에서 사라졌다.

10. 수행승들이여, 그래서 나는 하느님의 청원을 알고, 그것이 나에게 옳다고 생각하여, 내가 올바로 원만히 깨달은 진리를 공경하고 존중하고 그것에 의지하며 지냈다. 수행승들이여, 그렇게 해서 참모임이 크게 성장하자, 참모임에도 경의를 표했다."[308]

7. 여래를 왜 여래라고 하는가?[309]

1. 한때 세존께서 싸밧티 시에 계셨다.

---

304) buddhānaṁ dhammatā : 원래 '부처님들의 법성(法性)'이라는 뜻이다.

305) sabbe saddhammagaruno | viharinsu viharanti ca | atho pi viharissanti | esā buddhānaṁ dhammatā ‖

306) mahattaṁ abhikaṅkhatā : 여기서 mahatta는 리스 데이비즈 부인 번역(Grs. II. 22)의 '위대한 자아(mahā-atta)를 의미하는 것이 아니라 단순히 mahā의 추상명사로 '큰 상태'를 뜻하며 문맥상 '참모임의 크나큰 성장'을 의미한다.

307) tasmā hi atthakāmena | mahattamabhikaṅkhatā | saddhammo garu kātabbo | saraṁ buddhānasāsanan ti ‖

308) yato ca kho bhikkhave saṅghopi mahattena samannāgato atha me saṅghe'pi (tibba)gāravo ti : 쌍윳따니까야의 동일 경에는 전체적으로 이 문단이 없다. Mrp. III. 26에서는 MN. 142의 에피소드를 전하고 있다. 마하빠자빠띠 고따미가 부처님에게 가사를 보시하자 부처님은 그것을 '고따미여, 그것을 참모임에 보시하십시오! 그대가 그것을 참모임에 보시하면 나와 참모임에 공경하는 것입니다.'라고 말했다. 그리고 Mrp. III. 26에 따르면, 네 종류의 참모임의 성장이 있다. 오랜 수행을 한 자들이 많아지는 것(rattaññumahatta), 양적으로 많아지는 것(vepullamahatta), 청정한 삶을 사는 자가 많아지는 것(brahmacariyamahatta), 최상의 이익이 많아지는 것(lābhaggamatta)이다.

309) AN. II. 23 : 세상의 경[Lokasutta], It. 112; 중아함 34(대정1. 645b) 참조.

[세존] "수행승들이여, 세상은[310] 여래에 의해서 올바로 원만히 깨달아졌으며, 여래는 그 세상을 벗어났다. 세상의 발생은 여래에 의해서 올바로 원만히 깨달아졌으며, 여래는 그 세상의 발생을 끊어버렸다. 세상이 소멸은 여래에 의해서 올바로 원만히 깨달아졌으며, 여래는 그 세상의 소멸을 실현하였다. 세상의 소멸로 이끄는 길은 여래에 의해서 올바로 원만히 깨달아졌으며, 여래는 그 세상의 소멸로 이끄는 길을 닦았다.[311]

2. 수행승들이여, 신들의 세계, 악마들의 세계, 하느님들의 세계, 성직자들과 수행자들, 그리고 왕들과 백성들과 그 후예들의 세계에서 보여 지고 들려지고 감지되고[312] 인식되고 파악되고 탐구되고 정신으로 고찰된 것은 모두 여래에 의해서 올바로 원만히 깨달아졌다. 그러므로 여래라고 하는 것이다.

3. 수행승들이여, 또한 여래가 올바로 원만히 깨달은 그 날부터 완전한 열반에 드는 그 날까지 말하고 설하고 가르친 그 모든 것은 그와 같고 다른 것이 아니다. 그러므로 여래라고 하는 것이다.

4. 수행승들이여, 여래는 말하는 대로 그대로 행한다. 여래는 행하는 대로 그대로 말한다. 이처럼 그는 말하는 대로 그대로 행하고, 행하

---

310) loka : Mrp. III. 31에 따르면, 세상은 괴로움의 진리[苦諦]를 의미한다.

311) loko bhikkhave tathāgatena abhisambuddho. lokasmā tathāgato visaṃyutto. lokasamudayo bhikkhave tathāgatena abhisambuddho. lokasamudayo tathāgatassa pahīṇo. lokanirodho bhikkhave tathāgatena abhisambuddho. lokanirodho tathāgatassa sacchikato. lokanirodhagāminīpaṭipadā bhikkhave tathāgatena abhisambuddhā. lokanirodhagāminīpaṭipadā tathāgatassa bhāvitā : SN. V. 424에 따르면, 여래는 이와 같이 진리를 선언했다. ① 괴로움의 거룩한 진리는 궁극적으로 다섯 가지 존재의 다발과 여섯 가지 감역에 대한 것이다. 그것은 완전히 알려져야 한다.(pariññeyya) 그것은 나에게 완전히 알려졌다. ② 괴로움의 발생의 거룩한 진리는 갈애에 대한 것이다. 그것은 제거되어야 한다.(pahātabba) 그것은 나에게서 제거되었다. ③ 소멸의 거룩한 진리는 열반에 대한 것이다. 그것은 실현되어야 한다.(sacchikatabba) 그것은 나에게 실현되었다. ④ 그리고 괴로움의 소멸로 이끄는 길의 거룩한 진리는 여덟 가지 고귀한 길에 대한 것이다. 그것은 닦여져야 한다.(bhāvetabba) 그것은 나에게 닦여졌다. 여기서 ①에 대한 접근이 쌍윳따와 다른 것을 알 수 있다.

312) muta : 감지는 특히 불교이전의 문헌에서부터 후각, 미각, 촉각과 관계된 인지작용을 표현하는 데 사용했다.

는 대로 그대로 말한다. 그러므로 여래라고 하는 것이다. 수행승들이여, 신들의 세계, 악마들의 세계, 하느님들의 세계, 성직자들과 수행자들, 그리고 왕들과 백성들과 그 후예들의 세계에서 그는 정복자이고 정복되지 않는 자이고, 널리 보는 자이고, 지배자이다. 그러므로 여래라고 하는 것이다."

5. [세존]

"일체의 세계를 곧바로 알아
일체의 세계에 여여하고
일체의 세계를 벗어나
일체의 세계를 가까이 하지 않고[313]

일체를 정복하였고 현명하고
일체의 계박을 끊고
최상의 적멸과
어떠한 두려움도 없는 열반을 누린다.[314]

번뇌를 부순 깨달은 님,
고통을 여의고 의혹을 자르고
일체의 업을 부수고 해탈하여
집착의 대상을 부쉈으니.[315]

그가 바로 세상의 존귀한 님,
깨달은 님, 위없는 사자이다.
신들과 함께하는 세상에서

---

313) sabbalokaṃ abhiññāya | sabbaloke yathā tathaṃ | sabbalokavisaṃyutto | sabbaloke anūpayo ||
314) sa ve sabbābhibhū dhīro | sabbaganthappamocano | phuṭṭhassa paramā santi | nibbānaṃ akutobhayaṃ ||
315) esa khīṇāsavo buddho | anīghocchinnasaṃsayo | sabbakammakkhayaṃ patto | vimutto upadhisaṅkhaye ||

하느님의 수레바퀴를 굴린다.[316]

그래서 왕들과 백성들은
함께 와서 그 위대한 님,
두려움 없는 님,
깨달은 님에게 귀의한다.[317]

자제하는 자 가운데 가장 잘 자제한 님
적멸에 든 자 가운데 가장 잘 적멸에 든 선인
해탈한 자 가운데 가장 잘 해탈한 님
건넌 자 가운데 가장 잘 건넌 님,[318]

이처럼 위대한 님,
두려움 없는 님에게 그들이 귀의하니
신들과 함께하는 세상에서
그와 대적할 사람이 없어라."[319]

8. 무엇을 위하여 청정한 삶을 사는가?[320]

1. 한때 세존께서 싸밧티 시에 계셨다.

[세존] "수행승들이여, 청정한 삶을 사는 것은 사람들을 속이기 위해서 아니고, 사람들의 비위를 맞추기 위해서가 아니고, 이득과 명예와 칭송을 얻기 위해가 아니고, 험담을 피하기 위해가 아니고, 공덕을 얻기 위해서가 아니고, '이와 같이 나를 알아주기 바란다.'라

---

316) esa so bhagavā buddho | esa sīho anuttaro | sadevakassa lokassa | brahmacakkaṃ pavattayī ||

317) iti devamanussā ca | ye buddhaṃ saraṇaṃgatā | saṅgamma naṃ namassanti | mahantaṃ vītasārad aṃ ||

318) danto damayataṃ seṭṭho | santo samayataṃ isī | mutto mocayataṃ aggo | tiṇṇo tārayataṃ varo ||

319) iti hetaṃ namassanti | mahantaṃ vītasāradaṃ | sadevakasmiṃ lokasmiṃ | natthi te paṭipuggaloti ||

320) AN. II. 26 : 청정한 삶의 경[Brahmacariyasutta]

고 해서가 아니다. 수행승들이여, 청정한 삶을 사는 것은 제어하기 위해서이고, 끊어버리기 위해서고, 사라지기 위해서고, 소멸하기 위해서이다."

2. [세존]
"세상에 존귀한 님께서는
열반에 뛰어들게 하고
재난이 없는 청정한 삶을 설했으니
제어를 위하고 끊어버림을 위함이라.[321]

모든 위대한 선인이 따르던 길이다.
깨달은 님께서 가르치는 대로
그 길을 가는 사람이라면 누구나
스승의 가르침을 완성하여
참으로 괴로움의 종식을 이루리."[322]

9. 뭇삶을 어떻게 섭수할 것인가?[323]

1. [세존] "수행승들이여, 네 가지 섭수의 기초가 있다. 네 가지란 무엇인가? 보시하는 것, 사랑스럽게 말하는 것, 유익한 행위를 하는 것, 동등한 배려이다.[324] 수행승들이여, 이와 같은 네 가지 섭수의 기초가 있다."

---

321) saṃvaratthaṃ pahāṇatthaṃ | brahmacariyaṃ anītihaṃ | adesayi so bhagavā | nibbānogadhagāminaṃ ||

322) esa maggo mahantehi | anuyāto mahesihi | ye ca taṃ paṭipajjanti | yathā buddhena desitaṃ | dukkhassantaṃ karissanti | satthusāsanakārinoti ||

323) AN. II. 32 : 섭수의 기초에 대한 경[Saṅgahavatthusutta], 잡아함 26(대정2. 185a) 참조

324) cattārimāni saṅgahavatthūni … dānaṃ, peyyavajjaṃ, atthacariyā, samānattatā : 한역의 사섭법(四攝法), 즉 보시(布施), 애어(愛語), 이행(利行), 동사(同事)를 말한다. 동사를 함께 함, 함께 지냄이라고 보통 번역하고 역자도 4권에서는 함께 지냄으로 번역했다가 앙굿따라니까야 8 : 24의 문맥에 따라서 동등한 배려라고 번역한다. 즉, 상대방의 입장에서 누군가를 배려하는 것을 말한다.

2. [세존]

"보시하는 것, 사랑스럽게 말하는 것,
유익한 행위를 하는 것,
알맞는 모든 곳에서
가르침에 따라 동등하게 배려하는 것
세상에서 이러한 섭수는
수레바퀴의 바퀴살과 같다.[325]

이러한 섭수가 없다면
아들을 낳은 어머니와
아들을 기른 아버지도
자부심과 공경을 얻지 못하리.[326]

현자는 이러한 섭수를
올바로 성찰하였으니,
그래서 그는 위대함을 얻었고
또한 칭송이 그에게 생겨났다."[327]

10. 삼매의 수행에는 일반적인 선정 이외에 어떠한 종류가 있는가?[328]

1. 한때 세존께서는 싸밧티 시에 계셨다.

[세존] "수행승들이여, 이와 같은 네 가지 삼매의 수행이 있다. 네 가지란 무엇인가? 수행승들이여, 닦고 익히면 현세에서의 행복한

---

325) dānaṃ ca peyyavajjañca | atthacariyā ca yā idha | samānattatā ca dhammesu | tattha tattha yathār ahaṃ | ete kho saṅgahā loke | rathassāṇīva yāyato ||

326) ete ca saṅgahā nāssu | na mātā puttakāraṇā | labhetha mānaṃ pūjaṃ vā | pitā vā puttakāraṇā ||

327) yasmā ca saṅgahā ete | samavekkhanti paṇḍitā | tasmā mahattaṃ papponti | pāsaṃsā ca bhavanti te'ti ||

328) AN. II. 44 : 삼매의 수행에 대한 경[Samādhibhāvanāsutta], 아비달마집이문론 7(대정26. 395c) 참조

삶으로 이끄는 삼매의 수행이 있다. 수행승들이여, 닦고 익히면 앎과 봄의 성취로 이끄는 삼매의 수행이 있다. 수행승들이여, 닦고 익히면 새김의 확립과 올바른 알아차림으로 이끄는 삼매의 수행이 있다. 수행승들이여, 닦고 익히면 번뇌의 부숨으로 이끄는 삼매의 수행이 있다.

2. 수행승들이여, 닦고 익히면 현세에서의 행복한 삶으로 이끄는 삼매의 수행이란 무엇인가? 수행승들이여, 세상에 수행승이

1) 감각적 쾌락의 욕망을 여의고 악하고 불건전한 상태를 떠난 뒤, 사유와 숙고를 갖추고 멀리 여읨에서 생겨나는 희열과 행복을 갖춘 첫 번째 선정에 든다.
2) 사유와 숙고가 멈추어진 뒤, 내적인 평온과 마음의 통일을 이루고, 사유와 숙고를 여의어, 삼매에서 생겨나는 희열과 행복을 갖춘 두 번째 선정에 든다.
3) 희열이 사라진 뒤, 평정하고 새김이 있고 올바로 알아차리며 신체적으로 행복을 느끼며 고귀한 님들이 평정하고 새김이 있고 행복하다고 표현하는 세 번째 선정에 든다.
4) 행복과 고통이 버려지고 만족과 불만도 사라진 뒤, 괴로움도 없고 즐거움도 없는 평정하고 새김이 있고 청정한 네 번째 선정에 든다.

수행승들이여, 닦고 익히면 현세에서의 행복한 삶으로 이끄는 삼매의 수행이란 이와 같다.

3. 수행승들이여, 닦고 익히면 앎과 봄의 성취로 이끄는 삼매의 수행이란 무엇인가? 수행승들이여, 세상에 수행승이 빛에 대한 지각에 정신활동을 기울여 밤과 같이 낮을 낮과 같이 밤을 한결같이 대낮에 대한 지각을 확립한다.[329] 이와 같이 열린 마음으로 개방된 마음

으로 광명에 찬 마음을 닦는다. 수행승들이여, 닦고 익히면 앎과 봄의 성취로 이끄는 삼매의 수행이란 이와 같다.

4. 수행승들이여, 닦고 익히면 새김의 확립과 올바른 알아차림으로 이끄는 삼매의 수행이란 무엇인가? 수행승들이여, 세상에 수행승에게 느낌이 자각적으로 일어나고 자각적으로 유지되고 자각적으로 사라진다.[330] 지각이 자각적으로 일어나고 자각적으로 유지되고 자각적으로 사라진다. 사유가 자각적으로 일어나고 자각적으로 유지되고 자각적으로 사라진다. 수행승들이여, 닦고 익히면 새김의 확립과 올바른 알아차림으로 이끄는 삼매의 수행이란 이와 같다.

5. 수행승들이여, 닦고 익히면 번뇌의 부숨으로 이끄는 삼매의 수행이란 무엇인가? 수행승들이여, 세상에 수행승이 다섯 가지 집착다발 가운데 '이것이 물질이고 이것이 물질의 발생이고 이것이 물질의 소멸이다. 이것이 느낌이고 이것이 느낌의 발생이고 이것이 느낌의 소멸이다. 이것이 지각이고 이것이 지각의 발생이고 이것이 지각의 소멸이다. 이것이 형성이고 이것이 형성의 발생이고 이것이 형성의 소멸이다. 이것이 의식이고 이것이 의식의 발생이고 이것이 의식의 소멸이다.'라고 생성과 소멸을 관찰한다. 수행승들이여, 닦고 익히면 번뇌의 부숨으로 이끄는 삼매의 수행이란 이와 같다. 수행승들이여, 이와 같은 네 가지 삼매의 수행이 있다.

---

329) idha bhikkhave bhikkhu ālokasaññaṃ manasi karoti, divāsaññaṃ adhiṭṭhāti, yathā divā tathā rattiṃ, yathā rattiṃ tathā divā : Srp. III. 260에 따르면, '한 수행승이 테라스에 앉아서 빛에 대한 지각에 정신활동을 기울이면, 때로는 눈을 감고 때로는 눈을 뜬다. 그때 눈을 감든 뜨든 간에 쳐다보면 동일한 것이 나타난다. 그때 이른바 빛에 관한 지각이 생겨난 것이다.'

330) idha bhikkhave bhikkhuno viditā vedanā uppajjanti. viditā upaṭṭhahanti. viditā abbhatthaṃ gacchanti : 여기서 역자가 자각적이라고 번역한 것은 Mrp. III. 85에서 인식의 토대인 감관(vatthu)과 대상(ārammaṇa)을 철저하게 파악하는 것(pariganṇhati)을 의미하기 때문이다. 여기서 철저하게 파악한다는 것은 그것이 무상하고 괴롭고 실체가 없는 것을 관찰한다는 것이다.

6. 수행승들이여, 그것에 관하여 '피안으로 가는 길'[331]에서 뿐나까[332]의 질문에서 나는 이와 같이 설했다."

[세존] "세상에서 높고 낮은 것을[333] 성찰하여[334]
어디에도 흔들리지 않고, 적멸에 들어,
연기가 없고,[335] 동요도 없고,[336] 탐욕도 없다면,
태어남과 늙음을 뛰어넘었다고 나는 말한다."[337](19)

---

331) Pārāyana : 최고층(最古層)에 속하는 경인 숫타니파타(Suttanipāta : Stn. 190)에 나오는 마지막 품인 '피안으로 가는 길의 품(Pārāyanavagga)'의 이름이다. 피안으로 가는 길이라는 말 즉 빠라야나((Pārāyana)는 한역경전에서는 바라연(波羅延, 婆羅延), 바라연경(波羅延經), 바라연나(派羅延拏)라는 말로 인용되어 있다. 그런데 이 말은 베다의 문헌이나 문법서에서는 '성전의 독송' 또는 '성구의 집성'이라는 의미를 갖고 있다. Nst. 255에 따르면, 초기불교도들은 이러한 바라문교의 사용용례를 채용하였다가 나중에 그 언어를 분해하여 '피안으로 가는 길(度彼岸)'이라고 해석한 것이다. 이 품은 Prj. II. 575에 따르면, 제일결집 때에 아난다에 의해서 송출된 경전이다. 설해진 동기가 이 서시의 경에 등장한다. 성전에 통달한 바라문 바바린이 어느 날 유행자인 손님을 맞았는데, 그가 500금의 보시를 요구하는 것을 거절하자 그 유행자는 무서운 저주를 퍼부었다. 바라문 바바린(Bhāvarin)은 그 때문에 괴로워하다가 어떤 하늘 사람의 도움으로 부처님에 대하여 알게 되었다. 그래서 자신의 열 여섯 제자를 부처님에게 보내서 질문을 하게 유도한 것이 이 피안의 길에 대한 품이 생겨나게 된 동기이다. 바바린의 제자들이 제기한 질문에 부처님께서 답변하는 형식의 열여섯 개의 경이 여기에 포함되어있다. 쭐라니뎃싸(Culla Niddesa)는 이 열여섯 경에 대한 주석인데 거기에 이 서시의 경에 대한 주석은 없다. Ppn. II. 189에 따르면, 아마도 코뿔소의 외뿔에 대한 경이 한때는 이 피안으로 가는 길의 품에 소속되었을 가능성이 있다. 《앙굿따라니까야》(AN. I. 133; 134; II. 45; IV. 63)와 《쌍윳따니까야》(SN. II. 49)에 이 피안으로 가는 길의 품이란 말이 인용되어 있어 가장 고층으로 편집된 경전이라는 증거가 된다. 마하바스투(Mhv. XXX. 84)에 나타난 일화 가운데 '피안으로 가는 품의 마침(Pārāyanakasamiti)'이라는 표현이 나온다. 이 말은 피안으로 가는 길의 품의 끝에, 법문이 끝났을 때에 바바린의 16제자가 거느린 각각의 1000명씩 도합 16,000명이 결국 열반을 깨달았다고 하는 일화를 지칭하는 것이다.

332) Puṇṇaka : 숫타니파타에 '학인 뿐나까의 질문에 대한 경[Puṇṇakamāṇavapucchā : S n : 199]에 등장하는 바라문 학인으로 Prj. II. 590에 따르면, 바라문 학인이었는데 그 경에서 부처님과 문답이후 뿐나까는 자신을 따르는 1000명의 제자와 함께 아라한이 되어 승단에 가입했다.

333) parovarāni : '높고 낮은' '저것과 이것' '피안과 차안' 등 다양하게 해석할 수 있다. Prj. II. 590에 따르면, '다른 사람의 존재(parattabhāva)와 자기의 존재(sakattabhāva)라고 해석하고 있다. 그러나 역자의 생각으로는 육도윤회하는 높고 낮은 존재의 세계를 의미하는 것이다. 이 책의 부록 「불교의 세계관」을 참조하라.

334) saṅkhāya : Prj. II. 590에 따르면, '지혜로 고찰하여(ñāṇena vīmaṃsitvā)'란 뜻이다.

335) vidhūmo : Prj. II. 590에 따르면, '신체적인 악행 등(kāyaduccaritādi)이 없는 것'이다.

336) anigho : Prj. II. 590에 따르면, '탐욕 등의 동요가 없음(rāgādinighavirato)'을 말한다. SN. V. 57에서는 단음의 nigha가 동요의 뜻으로 쓰였다. 그것에 따르면, 세 가지 동요(三搖: tayo nighā)가 있다: 수행승들이여, 세 가지 동요가 있다. 어떠한 것이 세 가지인가? 탐욕의 동요(貪搖 : rago nigho), 성냄의 동요(瞋搖 : doso nigho), 어리석음의 동요(痴搖 : moho nigho)를 말한다. 수행승들이여, 이러한 것이 세 가지 동요이다. 수행승들이여, 이러한 세 가지 동요를 잘 알고 두루 알고 소멸시키고 버리기 위해 여덟 가지 성스러운 길을 닦아야 한다. Srp. III. 136에 따르면, 동요(nigho)는 괴로움(dukkhā)과 동의어이다.

337) Stn. 1048. saṅkhāya lokasmiṃ parovarāni | (puṇṇakā ti bhagavā) yass'iñjitaṃ natthi kuhiñci loke |

11. 거꾸로 된 것, 전도에는 어떠한 것이 있는가?[338]

1. [세존] "수행승들이여, 이와 같은 네 가지의 지각의 전도, 마음의 전도, 견해의 전도가 있다.[339] 네 가지란 무엇인가? 수행승들이여, 무상에 대하여 항상하다고 여기는 지각의 전도, 마음의 전도, 견해의 전도가 있다. 수행승들이여, 괴로움에 대하여 즐겁다고 여기는 지각의 전도, 마음의 전도, 견해의 전도가 있다. 수행승들이여, 실체 없음에 대하여 실체가 있다고 여기는 지각의 전도, 마음의 전도, 견해의 전도가 있다. 수행승들이여, 더러운 것에 대해 청정하다고 여기는 지각의 전도, 마음의 전도, 견해의 전도가 있다. 수행승들이여, 이와 같은 네 가지 지각의 전도, 마음의 전도, 견해의 전도가 있다.

2. 수행승들이여, 이와 같은 네 가지 지각의 정립, 마음의 정립, 견해의 정립이 있다. 네 가지란 무엇인가? 수행승들이여, 무상에 대하여 무상하다고 여기는 지각의 정립, 마음의 정립, 견해의 정립이 있다. 수행승들이여, 괴로움에 대하여 괴롭다고 여기는 지각의 정립, 마음의 정립, 견해의 정립이 있다. 수행승들이여, 실체 없음에 대하여 실체가 없다고 여기는 지각의 정립, 마음의 정립, 견해의 정립이 있다. 수행승들이여, 더러운 것에 대해 더럽다고 여기는 지각의 정립, 마

---

santo vidhūmo anigho nirāso | atāri so jātijaran ti brūmī ti ||

338) AN. II. 52 : 전도의 경[Vipallāsasutta]

339) saññāvipallāso cittavipallāso diṭṭhivipallāso : 이러한 전도(顚倒 : vipallāso)에는 근본적으로 세 가지의 질적인 전도가 있다. Mrp. III. 91에 따르면, 그것은 곧, 무상한 것에 대해 항상하다고 보는 전도(anicce niccavipallāsa), 괴로운 것에 대해 즐겁다고 보는 전도(dukkhe sukhavipallāsa), 무실체적인 것에 대해 실체가 있다고 보는 전도(anattani attāvipallāsa)이다. 이러한 지각의 오염은 마음의 오염을 초래하고 마음의 오염은 견해의 오염으로 확대된다. 이 가운데 지각의 오염이 근원적인 것이다. 그래서 MN. II. 507에 따르면, '문둥병 환자는 불 속에서도 즐겁다는 전도된 지각을 얻는다(kuṭṭhi... dukkhasamphasse yeva aggismiṁ sukhaṁ iti viparītasaññaṁ paccatattha)' Lba. II. 208에 따르면, 스리랑카의 바지라냐나 마하나야까(Vjiraññāṇa Mahānāyaka) 장로는 '어떤 사람이 숲속에서 움직이는 물체를 보고, 귀신이라고 생각한다면 그것은 지각의 전도이고, 그것으로 인해 공포가 생겨나면 그것은 마음의 전도이고, 이 귀신을 제거하기 위해 퇴마의식을 행한다면 그것은 견해의 전도이다.'라고 했다.

음의 정립, 견해의 정립이 있다. 수행승들이여, 이와 같은 네 가지 지각의 정립, 마음의 정립, 견해의 정립이 있다."

3. [세존]

"무상에 대하여 항상하다고
괴로움에 대하여 즐겁다고 지각하고
실체 없음에 대하여 실체가 있다고
더러움에 대하여 청정하다고,[340]

삿된 견해에 빠지고 마음이 혼란하여
지각이 전도된 자들은
악마의 멍에에 묶여
멍에로부터 안온을 얻지 못하고,[341]

뭇삶들은 태어남과 죽음으로 이끄는
윤회를 거듭하지만,
광명을 비추는
깨달은 님들이 세상에 출현하여,[342]

괴로움의 종식으로 이끄는
이러한 가르침을 밝힌다.
지혜로운 님들은
그분들의 가르침을 듣고 성찰하니.[343]

무상을 무상으로
괴로움을 괴로움으로

---

340) anicce niccasaññino | dukkhe ca sukhasaññino | anattani ca attāti | asubhe subhasaññino ||

341) micchādiṭṭhigatā sattā | khittacittā visaññino | te yogayuttā mārassa | ayogakkhemino janā ||

342) sattā gacchanti saṃsāraṃ | jātimaraṇagāmino | yadā ca buddhā lokasmiṃ | uppajjanti pabhaṅkarā ||

343) temaṃ dhammaṃ | pakāsenti dukkhūpasamagāminaṃ | tesaṃ sutvāna sappaññā | sacittaṃ paccala ddha te ||

실체 없음을 실체 없음으로
더러움을 더러움으로 관찰하고
올바른 견해를 취하여
일체의 괴로움을 제거한다."[344]

12. 오염이란 어떠한 것이고 수행자들과 성직자들의 오염이란 무엇인가?[345]

1. [세존] "수행승들이여, 이와 같은 네 가지 해와 달의 오염이 있다. 그 오염에 의해서 오염된 해와 달은 빛나지도 비추지도 광명을 놓지도 못한다. 네 가지란 무엇인가?

2. 수행승들이여, 구름이라는 해와 달의 오염이 있다. 그 오염에 의해서 오염된 해와 달은 빛나지도 비추지도 광명을 놓지도 못한다.

3. 수행승들이여, 안개라는 해와 달의 오염이 있다. 그 오염에 의해서 오염된 해와 달은 빛나지도 비추지도 광명을 놓지도 못한다.

4. 수행승들이여, 연기와 먼지라는 해와 달의 오염이 있다. 그 오염에 의해서 오염된 해와 달은 빛나지도 비추지도 광명을 놓지도 못한다.

5. 수행승들이여, 라후[346]라는 해와 달의 오염이 있다. 그 오염에 의해서 오염된 해와 달은 빛나지도 비추지도 광명을 놓지도 못한다. 수행승들이여, 이와 같은 네 가지 해와 달의 오염이 있다.

6. 수행승들이여, 이와 같은 네 가지 수행자들과 성직자들의 오염이

---

344) aniccaṃ aniccato dakkhuṃ | dukkhamaddakkhu dukkhato | anattani anattāti | asubhaṃ asubhatadd asuṃ | sammādiṭṭhisamādānā | sabbaṃ dukkhaṃ upaccagunti ||

345) AN. II. 53 : 오염의 경[Upakilesasutta]

346) rāhu : 인도의 민간설화에 따르면, 일식과 월식의 현상은 악마적인 존재인 라후(Rāhu)가 해와 달을 삼키는 것을 의미한다. 여기서 짠디마(Candimā)는 바로 달의 신을 뜻한다. 불교적인 설화나 가르침도 이러한 설화에 기반하고 있다는 것을 알 수 있다.

있다. 그 오염에 의해서 오염된 수행자들과 성직자들은 빛나지도 비추지도 광명을 놓지도 못한다. 네 가지란 무엇인가?

7. 수행승들이여, 어떤 수행자들과 성직자들은 곡주나 과일주등의 술을 마시는 것을 삼가지 않는다. 수행승들이여, 이와 같은 첫 번째 수행자들과 성직자들의 오염이 있다. 그 오염에 의해서 오염된 수행자들과 성직자들은 빛나지도 비추지도 광명을 놓지도 못한다.

8. 수행승들이여, 어떤 수행자들과 성직자들은 성적 교섭을 하며 성적 교섭을 삼가지 못한다. 수행승들이여, 이와 같은 두 번째 수행자들과 성직자들의 오염이 있다. 그 오염에 의해서 오염된 수행자들과 성직자들은 빛나지도 비추지도 광명을 놓지도 못한다.

9. 수행승들이여, 어떤 수행자들과 성직자들은 금과 은을 받고 금과 은을 받는 것을 삼가지 못한다. 수행승들이여, 이와 같은 세 번째 수행자들과 성직자들의 오염이 있다. 그 오염에 의해서 오염된 수행자들과 성직자들은 빛나지도 비추지도 광명을 놓지도 못한다.

10. 수행승들이여, 어떤 수행자들과 성직자들은 삿된 생계수단으로 생계를 유지하며, 그 삿된 생계수단을 여의지 않는다. 수행승들이여, 이것이 바로 와 같은 네 번째 수행자들과 성직자들의 오염이 있다. 그 오염에 의해서 오염된 수행자들과 성직자들은 빛나지도 비추지도 광명을 놓지도 못한다. 수행승들이여, 이와 같은 네 가지 수행자들과 성직자들의 오염이 있다."

11. [세존]

"어떤 수행자들이나 성직자들은
탐욕과 성냄에 오염되어
무명에 가려

아름다운 모습에 환희하며[347]
곡주와 과일주를 마시고
성적 교섭을 일삼고
어리석어
금과 은을 받아들이다.[348]

어떤 수행자들이나 성직자들은
삿된 생계로 삶을 영위하니.
태양의 후예인 깨달은 님은
이것들을 오염이라 한다.[349]

그 오염에 의해서 더렵혀진
수행자들과 성직자들은
빛나지도 비추지도 못하고
청정하지 못한 축생과 같은 삶을 산다.[350]

어둠에 뒤덮여
갈애의 노예가 되고 그 통로가 되어
무시무시한 무덤을 채워서
다시 태어남을 취한다.[351]

13. 세상에서 얻기 어려운 것들에는 어떠한 것이 있는가?[352]

---

347) rāgadosaparikkiṭṭhā | eke samaṇabrāhmaṇā | avijjānivutā posā | piyarūpābhinandino ||

348) suraṃ pivanti merayaṃ | paṭisevanti methunaṃ | rajataṃ jātarūpañca | sādiyanti aviddasu ||

349) micchājīvena jīvanti | eke samaṇabrāhmaṇā | ete upakkilesā vuttā buddhenādiccabandhunā ||

350) yehi upakkiliṭṭhā | eke samaṇabrāhmaṇā | na tapanti na bhāsanti | addhuvā sarajāmagā || 마지막 구절은 '불확실하여 먼지가 낀 축생과 같은 자들은(addhuvā sarajāmagā)'이라는 말인데, PTS.본은 '축생(magā)'의 자리에 '광명(pabhā)'이 들어가 있는데, 이것은 잘못 읽은 것이다. Lba. II. 208에서는 '불확실한(addhuvā)'은 '청정하지 못한(asuddhā)'을 잘못 읽은 것으로 보고 있다.

351) andhakārena onaddhā | taṇhādāsā sanettikā | vaḍḍhenti kaṭasiṃ ghoraṃ | ādiyanti punabbhavanti ||

1. 한때 세존께서는 싸밧티 시에 계셨다. 그때 장자 아나타삔디까가 세존께서 계신 곳을 찾아 왔다. 가까이 와서 세존께 인사를 드리고 한쪽으로 물러나 앉았다.

2. 한쪽으로 물러나 앉은 장자 아나타삔디까에게 세존께서는 이와 같이 말씀하셨다.

[세존] "장자여, 네 가지 것들은 원하고 즐겁고 마음에 드는 것이지만 세상에서 얻기 어려운 것입니다. 네 가지란 무엇입니까?

1) '나에게 올바른 방식으로 재물이 생겨나기를 바란다.'는 것은 원하고 즐겁고 마음에 드는 것이지만 세상에서 얻기 어려운 첫 번째의 것입니다.
2) '올바른 방식으로 재물을 얻은 뒤에, 친지와 스승에 의해서 명성이 나에게 주어지기를 바란다.'는 것은 원하고 즐겁고 마음에 드는 것이지만 세상에서 얻기 어려운 두 번째의 것입니다.
3) '올바른 방식으로 재물을 얻은 뒤에, 친지와 스승에 의해서 명성이 나에게 주어진 뒤에 오래 살아서 긴 수명을 갖고 싶다.'는 것은 원하고 즐겁고 마음에 드는 것이지만 세상에서 얻기 어려운 세 번째의 것입니다.
4) '올바른 방식으로 재물을 얻은 뒤에, 친지와 스승에 의해서 명성이 나에게 주어진 뒤에, 나는 오래 살아서 긴 수명을 지닌 뒤에 몸이 파괴되고 죽은 뒤에, 하늘나라에 태어나고 싶다.'는 것은 원하고 즐겁고 마음에 드는 것이지만 세상에서 얻기 어려운 네 번째의 것입니다.

장자여, 이러한 네 가지 것들은 원하고 즐겁고 마음에 드는 것이지만 세상에서 얻기 어려운 것입니다.

---

352) AN. II. 65 : 알맞는 처리의 경[Pattakammasutta]

3. 장자여, 이러한 네 가지 것들은 원하고 즐겁고 마음에 드는 것이지만 세상에서 얻기 어려운 것인데, 그것들을 얻기 위한 네 가지 조건이 있습니다. 네 가지란 무엇입니까? 믿음을 갖추는 것, 계행을 갖추는 것, 베풂을 갖추는 것, 지혜를 갖추는 것입니다.

4. 장자여, 믿음을 갖추는 것이란 무엇입니까? 장자여, 세상에 고귀한 제자가 믿음이 있어 '세존께서는 거룩한 님, 올바로 원만히 깨달은 님, 명지와 덕행을 갖춘 님, 올바른 길로 잘 가신 님, 세상을 아는 님, 위없이 높으신 님, 사람을 길들이는 님, 하늘사람과 인간의 스승이신 님, 깨달은 님, 세상의 존귀한 님이다.'라고 여래의 깨달음을 믿습니다. 장자여, 믿음을 갖추는 것이란 이와 같습니다.

5. 장자여, 계행을 갖추는 것이란 무엇입니까? 장자여, 세상에 고귀한 제자가 살아있는 생명을 죽이는 것을 삼가고, 주지 않은 것을 빼앗는 것을 삼가고, 사랑을 나눔에 잘못을 범하는 것을 삼가고, 거짓말을 삼가고, 곡주나 과일주 등의 취기가 있는 것을 마시는 것을 삼갑니다. 장자여, 계행을 갖추는 것이란 이와 같습니다.

6. 장자여, 보시를 갖추는 것이란 무엇입니까? 장자여, 세상에 고귀한 제자가 마음속에 간탐의 때를 제거하여 관대하게 주고, 아낌없이 주고,[353] 기부를 즐기고, 구걸에 응하고,[354] 베풀고 나누는 것을 좋아하며 집에서 지냅니다. 장자여, 보시를 갖추는 것이란 이와 같습니다.

7. 장자여, 지혜를 갖추는 것이란 무엇입니까?

---

353) payatapāṇī : 원래는 '손을 정화하고[淨手]'라는 의미인데, 인도에서는 보시하기 전에 자신의 손을 물에 깨끗이 씻는 풍습이 있다. Srp. III. 280에 따르면, '돌아오든 돌아오지 않든 보시를 위하여 손을 깨끗이 한(āgatāgatānaṁ dān'atthāya dhotahattho)'의 뜻이다.

354) yācayogo : '구걸에 사용된'의 뜻이 아니라 Srp. III. 280에 따라 '요청된 식사에 응해진(yācitabbhakayutto)'의 뜻이다.

1) 장자여, 어떤 사람이 잘못된 욕망의 탐욕에 사로잡힌 마음으로 해서는 안 될 일을 하고 해야 할 일은 하지 않는 잘못을 저지릅니다. 해서는 안 될 일을 하고 해야 할 일은 하지 않는 잘못을 저지르면 그의 명성과 행복이 파괴됩니다.
2) 장자여, 분노에 사로잡힌 마음으로 해서는 안 될 일을 하고 해야 할 일은 하지 않는 잘못을 저지릅니다. 해서는 안 될 일을 하고 해야 할 일은 하지 않는 잘못을 저지르면 그의 명성과 행복이 파괴됩니다.
3) 장자여, 해태와 혼침에 사로잡힌 마음으로 해서는 안 될 일을 하고 해야 할 일은 하지 않는 잘못을 저지릅니다. 해서는 안 될 일을 하고 해야 할 일은 하지 않는 잘못을 저지르면 그의 명성과 행복이 파괴됩니다.
4) 장자여, 흥분과 회한에 사로잡힌 마음으로 해서는 안 될 일을 하고 해야 할 일은 하지 않는 잘못을 저지릅니다. 해서는 안 될 일을 하고 해야 할 일은 하지 않는 잘못을 저지르면 그의 명성과 행복이 파괴됩니다.
5) 장자여, 회의적 의심에 사로잡힌 마음으로 해서는 안 될 일을 하고 해야 할 일은 하지 않는 잘못을 저지릅니다. 해서는 안 될 일을 하고 해야 할 일은 하지 않는 잘못을 저지르면 그의 명성과 행복이 파괴됩니다.

8. 그러므로 장자여, 고귀한 제자는
1) '잘못된 욕망의 탐욕은 마음의 오염이다.'고 알아서 잘못된 욕망의 탐욕이라는 마음의 오염을 제거하고,
2) '분노는 마음의 오염이다.'고 알아서 분노라는 마음의 오염을 제거하고,

3) '해태와 혼침은 마음의 오염이다.'고 알아서 해태와 혼침이라는 마음의 오염을 제거하고,
4) '흥분과 회한은 마음의 오염이다.'고 알아서 흥분과 회한이라는 마음의 오염을 제거하고,
5) '회의적 의심은 마음의 오염이다.'고 알아서 회의적 의심이라는 마음의 오염을 제거합니다.

9. 장자여, 고귀한 제자는 '잘못된 욕망의 탐욕은 마음의 오염이다.'고 알아서 잘못된 욕망의 탐욕이라는 마음의 오염을 제거하고, '분노는 마음의 오염이다.'고 알아서 분노라는 마음의 오염을 제거하고, '해태와 혼침은 마음의 오염이다.'고 알아서 해태와 혼침이라는 마음의 오염을 제거하고, '흥분과 회한은 마음의 오염이다.'고 알아서 흥분과 회한이라는 마음의 오염을 제거하고, '회의적 의심은 마음의 오염이다.'고 알아서 회의적 의심이라는 마음의 오염을 제거하면, 장자여, 그 고귀한 제자는 크나큰 지혜, 넓은 지혜를 지니게 되고 예지적이 되어 지혜를 갖춤으로, 그것을 일러 지혜를 갖추는 것이라고 합니다. 장자여, 원하고 즐겁고 마음에 드는 이러한 네 가지 것들은 세상에서 얻기 어려운 것인데, 그것들을 얻기 위한 이러한 네 가지 조건이 있습니다.

10. 그리고 장자여, 이러한 고귀한 제자는 근면한 노력으로 얻고 팔의 힘으로 모으고 이마의 땀으로 벌어들인 정당한 원리로 얻어진 재물로 네 가지 일을 합니다. 네 가지란 무엇입니까?

11. 장자여, 세상에 고귀한 제자는 근면한 노력으로 얻고 팔의 힘으로 모으고 이마의 땀으로 벌어들인 정당한 원리로 얻어진 재물로 자신을 즐겁게 하고 기쁘게 하고 행복하게 하고, 어머니와 아버지를 즐겁게 하고 기쁘게 하고 행복하게 하고, 아이들과 아내와 하인

들과 일꾼들을 즐겁게 하고 기쁘게 하고 행복하게 하고, 친구와 친지들을 즐겁게 하고 기쁘게 하고 행복하게 합니다. 이것이 그 재물을 첫 번째 합리적으로 이용하는 것이고 알맞는 처리하는 것이고 올바르게 사용하는 것입니다.

12. 장자여, 세상에 고귀한 제자는 근면한 노력으로 얻고 팔의 힘으로 모으고 이마의 땀으로 벌어들인 정당한 원리로 얻어진 재물로 불이나 물이나 왕이나 도둑이나 적이나 상속인 등에 의해서 야기되는 여러 가지 재난에서 자신을 방어하고 자신을 수호합니다. 이것이 그 재물을 두 번째 합리적으로 이용하는 것이고 알맞는 처리하는 것이고 올바르게 사용하는 것입니다.

13. 장자여, 세상에 고귀한 제자는 근면한 노력으로 얻고 팔의 힘으로 모으고 이마의 땀으로 벌어들인, 정당한 원리로 얻어진 재물로 다섯 가지 헌공, 즉 친지에 대한 헌공, 손님에 대한 헌공, 이미 돌아가신 조상에 대한 헌공, 왕에 대한 헌공, 신들에 대한 헌공을[355] 합니다. 이것이 그 재물을 세 번째 합리적으로 이용하는 것이고 알맞는 처리하는 것이고 올바르게 사용하는 것입니다.

14. 장자여, 세상에 고귀한 제자는 근면한 노력으로 얻고 팔의 힘으로 모으고 이마의 땀으로 벌어들인, 정당한 원리로 얻어진 재물로 수행자들이나 성직자들, 교만과 방일을 여의고 인내와 관용을 갖추고 각자 자신을 길들이고 각자 자신을 지멸하고 각자 자신을 완전한 열반에 들게 하는 그러한 수행자들이나 성직자들에게, 고귀한 성품을 가져오고, 청정한 삶의 조건이 되고, 행복의 열매를 거두고, 하늘나라에 태어나게 하는 보시를 합니다. 이것이 그 재물을 네 번

---

355) ñātibaliṃ atithibaliṃ pubbapetabaliṃ rājabaliṃ devatābaliṃ : 이 가운데 조상에 대한 헌공(pubbapetabali)은 Mrp. III. 100에 따르면, '저 세상으로 간 친지에 대한 헌공'을 뜻한다.

째 합리적으로 이용하는 것이고 알맞는 처리하는 것이고 올바르게 사용하는 것입니다.

15. 장자여, 이러한 고귀한 제자는 근면한 노력으로 얻고 팔의 힘으로 모으고 이마의 땀으로 벌어들인 정당한 원리로 얻어진 재물로 이와 같은 네 가지 일을 합니다. 장자여, 누구든지 이러한 네 가지 일 이외에 다른 일로 재물을 낭비한다면, 장자여, 그 재물을 합리적으로 이용하는 것이 아니고 알맞게 처리하는 것이 아니고 올바로 사용하는 것이 아닙니다."

16. [세존]

"나의 재물은 올바로 사용되었고
의지하는 자들을 부양하니 잘못된 사용을 떠났다.
고귀한 성품을 가져오는 보시를 행했으니,
곧 다섯 가지 헌공을[356] 베풀었다.[357]

계행을 갖추고, 자제하고,
청정한 삶을 사는 님들을 섬겼다.
어떤 목적을 위해 현명한
재가자가 재물을 원하는데,
나는 그 목적에 도달했고 그 목적을 이루었으니
후회 없는 일을 행했다.[358]

인간은 이러한 것을 기억하면서
고귀한 가르침에 확고히 발판을 마련하니

356) pañca balī katā : 이 경의 본문에 나온 '친지에 대한 헌공, 손님에 대한 헌공, 이미 돌아가신 조상에 대한 헌공, 왕에 대한 헌공, 신들에 대한 헌공'을 말한다.

357) bhuttā bhogā bhatā | bhaccā vitiṇṇā āpadāsu me | uddhaggā dakkhiṇā dinnā | atho pañcabalī katā ||

358) upaṭṭhitā sīlavanto | saññatā brahmacārayo | yadatthaṃ bhogaṃ iccheyya | paṇḍito gharamāvasaṃ | so me attho anuppatto | kataṃ ananutāpiyaṃ ||

세상에서 사람들이 칭찬하고
죽은 뒤에는 하늘에서 기뻐하리."[359]

14. 일상생활에서 참사람과 참사람이 아닌 사람의 차이는 무엇인가?[360]

1. [세존] "수행승들이여, 네 가지 성품을 갖춘 사람은 참사람이 아닌 사람이라고 알아야 한다. 네 가지란 무엇인가?

2. 수행승들이여, 세상에 참사람이 아닌 사람은 남에게 단점이 있다면, 누군가가 묻지 않았는데도 불구하고 그것을 밝힌다. 하물며 물었다면 말해 무엇하겠는가? 누군가가 캐어묻거나 질문을 제기하면, 빠짐없이 머뭇거리지 않고 완전히 상세히 남의 단점을 말한다. 수행승들이여, 이러한 사람이야말로 참사람이 아닌 사람이라고 알아야 한다.

3. 또한 수행승들이여, 참사람이 아닌 사람은 남에게 장점이 있다면, 누군가가 물었는데도 불구하고, 그것을 밝히지 않는다. 하물며 묻지 않았다면 말해 무엇하겠는가? 누군가가 캐어묻거나 질문을 제기하면, 빠트리고 머뭇거리고 불완전하게 대충 남의 장점을 말한다. 수행승들이여, 이러한 사람이야말로 참사람이 아닌 사람이라고 알아야 한다.

4. 또한 수행승들이여, 참사람이 아닌 사람은 자신에게 단점이 있다면, 누군가가 물었는데도 불구하고, 그것을 밝히지 않는다. 하물며 묻지 않았다면 말해 무엇하겠는가? 누군가가 캐어묻거나 질문을 제기하면, 빠트리고 머뭇거리고 불완전하게 대충 자기의 단점을 말한

359) etaṃ anussaraṃ macco | ariyadhamme ṭhito naro | idha ceva naṃ pasaṃsanti | pecca sagge ca modatīti ||

360) AN. II. 77 : 참사람이 아닌 사람의 경[Asappurisasutta]

다. 수행승들이여, 이러한 사람이야말로 참사람이 아닌 사람이라고 알아야 한다.

5. 또한 수행승들이여, 참사람이 아닌 사람은 자신에게 장점이 있다면, 누군가가 묻지 않았는데도 불구하고, 그것을 밝힌다. 하물며 물었다면 말해 무엇하겠는가? 누군가가 캐어묻거나 질문을 제기하면, 빠짐없이 머뭇거리지 않고 완전히 상세히 자신의 장점을 말한다. 수행승들이여, 이러한 사람이야말로 참사람이 아닌 사람이라고 알아야 한다. 수행승들이여, 이러한 네 가지 성품을 갖춘 사람은 참사람이 아닌 사람이라고 알아야 한다.

6. 수행승들이여, 네 가지 성품을 갖춘 사람은 참사람이라고 알아야 한다. 네 가지란 무엇인가?

7. 수행승들이여, 세상에 참사람은 남에게 단점이 있다면, 누군가가 물었는데도 불구하고, 그것을 밝히지 않는다. 하물며 묻지 않았다면 말해 무엇하겠는가? 누군가가 캐어묻거나 질문을 제기하면, 빠트리고 머뭇거리고 불완전하게 대충 남의 단점을 말한다. 수행승들이여, 이러한 사람이야말로 참사람이 아닌 사람이라고 알아야 한다.

8. 또한 수행승들이여, 참사람은 남에게 장점이 있다면, 누군가가 묻지 않았는데도 불구하고, 그것을 밝힌다. 하물며 물었다면 말해 무엇하겠는가? 누군가가 캐어 묻거나 질문을 제기하면, 빠짐없이 머뭇거리지 않고 완전히 상세히 남의 장점을 말한다. 수행승들이여, 이러한 사람이야말로 참사람이라고 알아야 한다.

9. 또한 수행승들이여, 참사람은 자신에게 단점이 있다면, 누군가가 묻지 않는데도 불구하고, 그것을 밝힌다. 하물며 물었다면 말해 무엇하겠는가? 누군가가 캐어 묻거나 질문을 제기하면, 빠짐없이 머

뭇거리지 않고 완전히 상세히 자신의 단점을 말한다. 수행승들이여, 이러한 사람이야말로 참사람이라고 알아야 한다.

10. 또한 수행승들이여, 참사람은 자신에게 장점이 있다면, 다른 사람이 물었는데도 불구하고, 그것을 밝히지 않는다. 하물며 묻지 않았다면 말해 무엇하겠는가? 누군가가 캐어묻거나 질문을 제기하면, 빠트리고 머뭇거리고 불완전하게 대충 자신의 장점을 말한다. 수행승들이여, 이러한 사람이야말로 참사람이라고 알아야 한다. 수행승들이여, 이러한 네 가지 성품을 갖춘 사람은 참사람이라고 알아야 한다.”

15. 열심히 노력해도 사업이 의도한 만큼 성공하지 못하는 이유는 무엇인가?361)

1. 한때 존자 싸리뿟따가 세존께서 계신 곳을 찾아 왔다. 가까이 다가와서 세존께 인사를 드리고 한쪽으로 물러나 앉았다.

2. 한쪽으로 물러나 앉은 존자 싸리뿟따는 세존께 이와 같이 말씀드렸다.

[싸리뿟따] “세존이시여, 세상에 어떤 사람은 사업을 하는데 그만큼 열심히 노력해도 실패하는데, 거기에는 어떠한 원인, 어떠한 조건이 있습니까? 세존이시여, 세상에 어떤 사람은 사업을 하는데 그만큼 열심히 노력해도 의도한 만큼 성공하지 못하는데, 거기에는 어떠한 원인, 어떠한 조건이 있습니까? 세존이시여, 세상에 어떤 사람은 사업을 하는데 그만큼 열심히 노력하면 의도한 만큼 성공하는데, 거기에는 어떠한 원인, 어떠한 조건이 있습니까? 세존이시여, 세상에 어떤 사람은 사업을 하는데 그만큼 열심히 노력하면 의도한 것 이상으로 성공하는데, 거기에는 어떠한 원인, 어떠한 조건이 있습니까?

---

361) AN. II. 81 : 사업의 경[Vaṇijjāsutta]

3. [세존] "싸리뿟따여, 세상에 어떤 사람이 수행자들이나 성직자들을 찾아 가서 '존자여, 필요한 것을 말씀하십시오.'라고 약속한다. 그러나 그가 약속한 것을 보시하지 않는다. 만약 그가 거기서 죽어서 이 세상에 왔다고 한다면, 그가 어떠한 사업을 하든 열심히 노력을 하더라도 실패한다.

4. 싸리뿟따여, 세상에 어떤 사람이 수행자들이나 성직자들을 찾아가서 '존자여, 필요한 것을 말씀하십시오.'라고 약속한다. 그러나 그가 약속한 것을 의도한 만큼 보시하지 않는다. 만약 그가 거기서 죽어서 이 세상에 왔다고 한다면, 그가 어떠한 사업을 하든 열심히 노력을 하더라도 의도한 만큼 성공하지 못한다.

5. 싸리뿟따여, 세상에 어떤 사람이 수행자들이나 성직자들을 찾아가서 '존자여, 필요한 것을 말씀하십시오.'라고 약속한다. 그리고 그가 약속한 것을 의도한 만큼 보시한다. 만약 그가 거기서 죽어서 이 세상에 왔다고 한다면, 그가 어떠한 사업을 하든 열심히 노력을 하면 의도한 만큼 성공한다.

6. 싸리뿟따여, 세상에 어떤 사람이 수행자들이나 성직자들을 찾아가서 '존자여, 필요한 것을 말씀하십시오.'라고 약속한다. 그리고 그가 약속한 것을 의도한 것 이상으로 보시한다. 만약 그가 거기서 죽어서 이 세상에 왔다고 한다면, 그가 어떠한 사업을 하든 열심히 노력을 하면 의도한 것 이상으로 성공한다.

7. 싸리뿟따여, 세상에 어떤 사람은 사업을 하는데 그만큼 열심히 노력해도 실패하는데, 거기에는 이러한 원인, 이러한 조건이 있다. 싸리뿟따여, 세상에 어떤 사람은 사업을 하는데 그만큼 열심히 노력해도 의도한 만큼 성공하지 못하는데, 거기에는 이러한 원인, 이러한

조건이 있다. 싸리뿟따여, 세상에 어떤 사람은 사업을 하는데 그만큼 열심히 노력하면 의도한 만큼 성공하는데, 거기에는 이러한 원인, 이러한 조건이 있다. 싸리뿟따여, 세상에 어떤 사람은 사업을 하는데 그만큼 열심히 노력하면 의도한 것 이상으로 성공하는데, 거기에는 이러한 원인, 이러한 조건이 있다."

16. 천신들과 아수라들이란 무엇을 두고 하는 말인가?[362]

1. 한때 세존께서는 싸밧티 시에 계셨다.

[세존] "수행승들이여, 세상에 발견되는 네 종류의 사람이 있다. 네 종류란 무엇인가? 아수라들에 둘러싸인 아수라,[363] 천신들에게 둘러싸인 아수라. 아수라들에 둘러싸인 천신, 천신들에 둘러싸인 천신이다.

2. 수행승들이여, 아수라들에 둘러싸인 아수라란 어떤 사람인가? 수행승들이여, 세상에 어떤 사람이 계행을 지키지 않고 악한 성품을 지녔고, 그의 무리도 계행을 지키지 않고 사악한 성품을 지녔다. 수행승들이여, 아수라들에 둘러싸인 아수라란 이와 같다.

3. 수행승들이여, 천신들에 둘러싸인 아수라란 어떤 사람인가? 수행승들이여, 세상에 어떤 사람이 계행을 지키지 않고 사악한 성품을 지녔지만, 그의 무리는 계행을 지키고 선한 성품을 지녔다. 수행승들이여, 신들에 둘러싸인 아수라란 이와 같다.

4. 수행승들이여, 아수라들에 둘러싸인 천신이란 어떤 사람인가? 수행승들이여, 세상에 어떤 사람이 계행을 지키고 선한 성품을 지녔지

362) AN. II. 91 : 아수라의 경[Asurasutta]

363) Asura : 한역은 음사하여 아수라(阿修羅)라고 한다. 니까야에 의하면, 아수라는 신들의 적대자로 서른셋 신들의 하늘나라[忉利天]의 근처에 있다가 자주 신들에게 전쟁을 일으키는 무리를 말한다.

만, 그의 무리는 계행을 지키지 않고 사악한 성품을 지녔다. 수행승들이여, 아수라들에 둘러싸인 신이란 이와 같다.

5. 수행승들이여, 천신들에 둘러싸인 천신이란 어떤 사람인가? 수행승들이여, 세상에 어떤 사람이 계행을 지키고 선한 성품을 지녔고, 그의 무리도 계행을 지키고 선한 성품을 지녔다. 수행승들이여, 신들에 둘러싸인 신이란 이와 같다. 수행승들이여, 세상에 발견되는 이와 같은 네 종류의 사람이 있다.

17. 수행에서 멈춤(사마타)과 통찰(위빠싸나)의 관계는 어떠한 것인가?[364]

1. 수행승들이여, 세상에 발견되는 네 종류의 사람이 있다. 네 종류란 무엇인가?

2. 수행승들이여, 세상의 어떤 사람은 내적인 마음의 멈춤을 얻었지만, 높은 지혜에 의한 사실의 통찰은 얻지 못했다.[365] 수행승들이여, 세상의 어떤 사람은 높은 지혜에 의한 사실의 통찰을 얻었지만, 내적인 마음의 멈춤은 얻지 못했다. 수행승들이여, 세상의 어떤 사람은 내적인 마음의 멈춤을 얻지 못했을 뿐만 아니라, 높은 지혜에 의한 사실의 통찰도 얻지 못했다. 수행승들이여, 세상의 어떤 사람은 내적인 마음의 멈춤을 얻었을 뿐만 아니라, 높은 지혜에 의한 사실의 통찰도 얻었다.

3. 수행승들이여, 이 가운데 내적인 마음의 멈춤을 얻었지만, 높은 지혜에 의한 사실의 통찰은 얻지 못한 사람은 내적인 마음의 멈춤을 확립하고, 높은 지혜에 의한 사실의 통찰을 얻기 위해 수행해야

---

364) AN. II. 93 : 삼매의 경②[Dutiyasamādhisutta]

365) idha bhikkhave ekacco puggalo lābhī hoti ajjhattaṃ cetosamathassa, na lābhī adhipaññādhammavipassanāya : 내적인 마음의 멈춤은 '멈춤(止 : Samatha)'을 말하고 '높은 지혜에 의한 사실에 대한 통찰'은 윗빠사나(觀 : vipassanā)를 말한다.

한다. 그러면 그는 나중에 내적인 마음의 멈춤도 얻고, 높은 지혜에 의한 사실의 통찰도 얻을 것이다.

4. 수행승들이여, 이 가운데 높은 지혜에 의한 사실의 통찰을 얻었지만, 내적인 마음의 멈춤을 얻지 못한 사람은 높은 지혜에 의한 사실의 통찰을 확립하고 내적인 마음의 멈춤을 얻기 위해 수행해야 한다. 그러면 그는 나중에 내적인 마음의 멈춤도 얻고, 높은 지혜에 의한 사실의 통찰도 얻을 것이다.

5. 수행승들이여, 이 가운데 높은 지혜에 의한 사실의 통찰은 얻지 못했을 뿐만 아니라, 내적인 마음의 멈춤도 얻지 못한 사람은 이러한 착하고 유익한 원리를 얻기 위해서 아주 강한 의욕과 노력과 관심과 분발과 불퇴전과 새김과 올바로 알아차림을 행해야 한다. 수행승들이여, 예를 들어 옷이 불타고 머리가 불타고 있는 사람은 옷이나 머리의 불을 끄기 위해 아주 강한 의욕과 노력과 관심과 분발과 불퇴전과 새김과 올바로 알아차림을 행해야 한다. 그러면 그는 나중에 내적인 마음의 멈춤도 얻고, 높은 지혜에 의한 사실의 통찰도 얻을 것이다.

6. 수행승들이여, 이 가운데 내적인 마음의 멈춤도 얻었을 뿐만 아니라, 높은 지혜에 의한 사실의 통찰은 얻은 사람은 이러한 착하고 건전한 원리에 입각하여 번뇌를 부수기 위하여 수행해야 한다. 수행승들이여, 세상에는 이러한 네 종류의 사람이 있다."

18. 자리와 이타의 실천에서 최상은 무엇이고 그 의미를 어떻게 발견할 것인가?[366]

1. 수행승들이여, 세상에 발견되는 네 종류의 사람이 있다. 네 종류

366) AN. II. 95 : 화장용 장작의 경[Chavālātasutta], Pug. IV. 23 참조

란 무엇인가?

2. 수행승들이여, 자신의 이익을 위해서도 실천하지 않을 뿐만 아니라 타인의 이익을 위해서도 실천하지 않는 사람, 타인의 이익을 위해서는 실천하지만 자신의 이익을 위해서는 실천하지 않는 사람, 자신의 이익을 위해서는 실천하지만 타인의 이익을 위해서는 실천하지 않는 사람, 자신의 이익을 위해서도 실천할 뿐만 아니라 타인의 이익을 위해서도 실천하는 사람이 있다.

3. 수행승들이여, 예를 들어 화장용 장작은 양끝이 불타고 중간은 악취가 나기 때문에 마을에서도 장작으로 사용하지 않고 한적한 곳에서도 장작으로 사용하지 않는다. 수행승들이여, 자신의 이익을 위해서도 실천하지 않을 뿐만 아니라, 타인의 이익을 위해서도 실천하지 않는 사람은 이와 같다고 나는 말한다.

4. 수행승들이여, 이 가운데 타인의 이익을 위해서는 실천하지만, 자신의 이익을 위해서는 실천하지 않는 사람은 이러한 앞의 두 사람 가운데 보다 훌륭하고 훨씬 탁월하다.

5. 수행승들이여, 이 가운데 자신의 이익을 위해서는 실천하지만, 타인의 이익을 위해서는 실천하지 않는 사람은 이러한 앞의 세 사람 가운데 가장 훌륭하고 훨씬 탁월하다.

6. 수행승들이여, 이 가운데 자신의 이익을 위해서 실천할 뿐만 아니라, 타인의 이익을 위해서도 실천하는 사람은 이러한 모든 네 사람 가운데 최상이고 수승하고 가장 훌륭하고 훨씬 탁월하다.367)

7. 수행승들이여, 소에서 우유가, 우유에서 크림이, 크림에서 신선한

367) aggo ca seṭṭho ca pāmokkho ca uttamo ca pavaro ca : Mrp. III. 117에 따르면, 덕성(guṇa)에 의해서 최상이고 수승하고 가장 훌륭하고 훨씬 탁월하다.

버터가, 신선한 버터에서 버터기름이, 버터기름에서 버터크림이[368] 나오는데, 그것들 가운데 버터크림을 가장 훌륭한 것이라고 한다. 수행승들이여, 이와 같이 자신의 이익을 위해서 실천할 뿐만 아니라 타인의 이익을 위해서도 실천하는 사람은 이러한 네 사람 가운데 최상이고 수승하고 가장 훌륭하고 훨씬 탁월하다."

19. 우리는 칭찬과 비난과 관련하여 어떠한 관점을 가져야 하는가?[369]

1. 한때 유행자 뽀딸리야[370]가 세존께서 계신 곳을 찾아왔다. 가까이 다가 와서 세존과 함께 인사를 나누고 안부를 주고받은 뒤에 한쪽으로 물러나 앉았다.

2. 한쪽으로 물러나 앉은 유행자 뽀딸리야에게 세존께서는 이와 같이 말씀하셨다.

[세존] "뽀딸리야여, 세상에 발견되는 네 종류의 사람이 있습니다. 네 종류란 무엇입니까?

1) 뽀딸리야여, 세상에 어떤 사람은 올바른 때에 사실과 진실에 맞게 비난해야 할 사람을 비난하지만, 올바른 때에 사실과 진실에 맞게 칭찬해야 할 사람을 칭찬하지 않습니다.
2) 뽀딸리야여, 세상에 어떤 사람은 올바른 때에 사실과 진실에 맞게 칭찬해야 할 사람을 칭찬하지만, 올바른 때에 사실과 진실에 맞게 비난해야 할 사람을 비난하지 않습니다.
3) 뽀딸리야여, 세상에 어떤 사람은 올바른 때에 사실과 진실에 맞게 비난해야 할 사람도 비난하지 않고, 올바른 때에 사실과 진실에

368) 각각 우유(乳 : khīra), 크림(酪 : dadhi), 신선한 버터(生酥 : navanīta), 버터기름(熟酥 : sappi), 버터크림(醍醐: sappimaṇḍa)을 말한다.

369) AN. II. 100 : 뽀딸리야의 경[Potaliyasutta], Pug. IV. 17 참조

370) Potaliya : MN. 54의 뽀딸리야 장자와는 다른 인물로, 여기서는 유행자로 이 경에만 등장한다.

맞게 칭찬해야 할 사람을 칭찬하지 않습니다.

4) 뽀딸리야여, 세상에 어떤 사람은 올바른 때에 사실과 진실에 맞게 비난해야 할 사람을 비난하고, 올바른 때에 사실과 진실에 맞게 칭찬해야 할 사람을 칭찬합니다.

뽀딸리야여, 세상에 발견되는 이와 같은 네 종류의 사람이 있습니다. 뽀딸리야여, 이와 같은 네 종류의 사람들 가운데 그대는 어떤 사람이 더욱 훌륭하고 더욱 탁월하다고 생각합니까?

3. [뽀딸리] "존자 고따마여, 세상에 발견되는 네 종류의 사람이 있습니다. 네 종류란 무엇입니까?

1) 존자 고따마여, 세상에 어떤 사람은 올바른 때에 사실과 진실에 맞게 비난해야 할 사람을 비난하지만, 올바른 때에 사실과 진실에 맞게 칭찬해야 할 사람을 칭찬하지 않습니다.

2) 존자 고따마여, 세상에 어떤 사람은 올바른 때에 사실과 진실에 맞게 칭찬해야 할 사람을 칭찬하지만, 올바른 때에 사실과 진실에 맞게 비난해야 할 사람을 비난하지 않습니다.

3) 존자 고따마여, 세상에 어떤 사람은 올바른 때에 사실과 진실에 맞게 비난해야 할 사람도 비난하지 않고, 올바른 때에 사실과 진실에 맞게 칭찬해야 할 사람을 칭찬하지 않습니다.

4) 존자 고따마여, 세상에 어떤 사람은 올바른 때에 사실과 진실에 맞게 비난해야 할 사람을 비난하고, 올바른 때에 사실과 진실에 맞게 칭찬해야 할 사람을 칭찬합니다.

존자 고따마여, 세상에 발견되는 이와 같은 네 종류의 사람이 있습니다.

4. 존자 고따마여, 이와 같은 네 종류의 사람 가운데 저는 올바른 때에 사실과 진실에 맞게 비난해야 할 사람도 비난하지 않고, 올바른

때에 사실과 진실에 맞게 칭찬해야 할 사람을 칭찬하지 않는 사람이 더욱 훌륭하고 더욱 탁월하다고 생각합니다. 그것은 무슨 까닭입니까? 존자 고따마여, 평정이야말로 훌륭한 것이기 때문입니다."

5. [세존] "뽀딸리야여, 세상에 발견되는 네 종류의 사람이 있습니다. 네 종류란 무엇입니까?

1) 뽀딸리야여, 세상에 어떤 사람은 올바른 때에 사실과 진실에 맞게 비난해야 할 사람을 비난하지만, 올바른 때에 사실과 진실에 맞게 칭찬해야 할 사람을 칭찬하지 않습니다.
2) 뽀딸리야여, 세상에 어떤 사람은 올바른 때에 사실과 진실에 맞게 칭찬해야 할 사람을 칭찬하지만, 올바른 때에 사실과 진실에 맞게 비난해야 할 사람을 비난하지 않습니다.
3) 뽀딸리야여, 세상에 어떤 사람은 올바른 때에 사실과 진실에 맞게 비난해야 할 사람도 비난하지 않고, 올바른 때에 사실과 진실에 맞게 칭찬해야 할 사람을 칭찬하지 않습니다.
4) 뽀딸리야여, 세상에 어떤 사람은 올바른 때에 사실과 진실에 맞게 비난해야 할 사람을 비난하고, 올바른 때에 사실과 진실에 맞게 칭찬해야 할 사람을 칭찬합니다.

뽀딸리야여, 세상에 발견되는 이와 같은 네 종류의 사람이 있습니다.

6. 뽀딸리야여, 이와 같은 네 종류의 사람들 가운데 나는 올바른 때에 사실과 진실에 맞게 비난해야 할 사람을 비난하고, 올바른 때에 사실과 진실에 맞게 칭찬해야 할 사람을 칭찬하는 사람이 더욱 훌륭하고 더욱 탁월하다고 생각합니다. 그것은 무슨 까닭입니까? 존자 고따마여, 경우에 따라 올바른 때를 아는 것이야말로 훌륭한 것이기 때문입니다."

7. [세존] "존자 고따마여, 훌륭하십니다. 존자 고따마여, 훌륭하십니다. 존자 고따마여, 넘어진 것을 일으켜 세우듯, 가려진 것을 열어 보이듯, 어리석은 자에게 길을 가리켜 주듯, 눈 있는 자는 형상을 보라고 어둠 속에 등불을 가져오듯, 존자 고따마께서는 이와 같이 여러 가지 방법으로 진리를 밝혀 주셨습니다. 그러므로 이제 존자 고따마께 귀의합니다. 또한 그 가르침에 귀의합니다. 또한 그 수행승의 참모임에 귀의합니다. 존자 고따마께서는 저를 재가신도로 받아 주십시오. 오늘부터 목숨이 다하도록 귀의하겠습니다."

20. 천둥만 치고 비는 내리지 않는 사람이란 누구인가?371)

1. 이와 같이 나는 들었다. 한때 세존께서 싸밧티 시에 있는 제따바나 숲의 아나타삔디까 승원에 계셨다. 그때 세존께서는 '수행승들이여'라고 수행승들을 부르셨다. 수행승들은 '세존이시여'라고 세존께 대답했다.

2. 세존께서는 이와 같이 말씀하셨다.

[세존] "수행승들이여, 네 가지 비구름이 있다. 네 가지란 무엇인가? 천둥만 치고 비는 내리지 않는 비구름, 비는 내리지만 천둥은 치지 않는 비구름, 천둥도 치지 않을 뿐만 아니라 비도 내리지 않는 비구름, 천둥도 칠 뿐만 아니라 비도 내리는 비구름이 있다.

3. 수행승들이여, 세상에는 비구름에 비유할 수 있는 네 종류의 사람이 있다. 네 종류란 무엇인가? 천둥만 치고 비는 내리지 않는 사람, 비는 내리지만 천둥은 치지 않는 사람, 천둥도 치지 않을 뿐만 아니라 비도 내리지 않는 사람, 천둥도 칠 뿐만 아니라 비도 내리는 사람이 있다.

371) AN. II. 102 : 비구름의 경①[Paṭhamavalāhakasutta], Pug. IV. 8 참조

4. 수행승들이여, 어떻게 사람이 천둥만 치고 비는 내리지 않는가? 수행승들이여, 세상에 어떤 사람은 말만하고 행하지 않는다. 수행승들이여, 이와 같이 그 사람은 천둥만 치고 비는 내리지 않는다. 수행승들이여, 예를 들어, 천둥만 치고 비는 내리지 않는 비구름이 있는데 수행승들이여, 이러한 사람에 대하여 나는 그러한 비구름과 같다고 말한다.

5. 수행승들이여, 어떻게 사람이 비는 내리지만 천둥은 치지 않는가? 수행승들이여, 세상에 어떤 사람은 행하기만하고 말은 하지 않는다. 수행승들이여, 이와 같이 그 사람은 비는 내리지만 천둥은 치지 않는다. 수행승들이여, 예를 들어, 비는 내리지만 천둥은 치지 않는 비구름이 있는데 수행승들이여, 이러한 사람에 대하여 나는 그러한 비구름과 같다고 말한다.

6. 수행승들이여, 어떻게 사람이 천둥도 치지 않을 뿐만 아니라 비도 내리지 않는가? 수행승들이여, 세상에 어떤 사람은 말도 하지 않고 행하지도 않는다. 수행승들이여, 이와 같이 그 사람은 천둥도 치지 않을 뿐만 아니라 비도 내리지 않는다. 수행승들이여, 예를 들어, 천둥도 치지 않을 뿐만 아니라 비도 내리지 않는 비구름이 있는데 수행승들이여, 이러한 사람에 대하여 나는 그러한 비구름과 같다고 말한다.

7. 수행승들이여, 어떻게 사람이 천둥도 칠 뿐만 아니라 비도 내리는가? 수행승들이여, 세상에 어떤 사람은 말을 하고 행한다. 수행승들이여, 이와 같이 그 사람은 천둥도 치고 비도 내린다. 수행승들이여, 예를 들어, 천둥도 칠 뿐만 아니라 비도 내리는 비구름이 있는데 수행승들이여, 이러한 사람에 대하여 수행승들이여, 나는 비구름과 같

다고 말한다. 수행승들이여, 세상에는 비구름에 비유할 수 있는 이와 같은 네 종류의 사람이 있다."

21. 품위와 통찰의 관계는 어떠한 것인가?[372]

1. [세존] "수행승들이여, 네 가지 옹기가 있다. 네 가지란 무엇인가? 텅 비었지만 닫혀 있는 것, 가득 찼지만 열려 있는 것, 텅 비었을 뿐만 아니라 열려 있는 것, 가득 찼을 뿐만 아니라 닫혀 있는 것이 있다.

2. 수행승들이여, 세상에는 옹기에 비유할 수 있는 네 종류의 사람이 있다. 네 종류란 무엇인가? 텅 비었지만 닫혀 있는 사람, 가득 찼지만 열려 있는 사람, 텅 비었을 뿐만 아니라 열려 있는 사람, 가득 찼을 뿐만 아니라 닫혀 있는 사람이 있다.[373]

3. 수행승들이여, 어떻게 사람이 텅 비었지만 닫혀있는가? 수행승들이여, 세상에 어떤 사람은 나아가고 물러나고 쳐다보고 돌아보고 구부리고 펴고 가사와 발우와 의복을 지닐 때에도 품위가 있다. 그러나 그는 '이것이 괴로움이다.'라고 있는 그대로 분명히 알지 못하고 '이것이 괴로움의 발생이다.'라고 있는 그대로 분명히 알지 못하고 '이것이 괴로움의 소멸이다.'라고 있는 그대로 분명히 알지 못하고 '이것이 괴로움의 소멸로 이끄는 길이다.'라고 있는 그대로 분명히 알지 못한다. 수행승들이여, 이와 같이 사람은 텅 비었지만 닫혀 있다. 수행승들이여, 예를 들어, 텅 비었지만 닫혀 있는 옹기가 있는데, 수행승들이여, 이러한 사람에 대하여 나는 그러한 옹기와 같다

---

372) AN. II. 104 : 옹기의 경[Kumbhasutta], Pug. IV. 11 참조

373) tuccho pihito, pūro vivaṭo, tuccho vivaṭo, pūro pihito. : 텅 비어있다는 것은 통찰력이 없다는 뜻이고, 꽉 차있다는 것은 통찰력이 있다는 뜻이다. 닫혀있다는 것은 행동이 잘 제어된다는 의미이고, 열려있다는 것은 행동이 잘 제어되지 않는다는 의미로 사용된 것이다.

고 말한다.

4. 수행승들이여, 어떻게 사람이 가득 찼지만 열려 있는가? 수행승들이여, 세상에 어떤 사람은 나아가고 물러나고 쳐다보고 돌아보고 구부리고 펴고 가사와 발우와 의복을 지닐 때에도 품위가 없다. 그러나 그는 '이것이 괴로움이다.'라고 있는 그대로 분명히 알고, '이것이 괴로움의 발생이다.'라고 있는 그대로 분명히 알고, '이것이 괴로움의 소멸이다.'라고 있는 그대로 분명히 알고, '이것이 괴로움의 소멸로 이끄는 길이다.'라고 있는 그대로 분명히 안다. 수행승들이여, 이와 같이 사람은 가득 찼지만 열려 있다. 수행승들이여, 예를 들어, 가득 찼지만 열려 있는 옹기가 있는데 수행승들이여, 이러한 사람에 대하여 수행승들이여, 나는 그러한 옹기와 같다고 말한다.

5. 수행승들이여, 어떻게 사람이 텅 비었을 뿐만 아니라 열려 있는가? 수행승들이여, 세상에 어떤 사람은 나아가고 물러나고 쳐다보고 돌아보고 구부리고 펴고 가사와 발우와 의복을 지닐 때에도 품위가 없다. 또한 그는 '이것이 괴로움이다.'라고 있는 그대로 분명히 알지 못하고 '이것이 괴로움의 발생이다.'라고 있는 그대로 분명히 알지 못하고 '이것이 괴로움의 소멸이다.'라고 있는 그대로 분명히 알지 못하고 '이것이 괴로움의 소멸로 이끄는 길이다.'라고 있는 그대로 분명히 알지 못한다. 수행승들이여, 이와 같이 사람은 텅 비었을 뿐만 아니라 열려 있다. 수행승들이여, 예를 들어, 텅 비었을 뿐만 아니라 열려 있는 옹기가 있는데 수행승들이여, 이러한 사람에 대하여 수행승들이여, 나는 그러한 옹기와 같다고 말한다.

6. 수행승들이여, 어떻게 사람이 가득 찼을 뿐만 아니라 닫혀 있는가? 수행승들이여, 세상에 어떤 사람은 나아가고 물러나고 쳐다보고 돌아보고 구부리고 펴고 가사와 발우와 의복을 지닐 때에도 품

위가 있다. 또한 그는 '이것이 괴로움이다.'라고 있는 그대로 분명히 알고, '이것이 괴로움의 발생이다.'라고 있는 그대로 분명히 알고, '이것이 괴로움의 소멸이다.'라고 있는 그대로 분명히 알고, '이것이 괴로움의 소멸로 이끄는 길이다.'라고 있는 그대로 분명히 안다. 수행승들이여, 이와 같이 사람은 가득 찼을 뿐만 아니라 닫혀 있다. 수행승들이여, 예를 들어, 가득 찼을 뿐만 아니라 닫혀 있는 옹기가 있는데 수행승들이여, 이러한 사람에 대하여 수행승들이여, 나는 그러한 옹기와 같다고 말한다.

7. 수행승들이여, 세상에는 옹기에 비유할 수 있는 이와 같은 네 종류의 사람이 있다."

22. 결박의 종류와 수행단계는 어떻게 관련되는가?[374]

1. [세존] "수행승들이여, 세상에 발견되는 네 종류의 사람들이 있다. 네 종류란 무엇인가?

2. 수행승들이여, 세상에 어떤 사람은 낮은 단계의 결박도[375] 버리지 못했고 재생획득의 결박도[376] 버리지 못했고 존재획득의 결박도[377] 버리지 못했다. 수행승들이여, 세상에 어떤 사람은 낮은 단계의 결박은 버렸지만 재생획득의 결박도 버리지 못했고 존재획득의 결박도 버리지 못했다. 수행승들이여, 세상에 어떤 사람은 낮은 단계의 결박도 버렸고 재생획득의 결박도 버렸지만 존재획득의 결

374) AN. II. 133 : 결박된 사람의 경[Saṃyojanapuggalasutta]

375) orambhāgiyāni saṃyojanāni : 다섯 가지의 낮은 단계의 결박[五下分結]에는 ① 개체가 있다는 견해[有身見 : sakkāyadiṭṭhi] ② 회의적 의심[疑 : vicikicchā] ③ 규범과 금기에 대한 집착[戒禁取 : sīlabhataparāmāsa] ④ 감각적 쾌락에 대한 탐욕[欲貪 : kāmarāga] ⑤ 분노[有對 : paṭigha]가 있다.

376) upapattipaṭilābhiyāni saṃyojanāni : Mrp. III. 130에 따르면, 재생을 얻게 하는 조건들을 말한다.

377) bhavapaṭilābhiyāni saṃyojanāni : 존재에는 행위존재[業存在 : kammabhava]와 재생존재가 있는데, 여기서는 Mrp. III. 130에 따르면, 재생존재(upapattibhava)를 얻게 하는 조건들을 말한다.

박도 버리지 못했다. 수행승들이여, 세상에 어떤 사람은 낮은 단계의 결박도 버렸고 재생획득의 결박도 버렸고 존재획득의 결박도 버렸다.

3. 수행승들이여, 세상에 어떤 사람이 낮은 단계의 결박도 버리지 못했고 재생획득의 결박도 버리지 못했고 존재획득의 결박도 버리지 못했는가? 수행승들이여, 한 번 돌아오는 님은[378] 낮은 단계의 결박도 버리지 못했고 재생획득의 결박도 버리지 못했고 존재획득의 결박도 버리지 못했다.

4. 수행승들이여, 세상에 어떤 사람은 낮은 단계의 결박은 버렸지만, 재생획득의 결박도 버리지 못했고 존재획득의 결박도 버리지 못했는가? 수행승들이여, 상류의 궁극적인 미세한 물질로 이루어진 신들의 하느님의 세계에 이른 사람은[379]낮은 단계의 결박은 버렸지만, 재생획득의 결박도 버리지 못했고 존재획득의 결박도 버리지 못했다.

5. 수행승들이여, 세상에 어떤 사람이 낮은 단계의 결박도 버렸고 재생획득의 결박도 버렸지만 존재획득의 결박도 버리지 못했는가? 수

---

378) sakadāgāmin : 한 번 돌아오는 님[一來者]은 ① 개체가 있다는 견해[有身見 : sakkāyadiṭṭhi] ② 회의적 의심[疑 : vicikicchā] ③ 규범과 금기에 대한 집착[戒禁取 : sīlabhataparāmāsa]에서 벗어나야 하고, ④ 감각적 쾌락에 대한 탐욕[欲貪 : kāmarāga] ⑤ 분노[有對 : paṭigha]를 거의 끊어야 한다. 상세한 것은 해제를 참조하라.

379) uddhaṁsoto akaniṭṭhagāmin : uddhaṁsotākaniṭṭhagāmin : 다섯 종류의 돌아오지 않는 님(不還者)의 한 분으로 한역에서 상류반열반자(上流般涅槃者)를 말하는데, 상류의 궁극적인 미세한 물질로 이루어진 신들의 하느님의 세계(色究竟天)에 태어나는 자를 말한다. 낮은 단계의 다섯 가지 장애를 극복하여 상류의 궁극적인 미세한 물질계의 하느님 세계에 화생하여 완전한 열반에 드는 자이다. 여기서 상류는 위로 흐르는 것을 의미하고, 이때 흐름에는 윤회를 의미하는 갈애의 흐름과 길을 의미하는 흐름이 있는데, 상류는 길을 의미하는 흐름을 말한다. 그런데 이 색구경행자와 상류자(上流者 : uddhaṁsota)와 관련해서 다시 네 종류의 분류법이 있다. a. 상류자(上流者 : uddhaṁsota)이자 색구경행자(akaniṭṭhagāmin) : 무번천을 시작해서 네 천계를 정화하고 색구경천으로 가서 열반에 드는 자. b. 상류자이지만 색구경행자가 아닌 자: 낮은 단계의 세 천계를 정화하고 선견천에서 열반에 드는 자 c. 상류자가 아니지만 색구경행자인 자: 이 세상에서 바로 색구경천에 태어나 열반에 드는 자 d. 상류자도 아니고 색구경행자도 아닌 자: 아직 이 세상에 있거나 낮은 단계의 네 천계에서 열반에 드는 자가 있다.

행승들이여, 화생하여 생애의 전반에 완전한 열반에 드는 사람은[380] 낮은 단계의 결박도 버렸고 재생획득의 결박도 버렸지만 존재획득의 결박은 버리지 못했다.

6. 수행승들이여, 세상에 어떤 사람이 낮은 단계의 결박도 버렸고 재생획득의 결박도 버렸고 존재획득의 결박도 버렸는가? 수행승들이여, 거룩한 님은[381] 낮은 단계의 결박도 버렸고 재생획득의 결박도 버렸고 존재획득의 결박도 버렸다. 수행승들이여, 세상에 발견되는 이와 같은 네 종류의 사람들이 있다."

23. 우리는 몸만 빠져나오고 마음은 빠져나오지 못한 것이 아닌가?[382]

1. [세존] "수행승들이여, 세상에 발견되는 이와 같은 네 종류의 사람들이 있다. 네 종류란 무엇인가?

---

380) antarāparinibbāyin : 다섯 종류의 돌아오지 않는 님(不還者)의 한 분으로 한역에서 중반열반자(中般涅槃者)이라고 한다. 글자 그대로 하면 구사론(Akbh. 361)에서 해석하듯, '감각적 쾌락에 대한 욕망의 세계에서 미세한 물질의 세계로 화생하는 도중에 열반에 드는 자, 즉, 중유(中有)의 세계에서 열반에 드는 자'를 의미한다. 이 책 4 : 131(AN. II. 134)에서는 중반열반자를 '존재의 결박(bhavasaṁyojana)'을 버리지 못했으나 '태어남의 결박(upapattisaṁyojana)'을 버린 자로 보는데, 이것은 문자적인 의미가 옳다는 것을 입증하는 것이다. 그러나 상좌부의 아비달마적인 해석은 다르다. 낮은 단계의 다섯 가지 결박을 끊고 청정한 삶을 사는 신들의 하느님 세계(Suddhāvāsakāyikā devā : 淨居天은 無煩天, 無熱天, 善現天, 善見天, 色究竟天)의 어느 한 곳에 화생하여 생애의 절반을 넘지 않고 오염의 완전한 소멸[kilesaparinibbāna]을 이루는 자: 여기에는 세 종류가 있다. a. 100겁 안에 완전한 소멸을 이루는 자 b. 200겁과 500겁 사이에 완전한 소멸을 이루는 자 c. 500겁이 돼서야 완전한 소멸을 이루는 자이다. 역자는 ≪쌍윳따니까야≫와 이 ≪앙굿따라니까야≫의 초판번역에서는 설일체유부의 해석을 역자의 번역용어로 삼았으나 이번에 상좌부의 해석에 따라 번역용어를 개정했다. 그러나 두 번역 모두 철학적으로는 문제를 안고 있다. 상좌부를 따라, '화생하여 생애의 전반에 완전한 열반에 드는 자'라고 번역하면, '재생획득의 결박'을 버리지 못한 것이 되므로, 원래 니까야의 내용에 위배되고, 설일체유부를 따라 '화생하러 가는 도중에 열반에 드는 자'라고 번역하면, 초기불교 철학의 근간인 무아론을 심각하게 위협하기 때문이다. 역자는 무아론의 위협을 방지하기 위해 상좌부의 해석을 본문 번역으로 삼았다. 그렇게 되면, ≪앙굿따라니까야≫의 재생획득의 결박을 버렸다는 의미는 그렇게 때문에 재생획득의 결박을 버렸으나 그 잠재적인 업력이 남아서 생애의 전반에 완전한 열반에 들 수 있었고 해석할 수 있게 된다.

381) 거룩한 님[阿羅漢 : arahat]이 있다. 거룩한 님은 위의 다섯 가지 낮은 단계의 결박은 물론 ⑥ 미세한 물질계에 대한 탐욕[色貪 : rūparāga] ⑦ 비물질계에 대한 탐욕[無色貪 : arūparāga] ⑨ 자만[慢 : māna] ⑨ 흥분[掉擧 : uddhacca], ⑩ 무명[無明 : avijjā]의 다섯 가지 높은 단계의 결박에서 완전히 벗어난 자를 말한다.

382) AN. II. 137 : 삔돌라의 경[Piṇḍolasutta]

2. 몸은 빠져나왔으나 마음은 빠져나오지 못한 자, 몸은 빠져나오지 못했으나 마음은 빠져나온 자, 몸도 빠져나오고 마음도 빠져나온 자, 몸도 빠져나오지 못하고 마음도 빠져나오지 못한 자가 있다.383)

3. 수행승들이여, 어떤 사람이 몸은 빠져나왔으나 마음은 빠져나오지 못한 자인가? 수행승들이여, 어떤 사람이 한적한 숲이나 우거진 숲의 외딴 처소에서 지낸다. 그런데 그가 거기서 감각적 쾌락에 대한 욕망의 사유를 하고, 분노의 사유를 하고, 폭력의 사유를 한다. 수행승들이여, 이와 같은 사람은 몸은 빠져나왔으나 마음은 빠져나오지 못한 자이다.

4. 수행승들이여, 어떤 사람이 몸은 빠져나오지 못했으나 마음은 빠져나온 자인가? 수행승들이여, 어떤 사람이 한적한 숲이나 우거진 숲의 외딴 처소에서 지내지 않는다. 그런데 그가 거기서 감각적 쾌락에 대한 욕망의 여읨을 사유하고, 분노의 여읨을 사유하고, 폭력의 여읨을 사유한다. 수행승들이여, 이와 같은 사람은 몸은 빠져나오지 못했으나 마음은 빠져나온 자이다.

5. 수행승들이여, 어떤 사람이 몸도 빠져나오고 마음도 빠져나온 자인가? 수행승들이여, 어떤 사람이 한적한 숲이나 우거진 숲의 외딴 처소에서 지낸다. 그리고 그가 거기서 감각적 쾌락의 욕망을 여읜 사유를 하고, 분노를 여읜 사유를 하고, 폭력을 여읜 사유를 한다. 수행승들이여, 이와 같은 사람은 몸도 빠져나오고 마음도 빠져나온 자이다.

6. 수행승들이여, 어떤 사람이 몸도 빠져나오지 못하고 마음도 빠져

---

383) nikaṭṭhakāyo anikaṭṭhacitto. anikaṭṭhakāyo nikaṭṭhacitto. anikaṭṭhakāyo ca anikaṭṭhacitto ca. nikaṭṭhakāyo ca nikaṭṭhacitto ca : '빠져나온(nikaṭṭha)'이라는 뜻은 Mrp. III. 132에 따르면, 분리된(niggata)의 의미가 있고 '몸은 빠져나왔으나 마음은 빠져나오지 못한 자'는 몸은 마을을 떠나 숲에서 살지만 마음은 마을에 있는 것을 말한다.

나오지 못한 자인가? 수행승들이여, 어떤 사람이 한적한 숲이나 우거진 숲의 외딴 처소에서 지내지 않는다. 그리고 그가 거기서 감각적 쾌락의 욕망에 매인 사유를 하고, 분노에 매인 사유를 하고, 폭력에 매인 사유를 한다. 수행승들이여, 이와 같은 사람은 몸도 빠져나오지 못하고 마음도 빠져나오지 못한 자이다."

24. 몸의 질병과 마음의 질병의 차이는 어떠한 것인가?384)

1. [세존] "수행승들이여, 이와 같은 두 가지 질병이 있다. 두 가지란 무엇인가? 몸의 질병과 마음의 질병이다.

2. 수행승들이여, 몸의 질병에 관한 한, 일 년 동안 건강하게 지내기도 하고 이 년 동안 건강하게 지내기도 하고 삼 년, 사 년, 오 년, 십 년, 이십 년, 삼십 년, 사십 년, 오십 년 동안 건강하게 지내기도 하고 백 년 동안 건강하게 지내기도 한다.

3. 그러나 수행승들이여, 세상에서 마음의 질병에 관한 한, 잠시라도 건강하게 지내는 뭇삶들은 번뇌를 부순 거룩한 님을 제외하고는 참으로 찾아보기 어렵다.

4. 수행승들이여, 이와 같은 네 가지 출가자의 질병이 있다. 네 가지란 무엇인가?

5. 수행승들이여, 세상에 수행승이 있는데, 그는 큰 욕망을 지니고 고통스러워하며 이러저러한 의복과 탁발음식과 와좌구와 필수약품에 만족하지 못한다. 그는 큰 욕망을 지니고 고통스러워하며, 이러저러한 의복과 탁발음식과 와좌구와 필수약품에 만족하지 못할 뿐만 아니라, 인기를 얻고 이득과 명예와 칭송을 얻기 위해, 악한 욕망

384) AN. II. 143 : 질병의 경[Rogasutta]

을 품는다. 그는 인기를 얻고 이득과 명예와 칭송을 얻기 위해, 애쓰고 노력하고 분발한다. 그는 충분한 계산 아래 가정집을 방문하고, 충분한 계산 아래 앉고, 충분한 계산 아래 가르침을 설하고, 충분한 계산 아래 대소변을 본다. 수행승들이여, 이와 같은 네 가지 출가자의 질병이 있다.

6. 수행승들이여, 그러므로 그대들은 이와 같이 배워야 한다. 세상에 큰 욕망을 지니지 않고, 고통스러워하지 않으며, 이러저러한 의복과 탁발음식과 와좌구와 필수약품에 만족하지 못하는 자가 되지 않으리라. 우리는 큰 욕망을 지니지 않고, 고통스러워하지 않으며, 이러저러한 의복과 탁발음식과 와좌구와 필수약품에 만족할 뿐만 아니라, 인기를 얻고 이득과 명예와 칭송을 얻기 위해, 악한 욕망을 품지 않으리라. 우리는 인기를 얻고 이득과 명예와 칭송을 얻기 위해, 애쓰지 않고 노력하지 않고 분발하지 않으리라. 우리는 추위와 더위, 기아와 갈증, 등에, 모기, 바람, 열기, 뱀과의 접촉을 견디고, 욕지거리하고 비난하는 말씨를 견디고, 몸에 생겨난 괴롭고 아프고 쑤시고 아리고 불쾌하고 언짢고 목숨을 위협하는 고통을 견디리라. 수행승들이여, 그러므로 그대들은 이와 같이 배워야 한다."

25. 중병에 걸렸다면, 중병에 대한 성찰을 어떻게 할 것인가?[385)]

1. 한때 존자 아난다가 꼬쌈비 시의 고씨따라마 승원에 계셨다. 이때 어떤 수행녀가 한 사람에게 부탁했다.

[수행녀] "여보시오. 그대는 존자 아난다가 있는 곳으로 찾아가시오. 찾아가서 내 이름으로 존자 아난다의 두 발에 머리를 조아려 경의를 표하고 '존자여, 한 수행녀가 병이 들어 괴로워하는데, 아주 중

385) AN. II. 144 : 수행녀의 경[Bhikkhunīsutta], 잡아함 21(대정2. 148a) 참조

병입니다. 박깔리가 존자의 두 발에 머리를 조아려 경의를 표합니다.'라고 전해주십시오. 그리고 이와 같이 '존자여, 존자께서는 가엾게 여겨 수행녀가 있는 곳을 찾아주시면 감사하겠습니다.'라고 말하십시오."

2. 그 사람은 '수행녀여, 그렇게 하겠습니다.'라고 그 수행녀에게 대답하고 존자 아난다가 있는 곳으로 찾아왔다. 가까이 다가와서 존자 아난다에게 인사를 하고 한쪽으로 물러나 앉았다.

3. 한쪽으로 물러나 앉아 그 사람은 존자 아난다에게 이와 같이 말씀드렸다.

[수행승들] "존자여, 한 수행녀가 병이 들어 괴로워하는데 아주 중병입니다. 그가 존자의 두 발에 머리를 조아려 경의를 표합니다. 존자여, 존자께서는 가엾게 여겨 그 수행녀가 있는 곳을 찾아주시면 감사하겠습니다."

존자 아난다는 침묵으로 허락했다.

4. 그래서 존자 아난다는 옷을 입고 발우와 가사를 들고 그 수행녀가 있는 곳으로 찾아갔다. 그 수행녀는 존자 아난다가 멀리서 오는 것을 보았다. 보고 나서 머리를 감싸고 침상에 누웠다.

5. 그러자 존자 아난다는 그 수행녀가 있는 곳으로 다가 갔다. 가까이 다가가서 마련된 자리에 앉았다. 자리에 앉아서 존자 아난다는 그 수행녀에게 이와 같이 말했다.

[아난다] "누이여, 이 몸은 자양분에서 생겨난 것입니다. 자양분에 의존하여 자양분을 극복해야 합니다. 누이여, 이 몸은 갈애에서 생겨난 것입니다. 갈애에 의존하여 갈애를 극복해야 합니다. 누이여, 이 몸은 자만에서 생겨난 것입니다. 자만에 의존하여 자만을 극

복해야 합니다. 이 몸은 성적 교섭에서 생겨난 것입니다. 세존께서는 성적 교섭을 법도의 파괴라고[386] 말씀하셨습니다."

6. 누이여, 이 몸은 자양분에서 생겨난 것입니다. 자양분에 의존하여 자양분을 극복해야 한다고 말했는데, 무엇을 연유로 그렇게 말한 것입니까? 누이여, 세상에 수행승이 성찰에 의해서 이치에 맞게, 연회를 위하거나 만끽을 위하거나 장식을 위하거나 허례를 위하거나 하지 않고, 단지 이 몸을 지탱하거나 건강을 지키거나 상해를 방지하고 청정한 삶을 지키기 위하여 자양분을 섭취합니다. 그래서 '나는 지나간 고통을 버리고 새로운 고통은 일으키지 않고 허물이 없고 안온하게 지내리라.'라고[387] 생각합니다. 그렇게 해서 그는 자양분에 의존하여 자양분을 극복합니다.[388] 누이여, '이 몸은 자양분에서 생겨난 것입니다. 자양분에 의존하여 자양분을 극복해야 한다.'고 말했는데, 이것을 연유로 그렇게 말한 것입니다.

7. 누이여, 이 몸은 갈애에서 생겨난 것입니다. 갈애에 의존하여 갈애를 극복해야 한다고 말했는데, 무엇을 연유로 그렇게 말한 것입니까? 누이여, 세상에 수행승이 '아무개 수행승은 번뇌를 부수었으므로[389] 번뇌 없이 마음에 의한 해탈, 지혜에 의한 해탈을[390] 바로 현

---

386) setughāta : 수행승이나 수행녀가 성적 교섭을 하면, 승단추방죄[斷頭罪 : pārājika]에 해당한다는 뜻이다.

387) iti purāṇaṃ ca vedanaṃ paṭihaṅkhāmi, navaṃ ca vedanaṃ na uppādessāmi, yātrā ca me bhavissati anavajjatā ca phāsuvihāro cāti : Vism. 37 참조하라.

388) āhāraṃ nissāya āhāraṃ pajahati : 자양분에는 네 가지가 있고 그것들은 존재의 강력한 지지자이다. ① 거칠거나 미세한 먹을 수 있는 자양분(kabaliṅkāro āhāro oḷāriko sukhumo : 麤細食), ② 느낌을 위한 접촉의 자양분(phasso āhāro : 觸食) ③ 새로운 존재의 생성을 위한 의도의 자양분(manosañcetanā āhāro : 意思食) ④ 정신·신체를 위한 의식의 자양분(viññāṇa āhāro : 識食)이 있다. Mrp. III. 136에 따르면 현재의 자양분 ①을 통해서 과거업의 자양분[현재의 존재의 조건]을 극복해야 한다.

389) āsavakkhaya abhiññā : 한역의 누진통(漏盡通) 또는 누진지(漏盡智)를 말한다.

390) cetovimuttiṁ paññāvimuttiṁ : 원래는 구분해탈(俱分解脫 : ubhatobhāgavimutta)의 각 요소를 말하지만, Srp. II. 175에 따르면, 마음에 의한 해탈은 거룩한 경지에서의 집중(arahattaphalasamādhi)이고 지혜에 의한 해탈은 거룩한 경지에서의 지혜(arahattaphalapaññā)를 말한다. 구분해탈과 지혜에 의한 해탈에 대해서는 12 : 70경의 주석을 참조하라.

세에서 곧바른 앎으로 스스로 실현하여 성취하였다.'라고 듣습니다. 그는 이와 같이 '나도 반드시 번뇌를 부수고 번뇌 없이 마음에 의한 해탈, 지혜에 의한 해탈을 바로 현세에서 곧바른 앎으로 스스로 실현하여 성취하리라.'라고 생각합니다. 그렇게 해서 그는 갈애에 의존하여 갈애를 극복합니다.[391] 누이여, '이 몸은 갈애에서 생겨난 것입니다. 갈애에 의존하여 갈애를 극복해야 한다.'고 말했는데, 이것을 연유로 그렇게 말한 것입니다.

8. 누이여, 이 몸은 자만에서 생겨난 것입니다. 자만에 의존하여 자만을 극복해야 한다고 말했는데, 무엇을 연유로 그렇게 말한 것입니까? 누이여, 세상에 수행승이 '아무개 수행승은 번뇌를 부수었으므로 번뇌 없이 마음에 의한 해탈, 지혜에 의한 해탈을 바로 현세에서 곧바른 앎으로 스스로 실현하여 성취하였다.'라고 듣습니다. 그는 이와 같이 '나도 반드시 번뇌를 부수고 번뇌 없이 마음에 의한 해탈, 지혜에 의한 해탈을 바로 현세에서 곧바른 앎으로 스스로 실현하여 성취하리라.'라고 생각합니다. 그렇게 해서 그는 자만에 의존하여 자만을 극복합니다.[392] 누이여, '이 몸은 자만에서 생겨난 것입니다. 자만에 의존하여 자만을 극복해야 한다.'고 말했는데, 이것을 연유로 그렇게 말한 것입니다.

9. 누이여, 이 몸은 성적 교섭에서 생겨난 것입니다. 세존께서는 성적 교섭을 법도의 파괴라고 말씀하셨습니다."

---

391) taṇhaṃ nissāya taṇhaṃ pajahati : Mrp. III. 136에 따르면, 이와 같이 일어난 현재의 갈애를 통해 윤회의 뿌리가 되는 이전의 갈애를 극복해야 하는 것이다. 그 현재의 갈애는 비록 궁극적으로는 악하고 불건전한 것이지만 해탈에 기여하는 것이므로 섬겨야 하는 것인데, 그것은 결생(結生 : patisandhi)을 초래하지는 않는 것이기 때문이다. 그러나 결국은 그 현재의 갈애마저 극복해야 한다.

392) mānaṃ nissāya mānaṃ pajahati : Mrp. III. 136에 따르면, 이와 같이 일어난 현재에의 자만을 통해 윤회의 뿌리가 되는 이전의 자만을 극복해야 하는 것이다. 그 현재의 자만은 비록 궁극적으로 악하고 불건전한 것이지만 그 자만은 섬겨야 하는 것이다. 왜냐하면, 그것은 결생(結生 : patisandhi)을 초래하지는 않는 것이기 때문이다. 그러나 결국은 그 현재의 갈애마저 극복해야 한다.

10. 그러자 그 수행녀는 침상에서 일어나 한쪽 어깨에 가사를 걸치고 존자 아난다의 두 발에 머리를 조아리고 존자 아난다에게 이와 같이 말했다.

[수행녀] "존자여, 제가 잘못했습니다. 저는 어리석고 미혹하고 신중하지 못해서 잘못을 저질렀습니다. 존자여, 다시는 그런 일이 없도록 잘못을 잘못으로 알고 참회하오니, 저의 참회를 받아 주십시오."

[아난다] "누이여, 그대가 확실히 잘못했습니다. 그대는 어리석고 미혹하고 신중하지 못해서 잘못을 저질렀습니다. 누이여, 그러나 그대가 이제 잘못을 잘못으로 알고 가르침에 따라 참회하므로, 그 참회를 받아들이겠습니다. 왜냐하면, 누이여, 잘못을 잘못으로 알고, 가르침에 따라 그것을 고치고, 미래에도 그것을 지켜나가면, 그것이 고귀한 님의 계율 안에서의 성장이기 때문이다."

26. 올바른 가르침 즉, 정법이 사라진다면, 그 이유는 무엇일까?[393)]

1. [세존] "수행승들이여, 올바른 길로 잘 가신 님과 올바른 길로 잘 가신 님의 계율이 세상에 존재하는 것은 많은 사람의 이익을 위한 것이고, 많은 사람의 행복을 위한 것이고, 세상의 연민을 위한 것이고, 신들과 인간의 축복과 이익과 행복을 위한 것이다.

2. 수행승들이여, 올바른 길로 잘 가신 님이란 누구인가? 수행승들이여, 세상에 이렇게 오신 님,[394)] 거룩한 님, 올바로 원만히 깨달은

---

393) AN. II. 147 : 올바른 길로 잘 가신 님과 계율의 경[Sugatavinayasutta]

394) Tathāgata : 초기경전에서 부처님에 대한 십호 가운데 여래가 일반적으로는 포함되지 않으나 여기에서는 포함된다. 필자는 여래가 십호 가운데 등장할 경우는 풀어서 '이렇게 오신 님'으로 번역한다. Srp. II. 287은 여래라고 불리는 이유에 관하여 여덟 가지로 설명한다. ① thatā āgato : 이렇게 오셨기 때문에 ② thatā gato : 이렇게 가셨기 때문에 ③ tathalakkhaṇaṁ āgato : 이러한 특징에 도달했기 때문에 ④ tathadhamme yāthāvato abhisambuddho : 이러한 법에 일치하도록 바르고 완전하게 깨달았기 때문에 ⑤ tathadassitāya : 이렇게 현현하기 때문에 ⑥ tathāvāditāya : 이와 같이 설하기 때문에 ⑦ tathākāritāya : 이와 같이 행하기 때문에 ⑨ abhibhavan'aṭṭhena : 승리자이기 때문에, 그렇게 불린다. Vism. 203 : DN. III. 134 : Smv. 59 참조.

님, 명지와 덕행을 갖춘 님, 올바른 길로 잘 가신 님, 세상을 아는 님, 위없이 높으신 님, 사람을 길들이는 님, 하늘사람과 인간의 스승이신 님, 깨달은 님이신 세존이 세상에 출현한다. 수행승들이여, 이 분이 올바른 길로 잘 가신 님이다.

3. 수행승들이여, 올바른 길로 잘 가신 님의 계율이란 무엇인가? 그 분은 처음도 훌륭하고 중간도 훌륭하고 마지막도 훌륭한, 내용을 갖추고 형식이 완성된 가르침을 설하고, 지극히 원만하고 오로지 청정한 거룩한 삶을 실현한다. 수행승들이여, 이것이 올바른 길로 잘 가신 님의 계율이다. 수행승들이여, 올바른 길로 잘 가신 님과 올바른 길로 잘 가신 님의 계율이 세상에 존재하는 것은 많은 사람의 이익을 위한 것이고 많은 사람의 행복을 위한 것이고 세상의 연민을 위한 것이고 신들과 인간의 축복과 이익과 행복을 위한 것이다.

4. 수행승들이여, 정법을 교란시키고 사라지게 하는 이와 같은 네 가지 원리가 있다. 네 가지란 무엇인가?

5. 수행승들이여, 세상에 수행승들이 법문에 대하여 몰이해하고 말마디와 맥락을 잘못 파악하여 가르친다. 수행승들이여, 말마디와 맥락을 잘못 파악하여 의미가 왜곡된다. 수행승들이여, 이것이 정법을 교란시키고 사라지게 하는 첫 번째 원리이다.

6. 수행승들이여, 또한 수행승들은 훈계하기 어렵다. 그들은 훈계하기 어렵게 만드는 성품을 갖고 있고, 인내를 지니지 못하고, 가르침을 공경하여 받들지 않는다. 수행승들이여, 이것이 정법을 교란시키고 사라지게 하는 두 번째 원리이다.

7. 수행승들이여, 또한 수행승들이 많이 배우고, 전승에 밝고, 가르침을 수지하고, 계율을 수지하고, 그 논의의 주제[395]를 수지하고 있

는데, 그것을 도사리고 남에게 가르쳐주지 않는다. 그들이 죽으면 법문은 뿌리가 잘리고 의지처를 잃게 된다. 수행승들이여, 이것이 정법을 교란시키고 사라지게 하는 세 번째 원리이다.

8. 수행승들이여, 또한 장로 수행승들이 사치에 빠지고, 게으름에 빠져서, 죄악을 선호하고, 홀로 있음을 부담스럽게 생각하여 꺼리고, 도달하지 못한 것에 도달하기 위하여, 성취하지 못한 것을 성취하기 위하여, 실현하지 못한 것을 실현하기 위하여, 정진을 도모하지 않는다. 그들의 제자들도 그가 본 것을 따라하며, 사치에 빠지고, 게으름에 빠져서, 죄악을 선호하고, 홀로 있음을 부담스럽게 생각하여 꺼리고, 도달하지 못한 것에 도달하기 위하여, 성취하지 못한 것을 성취하기 위하여, 실현하지 못한 것을 실현하기 위하여, 정진을 도모하지 않는다. 수행승들이여, 이것이 정법을 교란시키고 사라지게 하는 네 번째 원리이다.

9. 수행승들이여, 정법을 혼란스럽게 하지 않고 사라지지 않게 하는 이와 같은 네 가지 원리가 있다. 네 가지란 무엇인가?

10. 수행승들이여, 세상에 수행승들이 법문에 대하여 잘 이해하고 말마디와 맥락을 올바로 파악하여 가르친다. 수행승들이여, 말마디와 맥락을 올바로 파악하여 의미가 잘 정립된다. 수행승들이여, 이것이 정법을 혼란스럽게 하지 않고 사라지지 않게 하는 첫 번째 원리이다.

11. 수행승들이여, 또한 수행승들은 훈계하기 쉽다. 그들은 훈계하기 쉽게 만드는 성품을 갖고 있고, 인내를 지니고, 가르침을 공경하여 받든다. 수행승들이여, 이것이 정법을 혼란스럽게 하지 않고 사

395) mātikā : 한역에서는 논모(論母)라고 한다. 경이나 율의 내용의 주요한 주제어이다. 논장의 첫머리에는 가르침[法]의 논모가 등장하고 율장의 계율의 항목은 그대로 계율의 논모에 해당한다.

라지지 않게 하는 두 번째 원리이다.

12. 수행승들이여, 또한 수행승들이 많이 배우고 전승에 밝고 가르침을 수지하고 계율을 수지하고 논의의 주제를 수지하고 있는데, 그것을 겸손하게 남에게 가르쳐준다. 그들이 죽어도 법문은 뿌리가 잘리지 않고, 의지처를 잃지 않는다. 수행승들이여, 이것이 정법을 혼란스럽게 하지 않고, 사라지지 않게 하는 세 번째 원리이다.

13. 수행승들이여, 또한 장로 수행승들이 사치에 빠지지 않고 게으름에 빠지지 않아서, 죄악을 선호하지 않고, 홀로 있음을 부담스럽게 생각하여 꺼리지 않고, 도달하지 못한 것에 도달하기 위하여, 성취하지 못한 것을 성취하기 위하여, 실현하지 못한 것을 실현하기 위하여, 정진을 도모한다. 그들의 제자들도 그가 본 것을 따라하며, 사치에 빠지지 않고, 게으름에 빠지지 않아서, 죄악을 선호하지 않고, 홀로 있음을 부담스럽게 생각하여 꺼리지 않고, 도달하지 못한 것에 도달하기 위하여, 성취하지 못한 것을 성취하기 위하여, 실현하지 못한 것을 실현하기 위하여, 정진을 도모한다. 수행승들이여, 이것이 정법을 혼란스럽게 하지 않고 사라지지 않게 하는 네 번째 원리이다. 수행승들이여, 정법을 혼란스럽게 하지 않고 사라지지 않게 하는 이와 같은 네 가지 원리가 있다."

27. 명상수행의 과정에서 빠르면서 즐거운 실천이란 무엇인가?[396)]

1. [세존] "수행승들이여, 이와 같은 네 가지 실천이 있다. 네 가지란 무엇인가? 더디면서 곧바른 앎을 수반하는 괴로운 실천, 빠르면서 곧바른 앎을 수반하는 괴로운 실천, 더디면서 곧바른 앎을 수반하는 즐거운 실천, 빠르면서 곧바른 앎을 수반하는 즐거운 실천이 있다.

396) AN. II. 150 : 실천의 경③[Tatiyapaṭipadāsutta]

2. 수행승들이여, 더디면서 곧바른 앎을 수반하는 괴로운 실천이란 무엇인가? 수행승들이여, 세상에 수행승이 몸에 대한 더러움의 관찰, 자양분에 대한 혐오의 지각, 세상에서 즐거움을 찾을 수 없음의 지각, 모든 형성된 것에 대한 무상의 관찰, 죽음에 대한 지각을 내적으로 잘 확립한다.[397] 그는 이와 같은 다섯 가지 학인의 힘, 즉 믿음의 힘, 부끄러움을 아는 힘, 창피함을 아는 힘, 정진의 힘, 지혜의 힘에 의지한다.[398] 그러나 그에게 이와 같은 다섯 가지 능력, 즉 믿음의 능력, 정진의 능력, 새김의 능력, 삼매의 능력, 지혜의 능력이 약하게 나타난다. 이러한 다섯 가지 능력이 약하게 나타나면, 이어지는 번뇌의 부숨도 더디게 얻어진다. 수행승들이여, 이것이 더디면서 곧바른 앎을 수반하는 괴로운 실천이다.

3. 수행승들이여, 빠르면서 곧바른 앎을 수반하는 괴로운 실천이란

---

397) idha bhikkhave bhikkhu asubhānupassī kāye viharati āhāre paṭikkūlasaññī sabbaloke anabhiratasaññī sabbasaṅkhāresu aniccānupassī. Maraṇasaññā kho panassa ajjhattaṃ sūpaṭṭhitā hoti : ① 몸에 대하여 더러움의 관찰 : 부정관(不淨觀)을 닦는다는 뜻이다. 피부로 덮인 여러 부정물(不淨物)로 가득 찬 신체의 각 부분이나 장기에 대한 관찰, 땅, 물, 불, 바람으로 구성된 신체에 대한 관찰 및 무덤에 버려진 사체에 대한 관찰이 있다. 먼저 부정물로 가득 찬 신체에 대한 관찰은 갈애에 수반되는 육체적 쾌락이나 성적 충동을 제어하고 소멸시키는 데 중요한 역할을 한다. 부정관은 몸을 감각적으로 매력적인 것이라 인식하는 지각의 토대를 무너뜨림으로써 육체적인 쾌락의 욕구를 소멸시킬 수 있다. 감각적 욕구는 지각을 조건으로 한다. 육체적인 매력은 피상적인 관점에서 유래하며 부정관은 사실에 대한 관찰을 토대로 한다. ② 자양분의 혐오에 대한 지각 : 자양분은 네 가지 자양분에 대한 관찰로 SN. II. 99~100에 잘 나타나 있다. 물질의 자양분은 마치 사막을 횡단하는 부부가 외아들의 살코기를 먹는 것처럼, 접촉의 자양분은 가죽이 벗겨진 소가 담벼락에 기대어 있으면 다른 생물들이 파먹는 것처럼, 의도의 자양분은 작열하는 석탄화로에 강제로 집어넣은 것처럼, 의식의 자양분은 도둑이 잡혀서 아침, 점심, 저녁으로 백 개의 창에 찔리는 것처럼 지각되어야 한다. ③ 세상에 즐거움을 찾을 수 없음의 지각 : Mrp. III. 140에 따르면, 감각적 쾌락의 욕망계나 미세한 물질계나 비물질계에서 즐거움을 찾을 만한 곳이 없다는 불만족에 대한 지각이다. ④ 모든 형성된 것에 대한 무상의 관찰 : 감각적 쾌락의 욕망계나 미세한 물질계나 비물질계에서 모든 형성된 것이 무상하다는 관찰이다. ⑤ 죽음에 대한 지각 : Vism. 229~239에 따르면, 때가 되어 죽는 죽음이나 불시의 죽음, 목숨과 죽음과의 관계, 수명의 특징, 수명과 시간, 죽음에 대한 새김의 효능 등에 대해 명상하는 것을 말한다.

398) pañca sekhabalāni upanissāya viharati: saddhābalaṃ hiribalaṃ ottappabalaṃ viriyabalaṃ paññābalaṃ : Mrp. III. 141에서는 이것들이 전사가 전투에서 가지고 나가는 방패와 다섯 가지 무기에 비교된다. 전사가 지치면 방패 뒤에 숨는다. 여기서 전사는 수행자이고 다섯 가지의 힘은 방패이자 무기이고 전투는 비유하자면, 통찰을 위한 전투이다.

무엇인가? 수행승들이여, 세상에 수행승이 몸에 대한 더러움의 관찰, 자양분에 대한 혐오의 지각, 세상에서 즐거움을 찾을 수 없음의 지각, 모든 형성된 것에 대해 무상의 관찰, 죽음의 지각을 내적으로 잘 확립한다. 그는 이와 같은 다섯 가지 학인의 힘, 즉 믿음의 힘, 부끄러움을 아는 힘, 창피함을 아는 힘, 정진의 힘, 지혜의 힘에 의지한다. 그러나 그에게 이와 같은 다섯 가지 능력, 즉 믿음의 능력, 정진의 능력, 새김의 능력, 삼매의 능력, 지혜의 능력이 강하게 나타난다. 이러한 다섯 가지 능력이 강하게 나타나면, 이어지는 번뇌의 부숨도 빠르게 얻어진다. 수행승들이여, 이것이 빠르면서 곧바른 앎을 수반하는 괴로운 실천이다.

4. 수행승들이여, 더디면서 곧바른 앎을 수반하는 즐거운 실천이란 무엇인가? 수행승들이여, 세상에 수행승이 감각적 쾌락의 욕망을 여의고 악하고 불건전한 상태를 떠난 뒤, 사유를 갖추고 숙고를 갖추고 멀리 여읨에서 생겨나는 희열과 행복을 갖춘 첫 번째 선정에 들고, 사유와 숙고가 멈추어진 뒤, 내적인 평온과 마음의 통일을 성취하고, 사유를 뛰어넘고 숙고를 뛰어넘어 삼매에서 생겨나는 희열과 행복을 갖춘 두 번째 선정에 들고, 희열이 사라진 뒤, 평정하고 새김이 있고 올바로 알아차리며 신체적으로 행복을 느끼며 고귀한 님들이 평정하고 새김이 있고 행복하다고 표현하는 세 번째 선정에 들고, 행복과 고통이 버려지고 만족과 불만도 사라진 뒤, 괴로움도 없고 즐거움도 없는 평정하고 새김이 있고 청정한 네 번째 선정에 든다. 그러나 그에게 이와 같은 다섯 가지 능력, 즉 믿음의 능력, 정진의 능력, 새김의 능력, 집중의 능력, 지혜의 능력이 약하게 나타난다. 이러한 다섯 가지 능력이 약하게 나타나면, 이어지는 번뇌의 부숨도 더디게 얻어진다. 수행승들이여, 이것이 더디면서 곧바른 앎을

수반하는 즐거운 실천이다.

5. 수행승들이여, 빠르면서 곧바른 앎을 수반하는 즐거운 실천이란 무엇인가? 수행승들이여, 세상에 수행승이 감각적 쾌락의 욕망을 여의고 악하고 불건전한 상태를 떠난 뒤, 사유를 갖추고 숙고를 갖추고 멀리 여읨에서 생겨나는 희열과 행복을 갖춘 첫 번째 선정에 들고, 사유와 숙고가 멈추어진 뒤, 내적인 평온과 마음의 통일을 성취하고, 사유를 뛰어넘고 숙고를 뛰어넘어 삼매에서 생겨나는 희열과 행복을 갖춘 두 번째 선정에 들고, 희열이 사라진 뒤, 평정하고 새김이 있고 올바로 알아차리며 신체적으로 행복을 느끼며 고귀한 님들이 평정하고 새김이 있고 행복하다고 표현하는 세 번째 선정에 들고, 행복과 고통이 버려지고 만족과 불만도 사라진 뒤, 괴로움도 없고 즐거움도 없는 평정하고 새김이 있고 청정한 네 번째 선정에 든다. 그러나 그에게 이와 같은 다섯 가지 능력, 즉 믿음의 능력, 정진의 능력, 새김의 능력, 삼매의 능력, 지혜의 능력이 강하게 나타난다. 이러한 다섯 가지 능력이 강하게 나타나면, 이어지는 번뇌의 부숨도 빠르게 얻어진다. 수행승들이여, 이것이 빠르면서 곧바른 앎을 수반하는 즐거운 실천이다. 수행승들이여, 이와 같은 네 가지 실천이 있다."

28. 불인(不忍)과 인내와 제어와 지멸의 실천이란 무엇인가?[399]

1. [세존] "수행승들이여, 이와 같은 네 가지 실천이 있다. 네 가지란 무엇인가?

2. 수행승들이여, 불인(不忍)의 실천, 인내의 실천, 제어의 실천, 지멸의 실천이 있다.

399) AN. II. 152 : 인내의 경①[Paṭhamakhamasutta], 아비달마집이문족론 7(대정26. 395b) 참조

3. 수행승들이여, 불인의 실천이란 무엇인가?

수행승들이여, 세상의 어떤 사람은 모욕을 모욕으로 갚고, 분노를 분노로 갚고, 욕지거리를 욕지거리로 갚는다.

수행승들이여, 이것을 불인의 실천이라고 부른다."

4. 수행승들이여, 인내의 실천이란 무엇인가?

수행승들이여, 세상의 어떤 사람은 모욕을 모욕으로 갚지 않고, 분노를 분노로 갚지 않고, 욕지거리를 욕지거리로 갚지 않는다.

수행승들이여, 이것을 인내의 실천이라고 부른다."

5. 수행승들이여, 제어의 실천이란 무엇인가? 수행승들이여, 세상에 수행승이

1) 시각으로 형상을 보고 나서 그 인상을 취하지 않고 그 연상을 취하지 않는다.[400] 그가 시각능력을 이렇게 제어하지 않으면, 그것을 원인으로 탐욕과 불만의 악하고 불건전한 것들이 그를 공격할 것이기 때문에, 그는 그렇게 제어하기 위해 노력함으로써, 시각능력을 보호하고 시각능력을 수호한다.

2) 청각으로 소리를 듣고 나서 그 인상을 취하지 않고 그 연상을 취하지 않는다. 그가 청각능력을 이렇게 제어하지 않으면, 그것을 원인으로 탐욕과 불만의 악하고 불건전한 것들이 그를 공격할 것이기 때문에, 그는 그렇게 제어하기 위해 노력함으로써, 청각능력을 보호하고 청각능력을 수호한다.

---

400) nimittaggāhī hoti nānuvyañjanaggāhī : 일반적으로 한역에서 니밋따(nimitta)는 상(相)이라고 번역되고 아누비얀자나(anuvyañjana)는 수상(隨相)이라고 번역되는데, 썩 만족스러운 번역이라고 보기는 힘들다. 상응 IV. 168에서는 니밋따를 총상(總相), 아누비얀자나는 별상(別相)이라고 했고 Krs. II. 63에서는 니밋따를 외관(its outer view)라고 했고, 아누비얀자나를 상세(its lesser details)라고 했다. Rbg. IV. 67에서는 니밋따는 표상(表象 : Vorstellung), 아누비얀자나는 연상(聯想 : Assoziation)이라고 번역했다. Cdb. 1193에서는 인상(sign)과 특징(feature)으로 번역했다. 역자는 인상(印象)과 삼법인(三法印)이나 삼십이상(三十二相)에서의 특징(lakkhaṇa)과 구별하기 위해 특징을 피하고 연상(聯想)으로 번역한다. 자세한 것은 Vism. 31-33을 보라.

3) 후각으로 냄새를 맡고 나서 그 인상을 취하지 않고 그 연상을 취하지 않는다. 그가 후각능력을 이렇게 제어하지 않으면, 그것을 원인으로 탐욕과 불만의 악하고 불건전한 것들이 그를 공격할 것이기 때문에, 그는 그렇게 제어하기 위해 노력함으로써, 후각능력을 보호하고 후각능력을 수호한다.
4) 미각으로 맛을 맛보고 나서 그 인상을 취하지 않고 그 연상을 취하지 않는다. 그가 미각능력을 이렇게 제어하지 않으면, 그것을 원인으로 탐욕과 불만의 악하고 불건전한 것들이 그를 공격할 것이기 때문에, 그는 그렇게 제어하기 위해 노력함으로써, 미각능력을 보호하고 미각능력을 수호한다.
5) 촉각으로 감촉을 촉지하고 나서 그 인상을 취하지 않고 그 연상을 취하지 않는다. 그가 촉각능력을 이렇게 제어하지 않으면, 그것을 원인으로 탐욕과 불만의 악하고 불건전한 것들이 그를 공격할 것이기 때문에, 그는 그렇게 제어하기 위해 노력함으로써, 촉각능력을 보호하고 촉각능력을 수호한다.
6) 정신으로 사실을 인식하고 나서 그 인상을 취하지 않고 그 연상을 취하지 않는다. 그가 정신능력을 이렇게 제어하지 않으면, 그것을 원인으로 탐욕과 불만의 악하고 불건전한 것들이 그를 공격할 것이기 때문에, 그는 그렇게 제어하기 위해 노력함으로써, 정신능력을 보호하고 정신능력을 수호한다. 벗이여, 이와 같이 감각능력의 문을 수호한다.

수행승들이여, 이것을 제어의 실천이라고 한다.

6. 수행승들이여, 지멸의 실천이란 무엇인가?

수행승들이여, 세상에 수행승이

1) 이미 생겨난 감각적 쾌락의 욕망에 매인 사유를 수용하지 않고

버리고 제거하고 끝내고 생겨나지 않게 하고,

2) 이미 생겨난 분노에 매인 사유를 수용하지 않고 버리고 제거하고 끝내고 생겨나지 않게 하고,

3) 이미 생겨난 폭력에 매인 사유를 수용하지 않고 버리고 제거하고 끝내고 생겨나지 않게 한다.

수행승들이여, 이것을 지멸의 실천이라고 한다."

29. 윤회하는 존재가 개체의 획득하는 방식은 무엇일까?401)

1. [세존] "수행승들이여, 이와 같은 네 가지 개체의 획득이 있다.

1) 수행승들이여, 타인의 의도가 아닌 자신의 의도에 의해서 결정되는 개체의 획득이 있다.402)

2) 수행승들이여, 자신의 의도가 아닌 타인의 의도에 의해서 결정되는 개체의 획득이 있다.403)

3) 수행승들이여, 자신의 의도와 타인의 의도에 의해서 결정되는 개체의 획득이 있다.404)

4) 수행승들이여, 자신의 의도도 아니고 타인의 의도도 아닌 것에 의해서 결정되는 개체의 획득이 있다.405)

---

401) AN. II. 159 : 개체의 경[Attabhavasutta], 증일아함 18(대정2. 639a) 참조

402) atthi bhikkhave attabhāvapaṭilābho, yasmiṃ attabhāvapaṭilābhe attasañcetanā, kamati no parasañcetanā : Mrp. III. 147에 따르면, 여기에는 유희에 탐닉하는 하늘나라의 신들(戲耽天 : khiḍḍāpadosikadevā)이 있는데, 그들은 유희에 도취하여 새김을 잃고 음식이 떨어지면, 고통을 받다가 버려진 꽃처럼 시들어 죽는다.

403) atthi bhikkhave attabhāvapaṭilābho, yasmiṃ attabhāvapaṭilābhe parasañcetanā kamati no attasañcetanā : Mrp. III. 147~148에 따르면, 여기에는 정신에 탐닉하는 천상의 신들(意耽天 : manopadosikadevā) — 네 위대한 왕들의 하늘나라의 신들[四大王天] — 이 있는데, 그들은 이 신들이 자신의 간탐을 추구하다가 분노하게 되고 다른 신들이 그 분노에 대항하게 되면, 둘 다 목숨을 잃는다. 다른 신들이 그 분노에 대항하지 않으면 목숨을 부지한다. 이러한 신들의 죽음은 거기에 대항하는 다른 신들의 정신, 즉 의지에 달려있다.

404) atthi bhikkhave attabhāvapaṭilābho, yasmiṃ attabhāvapaṭilābhe attasañcetanā ca kamati parasañcetanā ca : Mrp. III. 148에 따르면, 여기에는 인간이 있는데, 인간은 다른 사람의 손에 목숨을 빼앗기기도 하고, 자신이 자신의 목숨을 빼앗기도 한다.

405) atthi bhikkhave attabhāvapaṭilābho, yasmiṃ attabhāvapaṭilābhe neva attasañcetanā kamati no parasañcetanā : 이것에 대해서는 이 경에서 설명하고 있다. 지각하는 것도 아니고 지각하지 않는 것도 아닌 세계의

수행승들이여, 이러한 네 가지 개체의 획득이 있다.

2. 이렇게 말씀하시자 존자 싸리뿟따는 세존께 이와 같이 말씀드렸다.

[싸리뿟따] "세존이시여, 세존께서 간략히 말씀하신 것의 그 뜻을 저는 이와 같이 상세히 알고 있습니다.

3. 세존이시여, 타인의 의도가 아닌 자신의 의도에 의해서 결정되는 개체의 획득의 경우에는 뭇삶들은 자신의 의도를 원인으로 그 몸을 버리고 죽습니다.

4. 세존이시여, 자신의 의도가 아닌 타인의 의도에 의해서 결정되는 개체의 획득의 경우에는 뭇삶들은 타인의 의도를 원인으로 그 몸을 버리고 죽습니다.

5. 세존이시여, 자신의 의도와 타인의 의도에 의해서 결정되는 개체의 획득의 경우에는 뭇삶들은 자신의 의도와 타인의 의도를 원인으로 그 몸을 버리고 죽습니다.

6. 세존이시여, 그리고 자신의 의도도 아니고 타인의 의도도 아닌 것에 의해서 결정되는 개체의 획득이 있습니다. 어떤 신들이 여기에 해당합니까?"

[세존] "싸리뿟따여, 지각하는 것도 아니고 지각하지 않는 것도 아닌 세계의 신들이 여기에 해당한다."

7. [싸리뿟따] "세존이시여, 어떤 뭇삶들은 그 몸을 버리고 죽어서 돌아오는 님이 되어 이러한 윤회의 상태로 돌아오는데, 어떠한 원인, 어떠한 조건이 있습니까? 세존이시여, 어떤 뭇삶들은 그 몸을 버리고 죽어서 다시 돌아오지 않는 님이 되어 이러한 윤회의 상태로 돌아오지 않는데,[406] 어떠한 원인, 어떠한 조건이 있습니까?"

신들[非想非非想處天 : nevasaññānāsaññāyatanūpagā devā]이 여기에 속한다.

8. [세존] "싸리뿟따여, 세상에 어떤 사람은 다섯 가지 낮은 단계의 결박을 끊어버리지 못했지만, 현세에서 지각하는 것도 아니고 지각하지 않는 것도 아닌 세계를 성취한다. 그는 그것에 매혹되고 그것을 갈망하고 그것에서 만족을 발견하고, 그것에 입각하여 그것을 확신하고 거기에 자주 머물러 그것으로부터 물러나지 않고, 죽은 뒤에 지각하는 것도 아니고 지각하지 않는 것도 아닌 세계의 동료로 태어난다. 그는 거기서 죽어서 돌아오는 님이 되어 이러한 상태로 돌아오는 자가 된다.

9. 싸리뿟따여, 세상에 어떤 사람은 다섯 가지 낮은 단계의 결박을 끊어버리고, 현세에서 지각하는 것도 아니고 지각하지 않는 것도 아닌 세계를 성취한다. 그는 그것에 매혹되고 그것을 갈망하고 그것에서 만족을 발견하고, 그것에 입각하여 그것을 확신하고 거기에 자주 머물러 그것으로부터 물러나지 않고, 죽은 뒤에 지각하는 것도 아니고 지각하지 않는 것도 아닌 세계의 동료로 태어난다. 그는 거기서 죽어서 다시 돌아오지 않는 님이 되어 이러한 상태로 돌아오지 않는 자가 된다. 싸리뿟따여, 어떤 뭇삶들은 그 몸을 버리고 죽어서 돌아오는 님이 되어 이러한 윤회의 상태로 돌아오는데, 이러한 원인, 이러한 조건이 있다. 싸리뿟따여, 어떤 뭇삶들은 그 몸을 버리고 죽어서 다시 돌아오지 않는 님이 되어 이러한 윤회의 상태로 돌아오지 않는데, 이러한 원인, 이러한 조건이 있다."

30. 인식의 기반이 사라져도 어떠한 것이 남아 있을 수 있는가?[407]

1. 한때 존자 마하 꼿티따가 존자 싸리뿟따가 있는 곳을 찾아 갔다.

---

406) kāyā cutā anāgāmino honti anāgantāro itthattan ti : 여기에 대해서는 ≪앙굿까라니까야≫ 2 : 37; 3 : 117을 참조하라.

407) AN. II. 162 : 마하 꼿티따의 경[Mahākoṭṭhitasutta]

가까이 다가가서 존자 싸리뿟따와 함께 인사를 나누고 안부를 주고받은 뒤에 한쪽으로 물러나 앉았다. 한쪽으로 물러나 앉아 존자 마하 꼿티따는 존자 싸리뿟따에게 이와 같이 말했다.

2. [마하 꼿티따] "벗이여, 여섯 가지 접촉의 감역이 남김없이 사라져 소멸하더라도 다른 어떤 것이 남습니까?"[408]

[싸리뿟따] "벗이여, 그렇게 말하지 마십시오."

[마하 꼿티따] "벗이여, 여섯 가지 접촉의 감역이 남김없이 사라져 소멸하면 다른 어떤 것도 남지 않습니까?"

[싸리뿟따] "벗이여, 그렇게 말하지 마십시오."

[마하 꼿티따] "벗이여, 여섯 가지 접촉의 감역이 남김없이 사라져 소멸하면 다른 어떤 것이 남기도 하고 남지 않기도 합니까?"

[싸리뿟따] "벗이여, 그렇게 말하지 마십시오."

[마하 꼿티따] "벗이여, 여섯 가지 접촉의 감역이 남김없이 사라져 소멸하더라도 다른 어떤 것이 남는 것도 아니고 남지 않은 것도 아닙니까?"

[싸리뿟따] "벗이여, 그렇게 말하지 마십시오."

3. [마하 꼿티따] "벗이여, '여섯 가지 접촉의 감역이 남김없이 사라져 소멸하더라도 다른 어떤 것이 남습니까?'라고 물으면, '벗이여, 그렇게 말하지 마십시오.'라고 말했습니다. '벗이여, 여섯 가지 접촉의 감역이 남김없이 사라져 소멸하면 다른 어떤 것도 남지 않습니까?'라고 물어도 '벗이여, 그렇게 말하지 마십시오.'라고 말했습니다. '벗이여, 여섯 가지 접촉의 감역이 남김없이 사라져 소멸하면 다른 어떤 것이 남기도 하고 남지 않기도 합니까?'라고 물어도 '이여, 그

---

408) channaṃ āvuso phassāyatanānaṃ asesavirāganirodhā atthaññaṃ kiñcīti : 여섯 가지 접촉의 감역이란 시각접촉의 감역·청각접촉의 감역·후각접촉의 감역·미각접촉의 감역·촉각접촉의 감역·정신접촉의 감역을 말한다.

렇게 말하지 마십시오.'라고 말했습니다. '벗이여, 여섯 가지 접촉의 감역이 남김없이 사라져 소멸하더라도 다른 어떤 것이 남는 것도 아니고 남지 않은 것도 아닙니까?'라고 물어도 '벗이여, 그렇게 말하지 마십시오.'라고 말했습니다. 벗이여, 그렇다면 말씀하신 것대로의 그 뜻을 어떻게 이해해야 합니까?[409]

4. [싸리뿟따] "벗이여, '여섯 가지 접촉의 감역이 남김없이 사라져 소멸하더라도 다른 어떤 것이 남는다.'라고 말하는 것은 희론할 수 없는 것을 희론하는 것입니다.[410] 벗이여, '여섯 가지 접촉의 감역이 남김없이 사라져 소멸하면 다른 어떤 것도 남지 않는다.'라고 말

---

409) yathā kathampanāvuso imassa bhāsitassa attho daṭṭhabboti? : Mrp. Ⅲ. 150에 따르면, ① '다른 어떤 것이 남는다'는 것은 영원주의(常見 : sassatadiṭṭhi)이고 ② '다른 어떤 것이 남지 않는다'는 것은 허무주의(斷見 : ucchedadiṭṭhi)이고 ③ '다른 어떤 것이 남기도 하고 남지 않기도 한다'는 것은 부분적 영원주의(一分常見 : ekaccasassatadiṭṭhi)라고 하고 ④ '다른 어떤 것이 남는 것도 아니고 남지 않은 것도 아니다'는 것은 회의론(懷疑論 : amarāvikkhepavāda)이다. DN. I. 58에 따르면, 싼자야 벨랏티뿟따(Sañjaya Belaṭṭhiputta)는 회의론을 뜻하는 아마라비케빠바다(amarāvikkhepavāda)란 용어는 '뱀장어를 잡는 듯이 혼란스러운 이론'을 말한다. 회의론자들은 형이상학적인 문제인 사구분별(catuskoti : 있다, 없다, 있기도 하고 없기도 하다, 있지도 않고 없지도 않다)에 관해 어떠한 궁극적 판단을 내리길 거부했다. '당신이 저 세상이 있는가라고 묻는다면, 만약 저 세상이 있다고 내가 생각하면 저 세상이 있다고 나는 당신에게 설명할 것이다. 그러나 나는 이러하다고 생각하지도 않고 그러하다고 생각하지도 않으며 다르다고 생각하지도 않고 아니라고 생각하지도 않으며 아닌 것이 아니라고 생각하지도 않는다.(atthi paro loko ti iti ce taṁ pucchasi, atthi paro loko ti iti ce me assa, atthi paro loko ti iti te naṁ vyākareyyaṁ. evaṁ pi me no. tathā ti pi me no. aññathā ti pi me no, no ti pi me no, no no ti pi me no)'

410) appapañcaṃ papañceti : 희론(戲論 : papañca)은 MN. I. 111~112에 따르면, 지각한 것을 사유하고 사유한 것을 희론하는 것으로 보아 희론은 지각의 '확장'을 의미하는 것으로 한역에서 망상(妄想)이나 사량분별(思量分別) 때로는 장애(障碍)라고도 번역한다. 희론은 '나는 존재한다'라는 것에 의한 확장의식(asmīti papañcitaṁ)'에 기반을 두고 있는 것으로 일상적 지각의 확산, 즉 망상을 의미한다. 이러한 망상은 개인적으로든 사회적으로든 모든 질병의 근원이다. MN. I. 109에 따르면, 이것이 개인적으로 나타나면 탐욕(rāga), 진에(dosa), 의치(moha)을 수반하고 사회적으로 나타나면 싸움(kalaha), 논쟁(viggaha), 언쟁(vivāda), 교만(mānātimāna), 중상(pesuñña), 질투(issā), 간탐(macchariya)을 수반한다. DA. Ⅱ. 721에 따르면, 이러한 확장된 망상은 세 가지 희론, 즉 갈애에 의한 희론, 아만에 의한 희론, 견해에 의한 희론으로 나뉘어 진다. 지각된 것이 희론된다는 것은 모든 실제적 사태들이 개념적인 언어를 통해 인위적으로 조작되어 범주화된다는 의미이다. 이러한 희론의 측면인 견해희론(diṭṭhipapañca)이 다른 모든 것을 함축하는 가장 중요한 의미를 지니는데, 이것이 지각현상의 마지막 과정으로 지각과정을 지배하게 된다. 이 견해희론에는 62가지의 사견(micchādiṭṭhi)을 대변하는 10가지 설해지 않은 명제[無記命題]나 또는 개념화된 올바른 정견(sammādiṭṭhi)도 포함된다. 여기서 희론할 수 없는 것을 희론한다는 것에 대해 Mrp. Ⅲ. 151는 이와 같이 '희론할 수 없는 대상에 대해서는 희론해서는 안 된다. 그는 가서는 안 될 길을 가고 있다.'라고 말했다.

하는 것도 희론할 수 없는 것을 희론하는 것입니다. 벗이여, '여섯 가지 접촉의 감역이 남김없이 사라져 소멸하면 다른 어떤 것이 남기도 하고 남지 않기도 한다.'라고 말하는 것도 희론할 수 없는 것을 희론하는 것입니다. 벗이여, '여섯 가지 접촉의 감역이 남김없이 사라져 소멸하더라도 다른 어떤 것이 남는 것도 아니고 남지 않은 것도 아니다.'라고 말하는 것도 희론할 수 없는 것을 희론하는 것입니다. 벗이여, 여섯 가지 접촉의 감역이 남김없이 사라져 소멸하면, 희론이 소멸하고 희론이 그칩니다."

5. 그 후 존자 아난다가 존자 마하 꼿티따가 있는 곳을 찾아 왔다. 가까이 다가와서 존자 마하 꼿티따와 함께 인사를 나누고 안부를 주고받은 뒤에 한쪽으로 물러나 앉았다. 한쪽으로 물러나 앉아 존자 아난다는 존자 마하 꼿티따에게 이와 같이 말했다.

6. [아난다] "벗이여, 여섯 가지 접촉의 감역이 남김없이 사라져 소멸하더라도 다른 어떤 것이 남습니까?"

[마하 꼿티따] "벗이여, 그렇게 말하지 마십시오."

[아난다] "벗이여, 여섯 가지 접촉의 감역이 남김없이 사라져 소멸하면 다른 어떤 것도 남지 않습니까?"

[마하 꼿티따] "벗이여, 그렇게 말하지 마십시오."

[아난다] "벗이여, 여섯 가지 접촉의 감역이 남김없이 사라져 소멸하면 다른 어떤 것이 남기도 하고 남지 않기도 합니까?"

[마하 꼿티따] "벗이여, 그렇게 말하지 마십시오."

[아난다] "벗이여, 여섯 가지 접촉의 감역이 남김없이 사라져 소멸하더라도 다른 어떤 것이 남는 것도 아니고 남지 않은 것도 아닙니까?"

[마하 꼿티따] "벗이여, 그렇게 말하지 마십시오."

7. [아난다] "벗이여, '여섯 가지 접촉의 감역이 남김없이 사라져 소멸하더라도 다른 어떤 것이 남습니까?'라고 물으면, '벗이여, 그렇게 말하지 마십시오.'라고 말했습니다. '벗이여, 여섯 가지 접촉의 감역이 남김없이 사라져 소멸하면 다른 어떤 것도 남지 않습니까?'라고 물어도 '벗이여, 그렇게 말하지 마십시오.'라고 말했습니다. '벗이여, 여섯 가지 접촉의 감역이 남김없이 사라져 소멸하면 다른 어떤 것이 남기도 하고 남지 않기도 합니까?'라고 물어도 '이여, 그렇게 말하지 마십시오.'라고 말했습니다. '벗이여, 여섯 가지 접촉의 감역이 남김없이 사라져 소멸하더라도 다른 어떤 것이 남는 것도 아니고 남지 않은 것도 아닙니까?'라고 물어도 '벗이여, 그렇게 말하지 마십시오.'라고 말했습니다. 벗이여, 그렇다면 말씀하신 것대로의 그 뜻을 어떻게 이해해야 합니까?

8. [마하 꼿티따] "벗이여, '여섯 가지 접촉의 감역이 남김없이 사라져 소멸하더라도 다른 어떤 것이 남는다.'라고 말하는 것은 희론할 수 없는 것을 희론하는 것입니다. 벗이여, '여섯 가지 접촉의 감역이 남김없이 사라져 소멸하더라도 다른 어떤 것이 남지 않는다.'라고 말하는 것도 희론할 수 없는 것을 희론하는 것입니다. 벗이여, '여섯 가지 접촉의 감역이 남김없이 사라져 소멸하더라도 다른 어떤 것이 남기도 하고 남지 않기도 한다.'라고 말하는 것도 희론할 수 없는 것을 희론하는 것입니다. 벗이여, '여섯 가지 접촉의 감역이 남김없이 사라져 소멸하더라도 다른 어떤 것이 남는 것도 아니고 남지 않은 것도 아니다.'라고 말하는 것도 희론할 수 없는 것을 희론하는 것입니다.

9. 벗이여, 여섯 가지 접촉의 감역이 있는 한, 현상세계가 있고, 현상세계가 있는 한, 여섯 가지 감역이 있습니다. 벗이여, 여섯 가지 접

촉의 감역이 남김없이 사라져 소멸하면, 현상세계가 소멸하고 현상세계가 그칩니다."[411]

31. 법문에 정통성이 있는지를 어떻게 결정할 수 있는가?[412]

1. 한때 세존께서 보가나가라 마을[413]의 아난다 탑묘에[414] 계셨다. 그때 세존께서 '수행승들이여'라고 수행승들을 불렀다. '세존이시여'라고 그 수행승들은 세존께 대답했다. 세존께서는 이와 같이 말씀하셨다.

2. [세존] "수행승들이여, 네 가지 위대한 정통성에 대하여 설하겠다.[415] 잘 듣고 새겨라. 내가 설할 것이다."

[수행승들] "세존이시여, 그렇게 하겠습니다."

수행승들은 세존께 대답했다. 세존께서는 이와 같이 말씀하셨다.

3. [세존] "수행승들이여, 세상에 수행승이 '벗들이여, 나는 이것을

---

411) yāvatā āvuso channaṃ phassāyatanānaṃ gati tāvatā papañcassa gati. yāvatā papañcassa gati tāvatā channaṃ phassāyatanānaṃ gati. channaṃ āvuso phassāyatanānaṃ asesavirāganirodhā papañcanirodho, papañcanirodhā papañcavūpasamoti : 이 문장은 '벗이여, 여섯 가지 접촉의 감역이 있는 한, 희론이 있고, 희론이 있는 한, 여섯 가지 감역이 있습니다. 벗이여, 여섯 가지 접촉의 감역이 남김없이 사라져 소멸하면, 희론이 소멸하고 희론이 그칩니다.'라고 번역할 수 있다. 실제로 주석서 Mrp. III. 151에 따르면, '여섯 접촉의 감역이 있는 한, 세 가지 희론, 즉 갈애에 의한 희론, 아만에 의한 희론, 견해에 의한 희론이 있다.'는 뜻이라고 해석하고 있다. 그러나 이러한 해석이나 번역은 내용상 잘 들어맞지 않고 특히 숫타니파타 Stn. 530, 916, 847와 비교하면 그러한 번역이 옳지 않다는 것이 입증된다. 역자의 이 번역은 Lba. II. 175의 번역, 즉 '벗이여, 여섯 가지 접촉의 감역이 있는 한, 다양한 세계가 있고, 다양한 세계가 있는 한, 여섯 가지 감역이 있습니다.'를 따른 것이다. 왜냐하면, 희론을 의미하는 빠빤차(papañca)가 지각의 확산에 의한 세계의 다양성 또는 현상세계를 의미하기 때문이다. 우파니샤드적 전통에서도 빠빤자는 현상세계를 나타내며 빠빤짜의 소멸은 만두까우빠니샤드(Maṇḍūkya Upaniṣad 7)에서 진아(眞我)로서 설명하기도 하기 때문이다.

412) AN. II. 167 : 위대한 정통성의 경①[Paṭhamamahāpadesasutta], Mps. IV. 7-11; 증일아함 20(대정2. 652 b) 참조

413) bhoganagara : 보가가마나가라(bhogagāmanagara)라고도 하며, 밧지 국의 마을로 부처님의 마지막 여행길에 들린 곳이다. 그곳의 아난다 탐묘에서 '위대한 정통성'에 대한 법문을 하였다. 베쌀리(Vesāli) 시와 빠바(Pāvā) 시 사이에 있었고, 부처님은 마지막 여행을 할 때, 이곳에서 빠바로 갔다.

414) ānandacetiya : 아난다는 야차의 이름인데, 보가나가라(Bhoganagara)에 그를 기리기 위해 세워진 탐묘의 이름이다. 부처님의 마지막 여행에서 들린 곳이다. 나중에 이곳은 불교의 승원이 되었다.

415) cattāro'me bhikkhave mahāpadese desessāmi : 이 경에 상세히 설명되어 있다.

세존의 앞에서 듣고 세존의 앞에서 받았습니다. 이것이 가르침이고 이것이 계율이고 이것이 스승의 교시입니다.'라고 말한다면, 수행승들이여, 그 수행승의 말에 동의하지도 말고 배척하지도 말아야 한다. 동의하지도 말고 배척하지도 말고, 그 말마디와 맥락을 잘 파악하여 법문과 대조해보고, 계율에 비추어 보아야 한다. 그의 말을 법문과 대조해보고 계율에 비추어 보아, 법문에 들어맞지 않고 계율에 적합하지 않다면, '이것은 세상의 존귀한 님, 거룩한 님, 올바로 원만히 깨달은 님의 말이 아니다. 이 수행승은 잘못 파악한 것이다.'라는 결론에 도달해야 한다. 수행승들이여, 이렇게 해서 그것을 물리쳐야 한다.

4. 수행승들이여, 세상에 수행승이 '벗들이여, 나는 이것을 세존의 앞에서 듣고 세존의 앞에서 받았습니다. 이것이 가르침이고 이것이 계율이고 이것이 스승의 교시입니다.'라고 말한다면, 수행승들이여, 그 수행승의 말에 동의하지도 말고 배척하지도 말아야 한다. 동의하지도 말고 배척하지도 말고, 그 말마디과 맥락을 잘 파악하여 법문과 대조해보고 계율에 비추어 보아야 한다. 그의 말을 법문과 대조해보고 계율에 비추어 보아 법문에 들어맞고 계율에 적합하다면, '이것은 세상의 존귀한 님, 거룩한 님, 올바로 원만히 깨달은 님의 말이다. 이 수행승은 올바로 파악한 것이다.'라는 결론에 도달해야 한다. 수행승들이여, 이것이 첫 번째 크나큰 정통성이다.

5. 수행승들이여, 세상에 수행승이 '벗들이여, 아무개 거처에 장로들과 뛰어난 스승이 있는 참모임이 있는데, 나는 이것을 참모임의 앞에서 듣고 참모임의 앞에서 받았습니다. 이것이 가르침이고 이것이 계율이고 이것이 스승의 교시입니다.'라고 말한다면, 수행승들이여, 그 수행승의 말에 동의하지도 말고 배척하지도 말아야 한다. 동의하

지도 말고 배척하지도 말고, 그 말마디과 맥락을 잘 파악하여 법문과 대조해보고 계율에 비추어 보아야 한다. 그의 말을 법문과 대조해보고 계율에 비추어 보아 법문에 들어맞지 않고 계율에 적합하지 않다면, '이것은 세상의 존귀한 님, 거룩한 님, 올바로 원만히 깨달은 님의 말이 아니다. 이 수행승은 잘못 파악한 것이다.'라는 결론에 도달해야 한다. 수행승들이여, 이렇게 해서 그것을 물리쳐야 한다.

6. 수행승들이여, 세상에 수행승이 '벗들이여, 아무개 거처에 장로들과 뛰어난 스승이 있는 참모임이 있는데, 나는 이것을 참모임의 앞에서 듣고 참모임의 앞에서 받았습니다. 이것이 가르침이고 이것이 계율이고 이것이 스승의 교시입니다.'라고 말한다면, 수행승들이여, 그 수행승의 말에 동의하지도 말고 배척하지도 말아야 한다. 동의하지도 말고 배척하지도 말고, 그 말마디과 맥락을 잘 파악하여 법문과 대조해보고 계율에 비추어 보아야 한다. 그의 말을 법문과 대조해보고 계율에 비추어 보아 법문에 들어맞고 계율에 적합하다면, '이것은 세상의 존귀한 님, 거룩한 님, 올바로 원만히 깨달은 님의 말이다. 이 수행승은 올바로 파악한 것이다.'라는 결론에 도달해야 한다. 수행승들이여, 이것이 두 번째 크나큰 정통성이다.

7. 수행승들이여, 세상에 수행승이 '벗들이여, 아무개 거처에 많이 배우고 전승에 밝고 가르침을 수지하고 계율을 수지하고 논의의 주제를 수지하고 있는 많은 장로들이 있는데, 나는 이것을 장로들의 앞에서 듣고 장로들의 앞에서 받았습니다. 이것이 가르침이고 이것이 계율이고 이것이 스승의 교시입니다.'라고 말한다면, 수행승들이여, 그 수행승의 말에 동의하지도 말고 배척하지도 말아야 한다. 동의하지도 말고 배척하지도 말고, 그 말마디과 맥락을 잘 파악하여 법문과 대조해보고 계율에 비추어 보아야 한다. 그의 말을 법문과

대조해보고 계율에 비추어 보아 법문에 들어맞지 않고 계율에 적합하지 않다면, '이것은 세상의 존귀한 님, 거룩한 님, 올바로 원만히 깨달은 님의 말이 아니다. 이 수행승은 잘못 파악한 것이다.'라는 결론에 도달해야 한다. 수행승들이여, 이렇게 해서 그것을 물리쳐야 한다.

8. 수행승들이여, 세상에 수행승이 '벗들이여, 아무개 거처에 많이 배우고 전승에 밝고 가르침을 수지하고 계율을 수지하고 논의의 주제를 수지하고 있는 많은 장로들이 있는데, 나는 이것을 장로들의 앞에서 듣고 장로들의 앞에서 받았습니다. 이것이 가르침이고 이것이 계율이고 이것이 스승의 교시입니다.'라고 말한다면, 수행승들이여, 그 수행승의 말에 동의하지도 말고 배척하지도 말아야 한다. 동의하지도 말고 배척하지도 말고, 그 말마디과 맥락을 잘 파악하여 법문과 대조해보고 계율에 비추어 보아야 한다. 그의 말을 법문과 대조해보고 계율에 비추어 보아 법문에 들어맞고 계율에 적합하다면, '이것은 세상의 존귀한 님, 거룩한 님, 올바로 원만히 깨달은 님의 말이다. 이 수행승은 올바로 파악한 것이다.'라는 결론에 도달해야 한다. 수행승들이여, 이것이 세 번째 크나큰 정통성이다.

9. 수행승들이여, 세상에 수행승이 '벗들이여, 아무개 거처에 많이 배우고 전승에 밝고 가르침을 수지하고 계율을 수지하고 논의의 주제를 수지하고 있는 한 분의 장로가 있는데, 나는 이것을 그 장로의 앞에서 듣고 그 장로의 앞에서 받았습니다. 이것이 가르침이고 이것이 계율이고 이것이 스승의 교시입니다.'라고 말한다면, 수행승들이여, 그 수행승의 말에 동의하지도 말고 배척하지도 말아야 한다. 동의하지도 말고 배척하지도 말고, 그 말마디과 맥락을 잘 파악하여 법문과 대조해보고 계율에 비추어 보아야 한다. 그의 말을 법문과

대조해보고 계율에 비추어 보아 법문에 들어맞지 않고 계율에 적합하지 않다면, '이것은 세상의 존귀한 님, 거룩한 님, 올바로 원만히 깨달은 님의 말이 아니다. 이 수행승은 잘못 파악한 것이다.'라는 결론에 도달해야 한다. 수행승들이여, 이렇게 해서 그것을 물리쳐야 한다.

10. 수행승들이여, 세상에 수행승이 '벗들이여, 아무개 거처에 많이 배우고 전승에 밝고 가르침을 수지하고 계율을 수지하고 논의의 주제를 수지하고 있는 한 분의 장로가 있는데, 나는 이것을 그 장로의 앞에서 듣고 그 장로의 앞에서 받았습니다. 이것이 가르침이고 이것이 계율이고 이것이 스승의 교시입니다.'라고 말한다면, 수행승들이여, 그 수행승의 말에 동의하지도 말고 배척하지도 말아야 한다. 동의하지도 말고 배척하지도 말고, 그 말마디과 맥락을 잘 파악하여 법문과 대조해보고 계율에 비추어 보아야 한다. 그의 말을 법문과 대조해보고 계율에 비추어 보아 법문에 들어맞고 계율에 적합하다면, '이것은 세상의 존귀한 님, 거룩한 님, 올바로 원만히 깨달은 님의 말이다. 이 수행승은 올바로 파악한 것이다.'라는 결론에 도달해야 한다. 수행승들이여, 이것이 네 번째 크나큰 정통성이다."

32. 천신이나 악마나 하느님이나 그 누구에게도 불가능한 것이란 무엇인가?[416]

1. [세존] "수행승들이여, 이와 같은 네 가지 것들에 대해서는 어떠한 수행자이건 성직자이건 천신이건 악마이건 하느님이건 세상의 그 누구라도 결코 어떠한 보장도 하지 못한다. 네 가지란 무엇인가?

2. 수행승들이여, '늙기 마련인 것에 대해서 늙지 말라'고 어떠한 수행자이건 성직자이건 천신이건 악마이건 하느님이건 세상의 그 누

416) AN. II. 172 : 보장의 경[Pāṭibhogasutta]

구라도 결코 어떠한 보장도 하지 못한다.

3. 수행승들이여, '병들기 마련인 것에 대해서 병들지 말라'고 어떠한 수행자이건 성직자이건 천신이건 악마이건 하느님이건 세상의 그 누구라도 결코 어떠한 보장도 하지 못한다.

4. 수행승들이여, '죽기 마련인 것에 대해서 죽지 말라'고 어떠한 수행자이건 성직자이건 천신이건 악마이건 하느님이건 세상의 그 누구라도 결코 어떠한 보장도 하지 못한다.

5. 수행승들이여, '번뇌를 수반하고 재생을 자져오고 공포를 유발하고 고통을 낳고 미래의 태어남, 늙음, 죽음을 초래하는 그러한 악한 업들에 대해서 그 과보가 생겨나지 말라'고 어떠한 수행자이건 성직자이건 천신이건 악마이건 하느님이건 세상의 그 누구라도 결코 어떠한 보장도 하지 못한다.

6. 수행승들이여, 이와 같은 네 가지 것들에 대해서는 어떠한 수행자이건 성직자이건 신이건 악마이건 하느님이건 세상의 그 누구라도 결코 어떠한 보장도 하지 못한다."

33. 보여진 것이나 들려진 것 등을 그대로 표현하다면 잘못이 없는가?[417]

1. 이와 같이 나는 들었다. 한때 세존께서는 라자가하 시[418]의 벨루바나[419] 숲에 있는 깔란다까니바빠[420] 공원에 계셨다.

2. 그때 마가다[421] 국의 대신인 바라문 밧싸까라[422]가 세존께서 계

417) AN. II. 172 : 들음의 경[Sutasutta]

418) Rājagaha : 王舍城으로 漢譯되며 부처님 당시 마가다국의 수도였다. 지금은 Rājgir라고 불리며 Bihār 남쪽에 위치하고 있다.

419) Veḷuvana : 벨루바나는 한역으로 죽림(竹林) 또는 죽림정사(竹林精舍)다. 이것은 빔비싸라 왕이 부처님과 승단에 선물로 준 것이다.

420) Kalandakanivāpa : 벨루바나 승원 가운데 한 부분의 지명이 깔란다까니바빠인데, '다람쥐를 키우는 곳(栗鼠養成所)'이란 뜻을 지니고 있다.

신 곳을 찾았다. 가까이 가서 세존과 함께 인사를 나누고 안부를 주고받은 뒤에 한쪽으로 물러나 앉았다. 한쪽으로 물러나 앉은 마가다 국의 대신 바라문 밧싸까라는 세존께 이와 같이 말씀드렸다.

3. [밧싸까라] "존자 고따마여, 저는 이와 같이 '누구든지 '이와 같이 나는 보았다.'라고 보여진 것에 대해 표현하는 자에게는 잘못이 없습니다. 또한 누구든지 '이와 같이 나는 들었다.'라고 들려진 것에 대해 표현하는 자에게는 잘못이 없습니다. 또한 누구든지 '이와 같이 나는 감지했다.'라고 감지된 것에 대해 표현하는 자에게는 잘못이 없습니다. 또한 누구든지 '이와 같이 나는 의식했다.'라고 의식된 것에 대해 표현하는 자에게는 잘못이 없습니다."

4. [세존] "바라문이여, 보여진 것이라고 모두 표현되어야 한다고 나는 말하지 않습니다. 바라문이여, 들려진 것이라고 모두 표현되어야 한다고 나는 말하지 않습니다. 바라문이여, 감지된 것이라고 모두 표현되어야 한다고 나는 말하지 않습니다. 바라문이여, 의식된 것이라고 모두 표현되어야 한다고 나는 말하지 않습니다.

5. 바라문이여, 보여진 것에 대해 표현함으로써 악하고 불건전한 것들이 증가하고 착하고 건전한 것들이 줄어든다면, 그러한 보여진 것에 대해 표현해서는 안 된다고 나는 말합니다. 들려진 것에 대해 표현함으로써 악하고 불건전한 것들이 증가하고 착하고 건전한 것들

---

421) Magadha : 마가다 국은 부처님 당시의 사대공화국 가운데, 그리고 십육대국 가운데 가장 큰 왕국으로 부처님 당시의 수도는 라자가하 시(Rājagaha)였고 나중의 수도는 빠딸리뿟따(Pāṭaliputta) 였다. 당시 마가다 국은 8만 마을과 둘레가 1,260㎞에 달하는 넓이였다. 마가다 국은 수도인 라자가하 시의 남쪽에는 거대한 노천 철광석 광산을 갖고 있었고 동남쪽에는 황동광이 출토되었는데 그것으로 강력한 전제국가가 될 수 있었다. 부처님 당시의 마가다 국의 국왕은 빔비싸라(Bimbisāra)였는데, 그는 앙가(Aṅga) 국을 정벌하면서 갠지스 강변의 무역로를 확보하여 국가적인 부를 축적하였다. 빔비싸라 왕과 아자따쌋뚜 왕에서 200년 후 아쇼카(Asoka) 왕에 이르기까지 마가다는 북인도의 역사를 장식했다. 빠알리어도 마가다어로 알려져 있다. 싸리뿟따와 목갈라나도 마가다 국 출신이다. 오늘날의 남 비하르에 해당한다.

422) Vassakāra : 마가다 국의 빔비싸라 왕과 그의 아들 아자따쌋뚜 왕의 대신이었다. 부처님이 열반에 드신 이후에, 아자따쌋뚜 왕은 대신 밧싸까라(Vassakāra)의 도움으로 밧지 족을 이간질해서 그 나라를 정복했다.

이 줄어든다면, 그러한 들려진 것에 대해 표현해서는 안 된다고 나는 말합니다. 감지된 것에 대해 표현함으로써 악하고 불건전한 것들이 증가하고 착하고 건전한 것들이 줄어든다면, 그러한 감지된 것에 대해, 표현해서는 안 된다고 나는 말합니다. 의식된 것에 대해 표현함으로써 악하고 불건전한 것들이 증가하고 착하고 건전한 것들이 줄어든다면, 그러한 의식된 것에 대해 표현해서는 안 된다고 나는 말합니다.

6. 바라문이여, 보여진 것에 대해 표현함으로써 악하고 불건전한 것들이 줄어들고 착하고 건전한 것들이 증가한다면, 그러한 보여진 것에 대해 표현해야 한다고 나는 말합니다. 들려진 것에 대해 표현함으로써 악하고 불건전한 것들이 줄어들고 착하고 건전한 것들이 증가한다면, 그러한 들려진 것에 대해 표현해야 한다고 나는 말합니다. 감지된 것에 대해 표현함으로써 악하고 불건전한 것들이 줄어들고 착하고 건전한 것들이 증가한다면, 그러한 감지된 것에 대해 표현해야 한다고 나는 말합니다. 의식된 것에 대해 표현함으로써 악하고 불건전한 것들이 줄어들고 착하고 건전한 것들이 증가한다면, 그러한 의식된 것에 대해 표현해야 한다고 나는 말합니다."

7. 그러자 마가다 국의 대신 바라문 밧싸까라는 세존께서 말씀하신 것에 기뻐하고 환희하며 자리에서 일어나 그곳을 떠났다.

34. 죽기 마련이지만 죽음을 두려워하는 않는 자는 어떠한 자인가?423)

1. 한때 세존께서 싸밧티 시에 계셨다. 그때 바라문 자눗쏘니424)가

423) AN. II. 173 : 두려움 없음의 경[Abhayasutta]

424) Jānussoṇi : 바라문으로서 경에 자주 나온다. DN. I. 235와 MN. II. 202에 따르면, 그는 꼬쌀라(Kosala) 국 바라문 마을 마나싸까따(Manasākaṭa)에서 훌륭한 다른 바라문과 함께 살았다. MN. I. 175와 SN. V. 4에서 그는 고귀하고 부유한 사람으로 묘사되고 있다. Pps. I. 109와 Mrp. II. 115에 따르면, 자눗쏘니는 꼬쌀라 국의 궁중제관의 작위명이다. 부처님과의 대론은 여러 경전에서 다양한 주제로 나오는데, 이 경에서는 존재(有 : atth

세존께서 계신 곳으로 찾아왔다. 가까이 다가와서 세존과 함께 인사를 나누고 안부를 주고받은 뒤에 한쪽으로 물러나 앉았다. 한쪽으로 물러나 앉아 그 바라문은 세존께 이와 같이 말씀드렸다.

2. [자눗쏘니] "존자 고따마여, 저는 이와 같이 '죽기 마련인 자이면서 죽음에 대하여 두려워하지 않고 전율하지 않는 자는 없다.'라는 견해를 가졌습니다.

[세존] "바라문이여, 죽기 마련인 자이면서, 죽음에 대하여 두려워하고 전율하는 자도 있습니다. 또한 바라문이여, 죽기 마련인 자이면서, 죽음에 대하여 두려워하지 않고 전율하지 않는 자도 있습니다."

3. [세존] "바라문이여, 어떤 자가 죽기 마련인 자이면서, 죽음에 대하여 두려워하고 전율합니까? 바라문이여, 세상에 어떤 사람이 감각적 쾌락에 대하여 탐욕을 떠나지 못하고, 욕망을 떠나지 못하고, 애정을 떠나지 못하고, 갈증을 떠나지 못하고, 고뇌를 떠나지 못하고, 갈애를 떠나지 못했는데, 그가 어떤 혹독한 질병에 걸렸습니다. 혹독한 질병에 걸리자 그에게 이와 같이 '저 사랑스런 감각적 쾌락이 나를 버리게 될 것이다. 나도 저 사랑스런 감각적 쾌락을 버리게 될 것이다.'라는 생각이 떠오릅니다. 그러면 그는 슬퍼하고 상심하고 비탄해하고 가슴을 치며 울부짖고 혼란에 빠집니다. 바라문이여, 이러한 자가 죽기 마련인 자이면서 죽음에 대하여 두려워하고 전율하는 자입니다.

4. 또한 바라문이여, 세상에 어떤 자는 몸에 대하여 탐욕을 떠나지 못하고, 욕망을 떠나지 못하고, 애정을 떠나지 못하고, 갈증을 떠나

i)와 비존재(無 : natthi)에 관하여 논하고 있다.

지 못하고, 고뇌를 떠나지 못하고, 갈애를 떠나지 못했는데, 그가 어떤 혹독한 질병에 걸렸습니다. 혹독한 질병에 걸리자 그에게 이와 같이 '저 사랑스런 몸이 나를 버리게 될 것이다. 나도 저 사랑스런 몸을 버리게 될 것이다.'라는 생각이 떠오릅니다. 그러면 그는 슬퍼하고 상심하고 비탄해하고 가슴을 치며 울부짖고 혼란에 빠집니다. 바라문이여, 이러한 자도 죽기 마련인 자이면서 죽음에 대하여 두려워하고 전율하는 자입니다.

5. 또한 바라문이여, 세상에 어떤 자는 선한 일을 하지 않았고, 착하고 건전한 일을 하지 않았고, 두려움의 피난처를 만들지 않았고, 악한 일을 했고 잔혹한 일을 했고 죄악을 저질렀는데, 그가 어떤 혹독한 질병에 걸렸습니다. 혹독한 질병에 걸리자 그에게 이와 같이 '선한 일을 하지 않았고, 착하고 건전한 일을 하지 않았고, 두려움의 피난처를 만들지 않았고, 악한 일을 했고, 잔혹한 일을 했고, 죄악을 저질렀다. 아. 선한 일을 하지 않았고, 착하고 건전한 일을 하지 않았고, 두려움의 피난처를 만들지 않았고, 악한 일을 했고, 잔혹한 일을 했고, 죄악을 저지른 자들이 가는 그곳으로 나도 죽은 다음에 가게 될 것이다.'라는 생각이 떠오릅니다. 그러면 그는 슬퍼하고 상심하고 비탄해하고 가슴을 치며 울부짖고 혼란에 빠집니다. 바라문이여, 이러한 자도 죽기 마련인 자이면서 죽음에 대하여 두려워하고 전율하는 자입니다.

6. 또한 바라문이여, 세상에 어떤 자는 의심을 하고 의혹을 품어 올바른 원리에 대하여 분명한 결론에 도달하지 못했는데, 그가 어떤 혹독한 질병에 걸렸습니다. 혹독한 질병에 걸리자 그에게 이와 같이 '나는 의심을 하고 의혹을 품어 올바른 원리에 대하여 분명한 결론에 도달하지 못했다.'라는 생각이 떠오릅니다. 그러면 그는 슬

펴하고 상심하고 비탄해하고 가슴을 치며 울부짖고 혼란에 빠집니다. 바라문이여, 이러한 자도 죽기 마련인 자이면서 죽음에 대하여 두려워하고 전율하는 자입니다. 바라문이여, 이러한 네 종류의 사람이 죽기 마련인 자이면서 죽음에 대하여 두려워하고 전율하는 자입니다.

7. 바라문이여, 어떤 자가 죽기 마련인 자이면서 죽음에 대하여 두려워하지 않고 전율하지 않는 자인가? 바라문이여, 세상에 어떤 사람이 감각적 쾌락에 대하여 탐욕을 떠나고, 욕망을 떠나고, 애착을 떠나고, 갈증을 떠나고, 고뇌를 떠나고, 갈애를 떠났는데, 그가 어떤 혹독한 질병에 걸렸습니다. 혹독한 질병에 걸리자 그에게 이와 같이 '저 사랑스런 감각적 쾌락이 나를 버리게 될 것이다. 나도 저 사랑스런 감각적 쾌락을 버리게 될 것이다.'라는 생각이 떠오릅니다. 그럼에도 그는 슬퍼하지 않고, 상심하지 않고, 비탄해하지 않고, 가슴을 치며 울부짖지 않고, 혼란에 빠지지 않습니다. 바라문이여, 이러한 자가 죽기 마련인 자이면서 죽음에 대하여 두려워하지 않고 전율하지 않는 자입니다.

8. 또한 바라문이여, 세상에 어떤 자는 몸에 대하여 탐욕을 떠나고, 욕망을 떠나고, 애정을 떠나고, 갈증을 떠나고, 고뇌를 떠나고, 갈애를 떠났는데, 그가 어떤 혹독한 질병에 걸렸습니다. 혹독한 질병에 걸리자 그에게 이와 같이 '저 사랑스런 몸이 나를 버리게 될 것이다. 나도 저 사랑스런 몸을 버리게 될 것이다.'라는 생각이 떠오릅니다. 그럼에도 그는 슬퍼하지 않고 상심하지 않고 비탄해하지 않고 가슴을 치며 울부짖지 않고 혼란에 빠지지 않습니다. 바라문이여, 이러한 자도 죽기 마련인 자이면서 죽음에 대하여 두려워하지 않고 전율하지 않는 자입니다.

9. 또한 바라문이여, 세상에 어떤 자는 악한 일을 하지 않았고, 잔혹한 일을 하지 않았고, 죄악을 저지르지 않았고, 선한 일을 하고, 착하고, 건전한 일을 하고, 두려움의 피난처를 만들었는데, 그가 어떤 혹독한 질병에 걸렸습니다. 혹독한 질병에 걸리자 그에게 이와 같이 '나는 악한 일을 하지 않았고, 잔혹한 일을 하지 않았고, 죄악을 저지르지 않았고, 선한 일을 하고, 착하고 건전한 일을 하고, 두려움의 피난처를 만들었다. 아. 악한 일을 하지 않았고, 잔혹한 일을 하지 않았고, 죄악을 저지르지 않았고, 선한 일을 하고, 착하고 건전한 일을 하고, 두려움의 피난처를 만든 자들이 가는 그곳으로 나도 죽은 다음에 가게 될 것이다.'라는 생각이 떠오릅니다. 그러면 그는 슬퍼하지 않고, 상심하지 않고, 비탄해하지 않고, 가슴을 치며 울부짖지 않고, 혼란에 빠지지 않습니다. 바라문이여, 이러한 자도 죽기 마련인 자이면서 죽음에 대하여 두려워하지 않고 전율하지 않는 자입니다.

10. 또한 바라문이여, 세상에 어떤 자는 의심이 없이 의혹이 없이 올바른 원리에 대하여 분명한 결론에 도달했는데, 그가 어떤 혹독한 질병에 걸렸습니다. 혹독한 질병에 걸리자 그에게 이와 같이 '나는 의심이 없이 의혹이 없이 올바른 원리에 대하여 분명한 결론에 도달했다.'라는 생각이 떠오릅니다. 그러면 그는 슬퍼하지 않고, 상심하지 않고, 비탄해하지 않고, 가슴을 치며 울부짖지 않고, 혼란에 빠지지 않습니다. 바라문이여, 이러한 자도 죽기 마련인 자이면서 죽음에 대하여 두려워하지 않고 전율하지 않는 자입니다. 바라문이여, 이러한 네 종류의 사람이 죽기 마련인 자이면서 죽음에 대하여 두려워하지 않고 전율하지 않는 자입니다."

11. [바라문] "존자 고따마여, 훌륭하십니다. 존자 고따마여, 훌륭

하십니다. 존자 고따마여, 넘어진 것을 일으켜 세우듯, 가려진 것을 열어 보이듯, 어리석은 자에게 길을 가리켜 주듯, 눈 있는 자는 형상을 보라고 어둠 속에 등불을 가져오듯, 존자 고따마께서는 이와 같이 여러 가지 방법으로 진리를 밝혀 주셨습니다. 그러므로 이제 존자 고따마께 귀의합니다. 또한 그 가르침에 귀의합니다. 또한 그 수행승의 참모임에 귀의합니다. 존자 고따마께서는 저를 재가신도로 받아 주십시오. 오늘부터 목숨이 다하도록 귀의하겠습니다."

35. 성직자의 진리란 무엇이고 그것을 어떻게 수호할 수 있는가?[425]

1. 한때 세존께서는 라자가하 시의 깃자꾸따 산에[426] 계셨다 그때 잘 알려진 유행자들, 즉 안나바라, 바라다라, 싸꿀루다인[427]과 다른 잘 알려진 유행자들이 쌉삐니 강[428] 언덕에 있는 유행자들의 사원에 있었다.

2. 세존께서는 저녁 무렵 홀로 명상에서 일어나 쌉삐니 강 언덕에 있는 유행자들의 사원이 있는 곳으로 찾아가셨다. 그 무렵 이교도의 유행자들은 함께 앉아 서로 모여서 이와 같이 '이것이야말로 성직자의 진리이다. 이것이야말로 성직자의 진리이다.'라고 잠시 이야기를 나누고 있었다.

3. 그때 세존께서는 그 유행자들이 있는 곳으로 가까이 다가가셨다. 다가가서 마련된 자리에 앉으셨다. 자리에 앉아서 세존께서는 그 유

425) AN. II. 176 : 성직자의 진리에 대한 경[Brāhmaṇasaccasutta], 잡아함 35(대정2. 251c); 별역잡아함 11(대정2. 450c) 참조.

426) gijjhakūṭapabhata : 한역으로는 영취산(靈鷲山)이다.

427) annabhāro varadharo sakuladāyī : 이들은 잘 알려진 유행자들로 이 경에만 등장한다.

428) Sappinī 또는 Sappinikā : '뱀처럼 굽이치는'의 뜻이다. 깃자꾸따(Gijjhakūṭa) 산에서 발원하여 흐르는 라자가하 시의 강 이름이다. 예를 들면, 예를 들면, Vin. III. 109와 AN. I. 185나 II. 29와 176에 나온다.

행자들에게 이와 같이 말씀하셨다.

[세존] "수행승들이여, 그대들은 함께 앉아 서로 모여서 무슨 이야기를 하고 있습니까? 그리고 그대들이 어떠한 이야기를 하다가 중단했습니까?"

[유행자들] "존자 고따마여, 여기 우리들은 함께 앉아 서로 모여서 이와 같이 '이것이야말로 성직자의 진리이다. 이것이야말로 성직자의 진리이다.'라고 잠시 이야기를 나누고 있었습니다."

4. [세존] "유행자들이여, 나는 이와 같은 네 가지 성직자의 진리를 스스로 곧바로 알고 깨달아 선언하였습니다. 네 가지란 무엇입니까?

5. 유행자들이여, 세상에 성직자는 '모든 살아있는 생명을 죽여서는 안 된다.'라고 말합니다. 이렇게 말하는 성직자는 진리를 말하는 것이지 거짓을 말하는 것이 아닙니다. 그는 그것으로 '나는 수행자이다.'라고도 생각하지 않고 '나는 성직자이다.'라고도 생각하지 않고, '나는 우월하다.'라고도 생각하지 않고, '나는 동등하다.'라고도 생각하지 않고, '나는 열등하다.'라고도 생각하지 않습니다. 그 대신 그는 그러한 진리를 곧바로 안 뒤에 뭇삶들에 대한 자비와 연민을 실천합니다.

6. 유행자들이여, 세상에 성직자는 '모든 감각적 쾌락의 욕망은 무상하고 괴롭고 변화하는 것이다.'라고 말합니다. 이렇게 말하는 성직자는 진리를 말하는 것이지 거짓을 말하는 것이 아닙니다. 그는 그것으로 '나는 수행자이다.'라고도 생각하지 않고 '나는 성직자이다.'라고도 생각하지 않고, '나는 우월하다.'라고도 생각하지 않고, '나는 동등하다.'라고도 생각하지 않고, '나는 열등하다.'라고도 생각하지 않습니다. 그 대신 그는 그러한 진리를 곧바로 안 뒤에 감각적 쾌락의 욕망들에 대해 싫어하여 떠남, 사라짐, 소멸을 실천합니다.

7. 유행자들이여, 세상에 성직자는 '모든 존재는[429] 무상하고 괴롭고 변화하는 것이다.'고 말합니다. 이렇게 말하는 성직자는 진리를 말하는 것이지 거짓을 말하는 것이 아닙니다. 그는 그것으로 '나는 수행자이다.'라고도 생각하지 않고 '나는 성직자이다.'라고도 생각하지 않고, '나는 우월하다.'라고도 생각하지 않고, '나는 동등하다.'라고도 생각하지 않고, '나는 열등하다.'라고도 생각하지 않습니다. 그 대신 그는 진리를 곧바로 안 뒤에 존재들에 대해 싫어하여 떠남, 사라짐, 소멸을 실천합니다.

8. 유행자들이여, 세상에 성직자는 '나는 어디에도 없고, 그 가운데 어느 누구의 어떤 것도 없고, 어느 곳에도 없고, 누구에게도 나의 어떠한 것도 없다.'고[430] 말합니다. 이렇게 말하는 성직자는 진리를 말하는 것이지 거짓을 말하는 것이 아닙니다. 그는 그것으로 '나는 수행자이다.'라고도 생각하지 않고 '나는 성직자이다.'라고도 생각하지 않고, '나는 우월하다.'라고도 생각하지 않고, '나는 동등하다.'라고도 생각하지 않고, '나는 열등하다.'라고도 생각하지 않습니다. 그 대신 그는 진리를 곧바로 안 뒤에 아무 것도 없음의 길을[431] 실천합니다.

9. 유행자들이여, 나는 이와 같은 네 가지 성직자의 진리를 스스로 곧바로 알고 깨달아 선언하였습니다."

429) sabbe bhavā : 감각적 쾌락의 욕망계, 미세한 물질계, 비물질계 모두를 말한다.

430) nāhaṃ kvacana, kassaci kiñcanatasmiṃ, na ca mama kvacana, katthaci kiñcanat'ātthīti : Mrp. II. 162와 Vism. 654에 따르면, 네 가지 명제의 공성(空性)을 의미하는 것으로 '나는 어디에도 없다.'는 것은 어디에서도 나를 발견할 수 없다는 것이고 ② '그 가운데 어느 누구의 어떤 것도 없다'는 것은 자기의 자아를 타자의 어떤 것으로도 간주할 수 없다는 것이고, ③ '어느 곳에도 없다'는 것은 타자의 자아를 나의 어느 곳에서도 발견할 수 없다는 것이고 ④ '누구에게도 나의 어떠한 것도 없다.'는 것은 타자의 자아를 자신의 어떤 것으로도 간주할 수 없다는 것이다

431) ākiñcaññaṃ yeva paṭipadaṃ : Mrp. III. 163에 따르면, 어떠한 존재도 여읜, 장애가 없는, 소유가 없는 길을 말한다.

36. 참사람이 아닌 사람이 참사람을 알아볼 수 있을까?[432]

1. 한때 세존께서는 라자가하 시의 벨루바나 숲에 있는 깔란다까니바빠 공원에 계셨다.

2. 그때 마가다 국의 대신 바라문 밧싸까라가 세존께서 계신 곳으로 찾아왔다. 가까이 와서 세존과 함께 인사를 나누고 안부를 주고받은 뒤에 한쪽으로 물러나 앉았다. 한쪽으로 물러나 앉은 바라문 밧싸까라는 세존께 이와 같이 말씀드렸다.

3. [밧싸까라] "존자 고따마여, 참사람이 아닌 사람이 참사람이 아닌 사람에 대하여 '이 분은 참사람이 아니다.'라고 알 수 있습니까?"

[세존] "바라문이여, 참사람이 아닌 사람이 참사람이 아닌 사람에 대하여 '이 분은 참사람이 아니다.'라고 알 수 있다는 것은 타당하지 않고 불가능합니다."

4. [밧싸까라] "존자 고따마여, 그렇다면 참사람이 아닌 사람이 참사람에 대하여 '이 분은 참사람이다.'라고 알 수 있습니까?"

[세존] "바라문이여, 참사람이 아닌 사람이 참사람에 대하여 '이 분은 참사람이다.'라고 알 수 있다는 것도 타당하지 않고 불가능합니다."

5. [밧싸까라] "존자 고따마여, 그렇다면 참사람이 참사람이 아닌 사람에 대하여 '이 분은 참사람이 아니다.'라고 알 수 있습니까?"

[세존] "바라문이여, 참사람이 참사람이 아닌 사람에 대하여 '이 분은 참사람이 아니다.'라고 알 수 있다는 것은 타당합니다."

6. [밧싸까라] "존자 고따마여, 그렇다면 참사람이 참사람에 대하여 '이 분은 참사람이다.'라고 알 수 있습니까?"

[세존] "바라문이여, 참사람이 참사람에 대하여 '이 분은 참사람

---

432) AN. II. 179 : 밧싸까라의 경[Vassakārasutta]

이다.'라고 알 수 있다는 것은 타당합니다."

7. [밧싸까라] "존자 고따마여, 아주 놀라운 일입니다. 존자 고따마여, 예전에 없었던 일입니다. 존자 고따마께서는 이와 같이 '바라문이여, 참사람이 아닌 사람이 참사람이 아닌 사람에 대하여 '이 분은 참사람이 아니다.'라고 알 수 있다는 것은 타당하지 않고 불가능합니다. 바라문이여, 참사람이 아닌 사람이 참사람에 대하여 '이 분은 참사람이다.'라고 알 수 있다는 것도 타당하지 않고 불가능합니다. 바라문이여, 참사람이 참사람이 아닌 사람에 대하여 '이 분은 참사람이 아니다.'라고 알 수 있다는 것은 타당합니다. 바라문이여, 참사람이 참사람에 대하여 '이 분은 참사람이다.'라고 알 수 있다는 것은 타당합니다.'라고 잘 말씀하셨습니다.

8. 존자 고따마여, 한때 바라문 또데이야[433]의 모임에 이와 같이 '왕 엘레이야[434]는 수행자 라마뿟따[435]에게 믿음을 가지고 수행자 라마뿟따에게 인사를 드리고 자리에서 일어나 맞이하고 합장하고 공경하는 최상의 존경을 표하다니 그는 바보이다. 그리고 왕 엘레이야의 측근들, 곧 야마까, 목갈라, 욱가, 나빈다끼, 간답바, 악기베싸[436]도 수행자 라마뿟따에게 믿음을 가지고 수행자 라마뿟따에게 인사를 드리고 자리에서 일어나 맞이하고 합장하고 공경하는 최상의 존경을 표하다니 그들은 바보이다.'라고 남을 비난하는 말

---

433) Todeyya : DN. I. 235 : MN. I. 396 : II. 202 참조. Ppn. I. 1038에 의하면, 그는 추측하건데 쑤바(Subha)의 아버지로 또데이야뿟따(Todeyyaputta)라고 불렸다. 쑤바의 아버지는 빠쎄나디 왕의 사제였다. 그는 매우 부자였으나 구두쇠였는데, 목숨이 다해 죽은 후에 쑤바가 좋아하는 개로서 자신의 집에 태어났다. 부처님이 쑤바를 방문했을 때에 개가 짖었다. 부처님은 또데이야의 이름을 부르며 개를 꾸짖었다.

434) Eḷeyya : 엘레이야는 이 경에만 등장한다.

435) Rāmaputta : Mrp. III. 164에 따르면, 부처님께서 정각을 이루기 전의 스승인 웃다까 라마뿟따(Uddaka Rāmaputta)이다.

436) yamako moggallo uggo nāvindakī gandhabbo aggivesso : 이 경에 나와 있드시 왕 엘레이야의 측근들로 이 경에만 등장하는 인물들이다.

이 퍼졌습니다."

9. [세존] "바라문이여, 그러나 바라문 또데이야는 그들을 이와 같이 이끌었습니다. '존자들은 어떻게 생각합니까? 왕 엘레이야는 현명해서 해야 할 일 가운데 가장 중요한 일에 관해서, 말해야 할 것 가운데 가장 중요한 것에 관하여, 가장 이익에 밝은 자가 아닙니까?' 그들은 대답했습니다. '존자여, 그렇습니다. 왕 엘레이야는 현명해서 해야 할 일 가운데 가장 중요한 일에 관해서, 말해야 할 것 가운데 가장 중요한 것에 관하여, 가장 이익에 밝은 자입니다. 존자여 그러나 수행자 라마뿟따는 왕 엘레이야 보다 현명해서 해야 할 일 가운데 가장 중요한 일에 관해서, 말해야 할 것 가운데 가장 중요한 것에 관하여, 훨씬 이익에 밝은 자이기 때문에, 왕 엘레이야는 수행자 라마뿟따에게 인사를 드리고 자리에서 일어나 맞이하고 합장하고 공경하는 최상의 존경을 표합니다.'

10. '존자들은 어떻게 생각합니까? 왕 엘레이야의 측근들, 곧 야마까, 목갈라, 욱가, 나빈다끼, 간답바, 악기베싸도 현명해서 해야 할 일 가운데 가장 중요한 일에 관해서, 말해야 할 것 가운데 가장 중요한 것에 관하여, 가장 이익에 밝은 자가 아닙니까?' 그들은 대답했습니다. '존자여, 그렇습니다. 왕 엘레이야의 측근들, 곧 야마까, 목갈라, 욱가, 나빈다끼, 간답바, 악기베싸도 현명해서 해야 할 일 가운데 가장 중요한 일에 관해서, 말해야 할 것 가운데 가장 중요한 것에 관하여, 가장 이익에 밝은 자입니다. 존자여 그러나 수행자 라마뿟따는 왕 엘레이야의 측근들, 곧 야마까, 목갈라, 욱가, 나빈다끼, 간답바, 악기베싸 보다 현명해서 해야 할 일 가운데 가장 중요한 일에 관해서, 말해야 할 것 가운데 가장 중요한 것에 관하여, 훨씬 이익에 밝은 자이기 때문에, 왕 엘레이야는 수행자 라마뿟따에

게 인사를 드리고 자리에서 일어나 맞이하고 합장하고 공경하는 최상의 존경을 표합니다.'"

11. [밧싸까라] "존자 고따마여, 아주 놀라운 일입니다. 존자 고따마여, 예전에 없었던 일입니다. 존자 고따마께서는 이와 같이 '바라문이여, 참사람이 아닌 사람이 참사람이 아닌 사람에 대하여 '이 분은 참사람이 아니다.'라고 알 수 있다는 것은 타당하지 않고 불가능합니다. 바라문이여, 참사람이 아닌 사람이 참사람에 대하여 '이 분은 참사람이다.'라고 알 수 있다는 것도 타당하지 않고 불가능합니다. 바라문이여, 참사람이 참사람이 아닌 사람에 대하여 '이 분은 참사람이 아니다.'라고 알 수 있다는 것은 타당합니다. 바라문이여, 참사람이 참사람에 대하여 '이 분은 참사람이다.'라고 알 수 있다는 것은 타당합니다.'라고 잘 말씀하셨습니다. 세존이시여, 저는 이만 가겠습니다. 저는 해야 할 일 많고 바쁩니다."

[세존] "바라문이여, 때가 되었으니 원하는 대로 하십시오."

12. 그러자 마가다 국의 대신 바라문 밧싸까라는 세존께서 말씀하신 것에 기뻐하고 환희하며 자리에서 일어나 그곳을 떠났다.

37. 하늘사람과 하느님과 부동의 님과 고귀한 님은 어떻게 다른가?437)

1. 한때 세존께서 싸밧티 시의 뿝바라마에 있는 미가라마뚜 강당에 계셨다.

2. 그 무렵은 포살일이었는데, 세존께서는 수행승의 참모임에 둘러싸여 앉아 계셨다. 그때 세존께서는 거듭 침묵하시다가 수행승의 참모임을 쳐다보고 수행승들에게 말씀하셨다.

---

437) AN. II. 183 : 포살의 경[Uposathasutta]

3. [세존] "수행승들이여, 이 모임은 고요하고 시끄럽지 않다. 이 모임은 청정하고 핵심에 입각하고 있다. 수행승들이여, 이 수행승의 참모임과 같은 모임은 세상에서 발견하기 힘들다. 수행승들이여, 이 수행승의 참모임과 같은 모임은 세상에서 공양받을 만하고 대접받을 만하며 보시받을 만하고 존경받을 만하며 세상의 위없는 복밭이다. 수행승들이여, 이 수행승의 참모임과 같은 모임에는 조금만 보시해도 많은 과보를 낳고 많이 보시하면 더 많은 과보를 낳는다. 수행승들이여, 이 수행승의 참모임과 같은 모임을 친견하기 위해서 자양분자루를 메고 몇 요자나를 갈 만한 가치가 있다. 수행승들이여, 이 수행승의 참모임은 이와 같다.

4. 수행승들이여, 이 수행승의 참모임에는 하늘사람으로서 지내는 수행승들이 있다. 수행승들이여, 이 수행승의 참모임에는 하느님으로서 지내는 수행승들이 있다. 수행승들이여, 이 수행승의 참모임에는 부동의 님으로서 지내는 수행승들이 있다. 수행승들이여, 이 수행승의 참모임에는 고귀한 님으로서 지내는 수행승들이 있다.[438]

5. 수행승들이여, 어떻게 하늘사람으로서 지내는 수행승이 되는가? 수행승들이여, 세상에 수행승이

1) 감각적 쾌락의 욕망을 여의고 악하고 불건전한 상태를 떠난 뒤, 사유를 갖추고 숙고를 갖추고 멀리 여윔에서 생겨나는 희열과 행

---

438) devappattā … brahmappattā … āneñjappattā … ariyappattā : '천신으로 지내는 … 범천으로 지내는 … 부동자로 지내는 … 성자로 지내는'이라는 뜻이다. 왜냐하면, 네 가지 선정은 '천상의 주거(dibbavihāra)'라고 불리기 때문에 선정에 드는 자는 하늘사람으로 사는 자라고 할 수 있다. 그런데 이와 같은 주석적 설명은 잘못된 것이다. 이 경에서 설명하듯, 하느님으로 지내는 자는 네 가지의 청정한 삶(四梵住 cattāro brahmavihā rā : 자애·연민·기쁨·평정)을 사는 자를 말한다. 부동의 님으로 지내는 자는 비물질계[無色界]의 선정에 사는 자를 말한다. 고귀한 님은 흐름에 든 님 이상의 참사람을 말하며, 네 가지 거룩한 진리를 있는 그대로 분명히 알아야 한다. 그러나 Mrp. II 168에 따르면, 'devappattā'는 다시 태어날 때 천상에 거주하고 천상에 거주하면서 거룩한 님에 도달하는 사람을 말한다. 이 주석대로 하자면, 'devappattā'는 '미래의 하늘사람의 경지에 도달한'이라고 번역되어야 한다.

복을 갖춘 첫 번째 선정에 든다.

2) 사유와 숙고가 멈추어진 뒤, 내적인 평온과 마음의 통일을 성취하고, 사유를 뛰어넘고 숙고를 뛰어넘어 삼매에서 생겨나는 희열과 행복을 갖춘 두 번째 선정에 든다.

3) 희열이 사라진 뒤, 평정하고 새김이 있고 올바로 알아차리며 신체적으로 행복을 느끼며 고귀한 님들이 평정하고 새김이 있고 행복하다고 표현하는 세 번째 선정에 든다.

4) 행복과 고통이 버려지고 만족과 불만도 사라진 뒤, 괴로움도 없고 즐거움도 없는 평정하고 새김이 있고 청정한 네 번째 선정에 든다.

수행승들이여, 이와 같이 하늘사람으로서 지내는 수행승이 된다.

6. 수행승들이여, 어떻게 하느님으로서 지내는 수행승이 되는가? 수행승들이여, 세상에 수행승이

1) 자애의 마음으로 동쪽 방향을 가득 채우고, 자애의 마음으로 남쪽 방향을 가득 채우고, 자애의 마음으로 서쪽 방향을 가득 채우고, 자애의 마음으로 북쪽 방향을 가득 채우고, 자애의 마음으로 위와 아래와 옆과 모든 곳을 빠짐없이 가득 채워서, 광대하고 멀리 미치고 한량 없고 원한 없고 분노 없는 자애의 마음으로 일체의 세계를 가득 채운다.

2) 연민의 마음으로 동쪽 방향을 가득 채우고, 연민의 마음으로 남쪽 방향을 가득 채우고, 연민의 마음으로 서쪽 방향을 가득 채우고, 연민의 마음으로 북쪽 방향을 가득 채우고, 연민의 마음으로 위와 아래와 옆과 모든 곳을 빠짐없이 가득 채워서, 광대하고 멀리 미치고 한량 없고 원한 없고 분노 없는 연민의 마음으로 일체의 세계를 가득 채운다.

3) 기쁨의 마음으로 동쪽 방향을 가득 채우고, 기쁨의 마음으로 남쪽 방향을 가득 채우고, 기쁨의 마음으로 서쪽 방향을 가득 채우고, 기쁨의 마음으로 북쪽 방향을 가득 채우고, 기쁨의 마음으로 위와 아래와 옆과 모든 곳을 빠짐없이 가득 채워서, 광대하고 멀리 미치고 한량 없고 원한 없고 분노 없는 기쁨의 마음으로 일체의 세계를 가득 채운다.

4) 평정의 마음으로 동쪽 방향을 가득 채우고, 평정의 마음으로 남쪽 방향을 가득 채우고, 평정의 마음으로 서쪽 방향을 가득 채우고, 평정의 마음으로 북쪽 방향을 가득 채우고, 평정의 마음으로 위와 아래와 옆과 모든 곳을 빠짐없이 가득 채워서, 광대하고 멀리 미치고 한량 없고 원한 없고 분노 없는 평정의 마음으로 일체의 세계를 가득 채운다.

수행승들이여, 이와 같이 하느님으로서 지내는 수행승이 된다.

7. 수행승들이여, 어떻게 부동의 님으로서 지내는 수행승이 되는가? 수행승들이여, 세상에 수행승이

1) 물질에 대한 지각을 완전히 뛰어넘어[439] 감각적 저촉에 대한 지각을 종식하고[440] 다양성에 대한 지각에 정신활동을 일으키지 않음으로써 '공간이 무한하다'라고 알아채며 무한공간의 세계에[441] 든다.

---

439) rūpasaññānaṃ samatikkamā : 미세한 물질마저 여읜다는 뜻으로, 미세한 물질계[色界]의 선정을 뛰어넘는다는 뜻이다.

440) paṭighasaññānaṁ atthagāmā : '감각적 저촉[障碍 : paṭigha]'은 '밖으로 향하는 의식에 제공된 저항'을 말한다. 우리는 그것으로 사물을 인식한다. Vibh. 261, Vism. 329에 따르면, 감각적 저촉은 다섯 가지 감역에서의 그 감각적 쾌락의 대상의 충격을 말한다.

441) ākāsānañcāyatana … viññāṇānañcāyatana … ākiṁcaññāyatana … nevasaññanāsaññāyatana : 이하의 네 가지는 한역의 공무변처(空無邊處), 식무변처(識無邊處), 무소유처(無所有處), 비상비비상처(非想非非想處)를 뜻하며, 비물질계의 네 가지 선정[無色界四禪]에 상응하는 세계에 해당한다. 상세한 것은 Vism. 326-340을 보라. 이 책의 부록 「불교의 세계관」을 참조하라.

2) 무한공간의 세계를 완전히 뛰어넘어 '의식이 무한하다'고 알아채며 무한의식의 세계에 든다.
3) 무한의식의 세계를 완전히 뛰어넘어, '아무것도 없다'고 알아채며 아무것도 없는 세계에 든다.
4) 아무것도 없는 세계를 완전히 뛰어넘어 지각하는 것도 아니고 지각하지 않는 것도 아닌 세계에 든다.
수행승들이여, 이와 같이 부동의 님으로서 지내는 수행승이 된다.

8. 수행승들이여, 어떻게 고귀한 님으로서 지내는 수행승이 되는가? 수행승들이여, 세상에 수행승이
1) '이것이 괴로움이다'라고 있는 그대로 분명히 안다.
2) '이것이 괴로움의 발생이다'라고 있는 그대로 분명히 안다.
3) '이것이 괴로움의 소멸이다'라고 있는 그대로 분명히 안다.
4) '이것이 괴로움의 소멸로 이끄는 길이다'라고 있는 그대로 분명히 안다.
수행승들이여, 이와 같이 고귀한 님으로서 지내는 수행승이 된다."

38. 명상수행에서 청정의 네 가지 단계란 무엇인가?[442]

1. 한때 존자 아난다는 꼴리야 국의 싸뿌가[443]라는 꼴리야 족의 도시에 있었다.

2. 그때 싸뿌가에서 온 꼴리야 족의 후예들이 아난다 존자가 있는 곳을 찾아 왔다. 가까이 다가와서 존자 아난다에게 인사를 드리고 한쪽으로 물러나 앉았다. 한쪽으로 물러나 앉은 싸뿌가에서 온 꼴리야의 족의 후예들에게 존자 아난다는 이와 같이 말했다.

---

442) AN. II. 194 : 싸뿌가에서 온 자들의 경[Sapūgiyasutta], 잡아함 21(大正 2. 148c) 참조
443) Sāpuga : 이 경에만 등장하며, 꼴리야 족의 후예들이 사는 도시를 말한다.

3. [아난다] "비악가빳자[444]에서 온 시민들이여, 알고 또한 보시는 님, 그분 세상에 존귀한 님, 거룩한 님, 올바로 원만히 깨달은 님께서는 뭇삶을 청정하게 하고, 슬픔과 비탄을 뛰어넘게 하고, 괴로움과 근심을 소멸시키고, 바른 방도를[445] 구현하게 하고, 열반을 실현시키기 위한, 이와 같은 네 가지 청정을 위한 노력의 고리를 설하셨습니다. 네 가지란 무엇입니까? 계행의 청정을 위한 노력의 고리, 마음의 청정을 위한 노력의 고리, 견해의 청정을 위한 노력의 고리, 해탈의 청정을 위한 노력의 고리입니다.

4. 비악가빳자에서 온 시민들이여, 계행의 청정을 위한 노력의 고리란 무엇입니까? 비악가빳자에서 온 시민들이여, 세상에 수행승이 계행을 갖추고, 의무계율을 실천하고, 의무계율을 통한 제어를 수호하고, 행실과 행경을 원만히 하여, 작은 잘못에서 두려움을 보고 학습계율을 수용하여 배웁니다. 비악가빳자에서 온 시민들이여, 이것을 계행의 청정이라고 합니다. 그리고 이와 같이 '나는 아직 완성되지 않은 계행의 청정을 완성시킬 것이고, 이미 완성된 계행의 청정을 상황에 따라 지혜로써 수호하리라.'라고 의욕을 일으키고 노력하고 정진하고 힘을 기울이고 분발하고 퇴전하지 않고 새김을 확립하고 올바로 알아차린다면, 비악가빳자에서 온 시민들이여, 그것이 계행의 청정을 위한 노력의 고리라고 합니다.

5. 비악가빳자에서 온 시민들이여, 마음의 청정을 위한 노력의 고리란 무엇입니까? 비악가빳자에서 온 시민들이여, 세상에 수행승이 감각적 쾌락의 욕망을 여의고 악하고 불건전한 상태를 떠난 뒤, 사

444) Byagghapajjā : Mrp. III. 173에 따르면, 꼴리야 족의 수도인 꼴라나가라(Kolanagara)의 별칭이다. 꼴라나가라는 대추나무가 심어진 도시라는 뜻이고 비악가빳자는 호랑이가 다니는 길 위에 만들어진 도시라는 말이다.

445) ñāya : '방법, 진리, 체계'를 의미한다. Srp. III. 177에 따르면, 팔정도[八正道 : ariyo aṭṭhaṅgiko maggo]를 의미한다.

유와 숙고를 갖추고 멀리 여읨에서 생겨나는 희열과 행복을 갖춘 첫 번째 선정에 듭니다. 사유와 숙고가 멈추어진 뒤, 내적인 평온과 마음의 통일을 이루고, 사유와 숙고를 여의어, 삼매에서 생겨나는 희열과 행복을 갖춘 두 번째 선정에 듭니다. 희열이 사라진 뒤, 평정하고 새김이 있고 올바로 알아차리며 신체적으로 행복을 느끼며 고귀한 님들이 평정하고 새김이 있고 행복하다고 표현하는 세 번째 선정에 듭니다. 행복과 고통이 버려지고 만족과 불만도 사라진 뒤, 괴로움도 없고 즐거움도 없는 평정하고 새김이 있고 청정한 네 번째 선정에 듭니다. 비악가빳자에서 온 시민들이여, 이것을 마음의 청정이라고 합니다. 그리고 이와 같이 '나는 아직 완성되지 않은 마음의 청정을 완성시킬 것이고, 이미 완성된 마음의 청정을 상황에 따라 지혜로써 수호하리라.'라고 의욕을 일으키고 노력하고 정진하고 힘을 기울이고 분발하고 퇴전하지 않고 새김을 확립하고 올바로 알아차린다면, 비악가빳자에서 온 시민들이여, 그것이 마음의 청정을 위한 노력의 고리라고 합니다.

6. 비악가빳자에서 온 시민들이여, 견해의 청정을 위한 노력의 고리란 무엇입니까? 비악가빳자에서 온 시민들이여, 세상에 수행승이 '이것이 괴로움이다'라고 있는 그대로 분명히 알고, '이것이 괴로움의 발생이다'라고 있는 그대로 분명히 알고, '이것이 괴로움의 소멸이다'라고 있는 그대로 분명히 알고, '이것이 괴로움의 소멸로 이끄는 길이다'라고 있는 그대로 분명히 압니다. 비악가빳자에서 온 시민들이여, 이것을 견해의 청정이라고 합니다. 그리고 이와 같이 '나는 아직 완성되지 않은 견해의 청정을 완성시킬 것이고, 이미 완성된 견해의 청정을 상황에 따라 지혜로써 수호하리라.'라고 의욕을 일으키고 노력하고 정진하고 힘을 기울이고 분발하고 퇴전하지 않

고 새김을 확립하고 올바로 알아차린다면, 비악가빳자에서 온 시민들이여, 그것이 견해의 청정을 위한 노력의 고리라고 합니다.

7. 비악가빳자에서 온 시민들이여, 해탈의 청정을 위한 노력의 고리란 무엇입니까? 비악가빳자에서 온 시민들이여, 고귀한 제자는 이러한 계행의 청정을 위한 노력의 고리를 갖추고, 이러한 마음의 청정을 위한 노력의 고리를 갖추고, 이러한 견해의 청정을 위한 노력의 고리를 갖추어 탐욕의 대상에서 마음을 사라지게 하고 탐욕의 대상에서 벗어나 마음이 해탈됩니다. 탐욕의 대상에서 마음을 사라지게 하고 탐욕의 대상에서 벗어나 마음이 해탈되면, 완전한 해탈을 경험합니다. 비악가빳자에서 온 시민들이여, 이것을 해탈의 청정이라고 합니다. 이와 같이 '나는 아직 완성되지 않은 해탈의 청정을 완성시킬 것이고, 이미 완성된 해탈의 청정을 상황에 따라 지혜로써 수호하리라.'라고 의욕을 일으키고 노력하고 정진하고 힘을 기울이고 분발하고 퇴전하지 않고 새김을 확립하고 올바로 알아차린다면, 비악가빳자에서 온 시민들이여, 그것이 해탈의 청정을 위한 노력의 고리라고 합니다.

8. 비악가빳자에서 온 시민들이여, 알고 또한 보시는 님, 그분 세상에 존귀한 님, 거룩한 님, 올바로 원만히 깨달은 님께서는 뭇삶을 청정하게 하고, 슬픔과 비탄을 뛰어넘게 하고, 괴로움과 근심을 소멸시키고, 바른 방도를 구현하게 하고, 열반을 실현시키기 위한, 이와 같은 네 가지 청정을 위한 노력의 고리를 설하셨습니다."

39. 무명이 사라져 명지가 일어난 뒤에도 번뇌가 들이닥칠 가능성이 있는가?[446]

1. 한때 세존께서 싸끼야 족의 까삘라밧투 시의 니그로다라마[447] 승

---

446) AN. II. 196 : 빱빠의 경[dhammakathasutta], 중아함 3(대정1. 434a) 참조

원에 계셨다. 그때 니간타의 제자인[448] 싸끼야 족의 밥빠[449]가 존자 목갈라나가 있는 곳을 찾아 왔다. 가까이 다가와서 존자 목갈라나에게 인사를 하고 한쪽으로 물러나 앉았다.

2. 한쪽으로 물러나 앉은 니간타의 제자인 싸끼야 족의 밥빠에게 존자 목갈라나는 이와 같이 말했다.

[목갈라나] "밥빠여, 세상에 어떤 사람은 신체적으로 자제하고 언어적으로 자제하고 정신적으로 자제하는데, 무명이 사라져 소멸되고 명지가 일어난 뒤에, 밥빠여, 어떤 것을 원인으로 그에게 미래에 괴로운 느낌을 초래할 번뇌가 들이닥칠 가능성이 아직 있다고 봅니까?"

[밥빠] "존자여, 여기 이전에 지은 악한 업의 과보가 아직 결과를 초래하지 않았을 경우에, 그것을 원인으로 그에게 미래에 괴로운 느낌을 초래할 번뇌가 들이닥칠 가능성이 아직 있다고 봅니다."

그런데 존자 마하 목갈라나와 니간타의 제자 밥빠와의 이러한 이야기는 도중에 중단되었다.

3. 그때 세존께서 저녁 무렵 홀로 명상에서 일어나 집회당이 있는 곳을 찾아 가셨다. 가까이 다가가서 마련된 자리에 앉으셨다. 자리에 앉아 세존께서는 존자 목갈라나에게 이와 같이 말씀하셨다.

[세존] "목갈라나여, 그대들은 지금 여기 모여 무슨 이야기를 하고 있는가? 그런데 그대들이 하다가 중단한 이야기는 무엇인가?"

4. [목갈라나] "세존이시여, 저는 니간타의 제자인 싸끼야 족의 밥빠에게 이와 같이 '밥빠여, 세상에 어떤 사람은 신체적으로 자제하고

---

447) Nigrodārāma : 까삘라밧투 시에 있던 승원의 이름으로 부처님이 정각을 이룬 지 일 년 뒤에 그곳을 방문했을 때에 니그로다라는 싸끼야 족의 한 사람이 부처님에게 기증한 숲이다. 여기서 많은 싸끼야 족들과의 대화가 이루어졌고 처음 마하빠자빠띠 고타미가 출가의사를 밝혀서 거절된 곳이기도 하다.

448) nigaṇṭhasāvaka : 자이나교도를 말한다.

449) Vappa : 자이나교도인 밥빠는 Mrp. III. 174에 따르면, 부처님의 작은 아버지였고 싸끼야 족의 왕이었다.

언어적으로 자제하고 정신적으로 자제하는데, 무명이 사라져 소멸되고 명지가 일어난 뒤에, 밥빠여, 어떤 것을 원인으로 그에게 미래에 괴로운 느낌을 초래할 번뇌가 들이닥칠 가능성이 아직 있다고 봅니까?'라고 말했습니다. 그러자 니간타의 제자인 싸끼야 족의 밥빠는 제게 이와 같이 '존자여, 여기 이전에 지은 악한 업의 과보가 아직 결과를 초래하지 않았을 경우에, 그것을 원인으로 그에게 미래에 괴로운 느낌을 초래할 번뇌가 들이닥칠 가능성이 아직 있다고 봅니다.'라고 말했습니다. 그런데 저와 니간타의 제자인 싸끼야 족의 밥빠와의 이러한 이야기는 도중에 중단되었고 그때 세존께서 도착하신 것입니다."

5. 그러자 세존께서는 싸끼야 족의 밥빠에게 이와 같이 말씀하셨다.

[세존] "밥빠여, 그대가 동의할 수 있는 것에는 동의하고, 부인해야 한다고 생각하는 것은 부인하십시오. 그리고 내가 말한 것의 의미를 잘 모르면 그것에 대해 나에게 이와 같이 '존자여, 이것은 어떠한 것입니까? 그것의 의미는 무엇입니까?'라고 되물어보십시오. 그러면 우리의 대화가 가능할 것입니다."

[밥빠] "세존이시여, 세존에 대하여 제가 동의할 수 있는 것에는 동의하고 부인해야 한다고 생각하는 것은 부인하겠습니다. 그리고 세존께서 말한 것의 의미를 잘 모르면 그것에 대해 세존께 이와 같이 '세존이시여, 이것은 어떠한 것입니까? 그것의 의미는 무엇입니까?'라고 되물어보겠습니다. 그러므로 우리가 대화하는 것이 좋겠습니다."

6. [세존] "밥빠여, 어떻게 생각합니까? 신체적 폭력을 조건으로 곤혹과 고뇌를 초래하는 번뇌가 생겨납니다. 그러나 신체적 폭력을 삼가면, 곤혹과 고뇌를 초래하는 번뇌가 생겨나지 않습니다. 그는 새

로운 업을 짓지 않고, 오래된 업은 겪을 때마다 끝냅니다. 이것은 현세의 삶에서 유익한 것이며, 시간을 초월하는 것이며, 와서 보라고 할 만한 것이며, 최상의 목표로 이끄는 것이며, 슬기로운 자라면 누구나 알 수 있는 것입니다. 밥빠여, 그에게 미래에 괴로운 느낌을 초래할 번뇌가 들이닥칠 가능성이 아직 있다고 봅니까?"

[밥빠] "세존이시여, 그렇지 않습니다."

7. [세존] "밥빠여, 어떻게 생각합니까? 언어적 폭력을 조건으로 곤혹과 고뇌를 초래하는 번뇌가 생겨납니다. 그러나 언어적 폭력을 삼가면, 곤혹과 고뇌를 초래하는 번뇌가 생겨나지 않습니다. 그는 새로운 업을 짓지 않고, 오래된 업은 겪을 때마다 끝냅니다. 이것은 현세의 삶에서 유익한 것이며, 시간을 초월하는 것이며, 와서 보라고 할 만한 것이며, 최상의 목표로 이끄는 것이며, 슬기로운 자라면 누구나 알 수 있는 것입니다. 밥빠여, 그에게 미래에 괴로운 느낌을 초래할 번뇌가 들이닥칠 가능성이 아직 있다고 봅니까?"

[밥빠] "세존이시여, 그렇지 않습니다."

8. [세존] "밥빠여, 어떻게 생각합니까? 정신적 폭력을 조건으로 곤혹과 고뇌를 초래하는 번뇌가 생겨납니다. 그러나 정신적 폭력을 삼가면, 곤혹과 고뇌를 초래하는 번뇌가 생겨나지 않습니다. 그는 새로운 업을 짓지 않고, 오래된 업은 겪을 때마다 끝냅니다. 이것은 현세의 삶에서 유익한 것이며, 시간을 초월하는 것이며, 와서 보라고 할 만한 것이며, 최상의 목표로 이끄는 것이며, 슬기로운 자라면 누구나 알 수 있는 것입니다. 밥빠여, 그에게 미래에 괴로운 느낌을 초래할 번뇌가 들이닥칠 가능성이 아직 있다고 봅니까?"

[밥빠] "세존이시여, 그렇지 않습니다."

9. [세존] "밥빠여, 어떻게 생각합니까? 무명을 조건으로 곤혹과 고

뇌를 초래하는 번뇌가 생겨납니다. 그러나 무명이 사라져 소멸되고 명지가 일어난 뒤에는, 그러한 곤혹과 고뇌를 초래하는 번뇌가 생겨나지 않습니다. 그는 새로운 업을 짓지 않고, 오래된 업은 겪을 때마다 끝냅니다. 이것은 현세의 삶에서 유익한 것이며, 시간을 초월하는 것이며, 와서 보라고 할 만한 것이며, 최상의 목표로 이끄는 것이며, 슬기로운 자라면 누구나 알 수 있는 것입니다. 밥빠여, 그에게 미래에 괴로운 느낌을 초래할 번뇌가 들이닥칠 가능성이 아직 있다고 봅니까?"

[밥빠] "세존이시여, 그렇지 않습니다."

10. [세존] "밥빠여, 이와 같이 마음이 올바로 해탈된 수행승은 여섯 가지 일관된 삶을 삽니다. 그는 시각으로 형상을 보아도 즐겁거나 괴롭지 않고 평정하고 새김이 있고 올바로 알아차리는 삶을 살고, 청각으로 소리를 들어도 즐겁거나 괴롭지 않고 평정하고 새김이 있고 올바로 알아차리는 삶을 살고, 후각으로 냄새를 맡아도 즐겁거나 괴롭지 않고 평정하고 새김이 있고 올바로 알아차리는 삶을 살고, 미각으로 맛을 맛보아도 즐겁거나 괴롭지 않고 평정하고 새김이 있고 올바로 알아차리는 삶을 살고, 촉각으로 감촉을 촉지해도 즐겁거나 괴롭지 않고 평정하고 새김이 있고 올바로 알아차리는 삶을 살고, 정신으로 사실을 인식해도 즐겁거나 괴롭지 않고 평정하고 새김이 있고 올바로 알아차리는 삶을 삽니다. 그는 몸이 한계에 달한 느낌을 느끼면, '나는 몸이 한계에 달한 느낌을 느낀다.'라고 분명히 압니다.450) 그가 목숨이 한계에 달한 느낌을 느끼면,451) '나

450) so kāyapariyantikaṁ vedanaṁ vedayamāno kāyapariyantikaṁ vedanaṁ vedayāmī ti : 역자가 '몸의 기력이 다했다는 느낌'이라고 번역한 것을 보다 엄밀히 번역하자면, '몸이 끝났다는 느낌'이다. Srp. II. 78에 따르면, 몸이 다섯 가지 감각의 영역과 함께 지속되는 한, 다섯 가지 감관에서 일어나는 느낌이 느껴진다.

451) jīvitapariyantikaṁ vedanaṁ vediyamāno : Srp. II. 78에 따르면, 목숨이 지속되는 한, 정신의 영역에서 일어나는 느낌이 느껴진다.

는 목숨이 한계에 달한 느낌을 느낀다.'라고 분명히 압니다. 그리고 그는 '몸이 파괴되고 목숨이 다한 뒤에는[452] 세상에 느껴진 모든 것이 향수되지 않고 식어버릴 것[453]이며 오로지 유해만이[454] 남을 것이다.'라고 분명히 압니다.

11. 밥빠여, 예를 들어 나무몸통을 조건으로 새겨난 그림자가 있습니다. 일꾼이 삽과 바구니를 가지고 와서 그 나무몸통의 밑동을 자르고, 밑동을 자른 뒤에 파내고, 파낸 뒤에 뿌리와 그 안의 잔뿌리마저 뽑아 버리고, 그 나무몸통을 토막토막 자르고, 토막토막 자른 뒤에 부수고, 부순 뒤에 조각내고, 조각낸 뒤에 바람이나 햇빛에 말리고, 바람이나 햇빛에 말린 뒤에 불에 태우고, 불에 태운 뒤에 재로 만들고, 재로 만든 뒤에 강한 바람에 날려 보내거나 강물의 거센 흐름에 씻어버린다면, 이와 같이 해서, 수행승들이여, 그 나무몸통을 조건으로해서 새겨난 그림자는 뿌리째 뽑히고, 종려나무 그루터기처럼 되고, 존재하지 않게 되고, 미래에 다시 생겨나지 않게 됩니다. 밥빠여, 이와 같이 마음이 올바로 해탈된 수행승에게는 여섯 가지 일관된 삶을 삽니다. 그는 시각으로 형상을 보고 즐겁거나 괴롭지 않고 평정하고 새김이 있고 올바로 알아차리는 삶을 살고, 청각으로 소리를 듣고 즐겁거나 괴롭지 않고 평정하고 새김이 있고 올바로 알아차리는 삶을 살고, 후각으로 냄새를 보고 즐겁거나 괴롭지 않고 평정하고 새김이 있고 올바로 알아차리는 삶을 살고, 미각으로 맛을 보고 즐겁거나 괴롭지 않고 평정하고 새김이 있고 올바로 알아차리는 삶을 살고, 촉각으로 감촉을 촉지하고 즐겁거나 괴

452) kayassa bhedā uddhaṁ jīvitapariyādānā : 이 어귀는 경에 자주 나오며 임종시에는 존재의 다발[五蘊]이 분리되어 파괴됨을 시사하고 있다. 여기서 'uddhaṁ'은 'jīvitapariyādānā'에 걸린다.

453) idheva sabbavedayitāni anabhinanditāti sītībhavissantīti : '죽으면 모든 감수작용[느낌]이 정지할 것이다.'라는 뜻이다.

454) sarīrāni : Srp. II. 80에 따르면, 사리(舍利 : dhātusarīrāni)를 뜻한다.

롭지 않고 평정하고 새김이 있고 올바로 알아차리는 삶을 살고, 정신으로 사실을 인식하고 즐겁거나 괴롭지 않고 평정하고 새김이 있고 올바로 알아차리는 삶을 삽니다. 그는 몸이 한계에 달한 느낌을 느끼면, '나는 몸이 한계에 달한 느낌을 느낀다.'라고 분명히 압니다. 그가 목숨이 한계에 달한 느낌을 느끼면, '나는 목숨이 한계에 달한 느낌을 느낀다.'라고 분명히 압니다. 그리고 그는 '몸이 파괴되고 목숨이 다한 뒤에는 세상에 느껴진 모든 것이 향수되지 않고 식어버릴 것이며 오로지 유해만이 남을 것이다.'라고 분명히 압니다.

12. 이처럼 말씀하시자 니간타의 제자인 싸끼야 족의 밥빠는 세존께 이와 같이 말씀드렸다.

[밥빠] "세존이시여, 예를 들어 수익을 올리고자 일꾼이 말을 잘 먹여 키우지만, 수익을 올리지 못하고 지치고 고생만 하듯, 세존이시여, 저는 이익을 누리고자 어리석은 니간타들을 섬겼으나, 이익을 누리지 못하고 지치고 고생만 하였습니다. 저는 오늘부터 이러한 어리석은 니간타들에게 가졌던 믿음을 크나큰 바람에 날려 보내고, 강물의 거센 흐름에 씻어 버리겠습니다.

13. 존자 고따마여, 훌륭하십니다. 존자 고따마여, 훌륭하십니다. 존자 고따마여, 넘어진 것을 일으켜 세우듯, 가려진 것을 열어 보이듯, 어리석은 자에게 길을 가리켜 주듯, 눈 있는 자는 형상을 보라고 어둠 속에 등불을 가져오듯, 존자 고따마께서는 이와 같이 여러 가지 방법으로 진리를 밝혀 주셨습니다. 그러므로 이제 존자 고따마께 귀의합니다. 또한 그 가르침에 귀의합니다. 또한 그 수행승의 참모임에 귀의합니다. 존자 고따마께서는 저를 재가신도로 받아 주십시오. 오늘부터 목숨이 다하도록 귀의하겠습니다."

5. 다섯 모아모음[Pañcakanipāta]

1. 감각적 쾌락의 욕망의 위험성을 어떻게 통찰할 것인가?455)

1. [세존] "수행승들이여, 대부분의 뭇삶들은 감각적 쾌락의 욕망들에 빠진다. 수행승들이여, 그래서 고귀한 제자가 낫과 도리깨를 버리고 집에서 집 없는 곳으로 출가하면, 당연히 믿음으로 출가한 자라고 말할 수 있다. 그것은 무슨 까닭인가?

2. 수행승들이여, 젊은이는 감각적 쾌락의 욕망들에 쉽게 접근하기 때문이다. 그것들은 저속한 감각적 쾌락들이거나 중간의 감각적 쾌락의 욕망들이거나 고상한 감각적 쾌락의 욕망들이건 그 어떠한 것일지라도, 그 모두가 감각적 쾌락의 욕망들이라고 불린다.

3. 수행승들이여, 예를 들어, 아주 어린 아이, 유약한 젖먹이가 유모의 부주의로 나무 조각이나 돌조각을 입에 넣으면, 유모는 그것을 재빨리 파악하고, 재빨리 파악해서 재빨리 꺼내야 할 것이다. 만약에 재빨리 꺼내는 것이 불가능하다면, 왼손으로 머리를 붙들고 오른손으로 갈고리를 만들어 피가 나더라도 꺼내야 할 것이다. 그것은 무슨 까닭인가?

4. 수행승들이여, 그 아이는 위급하기 때문이다. 나는 그 아이가 그렇지 않다고 말하지 않는다. 수행승들이여, 이익을 바라고 안녕을

---

455) AN. III. 5 : 감각적 쾌락의 욕망에 빠짐의 경[Kāmesupalāḷitasutta]

구하는 자애로운 유모라면, 연민으로 그렇게 행동해야 할 것이다.

5. 수행승들이여, 그런데 그 아이가 자라서 지혜가 성숙하면, 수행승들이여, 유모는 이제 그 아이를 보살피지 않는다. 그 아이는 자신의 수호자로서 더 이상 방일하지 않기 때문이다.

6. 수행승들이여, 이와 같이 착하고 건전한 것에 대해 믿음을 갖추지 못하고, 착하고 건전한 것에 비추어 부끄러움을 알지 못하고, 착하고 건전한 것에 비추어 창피함을 알지 못하고, 착하고 건전한 것을 향하여 정진을 하지 않고, 착하고 건전한 것에 관하여 지혜를 갖추지 못하는 한, 수행승들이여, 그 수행승은 나에 의해서 수호되어야 한다.

7. 수행승들이여, 이와 같이 착하고 건전한 것에 대해 믿음을 갖추고, 착하고 건전한 것에 비추어 부끄러움을 알고, 착하고 건전한 것에 비추어 창피함을 알고, 착하고 건전한 것을 향하여 정진을 하고, 착하고 건전한 것에 관하여 지혜를 갖추는 한, 수행승들이여, 나는 그 수행승에 대하여 이제 근심이 없으니, 그 수행승은 자신의 수호자로서 더 이상 방일하지 않기 때문이다."

2. 지혜의 계발과 동료수행자에 대한 존중은 어떠한 관계가 있는가?456)

1. 한때 세존께서 싸밧티 시에 계셨다.

[세존] "수행승들이여, 참으로 수행승이 동료수행자에 대하여 존중이 없고 공경이 없고 화합이 없음에도 불구하고, 바르고 원만한 행위의 원칙을 충족시킨다는 것은 결코 있을 수 없다. 바르고 원만한 행위의 원칙을 충족시키지 못함에도 불구하고, 학인의 규칙을 충족시킨다는 것은 결코 있을 수 없다. 학인의 규칙을 충족시키지 못

456) AN. III. 15 : 존중이 없음의 경②[Dutiyāgāravasutta], 중아함 10(대정1. 486c) 참조

함에도 불구하고, 계행의 다발을 충족시킨다는 것은 결코 있을 수 없다. 계행의 다발을 충족시키지 못함에도 불구하고, 삼매의 다발을 충족시킨다는 것은 결코 있을 수 없다. 삼매의 다발을 충족시키지 못함에도 불구하고, 지혜의 다발을 충족시킨다는 것은 결코 있을 수 없다.

2. 수행승들이여, 그러나 참으로 수행승이 동료수행자에 대하여 존중하고 공경하고 화합하기 때문에, 바르고 원만한 행위의 원칙을 충족시킨다는 것은 있을 수 있다. 바르고 원만한 행위의 원칙을 충족시키기 때문에, 학인의 규칙을 충족시킨다는 것은 있을 수 있다. 학인의 규칙을 충족시키기 때문에, 계행의 다발을 충족시킨다는 것은 있을 수 있다. 계행의 다발을 충족시키기 때문에, 삼매의 다발을 충족시킨다는 것은 있을 수 있다. 삼매의 다발을 충족시키기 때문에, 지혜의 다발을 충족시킨다는 것은 있을 수 있다."

3. 올바른 견해는 어떻게 계발된 것이고 어떠한 열매를 맺는가?[457]

1. 한때 세존께서 싸밧티 시에 계셨다.

[세존] "수행승들이여, 이와 같은 다섯 가지 고리로써 계발된 올바른 견해는 마음에 의한 해탈의 열매를 맺고 마음에 의한 해탈의 열매에서 유래하는 공덕을 낳을 뿐만 아니라, 지혜에 의한 해탈의 열매를 맺고 지혜에 의한 해탈의 열매에서 유래하는 공덕을 낳는다. 다섯 가지란 무엇인가?

2. 수행승들이여, 세상에 올바른 견해는 계행을 통해서 계발되는 것이고, 배움을 통해 계발된 것이고, 대화를 통해서 계발된 것이고, 멈춤을 통해 계발된 것이고, 통찰을 통해 계발된 것이다.

---

457) AN. I. 20 : 계발의 경[Anuggahītasutta]

3. 수행승들이여, 이와 같은 다섯 가지 고리로써 계발된 올바른 견해는 마음에 의한 해탈의 열매를 맺고 마음에 의한 해탈의 열매에서 유래하는 공덕을 낳을 뿐만 아니라, 지혜에 의한 해탈의 열매를 맺고 지혜에 의한 해탈의 열매에서 유래하는 공덕을 낳는다."[458]

4. 삼매에서 생겨나는 성찰의 지혜란 무엇인가?[459]

1. [세존] "수행승들이여, 현명하고 주의깊게 무량한 삼매를 닦아라.[460] 수행승들이여, 현명하고 주의깊게 무량한 삼매를 닦으면, 이와 같은 다섯 가지 앎이[461] 자신에게[462] 생겨난다. 다섯 가지란 무엇인가?

2. 수행승들이여, 이 삼매는 현재의 행복이고 미래에 초래되는 행복이라고 자신에게 앎이 생겨난다. 이 삼매는 고귀한 것이고 자양분을 여읜 것이라고 자신에게 앎이 생겨난다. 이 삼매는 악한 사람이 섬기는 것이 아니라고 자신에게 앎이 생겨난다. 이 삼매는 고요하고 승묘하고 평온하고 통일되어 있고 힘든 익입에 의해 강요되는 수행

458) idha bhikkhave sammādiṭṭhi sīlānuggahitā ca hoti. Sutānuggahitā ca hoti. sākacchānuggahitā ca hoti. samathānuggahitā ca hoti. vipassanānuggahitā ca hoti. Imehi kho bhikkhave pañcahi aṅgehi anuggahitā sammādiṭṭhi cetovimuttiphalā ca hoti. cetovimuttiphalānisaṃsā ca, paññāvimuttiphalā ca hoti, paññāvimuttiphalānisaṃsā cāti : Mrp. III. 229에 따르면, 여기서 계발은 망고 나무를 키우는 사람에 비유된다. 통찰에 의한 올바른 견해는 달콤한 망고 씨앗을 심는 것과 같고, 계행에 의한 계발은 경계선을 만드는 것과 같고, 배움에 의한 계발은 물을 주는 것과 같고, 대화에 의한 계발은 나무 밑을 청소하는 것과 같고, 멈춤에 의한 계발(samathānuggahitā)은 해충의 제거와 같고, 통찰에 의한 계발(vipassanānuggahitā)은 거미줄을 제거하는 것과 같다. 망고 나무가 잘 보살핌을 받으면, 빨리 성장해 열매를 맺듯, 올바른 견해는 계행 등의 계발에 의해 길을 통해서 빨리 성장해 마음에 의한 해탈의 열매와 지혜에 의한 해탈의 열매를 맺는다.

459) AN. III. 24 : 삼매의 경[Samādhisutta]

460) samādhiṃ bhikkhave bhāvetha appamāṇaṃ nipakā patissatā : Mrp. III. 231에 따르면, 출세간적 삼매(lokuttarasamādhi)를 뜻한다. 이것은 곧 고귀한 님의 삼매(ariyasamādhi)를 뜻하는 것으로 출세간적인 흐름에 듦의 의식의 계기와 관련된다.

461) pañca ñāṇāni : Mrp. III. 231에 따르면, 관찰의 지혜 또는 성찰의 지혜(paccavekkhaṇañāṇa)를 말한다.

462) paccattaṃ yeva : '자신의 체험 속에서'란 뜻이다. 반대되는 말은 '타인에 의존하는 것(aparapaccaya)'이다.

이 아닌 것이라고[463] 자신에게 앎이 생겨난다. 이 삼매에 '나는 새김을 확립하여서 들고 새김을 확립하여서 나온다'라고 자신에게 앎이 생겨난다.

3. 수행승들이여, 현명하고 주의깊게 무량한 삼매를 닦아라. 수행승들이여, 현명하고 주의깊게 무량한 삼매를 닦으면, 다섯 가지 앎이 자신에게 생겨난다."

5. 고귀한 다섯 가지 고리의 올바른 삼매의 수행이란 무엇인가?[464]

1. [세존] "수행승들이여, 고귀한 다섯 가지 고리의 올바른 삼매의 계발에 대하여 설하겠다. 잘 듣고 마음에 새겨라. 내가 설하겠다."
[수행승들] "세존이시여, 그렇게 하십시오."

수행승들은 세존께 대답했다. 세존께서는 이와 같이 말씀하셨다.

2. [세존] "수행승들이여, 세상에 수행승이 감각적 쾌락의 욕망을 여의고 악하고 불건전한 상태를 떠난 뒤, 사유와 숙고를 갖추고 멀리 여읨에서 생겨나는 희열과 행복을 갖춘 첫 번째 선정에 든다. 그는 이 몸을 멀리 여읨에서 생겨나는 희열과 행복으로 넘치게 하고 적시고 채우고 충만하게 한다. 그래서 그에게 몸의 어떤 부분도 멀리 여읨에서 생겨나는 희열과 행복이 닿지 않는 곳이 없다. 수행승들이여, 예를 들어 솜씨 좋은 때밀이나 때밀이의 제자가 놋쇠그릇에 목욕분말을 뿌려서 물로 반복하여 사방으로 섞으면, 비누거품이 물기를 품게 되고, 물기에 가득 차, 안팎으로 물기가 닿지만, 물기가 유출되지는 않는다. 수행승들이여, 이와 같이 수행승이 이 몸을 멀리

---

463) na ca sasaṃkhāraniggayhavārita gato'ti : Lba. Ⅲ. 159에 따르면, 해탈하지 못한 사람이 닦는 세간적 삼매(lokiyasamādhi)에는 다섯 가지 장애가 포함되어 있는데, 그것들은 강력한 의지력으로 극복되어야 한다. 그러나 고귀한 님의 무량한 삼매에서는 이러한 노력이 필요가 없다.

464) AN. Ⅲ. 25 : 다섯 가지 고리의 삼매에 대한 경[Pañcaṅgikasamādhisutta]

여읨에서 생겨나는 희열과 행복으로 넘치게 하고 적시고 채우고 충만하게 한다. 그래서 그에게 몸의 어떤 부분도 멀리 여읨에서 생겨나는 희열과 행복이 닿지 않는 곳이 없다. 수행승들이여, 이것이 바로 고귀한 다섯 가지 고리의 올바른 삼매의 수행 가운데 첫 번째 수행이다.

3. 수행승들이여, 또한 수행승이 사유와 숙고가 멈추어진 뒤, 내적인 평온과 마음의 통일을 이루고, 사유와 숙고를 여의어, 삼매에서 생겨나는 희열과 행복을 갖춘 두 번째 선정에 든다. 그는 이 몸을 삼매에서 생겨나는 희열과 행복으로 넘치게 하고 적시고 채우고 충만하게 한다. 그래서 그에게 몸의 어떤 부분도 삼매에서 생겨나는 희열과 행복이 닿지 않는 곳이 없다. 수행승들이여, 샘물이 샘솟는 깊은 호수가 있는데, 그 동쪽에도 입구가 없고, 그 서쪽에도 입구가 없고 그 북쪽에도 입구가 없고 그 남쪽에도 입구가 없고 때때로 내리는 소나기가 쏟아지지 않더라도, 깊은 곳에서 차가운 물줄기가 샘솟아 그 호수를 넘치게 하고 적시고 채우고 충만하게 한다. 그래서 일체 호수의 어떤 부분도 차가운 물줄기에 닿지 않는 곳이 없다. 수행승들이여, 이와 같이 그 수행승은 이 몸을 참으로 삼매에서 생겨나는 희열과 행복으로 넘치게 하고 적시고 채우고 충만하게 한다. 그래서 그에게 몸 전체의 어떤 부분도 삼매에서 생겨나는 희열과 행복이 닿지 않는 곳이 없다. 수행승들이여, 이것이 바로 고귀한 다섯 가지 고리의 올바른 삼매의 수행 가운데 두 번째 수행이다.

4. 수행승들이여, 또한 수행승이 희열이 사라진 뒤, 평정하고 새김이 있고 올바로 알아차리며 신체적으로 행복을 느끼며 고귀한 님들이 평정하고 새김이 있고 행복하다고 표현하는 세 번째 선정에 든다. 그는 이 몸을 희열을 여읜 행복으로 넘치게 하고 적시고 채우고 충

만하게 한다. 그래서 그에게 몸 전체의 어떤 부분도 희열을 여읜 행복으로 닿지 않는 곳이 없다. 수행승들이여, 예를 들어 청련화가 있는 연못, 홍련화가 있는 연못, 백련화가 있는 연못에서 물에서 생겨나고 물에서 자라고 물보다 높이 자라지 않고 물속에서 성장하는 어떤 청련이나 홍련이나 백련이 있다면, 꼭대기에서 뿌리에 이르기까지 차가운 물에 넘치고 적시지고 채워지고 충만하게 된다. 그래서 일체 연못의 어떤 부분도 차가운 물줄기에 닿지 않는 곳이 없다. 수행승들이여, 이와 같이 수행승은 이 몸을 희열을 여읜 행복으로 넘치게 하고 적시고 채우고 충만하게 한다. 그래서 그에게 몸 전체의 어떤 부분도 희열을 여읜 행복으로 닿지 않는 곳이 없다. 수행승들이여, 이것이 바로 고귀한 다섯 가지 고리의 올바른 삼매의 수행 가운데 세 번째 수행이다.

5. 수행승들이여, 또한 수행승은 행복과 고통이 버려지고 만족과 불만도 사라진 뒤, 괴로움도 없고 즐거움도 없는 평정하고 새김이 있고 청정한 네 번째 선정에 든다. 그는 이 몸을 깨끗하고 청정한 마음으로 가득 채워서 앉는다. 그래서 그에게 몸 전체의 어떤 부분도 깨끗하고 청정한 마음이 닿지 않는 곳이 없다. 수행승들이여, 예를 들어, 사람이 흰 옷으로 머리 위에 이르기까지 감싸고 앉아 있다면, 그에게 몸 전체는 흰 옷이 닿지 않는 곳이 없을 것이다. 수행승들이여, 이와 같이 수행승은 몸을 깨끗하고 청정한 마음으로 가득 채워서 앉는다. 그래서 그에게 몸 전체의 어떤 부분도 깨끗하고 청정한 마음이 닿지 않는 곳이 없다. 수행승들이여, 이것이 바로 고귀한 다섯 가지 고리의 올바른 삼매의 수행 가운데 네 번째 수행이다.[465]

6. 수행승들이여, 또한 수행승은 성찰의 대상에 대하여 잘 파악하고

465) 이상의 내용에 대해서는 MN. 119를 참조하라.

잘 정신활동을 기울이고 잘 이해해서 지혜로써 꿰뚫는다.[466] 수행승들이여, 예를 들어, 한 사람이 한 사람을 살펴보되, 서 있는 자가 앉아 있는 자를 살펴보고 앉아 있는 자가 누운 자를 살펴보는 것과 같다. 수행승들이여, 이와 같이 수행승은 성찰의 대상에 대하여 잘 파악하고 잘 정신활동을 기울여 잘 이해해서 지혜로써 꿰뚫는다. 수행승들이여, 이것이 바로 고귀한 다섯 가지 고리의 올바른 삼매의 수행 가운데 다섯 번째 수행이다.

7. 수행승들이여, 이와 같이 수행승이 고귀한 다섯 가지 고리의 올바른 삼매의 수행을 닦고 익히면, 곧바른 앎에 의한 증득의 상태에, 곧바른 앎을 통해 그것을 증득하기 위하여 마음을 기울인다면, 조건이 충족되면 언제든지 그것을 증득할 수 있다."

8. [세존] "수행승들이여, 예를 들어, 가장자리까지 물이 차서 까마귀가 마실 수 있는 물단지의 그릇이 있다면, 그것을 힘 센 사람이 점점 기울인다면, 물이 흘러나오겠는가?"[467]

[수행승들] "세존이시여, 그렇습니다."

[세존] "수행승들이여, 이와 같이 수행승이 고귀한 다섯 가지 고리의 올바른 삼매의 수행을 닦고 익히면, 곧바른 앎에 의한 증득의 상태에, 곧바른 앎을 통해 그것을 증득하기 위하여 마음을 기울인다면, 조건이 충족되면 언제든지 그것을 증득할 수 있다."

9. [세존] "수행승들이여, 예를 들어, 평평한 땅위에 사각형의 둑으로 둘러싸인 연못이 있어, 가장자리까지 물이 차서 까마귀가 마실 수 있다면, 힘 있는 자가 그 둑을 터놓으면, 물이 흘러나오겠는가?"

---

466) puna ca paraṃ bhikkhave bhikkhuno paccavekkhaṇānimittaṃ suggahītaṃ hoti sumanasikataṃ sūpadhāritaṃ, suppaṭividdhaṃ paññāya : 성찰의 대상에 대해서는 DN. 34를 참조하라.

467) 동일한 비유가 MN. 119에도 등장한다.

[수행승들] "세존이시여, 그렇습니다."

[세존] "수행승들이여, 이와 같이 수행승이 고귀한 다섯 가지 고리의 올바른 삼매의 수행을 닦고 익히면, 곧바른 앎에 의한 증득의 상태에, 곧바른 앎을 통해 그것을 증득하기 위하여 마음을 기울인다면, 조건이 충족되면 언제든지 그것을 증득할 수 있다."

10. [세존] "수행승들이여, 예를 들어 좋은 평평한 땅위에 사거리에서 준마가 이끄는 마차가 몰이막대와 함께 놓여 있는데, 숙련된 조련사, 말을 다루는 마부가 거기에 올라서 왼손으로 채찍을 들고 오른손으로 몰이막대를 붙잡고 원하는 곳으로 여기저기로 달린다. 수행승들이여, 이와 같이 수행승이 고귀한 다섯 가지 고리의 올바른 삼매의 수행을 닦고 익히면, 곧바른 앎에 의한 증득의 상태에, 곧바른 앎을 통해 그것을 증득하기 위하여 마음을 기울인다면, 조건이 충족되면 언제든지 그것을 증득할 수 있다.

11. 그가 만약에 '나는 여러 가지 초월적 능력을 경험하고 싶다. 나는 하나에서 여럿이 되고 여럿에서 하나가 되고, 나타나기도 하고 사라지기도 하고, 자유로운 공간처럼 장애 없이 담을 통과하고 성벽을 통과하고 산을 통과하고, 물속처럼 땅 속을 드나들고, 땅 위에서처럼 물 위에서도 빠지지 않고 걷고, 날개 달린 새처럼 공중에서 앉은 채 날아다니고, 나는 손으로 이처럼 큰 신비를 지니고 이처럼 큰 능력을 지닌 달과 해를 만지고 쓰다듬고, 하느님의 세계에 이르기까지 육신으로 영향력을 미치고 싶다.'라고 원한다면, 그는 조건이 충족되면 언제든지 그것을 증득할 수 있다.

12. 그가 만약 '나는 청정하여 인간을 뛰어넘는 하늘귀로 하늘사람과 인간의 멀고 가까운 두 가지 소리를 듣고 싶다.'라고 원한다면, 그는 조건이 충족되면 언제든지 그것을 증득할 수 있다.

13. 그가 만약 '나는 나 자신의 마음으로 미루어 다른 뭇삶이나 다른 사람들의 마음을 분명히 알고 싶다. 나는 탐욕으로 가득 찬 마음을 탐욕으로 가득 찬 마음이라고 분명히 알고 탐욕에서 벗어난 마음을 탐욕에서 벗어난 마음이라고 분명히 알고, 성냄으로 가득 찬 마음을 성냄으로 가득 찬 마음이라고 분명히 알고 성냄에서 벗어난 마음을 성냄에서 벗어난 마음이라고 분명히 알고, 어리석음으로 가득 찬 마음을 어리석음으로 가득 찬 마음이라고 분명히 알고 어리석음에서 벗어난 마음을 어리석음에서 벗어난 마음이라고 분명히 알고, 위축된 마음을 위축된 마음이라고 분명히 알고 산만한 마음을 산만한 마음이라고 분명히 알고, 계발된 마음을 계발된 마음이라고 분명히 알고 계발되지 않은 마음을 계발되지 않은 마음이라고 분명히 알고, 고귀한 마음을 고귀한 마음이라고 분명히 알고 고귀하지 못한 마음을 고귀하지 못한 마음이라고 분명히 알고, 삼매에 든 마음을 삼매에 든 마음이라고 분명히 알고 삼매에 들지 않은 마음을 삼매에 들시 않은 마음이라고 분명히 알고, 해탈된 마음을 해탈된 마음이라고 분명히 알고 해탈되지 않은 마음을 해탈되지 않은 마음으로이라고 분명히 알고 싶다.'라고 원한다면, 그는 조건이 충족되면 언제든지 그것을 증득할 수 있다.

14. 그가 만약 '나는 전생의 여러 가지 삶의 형태를 기억하고 싶다. 예를 들어 '한 번 태어나고 두 번 태어나고 세 번 태어나고 네 번 태어나고 다섯 번 태어나고 열 번 태어나고 스무 번 태어나고 서른 번 태어나고 마흔 번 태어나고 쉰 번 태어나고 백 번 태어나고 천 번 태어나고 십만 번 태어나고 수많은 세계 파괴의 겁을 지나고 수많은 세계 발생의 겁을 지나고 수많은 세계 파괴와 세계 발생의 겁을 지나면서, 당시에 나는 이러한 이름과 이러한 성을 지니고 이러

한 용모를 지니고 이러한 음식을 먹고 이러한 괴로움과 즐거움을 맛보고 이러한 목숨을 지녔고, 나는 그곳에서 죽은 뒤에 다른 곳에 태어났는데, 거기서 나는 이러한 이름과 이러한 성을 지니고 이러한 용모를 지니고 이러한 음식을 먹고 이러한 괴로움과 즐거움을 맛보고 이러한 목숨을 지녔었다. 그곳에서 죽은 뒤에 여기에 태어났다.'고 이와 같이 나는 나 자신의 전생의 여러 가지 삶의 형태를 구체적으로 상세히 기억하고 싶다.'라고 원한다면, 그는 조건이 충족되면 언제든지 그것을 증득할 수 있다.

15. 그가 만약 '나는 청정하여 인간을 뛰어넘는 하늘눈으로 뭇삶들을 관찰하여 죽거나 다시 태어나거나 천하거나 귀하거나 아름답거나 추하거나 행복하거나 불행하거나 업보에 따라서 뭇삶들에 관하여 분명히 알고 싶다. 예를 들어 '이 뭇삶들은 신체적으로 악행을 갖추고 언어적으로 악행을 갖추고 정신적으로 악행을 갖추었다. 이들은 고귀한 님들을 비난하고 잘못된 견해를 갖추고 잘못된 견해에 따른 행동을 갖추었다. 그래서 이들은 육체가 파괴된 뒤 죽어서 괴로운 곳, 나쁜 곳, 타락한 곳, 지옥에 태어났다. 그러나 이 뭇삶들은 신체적으로 선행을 갖추고 언어적으로 선행을 갖추고 정신적으로 선행을 갖추었다. 이들은 고귀한 님들을 비난하지 않고 올바른 견해를 지니고 올바른 견해에 따른 행동을 갖추었다. 그래서 이들은 육체가 파괴된 뒤 죽어서 좋은 곳, 하늘나라에 태어났다.'라고 이와 같이 나는 청정하여 인간을 뛰어넘는 하늘눈으로 뭇삶들을 관찰하여 죽거나 다시 태어나거나 천하거나 귀하거나 아름답거나 추하거나 행복하거나 불행하거나 업보에 따라서 뭇삶들에 관하여 분명히 알고 싶다.'라고 원한다면, 그는 조건이 충족되면 언제든지 그것을 증득할 수 있다.

16. 그가 만약 '나는 번뇌를 부수어 번뇌 없이 마음에 의한 해탈, 지혜에 의한 해탈을 바로 현세에서 스스로 곧바로 알고 깨달아 성취하고 싶다.'라고 원한다면, 그는 조건이 충족되면 언제든지 그것을 증득할 수 있다."

6. 경행을 하면 어떠한 공덕이 있는가?[468)]

1. [세존] "수행승들이여, 이와 같은 다섯 가지 경행의 공덕이 있다. 다섯 가지란 무엇인가?

2. 수행승들이여, 긴 여행을 견디게 하고, 정근을 견디게 하고, 건강해지고, 먹고 마시고 씹고 맛본 것을 완전히 소화시키고, 경행이 목표로 하는 집중을 오래 유지시킨다.[469)]

3. 수행승들이여, 이와 같은 다섯 가지 경행의 공덕이 있다."

7. 수행자는 명성에 대하여 어떻게 마음가짐을 지녀야 하는가?[470)]

1. 이와 같이 나는 들었다. 한때 세존께서는 꼬쌀라 국을 유행하시다가 많은 수행승의 무리와 함께 잇차낭갈라[471)]라는 꼬쌀라 국의 바라문 마을에 도착하셨다. 그때 세존께서는 잇차낭갈라 마을의 잇차낭갈라의 우거진 숲에서 지내셨다.

---

468) AN. III. 29 : 경행의 공덕에 대한 경[Caṅkamānisaṃsasutta], 칠처삼관경(대정2. 879a) 참조

469) caṅkamādhigato samādhiciraṭṭhitiko hoti : Mrp. III. 236에 따르면, 앉으면, 서있는 것을 목표로 하는 인상이 사라진다. 누우면, 앉아있는 것을 목표로 하는 인상이 사라진다. 경행하면, 서거나 앉거나 눕거나 상관없이 움직이는 것을 목표로 하는 그 인상이 사라지지 않는다. 즉, 경행할 때의 집중은 앉아 있는 것보다 어렵지만 그것이 이루어지면, 오래 지속되고 몸의 자세를 바꾸어도 그 인상이 사라지지 않는다.

470) AN. III. 30 : 나기따의 경[Nāgitasutta], 잡아함47(대정2. 343b) ; ≪앙굿따라니까야≫ 6 : 42 참조

471) Icchaṅgala : AN. III. 30; Ud. II. 5. 꼬쌀라 국의 바라문 마을 이름이고 이 마을에 우거진 숲이 있었다. 이 마을은 욱깟타(Ukkaṭṭhā) 뽁까라싸디(Pokkharasādi) 근처에 있었다. 이 지역은 대부호들이 살던 지역이었다. 이 부호들 가운데는 짱끼(Caṅki), 따룩까(Tārukkha), 뽁까라싸띠(Pokkharasāti), 자눗쏘니(Jānussoṇi), 또데이야(Todeyya)가 있었다.

2. 마침 잇차낭갈라의 바라문 장자들은 이와 같이 '싸끼야 족 출신의 싸끼야의 아들인 출가한 수행자 고따마가 잇차낭갈라 마을에 도착하여 잇차낭갈라의 우거진 숲에서 지낸다. 또한 그 세존이신 고따마는 이와 같이 '세존께서는 거룩한 님, 올바로 원만히 깨달은 님, 명지와 덕행을 갖춘 님, 올바른 길로 잘 가신 님, 세상을 아는 님, 위없이 높으신 님, 사람을 길들이는 님, 신들과 인간의 스승이신 님, 깨달은 님, 세상의 존귀한 님이다.'라고 훌륭한 명성을 드날리고 있다. 그는 신들과 악마들과 하느님들의 세계에서, 성직자들과 수행자들, 그리고 왕들과 백성들과 그 후예들의 세계에서 스스로 곧바로 알고 깨달아 설법하고 있다. 그는 처음도 훌륭하고 중간도 훌륭하고 마지막도 훌륭한, 내용을 갖추고 형식이 완성된 가르침을 설한다. 그는 지극히 원만하고 오로지 청정하고 거룩한 삶을 실현한다. 이와 같이 거룩한 님을 친견하는 것은 얼마나 훌륭한 일인가?'라고 들었다.

3. 그래서 잇차낭갈라의 바라문 장자들은 그 날 밤이 지나자 많은 씹을 만하고 먹을 만한 음식을 가지고 잇차낭갈라의 우거진 숲을 찾아왔다. 가까이 다가와서 크게 떠들고 시끄럽게 소리치며 입구에서 서있었다.

4. 그런데 그때 존자 나기따[472]가 세존의 시자였다. 그래서 세존께서는 존자 나기따를 부르셨다.

[세존] "어떤 사람들이 크게 떠들고 시끄럽게 소리치는가? 어부들이 물고기를 팔려고 내놓은 것 같구나."

[나기따] "세존이시여, 잇차낭갈라의 바라문 장자들이 많은 씹을 만하고 먹을 만한 음식을 가지고 문밖의 입구에서 세존과 수행승들

472) Nāgita : 그는 한때 부처님의 시자였다. 그는 사미 씨하(Sīha)의 외삼촌이었고 씨하는 그를 깟싸빠(Kassapa)라고 부른 것으로 보아 성씨가 깟싸빠였다. 그는 살찌고 게을러서 모든 일을 씨하에게 맡겼다.

을 기다리며 서 있습니다."

[세존] "나기따여, 나는 명성과 관계가 없고, 명성도 나와 관계가 없기를 바란다. 나기따여, 그러한 여읨의 행복, 떠남의 행복, 적멸의 행복, 깨달음의 행복을 원하는 대로 얻고, 애쓰지 않고 얻고, 어려움 없이 얻는 것이 불가능하다면, 더러운 행복, 나태한 행복, 이득과 명예와 칭송의 행복을 받아들이겠지만, 이러한 여읨의 행복, 떠남의 행복, 적멸의 행복, 깨달음의 행복을 원하는 대로 얻었고, 애쓰지 않고 얻었고, 어려움 없이 얻은 내가 그것을 받아들여야 되겠는가?"

5. [나기따] "세존이시여, 세상에 존경받는 님께서는 지금 관용을 베푸십시오. 올바른 길로 잘 가신 님께서는 관용을 베푸십시오. 세존께서는 지금 관용을 베푸실 시간입니다. 세존이시여, 세존께서 가시는 곳마다 도시와 지방의 바라문 장자들이 몰려들 것입니다. 세존이시여, 예를 들어 굉장한 비구름이 비를 계곡으로 퍼붓는 것처럼, 세존이시여, 세존께서 가는 곳마다, 도시와 지방의 바라문 장자들이 몰려들 것입니다. 세존이시여, 그것은 무슨 까닭입니까? 세존의 계행과 지혜 때문입니다."

6. [세존] "나기따여, 나는 명성과 관계가 없고, 명성도 나와 관계가 없기를 바란다. 나기따여, 그러한 여읨의 행복, 떠남의 행복, 적멸의 행복, 깨달음의 행복을 원하는 대로 얻고, 애쓰지 않고 얻고, 어려움 없이 얻는 것이 불가능하다면, 더러운 행복, 나태한 행복, 이득과 명예와 칭송의 행복을 받아들이겠지만, 이러한 여읨의 행복, 떠남의 행복, 적멸의 행복, 깨달음의 행복을 원하는 대로 얻었고, 애쓰지 않고 얻었고, 어려움 없이 얻은 내가 그것을 받아들여야 되겠는가?

7. 나기따여, 먹고 마시고 씹고 맛 본 것이야말로 똥과 오줌으로 끝난다. 이것이 그 결과이다. 나기따여, 사랑스러운 것이 변화하고 다

른 것이 되는 것 때문에 슬픔과 비탄과 고통과 고뇌와 절망이 생겨난다. 이것이 그 결과이다. 나기따여, 부정(不淨)의 인상에 대한 명상을 하는 자에게 매혹의 인상에 대한 혐오가 정립된다.[473] 이것이 그 결과이다. 나기따여, 여섯 가지 접촉의 영역에서 무상을 관찰하는 자에게 접촉에 대한 혐오가 정립된다. 이것이 그 결과이다. 나기따여, 다섯 가지 집착의 다발에서 생성과 소멸을 관찰하는 자에게 집착에 대한 혐오가 정립된다. 이것이 그 결과이다."[474]

8. 보시하는 자와 보시하지 않는 자의 차이는 어떠한 것인가?[475]

1. 한때 세존께서 싸밧티 시의 제따바나 숲에 있는 아나타삔디까 승원에 계셨다.

2. 이때 공주 쑤마나[476]가 오백 대의 수레와 오백 명의 왕녀를 거느리고 세존께서 계신 곳을 찾아왔다. 가까이 다가와서 세존께 인사를 드리고 한쪽으로 물러나 앉았다. 한쪽으로 물러나 앉은 공주 쑤마나

473) asubhanimittānuyogaṃ anuyuttassa kho nāgita subhanimittel pāṭikkūlyatā saṇṭhāti. eso tassa nissando : 부정(不淨)의 인상에 대한 명상을 하는 자에게 매혹의 인상은 부정상(不淨相 : asubhanimitta)과 정상(淨相 : asubhanimitta)을 말한다.

474) udayabbayānupassino viharato upādāne pāṭikkūlyatā saṇṭhāti. eso tassa nissando ti. 이 경은 확장된 형태로 6 : 42와 8 : 10에도 등장한다. Mrp. III. 240에 따르면, 통찰이 다섯 가지 방식으로 거론되었다.

475) AN. III. 32 : 쑤마나의 경[Sumanāsutta]

476) Sumanā : 그녀는 빠세나디 왕의 누이동생였다. Mrp. III. 240에 따르면, 꼬쌀라 국왕의 제일왕비의 공주로서 오백 명의 동료 왕녀들이 각각의 가문에서 태어난 같은 날에 태어났다. 그녀가 일곱 살이었을 때에 부처님께서 싸밧티 시를 처음 방문했다. 마침 아나타삔디까(Anāthapiṇḍika)가 제따바나 숲을 기증하는 헌정식이 있었는데, 그녀는 오백 명의 동료 왕녀들과 함께 부처님께 꽃 공양을 올리고, 부처님의 설법을 듣고 오백 명의 동료 왕녀들과 함께 흐름에 든 님이 되었다. ThigA. 22에 따르면, 그녀는 부처님께서 빠쎄나디 왕에게 SN. I. 68-70에서 '대왕이여, 어리거나 작다고 깔보거나 어리거나 작다고 업신여겨서는 안 될 네 가지 존재가 있습니다. 그 네 가지 존재란 무엇입니까. 대왕이여, 왕족은 어리다고 깔보거나 어리다고 업신여겨서는 안 됩니다. 대왕이여, 뱀은 어리다고 깔보거나 어리다고 업신여겨서는 안 됩니다. 대왕이여, 불은 작다고 깔보거나 작다고 업신여겨서는 안 됩니다. 대왕이여, 수행승은 어리다고 깔보거나 어리다고 업신여겨서는 안 됩니다. 대왕이여, 이 네 가지 존재는 어리거나 작다고 깔보거나 어리거나 작다고 업신여겨서는 안 됩니다.'라는 설법을 할 때 그 자리에 있었고 그 설법을 듣고 출가하려했으나 살아계신 연로한 할머니를 돌보아야 하기 때문에 출가할 수 없었다. 그녀는 할머니가 돌아가신 이후에 출가하여 세존의 설법을 듣고 돌아오지 않는 님이 되었고, Thig. 16의 시를 듣고 아라한이 되었다.

는 세존께 이와 같이 말씀드렸다.

3. [쑤마나] "세존이시여, 세상에 세존의 두 제자가 믿음이 같고 계행이 같고 지혜가 같은데, 하나는 보시를 하는 자이고 하나는 보시를 하지 않는 자인데, 그들이 몸이 파괴되어 죽은 뒤에 좋은 곳, 천상의 세계에 태어난다면, 세존이시여, 그들 신들 사이에 차이가 있습니까, 차별이 있습니까?"

[세존] "쑤마나여, 그렇습니다." 세존께서는 대답하셨다.

4. [세존] "쑤마나여, 신으로 태어난 존재로서 그 보시하는 자는 다른 보시하지 않는 자를 다섯 가지 점에서 능가합니다. 즉, 천상의 수명, 천상의 용모, 천상의 행복, 천상의 명성, 천상의 권세입니다. 쑤마나여, 신으로 태어난 존재로서 그 보시하는 자는 다른 보시하지 않는 자를 이와 같이 다섯 가지 점에서 능가합니다."

[쑤마나] "세존이시여, 만약 그들이 거기서 죽어서 이 세상으로 돌아온다면, 세존이시여, 그들 인간으로 태어난 자들 사이에 차이가 있습니까, 차별이 있습니까?"

[세존] "쑤마나여, 그렇습니다." 세존께서는 대답하셨다.

5. [세존] "쑤마나여, 인간에 태어난 존재로서 그 보시하는 자는 다른 보시하지 않는 자를 다섯 가지 점에서 능가합니다. 즉, 인간의 수명, 인간의 용모, 인간의 행복, 인간의 명성, 인간의 권세입니다. 쑤마나여, 인간에 태어난 존재로서 그 보시하는 자는 다른 보시하지 않는 자를 이와 같이 다섯 가지 점에서 능가합니다."

[쑤마나] "세존이시여, 만약 그 두 사람이 집에서 집 없는 곳으로 출가하면, 세존이시여, 그들 출가한 자들 사이에 차이가 있습니까, 차별이 있습니까?"

[세존] "쑤마나여, 그렇습니다." 세존께서는 대답하셨다.

6. [세존] "쑤마나여, 출가한 자로서 그 보시하는 자는 다른 보시하지 않는 자를 다섯 가지 점에서 능가합니다. 즉, 구걸하지 않으면 그렇지 않지만, 구걸만으로도 많은 의복을 향수합니다. 구걸하지 않으면 그렇지 않지만, 구걸만으로도 많은 음식을 향수합니다. 구걸하지 않으면 그렇지 않지만, 구걸만으로도 많은 와좌구를 향수합니다. 구걸하지 않으면 그렇지 않지만, 구걸만으로도 많은 필수약을 향수합니다. 그런데 그가 동료수행자들과 함께 살면, 그들은 항상 그에게 마음에 드는 신체적 활동으로 대하고 마음에 들지 않게 대하지는 않으며, 항상 그에게 마음에 드는 언어적 활동으로 대하고 마음에 들지 않게 대하지는 않으며, 항상 그에게 마음에 드는 정신적 활동으로 대하고 마음에 들지 않게 대하지는 않으며, 그들은 그에게 언제나 마음에 드는 것을 제공하고 마음에 들지 않는 것은 제공하지 않습니다. 쑤마나여, 출가한 자로서 그 보시하는 자는 다른 보시하지 않는 자를 다섯 가지 점에서 능가합니다."

7. [쑤마나] "세존이시여, 만약에 그 두 사람이 거룩한 경지를 얻었다면, 그 거룩한 경지에 도달한 자들 사이에 차이가 있습니까, 차별이 있습니까?"

[세존] "쑤마나여, 나는 여기서 그들 사이에 조금이라도 차이가 있다고 설하지 않습니다. 해탈과 해탈 사이에는 어떠한 차이도 존재하지 않습니다."

8. [쑤마나] "세존이시여, 아주 놀라운 일입니다. 세존이시여, 예전에 없었던 일입니다. 세존이시여, 이것으로서 보시할 충분한 이유가 있고 공덕을 행해야 할 충분한 이유가 있습니다. 참으로 하늘에 태어난 존재에게도 공덕은 도움이 되고, 인간으로 태어난 존재에게도 공덕은 도움이 되고, 출가한 자에게도 공덕은 도움이 되기 때문입니다."

[세존] “쑤마나여, 그렇습니다. 쑤마나여, 예전에 없었던 일입니다. 쑤마나여, 이것으로서 보시할 충분한 이유가 있고 공덕을 행해야 할 충분한 이유가 있습니다. 참으로 하늘에 태어난 존재에게도 공덕은 도움이 되고, 인간으로 태어난 존재에게도 공덕은 도움이 되고, 출가한 자에게도 공덕은 도움이 되기 때문입니다.”

9. 세존께서는 이와 같이 말씀하셨다, 이와 같이 말씀하시고 그 올바른 길로 잘 가신 님께서는 스승으로서 또한 이와 같이 말씀하셨다.

10. [세존] “때묻지 않은 달빛이
허공의 세계를 운행할 때,
지상에서의 모든 별빛을
달빛이 광명으로 능가한다.477)

이처럼 계행을 갖추고
믿음을 갖춘 참사람은
간탐이 있는 일체의 세상에서도
보시로 빛난다.478)

비구름이 백개의 봉우리를 가진
번개의 화환으로 천둥치면,
대지로 흘러내리면서
평지와 계곡을 채운다.479)

이와 같이 통찰을 갖춘
올바로 원만히 깨달은 님의 제자,

---

477) yathāpi cando vimalo | gaccham ākāsadhātuyā | sabbe tārāgaṇe loke | ābhāya atirocati || 이해를 돕기 위해 역자가 ‘지상에서’란 말을 추가하였다.

478) tatheva sīlasampanno | saddho purisapuggalo | sabbe maccharino loke | cāgena atirocati ||

479) yathāpi megho thanayaṃ | vijjumālī satakkaku | thalaṃ ninnaṃ ca pūreti | abhivassaṃ vasundharaṃ ||

현명한 님은 다섯 가지 점에서
간탐이 있는 자를 이긴다.[480]

수명으로나 명예로나
용모로나 행복으로나
그는 보물에 둘러싸이고
내세에 하늘에서 기쁨을 얻는다."[481]

9. 보시의 공덕에는 어떠한 것들이 있는가?[482]

1. [세존] "수행승들이여, 이와 같은 다섯 가지 보시의 공덕이 있다. 다섯 가지란 무엇인가?

2. 수행승들이여, 많은 사람들에게 사랑을 받고 호의를 받고, 선한 참사람들과 교류하고, 훌륭한 명성이 퍼져나가고, 재가의 신자로서 의무를 어기지 않고, 몸이 파괴되어 죽은 뒤에 좋은 곳, 하늘나라에 태어나는 것이다.

3. 수행승들이여, 이와 같은 다섯 가지 보시의 공덕이 있다."

4. [세존] "참사람의 가르침을 따라
보시하는 자는 사랑받는다.
선한 참사람, 자제된 사람,
청정한 사람들이 그와 사귄다.[483]

그들은 그에게 가르침을 설해서

---

480) evaṃ dassana sampanno | sammā sambuddhasāvako | maccharim adhigaṇhāti pañcaṭhānehi paṇ ḍito ||

481) āyunā yasasā veca | vaṇṇena ca sukhena ca | sa ve bhogaparibbūḷho | pecca sagge pamodatīti ||

482) AN. III. 41 : 보시의 공덕에 대한 경[Dānānisaṃsasutta]

483) dadamāno piyo hoti | sataṃ dhammaṃ anukkamaṃ | santo naṃ bhajanti sappurisā | saññatā brah macārino ||

모든 괴로움을 제거시킨다.
그는 세상에서 가르침을 깨달아
번뇌 없이 열반에 든다."484)

10. 때에 맞는 보시에는 어떠한 종류가 있는가?485)

1. [세존] "수행승들이여, 다섯 가지 때에 맞는 보시가 있다. 다섯 가지란 무엇인가?

2. 수행승들이여, 손님이 올 때에 보시를 베풀고, 떠날 때에 보시를 베풀고, 병들었을 때에 보시를 베풀고, 굶주렸을 때에 보시를 베풀고, 햇곡식과 햇열매가 있을 때에 먼저 계행을 갖춘 자에게 베푸는 것이다.

3. 수행승들이여, 이것이 다섯 가지 때에 맞는 보시이다."

4. [세존] "관대하고 간탐을 여읜
지혜로운 자는 때맞춰 보시한다.
고귀한 님, 진실한 님,
거룩한 님에게 때맞춰 보시된 것
정신이 청정하면,
그가 베푸는 것은 광대한 것이다.486)

그것에 기뻐하고 기꺼이
봉사하는 사람들이 있다면,

484) te tassa dhammaṃ desenti | sabbadukkhāpanūdanaṃ | yaṃ so dhammaṃ idhaññāya | parinibbāti anāsavoti ||

485) AN. III. 30 : 때에 맞는 보시의 경[Kāladānasutta], 증일아함24(대정2. 681b), 칠처삼관경24(대정2. 878ba) 참조

486) kāle dadanti sappaññā | vadaññū vītamaccharā | kālena dinnaṃ ariyesu | ujubhutesu tādisu | vippa sannamanā tassa | vipulā hoti dakkhiṇā ||

그들의 베풂도 적지 않아
공덕을 나누어 가진다.[487]

보시된 것이 크나큰 열매를 거두는 곳에
기꺼운 마음으로 보시하라.
공덕은 저 세상에서
뭇삶들의 의지처가 되리."[488]

11. 참다운 재물에는 어떠한 것이 있는가?[489]

1. 한때 세존께서는 싸밧티 시에 계셨다.

[세존] "수행승들이여, 이와 같은 다섯 가지 재물이 있다. 다섯 가지란 무엇인가?

2. 수행승들이여, 믿음의 재물, 계행의 재물, 배움의 재물, 보시의 재물, 지혜의 재물이다. 수행승들이여, 이와 같은 다섯 가지 재물이 있다.

3. 수행승들이여, 믿음의 재물이란 무엇인가? 수행승들이여, 세상에 고귀한 제자는 믿음을 가지고 있어 이와 같이 '세존께서는 거룩한 님, 올바로 원만히 깨달은 님, 명지와 덕행을 갖춘 님, 올바른 길로 잘 가신 님, 세상을 아는 님, 위없이 높으신 님, 사람을 길들이는 님, 신들과 인간의 스승이신 님, 깨달은 님, 세상의 존귀한 님이다.'라고 여래의 깨달음을 믿는다. 수행승들이여, 믿음의 재물이란 이와 같다.

---

487) ye tattha anumodanti | veyyāvaccaṃ karonti vā | na tesaṃ dakkhiṇā ūnā | tepi puññassa bhāgino ||

488) tasmā dade va appaṭivānacitto | yattha dinnaṃ mahapphalaṃ | puññāni paralokasmiṃ | patiṭṭhā honti pāṇinanti ||

489) AN. III. 53, 다섯 가지 재물의 경[Pañcadhanasutta]

4. 수행승들이여, 계행의 재물이란 무엇인가? 수행승들이여, 세상에 고귀한 제자는 살아있는 생명을 죽이는 것을 삼가고, 주지 않는 것을 빼앗지 않고, 사랑을 나눔에 잘못을 저지르지 않고, 거짓말하는 것을 삼가고, 곡주나 과일주 등의 취기가 있는 것에 취하는 것을 삼간다. 수행승들이여. 계행의 재물이란 이와 같다.

5. 수행승들이여, 배움의 재물이란 무엇인가? 수행승들이여, 세상에 고귀한 제자는 많이 배우고 배운 것을 기억하고 배운 것을 모아서, 처음도 훌륭하고 중간도 훌륭하고 마지막도 훌륭한, 내용을 갖추고 형식이 완성된 가르침을 설하고 지극히 원만하고 오로지 청정하고 거룩한 삶을 실현시키는 그 가르침들을 자주 듣고, 기억하고, 언어로써 외우고, 정신으로 성찰하고, 바른 견해로 잘 꿰뚫는다. 수행승들이여, 배움의 재물이란 이와 같다.

6. 수행승들이여, 보시의 재물이란 무엇인가? 수행승들이여, 세상에 고귀한 제자는 마음속에 간탐의 때를 제거하여 관대하게 주고 아낌없이 주고 기부를 즐기고 요구에 응하고 베풀고 나누는 것을 좋아하며 집에서 사는 것이다. 수행승들이여, 보시의 재물이란 이와 같다.

7. 수행승들이여, 지혜의 재물이란 무엇인가? 수행승들이여, 세상에 고귀한 제자는 생성과 소멸에 대한 지혜를 갖추어 고귀한 꿰뚫음으로 올바로 괴로움의 종식으로 이끄는 지혜를 지닌다. 수행승들이여, 지혜의 재물이란 이와 같다.

8. 수행승들이여, 다섯 가지 재물이란 이와 같다."

[세존] "여래에 대하여 흔들리지 않는
믿음을 확립하고

고귀한 님들이 사랑하고 칭찬하는
훌륭한 계행을 지키고[490]

참모임에 청정한 믿음이 있어
올곧은 님을 본다면,
그는 가난하지 않다고 일컬어지고
그의 삶은 헛되지 않으리.[491]

슬기로운 자라면,
깨달은 님의 가르침을 기억하면서
믿음과 계행과 확신을 갖추고
가르침의 관찰에 전념해야 하리."[492]

12. 과도하게 성장한 정신이자 약화되어 허약한 지혜란 무엇인가?[493]

1. 이와 같이 나는 들었다. 한때 세존께서 싸밧티 시의 제따바나 숲에 있는 아나타삔디까 승원에 계셨다.

2. 그때에 세존께서는 '수행승들이여'라고 수행승들을 부르셨다. 수행승들은 세존께 '세존이시여'라고 대답했다. 그러자 세존께서는 이와 같이 말씀하셨다.

[세존] "수행승들이여, 이와 같은 다섯 가지는 덮개이자 장애이고[494] 과도하게 성장한 정신이자 약화되어 허약한 지혜이다. 다섯

490) yassa saddhā tathāgate | acalā suppatiṭṭhitā | sīlañca yassa kalyāṇaṃ | ariyakantaṃ pasaṃsitaṃ ||
491) saṅghe pasādo yassatthi | ujubhūtañca dassanaṃ | adaḷiddoti taṃ āhu | amoghaṃ tassa jīvitaṃ ||
492) tasmā saddhañca sīlañca | pasādaṃ dhammadassanaṃ | anuyuñjetha medhāvī | saraṃ buddhānasāsananti ||
493) AN. III. 63 : 장애의 경[Nīvaraṇasutta]
494) pañca āvaraṇe nīvaraṇe : 덮개는 착하고 건전한 것을 덮는다는 뜻이고 장애는 착하고 건전한 것을 막는다는 의미를 지녔다. Mrp. III. 256에 따르면, 이것들은 통찰에 대한 지혜와 길에 대한 지혜를 방해하여 무력화시킨다.

가지란 무엇인가?

3. 수행승들이여, 감각적 쾌락의 욕망은 덮개이자 장애이고 과도하게 성장한 정신이자 약화되어 허약한 지혜이다. 수행승들이여, 분노는 덮개이자 장애이고 과도하게 성장한 정신이자 약화되어 허약한 지혜이다. 수행승들이여, 해태와 혼침은 덮개이자 장애이고 과도하게 성장한 정신이자 약화되어 허약한 지혜이다. 수행승들이여, 흥분과 회한은 덮개이자 장애이고 과도하게 성장한 정신이자 약화되어 허약한 지혜이다. 수행승들이여, 회의적 의심은 덮개이자 장애이고 과도하게 성장한 정신이자 약화되어 허약한 지혜이다. 수행승들이여, 이와 같은 다섯 가지는 덮개이자 장애이고 과도하게 성장한 정신이자 약화되어 허약한 지혜이다.

4. 수행승들이여, 이와 같은 다섯 가지 덮개이자 장애이고 과도하게 성장한 정신이자 약화되어 허약한 지혜를 끊지 못하고 지혜가 마비되어 허약하다면, 자신의 이익을 알고 타인의 이익을 알고 양자의 이익을 일고 인간을 뛰어넘는 진리, 고귀한 이들이 갖추어야 할 탁월한 앎과 봄을 실현하고자 해도 그것은 불가능하다.

5. 수행승들이여, 예들 들어 강은 산에서 기원하여 멀리 흐르면서도 빨리 흐르며 주위의 모든 것을 휩쓸어가는데, 인부가 그 양쪽 언덕에서 수문을 열어놓으면, 수행승들이여, 그 가운데 강의 흐름도 흩어지고 넓어지고 갈라져서 멀리 흐르지도 못하고 빨리 흐르지도 못하며 주위의 모든 것을 휩쓸어가지도 못하듯, 이와 같이 수행승들이여, 이와 같은 다섯 가지 덮개이자 장애이고 과도하게 성장한 정신이자 약화되어 허약한 지혜를 끊지 못하고 지혜가 마비되어 허약하다면, 자신의 이익을 알고 타인의 이익을 알고 양자의 이익을 알고 인간을 뛰어넘는 진리, 고귀한 이들이 갖추어야 할 탁월한 앎과 봄

을 실현하고자 해도 그것은 불가능하다.

6. 수행승들이여, 이와 같은 다섯 가지 덮개이자 장애이고 과도하게 성장한 정신이자 약화되어 허약한 지혜를 끊고 지혜가 마비되지 않고 강력하다면, 자신의 이익을 알고 타인의 이익을 알고 양자의 이익을 알고 인간을 뛰어넘는 진리, 고귀한 이들이 갖추어야 할 탁월한 앎과 봄을 실현하고자 한다면 그것이 가능하다.

7. 수행승들이여, 예를 들어 강은 산에서 기원하여 멀리 흐르면서도 빨리 흐르며 주위의 모든 것을 휩쓸어가는데, 인부가 그 양쪽 언덕에서 수문을 닫아놓으면, 수행승들이여, 그 가운데 강의 흐름도 흩어지지 않고 넓어지지 않고 갈라지지 않아서 멀리 흐르면서도 빨리 흐르며 주위의 모든 것을 휩쓸어가듯, 이와 같이. 수행승들이여, 이와 같은 다섯 가지 덮개이자 장애이고 과도하게 성장한 정신이자 약화되어 허약한 지혜를 끊고 지혜가 마비되지 않고 강력하다면, 자신의 이익을 알고 타인의 이익을 알고 양자의 이익을 알고 인간을 뛰어넘는 진리, 고귀한 이들이 갖추어야 할 탁월한 앎과 봄을 실현하고자 한다면 그것이 가능하다."

13. 수행정진하기에 알맞은 시기란 어떠한 시기를 뜻하는가?[495]

1. 한때 세존께서는 싸밧티 시에 계셨다.

[세존] "수행승들이여, 이와 같은 다섯 가지 정근하기에 알맞지 않은 시기가 있다. 다섯 가지란 무엇인가?

2. 수행승들이여, 세상에 수행승이 늙어서 늙음에 정복당했다. 수행승들이여, 이것이 첫 번째 정근하기에 알맞지 않은 시기이다.

495) AN. III. 65 : 알맞지 않은 시기와 알맞은 시기의 경[Asamayasamayasutta], 증일아함24(대정2. 674a), 잡아함28(대정2. 200b) 참조

3. 수행승들이여, 세상에 수행승이 병들어서 질병에 정복당했다. 수행승들이여, 이것이 두 번째 정근하기에 알맞지 않은 시기이다.

4. 수행승들이여, 또한 기근이 들어 곡물이 없고 탁발이 어렵고 이삭줍기로도 연명하기 쉽지 않다. 수행승들이여, 이것이 세 번째 정근하기에 알맞지 않은 시기이다.

5. 수행승들이여, 또한 야만인의 침범으로 두려운 나머지 수레에 올라타고 백성들이 피난한다. 수행승들이여, 이것이 네 번째 정근하기에 알맞지 않은 시기이다.

6. 수행승들이여, 또한 참모임의 분열이 있다. 수행승들이여, 참모임이 분열되면, 서로 비난하고 서로가 매도하고 서로가 싸우고 서로 몰아낸다. 그때 믿음이 없는 자들은 믿음을 내지 못하고, 일부 믿음 있는 자들도 믿음이 사라진다. 수행승들이여, 이것이 다섯 번째 정근하기에 알맞지 않은 시기이다.

7. 수행승들이여, 이와 같은 다섯 가지 정근하기에 알맞지 않은 시기가 있다.

8. 수행승들이여, 이와 같은 다섯 가지 정근하기에 알맞은 시기가 있다.

9. 수행승들이여, 세상에 수행승이 젊어서, 검은 머리를 하고 꽃다운 청춘이고 초년의 젊음을 지니고 나이어린 청년이다. 수행승들이여, 이것이 첫 번째 정근하기에 알맞은 시기이다.

10. 수행승들이여, 또한 수행승이 건강해서 질병을 여의고 소화액을 잘 분비시켜 알맞게 소화시키고 너무 차지도 너무 따뜻하지도 않고 적당한 체온을 유지하고 정진을 도모한다. 수행승들이여, 이것이

두 번째 정근하기에 알맞은 시기이다.

11. 수행승들이여, 또한 풍년이 들어 곡식이 많고 탁발하기가 좋고 이삭줍기로도 연명하기가 쉽다. 수행승들이여, 이것이 세 번째 정근하기에 알맞은 시기이다.

12. 수행승들이여, 또한 사람들이 서로 화합하고 서로 감사하고 다투지 않고 우유와 물처럼 융화하며 서로 사랑스러운 눈으로 대한다. 수행승들이여, 이것이 네 번째 정근하기에 알맞은 시기이다.

13. 수행승들이여, 또한 참모임이 서로 화합하고 서로 감사하고 다투지 않고 동일한 규정을 지니고 평화롭게 지낸다. 수행승들이여, 참모임은 서로 화합하여, 서로 비난하지 않고, 서로 매도하지 않고 서로 싸우지 않고 서로 몰아내지 않는다. 그때 믿음이 없는 자들에게는 믿음이 생겨나고, 믿음 있는 자들에게는 그 믿음이 더욱 증가한다. 수행승들이여, 이것이 다섯 번째 정근하기에 알맞은 시기이다.

14. 수행승들이여, 이와 같은 다섯 가지 정근하기에 알맞은 시기가 있다."

14. 청정한 삶을 감동적으로 살아가려면 어떻게 해야 하는가?[496]

1. 한때 세존께서는 싸밧티 시에 계셨다.

그때 어떤 수행승이 자신의 친교사[497]가 있는 곳을 찾아갔다. 가까이 다가가서 자신의 친교사에게 이와 같이 말했다.

[수행승] "존자여, 지금 제 몸은 권태롭고, 저는 방향을 잃었습니

496) AN. III. 69 : 친교사의 경[Upajjhāyasutta]

497) upajjhāyo : 구족계를 받아 수행승이 된 자는 자신이 선택한 수행승 밑에서 5년간을 살아야 한다. 그를 친교사(親敎師)라고 한다. 친교사는 적어도 십년간 가르침과 계율을 공부한 수행승이나 장로이어야 한다.

다. 가르침도 제게는 소용이 없습니다.[498] 해태와 혼침이 제 마음을 사로잡았습니다. 감동도 없이 청정한 삶을 살아갑니다. 제게는 가르침에 대한 의혹이 있습니다."

2. 그러자 그 수행승은 그 제자 수행승을[499] 데리고 세존께서 계신 곳을 찾아갔다. 가까이 다가가서 세존께 인사를 드리고 한쪽으로 물러나 앉았다.

3. 한쪽으로 물러나 앉은 그 수행승은 세존께 이와 같이 말씀드렸다.

[친교사] "세존이시여, 이 수행승이 이와 같이 '존자여, 지금 제 몸은 권태롭고, 저는 방향을 잃었습니다. 가르침도 제게는 소용이 없습니다. 해태와 혼침이 제 마음을 사로잡았습니다. 감동도 없이 청정한 삶을 살아갑니다. 제게는 가르침에 대한 의혹이 있습니다.'라고 말했습니다."

4. [세존] "수행승이여, 감관의 문을 수호하지 않고, 식사에 알맞은 양을 모르고, 깨어있음에 몰입할 줄 모르고, 착하고 건전한 것들에 대하여 통찰하지 못하고, 초야와 후야에 깨달음에 도움이 되는 원리[500]에 대한 명상수행을 소홀히 하는 자는 항상 그렇다. 그의 몸은

---

498) dhammā ca maṃ nappaṭibhanti : '가르침이 저를 비추지 못한다.'는 뜻으로 Mrp. III. 259에 따르면, '멈춤(samatha)과 통찰(vipassanā)의 원리가 제대로 드러나지 않는다.'는 뜻이다.

499) saddhivihārikaṃ bhikkhuṃ : 원래는 '함께 사는 수행승'이라는 뜻이다.

500) bodhipakkhiyadhammā : 서서른일곱 가지 깨달음에 도움이 되는 원리(sattatiṁsa bodhipakkhiyadhammā : 三十七助道品, 三十七菩提分法)의 각 항목을 다음과 같다. A. 네 가지 새김의 토대(cattāro satipaṭṭhānā : 四念處) ① 몸에 대한 관찰(kāyānupassanā : 身隨觀) ② 느낌에 대한 관찰(vedanānupassanā : 受隨觀) ③ 마음에 대한 관찰(cittānupassanā : 心隨觀) ④ 사실에 대한 관찰(dhammānupassanā : 法隨觀) B. 네 가지 올바른 노력(cattāro sammappadhānā : 四正勤) ① 제어의 노력(saṁvarappadhāna : 律儀勤) ② 버림의 노력(pahānappadhāna : 斷勤) ③ 수행의 노력(bhāvanappadhāna : 修勤) ④ 수호의 노력(anurakkhaṇappadhāna : 守護勤) C. 네 가지 신통의 기초(四神足 : cattāro iddhipādā) ① 의욕의 집중에 기반한 노력의 형성을 갖춘 신통의 기초(欲三摩地勤行成就神足 : chandasamādhipadhānasaṅkhārasamannāgat'iddhipāda) ② 정진의 집중에 기반한 노력의 형성을 갖춘 신통의 기초(勤三摩地勤行成就神足 : viriyasamādhipadhānasaṅkhārasamannāgat'iddhipāda) ③ 마음의 집중에 기반한 노력의 형성을 갖춘 신통의 기초(心三摩地勤行成就神足 : cittasamādhipadhānasaṅkhārasamannāgata'iddhipāda) ④ 탐구의 집중에 기반한 노력의 형성을 갖춘 신통의 기초(觀三摩地勤行成就神足 : vīmaṁsasamādhipadhānasaṅkhārasamannāgat'iddhipāda) D. 다섯 가지 능력(pañca indiyā

권태롭고, 방향을 잃는다. 가르침도 그에게는 소용이 없다. 해태와 혼침이 그의 마음을 사로잡는다. 감동도 없이 청정한 삶을 산다. 그에게는 가르침에 대한 의혹이 생겨난다.

5. 그러므로 수행승이여, 그대는 이와 같이 '나는 감관의 문을 수호하고, 식사에 알맞은 양을 알고, 깨어있음에 몰입하고, 착하고 건전한 것들에 대하여 통찰하고, 초저녁과 새벽녁에 깨달음에 도움이 되는 원리에 대한 명상수행을 닦겠다.'라고 배워야 한다."

6. 그 수행승은 세존으로부터 이러한 훈계로 가르침으로 받은 뒤에 자리에서 일어나 세존께 인사를 드리고 오른 쪽으로 돌아 그곳을 떠났다.

7. 그 후 그 수행승은 홀로 떨어져서 방일하지 않고 열심히 정진하였다. 그는 오래지 않아, 그러기 위해 양가의 자제들이 당연히 집에서 집 없는 곳으로 출가했듯이, 그 위없는 청정한 삶을 바로 현세에서 스스로 곧바로 알고 깨달아 성취했다. 그는 '태어남은 부서졌고, 청정한 삶은 이루어졌고, 해야 할 일은 다 마쳤으니, 더 이상 윤회하지 않는다.'[501]라고 곧바로 알았다. 그리하여 그 수행승은 거룩한

---

ni : 五根) ① 믿음의 능력(saddh'indriya : 信根) ② 정진의 능력(viriy'indriya : 精進根) ③ 새김의 능력(sat'indriya : 念根) ④ 집중의 능력(samādh'indriya : 定根) ⑤ 지혜의 능력(paññ'indriya : 慧根) E. 다섯 가지 힘(pañca balāni : 五力) ① 믿음의 힘(saddhābala : 信力) ② 정진의 힘(viriyabala : 精進力) ③ 새김의 힘(satibala : 念力) ④ 집중의 힘(samādhibala : 定力) ⑤ 지혜의 힘(paññābala : 慧力) F. 일곱 가지 깨달음 고리(satta sambojjhaṅgā : 七覺支) ① 새김의 깨달음 고리(satisambojjhaṅga : 念覺支) ② 탐구의 깨달음 고리(dhammavicayasambojjh- aṅga : 擇法覺支) ③ 정진의 깨달음 고리(viriyasambojjhaṅga : 精進覺支) ④ 희열의 깨달음 고리(pītisambojjhaṅga : 喜覺支) ⑤ 안온의 깨달음 고리(passaddhisambojjhaṅga : 輕安覺支) ⑥ 집중의 깨달음 고리(samādhisambojjhaṅga : 定覺支) ⑦ 평정의 깨달음 고리(upekhāsambojjhaṅga : 捨覺支) G. 여덟 가지 고귀한 길(ariya aṭṭhaṅgika magga : 八聖道) ① 올바른 견해(sammādiṭṭhi : 正見) ② 올바른 사유(sammāsaṅkappa : 正思惟) ③ 올바른 언어(sammāvācā : 正語) ④ 올바른 행위(sammākammanto : 正業) ⑤ 올바른 생활(sammāājīvo : 正命) ⑥ 올바른 정진(sammāvāyāmo : 正精進) ⑦ 올바른 새김(sammā sati : 正念) ⑧ 올바른 집중(sammāsamādhi : 正定)

501) khīṇā jāti vusitaṁ brahmacariyaṁ kataṁ karaṇīyāṁ nāparaṁ itthattāya : 이 구절은 아라한이 해탈하여 스스로 깨달은 바를 선언한 것이다. 'nāparam itthatāya'는 원래 '다시는 이와 같은 상태에 이르지 않는다.'는 뜻인데, 붓다고싸는 '다시는 존재의 다발[五蘊]의 상속이 없다.(aparaṁ khandhasantānaṁ natthi)'란 해석을 내리고 있다.

님 가운데 한 분이 되었다.

8. 그리고 그 수행승은 거룩한 님이 되어 자신의 친교사가 있는 곳을 찾아갔다. 가까이 다가가서 자신의 친교사에게 이와 같이 말했다.

[수행승] "존자여, 지금 제 몸은 권태롭지 않고, 저는 방향을 잡았습니다. 가르침은 저에게 분명합니다. 해태와 혼침이 제 마음을 사로잡지 않습니다. 즐겁게 청정한 삶을 살아갑니다. 제게는 가르침에 대한 의혹이 없습니다."

9. 그리고 그 수행승은 그 제자 수행승과 함께 세존께서 계신 곳을 찾아갔다. 가까이 다가사서 세존께 인사를 드리고 한쪽으로 물러나 앉았다. 한쪽으로 물러나 앉은 그 수행승은 세존께 이와 같이 말씀드렸다.

[친교사] "세존이시여, 이 수행승이 이와 같이 '존자여, 지금 제 몸은 권태롭지 않고, 저는 방향을 잡았습니다. 가르침은 저에게 분명합니다. 해태와 혼침이 제 마음을 사로잡지 않습니다. 즐겁게 청정한 삶을 살아갑니다. 제게는 가르침에 대한 의혹이 없습니다.'라고 말했습니다."

10. [세존] "수행승이여, 감관의 문을 수호하고, 식사에 알맞은 양을 알고, 깨어있음에 몰입하고, 착하고 건전한 것들에 대하여 통찰하고, 초야과 후야에 깨달음에 도움이 되는 원리에 대한 명상수행을 닦는 자는 항상 그렇다. 그의 몸은 권태롭지 않고, 그는 방향을 잡는다. 가르침도 그에게는 분명하다. 해태와 혼침이 그의 마음을 사로잡지 않는다. 즐겁게 청정한 삶을 산다. 그에게는 가르침에 대한

필자는 일상적인 용어로 '더 이상 윤회하지 않는다.'라고 번역한다.

의혹이 없다.

11. 그러므로 수행승이여, 그대들은 이와 같이 '나는 감관의 문을 수호하고, 식사에 알맞은 양을 알고, 깨어있음에 몰입하고, 착하고 건전한 것들에 대하여 통찰하고, 초야와 후야에 깨달음에 도움이 되는 원리에 대한 명상수행을 닦겠다.'라고 배워야 한다."

15. 명상과 학습의 차이점은 무엇인가?502)

1. 한때 세존께서는 싸밧티 시에 계셨다. 그때 어떤 수행승이 세존께서 계신 곳을 찾아왔다. 가까이 다가와서 세존께 인사를 드리고 한쪽으로 물러나 앉았다.

2. 한쪽으로 물러나 앉은 그 수행승은 세존께 이와 같이 말했다.

[수행승] "세존이시여, '가르침을 명상하는 자, 가르침을 명상하는 자'라고 하는데, 세존이시여, 어떻게 수행승이 가르침을 명상하는 자가 됩니까?"

3. [세존] "수행승이여, 세상에 수행승이 가르침들, 즉 경 · 응송 · 수기 · 게송 · 감흥어 · 여시어 · 전생담 · 미증유법 · 교리문답을 학습한다. 그는 그 가르침을 학습하면서 하루를 다 보낸다. 그는 홀로 있는 것을 피하고 안으로 마음의 멈춤에 들지 않는다. 수행승이여, 그는 많이 학습한 자이지, 가르침을 명상하는 자는 아닌 것이다.

4. 수행승이여, 또한 수행승이 배운 대로 학습한 대로 가르침을 상세히 남에게 가르친다. 그는 그 가르침을 알림으로써 하루를 다 보낸다. 그는 홀로 있는 것을 피하고 안으로 마음의 멈춤에 들지 않는다. 수행승이여, 그는 많이 알려주는 자이지, 가르침을 명상하는 자는

---

502) AN. III. 86 : 가르침을 명상하는 자의 경①[Paṭhamadhammavihārīsutta]

아닌 것이다.

5. 수행승이여, 또한 수행승이 배운 대로 학습한 대로 가르침을 상세히 암송한다. 그는 그 가르침을 암송함으로써 하루를 다 보낸다. 그는 홀로 있는 것을 피하고 안으로 마음의 멈춤에 들지 않는다. 수행승이여, 그는 많이 암송하는 자이지, 가르침을 명상하는 자는 아닌 것이다.

6. 수행승이여, 또한 수행승이 배운 대로 학습한 대로 가르침을 마음으로 사유하고 숙고하고 정신으로 관찰한다. 그는 그 가르침을 사유함으로써 하루를 다 보낸다. 그는 홀로 있는 것을 피하고 안으로 마음의 멈춤에 들지 않는다. 수행승이여, 그는 많이 사유하는 자이지, 가르침을 명상하는 자는 아닌 것이다.

7. 수행승이여, 세상에 수행승이 가르침들, 즉 경 · 응송 · 수기 · 게송 · 감흥어 · 여시어 · 전생담 · 미증유법 · 교리문답을 학습한다. 그는 그 가르침을 학습하면서 하루를 다 보내지 않는다. 그는 홀로 있는 것을 피하지 않고 안으로 마음의 멈춤에 든다. 수행승이여, 바로 그 수행승이 가르침을 명상하는 자인 것이다.

8. 수행승이여, 이와 같이 나는 많이 학습하는 자에 대하여 가르쳤고, 많이 알려주는 자에 대하여 가르쳤고, 많이 암송하는 자에 대하여 가르쳤고, 많이 사유하는 자에 대하여 가르쳤고, 가르침을 명상하는 자에 대하여 가르쳤다.

9. 수행승이여, 제자들의 이익을 위하고 제자들을 애민히 여기는 스승으로서 나는 그대들을 애민히 여겨 해야 할 일을 그대들을 위하여 행했다.

10. 수행승이여, 여기 나무 아래의 주처들이 있고 여기 빈 집들이

있다. 수행승이여, 선정을 닦아라. 방일하지 말라. 나중에 후회하지 말라. 이것이 내가 그대들에게 주는 가르침이다."

16. 미래의 두려움을 수행의 추진력으로 삼아 정진할 수 있을까?[503)]

1. 한때 세존께서는 싸밧티 시에 계셨다.

[세존] "수행승들이여, 이와 같은 다섯 가지 미래에 대한 두려움을 관찰함으로써 한적한 숲에서 수행승은 도달하지 못한 것에 도달하기 위하여 성취하지 못한 것을 성취하기 위하여 실현하지 못한 것을 실현하기 위하여, 방일하지 않고 열심히 노력하고 정진해야 한다. 다섯 가지란 무엇인가?

2. 수행승들이여, 세상에 한적한 숲에 사는 수행승은 이와 같이 '나는 여기 단지 홀로 숲속에 산다. 그런데 내가 홀로 숲속에 사는 동안, 뱀이 나를 물고, 전갈이 나를 물고, 지네가 나를 물지 모른다. 그러면 나는 죽게 될 것이다. 그것은 나의 장애가 될 것이다. 아, 나는 도달하지 못한 것에 도달하기 위하여 성취하지 못한 것을 성취하기 위하여 실현하지 못한 것을 실현하기 위하여, 정진을 도모해야겠다.'라고 관찰한다. 수행승들이여, 그는 이와 같은 첫 번째 미래에 대한 두려움을 관찰함으로써, 한적한 숲에서 수행승은 도달하지 못한 것에 도달하기 위하여 성취하지 못한 것을 성취하기 위하여 실현하지 못한 것을 실현하기 위하여, 방일하지 않고 열심히 노력하고 정진해야 한다.

3. 수행승들이여, 세상에 한적한 숲에 사는 수행승은 이와 같이 '나는 여기 단지 홀로 숲속에 산다. 그런데, 내가 홀로 숲속에 사는 동안, 넘어져 떨어질지 모르고, 먹은 음식이 나를 해칠지 모르고, 담즙

---

503) AN. III. 100 : 미래에 대한 두려움의 경①[Paṭhamānāgatabhayasutta]

이 나를 변조시킬지 모르고, 점액이 나를 변조시킬지 모르고, 날카로운 고통이 나를 변조시킬지 모른다. 그러면 나는 죽게 될 것이다. 그것은 나의 장애가 될 것이다. 아, 나는 도달하지 못한 것에 도달하기 위하여 성취하지 못한 것을 성취하기 위하여 실현하지 못한 것을 실현하기 위하여, 정진을 도모해야겠다.'라고 관찰한다. 수행승들이여, 그는 이와 같은 두 번째 미래에 대한 두려움을 관찰함으로써, 한적한 숲에서 수행승은 도달하지 못한 것에 도달하기 위하여 성취하지 못한 것을 성취하기 위하여 실현하지 못한 것을 실현하기 위하여, 방일하지 않고 열심히 노력하고 정진해야 한다.

4. 수행승들이여, 세상에 한적한 숲에 사는 수행승은 이와 같이 '나는 여기 단지 홀로 숲속에 산다. 그런데 내가 홀로 숲속에 사는 동안, 사나운 맹수, 사자나 호랑이나 표범이나 곰이나 승냥이를 만날지 모른다. 그러면 나는 죽게 될 것이다. 그것은 나의 장애가 될 것이다. 아, 나는 도달하지 못한 것에 도달하기 위하여 성취하지 못한 것을 성취하기 위하여 실현하지 못한 것을 실현하기 위하여, 정진을 도모해야겠다.'라고 관찰한다. 수행승들이여, 그는 이와 같은 세 번째 미래에 대한 두려움을 관찰함으로써, 한적한 숲에서 수행승은 도달하지 못한 것에 도달하기 위하여 성취하지 못한 것을 성취하기 위하여 실현하지 못한 것을 실현하기 위하여, 방일하지 않고 열심히 노력하고 정진해야 한다.

5. 수행승들이여, 세상에 한적한 숲에 사는 수행승은 이와 같이 '나는 여기 단지 홀로 숲속에 산다. 그런데 내가 홀로 숲속에 사는 동안, 도적질하러 가거나 도적질하고 오는 도적을 만날지 모른다.[504]

504) māṇavehi samāgaccheyyaṃ katakammehi vā akatakammehi vā : 여기서 마나바(māṇava)는 원래 바라문 학생이나 일반적인 사람을 의미한다. 이 문장은 '일하러 가거나 일하러 오는 젊은이'라고 해석할 수 있으나 여기서는 암시적인 표현으로 사용된 것이다. 그래서 Mrp. II. 271에서는 수호신에게 뭇삶을 죽여 그 유혈이

그러면 나는 죽게 될 것이다. 그것은 나의 장애가 될 것이다. 아, 나는 도달하지 못한 것에 도달하기 위하여 성취하지 못한 것을 성취하기 위하여 실현하지 못한 것을 실현하기 위하여, 정진을 도모해야겠다.'라고 관찰한다. 수행승들이여, 그는 이와 같은 네 번째 미래에 대한 두려움을 관찰함으로써, 한적한 숲에서 수행승은 도달하지 못한 것에 도달하기 위하여 성취하지 못한 것을 성취하기 위하여 실현하지 못한 것을 실현하기 위하여, 방일하지 않고 열심히 노력하고 정진해야 한다.

6. 수행승들이여, 세상에 한적한 숲에 사는 수행승은 이와 같이 '나는 여기 단지 홀로 숲속에 산다. 그런데 한적한 숲에 야만적인 귀신들이 있어서, 그들이 나의 목숨을 빼앗을지 모른다. 그러면 나는 죽게 될 것이다. 그것은 나의 장애가 될 것이다. 아, 나는 도달하지 못한 것에 도달하기 위하여 성취하지 못한 것을 성취하기 위하여 실현하지 못한 것을 실현하기 위하여, 정진을 도모해야겠다.'라고 관찰한다. 수행승들이여, 그는 이와 같은 다섯 번째 미래에 대한 두려움을 관찰함으로써, 한적한 숲에서 수행승은 도달하지 못한 것에 도달하기 위하여 성취하지 못한 것을 성취하기 위하여 실현하지 못한 것을 실현하기 위하여, 방일하지 않고 열심히 노력하고 정진해야 한다.

7. 수행승들이여, 이와 같은 다섯 가지 미래에 대한 두려움을 관찰함으로써 한적한 숲에서 수행승은 도달하지 못한 것에 도달하기 위하여 성취하지 못한 것을 성취하기 위하여 실현하지 못한 것을 실현하기 위하여, 방일하지 않고 열심히 노력하고 정진해야 한다."

17. 미래의 두려움에 대한 부처님의 경책이란 무엇인가?[505]

낭자한 제물을 올리는 도둑(corā)이라고 설명하고 있다.

1. 한때 세존께서는 싸밧티 시에 계셨다.

[세존] "수행승들이여, 이와 같은 다섯 가지 미래에 대한 두려움은 아직 생겨나지 않았으나 미래에 생겨날 것이다. 그대들은 이것들에 대하여 깨우쳐야 한다. 깨우치고 나서 그것들을 끊어버리기 위해 정진해야 한다. 다섯 가지란 무엇인가?

2. 수행승들이여, 수행승들이 미래에 좋은 옷을 원할 것이다. 그들은 좋은 옷을 원하면서 누더기 옷은 꺼릴 것이다. 그래서 한적한 숲이나 우거진 숲의 외딴 처소를 꺼리고, 마을이나 도시나 왕궁으로 나아가 거처를 마련할 것이다. 그들은 옷 때문에 여러 가지 바람직하지 못한 비행을 저지른다. 수행승들이여, 이와 같은 첫 번째 미래에 대한 두려움은 아직 생겨나지 않았으나 미래에 생겨날 것이다. 그대들은 이것들에 대하여 깨우쳐야 한다. 깨우치고 나서 그것들을 끊어버리기 위해 정진해야 한다.

3. 수행승들이여, 또한 수행승들이 미래에 좋은 탁발음식을 원할 것이다. 그들은 좋은 탁발음식을 원하면서 탁발은 꺼릴 것이다. 그래서 한적한 숲이나 우거진 숲의 외딴 처소를 꺼리고 마을이나 도시나 왕궁으로 나아가 최상의 입맛에 맞는 최상의 맛을 구하며 거처를 마련할 것이다. 그들은 탁발음식 때문에 여러 가지 바람직하지 못한 비행을 저지를 것이다. 수행승들이여, 이와 같은 두 번째 미래에 대한 두려움은 아직 생겨나지 않았으나 미래에 생겨날 것이다. 그대들은 이것들에 대하여 깨우쳐야 한다. 깨우치고 나서 그것들을 끊어버리기 위해 정진해야 한다.

4. 수행승들이여, 또한 수행승들이 미래에 좋은 거처를 원할 것이다.

---

505) AN. III. 109 : 미래에 대한 두려움의 경④[Catutthānāgatabhayasutta]

그들은 좋은 거처를 원하면서 나무 아래 있는 것은 꺼릴 것이다. 그래서 한적한 숲이나 우거진 숲의 외딴 처소를 꺼리고 마을이나 도시나 왕궁으로 나아가 거처를 마련할 것이다. 그들은 거처 때문에 여러 가지 바람직하지 못한 비행을 저지를 것이다. 수행승들이여, 이와 같은 세 번째 미래에 대한 두려움은 아직 생겨나지 않았으나 미래에 생겨날 것이다. 그대들은 이것들에 대하여 깨우쳐야 한다. 깨우치고 나서 그것들을 끊어버리기 위해 정진해야 한다.

5. 수행승들이여, 또한 수행승들이 미래에 수행녀와 정행녀[506]와 사미승과 함께 살게 될 것이다. 그러나 수행승들이여, 수행녀와 정행녀와 사미승과 함께 사는 삶에서는 이와 같이 '청정한 삶을 감동 없이 살 것이거나, 다른 오염된 비행을 저지르거나, 배움을 버리고 속퇴할 것이다.'라는 것은 자명하다. 수행승들이여, 이와 같은 네 번째 미래에 대한 두려움은 아직 생겨나지 않았으나 미래에 생겨날 것이다. 그대들은 이것들에 대하여 깨우쳐야 한다. 깨우치고 나서 그것들을 끊어버리기 위해 정진해야 한다.

6. 수행승들이여, 또한 수행승들이 미래에 승원의 일꾼과 사미승과 함께 살게 될 것이다. 그러나 승원의 일꾼과 사미승과 함께 사는 삶에서는 이와 같이 '여러 가지 재물을 쌓아 놓고 살면서, 땅 일이나 농사일과 같은 거친 일을 할 것이다.'라는 것은 자명하다. 수행승들이여, 이와 같은 다섯 번째 미래에 대한 두려움은 아직 생겨나지 않았으나 미래에 생겨날 것이다. 그대들은 이것들에 대하여 깨우쳐야 한다. 깨우치고 나서 그것들을 끊어버리기 위해 정진해야 한다.

7. 수행승들이여, 이와 같은 다섯 가지 미래에 대한 두려움은 아직

---

506) sikkhamānā : 한역의 정행녀(淨行女) 또는 식차마나(式叉摩那)이다. 비구니는 20살 이후에 출가해도 구족계를 받기 전에 2년간 견습하는 기간을 거쳐야 한다. 이 기간의 출가여인을 말한다.

생겨나지 않았으나 미래에 생겨날 것이다. 그대들은 이것들에 대하여 깨우쳐야 한다. 깨우치고 나서 그것들을 끊어버리기 위해 정진해야 한다.”

18. 한적한 숲에서 지낼 수 있는 수행자의 자격이란 무엇인가?507)

1. 한때 세존께서 싸밧티 시에 계셨다.

[세존] “수행승들이여, 다섯 가지 원리를 갖춘 수행승은 한적한 숲이나 우거진 숲의 외딴 처소의 처소에서 지낼 수 있다. 다섯 가지란 무엇인가?

2. 수행승들이여, 세상에 수행승이 계행을 지키고 의무계율을 수호하고 올바른 행위의 경계를 갖추고 사소한 잘못에서도 두려움을 보고 지켜야할 학습계율을 수용하여 배운다.

3. 그는 많이 배우고 배운 것을 기억하고 배운 것을 모으고, 처음도 훌륭하고 중간도 훌륭하고 마지막도 훌륭한, 내용을 갖추고 형식이 완성되고, 지극히 원만하고 오로지 청정하고 거룩한 삶을 실하는, 그와 같은 가르침을 자주 배우고 기억해서 언어로 숙달하고 정신으로 관찰하고 견해로 꿰뚫는다.

4. 그는 악하고 불건전한 것을 버리고 착하고 건전한 것을 성취하기 위해 악하고 불건전한 것을 끊어 버리고 착하고 건전한 것을 성취하기 위해, 견고하고 확고하게 노력하며 착하고 건전한 것에 멍에를 지는 것을 마다하지 않으며 열심히 정진한다.

5. 그는 보다 높은 마음이자 현세에서의 행복한 삶인 네 가지 선정을 원하는 대로 어려움 없이 곤란 없이 성취한다.

---

507) AN. III. 136 : 한적한 숲의 경[Araññasutta]

6. 그는 번뇌가 부서져서 번뇌 없이 마음에 의한 해탈과 지혜에 의한 해탈을 현세에서 스스로 곧바로 알고 깨달아 성취한다.

7. 수행승들이여, 다섯 가지 원리를 갖춘 수행승은 한적한 숲이나 우거진 숲의 외딴 처소의 처소에서 지낼 수 있다."

19. 신참 수행자에 대한 수행지침은 어떻게 내릴 것인가?508)

1. 한때 세존께서는 마가다 국의 안다까빈다509)에 계셨다.

2. 그때 존자 아난다가 세존께서 계신 곳으로 찾아왔다. 가까이 다가와서 세존께 인사를 드리고 한쪽으로 물러나 앉았다. 한쪽으로 물러나 앉은 존자 아난다에게 세존께서는 이와 같이 말씀하셨다.

[세존] "아난다여, 수행승들이 신참으로서 출가한지 오래되지 않아 이 가르침과 계율에 방금 입문한 자들이 있는데, 아난다여, 그대들은 그들 수행승들을 이와 같은 다섯 가지 원리를 지키도록 격려하고 유도하고 확립시켜야 한다. 다섯 가지란 무엇인가?

3. 그대들은 '벗이여, 오라. 그대들은 계행을 지키고 의무계율을 수호하고 올바른 행위의 경계를 갖추고 사소한 잘못에서도 두려움을 보고 지켜야할 학습계율을 수용하여 배우라.'라고 의무계율을 수호하도록 격려하고 유도하고 확립시켜야 한다.

4. 그대들은 '벗이여, 오라. 그대들은 감관의 문을 수호하고, 수호를 새기고, 새김을 신중히 하고, 정신을 수호하여, 새김을 마음의 수호자로 삼으라.'라고 감각능력을 수호하도록 격려하고 유도하고 확립시켜야 한다.

---

508) AN. III. 138 : 안다까빈다의 경[Andhakavindasutta]

509) Andhakavinda : 라자가하 시에서 10~12km[3gāvuta] 거리에 있는 작은 마을이다. 라자가하와 안다까빈다 사이에 쌉삐니(Sappinī) 강이 흐른다.

5. 그대들은 '벗이여, 오라. 그대들은 말을 적게 하고 말하고자 하는 것을 제한하라.'라고 말하고자 하는 것을 수호하도록 격려하고 유도하고 확립시켜야 한다.

6. 그대들은 '벗이여, 오라. 그대들은 한적한 숲에 사는 자로서 한적한 숲이나 우거진 숲의 외딴 처소에 처소를 마련하라.'라고 신체의 멀리 떠남을 수호하도록 격려하고 유도하고 확립시켜야 한다.

7. 그대들은 '벗이여, 오라. 그대들은 올바른 견해를 지니고 올바른 세계관을 성취하라.'라고 올바른 세계관을 수호하도록 격려하고 유도하고 확립시켜야 한다.

8. 아난다여, 수행승들이 신참으로서 출가한지 오래되지 않아 이 가르침과 계율에 방금 입문한 자들이 있는데, 아난다여, 그대들은 그들 수행승들을 이와 같은 다섯 가지 원리를 지키도록 격려하고 유도하고 확립시켜야 한다."

20. 수행자에게 인내란 어떠한 의미를 지니는가?[510]

1. 한때 세존께서는 싸밧티 시에 계셨다.

[세존] "수행승들이여, 이와 같은 다섯 가지 고리를 갖춘 왕의 코끼리는 왕에게 가치가 없고 왕이 사용하기에 적합하지 않고 왕의 수족이라고 볼 수 없다. 다섯 가지란 무엇인가?

2. 수행승들이여, 세상에 왕의 코끼리가 형상을 감내하지 못하고, 소리를 감내하지 못하고, 냄새를 감내하고 못하고, 맛을 감내하지 못하고, 감촉을 감내하지 못하는 것이다.

3. 수행승들이여, 어떻게 왕의 코끼리가 형상을 감내하지 못하는 것

510) AN. III. 157 : 감내하지 못함의 경[Akkhamasutta]

인가? 수행승들이여, 세상에 왕의 코끼리가 전장에 나아가 코끼리의 무리를 보거나 말의 무리를 보거나 수레의 무리를 보거나 보병의 무리를 보면, 두려워하고 경악하고 안정을 잃고 전투에 뛰어들 수 없다. 수행승들이여, 이와 같이 왕의 코끼리가 형상을 감내하지 못하는 것이다.

4. 수행승들이여, 어떻게 왕의 코끼리가 소리를 감내하지 못하는 것인가? 수행승들이여, 세상에 왕의 코끼리가 전장에 나아가 코끼리의 소리를 듣거나 말의 소리를 듣거나 수레의 소리를 듣거나 보병의 소리를 들으면, 두려워하고 경악하고 안정을 잃고 전투에 뛰어들 수 없다. 수행승들이여, 이와 같이 왕의 코끼리가 소리를 감내하지 못하는 것이다.

5. 수행승들이여, 어떻게 왕의 코끼리가 냄새를 감내하지 못하는 것인가? 수행승들이여, 세상에 왕의 코끼리가 전장에 나아가, 혈통이 좋고 호전적인 왕의 코끼리가 싼 오줌이나 똥의 냄새를 맡으면, 두려워하고 경악하고 안정을 잃고 전투에 뛰어들 수 없다. 수행승들이여, 이와 같이 왕의 코끼리가 냄새를 감내하지 못하는 것이다.

6. 수행승들이여, 어떻게 왕의 코끼리가 맛을 감내하지 못하는 것인가? 수행승들이여, 세상에 왕의 코끼리가 전장에 나아가, 단 한 번의 사료를 거르거나, 두 번의 사료를 거르거나, 세 번의 사료를 거르거나, 네 번의 사료를 거르거나, 다섯 번의 사료를 거르면, 두려워하고 경악하고 안정을 잃고 전투에 뛰어들 수 없다. 수행승들이여, 이와 같이 왕의 코끼리가 맛을 감내하지 못하는 것이다.

7. 수행승들이여, 어떻게 왕의 코끼리가 감촉을 감내하지 못하는 것인가? 수행승들이여, 세상에 왕의 코끼리가 전장에 나아가, 단 한

번의 화살에 맞거나, 두 번의 화살에 맞거나, 세 번의 화살에 맞거나, 네 번의 화살에 맞거나, 다섯 번의 화살에 맞으면, 두려워하고 경악하고 안정을 잃고 전투에 뛰어들 수 없다. 수행승들이여, 이와 같이 왕의 코끼리가 감촉을 감내하지 못하는 것이다.

8. 수행승들이여, 이와 같은 다섯 가지 고리를 갖춘 왕의 코끼리는 왕에게 가치가 없고 왕이 사용하기에 적합하지 않고 왕의 수족이라고 볼 수 없다.

9. 수행승들이여, 이와 같은 다섯 가지 원리를 갖춘 수행승은 공양받을만하지 않고 대접받을만하지 않고 보시받을만하지 않고 존경받을만하지 않고 세상에 가장 훌륭한 복밭이 아니다. 다섯 가지란 무엇인가?

10. 수행승들이여, 세상에 수행승이 형상을 감내하지 못하고, 소리를 감내하지 못하고, 냄새를 감내하고 못하고, 맛을 감내하지 못하고, 감촉을 감내하지 못하는 것이다.

11. 수행승들이여, 어떻게 수행승이 형상을 감내하지 못하는가? 수행승들이여, 세상에 수행승이 시각으로 형상을 보고 욕망을 일으키는 형상에 탐착하여, 마음을 집중시킬 수 없다. 수행승들이여, 이와 같이 수행승이 형상을 감내하지 못하는 것이다.

12. 수행승들이여, 어떻게 수행승이 소리를 감내하지 못하는가? 수행승들이여, 세상에 수행승이 청각으로 소리를 듣고 욕망을 일으키는 소리에 탐착하여, 마음을 집중시킬 수 없다. 수행승들이여, 이와 같이 수행승이 소리를 감내하지 못하는 것이다.

13. 수행승들이여, 어떻게 수행승이 냄새를 감내하지 못하는가? 수행승들이여, 세상에 수행승이 후각으로 냄새를 맡고 욕망을 일으키

는 냄새에 탐착하여, 마음을 집중시킬 수 없다. 수행승들이여, 이와 같이 수행승이 냄새를 감내하지 못하는 것이다.

14. 수행승들이여, 어떻게 수행승이 맛을 감내하지 못하는가? 수행승들이여, 세상에 수행승이 미각으로 맛을 맛보고 욕망을 일으키는 맛에 탐착하여, 마음을 집중시킬 수 없다. 수행승들이여, 이와 같이 수행승이 맛을 감내하지 못하는 것이다.

15. 수행승들이여, 어떻게 수행승이 감촉을 감내하지 못하는가? 수행승들이여, 세상에 수행승이 촉각으로 감촉을 촉지하고 욕망을 일으키는 감촉에 탐착하여, 마음을 집중시킬 수 없다. 수행승들이여, 이와 같이 수행승이 감촉을 감내하지 못하는 것이다.

16. 수행승들이여, 이와 같은 다섯 가지 원리를 갖춘 수행승은 공양받을만하지 않고 대접받을만하지 않고 보시받을만하지 않고 존경받을만하지 않고 세상에 가장 훌륭한 복밭이 아니다.

17. 수행승들이여, 이와 같은 다섯 가지 고리를 갖춘 왕의 코끼리는 왕에게 가치가 있고 왕이 사용하기에 적합하고 왕의 수족이라고 볼 수 있다. 다섯 가지란 무엇인가?

18. 수행승들이여, 세상에 왕의 코끼리가 형상을 감내하고, 소리를 감내하고, 냄새를 감내하고, 맛을 감내하고, 감촉을 감내하는 것이다.

19. 수행승들이여, 어떻게 왕의 코끼리가 형상을 감내하는 것인가? 수행승들이여, 세상에 왕의 코끼리가 전장에 나아가 코끼리의 무리를 보거나 말의 무리를 보거나 수레의 무리를 보거나 보병의 무리를 보아도, 두려워하지 않고 경악하지 않고 안정을 잃지 않고 전투에 뛰어들 수 있다. 수행승들이여, 이와 같이 왕의 코끼리가 형상을 감내하는 것이다.

20. 수행승들이여, 어떻게 왕의 코끼리가 소리를 감내하는 것인가? 수행승들이여, 세상에 왕의 코끼리가 전장에 나아가 코끼리의 소리를 듣거나 말의 소리를 듣거나 수레의 소리를 듣거나 보병의 소리를 들어도, 두려워하지 않고 경악하지 않고 안정을 잃지 않고 전투에 뛰어들 수 있다. 수행승들이여, 이와 같이 왕의 코끼리가 소리를 감내하는 것이다.

21. 수행승들이여, 어떻게 왕의 코끼리가 냄새를 감내하는 것인가? 수행승들이여, 세상에 왕의 코끼리가 전장에 나아가, 혈통이 좋고 호전적인 왕의 코끼리가 싼 오줌이나 똥의 냄새를 맡아도, 두려워하지 않고 경악하지 않고 안정을 잃지 않고 전투에 뛰어들 수 있다. 수행승들이여, 이와 같이 왕의 코끼리가 냄새를 감내하는 것이다.

22. 수행승들이여, 어떻게 왕의 코끼리가 맛을 감내하는 것인가? 수행승들이여, 세상에 왕의 코끼리가 전장에 나아가, 단 한 번의 사료를 거르거나, 두 번의 사료를 거르거나, 세 번의 사료를 거르거나, 네 번의 사료를 거르거나, 다섯 번의 사료를 거르더라도, 두려워하지 않고 경악하지 않고 안정을 잃지 않고 전투에 뛰어들 수 있다. 수행승들이여, 이와 같이 왕의 코끼리가 맛을 감내하는 것이다.

23. 수행승들이여, 어떻게 왕의 코끼리가 감촉을 감내하는 것인가? 수행승들이여, 세상에 왕의 코끼리가 전장에 나아가, 단 한 번의 화살에 맞거나, 두 번의 화살에 맞거나, 세 번의 화살에 맞거나, 네 번의 화살에 맞거나, 다섯 번의 화살에 맞아도, 두려워하지 않고 경악하지 않고 안정을 잃지 않고 전투에 뛰어들 수 있다. 수행승들이여, 이와 같이 왕의 코끼리가 감촉을 감내하는 것이다.

24. 수행승들이여, 이처럼 다섯 가지 고리를 갖춘 왕의 코끼리는 왕에게

가치가 있고 왕이 사용하기에 적합하고 왕의 수족이라고 볼 수 있다.

25. 수행승들이여, 이와 같은 다섯 가지 원리를 갖춘 수행승은 공양받을 만하고 대접받을 만하고 보시받을 만하고 존경받을 만하고 세상에 가장 훌륭한 복밭이다. 다섯 가지란 무엇인가?

26. 수행승들이여, 세상에 수행승이 형상을 감내하고, 소리를 감내하고, 냄새를 감내하고, 맛을 감내하고, 감촉을 감내하는 것이다.

27. 수행승들이여, 어떻게 수행승이 형상을 감내하는가? 수행승들이여, 세상에 수행승이 시각으로 형상을 보고, 욕망을 일으키는 형상에 탐착하지 않으면, 마음을 집중시킬 수 있다. 수행승들이여, 이와 같이 수행승이 형상을 감내하는 것이다.

28. 수행승들이여, 어떻게 수행승이 소리를 감내하는가? 수행승들이여, 세상에 수행승이 청각으로 소리를 듣고, 욕망을 일으키는 소리에 탐착하지 않으면, 마음을 집중시킬 수 있다. 수행승들이여, 이와 같이 수행승이 소리를 감내하는 것이다.

29. 수행승들이여, 어떻게 수행승이 냄새를 감내하는가? 수행승들이여, 세상에 수행승이 후각으로 냄새를 맡고, 욕망을 일으키는 냄새에 탐착하지 않으면, 마음을 집중시킬 수 있다. 수행승들이여, 이와 같이 수행승이 냄새를 감내하는 것이다.

30. 수행승들이여, 어떻게 수행승이 맛을 감내하는가? 수행승들이여, 세상에 수행승이 미각으로 맛을 맛보고, 욕망을 일으키는 맛에 탐착하지 않으면, 마음을 집중시킬 수 있다. 수행승들이여, 이와 같이 수행승이 맛을 감내하는 것이다.

31. 수행승들이여, 어떻게 수행승이 감촉을 감내하는가? 수행승들이여, 세상에 수행승이 촉각으로 감촉을 촉지하고, 욕망을 일으키

는 감촉에 탐착하지 않으면, 마음을 집중시킬 수 있다. 수행승들이여, 이와 같이 수행승이 감촉을 감내하는 것이다.

32. 수행승들이여, 이와 같은 다섯 가지 원리를 갖춘 수행승은 공양받을 만하고 대접받을 만하고 보시받을 만하고 존경받을 만하고 세상에 가장 훌륭한 복밭이다."

21. 혐오의 유무에 입각한 지각과 관련된 수행에는 어떠한 것이 있는가?[511]

1. 한때 세존께서는 싸께따[512] 시의 띠깐다끼바나[513] 숲에 계셨다.

2. 그때 세존께서는 '수행승들이여'라고 수행승들을 부르셨다. '세존이시여'라고 수행승들은 세존께 대답했다. 세존께서는 이와 같이 말씀하셨다.

[세존] "수행승들이여, 수행승이 때로는 비혐오적인 것에서 혐오적인 것을 지각한다면, 옳다.[514] 수행승들이여, 수행승이 때로는 혐오적인 것에서 비혐오적인 것을 지각한다면, 옳다.[515] 수행승들이여, 수행승이 때로는 비혐오적인 것과 혐오적인 것에서 혐오적인 것을 지각한다면, 옳다. 수행승들이여, 수행승이 때로는 혐오적인 것과 비혐오적인 것에서 비혐오적인 것을 지각한다면, 옳다. 수행승들이여, 수행승이 때로는 비혐오적인 것과 혐오적인 것에서 그 양자를 피하고 평정하고 새김을 확립하고 올바로 알아차린다면, 옳다.[516]

---

511) AN. III. 160 : 띠깐다끼의 경[Tikaṇḍakīsutta]

512) Sāketa : 고그라(Gogra) 강가에 있는 꼬쌀라 국의 도시 아요디야(Ayodhyā)의 옛 이름이다.

513) Tikaṇḍakīvana : 싸께따 시의 숲으로 깐다끼바나(Kaṇḍakīvana)라고도 한다.

514) sādhu bhikkhave bhikkhu kālena kālaṃ appaṭikkūle paṭikkūlasaññī vihareyya : Mrp. III. 290에 따르면, 원하는 대상(예를 들어 여자의 육체나 맛있는 음식 등)에 대하여 부정(不淨), 무상(無常), 혐오(嫌惡)의 지각을 일으키는 것이다.

515) sādhu bhikkhave bhikkhu kālena kālaṃ paṭikkūle appaṭikkūlasaññī vihareyya : Mrp. III. 290에 따르면, 원하지 않는 대상(예를 들어 원한이나 증오나 복수의 대상 등)에 대해 자애(mettā)를 방사하거나 또는 세계의 구성요소(dhātu) 일 뿐이라는 지각을 일으키는 것이다.

3. 수행승들이여, 어떠한 동기로 수행승이 비혐오적인 것에서 혐오적인 것을 지각하는가? 탐욕을 일으키는 대상에서 탐욕을 일으키지 않기 위해서이다. 수행승들이여, 이러한 동기로 수행승이 비혐오적인 것에서 혐오적인 것을 지각한다.

4. 수행승들이여, 어떠한 동기로 수행승이 혐오적인 것에서 비혐오적인 것을 지각하는가? 성냄을 일으키는 대상에서 성냄을 일으키지 않기 위해서이다. 수행승들이여, 이러한 동기로 수행승이 혐오적인 것에서 비혐오적인 것을 지각한다.

5. 수행승들이여, 어떠한 동기로 수행승이 비혐오적인 것과 혐오적인 것에서 혐오적인 것을 지각하는가? 탐욕을 일으키는 대상에서 탐욕을 일으키지 않고, 성냄을 일으키는 대상에서 성냄을 일으키지 않기 위해서이다. 수행승들이여, 이러한 동기로 수행승이 비혐오적인 것과 혐오적인 것에서 혐오적인 것을 지각한다.

6. 수행승들이여, 어떠한 동기로 수행승이 혐오적인 것과 비혐오적인 것에서 비혐오적인 것을 지각하는가? 성냄을 일으키는 대상에서 성냄을 일으키지 않고 탐욕을 일으키는 대상에서 탐욕을 일으키지 않기 위해서이다. 수행승들이여, 이러한 동기로 수행승이 혐오적인 것과 비혐오적인 것에서 비혐오적인 것을 지각한다.

7. 수행승들이여, 어떠한 동기로 수행승이 비혐오적인 것과 혐오적인 것에서 그 양자를 피하고 평정하고 새김을 확립하고 올바로 알아차리는가? 탐욕을 일으키는 대상에서 어떠한때이든지, 어떠한 곳에서든지, 어떻게 해서든지 탐욕을 일으키지 않고, 성냄을 일으키는

516) 이상의 다섯 가지는 Vism. 437에 따르면, 고귀한 신통(ariya-iddhi)에 해당한다. 그러나 Mrp. III. 290에 따르면, 이와 같은 신통에 대한 수행은 거룩한 님[阿羅漢]에게는 해당되지 않는다.

대상에서 어떠한때이든지, 어떠한 곳에서든지, 어떻게 해서든지 성냄을 일으키지 않고, 어리석음을 일으키는 대상에서 어떠한때이든지, 어떠한 곳에서든지, 어떻게 해서든지 어리석음을 일으키지 않기 위해서이다. 수행승들이여, 이러한 동기로 수행승이 비혐오적인 것과 혐오적인 것에서 그 양자를 피하고 평정하고 새김을 확립하고 올바로 알아차린다."

22. 참사람의 보시란 어떠한 보시를 두고 하는 말인가?[517]

1. 한때 세존께서는 싸밧티 시에 계셨다.

[세존] "수행승들이여, 이와 같은 다섯 가지는 참사람의 보시이다. 다섯 가지란 무엇인가?

2. 수행승들이여, 믿음으로 보시하고, 정중하게 보시하고, 바른 때에 보시하고, 아낌없는 마음으로 보시하고, 자신과 타자를 해치지 않고 보시하는 것이다.[518]

3. 수행승들이여, 사람이 참으로 믿음으로 보시하면, 그 보시가 열매를 거둘 때마다, 부유해지고, 재산이 많아지고, 재보가 많아진다. 그리고 그는 훤출하고, 보기에 좋고, 단정하고, 최상의 용모를 갖추게 된다.

4. 수행승들이여, 사람이 참으로 정중하게 보시하면, 그 보시가 열매를 거둘 때마다, 부유해지고, 재산이 많아지고, 재보가 많아진다. 그리고 그의 아내나 자식이나 하인이나 심부름꾼이나 일꾼이 그에게

---

517) AN. Ⅲ. 172 : 참사람의 보시에 대한 경[Sappurisadānasutta], 칠처삼관경(대정2. 878b) 참조

518) saddhāya dānaṃ deti, sakkaccaṃ dānaṃ deti, kālena dānaṃ deti, anaggahitacitto 1dānaṃ deti, attānaṃ ca paraṃ ca anupahacca dānaṃ deti : '아낌없는 마음으로(anaggahitacitto)'가 PTS.본에는 '친절한 마음으로(anuggahitacitto)'라고 되어있다. '자신과 타자를 해치지 않고(attānaṃ ca paraṃ ca anupahacca)'는 '자신과 타자의 덕성(guṇa)을 해치지 않고'라는 뜻이다.

순종하고, 귀를 기울이고, 이해하는 마음을 일으킨다.

5. 수행승들이여, 사람이 참으로 바른 때에 보시하면, 그 보시가 열매를 거둘 때마다, 부유해지고, 재산이 많아지고, 재보가 많아진다. 그리고 때가 되면, 그에게 많은 재산이 들어온다.

6. 수행승들이여, 사람이 참으로 아낌없는 마음으로 보시하면, 그 보시가 열매를 거둘 때마다, 부유해지고, 재산이 많아지고, 재보가 많아진다. 그리고 그의 마음이 탁월한 다섯 가지 감각적 쾌락을 누리게 된다.

7. 수행승들이여, 사람이 참으로 자신과 타자를 해치지 않고 보시하면, 그 보시가 열매를 거둘 때마다, 부유해지고, 재산이 많아지고, 재보가 많아진다. 그리고 그의 재산이 불이나 물이나 왕이나 도둑이나 사랑스럽지 않은 상속자에게 약탈당하지 않는다.

8. 수행승들이여, 이와 같은 다섯 가지는 참사람의 보시이다."

23. 말하기 어려운 말과 말하기 쉬운 말에는 어떠한 종류가 있는가?[519]

1. 한때 세존께서는 싸밧티 시에 계셨다.

[세존] 다섯 종류의 사람에게 말한다면, 그 사람마다에게 말하기 어려운 말을 하는 것이다. 다섯 종류란 어떠한 사람인가?

2. 수행승들이여, *1)* 믿음이 없는 사람에게 믿음에 대하여 말한다면, 그에게 말하기 어려운 말을 하는 것이다. *2)* 계행을 지키지 않는 사람에게 계행에 대하여 말한다면, 그에게 말하기 어려운 말을 하는 것이다. *3)* 배움이 없는 사람에게 박학한 지식에 대하여 말한다면, 그에게 말하기 어려운 말을 하는 것이다. *4)* 간탐이 있는 사람에게

---

519) AN. III. 181 : 말하기 어려운 말의 경[Dukkathāsutta] : 역자의 구 번역인 오역을 바로 잡은 것이다.

보시에 대하여 말한다면, 그에게 말하기 어려운 말을 하는 것이다. 5) 지혜가 없는 사람에게 지혜에 대하여 말한다면, 그에게 말하기 어려운 말을 하는 것이다.

3. 수행승들이여, 왜 믿음이 없는 사람에게 믿음에 대하여 말한다면, 그에게 말하기 어려운 말을 하는 것인가? 수행승들이여, 믿음이 없는 사람은 믿음이 설해질 때, 화내고, 분노하고, 짜증내고, 저항하고, 분노와 성냄과 불만을 드러낸다. 그것은 무슨 까닭인가? 수행승들이여, 그는 믿음의 완성을 자신 안에서 인지하지 못하고, 그것을 조건으로 기쁨과 환희를 얻지 못하기 때문이다. 그러므로 수행승들이여, 믿음이 없는 사람에게 믿음에 대하여 말한다면, 그에게 말하기 어려운 말을 하는 것이다.

4. 수행승들이여, 왜 계행을 갖추지 못한 사람에게 계행에 대하여 말한다면, 그에게 말하기 어려운 말을 하는 것인가? 수행승들이여, 계행을 갖추지 못한 사람은 계행이 설해질 때, 화내고, 분노하고, 짜증내고, 저항하고, 분노와 성냄과 불만을 드러낸다. 그것은 무슨 까닭인가? 수행승들이여, 그는 계행의 완성을 자신 안에서 인지하지 못하고, 그것을 조건으로 기쁨과 환희를 얻지 못하기 때문이다. 그러므로 수행승들이여, 계행을 갖추지 못한 사람에게 계행에 대하여 말한다면, 그에게 말하기 어려운 말을 하는 것이다.

5. 수행승들이여, 왜 배움이 없는 사람에게 박학한 지식에 대하여 말한다면, 그에게 말하기 어려운 말을 하는 것인가? 수행승들이여, 배움이 없는 사람은 박학한 지식이 설해질 때, 화내고, 분노하고, 짜증내고, 저항하고, 분노와 성냄과 불만을 드러낸다. 그것은 무슨 까닭인가? 수행승들이여, 그는 배움의 완성을 자신 안에서 인지하지 못하고, 그것을 조건으로 기쁨과 환희를 얻지 못하기 때문이다. 그러

므로 수행승들이여, 배움이 없는 사람에게 박학한 지식에 대하여 말한다면, 말하기 어려운 말을 하는 것이다.

6. 수행승들이여, 왜 간탐이 있는 사람에게 보시에 대하여 말한다면, 말하기 어려운 말을 하는 것인가? 수행승들이여, 간탐이 있는 사람은 보시가 설해질 때, 화내고, 분노하고, 짜증내고, 저항하고, 분노와 성냄과 불만을 드러낸다. 그것은 무슨 까닭인가? 수행승들이여, 그는 보시의 완성을 자신 안에서 인지하지 못하고, 그것을 조건으로 기쁨과 환희를 얻지 못하기 때문이다. 그러므로 수행승들이여, 간탐이 있는 사람에게 보시에 대하여 말한다면, 말하기 어려운 말을 하는 것이다.

7. 수행승들이여, 왜 지혜가 없는 사람에게 지혜에 대하여 말한다면, 말하기 어려운 말을 하는 것인가? 수행승들이여, 지혜가 없는 사람은 지혜가 설해질 때, 화내고, 분노하고, 짜증내고, 저항하고, 분노와 성냄과 불만을 드러낸다. 그것은 무슨 까닭인가? 수행승들이여, 그는 지혜의 완성을 자신 안에서 인지하지 못하고, 그것을 조건으로 기쁨과 환희를 얻지 못하기 때문이다. 그러므로 수행승들이여, 지혜가 없는 사람에게 지혜에 대하여 말한다면, 말하기 어려운 말을 하는 것이다.

8. 수행승들이여, 이와 같은 다섯 종류의 사람에게 설한다면, 그것은 사람마다에게 말하기 어려운 말을 하는 것이다.

9. 수행승들이여, 이와 같은 다섯 종류의 사람에게 말한다면, 사람마다에게 말하기 쉬운 말을 하는 것이다. 다섯 종류란 어떠한 사람인가?

10. 수행승들이여, *1)* 믿음이 있는 사람에게 믿음에 대하여 말한다면, 말하기 쉬운 말을 하는 것이다. *2)* 계행을 갖춘 사람에

게 계행에 대하여 말한다면, 말하기 쉬운 말을 하는 것이다. 3) 배움이 많은 사람에게 박학한 지식에 대하여 말한다면, 말하기 쉬운 말을 하는 것이다. 4) 베푸는 사람에게 보시에 대하여 말한다면, 말하기 쉬운 말을 하는 것이다. 5) 지혜가 있는 사람에게 지혜에 대하여 말한다면, 말하기 쉬운 말을 하는 것이다.

11. 수행승들이여, 왜 믿음이 있는 사람에게 믿음에 대하여 말한다면, 말하기 쉬운 말을 하는 것인가? 수행승들이여, 믿음이 있는 사람은 믿음이 설해질 때, 화내지 않고, 분노하지 않고, 짜증내지 않고, 고집하지 않고, 분노와 성냄과 불만을 드러내지 않는다. 그것은 무슨 까닭인가? 수행승들이여, 그는 믿음의 완성을 자신 안에서 인지하고, 그것을 조건으로 기쁨과 환희를 얻기 때문이다. 그러므로 수행승들이여, 믿음이 있는 사람에게 믿음에 대하여 말한다면, 말하기 쉬운 말을 하는 것이다.

12. 수행승들이여, 왜 계행을 갖춘 사람에게 계행에 대하여 말한다면, 말하기 쉬운 말을 하는 것인가? 수행승들이여, 계행을 갖춘 사람은 계행이 설해질 때, 화내지 않고, 분노하지 않고, 짜증내지 않고, 고집하지 않고, 분노와 성냄과 불만을 드러내지 않는다. 그것은 무슨 까닭인가? 수행승들이여, 그는 계행의 완성을 자신 안에서 인지하고, 그것을 조건으로 기쁨과 환희를 얻기 때문이다. 그러므로 수행승들이여, 계행을 갖춘 사람에게 계행에 대하여 말한다면, 말하기 쉬운 말을 하는 것이다.

13. 수행승들이여, 왜 배움이 많은 사람에게 박학한 지식에 대하여 말한다면, 말하기 쉬운 말을 하는 것인가? 수행승들이여, 배움이 많은 사람은 박학한 지식이 설해질 때, 화내지 않고, 분노하지 않고, 짜증내지 않고, 고집하지 않고, 분노와 성냄과 불만을 드러

내지 않는다. 그것은 무슨 까닭인가? 수행승들이여, 그는 배움의 완성을 자신 안에서 인지하고, 그것을 조건으로 기쁨과 환희를 얻기 때문이다. 그러므로 수행승들이여, 배움이 많은 사람에게 박학한 지식에 대하여 말한다면, 말하기 쉬운 말을 하는 것이다.

14. 수행승들이여, 왜 베푸는 사람에게 보시에 대하여 말한다면, 말하기 쉬운 말을 하는 것인가? 수행승들이여, 베푸는 사람은 보시가 설해질 때, 화내지 않고, 분노하지 않고, 짜증내지 않고, 고집하지 않고, 분노와 성냄과 불만을 드러내지 않는다. 그것은 무슨 까닭인가? 수행승들이여, 그는 보시의 완성을 자신 안에서 인지하고, 그것을 조건으로 기쁨과 환희를 얻기 때문이다. 그러므로 수행승들이여, 베푸는 사람에게 보시에 대하여 말한다면, 말하기 쉬운 말을 하는 것이다.

15. 수행승들이여, 왜 지혜를 갖춘 사람에게 지혜에 대하여 말한다면, 말하기 쉬운 말을 하는 것인가? 수행승들이여, 지혜를 갖춘 사람은 지혜가 설해질 때, 화내지 않고, 분노하지 않고, 짜증내지 않고, 고집하지 않고, 분노와 성냄과 불만을 드러내지 않는다. 그것은 무슨 까닭인가? 수행승들이여, 그는 지혜의 완성을 자신 안에서 인지하고, 그것을 조건으로 기쁨과 환희를 얻기 때문이다. 그러므로 수행승들이여, 지혜를 갖춘 사람에게 지혜에 대하여 말한다면, 말하기 쉬운 말을 하는 것이다.

16. 수행승들이여, 이와 같은 다섯 종류의 사람이 말한다면, 사람마다에게 말하기 쉬운 말을 하는 것이다."

24. 가르침을 설하는 자의 마음가짐은 어떻게 해야 하는가?[520]

1. 한때 세존께서 꼬쌈비 시의 고씨따라마 승원에 계셨다.

2. 그때 존자 우다인[521]이 많은 재가자의 무리에게 둘러싸여 가르침을 설하며 앉아 있었다. 그런데 존자 아난다가 존자 우다인이 많은 재가자의 무리에게 둘러싸여 가르침을 설하며 앉아 있는 것을 보았다. 보고 나서 세존께서 계신 곳을 찾아 왔다. 가까이 다가와서 세존께 인사를 드리고 한쪽으로 물러나 앉았다. 한쪽으로 물러나 앉은 존자 아난다는 세존께 이와 같이 말했다.

[아난다] "세존이시여, 존자 우다인이 많은 재가자의 무리에게 둘러싸여 가르침을 설하고 있습니다."

3. [세존] "아난다여, 다른 사람에게 가르침을 설하는 것은 쉽지 않다. 아난다여, 다른 사람에게 가르침을 설하는 사람은 이와 같은 다섯 가지 원리를 안으로 준비하고 가르침을 설해야 한다. 다섯 가지란 무엇인가?

4. 아난다여, 사람은 '나는 차제적으로 설법을 하겠다.'라고[522] 다른 사람에게 가르침을 설해야 한다. '나는 논리적으로 설법을 하겠다.'라고[523] 다른 사람에게 가르침을 설해야 한다. '나는 자비에 입각해서 설법을 하겠다.'라고[524] 다른 사람에게 가르침을 설해야 한다. '나는 재물을 위해서 설법을 하지 않겠다.'라고[525] 다른 사람에게

520) AN. III. 184 : 우다인의 경[Udāyīsutta]

521) Udāyin : 깔루다인(Kāḷudāyin), 랄루다인(Lāḷudāyin), 싸꿀루다인(Sakuludāyin) 가운데 한 분인데 누구인지는 주석에도 언급이 없으므로 정확히 알 수 없다.

522) ānupubbīkathaṃ kathessāmīti : Mrp. III. 293에서는 보시와 지계와 천상을 순차적으로 설하는 것이지만 MN. 56; DN. 3에 따르면, 보시를 설한 다음에 계행을 설하고 계행을 설한 다음에 천상에 태어나는 것을 설하고, 천상에 태어나는 것을 설하고, 다음에 감각적 쾌락의 욕망의 재난과 욕망의 여읨의 공덕을 설하고, 그 다음에 부처님의 본질적인 가르침인 네 가지 거룩한 진리와 여덟 가지 고귀한 길을 설한다. 마지막으로 갈수록 윤리적인 것보다 수순한 수행적 관점을 설하는 것을 말한다.

523) pariyāyadassāvī kathaṃ kathessāmīti : Mrp. III. 293에 따르면, 각각의 의미와 그 각각의 원인을 보여주면서 설법하는 것이다.

524) anuddayataṃ paṭicca kathaṃ kathessāmīti : Mrp. III. 293에 따르면, 크나큰 곤경에 빠진 존재를 그 곤경에서 벗어나게 하겠다고 연민하는 것이다.

525) na āmisantaro kathaṃ kathessāmīti : Mrp. III. 293에 따르면, 재물 때문에, 즉 자신의 네 가지 필수품을

가르침을 설해야 한다. '나는 자신과 타인을 해침이 없이 설법을 하겠다.'라고[526] 다른 사람에게 가르침을 설해야 한다.

5. 아난다여, 다른 사람에게 가르침을 설하는 것은 쉽지 않다. 아난다여, 다른 사람에게 가르침을 설하는 사람은 이와 같은 다섯 가지 원리를 안으로 준비하고 가르침을 설해야 한다."

25. 어떤 사람에 대해 원한을 극복하는 순차적인 방법은 무엇인가?[527]

1. 한때 세존께서는 싸밧티 시에 계셨다.

[세존] "수행승들이여, 수행승에게 이미 생겨난 원한을 완전히 극복할 수 있는 이와 같은 다섯 가지 원한의 극복수단이 있다. 다섯 가지란 무엇인가?

2. 수행승들이여, 어떠한 사람에 대하여 원한이 생겨나면, 그 사람에 대하여 자애를 닦아야 한다. 이와 같이 하면, 그 사람에 대한 원한은 극복된다.

3. 수행승들이여, 어떠한 사람에 대하여 원한이 생겨나면, 그 사람에 대하여 연민을 닦아야 한다. 이와 같이 하면, 그 사람에 대한 원한은 극복된다.

4. 수행승들이여, 어떠한 사람에 대하여 원한이 생겨나면, 그 사람에 대하여 평정을 닦아야 한다. 이와 같이 하면, 그 사람에 대한 원한은 극복된다.[528]

얻고자 설법하지 않는다는 것이다.

526) attānaṃ ca paraṃ ca anupahacca kathaṃ kathessāmīti : Mrp. III. 293에 따르면, 자신을 높이고 타인을 비하하는 등으로 자신과 타인의 덕성을 해치지 않고 설법한다는 뜻이다.

527) AN. III. 185 : 원한의 제거에 대한 경①[Paṭhamāghātapaṭivinayasutta]

528) asmiṃ bhikkhave, puggale āghāto jāyetha, mettā pe karuṇā pe upekkhā tasmiṃ puggale bhāvetabbā : 여기까지 네 가지의 청정한 삶(四梵住 cattāro brahmavihārā) 즉, 한량없는 자애의 삶(慈無量住), 한량없는 연민의 삶(悲無量住), 한량없는 기쁨의 삶(喜無量住), 한량없는 평정의 삶(捨無量住) 가운데 세 가지만 언급되

5. 수행승들이여, 어떠한 사람에 대하여 원한이 생겨나면, 그 사람에 대하여 새김을 놓아버리고 정신활동을 기울이지 않는다. 이와 같이 하면, 그 사람에 대한 원한은 극복된다.

6. 수행승들이여, 어떠한 사람에 대하여 원한이 생겨나면, 그 사람에 대하여 행위가 주인이라는 사실을[529] 이와 같이 '이 사람에게 행위가 주인이고, 행위가 상속자이고, 행위가 모태이고, 행위가 친족이고, 행위가 의지처이다. 선하거나 악한 행위를 하면, 그것의 상속자가 될 것이다.'라고 인식해야 한다. 이와 같이 하면, 그 사람에 대한 원한은 극복된다.

7. 수행승들이여, 수행승에게 이미 생겨난 원한을 완전히 극복할 수 있는 이와 같은 다섯 가지 원한의 극복수단이 있다."

26. 어떤 사람에 대해 원한을 극복하는 구체적인 방법은 무엇인가?[530]

1. 한때 존자 싸리뿟따는 싸밧티 시에 있었다.

그때 존자 싸리뿟따가 '벗들이여, 수행승들이여.'라고 수행승들을 불렀다. '벗이여'라고 수행승들은 존자 싸리뿟따에게 대답했다. 존자 싸리뿟따는 이와 같이 말했다.

2. [싸리뿟따] "벗들이여, 수행승에게 이미 생겨난 원한을 완전히 극복할 수 있는 이와 같은 다섯 가지 원한의 극복수단이 있습니다. 다섯 가지란 무엇입니까?

3. 벗들이여, 세상에 한 부류의 사람들은 몸으로는 청정하지 못한 삶

고 한량없는 기쁨의 삶(喜無量住)이 누락되었다. 그 이유는 Mrp. III. 294에 따르면, 분노가 상대되는 사람을 향해서 아직 제거되지 않아 기쁨(muditā)이 없기 때문이다.

529) kammassakatā : Lba. III. 164에 따르면, '행위가 주인이라는 것'은 행위에 대한 책임성을 의미한다.

530) AN. III. 186 : 원한의 제거에 대한 경②[Dutiyāghātapaṭivinayasutta], 중아함6(대정1. 454b) 참조

을 영위하지만, 말로는 청정한 삶을 영위합니다. 벗들이여, 이와 같은 사람에 대하여 원한을 극복해야 합니다.

4. 벗들이여, 세상에 한 부류의 사람들은 말로는 청정하지 못한 삶을 영위하지만, 몸으로는 청정한 삶을 영위합니다. 벗들이여, 이와 같은 사람에 대하여 원한을 극복해야 합니다.

5. 벗들이여, 세상에 한 부류의 사람들은 몸으로도 청정하지 못한 삶을 영위하고 말로도 청정하지 못한 삶을 영위하지만, 수시로 마음을 열고[531] 마음으로 믿음을 성취합니다. 벗들이여, 이와 같은 사람에 대하여 원한을 극복해야 합니다.

6. 벗들이여, 세상에 한 부류의 사람들은 몸으로 청정하지 못한 삶을 영위할 뿐만 아니라, 말로도 청정하지 못한 삶을 영위하고, 수시로 마음을 열고 마음으로 믿음을 성취하지도 못합니다. 벗들이여, 이와 같은 사람에 대하여 원한을 극복해야 합니다.

7. 벗들이여, 세상에 한 부류의 사람들은 몸으로도 청정한 삶을 영위할 뿐만 아니라, 말로도 청정한 삶을 영위하고, 수시로 마음을 열고 마음으로 믿음을 성취합니다. 벗들이여, 이와 같은 사람에 대하여 원한을 극복해야 합니다.

8. 벗들이여, 이 가운데 어떠한 부류의 사람들은 몸으로는 청정하지 못한 삶을 영위하지만, 말로는 청정한 삶을 영위하는데, 벗들이여, 어떻게 그 사람에 대하여 원한을 극복해야 합니까?

9. 벗들이여, 예를 들어 분소의를 입은 수행승이 길에서 천조각을 보고 왼발로 고정시키고 오른 쪽 발로 펼쳐서 그 가운데 단단한 부분

531) kālena kālaṃ cetaso vivaraṃ : Mrp. III. 295에 따르면, 멈춤(samatha)과 통찰(vipassanā)의 수행으로 마음을 여는 것이다.

을 찢어서 가지고 가는 것과 같습니다. 벗들이여, 이와 같이 이 사람은 몸으로는 청정하지 못한 삶을 영위하지만, 말로는 청정한 삶을 영위하는데, 몸으로 청정하지 못한 삶을 영위하면, 그때 그것에 대해 정신활동을 기울이지 말고, 말로 청정한 삶을 영위하면, 그때 그것에 대해 정신활동을 기울여야 합니다. 벗들이여, 이와 같이 그 사람에 대하여 원한을 극복합니다.

10. 벗들이여, 이 가운데 어떠한 부류의 사람들은 말로는 청정하지 못한 삶을 영위하지만, 몸으로는 청정한 삶을 영위하는데, 벗들이여, 어떻게 그 사람에 대하여 원한을 극복해야 합니까?

11. 벗들이여, 예를 들어 이끼와 수초로 뒤덮인 연못이 있는데, 더위에 불타고 더위에 사로잡혀 지치고 목마르고 갈증을 느끼는 한 사람이 와서 그 연못에 내려와 두 손으로 여기 저기의 이끼와 수초를 제거하고 손을 모아 물을 마시고 떠나는 것과 같습니다. 벗들이여, 이와 같이 이 사람은 말로는 청정하지 못한 삶을 영위하지만, 몸으로는 청정한 삶을 영위하는데, 말로 청정하지 못한 삶을 영위하면, 그때 그것에 대해 정신활동을 기울이지 말고, 몸으로 청정한 삶을 영위하면, 그때 그것에 대해 정신활동을 기울여야 합니다. 벗들이여, 이와 같이 그 사람에 대하여 원한을 극복합니다.

12. 벗들이여, 이 가운데 어떠한 부류의 사람들은 몸으로 청정하지 못한 삶을 영위할 뿐만 아니라, 말로도 청정하지 못한 삶을 영위하지만, 수시로 마음을 열고 마음으로 믿음을 성취하는데, 벗들이여, 어떻게 그 사람에 대하여 원한을 극복해야 합니까?

13. 벗들이여, 예를 들어 적은 양의 소발자국위의 물이 있는데, 더위에 불타고 더위에 사로잡혀 지치고 목마르고 갈증을 느끼는 한 사

람이 왔다가 이와 같이 '이 적은 양의 소발자국위의 물이 있는데, 내가 손이나 그릇으로 마시면, 내가 물을 흔들고 탁하게 만들어 먹을 수 없게 될 것이다.'라고 생각하고, 사지를 꿇어 소처럼 물을 마시고 떠나는 것과 같습니다. 벗들이여, 이와 같이 이 사람은 몸으로 청정하지 못한 삶을 영위할 뿐만 아니라, 말로도 청정하지 못한 삶을 영위하지만, 수시로 마음을 열고 마음으로 믿음을 성취하는데, 몸으로 청정하지 못한 삶을 영위하면, 그때 그것에 대해 정신활동을 기울이지 말고, 말로 청정하지 못한 삶을 영위하면, 그때 그것에 대해 정신활동을 기울이지 말고, 수시로 마음을 열고 마음으로 믿음을 성취하면, 그때 그것에 대해 정신활동을 기울여야 합니다. 벗들이여, 이와 같이 그 사람에 대하여 원한을 극복합니다.

14. 벗들이여, 이 가운데 어떠한 부류의 사람들은 몸으로 청정하지 못한 삶을 영위할 뿐만 아니라, 말로도 청정하지 못한 삶을 영위하고, 수시로 마음을 열고 마음으로 믿음을 성취하지도 못하는데, 벗들이여, 어떻게 그 사람에 대하여 원한을 극복해야 합니까?

15. 벗들이여, 예를 들어, 한 사람이 아프고 고통스럽고 중병이 들어 먼 길을 따라 걷는데, 그의 앞에도 마을이 멀고, 그의 뒤에도 마을이 멀어서 적당한 음식도 얻지 못하고 적당한 약도 얻지 못하고 적당한 간호자도 얻지 못하고 적당한 마을로 인도할 자도 얻지 못했는데, 어떤 사람이 그가 먼 길을 따라 걷는 것을 보고서는 그 사람에 대하여 이와 같이 '아, 이 사람은 적당한 음식도 얻어야 하고 적당한 약도 얻어야 하고 적당한 간호자도 얻어야 하고 적당한 마을로 인도할 자도 얻어야 한다. 그것은 무슨 까닭인가? 이곳에서 상실과 불운에 빠지지 말아야 하기 때문이다.'라고 연민을 일으키고 자비를 일으키고 동정을 일으키는 것과 같습니다. 벗들이여, 이와

같이 이 사람은 몸으로 청정하지 못한 삶을 영위할 뿐만 아니라, 말로도 청정하지 못한 삶을 영위하고, 수시로 마음을 열고 마음으로 믿음을 성취하지도 못하는데, 벗들이여, 이와 같은 사람에 대하여 이와 같이 '아, 이 존자는 신체적인 악행을 끊어버리고 신체적인 선행을 닦아야 한다. 언어적인 악행을 끊어버리고 언어적인 선행을 닦아야 한다. 정신적인 악행을 끊어버리고 정신적인 선행을 닦아야 한다. 그것은 무슨 까닭인가? 이 존자가 몸이 파괴되어 죽은 뒤에 괴로운 곳, 나쁜 곳, 타락한 곳, 지옥에 태어나지 말아야 한다.'라고 연민을 일으키고 자비를 일으키고 동정을 일으켜야 합니다.

16. 벗들이여, 이 가운데 어떠한 부류의 사람들은 몸으로 청정한 삶을 영위할 뿐만 아니라, 말로도 청정한 삶을 영위하고, 수시로 마음을 열고 마음으로 믿음을 성취합니다. 벗들이여, 어떻게 이와 같은 사람에 대하여 원한을 극복해야 합니까?

17. 벗들이여, 예를 들어 한 연못이 맑고 신선하고 차갑고 청정하고 잘 위치하고 즐길만하고 많은 나무그늘을 제공하는데, 여기에 더위에 불타고 더위에 사로잡혀 지치고 목마르고 갈증을 느끼는 한 사람이 와서 그 연못에 들어가 목욕을 하고 물을 마시고 나와서는 그곳의 나무그늘에 앉거나 눕는 것과 같습니다. 벗들이여, 이와 같이 이 사람이 몸으로 청정한 삶을 영위할 뿐만 아니라, 말로도 청정한 삶을 영위하고, 수시로 마음을 열고 마음으로 믿음을 성취하는데, 그가 몸으로 청정한 삶을 영위하면, 그때 그것에 대해 정신활동을 기울여야 합니다. 그가 말로 청정한 삶을 영위하면, 그때 그것에 대해 정신활동을 기울여야 합니다. 그가 수시로 마음을 열고 마음으로 믿음을 성취하면, 그때 그것에 대해 정신활동을 기울여야 합니다. 벗들이여, 이와 같이 그 사람에 대하여 원한을 극복합니다.

18. 벗들이여, 수행승에게 이미 생겨난 원한을 완전히 극복할 수 있는 이와 같은 다섯 가지 원한의 극복수단이 있습니다. 벗들이여, 모든 면에서 신뢰를 불러일으키는 사람에 의해서 마음이 고요해집니다."

27. 보거나 듣거나 지각한 것 가운데 최상의 것이란 무엇인가?[532]

1. 한때 존자 아난다는 꼬쌈비 시의 고씨따라마 승원에 있었다.

2. 그때 존자 밧다지[533]가 존자 아난다가 있는 곳을 찾아왔다. 가까이 다가와서 존자 아난다와 함께 인사를 나누었다. 인사를 나누고 안부를 주고받은 뒤에 한쪽으로 물러나 앉았다. 물러나 앉은 존자 밧다지에게 존자 아난다는 이와 같이 말했다.

[아난다] "벗이여, 밧다지여, 보는 것 가운데 최상은 무엇입니까? 듣는 것 가운데 최상은 무엇입니까? 행복한 것 가운데 최상은 무엇입니까? 지각하는 것 가운데 최상은 무엇입니까? 존재하는 것 가운데 최상은 무엇입니까?"

3. [밧다지] "벗이여, 하느님, 승리자, 정복될 수 없는 자, 일체를 보는 자, 자재한 자가 있는데, 그를 보는 것이 보는 것 가운데 최상입니다.

532) AN. III. 202 : 밧다지의 경[Bhaddajisutta], 잡아함17(대정2. 123b) 참조

533) Bhaddaji : Ppn. II. 349에 따르면, 밧디야(Bhaddiya) 시의 대부호의 아들로서 호화로운 생활 속에서 자랐다. 그가 성장했을 때, 부처님께서 밧디야를 방문하여 많은 수행승과 함께 자띠야 숲(Jātiyāvana)에 지냈다. 그때 밧다지는 부처님의 설법을 듣고 거룩한 님(Arahant)이 되었으며, 아버지의 허락을 얻고 출가했다. 칠 주 후에 그는 부처님을 수행하여 꼬띠가마(Koṭigāma)로 갔다. 부처님께서 도중에 경건한 보시에 감사를 표할 때에 그는 마을 밖의 갠지스 강 언덕으로 물러나 서서 선정에 들곤 했고, 부처님께서 곁을 지날 때나 모습을 나타내었다. 그는 앞서가는 장로들을 배려하지는 않았다. 그는 그 때문에 비난을 받았다. 그러나 부처님은 그의 신통의 성취를 보여주기 위해 나룻배에 그를 초대하여 그에게 신통을 발휘하도록 했다. 그러자 그는 강 위로 15요자나 높이로 공중으로 올라 그가 살았던 황금궁전을 일으켜 세웠다. 이 사건과 관련해서 Jat. IV. 255의 Mahāpanāda Jātaka가 설해졌다.

4. 벗이여, 빛이 흐르는 하느님 세계의 신들은[534] 행복이 가득하고 행복이 넘칩니다. 그들은 언제나 어디서나 '나는 행복하다. 나는 행복하다.'라고 감흥에 흥겨워합니다. 그 소리를 듣는 자가 듣는 것 가운데 최상입니다.

5. 벗이여, 영광으로 충만한 하느님 세계의 신들이[535] 있습니다. 그들은 고요하고 행복한 열락을 체험합니다. 이것이 행복한 것 가운데 최상입니다.

6. 벗이여, 아무것도 없는 경지에 도달한 하느님 세계의 신들이[536] 있습니다. 이것이 지각하는 것 가운데 최상입니다.

7. 벗이여, 지각하는 것도 아니고 지각하지 않는 것도 아닌 경지에 도달한 하느님 세계의 신들이[537] 있습니다. 이것이 존재하는 것 가운데 최상입니다."

8. [아난다] "바로 존자 밧다지가 말한 것은 바로 많은 사람과 일치합니다."

[밧다지] "존자 아난다는 많이 배웠습니다. 존자 아난다는 스스로 밝혀보십시오."

[아난다] "벗이여 밧다지여, 그렇다면, 듣고 잘 새기십시오, 내가 말하겠습니다."

[밧다지] "벗이여 그렇게 하겠습니다."

존자 밧다지는 존자 아난다에게 대답했다. 존자 아난다는 이와 같

534) ābhassarā nāma devā : 극광천(極光天)을 말한다. 이 책의 부록 「불교의 세계관」을 참조하라.

535) subhakiṇṇakā nāma devā : 변정천(遍淨天)을 말한다. 이 책의 부록 「불교의 세계관」을 참조하라.

536) ākiñcaññāyatanūpagā devā : 무소유처천(無所有處天)을 말한다. 이 책의 부록 「불교의 세계관」을 참조하라.

537) nevasaññānāsaññāyatanūpagā devā : 비상비비상처천(非想非非想處天)을 말한다. 이 책의 부록 「불교의 세계관」을 참조하라.

이 말했다.

9. [아난다] "벗이여, 볼 때에 즉각적으로 번뇌의 부숨이 뒤따르면, 그것이 보는 것 가운데 최상입니다.

10. 벗이여, 들을 때에 즉각적으로 번뇌의 부숨이 뒤따르면, 그것이 듣는 것 가운데 최상입니다.

11. 벗이여, 행복할 때에 즉각적으로 번뇌의 부숨이 뒤따르면, 그것이 행복한 것 가운데 최상입니다.

12. 벗이여, 지각할 때에 즉각적으로 번뇌의 부숨이 뒤따르면, 그것이 지각하는 것 가운데 최상입니다.

13. 벗이여, 존재할 때에 즉각적으로 번뇌의 부숨이 뒤따르면, 그것이 존재하는 것 가운데 최상입니다."[538]

28. 부처님께서 정각을 이루기 전에 꾼 다섯 가지 꿈이란 어떠한 것인가?[539]

1. 한때 세존께서는 싸밧티 시에 계셨다.

[세존] "수행승들이여, 이렇게 오신 님, 거룩한 님, 올바로 원만히 깨달은 님께서는 예전에 아직 바르고 원만한 깨달음을 성취하지 못한 보살이었을 때, 이와 같은 다섯 가지 크나큰 꿈이[540] 나타났다.

---

538) yathā passato (suṇato, sukhitassa, saññissa, bhūtassa) kho āvuso, anantarā āsavānaṃ khayo hoti, idaṃ dassanānaṃ aggaṃ : Mrp. III. 301에 따르면, 번뇌의 부숨이 뒤따른다는 것은 거룩한 님의 경지(arahatta)가 일어난다는 것이다.

539) AN. III. 240 : 크나큰 꿈의 경[Mahāsupinasutta]

540) mahāsupinā : Mrp III. 316에 따르면, 네 가지 종류의 꿈이 있다. 첫 번째 종류의 꿈은 담즙, 점액, 바람에 의해서 야기되는 것으로 산에서 떨어지거나 공중을 날거나 맹수에 쫓기는 꿈을 꾼다. 두 번째 종류의 꿈은 과거의 인상에 대한 기억으로 구성된다. 세 번째는 선하거나 악한 영혼에 의해 야기된다. 네 번째가 징조로서의 꿈이다. 즉, 보살의 꿈과 같은 것이다. 이 가운데 첫 번째와 두 번째의 꿈은 사실이 아닌 꿈이고, 세 번째 것은 지금까지는 사실인 꿈이고, 네 번째 것은 지금까지는 사실이 아닌 꿈이다. Mrp. III. 316에 따르면, 이 경에서 설하는 보살의 다섯 가지 꿈은 범부뿐만 아니라 대왕이나 전륜왕이나 상수제자, 벽지불도 꿀 수 없고, 오직 일체지를 지닌 보살 한 분만이 꿀 수 있다.

다섯 가지란 무엇인가?

2. 수행승들이여, 이렇게 오신 님, 거룩한 님, 올바로 원만히 깨달은 님께서는 예전에 아직 바르고 원만한 깨달음을 성취하지 못한 보살이었을 때, 크나큰 땅은 그의 크나큰 침상이었고, 산의 제왕 히말라야 산은 그의 배게였고, 동쪽 바다에는 그의 왼손이 놓였고, 서쪽 바다에는 그의 오른쪽 손이 놓였고, 남쪽 바다에는 그의 양발이 놓였다. 수행승들이여, 이렇게 오신 님, 거룩한 님, 올바로 원만히 깨달은 님께서는 예전에 아직 바르고 원만한 깨달음을 성취하지 못한 보살이었을 때, 이와 같은 첫 번째 크나큰 꿈이 나타났다.

3. 수행승들이여, 이렇게 오신 님, 거룩한 님, 올바로 원만히 깨달은 님께서는 예전에 아직 바르고 원만한 깨달음을 성취하지 못한 보살이었을 때, 띠리야[541]라는 풀의 종류가 그의 배꼽에서 솟아서 천공에까지 이르렀다. 수행승들이여, 이렇게 오신 님, 거룩한 님, 올바로 원만히 깨달은 님께서는 예전에 아직 바르고 원만한 깨달음을 성취하지 못한 보살이었을 때, 이와 같은 두 번째 크나큰 꿈이 나타났다.

4. 수행승들이여, 이렇게 오신 님, 거룩한 님, 올바로 원만히 깨달은 님께서는 예전에 아직 바르고 원만한 깨달음을 성취하지 못한 보살이었을 때, 흰 벌레들이 검은 머리를 했는데 발에서 기어올라 무릎까지 덮었다. 수행승들이여, 이렇게 오신 님, 거룩한 님, 올바로 원만히 깨달은 님께서는 예전에 아직 바르고 원만한 깨달음을 성취하지 못한 보살이었을 때, 이와 같은 세 번째 크나큰 꿈이 나타났다.

5. 수행승들이여, 이렇게 오신 님, 거룩한 님, 올바로 원만히 깨달은 님께서는 예전에 아직 바르고 원만한 깨달음을 성취하지 못한 보살

---

541) Tiriya : 넝쿨식물의 일종

이었을 때, 네 마리의 다양한 색깔을 띤 새가 사방에서 와서 발 아래 떨어져 모두 흰 색으로 변했다. 수행승들이여, 이렇게 오신 님, 거룩한 님, 올바로 원만히 깨달은 님께서는 예전에 아직 바르고 원만한 깨달음을 성취하지 못한 보살이었을 때, 이와 같은 네 번째 크나큰 꿈이 나타났다.

6. 수행승들이여, 이렇게 오신 님, 거룩한 님, 올바로 원만히 깨달은 님께서는 예전에 아직 바르고 원만한 깨달음을 성취하지 못한 보살이었을 때, 똥으로 이루어진 산을 아주 높이 올라가면서 몸에 똥을 묻히지 않았다. 수행승들이여, 이렇게 오신 님, 거룩한 님, 올바로 원만히 깨달은 님께서는 예전에 아직 바르고 원만한 깨달음을 성취하지 못한 보살이었을 때, 이와 같은 다섯 번째 크나큰 꿈이 나타났다.[542]

7. 수행승들이여, 이렇게 오신 님, 거룩한 님, 올바로 원만히 깨달은 님께서는 예전에 아직 바르고 원만한 깨달음을 성취하지 못한 보살이었을 때, 크나큰 땅은 그의 크나큰 침상이었고, 산의 제왕 히말라야 산은 그의 배게였고, 동쪽 바다에는 그의 왼손이 놓였고, 서쪽 바다에는 그의 오른쪽 손이 놓였고, 남쪽 바다에는 그의 양발이 놓였다.[543] 수행승들이여, 이렇게 오신 님, 거룩한 님, 올바로 원만히 깨달은 님께서 위없이 바르고 원만한 깨달음을 곧바로 원만히 깨달은 자이다. 바르고 원만한 깨달음을 위해서 그에게 이와 같은 첫 번

542) Mrp. III. 320에 따르면, 여기까지는 징후를 보인 것이고 다음 문단부터는 그 징후에 의한 공덕을 설한다.

543) ayaṃ mahāpaṭhavī mahāsayanaṃ ahosi, himavā pabbatarājā bimbohanaṃ ahosi, puratthime samudde vāmo hattho ohito ahosi, pacchime samudde dakkhiṇe hattho ohito ahosi, dakkhiṇe samudde ubho pādā ohitā ahesuṃ : Mrp. III. 320에 따르면, 크나큰 땅이 그의 크나큰 침상인 것은 부처님이 될 징후를 보여준 것이고, 산의 제왕 히말라야 산이 그의 배게였던 것은 일체지자(一切智者)가 될 징후였고, 동쪽 바다에 그의 왼손이 놓였고, 서쪽 바다에 그의 오른쪽 손이 놓였고, 남쪽 바다에 그의 양발이 놓였던 것은 불퇴전의 법륜을 굴리는 자가 될 징후였다.

째 크나큰 꿈이 나타났던 것이다.

8. 수행승들이여, 이렇게 오신 님, 거룩한 님, 올바로 원만히 깨달은 님께서는 예전에 아직 바르고 원만한 깨달음을 성취하지 못한 보살이었을 때, 띠리야라는 풀의 종류가 그의 배꼽에서 솟아서 천공에까지 이르렀다. 수행승들이여, 이렇게 오신 님, 거룩한 님, 올바로 원만히 깨달은 님께서는 고귀한 여덟 가지 길을 곧바로 원만히 깨달아 신들과 인간들에게 잘 설명하는 자이다. 바르고 원만한 깨달음을 위해서 그에게 이와 같은 두 번째 크나큰 꿈이 나타났던 것이다

9. 수행승들이여, 이렇게 오신 님, 거룩한 님, 올바로 원만히 깨달은 님께서는 예전에 아직 바르고 원만한 깨달음을 성취하지 못한 보살이었을 때, 흰 벌레들이 검은 머리를 했는데 발에서 기어올라 무릎까지 덮었다. 수행승들이여, 많은 흰옷을 입은 재가의 신도들은 여래에게 목숨이 다하도록 귀의한다. 바르고 원만한 깨달음을 위해서 그에게 이와 같은 세 번째 크나큰 꿈이 나타났던 것이다.

10. 수행승들이여, 이렇게 오신 님, 거룩한 님, 올바로 원만히 깨달은 님께서는 예전에 아직 바르고 원만한 깨달음을 성취하지 못한 보살이었을 때, 네 마리의 다양한 색깔을 띤 새가 사방에서 와서 발아래 떨어져 모두 흰 색으로 변했다. 수행승들이여, 네 가지 계급 즉 왕족, 바라문, 평민, 노예가 있는데, 그들은 여래가 설한 가르침과 계율 가운데 집에서 집 없는 곳으로 출가해서 위없는 해탈을 실현한다.544) 바르고 원만한 깨달음을 위해서 그에게 이와 같은 네

---

544) cattāro sakuṇā nānāvaṇṇā catūhi disāhi āgantvā pādamūle nipatitvā sabbasetā sampajjiṃsu, cattāro me bhikkhave, vaṇṇā: khattiyā brāhmaṇā vessā suddā, te tathāgatappavedite dhammavinaye agārasmā anagāriyaṃ pabbajitvā anuttaraṃ vimuttiṃ sacchikaronti : 부처님의 참모임에서는 바다와 같이 모든 계급을 수용한다는 가르침을 여기서는 재미있는 네 마리의 새의 꿈으로 표현했다. ≪앙굿따라니까야≫ 8 : 19를 참조하라.

번째 크나큰 꿈이 나타났던 것이다.

11. 수행승들이여, 이렇게 오신 님, 거룩한 님, 올바로 원만히 깨달은 님께서는 예전에 아직 바르고 원만한 깨달음을 성취하지 못한 보살이었을 때, 똥으로 이루어진 산을 아주 높이 올라가면서 몸에 똥을 묻히지 않았다. 수행승들이여, 여래는 옷과 탁발음식과 와좌구와 필수약을 얻지만, 여래는 거기에 묶이지 않고, 정신을 잃지 않고, 탐착하지 않고, 유혹을 보고, 여읨의 지혜를 갖추어, 그것을 수용한다. 바르고 원만한 깨달음을 위해서 그에게 이와 같은 다섯 번째 크나큰 꿈이 나타났던 것이다.

12. 수행승들이여, 이렇게 오신 님, 거룩한 님, 올바로 원만히 깨달은 님께서는 예전에 아직 바르고 원만한 깨달음을 성취하지 못한 보살이었을 때, 이와 같은 다섯 가지 크나큰 꿈이 나타났다."

29. 계행을 갖춘 수행자가 가정에 주는 축복은 무엇인가?[545)]

1. 한때 세존께서는 싸밧티 시에 계셨다.

[세존] "수행승들이여, 계행을 갖춘 자들이 출가하여 가정을 찾으면, 그때 사람들은 이와 같은 다섯 가지 이유로 많은 공덕을 낳는다. 다섯 가지란 무엇인가?

2. 수행승들이여, 계행을 갖춘 자들이 출가하여 가정을 찾으면, 사람들이 그들을 보고 마음을 청정히 하는데, 그때 수행승들이여, 천상세계로 이끄는 길에 들어선 것이다.

3. 수행승들이여, 계행을 갖춘 자들이 출가하여 가정을 찾으면, 사람들이 그들을 보고 일어나 맞이하고 인사하고 자리를 내주는데, 그때

545) AN. III. 244 : 가정의 경[Kulasutta]

수행승들이여, 보다 높은 가문으로 이끄는 길에 들어선 것이다.

4. 수행승들이여, 계행을 갖춘 자들이 출가하여 가정을 찾으면, 사람들이 그들을 보고 간탐의 때를 제거하는데, 그때 수행승들이여, 위대한 능력으로 이끄는 길에 들어선 것이다.

5. 수행승들이여, 계행을 갖춘 자들이 출가하여 가정을 찾으면, 사람들이 그들을 보고 능력에 따라 힘에 따라 보시하는데, 그때 수행승들이여, 대자산가로 이끄는 길에 들어선 것이다.

6. 수행승들이여, 계행을 갖춘 자들이 출가하여 가정을 찾으면, 사람들이 그들을 보고 묻고 질문하고 가르침을 들으면, 그때 수행승들이여, 크나큰 지혜로 이끄는 길에 들어선 것이다.

7. 수행승들이여, 계행을 갖춘 자들이 출가하여 가정을 찾으면, 그때 사람들은 이와 같은 다섯 가지 이유로 많은 공덕을 낳는다."

30. 정신활동을 기울이더라도 뛰어들어 환희하지 않는 여읨의 세계란 무엇인가?[546]

1. 한때 세존께서는 싸밧티 시에 계셨다.

[세존] "수행승들이여, 이와 같은 다섯 가지 여읨의 세계가 있다. 다섯 가지란 무엇인가?

2. 수행승들이여, 세상에 수행승이 감각적 쾌락의 욕망에 정신활동을 기울이더라도, 감각적 쾌락의 욕망에 마음이 뛰어들지 않고, 환희하지 않고, 안주하지 않고, 몰입하지 않는다.[547] 그러나 그가 감각적 쾌락의 욕망의 여읨에 정신활동을 기울이면, 감각적 쾌락의 욕

---

546) AN. III. 245 : 여읨의 경[Nissāraṇīyasutta]

547) Idha bhikkhave bhikkhuno kāme manasikaroto kāmesu cittaṃ na pakkhandati. Nappasīdati, na saṃtiṭṭhati, na vimuccati : Mrp. III. 321에 따르면, 부정(不淨)에 대한 선정에서 나온 뒤에 부정에 대한 지각이라는 해독제(agada)를 가지고 감각적 쾌락의 욕망이라는 독(visa)을 해독하는 과정을 말한다.

망의 여읨에 마음이 뛰어들고, 환희하고, 안주하고, 몰입한다.[548] 그에게 그 마음은 감각적 쾌락의 욕망에서 잘 떠나간 것이고, 잘 닦여진 것이고, 잘 빠져나온 것이고, 잘 벗어난 것이고, 잘 해탈된 것이다. 그는 감각적 쾌락의 욕망을 조건으로 생겨난 곤혹과 고뇌의 번뇌에서 벗어난다. 그는 그러한 고통을 느끼지 않는다. 이것을 감각적 쾌락의 욕망의 여읨이라고 한다.[549]

3. 수행승들이여, 세상에 수행승이 분노에 정신활동을 기울이더라도, 분노에 마음이 뛰어들지 않고, 환희하지 않고, 안주하지 않고, 몰입하지 않는다. 그러나 그가 분노의 여읨에 정신활동을 기울이면,[550] 분노의 여읨에 마음이 뛰어들고, 환희하고, 안주하고, 몰입한다. 그에게 그 마음은 분노에서 잘 떠나간 것이고, 잘 닦여진 것이고, 잘 빠져나온 것이고, 잘 벗어난 것이고, 잘 해탈된 것이다. 그는 분노를 조건으로 생겨난 곤혹과 고뇌의 번뇌에서 벗어난다. 그는 그러한 고통을 느끼지 않는다. 이것을 분노의 여읨이라고 한다.

4. 수행승들이여, 세상에 수행승이 폭력에 정신활동을 기울이더라도, 폭력에 마음이 뛰어들지 않고, 환희하지 않고, 안주하지 않고, 몰입하지 않는다. 그러나 그가 폭력의 여읨에 정신활동을 기울이면,[551]

---

548) nekkhammaṃ kho panassa manasikaroto nekkhamme cittaṃ pakkhandati, pasīdati, santiṭṭhati, vimuccati : 여기서 감각적 쾌락의 욕망의 여읨은 출리(出離 : nekkhammaṃ) 란 말을 번역한 것이다. Mrp. III. 321에 따르면, 여기서 감각적 쾌락의 욕망의 여읨은 부정관(不淨觀)을 통해 생겨난 첫 번째 선정(paṭhamajjhāna)을 의미한다.

549) idam akkhātaṃ kāmānaṃ nissaraṇaṃ : Mrp. III. 322에 따르면, 어떤 자가 선정을 통찰의 토대로 삼고 형성을 탐구하여 세 번째 길(=돌아오지 않는 길)에 도달하여 돌아오지 않는 경지(anāgāmiphala)를 통해 열반을 보면, 비로소 그 자신에게 더 이상 감각적인 욕망이 없다는 것을 알게 된다. 그러면, 그의 마음은 감각적 쾌락의 욕망으로부터 궁극적인 여읨을 이룬다.

550) avyāpādaṃ kho panassa manasikaroto : Mrp. III. 322에 따르면, 자애의 선정(mettjjhāna)을 통해서 이루어진다.

551) avihesaṃ kho panassa manasikaroto : Mrp. III. 322에 따르면, 연민의 선정(karuṇajjhāna)을 통해서 이루어진다.

폭력의 여읨에 마음이 뛰어들고, 환희하고, 안주하고, 몰입한다. 그에게 그 마음은 폭력에서 잘 떠나간 것이고, 잘 닦여진 것이고, 잘 빠져나온 것이고, 잘 벗어난 것이고, 잘 해탈된 것이다. 그는 폭력을 조건으로 생겨난 곤혹과 고뇌의 번뇌에서 벗어난다. 그는 그러한 고통을 느끼지 않는다. 이것을 폭력의 여읨이라고 한다.

5. 수행승들이여, 세상에 수행승이 물질에 정신활동을 기울이더라도, 물질에 마음이 뛰어들지 않고, 환희하지 않고, 안주하지 않고, 몰입하지 않는다. 그러나 그가 물질의 여읨에 정신활동을 기울이면,[552] 물질의 여읨에 마음이 뛰어들고, 환희하고, 안주하고, 몰입한다. 그에게 그 마음은 물질에서 잘 떠나간 것이고, 잘 닦여진 것이고, 잘 빠져나온 것이고, 잘 벗어난 것이고, 잘 해탈된 것이다. 그는 물질을 조건으로 생겨난 곤혹과 고뇌의 번뇌에서 벗어난다. 그는 그러한 고통을 느끼지 않는다. 이것을 물질의 여읨이라고 한다.

6. 수행승들이여, 세상에 수행승이 개체에 정신활동을 기울이더라도, 개체에 마음이 뛰어들지 않고, 환희하지 않고, 안주하지 않고, 몰입하지 않는다. 그러나 그가 개체의 소멸에 정신활동을 기울이면,[553] 개체의 소멸에 마음이 뛰어들고, 환희하고, 안주하고, 몰입한다. 그에게 그 마음은 개체에서 잘 떠나간 것이고, 잘 닦여진 것이고, 잘 빠져나온 것이고, 잘 벗어난 것이고, 잘 해탈된 것이다. 그는 개체를 조건으로 생겨난 곤혹과 고뇌의 번뇌에서 벗어난다. 그는 그러한 고통을 느끼지 않는다. 이것을 개체의 여읨이라고 한다.[554]

---

552) arūpaṃ manasikaroto : Mrp. III. 322에 따르면, 비물질계에 대한 선정(arūpajhāna)을 통해서 이루어진다.

553) sakkāyanirodhaṃ kho panassa manasikaroto : Mrp. III. 322에 따르면, 순수한 형성을 관찰하여 거룩한 경지에 도달한 통찰자는 경지의 성취에서 출정하여 검증을 위해 다섯 가지 집착다발(五取蘊)에 마음을 기울인다.

554) idamakkhātaṃ sakkāyassa nissaraṇaṃ : Mrp. III. 322에 따르면, 거룩한 길과 거룩한 경지를 통해 열반을 보고 '개체는 없다.'라고 거룩한 경지를 성취한 마음을 개체의 여읨이라고 한다.

7. 그에게는 감각적 쾌락의 욕망에 대한 환락의 경향도 없고, 분노에 대한 환락의 경향도 없고, 폭력에 대한 환락의 경향도 없고, 물질에 대한 환락의 경향도 없고, 개체에 대한 환락의 경향도 없다. 그는 감각적 쾌락의 욕망에 대한 환락의 경향에서도 벗어났고, 분노에 대한 환락의 경향에서도 벗어났고, 폭력에 대한 환락의 경향에서도 벗어났고, 물질에 대한 환락의 경향에서도 벗어났고, 개체에 대한 환락의 경향에서도 벗어났다. 수행승들이여, 그 수행승을 두고 경향을 여읜 자라고 한다. 그는 갈애를 끊고, 결박을 끊고, 올바른 정신으로 꿰뚫어 괴로움의 종식을 이룬 것이다.

8. 수행승들이여, 이와 같은 다섯 가지 여읨의 세계가 있다."

31. 말이 많은 자의 재난과 말이 신중한 자의 공덕은 무엇인가?555)

1. 한때 세존께서는 싸밧티 시에 계셨다.

[세존] "수행승들이여, 말을 많이 하는 자에게는 이와 같은 다섯 가지 재난이 있다. 다섯 가지란 무엇인가?

2. 수행승들이여, 거짓말을 하고, 이간질을 하고, 욕지거리를 하고, 꾸며대는 말을 하고, 몸이 파괴되어 죽은 뒤에 괴로운 곳, 나쁜 곳, 타락한 곳, 지옥에 떨어지는 것이다. 수행승들이여, 말을 많이 하는 자에게는 이와 같은 다섯 가지 재난이 있다.

3. 수행승들이여, 말을 신중하게 하는 자에게는 이와 같은 다섯 가지 공덕이 있다. 다섯 가지란 무엇인가?

4. 수행승들이여, 거짓말을 하지 않고, 이간질을 하지 않고, 욕지거리를 하지 않고, 꾸며대는 말을 하지 않고, 몸이 파괴되어 죽은 뒤에

---

555) AN. III. 254 : 말이 많은 사람의 경[Bahubhāṇisutta]

좋은 곳, 천상세계에 태어나는 것이다. 수행승들이여, 말을 신중하게 하는 자에게는 이와 같은 다섯 가지 공덕이 있다.”

32. 참을성이 없는 자의 재난과 참을성이 있는 자의 공덕은 무엇인가?556)

1. 한때 세존께서는 싸밧티 시에 계셨다.

[세존] “수행승들이여, 참을성이 없는 자에게는 이와 같은 다섯 가지 재난이 있다. 다섯 가지란 무엇인가?

2. 수행승들이여, 많은 사람에게 사랑받지 못하고 호감을 사지 못하고, 많은 원한을 사고, 많은 잘못을 저지르고, 미혹하게 죽고, 몸이 파괴되어 죽은 뒤에 괴로운 곳, 나쁜 곳, 타락한 곳, 지옥에 떨어지는 것이다. 수행승들이여, 참을성이 없는 자에게는 이와 같은 다섯 가지 재난이 있다.

3. 수행승들이여, 참을성이 있는 자에게는 이와 같은 다섯 가지 공덕이 있다. 다섯 가지란 무엇인가?

4. 수행승들이여, 많은 사람에게 사랑받고 호감을 사고, 많은 원한을 사지 않고, 많은 잘못을 저지르지 않고, 미혹함이 없이 죽고, 몸이 파괴되어 죽은 뒤에 좋은 곳, 천상세계에 태어나는 것이다. 수행승들이여, 참을성이 있는 자에게는 이와 같은 다섯 가지 공덕이 있다.”

33. 친절하지 못한 자의 재난과 친절한 자의 공덕은 무엇인가?557)

1. 한때 세존께서는 싸밧티 시에 계셨다.

[세존] “수행승들이여, 친절하지 못한 자에게는 이와 같은 다섯 가지의 재난이 있다. 다섯 가지란 무엇인가?

---

556) AN. III. 254 : 참을성이 없음의 경①[Paṭhamākkhantisutta], 칠처삼관경(대정2. 779b) 참조.
557) AN. III. 255 : 친절하지 못한 자의 경①[Paṭhamāpāsādikasutta]

2. 수행승들이여, 자신이 자신을 비난하고, 양식있는 자들이 알고 나서 비난하고, 악한 명성이 드날리고, 미혹하게 죽고, 몸이 파괴되어 죽은 뒤에 괴로운 곳, 나쁜 곳, 타락한 곳, 지옥에 떨어지는 것이다. 수행승들이여, 친절하지 못한 자에게는 이와 같은 다섯 가지의 재난이 있다.

3. 수행승들이여, 친절한 자에게는 이와 같은 다섯 가지의 공덕이 있다. 다섯 가지란 무엇인가?

4. 수행승들이여, 자신이 자신을 비난하지 않고, 양식있는 자들이 알고 나서 칭찬하고, 선한 명성을 드날리고, 미혹하지 않게 죽고, 몸이 파괴되어 죽은 뒤에 좋은 곳, 천상세계에 태어난다. 수행승들이여, 친절한 자에게는 이와 같은 다섯 가지의 공덕이 있다."

34. 거룩한 경지를 실현하기 위하여 버려야할 것은 무엇인가?[558]

1. 한때 세존께서는 싸밧티 시에 계셨다.

[세존] "수행승들이여, 이와 같은 다섯 가지 원리를 버리지 못하면, 거룩한 경지를 실현하는 것은 불가능하다. 다섯 가지란 무엇인가?

2. 수행승들이여, 거처에 대한 간탐을 추구하고, 가정에 대한 간탐을 추구하고, 소득에 대한 간탐을 추구하고, 칭찬에 대한 간탐을 추구하고, 가르침에 대한 간탐을 추구하는 것이다.[559] 수행승들이여, 이와 같은 다섯 가지 원리를 버리지 못하면, 거룩한 경지를 실현하는

558) AN. III. 273 : 거룩한 경지의 실현에 대한 경[Arahattaphalasacchikiriyasutta]

559) pañca macchariyāni 다섯 가지 간탐. 오간(五慳)[거처에 대한 간탐(住處慳 : āvāsamacchariya : 손님이 왔어도 승단의 주거가 있어도 거기에 머무는 것을 꺼리는 것), 가정에 대한 간탐(家慳 : kulamacchariya : 자신에게 봉사하는 가문에 다른 수행승이 그 가문에 들어가는 것을 꺼리는 것), 소득에 대한 간탐(利得慳 : lābhamacchariya : 소득이 있더라도 물건을 아껴서 베풀지 않는 것), 칭찬에 대한 간탐(稱讚慳 : vaṇṇamacchariya : 몸과 덕성에 대한 칭찬을 아껴서 베풀지 않는 것), 가르침에 대한 간탐(法慳 : dhammamacchariya : 성전의 가르침에 대하여 '이 자는 가르침을 배워 나를 정복할 것이다.'라고 생각하여 타인에게 베풀지 않는 것)].

것은 불가능하다.

3. 수행승들이여, 이와 같은 다섯 가지 원리를 버리면, 거룩한 경지를 실현하는 것이 가능하다. 다섯 가지란 무엇인가?

4. 수행승들이여, 거처에 대한 간탐을 추구하고, 가정에 대한 간탐을 추구하고, 소득에 대한 간탐을 추구하고, 칭찬에 대한 간탐을 추구하고, 가르침에 대한 간탐을 추구하는 것이다. 수행승들이여, 이와 같은 다섯 가지 원리를 버리면, 거룩한 경지를 실현하는 것이 가능하다."

6. **여섯 모아모음**[Chakkanipāta]

1. 새김의 대상에는 어떠한 것들이 있는가?[560)]

1. 한때 세존께서는 싸밧티 시에 계셨다.

[세존] "수행승들이여, 이와 같은 여섯 가지 새김의 대상이 있다. 여섯 가지란 무엇인가?

2. 수행승들이여, 부처님에 대한 새김, 가르침에 대한 새김, 참모임에 대한 새김, 계행에 대한 새김, 보시에 대한 새김, 신들에 대한 새김이다. 수행승들이여, 이와 같은 여섯 가지 새김의 대상이 있다."

2. 고귀한 제자가 자주 닦는 명상에는 어떠한 것이 있는가?[561)]

1. 이와 같이 나는 들었다. 한때 세존께서는 싸끼야 족의 까삘라밧투 시에 있는 니그로다라마 승원에 계셨다.

2. 그때 싸끼야 족의 마하나마[562)]가 세존께서 계신 곳으로 찾아왔다. 가까이 다가와서 세존과 함께 인사를 나누고 안부를 주고받은 뒤 한쪽으로 물러나 앉았다. 한쪽으로 물러나 앉아 싸끼야 족의 마하나마는 세존께 이와 같이 말씀드렸다.

[마하나마] "세존이시여, 고귀한 제자가 경지를 얻고 가르침을 인

---

560) AN. III. 284 : 새김의 대상에 대한 경[Anussatiṭṭhānasutta], 집이문족론16(대정26. 433a) 참조

561) AN. III. 284 : 마하나마의 경[Mahānāmasutta], 잡아함33(대정2. 237c) ; 별역잡8(대정2. 432b) ; 집이문족론16(대정26. 433a) ; 법온족론8(대정26. 492c) 참조

562) Mahānāma : SN. V. 327, 371 참조

식하면,[563] 어떠한 명상을 자주 닦습니까?"

[세존] "마하나마여, 고귀한 제자가 경지를 얻고 가르침을 인식하면, 이러한 명상을 자주 닦습니다.[564]

3. 마하나마여, 고귀한 제자는 여래에 관하여 이와 같이 '세존께서는 거룩한 님, 올바로 원만히 깨달은 님, 명지와 덕행을 갖춘 님, 올바른 길로 잘 가신 님, 세상을 아는 님, 위없이 높으신 님, 사람을 길들이는 님, 신들과 인간의 스승이신 님, 깨달은 님, 세상의 존귀한 님이다.'라고 새김을 확립합니다.[565] 마하나마여, 고귀한 제자가 여래에 관하여 새김을 확립하면, 그때에 탐욕에 사로잡힌 마음이 없어지고 성냄에 사로잡힌 마음이 없어지고 어리석음에 사로잡힌 마음이 없어지고, 그때에 여래에 관하여 마음이 올바로 정초됩니다.[566] 마하나마여, 마음이 올바로 정초되면 고귀한 제자는 의취에 대한 감동을 얻고, 가르침에 대한 감동을 얻고, 가르침에 따르는 기쁨을 얻습니다.[567] 기쁨이 있으면 희열이 생겨나고, 희열이 있으면 몸이 고요해지고, 몸이 고요해지면 지복이 체험되고, 지복이 있으면 마음이

---

563) ariyasāvako āgataphalo viññātasāsano : Mrp. III. 337에 따르면, 고귀한 경지(ariyaphala)를 얻은 것을 말한다. 여기서는 흐름에 든 경지를 뜻한다. 그리고 가르침에 대한 인식은 계율과 삼매와 지혜의 세 가지 배움[三學]에 대한 인식을 말한다.

564) so iminā vihārena bahulaṃ viharati : '이러한 명상'이란 아래의 여섯 가지의 새김을 말한다. ≪앙굿까라니까야≫ 3 : 71; 4 : 26; 4 : 27; 11 : 13에도 등장한다.

565) ≪앙굿까라니까야≫의 경 3 : 53의 주석을 참조하기 바란다.

566) ujugatamevassa tasmiṃ samaye cittaṃ hoti tathāgataṃ ārabbha. : Mrp. III. 337에 따르면, 부처님 등에 대한 새김 즉, 열 가지 새김(十隨念 : dasa anussatiyo) 가운데 앞의 여섯 가지에 마음을 정초시키는 것을 말한다. ① 부처님에 대한 새김(佛隨念 : buddhānussati) ② 가르침에 대한 새김(法隨念 : dhammānussati) ③ 참모임에 대한 새김(僧隨念 : saṅghānussati) ④ 계행에 대한 새김(戒隨念 : sīlānussati) ⑤ 보시에 대한 새김(捨隨念 : cāgānussati) ⑥ 신들에 대한 새김(天隨念 : devatānussati) ⑦ 죽음에 대한 새김(死隨念 : maraṇānussati) ⑧ 신체에 대한 새김(身至念 : kāyagatāsati) ⑨ 호흡에 대한 새김(按般念 : ānāpānasati) ⑩ 적멸에 대한 새김(寂至隨念 : upasamānussati)

567) labhati atthavedaṃ, labhati dhammavedaṃ, labhati dhammūpasaṃhitaṃ pāmujjaṃ : 붓다고싸의 주석은 너무 지나친 것이긴 하지만 다음과 같다. Mrp. III. 337에 따르면, 주석서(aṭṭhakatha)에 의지하여 생겨난 가쁨과 환희를 얻고, 경전(pāḷi)에 의지하여 기쁨과 환희를 얻고, 경전과 주석서에 의지하여 가쁨과 환희를 얻는다는 뜻이다.

집중됩니다. 마하나마여, 이 고귀한 제자는 잘못된 길을 가는 사람 가운데 올바른 길을 가고, 폭력의 길을 가는 사람 가운데 비폭력의 길을 가고, 진리의 흐름에 들어 깨달은 님에 대한 새김을 닦습니다.

4. 마하나마여, 또한 고귀한 제자는 가르침에 관하여 이와 같이 '세존께서 잘 설하신 가르침은 현세의 삶에서 유익한 가르침이며, 시간을 초월하는 가르침이며, 와서 보라고 할 만한 가르침이며, 최상의 목표로 이끄는 가르침이며, 슬기로운 자라면 누구나 알 수 있는 가르침이다.'라고 새김을 확립합니다. 마하나마여, 고귀한 제자가 가르침에 관하여 새김을 확립하면, 그때에 탐욕에 사로잡힌 마음이 없어지고 성냄에 사로잡힌 마음이 없어지고 어리석음에 사로잡힌 마음이 없어지고, 그때에 가르침에 관하여 마음이 올바로 정초됩니다. 마하나마여, 마음이 올바로 정초되면 고귀한 제자는 의취에 대한 감동을 얻고, 가르침에 대한 감동을 얻고, 가르침에 따르는 기쁨을 얻습니다. 기쁨이 있으면 희열이 생겨나고, 희열이 있으면 몸이 고요해지고, 몸이 고요해지면 지복이 체험되고, 지복이 있으면 마음이 집중됩니다. 마하나마여, 이 고귀한 제자는 잘못된 길을 가는 사람 가운데 올바른 길을 가고, 폭력의 길을 가는 사람 가운데 비폭력의 길을 가고, 진리의 흐름에 들어 가르침에 대한 새김을 닦습니다.

5. 마하나마여, 또한 고귀한 제자는 참모임에 관하여 이와 같이 '님의 가르침을 따르는 참사람의 모임은 훌륭하게 실천합니다. 님의 가르침을 따르는 참사람의 모임은 정직하게 실천합니다. 님의 가르침을 따르는 참사람의 모임은 현명하게 실천합니다. 님의 가르침을 따르는 참사람의 모임은 조화롭게 실천합니다. 이와 같이 님의 가르침을 따르는 참사람의 모임은 네 쌍으로 여덟이 되는 참사람들로 이루어졌으니, 공양받을 만하고 대접받을 만하고 선물받을 만하고 존

경받을 만하고 세상에 가장 훌륭한 복밭이다.'라고 새김을 확립합니다. 마하나마여, 고귀한 제자가 참모임에 관하여 새김을 확립하면, 그때에 탐욕에 사로잡힌 마음이 없어지고 성냄에 사로잡힌 마음이 없어지고 어리석음에 사로잡힌 마음이 없어지고, 그때에 참모임에 관하여 마음이 올바로 정초됩니다. 마하나마여, 마음이 올바로 정초되면 고귀한 제자는 의취에 대한 감동을 얻고, 가르침에 대한 감동을 얻고, 가르침에 따르는 기쁨을 얻습니다. 기쁨이 있으면 희열이 생겨나고, 희열이 있으면 몸이 고요해지고, 몸이 고요해지면 지복이 체험되고, 지복이 있으면 마음이 집중됩니다. 마하나마여, 이 고귀한 제자는 잘못된 길을 가는 사람 가운데 올바른 길을 가고, 폭력의 길을 가는 사람 가운데 비폭력의 길을 가고, 진리의 흐름에 들어 참모임에 대한 새김을 닦습니다.

6. 마하나마여, 또한 고귀한 제자는 자신의 계행에 관하여 이와 같이 '파괴되지 않고 균열되지 않고 잡되지 않고 더럽혀지지 않고 자유로워지고 현자가 칭찬하고 번뇌에 물들지 않고 삼매로 이끄는 것이다.'라고 새김을 확립합니다. 마하나마여, 고귀한 제자가 계행에 관하여 새김을 확립하면, 그때에 탐욕에 사로잡힌 마음이 없어지고 성냄에 사로잡힌 마음이 없어지고 어리석음에 사로잡힌 마음이 없어지고, 그때에 계행에 관하여 마음이 올바로 정초됩니다. 마하나마여, 마음이 올바로 정초되면 고귀한 제자는 의취에 대한 감동을 얻고, 가르침에 대한 감동을 얻고, 가르침에 따르는 기쁨을 얻습니다. 기쁨이 있으면 희열이 생겨나고, 희열이 있으면 몸이 고요해지고, 몸이 고요해지면 지복이 체험되고, 지복이 있으면 마음이 집중됩니다. 마하나마여, 이 고귀한 제자는 잘못된 길을 가는 사람 가운데 올바른 길을 가고, 폭력의 길을 가는 사람 가운데 비폭력의 길을 가

고, 진리의 흐름에 들어 계행에 대한 새김을 닦습니다.

7. 마하나마여, 또한 고귀한 제자는 자신의 보시에 관하여 이와 같이 '내가 간탐의 때에 사로잡힌 사람들 가운데서 간탐의 때를 제거하여 관대하게 주고 아낌없이 주고 기부를 즐기고 요구에 응하고 베풀고 나누는 것을 좋아하며 집에서 사는 것은 참으로 나에게 좋은 일이고, 참으로 나에게 훌륭한 일이다.'라고 새김을 확립합니다. 마하나마여, 고귀한 제자가 보시에 관하여 새김을 확립하면, 그때에 탐욕에 사로잡힌 마음이 없어지고 성냄에 사로잡힌 마음이 없어지고 어리석음에 사로잡힌 마음이 없어지고, 그때에 보시에 관하여 마음이 올바로 정초됩니다. 마하나마여, 마음이 올바로 정초되면 고귀한 제자는 의취에 대한 감동을 얻고, 가르침에 대한 감동을 얻고, 가르침에 따르는 기쁨을 얻습니다. 기쁨이 있으면 희열이 생겨나고, 희열이 있으면 몸이 고요해지고, 몸이 고요해지면 지복이 체험되고, 지복이 있으면 마음이 집중됩니다. 마하나마여, 이 고귀한 제자는 잘못된 길을 가는 사람 가운데 올바른 길을 가고, 폭력의 길을 가는 사람 가운데 비폭력의 길을 가고, 진리의 흐름에 들어 보시에 대한 새김을 닦습니다.

8. 마하나마여, 또한 고귀한 제자는 신들에 관하여 이와 같이 '네 위대한 왕이 사는 하늘나라의 신들이 있고, 서른 셋 하늘나라의 신들이 있고, 축복 받는 하늘나라의 신들이 있고, 만족을 아는 하늘나라의 신들이 있고, 창조하고 기뻐하는 하늘나라의 신들이 있고, 다른 신들이 만든 것을 누리는 하늘나라의 신들이 있고, 하느님의 권속인 하느님 세계의 신들 등이 있다. 그 신들은 이와 같은 믿음을 갖추고 이곳에서 죽어서 그곳에 태어났다. 나에게도 역시 믿음을 갖추었기 때문에 이곳에서 죽어서 그곳에 태어나는 그와 같은 믿음이 있다.

그 신들은 이와 같은 계행을 갖추고 이곳에서 죽어서 그곳에 태어났다. 나에게도 역시 계행을 갖추었기 때문에 이곳에서 죽어서 그곳에 태어나는 그와 같은 계행이 있다. 그 신들은 이와 같은 배움을 갖추고 이곳에서 죽어서 그곳에 태어났다. 나에게도 역시 배움을 갖추었기 때문에 이곳에서 죽어서 그곳에 태어나는 그와 같은 배움이 있다. 그 신들은 이와 같은 보시를 갖추고 이곳에서 죽어서 그곳에 태어났다. 나에게도 역시 보시를 갖추었기 때문에 이곳에서 죽어서 그곳에 태어나는 그와 같은 보시가 있다. 그 신들은 이와 같은 지혜를 갖추고 이곳에서 죽어서 그곳에 태어났다. 나에게도 역시 이와 같은 지혜를 갖추었기 때문에 이곳에서 죽어서 그곳에 태어나는 그와 같은 지혜가 있다.'라고 새김을 확립합니다. 마하나마여, 고귀한 제자가 자신과 그 신들의 믿음, 계행, 배움, 보시, 지혜에 대하여 새김을 확립하면, 그때에 탐욕에 사로잡힌 마음이 없어지고 성냄에 사로잡힌 마음이 없어지고 어리석음에 사로잡힌 마음이 없어지고, 그때에 신들에 관하여 마음이 올바로 정초됩니다. 마하나마여, 마음이 올바로 정초되면 고귀한 제자는 의취에 대한 감동을 얻고, 가르침에 대한 감동을 얻고, 가르침에 따르는 기쁨을 얻습니다. 기쁨이 있으면 희열이 생겨나고, 희열이 있으면 몸이 고요해지고, 몸이 고요해지면 지복이 체험되고, 지복이 있으면 마음이 집중됩니다. 마하나마여, 이 고귀한 제자는 잘못된 길을 가는 사람 가운데 올바른 길을 가고, 폭력의 길을 가는 사람 가운데 비폭력의 길을 가고, 진리의 흐름에 들어 신들에 대한 새김을 닦습니다.

9. 마하나마여, 고귀한 제자가 경지를 얻고 가르침을 인식하면, 이러한 수행을 자주 닦습니다."

3. 여읨의 의미와 여읨의 세계는 어떠한 것인가?[568)]

1. 한때 세존께서는 싸밧티 시에 계셨다.

[세존] "수행승들이여, 이와 같은 여섯 가지 여읨의 세계[569)]가 있다. 여섯 가지란 무엇인가?

2. 수행승들이여, 세상에 수행승이 이와 같이 '나는 자애의 마음에 의한 해탈을 이미 닦았고 이미 익혔고 이미 수레로 삼았고 이미 토대로 만들었고 이미 확립하였고 이미 구현시켰고 이미 훌륭하게 성취하였습니다. 그러나 분노가 나의 마음을 묶고 있습니다.'라고 말한다면, 그에게 이와 같이 '존자여, 그렇게 말하지 마시오. 세존을 비난하지 마십시오. 세존을 중상모략하지 않는 것이 좋습니다. 세존께서는 그렇게 말씀하시지 않았을 것입니다. 존자여, 자애의 마음에 의한 해탈을 이미 닦았고 이미 익혔고 이미 수레로 삼았고 이미 토대로 만들었고 이미 확립하였고 이미 구현시켰고 이미 훌륭하게 성취하였음에도 불구하고 분노가 그의 마음을 묶고 있다는 것은 타당하지 않고 불가능합니다. 그것은 불가능합니다. 존자여, 분노를 여의는 것이 곧, 자애의 마음에 의한 해탈입니다.'라고 충고해야 한다.

3. 수행승들이여, 세상에 수행승이 이와 같이 '나는 연민의 마음에 의한 해탈을 이미 닦았고 이미 익혔고 이미 수레로 삼았고 이미 토대로 만들었고 이미 확립하였고 이미 구현시켰고 이미 훌륭하게 성취하였습니다. 그러나 폭력이 나의 마음을 묶고 있습니다.'라고 말한다면, 그에게 이와 같이 '존자여, 그렇게 말하지 마시오. 세존을 비난하지 마십시오. 세존을 중상모략하지 않는 것이 좋습니다. 세존께서는 그렇게 말씀하시지 않았을 것입니다. 존자여, 연민의 마음에

568) AN. III. 290 : 여읨의 경[Nissāraṇīyasutta], 집이문족론15(대정26. 430b) ; DN. 33. 참조.
569) nissāraṇīyā dhātuyo : ≪앙굿따라니까야≫의 5 : 200을 참조하라.

의한 해탈을 이미 닦았고 이미 익혔고 이미 수레로 삼았고 이미 토대로 만들었고 이미 확립하였고 이미 구현시켰고 이미 훌륭하게 성취하였음에도 불구하고 폭력이 그의 마음을 묶고 있다는 것은 타당하지 않고 불가능합니다. 그것은 불가능합니다. 존자여, 폭력을 여의는 것이 곧, 연민의 마음에 의한 해탈입니다.'라고 충고해야 한다.

4. 수행승들이여, 세상에 수행승이 이와 같이 '나는 기쁨의 마음에 의한 해탈을 이미 닦았고 이미 익혔고 이미 수레로 삼았고 이미 토대로 만들었고 이미 확립하였고 이미 구현시켰고 이미 훌륭하게 성취하였습니다. 그러나 불쾌가 나의 마음을 묶고 있습니다.'라고 말한다면, 그에게 이와 같이 '존자여, 그렇게 말하지 마시오. 세존을 비난하지 마십시오. 세존을 중상모략하지 않는 것이 좋습니다. 세존께서는 그렇게 말씀하시지 않았을 것입니다. 존자여, 기쁨의 마음에 의한 해탈을 이미 닦았고 이미 익혔고 이미 수레로 삼았고 이미 토대로 만들었고 이미 확립하였고 이미 구현시켰고 이미 훌륭하게 성취하였음에도 불구하고 불쾌가 그의 마음을 묶고 있다는 것은 타당하지 않고 불가능합니다. 그것은 불가능합니다. 존자여, 불쾌를 여의는 것이 곧, 기쁨의 마음에 의한 해탈입니다.'라고 충고해야 한다.

5. 수행승들이여, 세상에 수행승이 이와 같이 '나는 평정의 마음에 의한 해탈을 이미 닦았고 이미 익혔고 이미 수레로 삼았고 이미 토대로 만들었고 이미 확립하였고 이미 구현시켰고 이미 훌륭하게 성취하였습니다. 그러나 탐욕이 나의 마음을 묶고 있습니다.'라고 말한다면, 그에게 이와 같이 '존자여, 그렇게 말하지 마시오. 세존을 비난하지 마십시오. 세존을 중상모략하지 않는 것이 좋습니다. 세존께서는 그렇게 말씀하시지 않았을 것입니다. 존자여, 평정의 마음에 의한 해탈을 이미 닦았고 이미 익혔고 이미 수레로 삼았고 이미 토

대로 만들었고 이미 확립하였고 이미 구현시켰고 이미 훌륭하게 성취하였음에도 불구하고 탐욕이 그의 마음을 묶고 있다는 것은 타당하지 않고 불가능합니다. 그것은 불가능합니다. 존자여, 탐욕을 여의는 것이 곧, 평정의 마음에 의한 해탈입니다.'라고 충고해야 한다.

6. 수행승들이여, 세상에 수행승이 이와 같이 '나는 인상을 여읜 마음에 의한 해탈을[570] 이미 닦았고 이미 익혔고 이미 수레로 삼았고 이미 토대로 만들었고 이미 확립하였고 이미 구현시켰고 이미 훌륭하게 성취하였습니다. 그러나 인상이 나의 마음을 묶고 있습니다.' 라고 말한다면, 그에게 이와 같이 '존자여, 그렇게 말하지 마시오. 세존을 비난하지 마십시오. 세존을 중상모략하지 않는 것이 좋습니다. 세존께서는 그렇게 말씀하시지 않았을 것입니다. 존자여, 인상을 여읜 마음에 의한 해탈을 이미 닦았고 이미 익혔고 이미 수레로 삼았고 이미 토대로 만들었고 이미 확립하였고 이미 구현시켰고 이미 훌륭하게 성취하였음에도 불구하고 인상이 그의 마음을 묶고 있다는 것은 타당하지 않고 불가능합니다. 그것은 불가능합니다. 존자여, 인상을 여의는 것이 곧, 인상을 여읜 마음에 의한 해탈입니다.' 라고 충고해야 한다.

7. 수행승들이여, 세상에 수행승이 이와 같이 '나에게 '나는 있다'는 생각이 사라졌고 '이것이 나이다'라고 보지 않는 데도 불구하고 나에게 의혹과 불확실성의 가시가 나의 마음을 사로잡고 있습니다.'라고 말한다면,[571] 그에게 이와 같이 '존자여, 그렇게 말하지 마시오.

---

570) animittā hi kho me cetovimutti : Mrp. III. 347에 따르면, 강한 통찰(balavavipassanā)을 의미하는데, 디가니까야의 암송자들은 거룩한 경지[阿羅漢果]의 성취라고 주장하고, 탐욕의 인상 등[탐욕, 성냄, 어리석음]이 없고, 물질 등[물질, 느낌, 지각, 형성, 의식]의 인상 등이 없고, 영원 등[영원, 즐거움, 자아]의 인상이 없는 것이라고 말한다.

571) asmīti kho me vigataṃ, ayamahamasmīti ca na samanupassāmi, atha ca pana me vicikicchākathaṃkathāsallaṃ cittaṃ pariyādāya tiṭṭhatī"ti : Mrp. III. 347에 따르면, '내가 있다.'는 것은 '나'라는 자만[=망상]

세존을 비난하지 마십시오. 세존을 중상모략하지 않는 것이 좋습니다. 세존께서는 그렇게 말씀하시지 않았을 것입니다. 존자여, '나는 있다'는 생각이 사라졌고 '이것이 나이다'라고 보지 않는 데도 불구하고 그에게 의혹과 불확실성의 가시가 그의 마음을 묶고 있다는 것은 타당하지 않고 불가능합니다. 그것은 불가능합니다. 존자여, 의혹과 불확실성의 가시를 여의는 것이 곧, '나'라는 자만의 부숨입니다.'라고 충고해야 한다.

8. 수행승들이여, 이와 같은 여섯 가지 여읨의 세계가 있다."

4. 죽음에 대한 새김을 어떻게 닦아야 하는가?572)

1. 이와 같이 나는 들었다. 한때 세존께서 냐띠까 마을의573) 긴자까바싸타 정사에574) 계셨다.

2. 그때 세존께서는 '수행승들이여'라고 수행승들을 부르셨다. '세존이시여'라고 수행승들은 세존께 대답했다. 세존께서는 이와 같이 말씀하셨다.

[세존] "수행승들이여, 죽음에 대한 새김을 닦고 익히면 불사에 뛰어들고 불사를 궁극으로 하는 크나큰 과보와 크나큰 공덕을 얻는

을 말하고, '이것이 나이다'라는 것은 다섯 가지 존재의 다발[五蘊]에 대하여 '이것이야말로 나이다.'라고 여기는 것이다. '내가 있다'는 자만과 '이것이야말로 나이다'라는 것으로 거룩한 경지에 대하여 해명한다면, 잘못된 견해이다.

572) AN. III. 303 : 죽음에 대한 새김의 경①[Paṭhamamaraṇasatisutta], 증일아함35(대정2. 741b) 참조.

573) Ñātika : 마을 이름으로 SN. II. 153과 IV. 90, 401, V. 356 등의 경에 나온다. Ppn. I. 976에 따르면, 밧지(Vajjī) 족의 마을로 꼬띠가마(Koṭigāma) 마을과 베쌀리(Vesāli) 시 사이에 있었다. 부처님께서 처음 그곳으로 여행을 갔을 때에 주민들은 매우 감동을 받아 긴자까바싸타(Giñjakāvasatha)를 만들어 헌납했다. MN. I. 205에 따르면, 부처님은 꼬쌈비(Kosambī) 승려들의 분열 이후에 이곳에 머물렀다. 또한 DN. II. 91에 따르면, 꾸씨나라(Kusināra)로 가는 마지막 여행에서 이곳에 머물렀는데 그곳에서 암바빨리(Ambapālī)의 호의를 받아들여 암바빨리 숲(Ambapālivana)을 기증받았다. Srp. III. 281에 따르면, '한 연못 가까이에 두 분 작은 아버지와 큰 아버지의 자손들이 사는 두 마을이 있었는데, 냐띠까란 이름은 거기에서 유래되었다.'

574) Giñjakāvasatha : 이것은 냐띠까 마을사람들이 부처님을 위해 지은 정사(精舍)로 한역에서는 연와당(煉瓦堂)이라고 번역하거나 번기가(繁耆迦) 정사라고 음사한다.

다. 수행승들이여, 그대들은 죽음에 대한 새김을 닦아라."

3. 이와 같이 말씀하시자 어떤 수행승이 세존께 이와 같이 말했다.

[한 수행승] "세존이시여, 저는 죽음에 대한 새김을 닦고 있습니다."

[세존] "그렇다면, 그대는 어떻게 죽음에 대한 새김을 닦는가?"

[한 수행승] "세존이시여, 여기 저는 이와 같이 '내가 하루 밤낮 동안만을 살더라도 세존의 가르침에 정신활동을 기울이면, 나는 많은 것을 이룬 것이다.'라고 생각합니다. 세존이시여, 이와 같이 저는 죽음에 대한 새김을 닦습니다."

4. 다른 수행승도 세존께 이와 같이 말했다.

[다른 수행승] "세존이시여, 저도 죽음에 대한 새김을 닦고 있습니다."

[세존] "그렇다면, 그대는 어떻게 죽음에 대한 새김을 닦는가?"

[다른 수행승] "세존이시여, 여기 저는 이와 같이 '내가 하루 낮 동안만을 살더라도 세존의 가르침에 정신활동을 기울이면, 나는 많은 것을 이룬 것이다.'라고 생각합니다. 세존이시여, 이와 같이 저는 죽음에 대한 새김을 닦습니다."

5. 또 다른 수행승도 세존께 이와 같이 말했다.

[또 다른 수행승] "세존이시여, 저도 죽음에 대한 새김을 닦고 있습니다."

[세존] "그렇다면, 그대는 어떻게 죽음에 대한 새김을 닦는가?"

[또 다른 수행승] "세존이시여, 여기 저는 이와 같이 '내가 한 끼 탁발음식을 먹는 동안만 살더라도 세존의 가르침에 정신활동을 기울이면, 나는 많은 것을 이룬 것이다.'라고 생각합니다. 세존이시여, 이와 같이 저는 죽음에 대한 새김을 닦습니다."

6. 또 다른 수행승도 세존께 이와 같이 말했다.

[또 다른 수행승] "세존이시여, 저도 죽음에 대한 새김을 닦고 있습니다."

[세존] "그렇다면, 그대는 어떻게 죽음에 대한 새김을 닦는가?"

[또 다른 수행승] "세존이시여, 여기 저는 이와 같이 '내가 네 다섯 모금을 씹어 삼키는 동안만 살더라도 세존의 가르침에 정신활동을 기울이면, 나는 많은 것을 이룬 것이다.'라고 생각합니다. 세존이시여, 이와 같이 저는 죽음에 대한 새김을 닦습니다."

7. 또 다른 수행승도 세존께 이와 같이 말했다.

[또 다른 수행승] "세존이시여, 저도 죽음에 대한 새김을 닦고 있습니다."

[세존] "그렇다면, 그대는 어떻게 죽음에 대한 새김을 닦는가?"

[또 다른 수행승] "세존이시여, 여기 저는 이와 같이 '내가 한 모금을 씹어 삼키는 동안만 살더라도 세존의 가르침에 정신활동을 기울이면, 나는 많은 것을 이룬 것이다.'라고 생각합니다. 세존이시여, 이와 같이 저는 죽음에 대한 새김을 닦습니다."

8. 또 다른 수행승도 세존께 이와 같이 말했다.

[또 다른 수행승] "세존이시여, 저도 죽음에 대한 새김을 닦고 있습니다."

[세존] "그렇다면, 그대는 어떻게 죽음에 대한 새김을 닦는가?"

[또 다른 수행승] "세존이시여, 여기 저는 이와 같이 '내가 숨을 내쉬고 들이쉬는 동안만 살더라도 세존의 가르침에 정신활동을 기울이면, 나는 많은 것을 이룬 것이다.'라고 생각합니다. 세존이시여, 이와 같이 저는 죽음에 대한 새김을 닦습니다."

9. 이와 같이 말하자 세존께서는 이와 같이 말씀하셨다.

[세존]

1) "수행승들이여, 이 수행승은 죽음에 대한 새김을 이와 같이 '내가 하루 밤낮 동안만 살더라도 세존의 가르침에 정신활동을 기울이면, 나는 많은 것을 이룬 것이다.'라고 닦는다.

2) 수행승들이여, 이 수행승은 죽음에 대한 새김을 이와 같이 '내가 하루 낮 동안만 살더라도 세존의 가르침에 정신활동을 기울이면, 나는 많은 것을 이룬 것이다.'라고 닦는다.

3) 수행승들이여, 이 수행승은 죽음에 대한 새김을 이와 같이 '내가 한끼 탁발음식을 먹는 동안만 살더라도 세존의 가르침에 정신활동을 기울이면, 나는 많은 것을 이룬 것이다.'라고 닦는다.

4) 수행승들이여, 이 수행승은 죽음에 대한 새김을 이와 같이 '내가 네 다섯 모금을 씹어 삼키는 동안만 살더라도 세존의 가르침에 정신활동을 기울이면, 나는 많은 것을 이룬 것이다.'라고 닦는다.

5) 수행승들이여, 이 수행승은 죽음에 대한 새김을 이와 같이 '내가 한 모금을 씹어 삼키는 동안만 살더라도 세존의 가르침에 정신활동을 기울이면, 나는 많은 것을 이룬 것이다.'라고 닦는다.

6) 수행승들이여, 이 수행승은 죽음에 대한 새김을 이와 같이 '내가 숨을 내쉬고 들이쉬는 동안만 살더라도 세존의 가르침에 정신활동을 기울이면, 나는 많은 것을 이룬 것이다.'라고 닦는다.

10. 수행승들이여, 이 수행승들은 번뇌를 부수기 위해서 방일하지 않고 치열하게 죽음에 대한 새김을 닦는다.

11. 수행승들이여, 그러므로 이와 같이 '우리도 번뇌를 부수기 위해서 방일하지 말고 치열하게 죽음에 대한 새김을 닦자.'라고 배워야 한다. 수행승들이여, 이와 같이 배워야 한다."

5. 죽음에 대한 새김을 통해 어떻게 불사(不死)의 길을 예비할 것인가?[575]

1. 이와 같이 나는 들었다. 한때 세존께서 냐띠까 마을의 긴자까바싸타 정사에 계셨다.

2. 그때 세존께서는 수행승들에게 알렸다.

[세존] "수행승들이여, 죽음에 대한 새김을 닦고 익히면 불사에 뛰어들고 불사를 궁극으로 하는 크나큰 과보와 크나큰 공덕을 얻는다. 수행승들이여, 어떻게 죽음에 대한 새김을 닦고 익히면 불사에 뛰어들고 불사를 궁극으로 하는 크나큰 과보와 크나큰 공덕을 얻는가?

3. 수행승들이여, 세상에 수행승이 날이 저물고 밤이 오면 이와 같이 '나에게 죽음의 조건은 많다. 뱀이 나를 물거나, 전갈이 나를 물거나, 지네가 나를 물면, 그 때문에 나는 죽을 것이고 그것은 나에게 장애가 될 것이다. 나는 걸려 넘어져서 떨어지거나, 내가 먹은 음식이 탈이 나거나, 담즙이 나를 격분시키거나, 점액이 나를 막히게 하거나, 날카로운 바람이 나를 괴롭히면, 그 때문에 나는 죽을 것이고 그것은 나에게 장애가 될 것이다.'라고 성찰한다.

4. 수행승들이여, 그 수행승은 이와 같이 '나는 밤에 나에게 죽음을 초래하고 나에게 장애가 되는 악하고 불건전한 원리를 버리지 못했는가?'라고 성찰해야 한다. 수행승들이여, 수행승이 성찰하면서 이와 같이 '나는 밤에 나에게 죽음을 초래하고 나에게 장애가 되는 악하고 불건전한 원리를 버리지 못했다.'라고 안다면, 수행승들이여, 그 수행승은 악하고 불건전한 원리를 버리기 위해 극도로 의욕을 일으키고 노력하고 정진하고 정근하고 불퇴전하고 새김을 확립하

575) AN. III. 306 : 죽음에 대한 새김의 경②[Dutiyamaraṇasatisutta]

고 올바로 알아차려야 한다. 수행승들이여, 예를 들어, 옷이 불붙고 머리가 불붙었는데, 그 옷이나 머리의 불을 끄기 위해 극도로 의욕을 일으키고 노력하고 정진하고 정근하고 불퇴전하고 새김을 확립하고 올바로 알아차려야 하듯, 수행승들이여, 이와 같이 그 수행승은 악하고 불건전한 원리를 버리기 위해 극도로 의욕을 일으키고 노력하고 정진하고 정근하고 불퇴전하고 새김을 확립하고 올바로 알아차려야 한다.

5. 수행승들이여, 또한 수행승이 깊이 성찰하면서 이와 같이 '나는 밤에 나에게 죽음을 초래하고 나에게 장애가 되는 악하고 불건전한 원리를 버리지 못한 것이 없다.'라고 안다면, 수행승들이여, 그 수행승은 밤낮으로 그 기쁨과 희열로 착하고 건전한 가르침을 닦아야 한다.

6. 수행승들이여, 그런데 세상에 수행승이 밤이 지나고 날이 새면 이와 같이 '나에게 죽음의 조건은 많다. 뱀이 나를 물거나, 전갈이 나를 물거나, 지네가 나를 물면, 그 때문에 나는 죽을 것이고 그것은 나에게 장애가 될 것이다. 나는 걸려 넘어져서 떨어지거나, 내가 먹은 음식이 탈이 나거나, 담즙이 나를 격분시키거나, 점액이 나를 막히게 하거나, 날카로운 바람이 나를 괴롭히면, 그 때문에 나는 죽을 것이고 그것은 나에게 장애가 될 것이다.'라고 성찰한다.

7. 수행승들이여, 그 수행승은 이와 같이 '나는 낮에 나에게 죽음을 초래하고 나에게 장애가 되는 악하고 불건전한 원리를 버리지 못했는가?'라고 성찰해야 한다. 수행승들이여, 수행승이 성찰하면서 이와 같이 '나는 낮에 나에게 죽음을 초래하고 나에게 장애가 되는 악하고 불건전한 원리를 버리지 못했다.'라고 안다면, 수행승들이여, 그 수행승은 악하고 불건전한 원리를 버리기 위해 극도로 의욕을

일으키고 노력하고 정진하고 정근하고 불퇴전하고 새김을 확립하고 올바로 알아차려야 한다. 수행승들이여, 예를 들어, 옷이 불붙고 머리가 불붙었는데, 그 옷이나 머리의 불을 끄기 위해 극도로 의욕을 일으키고 노력하고 정진하고 정근하고 불퇴전하고 새김을 확립하고 올바로 알아차려야 하듯, 수행승들이여, 이와 같이 그 수행승은 악하고 불건전한 원리를 버리기 위해 극도로 의욕을 일으키고 노력하고 정진하고 정근하고 불퇴전하고 새김을 확립하고 올바로 알아차려야 한다.

8. 수행승들이여, 또한 수행승이 깊이 성찰하면서 이와 같이 '나는 낮에 나에게 죽음을 초래하고 나에게 장애가 되는 악하고 불건전한 원리를 버리지 못한 것이 없다.'라고 안다면, 수행승들이여, 그 수행승은 밤낮으로 그 기쁨과 희열로 착하고 건전한 가르침을 닦아야 한다.

9. 수행승들이여, 죽음에 대한 새김을 이와 같이 닦고 이와 같이 익히면 불사에 뛰어들고 불사를 궁극으로 하는 크나큰 과보와 크나큰 공덕을 얻는다."

6. 사람의 다양성과 그 다양한 사람에 대한 평가에는 어떠한 어려움이 있는가?[576]

1. 한때 세존께서는 싸밧티 시에 계셨다.

그때 존자 아난다가 아침 일찍 옷을 입고 발우와 가사를 갖추고 재가의 여신도 미가쌀라[577]의 처소가 있는 곳으로 찾아갔다. 가까이 다가가서 마련된 자리에 앉으셨다.

---

576) AN. III. 347 : 미가쌀라의 경[Migasālāsutta], 잡아함35(대정26. 257b) 참조

577) Migasālā : 이 경과 《앙굿따라니까야》 10 : 75에만 등장한다. 꼬쌀라 국의 빠쎄나디(Pasenadi) 왕의 시종인 뿌라나(Purāṇa)의 딸이다.

2. 그러자 재가의 여신도 미가쌀라는 존자 아난다를 찾아왔다. 가까이 다가와서 존자 아난다에게 인사를 하고 한쪽으로 물러나 앉았다. 한쪽으로 물러나 앉은 재가의 여신도 미가쌀라는 존자 아난다에게 이와 같이 말했다.

[미가쌀라] "존자 아난다여, 세존께서 가르치신 가르침을 도대체 어떻게 이해해야 하겠습니까? 청정한 삶을 산 사람과 청정하지 못한 삶을 산 사람이 모두 미래에 동일한 운명을 받는 것입니까? 존자여, 저의 아버지 뿌라나[578]는 청정한 삶을 살았고 악을 멀리하는 삶을 살았고 성적 교섭의 비속한 삶을 삼갔습니다. 그가 죽었는데, 세존께서는 그에 대해 '한번 돌아오는 님으로 만족을 아는 하늘나라의 신들의 무리에 태어났다.'라고 설명했습니다. 그런데 존자여, 저의 삼촌 이씨닷따는 청정하지 못한 삶을 살았고 자신에 아내에게 만족하는 삶을 살았습니다. 그도 죽었는데, 세존께서는 그에 대해서도 '한번 돌아오는 님으로 만족을 아는 하늘나라의 신들의 무리에 태어났다.'라고 설명했습니다. 존자 아난다여, 세존께서 가르치신 가르침을 도대체 어떻게 이해해야 하겠습니까? 청정한 삶을 산 사람과 청정하지 못한 삶을 산 사람이 모두 미래에 동일한 운명을 받는 것입니까?"

[아난다] "자매여, 세존께서 설명하신 그대로 입니다."

3. 그리고 존자 아난다는 재가의 여신도 미가쌀라의 처소에서 발우의 음식을 받고는 자리에서 일어나 그곳을 떠났다. 그 후 존자 아난

578) Purāṇa : M. 89에 의하면, 뿌라나는 형제인 이씨닷따(Isidatta)와 함께 꼬쌀라 국의 빠쎄나디(Pasenadi) 왕의 의전대신을 이었다. MN. II. 124에 따르면, 그들은 빠쎄나디 왕의 신하로서 일한 자들이었다. Srp. III. 278에 따르면, 이씨닷따(Isidatta)는 '한 번 돌아오는 님(一來者 : sakadāgāmi)'이고 뿌라나(Puraṇa)는 '아내에 만족하는 흐름에 든 님[豫流者 : sotāpanno sadārasanṭṭhuto]'이었다. 그러나 이 경전에 따르면, 그들이 죽은 후에 부처님은 둘 다 '한 번 돌아오는 님으로 도솔천(兜率天)에 태어난 자'라고 선언했다. 뿌라나는 청정한 삶을 살았고 이씨닷따는 아내에게 만족한 재가신도였다.

다는 식후에 탁발에서 돌아와 세존께서 있는 곳을 찾아갔다. 가까이 다가가서 세존께 인사를 드리고 한쪽으로 물러나 앉았다. 한쪽으로 앉아서 존자 아난다는 세존께 이와 같이 말했다.

[아난다] "세존이시여, 바로 제가 아침 일찍 옷을 입고 발우와 가사를 갖추고 재가의 여신도 미가쌀라의 처소가 있는 곳으로 찾아갔습니다. 가까이 다가가서 마련된 자리에 앉았습니다. 그러자 재가의 여신도 미가쌀라는 제가 있는 곳을 찾아왔습니다. 가까이 다가와서 저에게 인사를 하고 한쪽으로 물러나 앉았습니다. 한쪽으로 물러나 앉은 재가의 여신도 미가쌀라는 저에게 이와 같이 말했습니다.

4. [미가쌀라] '존자 아난다여, 세존께서 가르치신 가르침을 도대체 어떻게 이해해야 하겠습니까? 청정한 삶을 산 사람과 청정하지 못한 삶을 산 사람이 모두 미래에 동일한 운명을 받는 것입니까? 존자여, 저의 아버지 뿌라나는 청정한 삶을 살았고 악을 멀리하는 삶을 살았고 성적 교섭의 비속한 삶을 삼갔습니다. 그가 죽었는데, 세존께서는 그에 대해 '한번 돌아오는 님으로 만족을 아는 하늘나라의 신들의 무리에 태어났다.'라고 설명했습니다. 그런데 존자여, 저의 삼촌 이씨닷따[579]는 청정하지 못한 삶을 살았고 자신의 아내에게 만족하는 삶을 살았습니다. 그도 죽었는데, 세존께서는 그에 대해서도 '한번 돌아오는 님으로 만족을 아는 하늘나라의 신들의 무리에 태어났다.'라고 설명했습니다. 존자 아난다여, 세존께서 가르치신 가르침을 도대체 어떻게 이해해야 하겠습니까? 청정한 삶을 산 사람과 청정하지 못한 삶을 산 사람이 모두 미래에 동일한 운명을 받는 것입니까?'

5. [아난다] 세존이시여, 이와 같이 말하자 저는 재가의 여신도 미가

579) Isidatta : 위의 뿌라나에 대한 주석을 보라.

쌀라에게 이와 같이 '자매여, 세존께서 설명하신 그대로입니다.'라고 말했습니다."

6. [세존] "아난다여, 재가의 여신도 미가쌀라, 어리석고, 슬기롭기 못하고, 아낙의 지혜를 지닌 어리석은 여자는 누구인가? 사람의 다양성에 대하여 어떠한 앎을 지니고 있는가?[580] 아난다여, 세상에는 이와 같은 여섯 종류의 사람이 있다. 여섯 종류란 무엇인가?

7. 아난다여, 세상에 어떤 사람이 온화하고 동료들과 행복하게 지내고, 동료 수행자들도 함께 지내는 것을 즐거워하더라도, 그에게 들은 바가 없고, 많이 배워 이룬 것이 없고, 바른 견해로 잘 관통하는 것이 없고, 일시적인 해탈의 성취가 없다면,[581] 그는 몸이 파괴되어 죽은 뒤에 저열한 곳에 이르지 탁월한 곳에 이르지 못하므로, 저열한 곳으로 가는 자이지 탁월한 곳에 가는 자가 아니다.

8. 아난다여, 세상에 어떤 사람이 온화하고 동료들과 행복하게 지내고, 동료 수행자들도 함께 지내는 것을 즐거워할 뿐만 아니라, 그에게 들은 바가 있고, 많이 배워 이룬 것이 있고, 바른 견해로 잘 관통하는 것이 있고, 일시적인 해탈의 성취가 있다면, 그는 몸이 파괴되어 죽은 뒤에 탁월한 곳에 이르지 저열한 곳에 이르지 않으므로, 탁월한 곳으로 가는 자이지 저열한 곳에 가는 자가 아니다.

아난다여, 그것에 대해 평가하는 자가 이와 같이 '이 사람에게 그 성품이 있고, 저 사람에게도 그 성품이 있다. 어째서 그들 가운데

---

580) ke ca purisapuggalaparopariyañāṇe? : 사람의 다양성에 대하여 어떠한 앎이란 Mrp. III. 374에 따르면, 사람들의 예리하거나 둔감한 것을 통해서 다양한 능력에 대한 앎을 말한다. 그러므로 어떻게 어리석은 미가쌀라가 사람들의 다양한 능력에 대한 앎을 대상에 방해받지 않고 올바로 깨우쳤겠는가?

581) sāmayikampi vimuttiṃ na labhati : Mrp. III. 292에 따르면, 이것은 집중되는 순간마다 번뇌가 부수어져 해탈하기 때문에(appitappitakkhaṇe yeva vikkhambhitehi kilesehi vimuttattā) 일시적 해탈이라고 불린다. 이것은 출세간적인 해탈이 아니라, 세간적인 해탈(lokiyavimutta)에 속한다. Mrp. III. 375에 따르면, 때때로 가르침을 들어도 희열과 환희를 얻지 못한다는 뜻이다.

하나는 열등하고 하나는 탁월한가.'라고 말한다면, 그것은 그에게 오랜 세월 불익과 고통이 된다.

아난다여, 세상에 어떤 사람이 온화하고 동료들과 행복하게 지내고, 동료 수행자들도 함께 지내는 것을 즐거워할 뿐만 아니라, 그에게 들은 바가 있고, 많이 배워 이룬 것이 있고, 바른 견해로 잘 관통하는 것이 있고, 일시적인 해탈의 성취가 있다면, 아난다여, 그 사람은 저 앞 사람에 비해 보다 훌륭하고 보다 탁월하다. 그것은 무슨 까닭인가? 아난다여, 진리의 흐름이 이 사람을 이끌어가기 때문이다.[582] 그는 몸이 파괴되어 죽은 뒤에 탁월한 곳에 이르지 저열한 곳에 이르지 않으므로, 탁월한 곳으로 가는 자이지 저열한 곳에 가는 자가 아니다.

그러므로 아난다여, 사람들에 대하여 평가자가 되지 말라. 사람들에 대하여 평가하지 말라. 아난다여, 사람들에 대하여 평가하면 자신을 해치는 것이다. 아난다여, 나 또는 나와 같은 자만이 사람에 대하여 평가할 수 있다.

9. 아난다여, 세상에 어떤 사람은 분노와 자만을 갖고 자주 탐욕의 상태를 일으킬 뿐만 아니라, 그에게 들은 바가 없고, 많이 배워 이룬 것이 없고, 바른 견해로 잘 관통하는 것이 없고, 일시적인 해탈의 성취가 없다면, 그는 몸이 파괴되어 죽은 뒤에 저열한 곳에 이르지 탁월한 곳에 이르지 못하므로, 저열한 곳으로 가는 자이지 탁월한 곳에 가는 자가 아니다.

10. 아난다여, 세상에 어떤 사람은 분노와 자만을 갖고 자주 탐욕의 상태를 일으키더라도, 그에게 들은 바가 있고, 많이 배워 이룬 것이

582) imaṃ hānanda puggalaṃ dhammasoto nibbahati : Mrp. III. 375에 따르면, 진리의 흐름이란 통찰의 지혜가 현행하는 것을 의미하고, 고귀한 자의 지위에 든 것이다.

있고, 바른 견해로 잘 관통하는 것이 있고, 일시적인 해탈의 성취가 있다면, 그는 몸이 파괴되어 죽은 뒤에 탁월한 곳에 이르지 저열한 곳에 이르지 않으므로, 탁월한 곳으로 가는 자이지 저열한 곳에 가는 자가 아니다.

아난다여, 그것에 대해 평가하는 자가 이와 같이 '이 사람에게 그 성품이 있고, 저 사람에게도 그 성품이 있다. 어째서 그들 가운데 하나는 열등하고 하나는 탁월한가.'라고 말한다면, 그것은 그에게 오랜 세월 불익과 고통이 된다.

아난다여, 세상에 어떤 사람이 분노와 자만을 갖고 자주 탐욕의 상태를 일으키더라도, 그에게 들은 바가 있고, 많이 배워 이룬 것이 있고, 바른 견해로 잘 관통하는 것이 있고, 일시적인 해탈의 성취가 있다면, 아난다여, 그 사람은 저 앞 사람에 비해 보다 훌륭하고 보다 탁월하다. 그것은 무슨 까닭인가? 아난다여, 진리의 흐름이 이 사람을 이끌어가기 때문이다. 그는 몸이 파괴되어 죽은 뒤에 탁월한 곳에 이르지 저열한 곳에 이르지 않으므로, 탁월한 곳으로 가는 자이지 저열한 곳에 가는 자가 아니다.

그러므로 아난다여, 사람들에 대하여 평가자가 되지 말라. 사람들에 대하여 평가하지 말라. 아난다여, 사람들에 대하여 평가하면 자신을 해치는 것이다. 아난다여, 나 또는 나와 같은 자만이 사람에 대하여 평가할 수 있다.

11. 아난다여, 세상에 어떤 사람은 분노와 자만을 갖고 자주 언어의 형성을 일으킬 뿐만 아니라, 그에게 들은 바가 없고, 많이 배워 이룬 것이 없고, 바른 견해로 잘 관통하는 것이 없고, 일시적인 해탈의 성취가 없다면, 그는 몸이 파괴되어 죽은 뒤에 저열한 곳에 이르지 탁월한 곳에 이르지 못하므로, 저열한 곳으로 가는 자이지 탁월

한 곳에 가는 자가 아니다.

12. 아난다여, 세상에 어떤 사람은 분노와 자만을 갖고 자주 언어의 형성을 일으키더라도, 그에게 들은 바가 있고, 많이 배워 이룬 것이 있고, 바른 견해로 잘 관통하는 것이 있고, 일시적인 해탈의 성취가 있다면, 그는 몸이 파괴되어 죽은 뒤에 탁월한 곳에 이르지 저열한 곳에 이르지 않으므로, 탁월한 곳으로 가는 자이지 저열한 곳에 가는 자가 아니다.

아난다여, 그것에 대해 평가하는 자가 이와 같이 '이 사람에게 그 성품이 있고, 저 사람에게도 그 성품이 있다. 어째서 그들 가운데 하나는 열등하고 하나는 탁월한가.'라고 말한다면, 그것은 그에게 오랜 세월 불익과 고통이 된다.

아난다여, 세상에 어떤 사람이 분노와 자만을 갖고 자주 언어의 형성을 일으키더라도, 그에게 들은 바가 있고, 많이 배워 이룬 것이 있고, 바른 견해로 잘 관통하는 것이 있고, 일시적인 해탈의 성취가 있다면, 아난다여, 그 사람은 저 앞 사람에 비해 보다 훌륭하고 보다 탁월하다. 그것은 무슨 까닭인가? 아난다여, 진리의 흐름이 이 사람을 이끌어가기 때문이다. 그는 몸이 파괴되어 죽은 뒤에 탁월한 곳에 이르지 저열한 곳에 이르지 않으므로, 탁월한 곳으로 가는 자이지 저열한 곳에 가는 자가 아니다.

그러므로 아난다여, 사람들에 대하여 평가자가 되지 말라. 사람들에 대하여 평가하지 말라. 아난다여, 사람들에 대하여 평가하면 자신을 해치는 것이다. 아난다여, 나 또는 나와 같은 자만이 사람에 대하여 평가할 수 있다.

13. 아난다여, 재가의 여신도 미가쌀라, 어리석고, 슬기롭기 못하고, 아낙의 지혜를 지닌 어리석은 여자는 누구인가? 사람의 다양성에

대하여 어떠한 앎을 지니고 있는가?

14. 아난다여, 뿌라나가 성취한 것과 마찬가지로 이씨닷따가 그러한 계행을 성취했더라도, 뿌라나는 이씨닷따의 삶의 길을 가지 않고 다른 삶의 길을 갔을 것이다. 아난다여, 이씨닷따가 성취한 것과 마찬가지로 뿌라나가 그러한 계행을 성취했더라도, 이씨닷따는 뿌라나의 삶의 길을 가지 않고 다른 삶의 길을 갔을 것이다. 그러므로 아난다여, 이 두 사람은 서로 완전히 동일한 고리를 지니고 있는 것이 아니다."[583]

7. 누가 가난한 자이고 빚을 진 자이고 추궁당하는 자인가?[584]

1. 한때 세존께서는 싸밧티 시에 계셨다.

2. [세존] "수행승들이여, 가난은 세상에서 감각적 쾌락을 즐기는 자에게 괴로움인가?"

[수행승들] "세존이시여, 그렇습니다."

3. [세존] "수행승들이여, 가난한 자, 무일푼인 자, 재산이 없는 자가 빚을 진다면, 수행승들이여, 그 빚을 진 자도 세상에서 감각적 쾌락을 즐기는 자에게 괴로움인가?"

[수행승들] "세존이시여, 그렇습니다."

4. [세존] "수행승들이여, 가난한 자, 무일푼인 자, 재산이 없는 자가 빚을 지고 이자를 약속한다면, 수행승들이여, 그 이자도 세상에서 감각적 쾌락을 즐기는 자에게 괴로움인가?"

[수행승들] "세존이시여, 그렇습니다."

583) Mrp. III. 376에 따르면, 뿌라나는 계행이 탁월했고, 이씨닷따는 지혜가 탁월했다. 뿌라나의 계행은 이씨닷따와 지혜의 토대위에 있었고, 이씨닷따의 지혜는 뿌라나의 계행의 토대위에 있었다.

584) AN. III. 351 : 빚의 경[Iṇasutta], 중아함29(대정1. 614a) 참조

5. [세존] "수행승들이여, 가난한 자, 무일푼인 자, 재산이 없는 자가 이자를 약속하고 할당된 이자를 독촉에도 불구하고 갚지 못한다면, 수행승들이여, 그 독촉을 당하는 것도 세상에서 감각적 쾌락을 즐기는 자에게 괴로움인가?"

[수행승들] "세존이시여, 그렇습니다."

6. [세존] "수행승들이여, 가난한 자, 무일푼인 자, 재산이 없는 자가 독촉에도 불구하고 갚지 못해 추궁을 당한다면, 수행승들이여, 그 추궁을 당하는 것도 세상에서 감각적 쾌락을 즐기는 자에게 괴로움인가?"

[수행승들] "세존이시여, 그렇습니다."

7. [세존] "수행승들이여, 가난한 자, 무일푼인 자, 재산이 없는 자가 추궁을 당해도 갚지 못해 밧줄에 묶인다면, 수행승들이여, 그 밧줄에 묶이는 것도 세상에서 감각적 쾌락을 즐기는 자에게 괴로움인가?"

[수행승들] "세존이시여, 그렇습니다."

8. [세존] "수행승들이여, 이와 같이 가난도 감각적 쾌락을 즐기는 자에게 괴로움이고, 빚을 지는 것도 감각적 쾌락을 즐기는 자에게 괴로움이고, 이자를 갚는 것도 감각적 쾌락을 즐기는 자에게 괴로움이고, 독촉을 당하는 것도 감각적 쾌락을 즐기는 자에게 괴로움이고, 추궁을 당하는 것도 감각적 쾌락을 즐기는 자에게 괴로움이고, 밧줄에 묶이는 것도 감각적 쾌락을 즐기는 자에게 괴로움이다.

9. 수행승들이여, 이와 같이 어떠한 자이든지 착하고 건전한 것에 대해 믿음이 없고, 착하고 건전한 것에 비추어 부끄러움을 모르고, 착하고 건전한 것에 비추어 창피함을 모르고, 착하고 건전한 것을 향

하여 정진이 없고, 착하고 건전한 것에 관하여 지혜가 없다면, 수행승들이여, 나는 그것을 고귀한 자의 계율에서 가난한 자이고 무일푼인 자이고 재산이 없는 자라고 말한다.

10. 수행승들이여, 바로 그 가난한 자이고 무일푼인 자이고 재산이 없는 자가 착하고 건전한 것에 대해 믿음이 없고, 착하고 건전한 것에 비추어 부끄러움을 모르고, 착하고 건전한 것에 비추어 창피함을 모르고, 착하고 건전한 것을 향하여 정진이 없고, 착하고 건전한 것에 관하여 지혜가 없어서, 신체적으로 악행을 하고, 언어적으로 악행을 하고, 정신적으로 악행을 하면, 나는 이것을 두고 빚을 진 것이라고 말한다.

11. 바로 그 신체적으로 악행을 하는 자가 악행을 감추려고 삿된 의도로 행동한다. '사람들이 나를 알아보지 못하길.'하고 바라고, '사람들이 나를 알아보지 못하길.'하고 도모하고, '사람들이 나를 알아보지 못하길.'하고 표현하고, '사람들이 나를 알아보지 못하길.'하고 행동한다. 바로 그 언어적으로 악행을 하는 자가 악행을 감추려고 삿된 의도로 행동한다. '사람들이 나를 알아보지 못하길.'하고 바라고, '사람들이 나를 알아보지 못하길.'하고 도모하고, '사람들이 나를 알아보지 못하길.'하고 표현하고, '사람들이 나를 알아보지 못하길.'하고 행동한다. 바로 그 정신적으로 악행을 하는 자가 악행을 감추려고 삿된 의도로 행동한다. '사람들이 나를 알아보지 못하길.'하고 바라고, '사람들이 나를 알아보지 못하길.'하고 도모하고, '사람들이 나를 알아보지 못하길.'하고 표현하고, '사람들이 나를 알아보지 못하길.'하고 행동한다. 나는 이것을 두고 이자를 갚는 것이라고 말한다.

12. 그에 대하여 품행이 단정한 동료 수행자가 이와 같이 '이 존자

는 이와 같이 행하고 이와 같이 유행한다.'라고 말한다. 나는 이것을 두고 독촉 당하는 것이라고 말한다.

13. 그가 한적한 숲에 가거나 나무 밑에 가거나 빈 집에 가거나 양심의 가책을 수반하는 악하고 불건전한 생각이 따라다닌다. 나는 이것을 두고 추궁당하는 것이라고 말한다.

14. 수행승들이여, 바로 그 가난한 자, 무일푼인 자, 재산이 없는 자가 신체적으로 악행을 하고, 언어적으로 악행을 하고, 정신적으로 악행을 하면, 몸이 파괴되고 죽은 뒤에 지옥이나 축생의 밧줄에 묶인다. 수행승들이여, 나는 멍에로부터 위없는 안온을 얻는데 이처럼 두렵고 이처럼 매섭고 이처럼 장애가 되는 유일한 원리를 보지 못했다. 수행승들이여, 그것은 바로 지옥의 밧줄에 묶이고 축생의 밧줄에 묶이는 것이다."

[세존] "세상에서 가난한 것과
빚을 진 것은 괴로움이라 불리네
가난한 자는 빚을 지고
고통 속에서 음식을 먹듯.[585)]

그 때문에 추궁당하고
그는 밧줄에 묶인다.
이러한 밧줄에 묶이는 것이
감각적 쾌락의 욕망을 추구하는 자의 괴로움이다.[586)]

고귀한 님의 계율에 비추어
믿음이 없고

---

585) dāḷiddiyaṃ dukkhaṃ loke | iṇādānaṃ ca vuccati | daḷiddo iṇamādāya | bhuñjamāno vihaññati ||
586) tato anucarantī naṃ | bandhanampi nigacchati | etaṃ hi bandhanaṃ | dukkhaṃ kāmalābhābhijappi naṃ ||

부끄러움을 모르고 창피함을 모르고
악한 행위를 짓는 자도 이와 같다.587)

신체적으로 악행을 하고,
언어적으로 악행을 하고
정신적으로 악행을 하고도
'나를 알지 못하길'하고 바란다.588)

그는 신체적으로나 언어적으로나
정신적으로 몸부림친다.
여기저기 자꾸자꾸
악한 업들은 늘어만 간다.589)

그는 악업을 짓고 어리석고
스스로 악을 지었다고 안다.
가난한 자가 빚을 지고
고통 속에서 음식을 먹듯.590)

그리고 정신적으로
괴로운 사유에 추궁당하니
마을에서건 숲에서건
양심의 가책이 뒤따른다.591)

그는 악업을 짓고 어리석고
스스로 악을 지었다고 안다.
어떤 축생에 들거나

587) tatheva ariyavinaye | saddhā yassa na vijjati | ahiriko anottappi | pāpakammāvinicchayo ||
588) kāyaduccaritaṃ katvā | vacīduccaritāni ca | manoduccataṃ katvā | mā maṃ jaññāti icchati ||
589) so saṃsappati kāyena | vācāya udacetasā | pāpakammā pavaḍḍhento | tattha tattha punappunaṃ ||
590) so pāpakammo dummedho | jānaṃ dukkaṭamattano | daḷiddo iṇamādāya | bhuñjamāno vihaññati ||
591) tato anucarantī naṃ saṅkappā mānasā dukhā | gāme vā yadi vā raññe | yassa vippaṭisārajā ||

그렇지 않으면 지옥의 밧줄에 묶이다.
그 밧줄은 실로 고통스러우니
현자라면 거기에서 벗어난다.[592)]

법답게 얻은 재물로
청정한 마음으로 보시하는
믿음을 지닌 가장은
두 가지 측면에서 복덕을 얻는다.[593)]

현세에서의 이익과
미래에서의 행복,
이처럼 재가자들의 보시는
공덕을 증가시킨다.[594)]

고귀한 계율에 비추어
믿음이 확립되고
부끄러움을 알고 창피함을 알고
지혜를 갖추고 계행을 수호하는 자가 이와 같다.[595)]

그는 고귀한 계율에 비추어
행복하게 사는 자라고 불리고
자양분이 없는 행복을 얻어
평정하게 삶을 영위한다.[596)]

---

592) so pāpakammo dummedho | jānaṃ dukkaṭamattano | yonimaññataraṃ gantvā | niraye cāpi bajjhati | etaṃ hi bandhanaṃ dukkhaṃ | yamhā dhīro pamuccati ||

593) dhammaladdhehi bhogehi | dadaṃ cittaṃ pasādayaṃ | ubhayattha kaṭaggāho | saddhassa gharamesino ||

594) diṭṭhadhammahitatthāya | samparāya sukhāya ca | evametaṃ gahaṭṭhānaṃ | cāgo puññaṃ pavaḍḍhati ||

595) tatheva ariyavinaye | saddhā yassa patiṭṭhitā | hirimano ca ottappī | paññavā sīlasaṃvuto ||

596) eso kho ariyavinaye | sukhaṃjīvīti1 vuccati | nirāmisaṃ sukhaṃ laddhā | upekhaṃ adhitiṭṭhati ||

다섯 가지 장애를 버리고
항상 열심히 정진하고
선정을 성취하여 통일되고,
사려 깊고, 새김을 확립한다.597)

일체의 장애를 부수고
이처럼 있는 그대로를 알아서
일체에 집착하지 않고
완전히 마음을 해탈한다.598)

그가 완전히 해탈하면
그러한 궁극의 지혜가 생겨난다.
'존재의 장애는 부수어졌고
나의 해탈은 흔들리지 않는다.'라고.599)

이것이야말로 최상의 지혜
이것이야말로 최상의 행복이네
슬픔이 없고 티끌이 없고 안온한 것
이것이 위없는 빛의 여읨이다."600)

8. 현세의 삶에서 유익하고 시간을 초월하는 가치있는 통찰수행이란 무엇인가?601)

1. 한때 세존께서는 싸밧티 시에 계셨다. 그때 유행자 몰리야 씨바까602)가 세존께서 계신 곳으로 찾아왔다. 가까이 다가와서 세존과

597) pañcanīvaraṇe hitvā | niccaṃ āraddhavīriyo | jhānāni upasampajja | ekodinipako sato ||
598) evaṃ ñatvā yathābhūtaṃ | sabbasaññojanakkhaye | sabbaso anupādāya | sammācittaṃ vimuccati ||
599) tassa sammā vimuttassa | ṇaṃ ca hoti tādino | akuppā me vimuttīti | avasaññojanakkhaye ||
600) etaṃ kho paramaṃ ñāṇaṃ | etaṃ sukhamanuttaraṃ | asokaṃ virajaṃ khemaṃ | etam ānaṇyam ut tamanti ||
601) AN. III. 356 : 현세에서 유익한 것의 경①[Paṭhamasandiṭṭhikasutta]
602) Moliya Sīvaka : SN. IV. 230(36 : 21)에도 등장한다. 몰리야(Moliya)는 몰리(molī=cūḷa)의 형용사로 길게

함께 인사를 나누고 안부를 주고받은 뒤 한쪽으로 물러나 앉았다.

2. 한쪽으로 물러나 앉아 유행자 몰리야 씨바까는 세존께 이와 같이 말씀드렸다.

[씨바까] "세존이시여, 현세의 삶에서 유익한 것, 현세의 삶에서 유익한 것이라고 말씀하시는데, 세존이시여, 무엇이 현세의 삶에서 유익한 것이고, 시간을 초월하는 것이며, 와서 보라고 할 만한 것이고, 최상의 목표로 이끄는 것이며, 슬기로운 자라면 누구나 알 수 있는 것입니까?"603)

[세존] "그렇다면, 씨바까여, 지금 그것에 대해 반문을 하겠습니다. 그대가 이해하는 대로 그것에 대해 답변해보십시오."

3. [세존] "씨바까여, 그대는 어떻게 생각합니까? 안으로 탐욕이 있다면, '나에게 안으로 탐욕이 있다'라고 분명히 압니까? 혹은 안으로 탐욕이 없다면, '나에게 안으로 탐욕이 없다.'라고 분명히 압니까?"

[씨바까] "세존이시여, 그렇습니다."

[세존] "씨바까여, 그대가 안으로 탐욕이 있다면, '나에게 안으로

자란 머리를 머리 위까지 땋아 올려 보석으로 장식한 결발을 뜻한다. 몰리야(Moliya)는 인도의 왕족이었다. 부처님의 사리의 분배를 요구한 왕족 가운데 하나가 삡팔리바나(Pipphalivana)의 몰리야 가문이었다. 그들은 나중에 부처님의 재를 분배받는 것으로 만족했다. 아쇼카 왕의 할아버지 짠드라굽타(Candragupta)도 이 몰리야 가문에 속했다. 몰리야는 '상투를 묶은 자'라는 뜻이기도 하다. 몰리야 씨바까는 부처님을 만나서 운명에 대하여 물었다. 이에 대하여 부처님은 '고통이라는 것은 많은 원인들에 의해서 온다.'라는 사실을 설명해 주자 거기에 동조하여 출가한다.

603) sandiṭṭhiko ayaṁ dhammo akāliko ehipassiko opanayiko paccattaṁ veditabbo viññūhī ti : 이 말은 다른 어떠한 철학이나 종교와 구별되는 부처님의 가르침의 특징을 대변하는 유명한 말이다. 이것은 부처님께서 가르친 연기의 특성을 설명하는 구절이기도 하다. 현세에 유익하다는 것은 지금 여기에서 유익하다는 것이고, 시간을 초월한다는 것은 즉시 효과가 있을 뿐만 아니라, 시간지연이 있더라도 효과가 있다는 것이고, 와서 보라는 것은 경험적인 가르침이라는 것이고, 최상의 목표로 이끈다는 것은 열반으로 이끈다는 뜻이고, 슬기로운 자가 알 수 있다는 것은 지혜를 필요로 한다는 것이다. 역자의 『초기불교의 연기사상』 102쪽을 참고하기 바란다. 비구 보디(Bhikkhu Bodhi)가 Cdb. 98에서 빠알리어 문장의 어원을 따져 비교적 글자 그대로 옮긴 최근 번역은 '즉시적이고, 와서 보라고 초대하는 것이고, 적용할 수 있는 것이고, 슬기로운 자가 개인적으로 체험할 수 있는, 직접적으로 볼 수 있는 것이다.'와 같다. 비구 보디는 필자가 '현세에서 유익한 것'이라고 한 것을 '직접적으로 볼 수 있는 것'라고 번역하고 '시간을 초월하는 것'을 '즉시적'이라고 '최상의 목표로 이끄는 것'을 '적용할 수 있는 것'이라고 번역했다.

탐욕이 있다'라고 분명히 알고, 혹은 안으로 탐욕이 없다면, '나에게 안으로 탐욕이 없다.'라고 분명히 알면, 씨바까여, 그것이야말로 현세의 삶에서 유익한 것이고, 시간을 초월하는 것이며, 와서 보라고 할 만한 것이고, 최상의 목표로 이끄는 것이며, 슬기로운 자라면 누구나 알 수 있는 것입니다."

4. [세존] "씨바까여, 그대는 어떻게 생각합니까? 안으로 성냄이 있다면, '나에게 안으로 성냄이 있다'라고 분명히 압니까? 혹은 안으로 성냄이 없다면, '나에게 안으로 성냄이 없다.'라고 분명히 압니까?"

[씨바까] "세존이시여, 그렇습니다."

[세존] "씨바까여, 그대가 안으로 성냄이 있다면, '나에게 안으로 성냄이 있다'라고 분명히 알고, 혹은 안으로 성냄이 없다면, '나에게 안으로 성냄이 없다.'라고 분명히 알면, 씨바까여, 그것이야말로 현세의 삶에서 유익한 것이고, 시간을 초월하는 것이며, 와서 보라고 할 만한 것이고, 최상의 목표로 이끄는 것이며, 슬기로운 자라면 누구나 알 수 있는 것입니다."

5. [세존] "씨바까여, 그대는 어떻게 생각합니까? 안으로 어리석음이 있다면, '나에게 안으로 어리석음이 있다'라고 분명히 압니까? 혹은 안으로 어리석음이 없다면, '나에게 안으로 어리석음이 없다.'라고 분명히 압니까?"

[씨바까] "세존이시여, 그렇습니다."

[세존] "씨바까여, 그대가 안으로 어리석음이 있다면, '나에게 안으로 어리석음이 있다'라고 분명히 알고, 혹은 안으로 어리석음이 없다면, '나에게 안으로 어리석음이 없다.'라고 분명히 알면, 씨바까여, 그것이야말로 현세의 삶에서 유익한 것이고, 시간을 초월하는

것이며, 와서 보라고 할 만한 것이고, 최상의 목표로 이끄는 것이며, 슬기로운 자라면 누구나 알 수 있는 것입니다."

6. [씨바까] "존자 고따마여, 훌륭하십니다. 존자 고따마여, 훌륭하십니다. 넘어진 것을 일으켜 세우듯, 가려진 것을 열어 보이듯, 어리석은 자에게 길을 가리켜 주듯, 눈 있는 자는 형상을 보라고 어둠 속에 등불을 가져오듯, 존자 고따마께서는 이와 같이 여러 가지 방법으로 진리를 밝혀 주셨습니다. 이제 저는 존자 고따마께 귀의합니다. 또한 그 가르침에 귀의합니다. 또한 그 수행승의 참모임에 귀의합니다. 존자 고따마께서는 저를 재가신자로 받아 주십시오. 오늘부터 목숨이 다하도록 귀의하겠습니다."

9. 명상수행을 하는데, 비파의 연주에서 배워야 할 점은 무엇인가?[604]

1. 이와 같이 나는 들었다. 한때 세존께서는 라자가하 시의 깃자꾸따 산에 계셨다.

2. 그때 존자 쏘나[605]가 라자가하 시의 씨따 숲에 있었다. 존사 쏘나는 홀로 떨어져 명상을 하다가 이와 같이 마음속으로 생각을 일으켰다.

[쏘나] '어떠한 세존의 제자들이든지 열심히 정진한다. 나는 그들 가운데 하나이다. 그러나 나는 집착을 여의고 번뇌에서 마음을 해탈

604) AN. III. 374 : 쏘나의 경[Soṇasutta], 중아함29(대정1. 611c) ; 잡아함9(대정2. 62b) ; 증일아함13(대정2. 612a) ; 사분율38(대정22. 844b) ; Mahāvagga 5. 1. 참조

605) Soṇa : 쏘나(Soṇa) 란 이름은 장로, 대신, 바라문, 장자의 아들로 경전에서 자주 등장하지만, 장로에 대해서는 여기 등장하는 존자는 Soṇa Koḷivīsa를 말한다. 그는 부처님의 제자 수행승 가운데 '열심히 노력하는 님 가운데 제일(āraddhaviriyānaṃ aggo)'이다. 그는 짬빠(Campa)에서 태어났다. 아버지는 우싸바쎗티(Usabhaseṭṭhi)였는데, 아들을 잉태할 때부터 재산이 불어나 그가 태어날 때에 도시 전체가 축제를 할 정도였다. 그는 삼시전을 갖추고 호화롭게 살았다. 그러나 라자가하에서 부처님이 설법을 한다는 이야기를 듣고 부모의 동의 아래 참석했다가 출가한다. 그는 싸따바나(Sītavana) 숲에서 명상을 하였으나 너무 많은 사람들이 그곳을 찾았기 때문에 집중하기 어려웠음에도 불굴의 노력으로 명상을 계속했다. 부처님은 그에게 비파의 비유경(Vīṇūpamasutta)를 설하였는데, 그것을 통해 그는 올바로 정진하여 해탈함으로써 거룩한 님이 되었다.

하지 못했다. 나의 가족은 재산을 가지고 있고, 재산을 향유하고 공덕을 지을 수 있다. 내가 차라리 배움을 버리고 세속으로 돌아가 재산을 향유하고 공덕을 지으면 어떨까?'

3. 그런데 세존께서는 존자 쏘나의 생각을 마음으로 알아차리고, 마치 힘센 사람이 굽혀진 팔을 펴고 펴진 팔을 굽히는 듯한 사이에, 깃자꾸따 산에서 사라져서 씨따바나 숲의 존자 쏘나의 앞에 나타나셨다. 세존께서는 마련된 자리에 앉으셨다. 존자 쏘나는 세존께 인사를 드리고 한쪽으로 물러나 앉았다. 한쪽으로 물러나 앉은 존자 쏘나에게 세존께서는 이와 같이 말씀하셨다.

[세존] "쏘나여, 그대는 홀로 떨어져 명상을 하다가 이와 같이 '어떠한 세존의 제자들이든지 열심히 정진한다. 나는 그들 가운데 하나이다. 그러나 나는 집착을 여의고 번뇌에서 마음을 해탈하지 못했다. 나의 가족은 재산을 가지고 있고, 재산을 향유하고 공덕을 지을 수 있다. 내가 차라리 배움을 버리고 세속으로 돌아가 재산을 향유하고 공덕을 지으면 어떨까?'라고 마음속으로 생각을 일으키지 않았는가?"

[쏘나] "세존이시여, 그렇습니다."

4. [세존] "쏘나여, 그대는 어떻게 생각하는가? 그대는 이전에 가정에서 살면서 비파를 타는데 능숙했는가?"

[쏘나] "세존이시여, 그렇습니다."

5. [세존] "쏘나여, 그대는 어떻게 생각하는가? 그대가 비파의 현을 너무 당기면, 그때에 그대의 비파가 온전한 소리를 내거나 사용하기 적당한가?"

[쏘나] "세존이시여, 그렇지 않습니다."

6. [세존] "쏘나여, 그대는 어떻게 생각하는가? 그대가 비파의 현을 너무 느슨하게 하면, 그때에 그대의 비파가 온전한 소리를 내거나 사용하기 적당한가?"

[쏘나] "세존이시여, 그렇지 않습니다."

7. [세존] "쏘나여, 그대가 비파의 현을 너무 당기지도 않고 너무 느슨하게 하지도 않으면, 그때에 그대의 비파가 온전한 소리를 내거나 사용하기 적당한가?"

[쏘나] "세존이시여, 그렇습니다."

8. [세존] "이와 같이 쏘나여, 너무 지나치게 열심히 정진하면 흥분으로 이끌어진다. 너무 느슨하게 정진하면 나태로 이끌어진다. 그러므로 쏘나여, 그대는 정진을 조화롭게 확립하고, 능력을 조화롭게 수호하고, 거기서 명상의 인상을 파악하라."606)

[쏘나] "세존이시여, 그렇게 하겠습니다."

존자 쏘나는 세존께 대답했다.

9. 그러자 세존께서는 존자 쏘나에게 이와 같은 훈계로 충고하신 후, 마치 힘센 사람이 굽혀진 팔을 펴고 펴진 팔을 굽히는 듯한 사이에, 씨따바나 숲에서 사라져서 깃자꾸따 산으로 돌아가셨다.

10. 그 후 존자 쏘나는 정진을 조화롭게 하고 감각능력을 조화롭게 수호하고, 그렇게 목표를 향해 노력했다. 그는 오래지 않아, 그러기

---

606) tasmātiha tvaṃ soṇa, viriyasamataṃ adhiṭṭhaha, indriyānaṃ ca samataṃ paṭivijjha, tattha ca nimittaṃ gaṇhāhīti : Mrp. III. 390은 정진을 조화롭게 확립하고(viriyasamataṃ adhiṭṭhaha)에 대하여 samata(조화)를 samatha(멈춤)이라고 읽고, 정진과 관계된 멈춤을 확립하라 즉, 정진을 멈춤에 연결하라는 뜻으로 해석했다. 그리고 능력을 조화롭게 통달하고(indriyānaṃ ca samataṃ paṭivijjha)는 믿음 등의 다섯 가지 능력(五根)을 조화롭게 확립하라는 뜻이다. 즉, 믿음은 지혜와, 지혜는 믿음과, 정진은 집중과, 집중은 정진과 연결되는 것이 조화로운 것이고 새김은 그 모두에 유용하게 적용되므로 항상 강력하게 계발되어야 한다. 거기서 명상의 인상(tattha ca nimittaṃ gaṇhāhi)을 파악하라는 것은 다섯 가지 능력이 조화롭게 되면, 거울에 비친 영상 같은 인상을 통해서 나타날 수 있는 멈춤의 인상, 통찰의 인상, 길의 인상, 경지의 인상을 파악하라는 뜻이다.

위해 양가의 자제들이 당연히 집에서 집 없는 곳으로 출가했듯이, 그 위없는 청정한 삶을 바로 현세에서 스스로 곧바로 알고 깨달아 성취했다. 그는 '태어남은 부서졌고, 청정한 삶은 이루어졌고, 해야 할 일은 다 마쳤으니, 더 이상 윤회하지 않는다.'라고 곧바로 알았다. 그리하여 존자 쏘나는 거룩한 님 가운데 한 분이 되었다.

11. 그 후 거룩한 경지에 도달한 존자 쏘나는 이와 같이 생각했다.

[쏘나] '내가 세존께서 계신 곳으로 가서, 가까이 다가가서 세존의 앞에서 궁극적인 앎에 대하여 설명하는 것이 어떨까?'

12. 그래서 존자 쏘나는 세존께서 계신 곳으로 찾아갔다. 가까이 다가가서 세존께 인사를 드리고 한쪽으로 물러나 앉았다. 한쪽으로 물러나 앉은 존자 쏘나는 세존께 이와 같이 말씀드렸다.

[쏘나] "세존이시여, 수행승이 번뇌를 부수고, 삶을 완성하고, 해야 할 일을 이루었고, 짐을 내려놓고, 목표를 이루었고, 존재의 결박을 풀어버리고, 올바른 앎으로 해탈을 이루었다면, 그는 여섯 가지 경우에 대하여 인지합니다. 그는 멀리 여윔을 인지하고, 멀리 떠남을 인지하고, 분노의 여윔을 인지하고, 갈애의 부숨을 인지하고, 집착의 부숨을 인지하고, 미혹의 여윔을 인지합니다.607)

13. 세존이시여, 세상에 어떤 존자가 이와 같이 '이 존자는 단지 믿음에 의존하여 멀리 여윔을 인지하는구나.'라고 생각한다면, 세존이시여, 그는 그렇게 보아서는 안 됩니다. 세존이시여, 번뇌를 부순 수행승은 삶을 완성하고, 해야 할 일을 이루었고, 아직 해야 할 일이나 행해진 일에 더 해야 할 일이 자신에게 없음을 알고, 탐욕을

607) nekkhammādhimutto hoti. pavivekādhimutto hoti. abyāpajjhādhimutto hoti. taṇhakkhayādhimutto hoti. upādānakkhayādhimutto hoti. asammohādhimutto hoti : 여기서 멀리 여윔은 출리(出離 : nekkhamm)를 말하고 멀리 떠남은 원리(遠離 : paviveka)를 뜻한다. 분노의 여윔은 무에(無恚 : abyāpajjha)를 말한다.

부수고 탐욕의 여읨을 통해 멀리 여읨을 인지하고, 성냄을 부수고 성냄의 여읨을 통해 멀리 여읨을 인지하고, 어리석음을 부수고 어리석음의 여읨을 통해 멀리 여읨을 인지합니다.

14. 세존이시여, 세상에 어떤 존자가 이와 같이 '이 존자는 이득과 명예와 칭송을 원하기 때문에 멀리 떠남을 인지하는구나.'라고 생각한다면, 세존이시여, 그는 그렇게 보아서는 안 됩니다. 세존이시여, 번뇌를 부순 수행승은 삶을 완성하고, 해야 할 일을 이루었고, 아직 해야 할 일이나 행해진 일에 더 해야 할 일이 자신에게 없음을 알고, 탐욕을 부수고 탐욕의 여읨을 통해 멀리 떠남을 인지하고, 성냄을 부수고 성냄의 여읨을 통해 멀리 떠남을 인지하고, 어리석음을 부수고 어리석음의 여읨을 통해 멀리 떠남을 인지합니다.

15. 세존이시여, 세상에 어떤 존자가 이와 같이 '이 존자는 규범과 금기에 대한 집착을 중요시하여 분노의 여읨을 인지하는구나.'라고 생각한다면, 세존이시여, 그는 그렇게 보아서는 안 됩니다. 세존이시여, 번뇌를 부순 수행승은 삶을 완성하고, 해야 할 일을 이루었고, 아직 해야 할 일이나 행해진 일에 더 해야 할 일이 자신에게 없음을 알고, 탐욕을 부수고 탐욕의 여읨을 통해 분노의 여읨을 인지하고, 성냄을 부수고 성냄의 여읨을 통해 분노의 여읨을 인지하고, 어리석음을 부수고 어리석음의 여읨을 통해 분노의 여읨을 인지합니다.

16. 세존이시여, 그는 그렇게 보아서는 안 됩니다. 세존이시여, 번뇌를 부순 수행승은 삶을 완성하고, 해야 할 일을 이루었고, 아직 해야 할 일이나 행해진 일에 더 해야 할 일이 자신에게 없음을 알고, 탐욕을 부수고 탐욕의 여읨을 통해 갈애의 부숨을 인지하고, 성냄을 부수고 성냄의 여읨을 통해 갈애의 부숨을 인지하고, 어리석음을 부수고 어리석음의 여읨을 통해 갈애의 부숨을 인지합니다.

17. 세존이시여, 그는 그렇게 보아서는 안 됩니다. 세존이시여, 번뇌를 부순 수행승은 삶을 완성하고, 해야 할 일을 이루었고, 아직 해야 할 일이나 행해진 일에 더 해야 할 일이 자신에게 없음을 알고, 탐욕을 부수고 탐욕의 여읨을 통해 집착의 부숨을 인지하고, 성냄을 부수고 성냄의 여읨을 통해 집착의 부숨을 인지하고, 어리석음을 부수고 어리석음의 여읨을 통해 집착의 부숨을 인지합니다.

18. 세존이시여, 그렇게 보아서는 안 됩니다. 세존이시여, 번뇌를 부순 수행승은 삶을 완성하고, 해야 할 일을 이루었고, 아직 해야 할 일이나 행해진 일에 더 해야 할 일이 자신에게 없음을 알고, 탐욕을 부수고 탐욕의 여읨을 통해 미혹의 여읨을 인지하고, 성냄을 부수고 성냄의 여읨을 통해 미혹의 여읨을 인지하고, 어리석음을 부수고 어리석음의 여읨을 통해 미혹의 여읨을 인지합니다.

19. 세존이시여, 이와 같이 마음을 올바로 해탈한 수행승은

1) 시각에 의해 인식되는 다양한 형상이 시각의 영역에 들어오더라도, 그의 마음은 사로잡히지 않고 그의 마음은 혼란되지 않고 확립되어 동요하지 않고 그것의 소멸을 관찰하고,
2) 청각에 의해 인식되는 다양한 소리가 청각의 영역에 들어오더라도, 그의 마음은 사로잡히지 않고 그의 마음은 혼란되지 않고 확립되어 동요하지 않고 그것의 소멸을 관찰하고,
3) 후각에 의해 인식되는 다양한 냄새가 후각의 영역에 들어오더라도, 그의 마음은 사로잡히지 않고 그의 마음은 혼란되지 않고 확립되어 동요하지 않고 그것의 소멸을 관찰하고,
4) 미각에 의해 인식되는 다양한 맛이 미각의 영역에 들어오더라도, 그의 마음은 사로잡히지 않고 그의 마음은 혼란되지 않고 확립되어 동요하지 않고 그것의 소멸을 관찰하고,

5) 촉각에 의해 인식되는 다양한 감촉이 촉각의 영역에 들어오더라도, 그의 마음은 사로잡히지 않고 그의 마음은 혼란되지 않고 확립되어 동요하지 않고 그것의 소멸을 관찰하고,
6) 정신에 의해 인식되는 다양한 사실이 정신의 영역에 들어오더라도, 그의 마음은 사로잡히지 않고 그의 마음은 혼란되지 않고 확립되어 동요하지 않고 그것의 소멸을 관찰합니다.

20. 세존이시여, 예를 들어 바위산이 균열되지 않고 동굴이 없고 하나로 뭉쳐있다면, 그때에 동쪽 방향에서 많은 폭풍우가 닥쳐와도 그것을 흔들 수가 없고 진동시킬 수 없고 요동시킬 수 없고, 그때에 서쪽 방향에서 많은 폭풍우가 닥쳐와도 그것을 흔들 수가 없고 진동시킬 수 없고 요동시킬 수 없고, 그때에 북쪽 방향에서 많은 폭풍우가 닥쳐와도 그것을 흔들 수가 없고 진동시킬 수 없고 요동시킬 수 없고, 그때에 남쪽 방향에서 많은 폭풍우가 닥쳐와도 그것을 흔들 수가 없고 진동시킬 수 없고 요동시킬 수 없습니다. 세존이시여, 이와 같이 마음을 올바로 해탈한 수행승은

1) 시각에 의해 인식되는 다양한 형상이 시각의 영역에 들어오더라도, 그의 마음은 사로잡히지 않고 그의 마음은 혼란되지 않고 확립되어 동요하지 않고 그것의 소멸을 관찰하고,
2) 청각에 의해 인식되는 다양한 소리가 청각의 영역에 들어오더라도, 그의 마음은 사로잡히지 않고 그의 마음은 혼란되지 않고 확립되어 동요하지 않고 그것의 소멸을 관찰하고,
3) 후각에 의해 인식되는 다양한 냄새가 후각의 영역에 들어오더라도, 그의 마음은 사로잡히지 않고 그의 마음은 혼란되지 않고 확립되어 동요하지 않고 그것의 소멸을 관찰하고,
4) 미각에 의해 인식되는 다양한 맛이 미각의 영역에 들어오더라도,

그의 마음은 사로잡히지 않고 그의 마음은 혼란되지 않고 확립되어 동요하지 않고 그것의 소멸을 관찰하고,

5) 촉각에 의해 인식되는 다양한 감촉이 촉각의 영역에 들어오더라도, 그의 마음은 사로잡히지 않고 그의 마음은 혼란되지 않고 확립되어 동요하지 않고 그것의 소멸을 관찰하고,

6) 정신에 의해 인식되는 다양한 사실이 정신의 영역에 들어오더라도, 그의 마음은 사로잡히지 않고 그의 마음은 혼란되지 않고 확립되어 동요하지 않고 그것의 소멸을 관찰합니다."

[쏘나] "멀리 여윔과 멀리 떠남을
정신적으로 인지하고
폭력의 여윔을 인지하고
집착의 부숨을 이루는 님.[608]

갈애의 부숨과 미혹의 여윔을
정신적으로 인지하고
감각영역의 발생을 보면[609]
올바로 마음이 해탈한다.[610]

올바로 해탈된 님은
고요한 마음의 수행승에게는
행해진 일에 덧붙여야할 일이 없고
해야 할 일이 없다.[611]

한 덩어리의 바위산이

608) nekkhammaṃ adhimuttassa | pavivekañca cetaso | abyāpajjhādhimuttassa | upādānakkhayassa ca ||

609) disvā āyatanuppādaṃ : Mrp. III. 393에 따르면, 내적 · 외적인 감각영역의 발생과 소멸을 관찰하는 것을 말한다. 통찰(vipassanā)의 주요한 임무가 바로 이것이다.

610) taṇhakkhayādhimuttassa | asammohañca cetaso | disvā āyatanuppādaṃ | sammācittaṃ vimuccati ||

611) tassa sammāvimuttassa | santacittassa bhikkhuno | katassa paticayo natthi | karaṇīyaṃ na vijjati ||

폭풍에 흔들리지 않듯
이와 같이 형상과 소리와
맛과 냄새와 감촉 모두는[612]

사랑스럽거나 혐오적인 것으로
마음이 확립되고 마음이 해탈된
소멸에 대하여 관찰하는
그러한 님을 동요시키지 못한다."[613]

10. 우리를 지옥과 천상으로 이끄는 원리는 무엇인가?[614]

1. 한때 세존께서는 싸밧티 시에 계셨다.

[세존] "수행승들이여, 이와 같은 여섯 가지 원리를 갖추면, 그 원리가 작용하는 대로 지옥에 떨어진다. 여섯 가지란 무엇인가?

2. 수행승들이여, 살아 있는 생명을 죽이는 것, 주지 않는 것을 빼앗는 것, 사랑을 나눔에 잘못을 저지르는 것, 거짓말을 하는 것, 악한 의도를 가지는 것, 잘못된 견해를 지니는 것이다. 수행승들이여, 이와 같은 여섯 가지 원리를 갖추면, 그 원리가 작용하는 대로 지옥에 떨어진다.

3. 수행승들이여, 이와 같은 여섯 가지 원리를 갖추면, 그 원리가 작용하는 대로 천상에 태어난다. 여섯 가지란 무엇인가?

4. 수행승들이여, 살아 있는 생명을 죽이는 것을 삼가는 것, 주지 않는 것을 빼앗는 것을 삼가는 것, 사랑을 나눔에 잘못을 저지르는 것

612) selo yathā ekaghano | vātena na samīrati | evaṃ rūpā rasā saddā | gandhā phassā ca kevalā ||

613) iṭṭhā dhammā aniṭṭhā | ca nappavedhenti tādino | ṭhitaṃ cittaṃ vippamuttaṃ | vayaṃcassānupass atī ti ||

614) AN. Ⅲ. 433 : 지옥의 경①[Paṭhamanirayasutta]

을 삼가는 것, 거짓말을 하는 것을 삼가는 것, 악한 의도를 갖지 않는 것, 올바른 견해를 지니는 것이다. 수행승들이여, 이와 같은 여섯 가지 원리를 갖추면, 그 원리가 작용하는 대로 천상에 태어난다."

11. 최상의 상태에 도달하기 위해 갖추어야 할 원리는 무엇인가?615)

1. 한때 세존께서는 싸밧티 시에 계셨다.

[세존] "수행승들이여, 이와 같은 여섯 가지 원리를 갖춘 수행승은 최상의 상태인 거룩한 경지를 실현하는 것이 불가능하다. 여섯 가지란 무엇인가?

2. 수행승들이여, 세상에 수행승이 믿음이 없고, 부끄러움을 모르고, 창피함을 모르고, 게으르고, 지혜가 없고, 몸과 목숨에 대해서 걱정하는616) 것이다. 수행승들이여, 이와 같은 여섯 가지 원리를 갖춘 수행승은 최상의 상태인 거룩한 경지를 실현하는 것이 불가능하다.

3. 수행승들이여, 이와 같은 여섯 가지 원리를 갖춘 수행승은 최상의 상태인 거룩한 경지를 실현하는 것이 가능하다. 여섯 가지란 무엇인가?

4. 수행승들이여, 세상에 수행승이 믿음이 있고, 부끄러움을 알고, 창피함을 알고, 열심히 정진하고, 지혜가 있고, 몸과 목숨에 대해서 걱정하지 않는 것이다. 수행승들이여, 이와 같은 여섯 가지 원리를 갖춘 수행승은 최상의 상태인 거룩한 경지를 실현하는 것이 가능하다."

12. 견해를 성취하기 위한 조건은 무엇인가?617)

---

615) AN. III. 433 : 최상의 상태에 대한 경[Aggadhammasutta]
616) kāye ca jīvite ca sāpekho : 몸이나 목숨에 대해 갈애를 가지고 기대하거나 열망하는 것이다.
617) AN. III. 438 : 끊어버리지 못함의 경[Appahāyasutta]

1. 한때 세존께서는 싸밧티 시에 계셨다.

[세존] "수행승들이여, 이와 같은 여섯 가지 원리를 끊어버리지 못하면, 견해의 성취를[618] 실현하는 것은 불가능하다. 여섯 가지란 무엇인가?

2. 수행승들이여, 개체가 있다는 견해, 회의적 의심, 규범과 금기에 대한 집착, 괴로운 곳으로 이끄는 탐욕, 괴로운 곳으로 이끄는 분노, 괴로운 곳으로 이끄는 어리석음이다. 수행승들이여, 이와 같은 여섯 가지 원리를 끊어버리지 못하면, 견해의 성취를 실현하는 것은 불가능하다.

3. 수행승들이여, 이와 같은 여섯 가지 원리를 끊어버리면, 견해의 성취를 실현하는 것이 가능하다. 여섯 가지란 무엇인가? 수행승들이여, 개체가 있다는 견해, 회의적 의심, 규범과 금기에 대한 집착, 괴로운 곳으로 이끄는 탐욕, 괴로운 곳으로 이끄는 분노, 괴로운 곳으로 이끄는 어리석음이다. 수행승들이여, 이와 같은 여섯 가지 원리를 끊어버리면, 견해의 성취를 실현하는 것이 가능하다."

13. 견해를 성취한 자에게 불가능한 인식은 무엇인가?[619]

1. 한때 세존께서는 싸밧티 시에 계셨다.

[세존] "수행승들이여, 이와 같은 여섯 가지 불가능한 경우가 있다. 여섯 가지란 무엇인가?

2. 수행승들이여, 견해를 성취한 사람이 조건지어진 것은 어떠한 것이든 영원한 것으로 여기는 것은 불가능하고, 견해를 성취한 사람이 조건지어진 것은 어떠한 것이든 행복한 것으로 여기는 것은 불가능

618) diṭṭhisampadaṃ : Mrp. III. 414에 따르면, 흐름에 듦의 길(預流道 : sotāpattimagga)을 말한다.
619) AN. III. 439 : 불가능한 경우의 경②[Dutiyābhabbaṭṭhānasutta]

하고, 견해를 성취한 사람이 조건지어진 것은 어떠한 것이든 실체인 것으로 여기는 것은 불가능하고, 견해를 성취한 사람이 무간업을 짓는 것은 불가능하고, 견해를 성취한 사람이 미신적 의례로 청정을 기대하는 것은 불가능하고, 견해를 성취한 사람이 여기의 밖에서[620] 보시 받을 가치가 있는 것을 구하는 것은 불가능하다. 수행승들이여, 이와 같은 여섯 가지 불가능한 경우가 있다."

14. 견해를 성취한 자에게 불가능한 행위가 있는데 그것들은 무엇인가?[621]

1. 한때 세존께서는 싸밧티 시에 계셨다.

[세존] "수행승들이여, 이와 같은 여섯 가지 불가능한 경우가 있다. 여섯 가지란 무엇인가?

2. 수행승들이여, 견해를 성취한 사람이 어머니의 목숨을 빼앗는 것은 불가능하고, 견해를 성취한 사람이 아버지의 목숨을 빼앗는 것은 불가능하고, 견해를 성취한 사람이 거룩한 님의 목숨을 빼앗는 것은 불가능하고, 견해를 성취한 사람이 악한 마음으로 여래의 피를 흘리게 하는 것은 불가능하고, 견해를 성취한 사람이 참모임을 분열시키는 것은 불가능하고, 견해를 성취한 사람이 다른 스승을 선택하는 것은 불가능하다. 수행승들이여, 이와 같은 여섯 가지 불가능한 경우가 있다."

15. 견해를 성취한 자에게 불가능한 퇴전은 무엇인가?[622]

1. 한때 세존께서는 싸밧티 시에 계셨다.

[세존] "수행승들이여, 이와 같은 여섯 가지 불가능한 경우가 있

---

620) ito bahiddhā : '이교도에서'라는 뜻이다.
621) AN. III. 439 : 불가능한 경우의 경③[Tatiyābhabbaṭṭhānasutta]
622) AN. III. 440 : 불가능한 경우의 경④[Catutthābhabbaṭṭhānasutta]

다. 여섯 가지란 무엇인가?

2 수행승들이여, 견해를 성취한 사람이 '즐거움과 괴로움은 자신이 만든 것이다.'라는 생각으로 퇴전하는 것은 불가능하고, 견해를 성취한 사람이 '즐거움과 괴로움은 타인이 만든 것이다.'라는 생각으로 퇴전하는 것은 불가능하고, 견해를 성취한 사람이 '즐거움과 괴로움은 자신도 만들고 타인도 만든 것이다.'라는 생각으로 퇴전하는 것은 불가능하고, 견해를 성취한 사람이 '즐거움과 괴로움은 자신이 만들지 않고 우연히 만들어진 것이다.'라는 생각으로 퇴전하는 것은 불가능하고, 견해를 성취한 사람이 '즐거움과 괴로움은 타인이 만들지 않고 우연히 만들어진 것이다.'라는 생각으로 퇴전하는 것은 불가능하고, 견해를 성취한 사람이 '즐거움과 괴로움은 자신도 만들지 않고 타인도 만들지 않고 우연히 만들어진 것이다.'라는 생각으로 퇴전하는 것은 불가능하다.623) 그것은 무슨 까닭인가? 수행승들이

---

623) abhabbo diṭṭhisampanno puggalo sayaṃkataṃ sukhadukkhaṃ paccāgantuṃ. abhabbo diṭṭhisampanno puggalo paraṃkataṃ sukhadukkhaṃ paccagantuṃ. abhabbo diṭṭhisampanno puggalo sayaṃkatañca paraṃkatañca sukhadukkhaṃ paccāgantu. abhabbo diṭṭhisampanno puggalo asayaṃkāraṃ adhiccasamuppannaṃ sukhadukkhaṃ paccāgantuṃ. abhabbo diṭṭhisampanno puggalo aparaṃkāraṃ adhiccasamuppannaṃ sukhadukkhaṃ paccāgantu. abhabbo diṭṭhisampanno puggalo asayaṃkārañca aparaṃkārañca adhiccasamuppannaṃ sukhadukkhaṃ paccāgantuṃ : 이 경은 일반적인 자타중도(自他中道)의 사구분별(四句分別)과는 다른 여섯 가지로 확장된 형태를 보여주고 있다. 일반적인 것은 아래와 같다. SN. II. 19~20에 따르면, 붓다는 자타중도를 벗어나는 동시대적 철학에 대한 다음과 같은 날카로운 비판을 하고 있다. 여기서 질문자인 아쩰라 깟싸빠(Acela Kassapa)는 동시대적 인과론을 네 가지 범주로 나누어 질문하고 있고, 붓다는 그 모든 가능성을 부정하고 있다 : '고따마여, 괴로움은 자기가 만든 것입니까?' '깟싸빠여, 그렇게 말하지 마라'라고 세존께서 말씀하셨다. '그렇다면 고따마여, 괴로움은 타자가 만든 것입니까?' '깟싸빠여, 그렇게 말하지 마라'라고 세존께서 말씀하셨다. '고따마여, 괴로움은 자기가 만들고 타자가 만드는 것입니까?' '깟싸빠여, 그렇게 말하지 마라'라고 세존께서 말씀하셨다. '그렇다면 고따마여, 괴로움은 스스로 만든 것도 남이 만든 것도 아닌 원인 없이 생겨난 것입니까?' '깟싸빠여, 그렇게 말하지 마라'라고 세존께서 말씀하셨다. 여기에 나타난 네 가지의 자타중도적 인과론은 ① 자아원인설 : 자기 자신이 만든 것이다(自作 : sayaṁkataṁ) ② 타자원인설 : 타자가 만든 것이다(他作 : paraṁkataṁ) ③ 자타원인설 : 자신이 만들고 타자가 만든 것이다(自作他作 : sayaṁ katañca paraṁ katañca) ④ 비자비타원인설 : 자신이 만든 것도 타자가 만든 것도 아니다(非自作非他作 : asayaṁkāraṁ aparaṁkāraṁ=偶然論 : adhiccasamuppannaṁ). 이것들은 괴로움이나 즐거움의 심리적 인과뿐만 아니라 자아와 세계의 존재론적 인과에 관한 붓다 시대의 인과론에 해당한다. 위의 각각의 인과론을 주장했던 자들은 '이것이야말로 진리이고 다른 것은 거짓이다(idam eva saccam mogham aññanti)'라는 배타적 명제에 입각해 있었다. 상세한 것은 역자의 저술『초기불교의 연기사상』158-160쪽을 보라.

여, 견해를 성취한 사람은 원인과 원인에 의해 생겨난 사실을 잘 관찰하기 때문이다. 수행승들이여, 이와 같은 여섯 가지 불가능한 경우가 있다."

16. 어떻게 무한하게 무상에 대한 지각을 일으킬 수 있을까?[624]

1. 한때 세존께서는 싸밧티 시에 계셨다.

[세존] "수행승들이여, 이와 같은 여섯 가지 승리를 올바로 관찰하면, 수행승이 최적으로 일체의 형성에서 무한하게 무상에 대한 지각을 일으킬 수 있다. 여섯 가지란 무엇인가?

2. 수행승들이여, '일체의 형성이 나에게 머물지 않는 것으로 드러나리라.'는 것이고, '일체의 세계에 나의 마음이 즐길 것이 없으리라.'는 것이고, '일체의 세계에서 나의 정신이 벗어나리라.'는 것이고, '열반으로 나의 마음이 향하리라.'는 것이고, '결박이 나에게 제거되리라.'는 것이고, '최상의 수행자의 삶을[625] 갖추리라.'는 것이다.

2. 수행승들이여, 이와 같은 여섯 가지 승리를 올바로 관찰하면, 수행승이 최적으로 일체의 형성에서 무한하게 무상에 대한 지각을 일으킬 수 있다."

17. 어떻게 무한하게 괴로움에 대한 지각을 일으킬 수 있을까?[626]

1. 한때 세존께서는 싸밧티 시에 계셨다.

[세존] "수행승들이여, 이와 같은 여섯 가지 승리를 올바로 관찰하면, 수행승이 일체의 형성에서 무한하게 괴로움에 대한 지각을 가

---

624) AN. III. 443 : 머물지 않음의 경[Anavatthitasutta]

625) sāmaññena : Mrp. III. 415에 따르면, 수행자의 삶은 고귀한 길(ariyamagga)을 뜻한다.

626) AN. III. 443 : 칼을 뽑아든 자의 경[Ukkhittāsikasutta]

장 잘 일으킬 수 있다. 여섯 가지란 무엇인가?

2. 수행승들이여, 마치 칼을 뽑아든 살인자 앞에 있는 것처럼,[627] '일체의 형성에서 나는 싫어하여 떠남의 지각을 일으키리라.'는 것이고, '일체의 세계에서 나의 정신이 벗어나리라.'는 것이고, '열반에서 적정을 발견하리라.'는 것이고, '경향은 나에게 제거되리라.'는 것이고, '해야 할 일은 해 마치리라.'는 것이고, '자애로움으로 나는 스승을 섬기리라.'는 것이다. 수행승들이여, 이와 같은 여섯 가지 승리를 올바로 관찰하면, 수행승이 일체의 형성에서 무한하게 괴로움에 대한 지각을 가장 잘 일으킬 수 있다."

18. 어떻게 무한하게 실체 없음에 대한 지각을 일으킬 수 있을까?[628]

1. 한때 세존께서는 싸밧티 시에 계셨다.

[세존] "수행승들이여, 이와 같은 여섯 가지 승리를 올바로 관찰하면, 수행승이 일체의 형성에서 무한하게 실체 없음에 대한 지각을 가장 잘 일으킨 수 있다. 여섯 가지란 무엇인가?

2. 수행승들이여, '일체의 세계에 나는 애착을 지니지 않으리라.'는 것이고, '나는 나를 만드는 것을 삼가리라.'는 것이고, '나는 나의 것을 만드는 것을 삼가리라.'는 것이고, '나는 탁월한 지혜를 갖추리라.'는 것이고, '원인은 나에게 바로 드러나리라.'는 것이고, '원인에 의해 나타난 현상도 바로 나에게 드러나리라.'는 것이다.[629] 수행승

---

627) seyyathāpi ukkhittāsike vadhake : SN. IV. 174에 따르면, 다섯 가지 존재의 집착다발[五取蘊] 즉 존재의 집착다발, 즉 물질의 집착다발, 느낌의 집착다발, 지각의 집착다발, 형성의 집착다발, 의식의 집착다발은 다섯 명의 살인자인 원수이다.

628) AN. III. 444 : 애착을 지니지 않음의 경[Atammayasutta]

629) sabbaloke ca atammayo bhavissāmi. ahaṅkārā ca me uparujjhissanti. mamaṅkārā ca me uparujjhissanti. asādhāraṇena ca ñāṇena samannāgato bhavissāmi. hetuca me sudiṭṭho bhavissati, hetusamuppannā ca dhammā : Mrp. III. 415에 따르면, 애착(tammayo)은 갈애와 견해에 속한 것(taṇhadiṭṭhi)을 의미하고 나를 만드는 것(ahaṅkārā)은 견해에 속하고 나의 것을 만드는 것(mamaṅkārā)은 갈애에 속한다.

들이여, 이와 같은 여섯 가지 승리를 올바로 관찰하면, 수행승이 일체의 형성에서 무한하게 실체 없음에 대한 지각을 가장 잘 일으킬 수 있다.”

19. 올바른 사유의 원리란 무엇인가?[630]

1. 한때 세존께서는 싸밧티 시에 계셨다.

[세존] “수행승들이여, 이와 같은 세 가지 원리가 있다. 세 가지란 무엇인가?

2. 수행승들이여, 감각적 쾌락의 욕망에 매인 사유, 분노에 매인 사유, 폭력에 매인 사유가 있다. 수행승들이여, 이와 같은 세 가지 원리가 있다.

3. 수행승들이여, 이러한 세 가지 원리를 끊어버리고 이와 같은 세 가지 원리를 닦아야 한다. 세 가지란 무엇인가?

4. 수행승들이여, 감각적 쾌락의 욕망에 매인 사유를 끊어 버리고 욕망을 여읜 사유를 닦아야 하고, 분노에 매인 사유를 끊어 버리고 분노를 여읜 사유를 닦아야 하고, 폭력에 매인 사유를 끊어 버리고 폭력을 여읜 사유를 닦아야 한다.

5. 수행승들이여, 이러한 세 가지 원리를 끊어버리고 이와 같은 세 가지 원리를 닦아야 한다.”

---

630) AN. III. 446 : 사유의 경[Vitakkasutta]

7. **일곱 모아모음**[Sattakanipāta]

1. 우리를 묶어버리는 결박에는 어떠한 것이 있는가?[631)]

1. 한때 세존께서는 싸밧티 시에 계셨다.

[세존] "수행승들이여, 이와 같은 일곱 가지 결박이 있다. 일곱 가지란 무엇인가?

2. 수행승들이여, 친밀의 결박,[632)] 분노의 결박, 견해의 결박, 회의적 의심의 결박, 자만의 결박, 존재에 대한 탐욕의 결박, 무명의 결박이 있다. 수행승들이여, 이와 같은 일곱 가지 결박이 있다."

2. 일곱 종류의 물에 빠진 사람들이 있는데, 그들은 누구인가?[633)]

1. 한때 세존께서는 싸밧티 시에 계셨다.

[세존] "수행승들이여, 물에 빠진 자와 같은 이와 같은 일곱 종류의 사람들이 세상에 있다. 일곱 종류란 무엇인가?

2. 수행승들이여, 세상에 어떤 사람은 한번 빠져서 가라앉는다. 그런데 수행승들이여, 세상에 어떤 사람은 올라왔다가 가라앉는다. 그런데 수행승들이여, 세상에 어떤 사람은 올라왔다가 서있는다. 그런데 수행승들이여, 세상에 어떤 사람은 올라왔다가 관찰하고 비추어본

---

631) AN. IV. 7 : 일곱 가지 결박의 경[Sattasaññojanasutta]

632) anunayasaññojana : '친밀의 결박'이란 Mrp. IV. 2에 따르면, 감각적 쾌락에 대한 욕망과 탐욕의 결박(kāmarāgasaṁyojana)을 말한다.

633) AN. IV. 11 : 물에 빠진 자와 같은 사람의 경[Udakūpamapuggalasutta]

다. 그런데 수행승들이여, 세상에 어떤 사람은 올라왔다가 앞으로 나아간다. 그런데 수행승들이여, 세상에 어떤 사람은 올라왔다가 얕은 바닥에 발판을 마련한다. 그런데 수행승들이여, 세상에 어떤 사람은 올라왔다가 저 언덕에 올라 거룩한 님으로 육지에 선다.

3. 수행승들이여, 어떻게 사람이 한번 빠져서 가라앉는가? 수행승들이여, 세상에 어떤 사람은 어두운, 악하고 불건전한 성품을 결정적으로 갖추고 있다. 수행승들이여, 이와 같이 사람이 한번 빠져서 가라앉는다.

4. 수행승들이여, 어떻게 사람이 올라왔다가 가라앉는가? 수행승들이여, 세상에 어떤 사람은 이와 같이 '착하고 건전한 것에 대한 믿음도 좋고, 착하고 건전한 것에 비추어 부끄러움을 아는 것도 좋고, 착하고 건전한 것에 비추어 창피함을 아는 것도 좋고, 착하고 건전한 것에 대한 정진도 좋고, 착하고 건전한 것에 대한 지혜도 좋다.' 라고 생각하며 올라왔다가 그의 믿음이 유지되지 않고 성장하지 않고 퇴전하고, 부끄러움을 아는 것이 유지되지 않고 성장하지 않고 퇴전하고, 창피함을 아는 것이 유지되지 않고 성장하지 않고 퇴전하고, 정진이 유지되지 않고 성장하지 않고 퇴전하고, 지혜가 유지되지 않고 성장하지 않고 퇴전한다. 수행승들이여, 이와 같이 사람이 올라왔다가 가라앉는다.

5. 수행승들이여, 어떻게 사람이 올라왔다가 서있는가? 수행승들이여, 세상에 어떤 사람은 이와 같이 '착하고 건전한 것에 대한 믿음도 좋고, 착하고 건전한 것에 비추어 부끄러움을 아는 것도 좋고, 착하고 건전한 것에 비추어 창피함을 아는 것도 좋고, 착하고 건전한 것에 대한 정진도 좋고, 착하고 건전한 것에 대한 지혜도 좋다.'라고 생각하며 올라왔다가 그의 믿음이 퇴전하지 않고 성장하지 않고 서

있고, 부끄러움을 아는 것이 유지되지 않고 성장하지 않고 서있고, 창피함을 아는 것이 유지되지 않고 성장하지 않고 서있고, 정진이 유지되지 않고 성장하지 않고 서있고, 지혜가 유지되지 않고 성장하지 않고 서있다. 수행승들이여, 이와 같이 사람이 올라왔다가 서있는다.

6. 수행승들이여, 어떻게 사람이 올라왔다가 관찰하고 비추어보는가? 수행승들이여, 세상에 어떤 사람은 이와 같이 '착하고 건전한 것에 대한 믿음도 좋고, 착하고 건전한 것에 비추어 부끄러움을 아는 것도 좋고, 착하고 건전한 것에 비추어 창피함을 아는 것도 좋고, 착하고 건전한 것에 대한 정진도 좋고, 착하고 건전한 것에 대한 지혜도 좋다.'라고 생각하며 올라왔다가 세 가지 결박을 철저히 부수고 더 이상 타락하지 않고 삶이 정초되어 올바른 깨달음을 궁극으로 하는 흐름에 든 님이 된다. 수행승들이여, 이와 같이 사람이 올라왔다가 관찰하고 비추어본다.634)

7. 수행승들이여, 어떻게 사람이 올라왔다가 앞으로 나가는가? 수행승들이여, 세상에 어떤 사람은 이와 같이 '착하고 건전한 것에 대한 믿음도 좋고, 착하고 건전한 것에 비추어 부끄러움을 아는 것도 좋고, 착하고 건전한 것에 비추어 창피함을 아는 것도 좋고, 착하고 건전한 것에 대한 정진도 좋고, 착하고 건전한 것에 대한 지혜도 좋다.'라고 생각하며 올라왔다가 세 가지 결박을 철저히 부수고 탐욕과 성냄과 어리석음을 엷게 만들어 한번 세상에 돌아와 괴로움의 종식을 이루는 한번 돌아오는 님이 된다. 수행승들이여, 이와 같이 사람이 올라왔다가 앞으로 나아간다.

634) evaṃ kho bhikkhave puggalo ummujjitvā vipassati viloketi : Lba. IV. 82에 따르면, 그는 목표를 관찰하고 비추어본다. 흐름에 듦(Sotāpatti)은 열반(nibbāna)에 대한 첫 번째 별견(瞥見)으로 여겨진다.

8. 수행승들이여, 어떻게 사람이 올라왔다가 얕은 바닥에 발판을 마련하는가? 수행승들이여, 세상에 어떤 사람은 이와 같이 '착하고 건전한 것에 대한 믿음도 좋고, 착하고 건전한 것에 비추어 부끄러움을 아는 것도 좋고, 착하고 건전한 것에 비추어 창피함을 아는 것도 좋고, 착하고 건전한 것에 대한 정진도 좋고, 착하고 건전한 것에 대한 지혜도 좋다.'라고 생각하며 올라왔다가 다섯 가지 낮은 단계의 결박을 부수고 화생하여 그곳에서 완전한 열반에 들어 다시는 세상으로 돌아오지 않는 님이 된다. 이와 같이 사람이 올라왔다가 얕은 바닥에 발판을 마련한다.

9. 수행승들이여, 어떻게 사람이 올라왔다가 저 언덕을 올라 거룩한 님으로 육지에 서는가? 수행승들이여, 세상에 어떤 사람은 이와 같이 '착하고 건전한 것에 대한 믿음도 좋고, 착하고 건전한 것에 비추어 부끄러움을 아는 것도 좋고, 착하고 건전한 것에 비추어 창피함을 아는 것도 좋고, 착하고 건전한 것에 대한 정진도 좋고, 착하고 건전한 것에 대한 지혜도 좋다.'라고 생각하며 올라왔다가, 번뇌를 부수고 번뇌 없이 마음에 의한 해탈과 지혜에 의한 해탈을 현세에서 스스로 곧바로 알고 깨달아 성취한다. 수행승들이여, 이와 같이 사람이 올라왔다가 저 언덕에 올라 거룩한 님으로 육지에 선다.

10. 수행승들이여, 물에 빠진 자와 같은 이와 같은 일곱 종류의 사람들이 세상에 있다."

3. 국가에서의 불퇴전의 원리란 어떠한 것인가?[635]

1. 이와 같이 나는 들었다. 한때 세존께서는 라자가하 시의 깃자꾸따

635) AN. IV. 17 : 밧싸까라의 경[Vassakārasutta], DN. 16 참조.

산에 계셨다.

2. 그때 마가다[636] 국의 왕이며 베데히 왕비의 아들인 아자따쌋뚜[637]는 밧지 족을 공격하고자 했다. 그는 이와 같이 말했다.

[아자따쌋뚜] "나는 이 힘있고 강력한 밧지 족을 전멸시키고, 밧지 족을 궤멸시키고, 멸망과 불행에 빠지게 하겠다."

3. 그래서 마가다 국의 왕이며 베데히 왕비의 아들인 아자따쌋뚜는 마가다 국의 대신 바라문 밧싸까라[638]에게 알렸다.

[아자따쌋뚜] "바라문이여, 그대는 가서 세존께서 계신 곳을 찾아라. 가까이 다가가서 내 이름으로 세존의 두 발에 머리를 조아리고 건강하고 강령하고 경쾌하고 강건하고 평안하신지를 이와 같이 '세존이시여, 마가다 국의 왕이며 베데히 왕비의 아들인 아자따쌋뚜는 세존의 두 발에 머리를 조아리고 건강하고 강령하고 경쾌하고 강건

---

636) Magadha : 마가다 국은 부처님 당시의 사대공화국 가운데, 그리고 십육대국 가운데 가장 큰 왕국으로 부처님 당시의 수도는 라자가하(Rājagaha)였고 나중의 수도는 빠딸리뿟따(Pataliputta) 였다. 당시 마가다 국은 8만 마을과 둘레가 1,260㎞에 달하는 넓이였다. 마가다 국은 수도인 라자가하의 남쪽에는 거대한 노천 철광석 광산을 갖고 있었고 동남쪽에는 황동광이 출토되었는데 그것으로 강력한 전제국가가 될 수 있었다. 부처님 당시의 마가다의 국왕은 빔비싸라(Bimbisāra)였는데, 그는 앙가(Aṅga) 국을 정벌하면서 갠지스 강변의 무역로를 확보하여 국가적인 부를 축적하였다. 빔비싸라 왕과 아자따쌋뚜 왕에서 200년 후 아쇼카(Asoka) 왕에 이르기까지 마가다는 북인도의 역사를 장식했다. 빠알리어도 마가다어로 알려져 있다. 싸리뿟따와 목갈라나도 마가다 국 출신이다. 오늘날의 남 비하르에 해당한다.

637) Ajātasattu : 아자따쌋뚜는 꼬쌀라 국의 빠쎄나디(Pasenadi) 왕의 조카이자 마가다 국의 빔비싸라 왕의 아들이다. 데바닷따(Devadatta)와 공모하여 부처님과 아버지를 살해하려 하였는데, 데바닷따는 부처님을 살해하려다 실패하고, 그 자신은 아버지를 유폐하여 굶겨 죽이고 왕위를 찬탈하는데 성공하였다. 그는 데바닷따와 공모하여 부처님을 살해하려 했던 것을 후회하고 부처님께 귀의했으나 나중에는 부처님께서 완전히 열반에 든 이후에 부처님께서 살아생전에 허락하지 않은 밧지(Vajjī) 국을 멸망시키고 꼬쌀라 국을 병합했다. 그는 아버지를 유폐하여 굶겨죽였기 때문에 자신도 아버지를 죽인 날에 태어난 아들 우다이밧다(Udāyibhadda)에 의해서 시해당할까 항상 두려워했다. 아들이 출가하길 바랬으나 출가하지 않았고, 결국 32년간 재위한 뒤에 아버지를 죽인 업보로 자신의 아들에게 시해당했다. Jāt. III. 121에 의하면, 그의 어머니는 꼬쌀라 국의 공주이지 비데하(Videha) 국의 공주는 아니다. Ggs. I. 131에 따르면, 붓다고싸가 Srp. I. 154에서 비데하 국의 공주로 규정한 것은 범어에서 아자따샤뚜루(*sk.* Ajātaśatru)를 바이데히뿌뜨라(vaidehīputra)로 표현한 것으로 보아 잘못된 언어적 해석이다. 베데히는 꼬쌀라 국 공주의 실명이며 아마도 그녀의 어머니나 조상이 비데하 족에서 유래했을 가능성이 있다.

638) Vassakāra : ≪앙굿따라니까야≫의 경 4 : 35 주석을 참조하라.

하고 평안하신지를 문안드립니다.'라고 여쭈어라. 그리고 이와 같이 '마가다 국의 왕이며 베데히 왕비의 아들인 아자따쌋뚜는 밧지 족을 공격하고자 합니다. 그리고 그가 이와 같이 '나는 이 힘있고 강력한 밧지 족을 전멸시키고, 밧지 족을 궤멸시키고, 멸망과 불행에 빠지게 하겠다.'라고 말했습니다.'라고 알려라. 세존께서 대답하시면, 그것을 잘 파악했다가 나에게 알려라. 여래는 진실이 아닌 것을 말씀하시지 않기 때문이다."

[바라문] "폐하, 알겠습니다."

4. 마가다 국의 대신 바라문 밧싸까라는 마가다 국의 왕이며 베데히 왕비의 아들인 아자따쌋뚜에게 대답하고 자리에서 일어나 세존께서 계신 곳을 찾아갔다. 가까이 다가가서 세존과 함께 인사를 나누고 안부를 주고받은 뒤에 한쪽으로 물러나 앉았다. 한쪽으로 물러나 앉은 마가다 국의 대신 바라문 밧싸까라는 세존께 이와 같이 말씀드렸다.

5. [밧싸까라] "존자 고따마여, 마가다 국의 왕이며 베데히 왕비의 아들인 아자따쌋뚜는 세존의 두 발에 머리를 조아리고 건강하고 강령하고 경쾌하고 강건하고 평안하신지를 문안드립니다. 마가다 국의 왕이며 베데히 왕비의 아들인 아자따쌋뚜는 밧지 족을 공격하고자 합니다. 그리고 그가 이와 같이 '나는 이 힘있고 강력한 밧지 족을 전멸시키고, 밧지 족을 궤멸시키고, 멸망과 불행에 빠지게 하겠다.'라고 말했습니다."

6. 그런데 그때 존자 아난다가 세존의 뒤에서 세존께 부채를 부치면서 서있었다. 그때 세존께서는 존자 아난다에게 알리셨다.

7. [세존] "아난다여, 그대는 들었는가. 밧지 족이 자주 모이고 자주

만나는가?"

[아난다] "세존이시여, 저는 들었습니다. 밧지 족이 자주 모이고 자주 만납니다."

[세존] "아난다여, 밧지 족이 자주 모이고 자주 만나는 한, 아난다여, 밧지 족에게는 번영만이 기대되지 퇴전은 기대되지 않는다."

8. [세존] "아난다여, 그대는 들었는가. 밧지 족이 화합하여 모이고 화합하여 일어서고 화합하여 밧지 족의 일을 하는가?"

[아난다] "세존이시여, 저는 들었습니다. 밧지 족이 화합하여 모이고 화합하여 일어서고 화합하여 밧지 족의 일을 합니다."

[세존] "아난다여, 밧지 족이 화합하여 모이고 화합하여 일어서고 화합하여 밧지 족의 일을 하는 한, 아난다여, 밧지 족에게는 번영만이 기대되지 퇴전은 기대되지 않는다."

9. [세존] "아난다여, 그대는 들었는가. 밧지 족이 공인되지 않은 것은 시설하지 않고, 공인된 것은 어기지 않고 예전에 공인된 밧지 국의 법을 수용하여 따르는가?"

[아난다] "세존이시여, 저는 들었습니다. 밧지 족이 공인되지 않은 것은 시설하지 않고, 공인된 것은 어기지 않고 예전에 공인된 밧지 국의 법을 수용하여 따릅니다."

[세존] "아난다여, 밧지 족이 공인되지 않은 것은 시설하지 않고, 공인된 것은 어기지 않고 예전에 공인된 밧지 국의 법을 수용하여 따르는 한, 아난다여, 밧지 족에게는 번영만이 기대되지 퇴전은 기대되지 않는다."

10. [세존] "아난다여, 그대는 들었는가. 밧지 족이 밧지 국의 어떠한 노인들이라도, 그 노인들을 공경하고, 존중하고, 존경하고, 공양하고 그들에게 귀를 기울여야 한다고 생각하는가?"

[아난다] "세존이시여, 저는 들었습니다. 밧지 족이 밧지 국의 어떠한 노인들이라도, 그 노인들을 공경하고, 존중하고, 존경하고, 공양하고 그들에게 귀를 기울여야 한다고 생각합니다."

[세존] "아난다여, 밧지 족이 밧지 국의 어떠한 노인들이라도, 그 노인들을 공경하고, 존중하고, 존경하고, 공양하고 그들에게 귀를 기울여야 한다고 생각하는 한, 아난다여, 밧지 족에게는 번영만이 기대되지 퇴전은 기대되지 않는다."

11. [세존] "아난다여, 그대는 들었는가. 밧지 족이 어떠한 훌륭한 가문의 여인들과 훌륭한 가문의 소녀들이라도, 그녀들을 끌어내어 폭력으로 제압하지 않는가?"

[아난다] "세존이시여, 저는 들었습니다. 밧지 족이 어떠한 훌륭한 가문의 여인들과 훌륭한 가문의 소녀들이라도, 그녀들을 끌어내어 폭력으로 제압하지 않습니다."

[세존] "아난다여, 밧지 족이 어떠한 훌륭한 가문의 여인들과 훌륭한 가문의 소녀들이라도, 그녀들을 끌어내어 폭력으로 제압하지 않는 한, 아난다여, 밧지 족에게는 번영만이 기대되지 퇴전은 기대되지 않는다."

12. [세존] "아난다여, 그대는 들었는가. 밧지 족이 밧지 국의 어떠한 밧지 인 탑묘들이라도, 안으로나 밖으로나 공경하고, 존중하고, 존경하고, 공양하고, 그리고 여법하게 공물을 이미 바쳤고 이미 행했다면, 그것을 철회하지 않는가?"

[아난다] "세존이시여, 저는 들었습니다. 밧지 족이 밧지 국의 어떠한 밧지 인 탑묘들이라도, 안으로나 밖으로나 공경하고, 존중하고, 존경하고, 공양하고, 그리고 여법하게 공물을 이미 바쳤고 이미 행했다면, 그것을 철회하지 않습니다."

[세존] "아난다여, 밧지 족이 밧지 국의 어떠한 밧지 인 탑묘들이라도, 안으로나 밖으로나 공경하고, 존중하고, 존경하고, 공양하고, 그리고 여법하게 공물을 이미 바쳤고 이미 행했다면, 그것을 철회하지 한, 아난다여, 밧지 족에게는 번영만이 기대되지 퇴전은 기대되지 않는다."

13. [세존] "아난다여, 그대는 들었는가. 밧지 족이 거룩한 님에 대하여 여법한 보호와 수호와 비호를 잘 갖추어 '아, 아직 오지 않은 거룩한 님들이 밧지 국에 왔으면 좋겠다. 그리고 이미 온 거룩한 님들은 밧지 국에서 평온하기를 바란다.'라고 생각하는가?"

[아난다] "세존이시여, 저는 들었습니다. 밧지 족이 거룩한 님에 대하여 여법한 보호와 수호와 비호를 잘 갖추어 '아, 아직 오지 않은 거룩한 님들이 밧지 국에 왔으면 좋겠다. 그리고 이미 온 거룩한 님들은 밧지 국에서 평온하기를 바란다.'라고 생각합니다."

[세존] "아난다여, 밧지 족이 거룩한 님에 대하여 여법한 보호와 수호와 비호를 잘 갖추어 '아, 아직 오지 않은 거룩한 님들이 밧지 국에 왔으면 좋겠다. 그리고 이미 온 거룩한 님들은 밧지 국에서 평온하기를 바란다.'라고 생각하는 한, 아난다여, 밧지 족에게는 번영만이 기대되지 퇴전은 기대되지 않는다."

14. 그러자 세존께서는 마가다 국의 대신 바라문 밧싸까라에게 이와 같이 말씀하셨다.

[세존] "바라문이여, 한때 나는 베쌀리 시의 싸란다다 탑묘에 있었는데, 그때 바라문이여, 나는 밧지 족에게 이러한 일곱 가지 불퇴전의 원리에 대하여 가르쳤다. 바라문이여, 이러한 일곱 가지 불퇴전의 원리가 밧지 족에게 현존하고, 이러한 일곱 가지 불퇴전의 원리에 대하여 밧지 족이 따른다면, 바라문이여, 밧지 족에게는 번영

만이 기대되지 퇴전은 기대되지 않는다."

15. 이처럼 말씀하시자 마가다 국의 대신 바라문 밧싸까라는 세존께 이와 같이 말씀드렸다.

[밧싸까라] "존자 고따마여, 단 하나의 불퇴전의 원리라도 성취했다면 밧지 족에게 번영만이 기대되지 퇴전은 기대되지 않는데, 하물며 일곱 가지 불퇴전의 원리의 성취에 대해서는 말해 무엇하겠습니까? 존자 고따마여, 밧지 족을 마가다 국의 왕이며 베데히 왕비의 아들인 아자따쌋뚜는 간계나 분열을 통해서라면 몰라도 전쟁으로는 정복할 수 없을 것입니다.[639] 존자 고따마여, 자 이제 저는 가봐야 하겠습니다. 저는 할 일이 많습니다."

[세존] "바라문이여, 그대가 지금이 그때라고 생각하는 시간입니다."

16. 그러자 마가다 국의 대신 바라문 밧싸까라는 세존께서 말씀하신 것에 기뻐하고 환희하면서 자리에서 일어나 그곳을 떠났다.

4. 수행자의 삶에서의 불퇴전의 원리란 무엇인가?[640]

1. 한때 세존께서는 싸밧티 시에 계셨다.

[세존] "수행승들이여, 지난 밤 어떤 하늘사람이 깊은 밤중에 아름다운 빛으로 제따바나 숲을 두루 밝히며 세존께서 계신 곳으로 찾아왔다. 가까이 다가와서 내게 인사를 하고 한쪽으로 물러나 섰다. 한쪽으로 물러나 서서 그 하늘사람은 내게 이와 같이 말했다.

639) akaraṇīyā ca bho gotama, vajji raññā māgadhena ajātasattunā vedehi puttena yadidaṃ yuddhassa aññatra upalāpanā aññatra mithubhedā : Smv. II. 522에 따르면, 세존께서 마지막으로 베쌀리 시를 방문하신 지 삼년 후, 즉 부처님께서 완전한 열반에 드신 삼년 후에 대신 밧싸까라의 간계로 분열된 밧지 국은 마가다 국의 아자따쌋뚜에게 정복되었다.

640) AN. IV. 30 : 온화한 말의 경②[Dutiyasovacassatāsutta]

2. [하늘사람] '세존이시여, 이와 같은 일곱 가지 원리는 수행승을 불퇴전으로 이끕니다. 일곱 가지란 무엇입니까?

3. 세존이시여, 스승에 대한 존중, 가르침에 대한 존중, 참모임에 대한 존중, 배움에 대한 존중, 삼매에 대한 존중, 온화하게 말하는 것, 선한 벗을 사귀는 것입니다. 세존이시여, 이와 같은 일곱 가지 원리는 수행승을 불퇴전으로 이끕니다.'

4. 수행승들이여, 그 하늘사람은 이와 같이 말했다. 이와 같이 말하고 내게 인사를 하고 오른쪽으로 돌아 그곳에서 사라졌다."

5. 이와 같이 말씀하시자 존자 싸리뿟따가 세존께 이와 같이 말씀드렸다.

[싸리뿟따] "세존이시여, 저는 세존께서 간략하게 말씀하신 것의 그 뜻을 이와 같이 상세하게 알고 있습니다.

6. 세존이시여, 세상에 수행승이 스스로 스승을 존중하고 스승을 존중하는 것을 칭찬합니다. 다른 수행승들이 스승을 존중하지 않는다면, 그들에게 스승을 존중하도록 권유합니다. 다른 수행승들이 스승을 존중하면, 그들을 사실에 맞게 진실에 합당하게 올바른 때에 맞추어 칭찬합니다.

7. 그리고 또한 스스로 가르침을 존중하고 가르침을 존중하는 것을 칭찬합니다. 다른 수행승들이 가르침을 존중하지 않는다면, 그들에게 가르침을 존중하도록 권유합니다. 다른 수행승들이 가르침을 존중하면, 그들을 사실에 맞게 진실에 합당하게 올바른 때에 맞추어 칭찬합니다.

8. 그리고 또한 스스로 참모임을 존중하고 참모임을 존중하는 것을 칭찬합니다. 다른 수행승들이 참모임을 존중하지 않는다면, 그들에

게 참모임을 존중하도록 권유합니다. 다른 수행승들이 참모임을 존중하면, 그들을 사실에 맞게 진실에 합당하게 올바른 때에 맞추어 칭찬합니다.

9. 그리고 또한 스스로 배움을 존중하고 배움을 존중하는 것을 칭찬합니다. 다른 수행승들이 배움을 존중하지 않는다면, 그들에게 배움을 존중하도록 권유합니다. 다른 수행승들이 배움을 존중하면, 그들을 사실에 맞게 진실에 합당하게 올바른 때에 맞추어 칭찬합니다.

10. 그리고 또한 스스로 삼매를 존중하고 삼매를 존중하는 것을 칭찬합니다. 다른 수행승들이 삼매를 존중하지 않는다면, 그들에게 삼매를 존중하도록 권유합니다. 다른 수행승들이 삼매를 존중하면, 그들을 사실에 맞게 진실에 합당하게 올바른 때에 맞추어 칭찬합니다.

11. 그리고 또한 스스로 온화한 말을 하고 온화한 말을 하는 것을 칭찬합니다. 다른 수행승들이 온화한 말을 하지 않는다면, 그들에게 온화한 말을 하도록 권유합니다. 다른 수행승들이 온화한 말을 하면, 그들을 사실에 맞게 진실에 합당하게 올바른 때에 맞추어 칭찬합니다.

12. 그리고 또한 스스로 선한 벗을 사귀고 선한 벗을 사귀는 것을 칭찬합니다. 다른 수행승들이 선한 벗을 사귀지 않는다면, 그들에게 선한 벗을 사귀도록 권유합니다. 다른 수행승들이 선한 벗을 사귀면, 그들을 사실에 맞게 진실에 합당하게 올바른 때에 맞추어 칭찬합니다.

13. 세존이시여, 저는 세존께서 간략하게 말씀하신 것에 대해 이와 같이 상세하게 그 뜻을 잘 알고 있습니다.”

14. [세존] "싸리뿟따여, 훌륭하다. 싸리뿟따여, 훌륭하다. 싸리뿟따여, 그대는 내가 간략하게 말한 것에 대해 이와 같이 상세하게 그 뜻을 잘 알고 있다.

15. 싸리뿟따여, 세상에 수행승이 스스로 스승을 존중하고 스승을 존중하는 것을 칭찬한다. 다른 수행승들이 스승을 존중하지 않는다면, 그들에게 스승을 존중하도록 권유한다. 다른 수행승들이 스승을 존중하면, 그들을 사실에 맞게 진실에 합당하게 올바른 때에 맞추어 칭찬한다.

16. 그리고 또한 스스로 가르침을 존중하고 가르침을 존중하는 것을 칭찬한다. 다른 수행승들이 가르침을 존중하지 않는다면, 그들에게 가르침을 존중하도록 권유한다. 다른 수행승들이 가르침을 존중하면, 그들을 사실에 맞게 진실에 합당하게 올바른 때에 맞추어 칭찬한다.

17. 그리고 또한 스스로 참모임을 존중하고 참모임을 존중하는 것을 칭찬한다. 다른 수행승들이 참모임을 존중하지 않는다면, 그들에게 참모임을 존중하도록 권유한다. 다른 수행승들이 참모임을 존중하면, 그들을 사실에 맞게 진실에 합당하게 올바른 때에 맞추어 칭찬한다.

18. 그리고 또한 스스로 배움을 존중하고 배움을 존중하는 것을 칭찬한다. 다른 수행승들이 배움을 존중하지 않는다면, 그들에게 배움을 존중하도록 권유한다. 다른 수행승들이 배움을 존중하면, 그들을 사실에 맞게 진실에 합당하게 올바른 때에 맞추어 칭찬한다.

19. 그리고 또한 스스로 삼매를 존중하고 삼매를 존중하는 것을 칭찬한다. 다른 수행승들이 삼매를 존중하지 않는다면, 그들에게 삼

매를 존중하도록 권유한다. 다른 수행승들이 삼매를 존중하면, 그들을 사실에 맞게 진실에 합당하게 올바른 때에 맞추어 칭찬한다.

20. 그리고 또한 스스로 온화한 말을 하고 온화한 말을 하는 것을 칭찬한다. 다른 수행승들이 온화한 말을 하지 않는다면, 그들에게 온화한 말을 하도록 권유한다. 다른 수행승들이 온화한 말을 하면, 그들을 사실에 맞게 진실에 합당하게 올바른 때에 맞추어 칭찬한다.

21. 그리고 또한 스스로 선한 벗을 사귀고 선한 벗을 사귀는 것을 칭찬한다. 다른 수행승들이 선한 벗을 사귀지 않는다면, 그들에게 선한 벗을 사귀도록 권유한다. 다른 수행승들이 선한 벗을 사귀면, 그들을 사실에 맞게 진실에 합당하게 올바른 때에 맞추어 칭찬한다.

22. 싸리뿟따여, 그대는 내가 간략하게 말한 것에 대해 이와 같이 상세하게 그 뜻을 잘 알고 있다."

5. 참다운 친구가 되려면 어떻게 해야 하는가?[641]

1. 한때 세존께서는 싸밧티 시에 계셨다.

[세존] "수행승들이여, 이와 같은 일곱 가지 원리를 갖춘 벗과 사귀어야 한다. 일곱 가지란 무엇인가?

2. 수행승들이여, 주기 어려운 것을 주고, 하기 어려운 것을 하고, 참기 어려운 것을 참고, 비밀을 고백하고, 비밀을 지켜주고,[642] 불행에 처했을 때 버리지 않고, 가난할 때 경멸하지 않는다. 수행승들이

---

641) AN. IV. 31 : 벗의 경[Mittasutta]

642) guyhamassa āvikaroti, guyhaṃ assa pariguhati : Mrp. IV. 24에 따르면, 자신의 비밀을 그에게 말하고 그의 비밀은 다른 사람에게 이야기하지 않는다.

여, 이와 같은 일곱 가지 원리를 갖춘 벗과 사귀어야 한다.”

[세존] “벗은 주기 어려운 것을 주고,
하기 어려운 것을 하고,
그리고 또한 그에게
참기 어려운 폭언을 참아낸다.

그에게 비밀을 고백하면,
그는 비밀을 지켜주고,
불행에 처했을 때 버리지 않고,
가난할 때 경멸하지 않는다.643)

세상에 이와 같은 것들이
발견되는 사람이 있다면,
벗을 바라는 사람은 그와 같은 사람을
벗으로 사귀어야 하리.”644)

6. 분석적인 앎을 성취하기 위한 명상수행의 토대는 무엇인가?645)

1. 한때 세존께서는 싸밧티 시에 계셨다.

[세존] “수행승들이여, 이와 같은 일곱 가지 원리를 갖추면, 수행승은 머지않아 네 가지 분석적인 앎을646) 스스로 곧바로 알고 깨달아 성취할 것이다. 일곱 가지란 무엇인가?

---

643) guyhaṃ cassa akkhāti | guyhassa parigūhati | āpadāsu na jahāti | khīṇena nātimaññati ||

644) yasmiṃ etāni ṭhānāni | saṃvijjantīdha puggale | so mitto mittakāmena | bhajitabbo tathāvidhoti ||

645) AN. IV. 32 : 분석적인 앎의 경①[Paṭhamapaṭisambhidāsutta]

646) catasso paṭisambhidā : 네 가지의 분석적 앎[四無碍解]은 ① 의미에 대한 분석적인 앎[義無碍解 : atthapaṭisambhidā] : 결과에 대한 분석적인 앎 ② 원리에 대한 분석적인 앎[法無碍解 : dhammapaṭisambhidā] : 원인에 대한 분석적인 앎 ③ 언어에 대한 분석적 앎[詞無碍解 : niruttipaṭisambhidā] : 의미와 원리를 서술하는 언어에 대한 분석적인 앎 ④ 지식에 대한 분석적 앎[辨無碍解 : paṭibhānapaṭisambhidā] : 앞의 세 가지 분석적인 앎의 지식에 대한 분석적인 앎을 말한다.

2. 수행승들이여, 세상에 수행승은 자신의 마음이 고착되면 자신의 마음이 고착되었다고 있는 그대로 분명히 알고, 자신의 마음이 안으로 위축되면 자신의 마음이 안으로 위축되었다고 있는 그대로 분명히 알고, 자신의 마음이 밖으로 산란되면 자신의 마음이 밖으로 산란되었다고 있는 그대로 분명히 알고,[647] 그에게는 느낌이 자각적으로 일어나고 자각적으로 유지되고 자각적으로 사라지고, 지각이 자각적으로 일어나고 자각적으로 유지되고 자각적으로 사라지고, 사유가 자각적으로 일어나고 자각적으로 유지되고 자각적으로 사라지고,[648] 그는 적당하거나 적당하지 않거나 열등하거나 수승하거나 어둡거나 밝은 대조적 측면에서 그 인상을 잘 파악하여 잘 정신활동을 기울이고 잘 성찰하여 지혜로써 잘 꿰뚫는다.

3. 수행승들이여, 이와 같은 일곱 가지 원리를 갖추면, 수행승은 머지않아 네 가지 분석적인 앎을 스스로 곧바로 알고 깨달아 성취할 것이다.”

7. 수행자의 청정한 삶은 어떻게 파괴될 수 있는가?[649]

---

647) idha bhikkhave, bhikkhū idaṃ me cetaso līnattanti yathābhūtaṃ pajānāti. Ajjhattaṃ saṅkhittaṃ vā cittaṃ ajjhattaṃ me saṅkhittaṃ cittanti yathābhūtaṃ pajānāti. Bahiddhā vikkhittaṃ vā cittaṃ bahiddhā me vikkhittaṃ cittanti yathābhūtaṃ pajānāti : 마음의 위축은 마음이 활발하게 통찰하지 못하는 것을 말하는데, Mrp. IV. 25에 따르면, 안으로 고착된 것은 해태와 혼침을 말하고 밖으로 산란한 것은 다섯 가지 감각적 쾌락의 대상[五欲樂]에 의해서 흩어진 것을 말한다.

648) tassa viditā vedanā uppajjanti, viditā upaṭṭhahanti, viditā abbhatthaṁ gacchanti. viditā vitakkā uppajjanti, viditā upaṭṭhahanti, viditā abbhatthaṁ gacchanti, viditā saññā uppajjanti, viditā upaṭṭhahanti, viditā abbhatthaṁ gacchanti : 역자가 ‘자각적으로 느낌이 일어나고’라고 번역한 것은 원래는 ‘알려진 느낌들이 일어나고(viditā vedanā uppajjanti)’라는 말이다. 이것들을 여래희유미증유법(如來稀有未曾有法)이라고도 한다. 자각적으로(viditā) 라는 말은 Mrp. III. 85에서 인식의 토대인 감관(vatthu)과 대상(ārammaṇa)을 철저하게 파악하는 것(pariganṇhati)을 의미하기 때문이다. 여기서 철저하게 파악한다는 것은 그것이 무상하고 괴롭고 실체가 없는 것을 관찰한다는 것이다. Mrp. IV. 25에 따르면, 느낌은 갈애의 뿌리이고 즐거움으로 인해 갈애가 일어나기 때문이고, 지각은 견해의 뿌리이고 분명하지 않은 대상으로 인해 견해가 일어나기 때문이다. 사유는 자만의 뿌리이니, 사유를 통해 ‘나’ 또는 ‘나는 있다’라는 자만이 일어나기 때문이다.

649) AN. IV. 54 : 성적 교섭의 경[Methunasutta], Vism. 51-53 참조

1. 한때 세존께서는 싸밧티 시에 계셨다. 한때 바라문 자눗쏘니[650]가 세존께서 계신 곳을 찾아왔다. 가까이 다가와서 세존과 함께 인사를 나누고, 안부를 주고받은 뒤에 한쪽으로 물러나 앉았다.

2. 한쪽으로 물러나 앉은 바라문 자눗쏘니는 세존께 이와 같이 말했다.

[자눗쏘니] "세존이신 수행자 고따마께서는 청정한 삶을 사는 자라고 선언하지 않았습니까?"[651]

[세존] "바라문이여, '누군가 파괴되지 않고 균열되지 않고 잡되지 않고 더럽혀지지 않고 때묻지 않고 완전하고 깨끗한 청정한 삶을 산다.'라고 올바로 말할 수 있다면, 그것은 나를 두고 올바로 말할 수 있습니다. 바라문이여, 나는 파괴되지 않고 균열되지 않고 잡되지 않고 더럽혀지지 않고 때묻지 않고 완전하고 깨끗한 청정한 삶을 살고 있습니다."

3. [자눗쏘니] "존자 고따마여, 그런데 어떻게 청정한 삶이 파괴되고 균열되고 잡되고 더럽혀지고 때묻는 것입니까?"

4. [세존] "바라문이여, 세상에 어떤 수행자나 성직자가 완전히 청정한 삶을 선언하였음에도 여인과 함께 서로 교합할 뿐만 아니라 여인의 맛사지, 지압, 세욕, 안마를 즐기면, 그는 그것에 유혹되고 그것을 욕망하고 마침내 쾌락에 빠집니다. 바라문이여, 이것이야말로 청정한 삶이 파괴되고 균열되고 잡되고 더럽혀지고 때묻는 것입니다. 바라문이여, 이것을 성적 교섭의 굴레에 묶인, 청정하지 못한 거

---

650) Jāṇussoṇi : ≪앙굿따라니까야≫ 2 : 27경의 주석을 보라.

651) bhavampi no samaṇo gotamo brahmacārī paṭijānātīti : Mrp. IV. 31에 따르면, 바라문 자눗쏘니에게 이와 같이 '바라문들은 베다를 공부하면서 48년간을 청정한 삶을 영위하는데, 수행자 고따마는 집에서 살 때 세 개의 왕궁에서 세 종류의 무희들과 향락을 즐겼다. 그런데 지금 무엇을 말할 수 있단 말인가?'라고 생각했고 그것에 대해 질문한 것이다.

룩한 삶을 사는 것이라고 합니다. 그러한 삶을 통해서는 태어남, 늙음, 죽음, 슬픔, 비탄, 고통, 불만, 절망에서 벗어나지 못하고 모든 괴로움에서 벗어나지 못한다고 나는 말합니다.

5. 바라문이여, 또한 세상에 어떤 수행자나 성직자가 완전히 청정한 삶을 선언하여 여인과 함께 서로 교합하지 않을 뿐만 아니라, 여인의 맛사지, 지압, 세욕, 안마를 즐기지 않지만, 그러나 여인과 함께 농담하고, 희롱하고, 유희합니다. 그는 그것에 유혹되고 그것을 욕망하고 마침내 쾌락에 빠집니다. 바라문이여, 이것이야말로 청정한 삶이 파괴되고 균열되고 잡되고 더럽혀지고 때묻는 것입니다. 바라문이여, 이것을 성적 교섭의 굴레에 묶인, 청정하지 못한 거룩한 삶을 사는 것이라고 합니다. 그러한 삶을 통해서는 태어남, 늙음, 죽음, 슬픔, 비탄, 고통, 불만, 절망에서 벗어나지 못하고 모든 괴로움에서 벗어나지 못한다고 나는 말합니다.

6. 바라문이여, 또한 세상에 어떤 수행자나 성직자가 완전히 청정한 삶을 선언하여 여인과 함께 서로 교합하지 않고, 여인의 맛사지, 지압, 세욕, 안마를 즐기지 않을 뿐만 아니라 여인과 함께 농담하고, 희롱하고, 유희하지도 않더라도, 여인의 눈을 자신의 눈으로 관찰하고 응시합니다. 그는 그것에 유혹되고 그것을 욕망하고 마침내 쾌락에 빠집니다. 바라문이여, 이것이야말로 청정한 삶이 파괴되고 균열되고 잡되고 더럽혀지고 때묻는 것입니다. 바라문이여, 이것을 성적 교섭의 굴레에 묶인, 청정하지 못한 거룩한 삶을 사는 것이라고 합니다. 그러한 삶을 통해서는 태어남, 늙음, 죽음, 슬픔, 비탄, 고통, 불만, 절망에서 벗어나지 못하고 모든 괴로움에서 벗어나지 못한다고 나는 말합니다.

7. 바라문이여, 또한 세상에 어떤 수행자나 성직자가 완전히 청정한

삶을 선언하여 여인과 함께 서로 교합하지 않고, 여인의 맛사지, 지압, 세욕, 안마를 즐기지 않고, 여인과 함께 농담하고, 희롱하고, 유희하지도 않을 뿐만 아니라 여인의 눈을 자신의 눈으로 관찰하고 응시하지 않더라도, 담장 너머나 성벽 너머 들려오는, 웃거나 이야기하거나 노래하거나 우는 여인의 소리를 듣습니다. 그는 그것에 유혹되고 그것을 욕망하고 마침내 쾌락에 빠집니다. 바라문이여, 이것이야말로 청정한 삶이 파괴되고 균열되고 잡되고 더럽혀지고 때묻는 것입니다. 바라문이여, 이것을 성적 교섭의 굴레에 묶인, 청정하지 못한 거룩한 삶을 사는 것이라고 합니다. 그러한 삶을 통해서는 태어남, 늙음, 죽음, 슬픔, 비탄, 고통, 불만, 절망에서 벗어나지 못하고 모든 괴로움에서 벗어나지 못한다고 나는 말합니다.

8. 바라문이여, 또한 세상에 어떤 수행자나 성직자가 완전히 청정한 삶을 선언하여 여인과 함께 서로 교합하지 않고, 여인의 맛사지, 지압, 세욕, 안마를 즐기지 않고, 여인과 함께 농담하고, 희롱하고, 유희하지도 않고, 여인의 눈을 자신의 눈으로 관찰하고 응시하지 않을 뿐만 아니라 담장 너머나 성벽 너머 들려오는, 웃거나, 이야기하거나, 노래하거나, 우는 여인의 소리를 듣지 않더라도, 예전에 여인과 함께 웃고, 이야기하고, 유희했던 기억을 떠올립니다. 그는 그것에 유혹되고 그것을 욕망하고 마침내 쾌락에 빠집니다. 바라문이여, 이것이야말로 청정한 삶이 파괴되고 균열되고 잡되고 더럽혀지고 때묻는 것입니다. 바라문이여, 이것을 성적 교섭의 굴레에 묶인, 청정하지 못한 거룩한 삶을 사는 것이라고 합니다. 그러한 삶을 통해서는 태어남, 늙음, 죽음, 슬픔, 비탄, 고통, 불만, 절망에서 벗어나지 못하고 모든 괴로움에서 벗어나지 못한다고 나는 말합니다.

9. 바라문이여, 또한 세상에 어떤 수행자나 성직자가 완전히 청정한

삶을 선언하여 여인과 함께 서로 교합하지 않고, 여인의 맛사지, 지압, 세욕, 안마를 즐기지 않고, 여인과 함께 농담하고, 희롱하고, 유희하지도 않고, 여인의 눈을 자신의 눈으로 관찰하고 응시하지 않으며, 담장 너머나 성벽 너머 들려오는, 웃거나, 이야기하거나, 노래하거나, 우는 여인의 소리를 듣지 않을 뿐만 아니라, 예전에 여인과 함께 웃고, 이야기하고, 유희했던 기억을 떠올리지 않더라도, 장자나 장자의 아들이 다섯 가지 감각적 쾌락의 대상을 갖추고 구비하여 즐기는 것을 봅니다. 그는 그것에 유혹되고 그것을 욕망하고 마침내 쾌락에 빠집니다. 바라문이여, 이것이야말로 청정한 삶이 파괴되고 균열되고 잡되고 더럽혀지고 때묻는 것입니다. 바라문이여, 이것을 성적 교섭의 굴레에 묶인, 청정하지 못한 거룩한 삶을 사는 것이라고 합니다. 그러한 삶을 통해서는 태어남, 늙음, 죽음, 슬픔, 비탄, 고통, 불만, 절망에서 벗어나지 못하고 모든 괴로움에서 벗어나지 못한다고 나는 말합니다.

10. 바라문이여, 또한 세상에 어떤 수행자나 성직자가 완전히 청정한 삶을 선언하여 여인과 함께 서로 교합하지 않고, 여인의 맛사지, 지압, 세욕, 안마를 즐기지 않고, 여인과 함께 농담하고, 희롱하고, 유희하지도 않고, 여인의 눈을 자신의 눈으로 관찰하고 응시하지 않으며, 담장 너머나 성벽 너머 들려오는, 웃거나, 이야기하거나, 노래하거나, 우는 여인의 소리를 듣지 않고, 예전에 여인과 함께 웃고, 이야기하고, 유희했던 기억을 떠올리지 않을 뿐만 아니라, 장자나 장자의 아들이 다섯 가지 감각적 쾌락의 대상을 갖추고 구비하여 즐기는 것을 보지 않더라도, 어떤 신들의 무리가 되는 것을 서원하여 '이러한 규범이나 금기나 고행이나 청정한 삶을 통해서 신이나 천상계의 한 존재가 되겠다.'라고 청정한 삶을 산다면, 그는 그것에

유혹되고 그것을 욕망하고 마침내 쾌락에 빠집니다. 바라문이여, 이것이야말로 청정한 삶이 파괴되고 균열되고 잡되고 더럽혀지고 때묻는 것입니다. 바라문이여, 이것을 성적 교섭의 굴레 묶인, 청정하지 못한 거룩한 삶을 사는 것이라고 합니다. 그러한 삶을 통해서는 태어남, 늙음, 죽음, 슬픔, 비탄, 고통, 불만, 절망에서 벗어나지 못하고 모든 괴로움에서 벗어나지 못한다고 나는 말합니다.

11. 바라문이여, 이러한 일곱 가지 성적교섭의 굴레 가운데 각각의 성적교섭의 굴레가 자신 안에서 끊어버려지지 않은 것을 내가 보고 있었을 때, 나는 각각의 신들의 세계, 악마들의 세계, 하느님들의 세계, 성직자들과 수행자들, 그리고 왕들과 백성들과 그 후예들의 세계에서 나는 위없이 바르고 원만한 깨달음을 바르고 원만하게 깨달았다는 것을 선언하지 못했습니다.

12. 그러나 바라문이여, 이러한 일곱 가지 성적교섭의 굴레 가운데 각각의 성적교섭의 굴레가 자신 안에서 끊어버려진 것을 내가 보자마자, 각각의 신들의 세계, 악마들의 세계, 하느님들의 세계, 성직자들과 수행자들, 그리고 왕들과 백성들과 그 후예들의 세계에서 나는 위없이 바르고 원만한 깨달음을 바르고 원만하게 깨달았다는 것을 선언했습니다. 나에게 '나에게 마음에 의한 해탈은 흔들림이 없다. 이것이 최후의 태어남이며, 다시는 윤회하지 않는다.'라는 앎과 봄이 생겨난 것입니다."

13. 이처럼 말씀하시자 바라문 자눗쏘니는 세존께 이와 같이 말씀드렸다.

[자눗쏘니] "존자 고따마여, 훌륭하십니다. 존자 고따마여, 훌륭하십니다. 세존이시여, 넘어진 것을 일으켜 세우듯, 가려진 것을 열어 보이듯, 어리석은 자에게 길을 가리켜 주듯, 눈 있는 자는 형상을

보라고 어둠 속에 등불을 가져오듯, 존자 고따마께서는 이와 같이 여러 가지 방법으로 진리를 밝혀 주셨습니다. 그러므로 이제 존자 고따마께 귀의합니다. 또한 그 가르침에 귀의합니다. 또한 그 수행승의 참모임에 귀의합니다. 존자 고따마께서는 저를 재가신도로 받아 주십시오. 오늘부터 목숨이 다하도록 귀의하겠습니다."

8. 여인의 여성성과 남성의 남성성을 뛰어넘어야 하는 이유는 무엇인가?[652]

1. 한때 세존께서는 싸밧티 시에 계셨다.

[세존] "수행승들이여, 그대들에게 결박과 결박의 여읨에 대한 법문을 설하겠다. 듣고 잘 새겨라. 내가 설하겠다."

[수행승들] "세존이시여, 그렇게 하겠습니다."

수행승들은 세존께 대답했다. 세존께서는 이와 같이 말씀하셨다.

2. [세존] "수행승들이여, 결박과 결박의 여읨에 대한 이치란 무엇인가? 수행승들이여, 어떻게 결박이 존재하는가?

3. 수행승들이여, 여인이 안으로 여인의 본성, 여인의 행동, 여인의 외관, 여인의 교만, 여인의 욕망, 여인의 소리, 여인의 치장에 정신활동을 기울인다.[653] 그녀는 거기에 탐닉하고 거기에 환희한다. 그녀가 거기에 탐닉하고 거기에 환희하여, 밖으로 남자의 본성, 남자의 행동, 남자의 외관, 남자의 교만, 남자의 욕망, 남자의 소리, 남자의 치장에 정신활동을 기울인다. 그녀는 거기에 탐닉하고 거기에

---

652) AN. IV. 57 : 결박과 결박의 여읨에 대한 법문의 경[Saṃyogavisaṃyogadhammapariyāyasutta]

653) itthi bhikkhave ajjhattaṃ itthindriyaṃ manasikaroti itthikuttaṃ itthākappaṃ itthividhaṃ itthicchandaṃ itthissaraṃ itthālaṅkāraṃ : 여기서 여인의 본성(itthindriya)이라고 번역한 것은 여성성이나 여근(女根)을 지칭하기도 한다. Mrp. IV. 32에 따르면, 여인성은 여인의 상태(itthibhāva)를 의미하고 여인의 행동은 여인의 행실(itthikiriya)을 의미하고, 여인의 외관은 여인의 옷이나 드레스 등(nivāsanapārupanādi)을 말하고, 여인의 자만이란 여인의 자만과 교만(mānavidha)을 말하고, 여인의 욕망이란 여인의 성향과 욕망(ajhāsayachanda)을 말하고, 여인의 치장은 여인의 장신구와 소유물(pasādanabhaṇḍa)을 말한다.

환희한다. 그녀가 거기에 탐닉하고 거기에 환희하여, 밖으로 결박을 구한다. 그녀에게 결박을 조건으로 안락과 쾌락이 생겨나면, 그녀는 그것을 구한다. 수행승들이여, 여성성에 탐닉하는 뭇삶은 남자에게 결박된다. 수행승들이여, 이와 같은 여인은 여성성을 뛰어넘지 못한다.

4. 수행승들이여, 남자가 안으로 남자의 본성, 남자의 행동, 남자의 외관, 남자의 교만, 남자의 욕망, 남자의 소리, 남자의 치장에 정신활동을 기울인다. 그는 거기에 탐닉하고 거기에 환희한다. 그가 거기에 탐닉하고 거기에 환희하여, 밖으로 여인의 본성, 여인의 행동, 여인의 외관, 여인의 교만, 여인의 욕망, 여인의 소리, 여인의 치장에 정신활동을 기울인다. 그는 거기에 탐닉하고 거기에 환희한다. 그가 거기에 탐닉하고 거기에 환희하여, 밖으로 결박을 구한다. 그에게 결박을 조건으로 안락과 쾌락이 생겨나면, 그는 그것을 구한다. 수행승들이여, 남성성에 탐닉하는 뭇삶은 여인에게 결박된다. 수행승들이여, 이와 같은 남자는 남성성을 뛰어넘지 못한다. 수행승들이여, 이와 같이 결박이 존재한다.

5. 수행승들이여, 어떻게 결박의 여읨이 있는가?

6. 수행승들이여, 여인이 안으로 여인의 본성, 여인의 행동, 여인의 외관, 여인의 교만, 여인의 욕망, 여인의 소리, 여인의 치장에 정신활동을 기울이지 않는다. 그녀는 거기에 탐닉하지 않고 거기에 환희하지 않는다. 그녀가 거기에 탐닉하지 않고 거기에 환희하지 않아, 밖으로 남자의 본성, 남자의 행동, 남자의 외관, 남자의 교만, 남자의 욕망, 남자의 소리, 남자의 치장에 정신활동을 기울이지 않는다. 그녀는 거기에 탐닉하지 않고 거기에 환희하지 않는다. 그녀가 거기에 탐닉하지 않고 거기에 환희하지 않아, 밖으로 결박을 구하지 않

는다. 그녀에게 결박을 조건으로 안락과 쾌락이 생겨나더라도, 그녀는 그것을 구하지 않는다. 수행승들이여, 여성성에 탐닉하지 않는 뭇삶은 남자에게 결박되지 않는다. 수행승들이여, 이와 같은 여인은 여성성을 뛰어넘는다.

7. 수행승들이여, 남자가 안으로 남자의 본성, 남자의 행동, 남자의 외관, 남자의 교만, 남자의 욕망, 남자의 소리, 남자의 치장에 정신활동을 기울이지 않는다. 그는 거기에 탐닉하지 않고 거기에 환희하지 않는다. 그가 거기에 탐닉하지 않고 거기에 환희하지 않아, 밖으로 여인의 본성, 여인의 행동, 여인의 외관, 여인의 교만, 여인의 욕망, 여인의 소리, 여인의 치장에 정신활동을 기울이지 않는다. 그는 거기에 탐닉하지 않고 거기에 환희하지 않는다. 그가 거기에 탐닉하지 않고 거기에 환희하지 않아, 밖으로 결박을 구하지 않는다. 그에게 결박을 조건으로 안락과 쾌락이 생겨나더라도, 그는 그것을 구하지 않는다. 수행승들이여, 남성성에 탐닉하지 않는 뭇삶은 여인에게 결박되지 않는다. 수행승들이여, 이와 같은 남자는 남성성을 뛰어넘는다. 수행승들이여, 이와 같이 결박의 여읨이 있다.

8. 수행승들이여, 결박과 결박의 여읨에 대한 이치란 이와 같다."

9. 재가의 여신도에게 일어난 놀라운 기적이란 무엇인가?654)

1. 이와 같이 나는 들었다. 한때 존자 싸리뿟따와 존자 마하 목갈라나가 많은 수행승의 무리와 함께 닥키나기리655)로 유행하고 있었다.

---

654) AN. IV. 63 : 난다마따의 경[Nandamātusutta]

655) Dakkhiṇāgīrī : 웃제니(Ujjeni)가 수도인, 아반띠(Avanti) 국의 한 지방의 이름이다. 닥키나기리(Dakkhiṇā gīrī)는 라자가하 시의 남쪽에 언덕 너머로 산에 둘러싸여 있어서 그러한 이름을 얻었다. 싸밧티에서 라자가하 시로 가려면 이 지방을 넘어야했다. 부처님은 마가다 국에서 주기적인 여행을 하면서 에까날라(Ekanāḷā)에 있는 닥키나기리 승원(Dakkhiṇāgīrīvihāra)에 머물곤 했다. Mrp. IV. 34에 따르면, 부처님도 멀리 떨어진 이곳 닥키나기리로 오려고 했으나 아나타삔디까의 하녀인 뿐나(Puṇṇā)의 요청으로 그만두고 싸밧티 시의 재가 신도

2. 그런데 그때 재가의 여자신도인 난다의 어미니 벨루깐다끼야[656]가 날이 밝자 일어나 「피안가는 길」[657]을 암송하고 있었다.

3. 그때 대왕 벳싸바나[658]가 무언가 할 일이 있어 북쪽에서 남쪽으로 가고 있었다. 그 대왕 벳싸바나는 재가의 여자신도 난다의 어머니가 '피안가는 길'을 암송하고 있는 것을 들었다. 들으면서 암송이 끝나기를 기다리면서 서있었다. 곧 재가의 여자신도 난다의 어머니가 '피안가는 길'을 암송을 끝내고 침묵했다.

4. 그러자 대왕인 벳싸바나는 재가의 여자신도 난다의 어머니가 암송을 끝낸 것을 알고 기뻐했다.

[벳싸바나] "자매여, 훌륭하십니다. 자매여, 훌륭하십니다."[659]

[난다마따] "고귀한 분이여, 그대는 누구십니까?"

[벳싸바나] "자매여, 그대의 형제인 대왕 벳싸바나입니다."

[난다마따] "고귀한 분이여, 내가 이 가르침의 법문을 외웠는데, 그대에게 주는 선물이 되면 좋겠습니다."

[벳싸바나] "자매여, 감사합니다. 그것은 나에게 선물이 될 것입

를 회피하지 않기로 했다. 그 공덕으로 뿐나는 자유를 얻었고 출가하여 수행녀가 되었다.

656) Velukaṇḍakiyā(Velukaṇṭakī, Velukaṇḍakī) Nandamātā : 부처님이 칭찬한 모범적인 재가의 여자신도인 웃따라 난다마따와 동일인물인지는 논란의 여지가 있다. 난다마따는 난다의 어머니라는 뜻이다. 난다의 어머니 벨루깐다끼야라는 뜻이다. 그녀에 대한 이야기는 이 경에 상세히 기록되어 있다. 그녀는 이 경에 나와 있듯, 외아들 난다가 오랑캐의 왕에게 잡혀 그녀 앞에서 참수될 때나 그녀의 남편이 죽은 후 야차로 태어났을 때에도 전혀 동요함이 없었다. 그녀는 계율을 어긴 바가 없고 네 번째의 선정에도 마음대로 들 수 있었기 때문이다. 다섯 가지 낮은 단계의 결박을 이미 끊었고, 돌아오지 않는 님[不還者 Anāgamī]의 경지에 있었다.

657) Pārāyana : 『숫타니파타(Suttanipāta) 』 제5품의 이름이다.

658) Vessavaṇo mahārājā : 네 위대한 왕들의 하늘나라(四大王天 : cātummahārājikā devā)의 한 왕을 말한다. 네 하늘의 사방을 지키는 안내자들이 있는 감각적 쾌락의 욕망의 세계에 속하는 하늘나라이다. 동방은 다따랏타(Dhataraṭṭḥa : 持國天王)는 천상의 음악가들인 건달바(Gandhabba)들을, 남방은 비룰라까(Virūḷhaka : 增長天王)는 산이나 들의 숨겨진 보물을 관리하는 꿈반다(Kumbhaṇḍa)들을, 서방은 비루빡카(Virūpakkha : 廣目天王)는 용(Nāga)들을, 북방의 벳싸바나(Vessavaṇa : 多聞天王)는 야차(Yakkha)들을 통치한다.

659) sādhu bhagini, sādhu bhaginīti : Mrp. IV. 35에 따르면, 벳싸바나는 흐름에 든 님인데, 이렇게 해서 돌아오지 않는 님인 난다마따의 형제가 되었다.

니다. 내일 싸리뿟따와 목갈라나가 이끄는 수행승의 무리가 아침식사를 하지 않고 벨루깐따 시에 올 것입니다. 그 수행승의 무리가 들어오면, 제가 음식을 보시할 것입니다. 그것은 나의 선물이 될 것입니다."

5. 재가의 여자신도 난다의 어머니는 그 날 밤이 지나자 자신의 집에서 훌륭한 여러 가지 음식을 마련했다. 마침 싸리뿟따와 목갈라나가 이끄는 수행승의 무리가 아침식사를 하지 않고 벨루깐따 시에 도착했다.

그러자 재가의 여자신도 난다의 어머니는 어떤 하인에게 말했다.

[난다마따] "자, 이보게, 자네는 승원에 가서 수행승의 무리에게 이와 같이 '존자들이여, 부인 난다마따의 집에 음식이 준비되었습니다.'라고 알려라."

[하인] "부인이여, 알겠습니다."

6. 그 하인은 재가의 여자신도 난다의 어머니에게 대답하고 승원으로 가서 수행승의 무리에게 이와 같이 알렸다.

[하인] "존자들이여, 부인 난다마따의 집에 음식이 준비되었습니다."

7. 그러자 싸리뿟따와 목갈라나가 이끄는 수행승의 무리가 아침 일찍 옷을 입고 발우와 가사를 갖추고 재가의 여자신도 난다의 어머니의 처소가 있는 곳을 찾아왔다. 가까이 다가와서 마련된 자리에 앉았다.

8. 재가의 여자신도 난다의 어머니는 싸리뿟따와 목갈라나가 이끄는 수행승의 무리에게 훌륭한 여러 가지 음식으로 손수 대접하고 시중을 들었다.

9. 그리고 싸리뿟따 존자가 공양을 마치고 그릇에서 손을 떼자 재가의 여자신도 난다의 어머니는 낮은 자리를 취해서 물러나 앉았다. 물러나 앉은 재가의 여자신도 난다의 어머니에게 존자 싸리뿟따는 이와 같이 물었다.

[싸리뿟따] "난다마따여, 누가 수행승의 무리가 도착한 사실을 알려주었습니까?"

[난다마따] "존자여, 바로 제가 날이 밝자 일어나 '피안가는 길'을 암송하고 있었습니다. 존자여, 그때 대왕인 벳싸바나가 제가 암송을 끝낸 것을 알고 이와 같이 '자매여, 훌륭하십니다. 자매여, 훌륭하십니다.'라고 기뻐했습니다. '고귀한 분이여, 그대는 누구십니까?'라고 하자, '자매여, 그대의 형제인 대왕 벳싸바나입니다.'라고 대답했습니다. '고귀한 분이여, 내가 이 가르침의 법문을 외웠는데, 그대에게 주는 선물이 되면 좋겠습니다.'라고 하자, '자매여, 감사합니다. 그것은 나에게 선물이 될 것입니다. 내일 싸리뿟따와 목갈라나가 이끄는 수행승의 무리가 아침식사를 하지 않고 벨루깐따 시에 올 것입니다. 그 수행승의 무리가 들어오면, 내가 음식을 보시할 것입니다. 그것은 나의 선물이 될 것입니다.'라고 대답했습니다.

존자여, 보시에는 공덕이 있는데, 그것은 대왕 벳싸바나에게 행복이 되길 바랍니다."

10. [싸리뿟따] "난다마따여, 아주 놀라운 일입니다. 난다마따여, 예전에 없었던 일입니다. 이와 같이 크나큰 위력을 지니고 이와 같이 크나큰 능력을 지닌 하늘아들인 대왕 벳싸바나와 대화를 나누었습니다."

11. [난다마따] "존자여, 그것은 아주 놀라운 일이 아니고, 예전에 없었던 일도 아닙니다. 저에게는 다른 아주 놀라운 일이고, 예전에

없었던 일이 있습니다. 존자여, 바로 저에게는 난다라고 하는 사랑스럽고 귀여운 외아들이 있었습니다. 왕들이 그를 어떤 원인인지 몰라도 끌고 가서 폭력으로 목숨을 빼앗았습니다. 존자여, 그럼에도 불구하고 저는 아들이 붙잡힐 때나 붙잡혀 있을 때나 포박되었을 때나 상처받을 때나 살해될 때나 살해되었을 때 저는 저의 마음의 변화를 알지 못했습니다."

[싸리뿟따] "난다마따여, 아주 놀라운 일입니다. 난다마따여, 예전에 없었던 일입니다. 그대는 일어난 마음을 청정하게 할 수 있습니다."

12. [난다마따] "존자여, 그것은 아주 놀라운 일이 아니고, 예전에 없었던 일도 아닙니다. 저에게는 다른 아주 놀라운 일이고, 예전에 없었던 일이 있습니다. 존자여, 바로 저의 죽은 남편이 한 야차660)의 세계에 태어났습니다. 그는 나에게 예전의 자신의 모습을 보여 주었습니다. 존자여, 그럼에도 불구하고 저는 저의 마음의 변화를 알지 못했습니다."

[싸리뿟따] "난다마따여, 아주 놀라운 일입니다. 난다마따여, 예전에 없었던 일입니다. 그대는 일어난 마음을 청정하게 할 수 있습니다."

13. [난다마따] "존자여, 그것은 아주 놀라운 일이 아니고, 예전에 없었던 일도 아닙니다. 저에게는 다른 아주 놀라운 일이고, 예전에

660) yakkha : 야차(野叉)는 한역에서 약카(yakkha)를 음사한 것이다. 원어 약카는 √yakṣ(빠르게 움직이다)에서 파생된 명사형이다. 주석서에서는 √yaj(헌공하다)에서 파생된 것이라고 주장하기도 한다. 야차는 비인간(非人間)에 속하는 무리로 아귀보다는 약간 높은 단계의 귀신으로 인간과 건달바(Gandhabba) 사이에 있는 존재이다. 영혼이나 유령, 도깨비, 요정, 괴물이 여기에 속한다. 그러나 경에서 실제로는 초인적이고 신적인 또는 악마적 존재를 의미한다. 신들이나 제석천 또는 사천왕도 모두 야차로 불릴 수 있다. MN. 37을 보라. Ggs. I. 19에 따르면, 부처님조차도 MN. 56에서처럼 때로는 야차라고 불리기도 한다. Mrp. IV. 37에서는 땅에 사는 신들의 존재(bhummadevatābhāva)를 뜻한다.

없었던 일이 있습니다. 존자여, 저는 저의 젊은 남편의 젊은 아내로서 시집온 이래, 남편에게 정신적으로 잘못을 저지른 적이 없습니다. 하물며 신체적으로야 말해 무엇하겠습니까?"

[싸리뿟따] "난다마따여, 아주 놀라운 일입니다. 난다마따여, 예전에 없었던 일입니다. 그대는 일어난 마음을 청정하게 할 수 있습니다."

14. [난다마따] "존자여, 그것은 아주 놀라운 일이 아니고, 예전에 없었던 일도 아닙니다. 저에게는 다른 아주 놀라운 일이고, 예전에 없었던 일이 있습니다. 존자여, 나는 재가의 여신자로서 고백한 이래, 어떠한 학습계율도 의도적으로 어긴 적이 없습니다."

[싸리뿟따] "난다마따여, 아주 놀라운 일입니다. 난다마따여, 예전에 없었던 일입니다. 그대는 일어난 마음을 청정하게 할 수 있습니다."

15. [난다마따] "존자여, 그것은 아주 놀라운 일이 아니고, 예전에 없었던 일도 아닙니다. 저에게는 다른 아주 놀라운 일이고, 예전에 없었던 일이 있습니다. 존자여, 저는 원하는 대로 감각적 쾌락의 욕망을 여의고 악하고 불건전한 상태를 떠난 뒤, 사유와 숙고를 갖추고 멀리 여읨에서 생겨나는 희열과 행복을 갖춘 첫 번째 선정에 들며, 원하는 대로 사유와 숙고가 멈추어진 뒤, 내적인 평온과 마음의 통일을 이루고, 사유와 숙고를 여의어, 삼매에서 생겨나는 희열과 행복을 갖춘 두 번째 선정에 들며, 원하는 대로 희열이 사라진 뒤, 평정하고 새김이 있고 올바로 알아차리며 신체적으로 행복을 느끼며 고귀한 님들이 평정하고 새김이 있고 행복하다고 표현하는 세 번째 선정에 들며, 원하는 대로 행복과 고통이 버려지고 만족과 불만도 사라진 뒤, 괴로움도 없고 즐거움도 없는 평정하고 새김이 있

고 청정한 네 번째 선정에 듭니다."

[싸리뿟따] "난다마따여, 아주 놀라운 일입니다. 난다마따여, 예전에 없었던 일입니다. 그대는 일어난 마음을 청정하게 할 수 있습니다."

16. [난다마따] "존자여, 그것은 아주 놀라운 일이 아니고, 예전에 없었던 일도 아닙니다. 저에게는 다른 아주 놀라운 일이고, 예전에 없었던 일이 있습니다. 존자여, 저는 세존께서 가르치신 다섯 가지 낮은 단계의 결박이 있는데, 저는 그들 가운데 어떠한 것도 제 안에서 끊어버리지 못한 것이 없습니다."

[싸리뿟따] "난다마따여, 아주 놀라운 일입니다. 난다마따여, 예전에 없었던 일입니다. 그대는 일어난 마음을 청정하게 할 수 있습니다."

17. 존자 싸리뿟따는 재가의 여자신도 난다의 어머니를 가르침에 대한 말씀으로 교화하고 북돋우고 고무시키고 기쁘게 하고 자리에서 일어나 그곳을 떠났다.

10. 시설되지 않은 것에 대한 의심과 불안은 왜 생겨나는가?661)

1. 한때 세존께서는 싸밧티 시에 계셨다.

그때 어떤 수행승이 세존께서 계신 곳으로 찾아왔다. 가까이 다가와서 세존께 인사를 드리고 한쪽으로 물러나 앉았다. 한쪽으로 물러나 앉은 그 수행승은 세존께 이와 같이 말씀드렸다.

[수행승] "세존이시여, 어떠한 원인 어떠한 조건으로 잘 배운 고귀한 제자가 시설되지 않은 것에 대해 의심이 생겨나지 않습니까?"

661) AN. IV. 67 : 시설되지 않은 것의 경[Abyākatavatthusutta]

2. [세존] "수행승이여, 견해의 소멸을 조건으로 잘 배운 고귀한 제자가 시설되지 않은 것에 대해 의심이 생겨나지 않는다. 수행승이여, '여래는 사후에 존재한다.'라는 것은 단지 견해일 뿐이다. 수행승이여, '여래는 사후에 존재하지 않는다.'라는 것도 단지 견해일 뿐이다. 수행승이여, '여래는 사후에 존재하기도 하고 존재하지 않기도 한다.'라는 것도 단지 견해일 뿐이다. 수행승이여, '여래는 사후에 존재하는 것도 아니고 존재하지 않는 것도 아니다.'라는 것도 단지 견해일 뿐이다.

3. 수행승이여, 배우지 못한 일반사람은 견해를 분명히 알지 못하고, 견해의 발생을 분명히 알지 못하고, 견해의 소멸을 분명히 알지 못하고, 견해의 소멸로 이끄는 길을 분명히 알지 못한다. 그는 태어남, 늙음, 죽음, 슬픔, 비탄, 고통, 불만, 절망에서 벗어나지 못하고 모든 괴로움에서 벗어나지 못한다고 나는 말한다.

4. 수행승이여, 잘 배운 고귀한 제자는 견해를 분명히 알고, 견해의 발생을 분명히 알고, 견해의 소멸을 분명히 알고, 견해의 소멸로 이끄는 길을 분명히 안다. 그는 태어남, 늙음, 죽음, 슬픔, 비탄, 고통, 불만, 절망에서 벗어나고 모든 괴로움에서 벗어난다고 나는 말한다.

5. 수행승이여, 잘 배운 고귀한 제자는 이와 같이 알고 이와 같이 보아서 '여래는 사후에 존재한다.'라고 설하지 않고, '여래는 사후에 존재하지 않는다.'라고도 설하지 않는다. '여래는 사후에 존재하기도 하고 존재하지 않기도 한다.'라고 설하지 않고, '여래는 사후에 존재하는 것도 아니고 존재하지 않는 것도 아니다.'라고도 설하지 않는다.

6. 수행승이여, 잘 배운 고귀한 제자는 이와 같이 알고 이와 같이 보아서 그는 시설되지 않은 것에 대해 두려워하지 않고, 동요하지 않

고, 요동하지 않고, 진동하지 않고, 불안해하지 않는다.

7. 수행승이여, '여래는 사후에 존재한다.'라는 것은 갈애와 관계된 것이고 지각과 관계된 것이고, 망상과 관계된 것이고, 희론과 관계된 것이고 집착과 관계된 것이고, 그것은 불안이다. '여래는 사후에 존재하지 않는다.'라는 것도 갈애와 관계된 것이고 지각과 관계된 것이고, 망상과 관계된 것이고, 희론과 관계된 것이고 집착과 관계된 것이고, 그것은 불안이다. '여래는 사후에 존재하기도 하고 존재하지 않기도 한다.'라는 것도 갈애와 관계된 것이고 지각과 관계된 것이고, 망상과 관계된 것이고, 희론과 관계된 것이고 집착과 관계된 것이고, 그것은 불안이다. '여래는 사후에 존재하는 것도 아니고 존재하지 않는 것도 아니다.'라는 것도 갈애와 관계된 것이고 지각과 관계된 것이고, 망상과 관계된 것이고, 희론과 관계된 것이고 집착과 관계된 것이고, 그것은 불안이다.[662)]

8. 수행승이여, 배우지 못한 일반 사람은 내적인 불안에 대하여 분명히 알지 못하고, 내적인 불안의 발생에 대하여 분명히 알지 못하고, 내적인 불안의 소멸에 대하여 분명히 알지 못하고, 내적인 불안의

662) "① hoti tathāgato parammaraṇā"ti kho bhikkhu, taṇhāgatametaṃ, saññāgatametaṃ, maññitametaṃ, papañcitametaṃ, upādānagatametaṃ, vippaṭisāro eso. "② na hoti tathāgato parammaraṇā"ti kho bhikkhu taṇhāgatametaṃ, saññāgatametaṃ, maññitametaṃ, papañcitametaṃ, upādānagatametaṃ, vippaṭisāro eso. "③ hoti ca na hoti ca tathāgato parammaraṇā"ti kho bhikkhu taṇhāgatametaṃ, saññāgatametaṃ, maññitametaṃ, papañcitametaṃ, upādānagatametaṃ vippaṭisāro eso. "④ neva hoti na na hoti tathāgato parammaraṇā"ti kho bhikkhū taṇhāgatametaṃ, saññāgatametaṃ, maññitametaṃ, papañcitametaṃ, upādānagatametaṃ vippaṭisāro eso : ①②③④의 사구분별(四句分別 : catuskoṭi)은 Mrp. IV. 38에 주석을 분석하면, 첫째는 견해의 사변적 성질(diṭṭhigataṁ)에 대한 특성을 지녔고, 둘째는 이러한 견해를 즐기려는 욕망, 즉 갈애와 관계된 것(taṇhāgataṁ)이라는 특성을 지녔고, 셋째는 이러한 견해의 감각적 근원을 상기시키는 지각과 관계된 것(saññāgataṁ)이라는 특성을 지녔고, 넷째는 견해의 형성을 초래하는 사유활동인 망상과 관계되는 것(maññitaṁ)이라는 특성을 지녔고, 다섯번째는 견해를 도그마화하는 집착과 관계된 것(upādānagataṁ)이라는 특성을 지녔고, 여섯번째는 사변적 견해에 대한 의문에서 생겨나는 확산적 개념화를 의미하는 희론된 것(papañcitaṁ)이라는 특성을 지녔고, 일곱번째는 그것이 바로 자책의 근원(vippaṭisāro)이라는 특성을 지녔다. 사구분별의 위와 같은 특성 때문에 붓다는 그것에 관해 답변하지 않고 '설명될 수 없는 것(無記 : avyakata)'으로 남겨놓았다.

소멸로 이끄는 길에 대하여 분명히 알지 못한다. 그에게 그 내적인 불안이 증가한다. 그는 태어남, 늙음, 죽음, 슬픔, 비탄, 고통, 불만, 절망에서 벗어나지 못하고 모든 괴로움에서 벗어나지 못한다고 나는 말한다.

9. 수행승이여, 잘 배운 고귀한 제자는 내적인 불안에 대하여 분명히 알고, 내적인 불안의 발생에 대하여 분명히 알고, 내적인 불안의 소멸에 대하여 분명히 알고, 내적인 불안의 소멸로 이끄는 길에 대하여 분명히 안다. 그에게 그 내적인 불안이 소멸한다. 그는 태어남, 늙음, 죽음, 슬픔, 비탄, 고통, 불만, 절망에서 벗어나고 모든 괴로움에서 벗어난다고 나는 말한다.

10. 수행승이여, 잘 배운 고귀한 제자는 이와 같이 알고 이와 같이 보아서 '여래는 사후에 존재한다.'라고 설하지 않으며, '여래는 사후에 존재하지 않는다.'라고 설하지 않는다. '여래는 사후에 존재하기도 하고 존재하지 않기도 한다.'라고 설하지 않는다. '여래는 사후에 존재하는 것도 아니고 존재하지 않는 것도 아니다.'라고 설하지 않는다.

11. 수행승이여, 잘 배운 고귀한 제자는 이와 같이 알고 이와 같이 보아서 시설되지 않은 것에 대해 이와 같이 설하지 않는다. 수행승이여, 잘 배운 고귀한 제자는 이와 같이 알고 이와 같이 보아서, 그는 시설되지 않은 것에 대해 두려워하지 않고, 동요하지 않고, 요동하지 않고, 진동하지 않고, 불안해하지 않는다.

12. 수행승이여, 이러한 원인 이러한 조건으로 잘 배운 고귀한 제자가 시설되지 않은 것에 대해 의심이 생겨나지 않는다."

11. 여래에게 있는 감추지 않는 것과 잘못이 없는 것이란 무엇인가?[663)]

1. 한때 세존께서는 싸밧티 시에 계셨다.

[세존] "수행승들이여, 여래에게 이와 같이 네 가지의 감추지 않는 것과 세 가지의 잘못이 없는 것이 있다.

2. 수행승들이여, 네 가지의 감추지 않는 것이란 무엇인가?

3. 수행승들이여, 여래는 신체의 행위가 청정하다. 여래에게는 '타인이 나의 그것을 알아서는 안 된다.'라고 감추는 여래의 신체적 악행은 없다.

4. 수행승들이여, 여래는 언어의 행위가 청정하다. 여래에게는 '타인이 나의 그것을 알아서는 안 된다.'라고 감추는 여래의 언어적 악행은 없다.

5. 수행승들이여, 여래는 정신의 행위가 청정하다. 여래에게는 '타인이 나의 그것을 알아서는 안 된다.'라고 감추는 여래의 정신적 악행은 없다.

6. 수행승들이여, 여래는 생활이 청정하다. 여래에게는 '타인이 나의 그것을 알아서는 안 된다.'라고 감추는 여래의 잘못된 생활은 없다. 수행승들이여, 네 가지 여래가 감추지 않는 것은 이와 같다.

7. 수행승들이여, 세 가지의 잘못이 없는 것이란 무엇인가?

8. 수행승들이여, 여래는 올바로 가르침을 설했다. 그것에 대해 수행자나 성직자나 신이나 악마나 하느님이나 누구라도 나를 세상에서 이치에 맞게 '그대는 잘못 가르침을 설했다.'라고 비난하다면, 그 이유를 발견할 수 없다. 수행승들이여, 이와 같이 이유를 발견할 수

---

663) AN. IV. 82 : 감추는 것이 없음의 경[Arakkheyyasutta]

없기 때문에, 나는 안온하여 두려움을 여의고 공포를 여읜다.

9. 수행승들이여, 나의 제자들에게 그 길을 따르면, 제자들이 번뇌를 부수고 번뇌 없이 마음에 의한 해탈과 지혜에 의한 해탈을 현세에서 스스로 알고 깨달아 성취하는, 열반으로 이끄는 길을 올바로 선언했다. 그것에 대해 수행자나 성직자나 신이나 악마나 하느님이나 누구라도 나를 세상에서 이치에 맞게 '그대는 번뇌를 부수고 번뇌 없이 마음에 의한 해탈과 지혜에 의한 해탈을 현세에서 스스로 알고 깨달아 성취하는, 열반으로 이끄는 길을 잘못 설했다.'라고 비난하다면, 그 이유를 발견할 수 없다. 수행승들이여, 이와 같이 이유를 발견할 수 없기 때문에, 나는 안온하여 두려움을 여의고 공포를 여읜다.

10. 수행승들이여, 나의 수백의 제자들의 무리가 번뇌를 부수고 번뇌 없이 마음에 의한 해탈과 지혜에 의한 해탈을 현세에서 스스로 알고 깨달아 성취했다. 그것에 대해 수행자나 성직자나 신이나 악마나 하느님이나 누구라도 나를 세상에서 이치에 맞게 '나의 수백의 제자들의 무리가 번뇌를 부수고 번뇌 없이 마음에 의한 해탈과 지혜에 의한 해탈을 현세에서 스스로 알고 깨달아 성취하지 못했다.'라고 비난하다면, 그 이유를 발견할 수 없다. 수행승들이여, 이와 같이 이유를 발견할 수 없기 때문에, 나는 안온하여 두려움을 여의고 공포를 여읜다. 수행승들이여, 세 가지의 잘못이 없는 것이란 이와 같다.

11. 수행승들이여, 이와 같이 네 가지 여래가 감추지 않는 것과 세 가지의 잘못이 없는 것이 있다."

12. 오랜 세월 동안 닦은 자애명상의 공덕은 어떠한 것인가?[664]

1. 한때 세존께서는 싸밧티 시에 계셨다.

[세존] "수행승들이여, 공덕에 대하여 두려워하지 말라. 수행승들이여, 공덕을 짓는 것은 바로 행복을 지칭하는 것이다.

2. 수행승들이여, 오랜 세월 행해진 공덕은 오랜 세월 열망하던 사랑스럽고 만족스러운 결과를 가져온다는 것을 경험으로 나는 잘 알고 있다.

3. 수행승들이여, 나는 칠년간 자애의 마음을 닦았는데, 칠년간 자애의 마음을 닦고 나서 일곱 파괴의 겁과 생성의 겁[665] 기간 동안 이 세계에 돌아오지 않았다.

4. 수행승들이여, 우주가 파괴될 때에는 나는 빛이 흐르는 신들의 하느님의 세계[666]에 있었고, 우주가 생성될 때에는 텅 빈 하느님의 궁전에 태어났다

5. 수행승들이여, 거기서 나는 일곱 번이나 하느님, 위대한 하느님, 승리자, 정복되지 않는 자, 널리 관찰하는 자, 자재한 자였다. 수행승들이여, 서른여섯 번이나 나는 신들의 제왕인 제석천이었고, 수백 번이나 나는 전륜왕, 정법자, 법왕, 사방의 정복자, 왕국의 안전을 보장하는 자, 일곱 가지 보물을 갖춘 자였다.

6. 수행승들이여, 나에게는 이와 같은 일곱 가지 보물[667]이 있다. 곧,

---

664) AN. IV. 89 : 공덕에 두려워하지 않음의 경[Māpuññabhāyisutta]

665) vivaṭṭakappa… saṁvaṭṭakappa : 한역에서는 각각 성겁(成劫 : vivaṭṭakappa)과 괴겁(壞劫 : saṁvaṭṭakappa)을 말한다. 이것은 네 가지 우주의 순환과정 가운데 두 단계를 나타낸 것이다. 이것에 관해서는 AN. IV. 156과 VII. 62에 상세히 나온다. 네 우주기는 아래와 같다. ① 우주소멸기(壞劫 : saṁvaṭṭakappa) ② 우주혼돈기(空劫 : saṁvaṭṭaṭṭhāyikappa) ③ 우주생성기(成劫 : vivaṭṭakappa) ④ 우주유지기(住劫 : vivaṭṭaṭṭhāyikappa)

666) Ābhāssarā : 빛이 흐르는 신들의 하느님의 세계(Ābhāssarā devā : 極光天, 光音天)에 대해서는 이 책의 부록을 보라.

수레바퀴의 보물, 코끼리의 보물, 말의 보물, 구슬의 보물, 여자의 보물, 장자의 보물, 장군의 보물 등의 일곱 가지가 있었다. 수행승들이여, 나에게는 천명이 넘는 아들이 있었는데, 그들은 영웅들이고, 영웅과 같은 자들이고, 적군을 쳐부수는 자들이었다. 나는 바다를 경계로 하는 이 대지를 폭력을 쓰지 않고 무기를 쓰지 않고 법으로 정복하여 다스렸다."

7. [세존] "보라. 행복을 추구하는 자의
착하고 건전한 공덕의 결과를!
수행승들이여, 나는 칠년간
자애의 마음을 닦고 나서
일곱 파괴의 겁과 생성의 겁 기간 동안
이 세계에 돌아오지 않았다.[668]

우주가 파괴될 때에는
나는 빛이 흐르는 신들의 하느님의 세계에 있었다.
우주가 생성될 때에는
텅 빈 하느님의 세계에 태어났다.[669]

거기서 나는 일곱 번이나
위대한 하느님, 자재한 자였다.
서른여섯 번이나
신들의 제왕으로서 신들을 통치했다.[670]

---

667) imāni sattaratanānī : 전륜왕(轉輪王)의 칠보(七寶 : sataratanāni)에 대하여 MN. 129에서 상세히 설명되고 있다.

668) passa puññānaṃ vipākaṃ | kusalānaṃ sukhesino | mettaṃ cittaṃ vībhāvetvā sattavassāni bhikkhave | satta saṃvaṭṭa vivaṭṭakappe | nayimaṃ lokaṃ punāgamaṃ ||

669) saṃvaṭṭamāne lokambhi | homi ābhassarūpago | vivaṭṭamāne lokambhi | suññaṃ brahmūpago ahuṃ ||

670) sattakkhattuṃ mahābrahmā | vasavatti tadā ahuṃ | chattiṃsakkhattuṃ devindo | devarajjamakārayiṃ ||

나는 왕족으로서
왕권을 부여받은 인간의 제왕으로
잠부디빠[671]의 지배자인
전륜왕이었다.[672]

폭력을 쓰지 않고
무기를 쓰지 않고
나는 이 대지를 강제 없이
법에 입각해서 평등하게 다스렸다.[673]

이 대지의 왕국을
정의롭게 통치했다.
나는 재산이 많고 대자산가이고
대부호인 가정에 태어났다.[674]

온갖 감각적 쾌락을 갖추고
일곱 가지 보물을 갖추었다.
깨달은 님은 섭수자로서
그는 이와 같은 것을 가르쳤다.[675]

그것은 크나큰 토대이며
그 때문에 대지의 왕이라 한다.
보물과 자구가 많아

671) Jambudīpa : 인도를 지칭하며 염부제(閻浮提)라고 음역한다. 염부(閻浮 : jambu)는 인도에 자생하는 장미사과나무이다. 인도의 지형이 이 나무의 열매를 닮아서 붙여진 이름이다. 따라서 장미사과나무섬이라 뜻을 갖고 있다. 대승불교에서는 인간이 사는 세상이라는 의미로 쓰인다.

672) cakkavatti ahuṃ rājā | jambudīpassa issaro | muddhāvasitto khattiyo | manussādhipatī ahuṃ ||

673) adaṇḍena asatthena | vijeyya paṭhaviṃ imaṃ | asāhasena dhammena | samena anusāsiyaṃ ||

674) dhammena rajjaṃ kāretvā | asmiṃ paṭhavimaṇḍale | mahaddhane mahābhoge | aḍḍhe ajāyisaṃ kule ||

675) sabbakāmehi sampanno | ratanehi ca sattahi | buddhā saṅgāhakā loke | tehi etaṃ sudesitaṃ ||

위엄 있는 왕이었다.[676]

나는 위력과 명성을 지닌
잠부디빠의 지배자였다.
악하게 태어난 자라도
누가 듣고 믿지 않을 것인가?[677]

그러므로 이익을 원하고
위력을 바라는 자는
깨달은 님들의 가르침을 새기며
올바른 법을 존중해야 하리."[678]

13. 결혼한 연인들을 어떻게 분류할 수 있고 어떠한 여인이 바람직한 아내인가?[679]

1. 한때 세존께서 싸밧티 시의 제따바나 숲에 있는 아나타삔디까 승원에 계셨다.

2. 이 때 세존께서는 아침 일찍 옷을 입고 발우와 가사를 갖추고 장자 아나타삔디까의 처소로 찾아가셨다. 가까이 다가가서 마련된 자리에 앉으셨다.

3. 그런데 그때 장자 아나타삔디까의 처소에서 사람들이 큰 소리로 크게 소란을 떨었다. 곧 장자 아나타삔디까가 세존께서 계신 곳을 찾아왔다. 가까이 다가와서 세존께 인사를 하고 한쪽으로 물러나 앉았다. 한쪽으로 물러나 앉은 장자 아나타삔디까에게 세존께서는 이와 같이 말씀하셨다.

---

676) esa hetumahantassa | pathavyo yena vuccati | pahūtavittūpakaraṇo | rājā homi patāpavā ||
677) iddhimā yasavā homi | jambusaṇḍassa issaro | ko sutvā nappasīdeyya | api kaṇhābhijātiyo ||
678) tasmā hi atthakāmena | mahattamabhikaṅkhatā | saddhammo garukātabbo | saraṃ buddhāna sāsanaṃ ||
679) AN. IV. 91 : 일곱 가지 아내의 경[Sattabhariyāsutta]

[세존] "장자여, 왜 처소의 사람들이 어시장의 어부들처럼 큰 소리로 크게 소란을 떨고 있습니까?"

[아나타삔디까] "세존이시여, 집안의 며느리인 쑤자따[680]가 재산이 있는 부호의 가문에서 시집왔는데, 그녀는 시어머니를 모시지 않고, 시아버지도 모시지 않고 남편도 모시지 않습니다. 세존도 존중하지 않고, 존경하지 않고, 공경하지 않습니다."

4. 그러자 세존께서는 집안의 며느리인 쑤자따를 부르셨다.

[세존] "쑤자따여, 이리오라."

[쑤자따] "세존이시여, 알겠습니다."

집안의 며느리인 쑤자따는 세존께 대답하고 세존께서 계신 곳으로 찾아왔다. 가까이 다가와서 세존께 인사를 드리고 한쪽으로 물러나 앉았다.

5. 한쪽으로 물러나 앉은 집안의 며느리인 쑤자따에게 세존께서는 이와 같이 말씀하셨다.

[세존] "쑤자따여, 사람에게는 이와 같은 일곱 가지 아내가 있다. 일곱 가지란 무엇인가? 쑤자따여, 살인자와 같은 아내, 도둑과 같은 아내, 지배자와 같은 아내, 어머니와 같은 아내, 누이와 같은 아내, 친구와 같은 아내, 하인과 같은 아내이다. 쑤자따여, 사람에게는 이와 같은 일곱 가지 아내가 있다. 쑤자따여, 그대는 이들 가운데 어떠한 아내인가?"

6. [쑤자따] "세존이시여, 저는 세존께서 간략히 설하신 것의 상세한 의미를 알지 못합니다. 세존이시여, 세존께서는 제가 세존께서 간략히 설하신 것의 상세한 의미를 알 수 있도록 가르침을 설하여 주시

---

680) Sujātā : Mrp. IV. 46에 따르면, 다난자야쎗티(Dhanañjayaseṭṭhi)의 딸이자 비싸카(Visākhā)의 여동생으로 아나타삔디까의 아들과 결혼했다. 그런데 그녀는 고집이 세고 아주 교만했다.

면 감사하겠습니다."

[세존] "그렇다면, 쑤자따여, 듣고 잘 새겨라. 내가 설하겠다."

[쑤자따] "세존이시여, 알겠습니다."

7. 집안의 며느리 쑤자따는 세존께 대답했다. 세존께서는 이와 같이 말씀하셨다.

[세존] "남편을 위해 연민하지 않고
다른 남자에 빠져서 남편을 경멸하고
악한 마음으로 재물을 사서 살해하고자 열망하고
이와 같은 아내가 남자에게 있다면,
그녀는 살인자와 같은 아내라고 불린다.[681]

기술, 상업, 농사에 종사하며
남편이 아내를 위하여 노력하여 얻은 재물을
조금이라도 아내가 빼앗고자 한다.
이와 같은 아내가 남자에게 있다면,
그녀는 도둑과 같은 아내라고 불린다.[682]

일하기를 좋아하지 않고 게으르고 게걸스럽고
거칠고 포악하고 조악한 말을 하고
열심히 노력하는 남편을 제압하며 지낸다.
이와 같은 아내가 남자에게 있다면,
그녀는 지배자와 같은 아내라고 불린다.[683]

---

681) paduṭṭhacittā ahitānukampinī | aññesu rattā atimaññate patiṃ | dhanena kītassa vadhāya ussukā | yā evarūpā purisassa bhariyā | vadhakā ca bhariyāti ca sā pavuccati ||

682) yaṃ itthiyā vindati sāmiko dhanaṃ | sippaṃ vaṇijjañca kasiṃ adhiṭṭhahaṃ | appampi tasmāapahāt umicchati | yā evarūpā purisassa bhariyā | cori ca bhariyāti ca sā pavuccati ||

683) akammakāmā alasā mahagghasā | pharusā caṇḍī ca duruttavādinī | uṭṭhāyakānaṃ abhibhuyya vatt ati | yā evarūpā purisassa bhariyā | ayyā ca bhariyāti ca sā pavuccati ||

항상 남편의 이익을 위하여 연민하고
어머니가 아들을 돌보듯 남편을 돌보고
그리고 남편이 저축한 재산을 수호한다.
이와 같은 아내가 남자에게 있다면,
그녀는 어머니와 같은 아내라고 불린다.684)

어린 누이가 손윗누이를 섬기듯,
자기의 주인으로 존경하고
부끄러워하며 남편에게 순종한다.
이와 같은 사람의 아내가 있다면,
그녀는 누이와 같은 아내라고 불린다.685)

친구가 멀리서 오면 친구를 보고 기뻐하듯
여기 아내가 남편을 보고 기뻐한다.
고귀한 계행을 지닌 그녀는 남편에 충실하다.
이와 같은 사람의 아내가 있다면,
그녀는 친구와 같은 아내라고 불린다.686)

폭력으로 위협을 받아도 분노하지 않고
악한 마음 없이 남편에 대하여 인내한다.
분노하지 않은 그녀는 남편에게 순종한다.
이와 같은 사람의 아내가 있다면,
그녀는 하인과 같은 아내라고 불린다.687)

---

684) yā sabbadā hoti hitānukampinī | mātāva puttaṃ anurakkhate patiṃ | tato dhanaṃ sambhatamassa rakkhati | yā evarūpā purisassa bhariyā | mātā ca bhariyāti ca sā pavuccati ||

685) yathāpi jeṭṭhe bhaginī kaniṭṭhā | sagāravā hoti sakamhi sāmike | hirimanā bhattuva- sānuvattīnī | yā evarū pā purisassa bhariyā | bhagini ca bhariyāti ca sā pavuccati ||

686) yā cīdha disvāna patiṃ pamodati | sakhī sakhāraṃva cirassamāgataṃ | kole- yyakā sīlavatī pati bbatā | yā eva rūpā purisassa bhariyā | sakhī ca bhariyāti ca sā pavuccati ||

687) akkuddhasantā vadhadaṇḍatajjitā | aduṭṭhacittā patino titikkhati | akkodhanā bha- ttuvasānuvattīnī

여기 살인자 같은 아내, 도둑 같은 아내,
지배자 같은 아내라고 불리는
계행을 지키지 않고 거칠고 불경스러운 아내는
몸이 파괴되면 지옥에 떨어진다.688)

여기 어머니 같은 아내, 누이 같은 아내,
친구와 같은 아내, 하인 같은 아내라고 불리는
계행을 지키고 오랜 세월 자제하는 아내는
몸이 파괴되면 좋은 곳으로 간다."689)

8. [세존] "쑤자따여, 사람에게는 이와 같은 일곱 가지 아내가 있다. 그대는 이들 가운데 어떠한 아내인가?"

[쑤자따] "세존이시여, 오늘부터 저를 남편에 대하여 하인과 같은 아내로 새겨주십시오."

14. 계행을 어기는 것이 초래하는 고통은 어떻게 비유될 수 있는가?690)

1. 한때 세존께서 많은 수행승의 무리와 함께 꼬쌀라 국을 유행하셨다.

2. 세존께서는 길을 가는 도중에 어떤 지방에서 크나큰 불더미가 연소하고 작열하고 불꽃 튀는 것을 보았다. 보고나서 길에서 벗어나 어떤 나무 아래 마련된 자리에 앉으셨다. 자리에 앉아 세존께서는 수행승들에게 말씀하셨다.

| yā evarūpā purisassa bhariyā | dāsī ca bhariyāti ca sā pavuccati ||

688) yā cīdha bhariyā vadhakāti vuccati | cori ca ayyāti ca yā pavuccati | dussīlarūpā pharusā anādarā | kāyassa bhedā nirayaṃ vajanti tā ||

689) yā cīdha mātā bhaginī sakhī ca | dāsī ca bhariyāti ca yā pavuccati | sīle ṭhitattā cirarattasaṃvutā | kāyassa bhedā sugatiṃ vajanti tā ||

690) AN. IV. 127 : 불더미의 비유에 대한 경[Aggikkhandhopamasutta]

[세존] "수행승들이여, 그대들은 저 크나큰 불더미가 연소하고 작열하고 불꽃 튀는 것을 보았는가?"

[수행승들] "세존이시여, 그렇습니다."

3. [세존] "수행승들이여, 어떻게 생각하는가? 저 연소하고 작열하고 불꽃 튀는 크나큰 불더미를 포옹하여 곁에 앉거나 곁에 눕는 것과, 부드럽고 아름다운 수족을 지닌 왕족의 소녀나 바라문의 소녀나 장자의 소녀를 포옹하여 곁에 앉거나 곁에 눕는 것 가운데 어느 것이 더 나은가?"

[수행승들] "세존이시여, 당연히 부드럽고 아름다운 수족을 지닌 왕족의 소녀나 바라문의 소녀나 장자의 소녀를 포옹하여 곁에 앉거나 곁에 눕는 것이 더 낫습니다. 저 연소하고 작열하고 불꽃 튀는 크나큰 불더미를 포옹하여 곁에 앉거나 곁에 눕는 것은 괴로운 것입니다."

4. [세존] "수행승들이여, 나는 그대들에게 알린다. 수행승들이여, 나는 그대들에게 선언한다. 계행을 지키지 않고, 악한 성품을 지녔고, 부정하고, 의심스러운 행동을 하고, 감추는 일을 하고, 수행자가 아니면서 수행자인 체하고, 청정한 삶을 살지 않으면서 청정한 삶을 사는 체하고, 안으로 부패하고 오염되고 혼탁한 자에게는, 부드럽고 아름다운 수족을 지닌 왕족의 소녀나 바라문의 소녀나 장자의 소녀를 포옹하여 곁에 앉거나 곁에 눕는 것보다, 저 연소하고 작열하고 불꽃 튀는 크나큰 불더미를 포옹하여 곁에 앉거나 곁에 눕는 것이 더 낫다. 그것은 무슨 까닭인가? 수행승들이여, 그 때문에 그는 죽음에 이르거나 죽을 정도의 고통을 맛보지만, 그러나 몸이 파괴되어 죽은 뒤에 괴로운 곳, 나쁜 곳, 타락한 곳, 지옥에 태어나지는 않는다. 그러나 계행을 지키지 않고, 악한 성품을 지녔고, 부정하고, 의

심스러운 행동을 하고, 감추는 일을 하고, 수행자가 아니면서 수행자인 체하고, 청정한 삶을 살지 않으면서 청정한 삶을 사는 체하고, 안으로 부패하고 오염되고 혼탁한 자가 부드럽고 아름다운 수족을 지닌 왕족의 소녀나 바라문의 소녀나 장자의 소녀를 포옹하여 곁에 앉거나 곁에 눕는다면, 그것은 그에게 오랜 세월 불익과 고통을 초래하고, 그는 몸이 파괴되어 죽은 뒤에 괴로운 곳, 나쁜 곳, 타락한 곳, 지옥에 태어난다."

5. [세존] "수행승들이여, 어떻게 생각하는가? 힘센 사람이 강한 노끈을 두 다리에 걸고 이리저리 마찰하여, 그 노끈이 외피를 자르며, 외피를 자르고 내피를 자르며, 내피를 자르고 근육을 자르며, 근육을 자르고 힘줄을 자르며, 힘줄을 자르고 뼈를 자르며, 뼈를 자르고 골수에 도달하여 멈추는 것과, 부유한 왕족들이나 부유한 바라문들이나 부유한 장자들의 인사를 즐겨 받는 것 가운데 어떠한 것이 더 나은가?"

[수행승들] "세존이시여, 당연히 부유한 왕족들이나 부유한 바라문들이나 부유한 장자들의 인사를 즐겨 받는 것이 더 낫습니다. 세존이시여, 힘센 사람이 강한노끈을 두 다리에 걸고 이리저리 마찰하여, 그 노끈이 외피를 자르며, 외피를 자르고 내피를 자르며, 내피를 자르고 근육을 자르며, 근육을 자르고 힘줄을 자르며, 힘줄을 자르고 뼈를 자르며, 뼈를 자르고 골수에 도달하여 멈추는 것은 괴로운 것입니다."

6. [세존] "수행승들이여, 나는 그대들에게 알린다. 수행승들이여, 나는 그대들에게 선언한다. 계행을 지키지 않고, 악한 성품을 지녔고, 부정하고, 의심스러운 행동을 하고, 감추는 일을 하고, 수행자가 아니면서 수행자인 체하고, 청정한 삶을 살지 않으면서 청정한 삶을

사는 체하고, 안으로 부패하고 오염되고 혼탁한 자에게는, 부유한 왕족들이나 부유한 바라문들이나 부유한 장자들의 인사를 즐겨 받는 것보다, 힘센 사람이 강한 노끈을 두 다리에 걸고 이리저리 마찰하여, 그 노끈이 외피를 자르며, 외피를 자르고 내피를 자르며, 내피를 자르고 근육을 자르며, 근육을 자르고 힘줄을 자르며, 힘줄을 자르고 뼈를 자르며, 뼈를 자르고 골수에 도달하여 멈추는 것이 더 낫다. 그것은 무슨 까닭인가? 수행승들이여, 그 때문에 그는 죽음에 이르거나 죽을 정도의 고통을 맛보지만, 그러나 몸이 파괴되어 죽은 뒤에 괴로운 곳, 나쁜 곳, 타락한 곳, 지옥에 태어나지는 않는다. 그러나 계행을 지키지 않고, 악한 성품을 지녔고, 부정하고, 의심스러운 행동을 하고, 감추는 일을 하고, 수행자가 아니면서 수행자인 체하고, 청정한 삶을 살지 않으면서 청정한 삶을 사는 체하고, 안으로 부패하고 오염되고 혼탁한 자가 부유한 왕족들이나 부유한 바라문들이나 부유한 장자들의 인사를 향유한다면, 그것은 그에게 오랜 세월 불익과 고통을 초래하고, 그는 몸이 파괴되어 죽은 뒤에 괴로운 곳, 나쁜 곳, 타락한 곳, 지옥에 태어난다."

7. [세존] "수행승들이여, 어떻게 생각하는가? 힘센 사람이 날카롭고 기름칠해진 창으로 가슴을 찌르는 것과, 부유한 왕족들이나 부유한 바라문들이나 부유한 장자들의 합장을 즐겨 받는 것 가운데 어떠한 것이 더 나은가?"

[수행승들] "세존이시여, 당연히 부유한 왕족들이나 부유한 바라문들이나 부유한 장자들의 합장을 즐겨 받는 것이 더 낫습니다. 세존이시여, 힘센 사람이 날카롭고 기름칠해진 창으로 가슴을 찌르는 것은 괴로운 것입니다."

8. [세존] "수행승들이여, 나는 그대들에게 알린다. 수행승들이여, 나

는 그대들에게 선언한다. 계행을 지키지 않고, 악한 성품을 지녔고, 부정하고, 의심스러운 행동을 하고, 감추는 일을 하고, 수행자가 아니면서 수행자인 체하고, 청정한 삶을 살지 않으면서 청정한 삶을 사는 체하고, 안으로 부패하고 오염되고 혼탁한 자에게는, 부유한 왕족들이나 부유한 바라문들이나 부유한 장자들의 합장을 즐겨 받는 것보다, 힘센 사람이 날카롭고 기름칠해진 창으로 가슴을 찌르는 것이 더 낫다. 그것은 무슨 까닭인가? 수행승들이여, 그 때문에 그는 죽음에 이르거나 죽을 정도의 고통을 맛보지만, 그러나 몸이 파괴되어 죽은 뒤에 괴로운 곳, 나쁜 곳, 타락한 곳, 지옥에 태어나지는 않는다. 그러나 계행을 지키지 않고, 악한 성품을 지녔고, 부정하고, 의심스러운 행동을 하고, 감추는 일을 하고, 수행자가 아니면서 수행자인 체하고, 청정한 삶을 살지 않으면서 청정한 삶을 사는 체하고, 안으로 부패하고 오염되고 혼탁한 자가 부유한 왕족들이나 부유한 바라문들이나 부유한 장자들의 합장을 향유한다면, 그것은 그에게 오랜 세월 불익과 고통을 초래하고, 그는 몸이 파괴되어 죽은 뒤에 괴로운 곳, 나쁜 곳, 타락한 곳, 지옥에 태어난다."

9. [세존] "수행승들이여, 어떻게 생각하는가? 힘센 사람이 달구어지고 연소하고 작열하고 불꽃 튀는 철판으로 몸을 둘러싸는 것과, 부유한 왕족들이나 부유한 바라문들이나 부유한 장자들의 믿음으로 보시한 옷을 즐겨 받는 것 가운데 어떠한 것이 더 나은가?"

[수행승들] "세존이시여, 당연히 부유한 왕족들이나 부유한 바라문들이나 부유한 장자들의 믿음으로 보시한 옷을 즐겨 받는 것이 더 낫습니다. 세존이시여, 힘센 사람이 달구어지고 연소하고 작열하고 불꽃 튀는 철판으로 몸을 둘러싸는 것은 괴로운 것입니다."

10. [세존] "수행승들이여, 나는 그대들에게 알린다. 수행승들이여,

나는 그대들에게 선언한다. 계행을 지키지 않고, 악한 성품을 지녔고, 부정하고, 의심스러운 행동을 하고, 감추는 일을 하고, 수행자가 아니면서 수행자인 체하고, 청정한 삶을 살지 않으면서 청정한 삶을 사는 체하고, 안으로 부패하고 오염되고 혼탁한 자에게는, 부유한 왕족들이나 부유한 바라문들이나 부유한 장자들의 믿음으로 보시한 옷을 즐겨 받는 것보다, 힘센 사람이 달구어지고 연소하고 작열하고 불꽃 튀는 철판으로 몸을 둘러싸는 것이 더 낫다. 그것은 무슨 까닭인가? 수행승들이여, 그 때문에 그는 죽음에 이르거나 죽을 정도의 고통을 맛보지만, 그러나 몸이 파괴되어 죽은 뒤에 괴로운 곳, 나쁜 곳, 타락한 곳, 지옥에 태어나지는 않는다. 그러나 계행을 지키지 않고, 악한 성품을 지녔고, 부정하고, 의심스러운 행동을 하고, 감추는 일을 하고, 수행자가 아니면서 수행자인 체하고, 청정한 삶을 살지 않으면서 청정한 삶을 사는 체하고, 안으로 부패하고 오염되고 혼탁한 자가 부유한 왕족들이나 부유한 바라문들이나 부유한 장자들의 믿음으로 보시한 옷을 향유한다면, 그것은 그에게 오랜 세월 불익과 고통을 초래하고, 그는 몸이 파괴되어 죽은 뒤에 괴로운 곳, 나쁜 곳, 타락한 곳, 지옥에 태어난다."

11. [세존] "수행승들이여, 어떻게 생각하는가? 힘센 사람이 달구어지고 연소하고 작열하고 불꽃 튀는 쇠못으로 입을 열게 하고 달구어지고 연소하고 작열하고 불꽃 튀는 쇠구슬을 입에 던져서 그것이 입술도 태우고, 입도 태우고, 혀도 태우고, 목구멍도 태우고, 위도 태우고, 장과 장간막을 지나서 몸 아래로 빠져나오는 것과, 부유한 왕족들이나 부유한 바라문들이나 부유한 장자들의 믿음으로 보시한 탁발음식을 즐겨 받는 것 가운데 어떠한 것이 더 나은가?"

[수행승들] "세존이시여, 당연히 부유한 왕족들이나 부유한 바라

문들이나 부유한 장자들의 믿음으로 보시한 탁발음식을 즐겨 받는 것이 더 낫습니다. 세존이시여, 힘센 사람이 달구어지고 연소하고 작열하고 불꽃 튀는 쇠못으로 입을 열게 하고 달구어지고 연소하고 작열하고 불꽃 튀는 쇠구슬을 입에 던져서 그것이 입술도 태우고, 입도 태우고, 혀도 태우고, 목구멍도 태우고, 위도 태우고, 장과 장간막을 지나서 몸 아래로 빠져나오는 것은 괴로운 것입니다."

12. [세존] "수행승들이여, 나는 그대들에게 알린다. 수행승들이여, 나는 그대들에게 선언한다. 계행을 지키지 않고, 악한 성품을 지녔고, 부정하고, 의심스러운 행동을 하고, 감추는 일을 하고, 수행자가 아니면서 수행자인 체하고, 청정한 삶을 살지 않으면서 청정한 삶을 사는 체하고, 안으로 부패하고 오염되고 혼탁한 자에게는, 부유한 왕족들이나 부유한 바라문들이나 부유한 장자들의 믿음으로 보시한 탁발음식을 즐겨 받는 것보다, 힘센 사람이 달구어지고 연소하고 작열하고 불꽃 튀는 쇠못으로 입을 열게 하고 달구어지고 연소하고 작열하고 불꽃 튀는 쇠구슬을 입에 던져서 그것이 입술도 태우고, 입도 태우고, 혀도 태우고, 목구멍도 태우고, 위도 태우고, 장과 장간막을 지나서 몸 아래로 빠져나오는 것이 더 낫다. 그것은 무슨 까닭인가? 수행승들이여, 그 때문에 그는 죽음에 이르거나 죽을 정도의 고통을 맛보지만, 그러나 몸이 파괴되어 죽은 뒤에 괴로운 곳, 나쁜 곳, 타락한 곳, 지옥에 태어나지는 않는다. 그러나 계행을 지키지 않고, 악한 성품을 지녔고, 부정하고, 의심스러운 행동을 하고, 감추는 일을 하고, 수행자가 아니면서 수행자인 체하고, 청정한 삶을 살지 않으면서 청정한 삶을 사는 체하고, 안으로 부패하고 오염되고 혼탁한 자가 부유한 왕족들이나 부유한 바라문들이나 부유한 장자들의 믿음으로 보시한 탁발음식을 향유한다면, 그것은 그

에게 오랜 세월 불익과 고통을 초래하고, 그는 몸이 파괴되어 죽은 뒤에 괴로운 곳, 나쁜 곳, 타락한 곳, 지옥에 태어난다."

13. [세존] "수행승들이여, 어떻게 생각하는가? 힘센 사람이 머리를 붙잡거나 어깨를 붙잡아 달구어지고 연소하고 작열하고 불꽃 튀는 쇠침상이나 쇠의자에 앉히거나 눕히는 것과, 부유한 왕족들이나 부유한 바라문들이나 부유한 장자들의 믿음으로 보시한 침대와 의자를 즐겨 받는 것 가운데 어떠한 것이 더 나은가?"

[수행승들] "세존이시여, 당연히 부유한 왕족들이나 부유한 바라문들이나 부유한 장자들의 믿음으로 보시한 침대와 의자를 즐겨 받는 것이 더 낫습니다. 세존이시여, 힘센 사람이 머리를 붙잡거나 어깨를 붙잡아 달구어지고 연소하고 작열하고 불꽃 튀는 쇠침상이나 쇠의자에 앉히거나 눕히는 것은 괴로운 것입니다."

14. [세존] "수행승들이여, 나는 그대들에게 알린다. 수행승들이여, 나는 그대들에게 선언한다. 계행을 지키지 않고, 악한 성품을 지녔고, 부정하고, 의심스러운 행동을 하고, 감추는 일을 하고, 수행자가 아니면서 수행자인 체하고, 청정한 삶을 살지 않으면서 청정한 삶을 사는 체하고, 안으로 부패하고 오염되고 혼탁한 자에게는, 부유한 왕족들이나 부유한 바라문들이나 부유한 장자들의 믿음으로 보시한 침대와 의자를 즐겨 받는 것보다, 힘센 사람이 머리를 붙잡거나 어깨를 붙잡아 달구어지고 연소하고 작열하고 불꽃 튀는 쇠침상이나 쇠의자에 앉히거나 눕히는 것이 더 낫다. 그것은 무슨 까닭인가? 수행승들이여, 그 때문에 그는 죽음에 이르거나 죽을 정도의 고통을 맛보지만, 그러나 몸이 파괴되어 죽은 뒤에 괴로운 곳, 나쁜 곳, 타락한 곳, 지옥에 태어나지는 않는다. 그러나 계행을 지키지 않고, 악한 성품을 지녔고, 부정하고, 의심스러운 행동을 하고, 감추

는 일을 하고, 수행자가 아니면서 수행자인 체하고, 청정한 삶을 살지 않으면서 청정한 삶을 사는 체하고, 안으로 부패하고 오염되고 혼탁한 자가 부유한 왕족들이나 부유한 바라문들이나 부유한 장자들의 믿음으로 보시한 침대와 의자를 향유한다면, 그것은 그에게 오랜 세월 불익과 고통을 초래하고, 그는 몸이 파괴되어 죽은 뒤에 괴로운 곳, 나쁜 곳, 타락한 곳, 지옥에 태어난다."

15. [세존] "수행승들이여, 어떻게 생각하는가? 힘센 사람이 발을 위로 머리를 아래로 붙잡아 달구어지고 연소하고 작열하고 불꽃 튀는 쇠솥에 던지면, 그때 몸이 부풀어 오르고 삶아져서 한번은 오르고 한번은 내려가고 한번은 옆으로 움직이는 것과, 부유한 왕족들이나 부유한 바라문들이나 부유한 장자들의 믿음으로 보시한 처소를 즐겨 받는 것 가운데 어떠한 것이 더 나은가?"

[수행승들] "세존이시여, 당연히 부유한 왕족들이나 부유한 바라문들이나 부유한 장자들의 믿음으로 보시한 처소를 즐겨 받는 것이 너 낫습니다. 세존이시여, 힘센 사람이 발을 위로 머리를 아래로 붙잡아 달구어지고 연소하고 작열하고 불꽃 튀는 쇠솥에 던지면, 그때 몸이 부풀어 오르고 삶아져서 한번은 오르고 한번은 내려가고 한번은 옆으로 움직이는 것은 괴로운 것입니다."

16. [세존] "수행승들이여, 나는 그대들에게 알린다. 수행승들이여, 나는 그대들에게 선언한다. 계행을 지키지 않고, 악한 성품을 지녔고, 부정하고, 의심스러운 행동을 하고, 감추는 일을 하고, 수행자가 아니면서 수행자인 체하고, 청정한 삶을 살지 않으면서 청정한 삶을 사는 체하고, 안으로 부패하고 오염되고 혼탁한 자에게는, 부유한 왕족들이나 부유한 바라문들이나 부유한 장자들의 믿음으로 보시한 처소를 즐겨 받는 것보다, 힘센 사람이 발을 위로 머리를 아래

로 붙잡아 달구어지고 연소하고 작열하고 불꽃 튀는 쇠솥에 던지면, 그때 몸이 부풀어 오르고 삶아져서 한번은 오르고 한번은 내려가고 한번은 옆으로 움직이는 것이 더 낫다. 그것은 무슨 까닭인가? 수행승들이여, 그 때문에 그는 죽음에 이르거나 죽을 정도의 고통을 맛보지만, 그러나 몸이 파괴되어 죽은 뒤에 괴로운 곳, 나쁜 곳, 타락한 곳, 지옥에 태어나지는 않는다. 그러나 계행을 지키지 않고, 악한 성품을 지녔고, 부정하고, 의심스러운 행동을 하고, 감추는 일을 하고, 수행자가 아니면서 수행자인 체하고, 청정한 삶을 살지 않으면서 청정한 삶을 사는 체하고, 안으로 부패하고 오염되고 혼탁한 자가 부유한 왕족들이나 부유한 바라문들이나 부유한 장자들의 믿음으로 보시한 처소를 향유한다면, 그것은 그에게 오랜 세월 불익과 고통을 초래하고, 그는 몸이 파괴되어 죽은 뒤에 괴로운 곳, 나쁜 곳, 타락한 곳, 지옥에 태어난다."

17. [세존] "수행승들이여, 그러므로 이와 같이 배워야 한다. '우리가 수용하는 옷과 탁발음식과 와좌구와 필수약을 제공하는 그들에게 크나큰 결과와 크나큰 공덕이 있을 것이고, 우리의 이 출가가 헛되지 않고 열매를 낳고 결과를 낳을 것이다.'라고 수행승들이여, 배워야 한다. 수행승들이여, 자기의 이익의 관점에서 방일함이 없이 목표를 완성해야 한다. 수행승들이여, 타자의 이익의 관점에서 방일함이 없이 목표를 완성해야 한다. 수행승들이여, 양자의 이익의 관점에서 방일함이 없이 목표를 완성해야 한다."

18. 세존께서는 이와 같이 말씀하셨다. 이처럼 설명을 하시자 육십명의 수행승은 입에서 뜨거운 피를 토하고, 육십명의 수행승은 '세존이시여, 어렵습니다. 세존이시여, 너무나 어렵습니다.'라고 말하며 배움을 포기하고 세속으로 돌아가고, 육십명의 수행승은 집착

없이 번뇌에서 마음을 해탈했다.[691]

15. 올바른 스승의 가르침을 어떠한 준거를 가지고 구별해야 하는가?[692]

1. 한때 세존께서는 싸밧티 시에 계셨다.

그때 존자 우빨리[693]가 세존께서 계신 곳을 찾아 왔다. 가까이 다가와서 세존께 인사를 드리고 한쪽으로 물러나 앉았다. 한쪽으로 물러나 앉은 존자 우빨리는 세존께 이와 같이 말씀드렸다.

2. [우빨리] "세존이시여, 세존께서는 제가 세존의 가르침을 듣고 홀로 떨어져 방일하지 않고 열심히 노력하여 정진할 수 있도록 간략히 가르침을 주시면 감사하겠습니다."

3. [세존] "우빨리여, 그대는 어떠한 가르침이라도 '이 가르침이 오로지 싫어하여 떠남, 사라짐, 소멸, 지멸, 곧바른 앎, 올바른 깨달음, 열반으로 이끌지 않는다.'라고 안다면, 우빨리여, 반드시 '이것은 가

691) imasmiñca pana veyyākaraṇasmiṃ bhaññamāne saṭṭimattānaṃ bhikkhūnaṃ uṇhaṃ lohitaṃ mukhato uggañji. saṭṭhi mattā bhikkhū sikkhaṃ paccakkhāya hīnāyāvattīṃsu dukkaraṃ bhagavā, sudukkaraṃ bhagavāti. saṭṭimattānaṃ bhikkhūnaṃ anupādāya āsavehi cittāni vimucciṃsūti : Lba. IV. 86에 따르면, 피를 토한 수행승들은 중죄(重罪=波羅夷罪[pārājika]) — 성적 교섭, 훔침, 살인, 과위(果位)를 얻었다고 거짓말 하는 것 — 승단에서 추방되는 죄[斷頭罪]를 범한 자들이다. 세속으로 돌아간 수행승들은 가벼운 죄악을 저지른 자들이다. Mrp. IV. 65에 따르면, 그리고 이러한 법문을 설한 이후에 많은 수행승들이 위축되어 출가생활을 포기하자 부처님은 ≪앙굿까라니까야≫의 경 1 : 53-55에 해당하는 Cūḷaccharaṅghātasutta[AN. I. 10]를 설했다. 거기서 부처님은 '손가락을 튕기는 순간이라도 자애의 마음을 실천한다면, 그를 두고 공허하지 않은 선정을 닦는 수행승이다.'라고 설했다.

692) AN. IV. 143 : 스승의 교훈에 대한 경[Satthusāsanasutta]

693) Upāli : 부처님의 제자 수행승 가운데 '계율을 지키는 님 가운데 제일(vinayadharānaṃ aggo)'이다. 그는 싸끼야 족의 궁중이발사였다. 아누룻다와 그의 조카들이 아누삐야(Anupiyā) 숲에서 부처님의 가르침을 따라 출가할 때 동행했는데, 왕자들이 값비싼 패물을 모두 그에게 넘겨주었으나 그는 거절하고 함께 출가하여 수행승이 되었다. 그가 거절한 사유는 그 패물을 받아 돌아가면 싸끼야 족의 왕자들을 살해하고 패물을 훔쳐왔다는 혐의를 받을까 두려워서였다. 부처님은 왕자들과 함께 천한 신분인 우빨리의 출가를 허락했기 때문에 왕자들은 자존심이 상했으나 어쩔 수 없었다. 우빨리의 친교사는 깝삐따까(Kappitaka)였다. 우빨리는 선정수행을 위해 숲속에서만 살길 원했으나 부처님은 가르침도 함께 배워야 한다고 충고했다. 그래서 우빨리는 다른 수행승들과 함께 수행해서 거룩한 님이 되었다. 부처님은 특히 우빨리에게 율장 전부를 가르쳤다. 계율에 관련된 우빨리와 부처님의 질의응답은 율장부수(Parivāra)의 우빨리빤짜까(Upāli-Pañcaka)에 나온다. 라자가하의 결집에서 우빨리는 율장의 결집을 주도했다.

르침이 아니고, 이것은 계율이 아니고, 이것은 스승의 교훈이 아니다.'라고 파악해야 한다. 우빨리여, 그대는 어떠한 가르침이라도 '이 가르침이 오로지 싫어하여 떠남, 사라짐, 소멸, 지멸, 곧바른 앎, 올바른 깨달음, 열반으로 이끈다.'라고 안다면, 우빨리여, 반드시 '이것이 가르침이고, 이것이 계율이고, 이것이 스승의 교훈이다.'라고 파악해야 한다."

16. 수행승이 수행승다운 조건은 무엇인가?[694]

1. 한때 세존께서는 싸밧티 시에 계셨다.

[세존] "수행승들이여, 이와 같은 일곱 가지 원리를 부수었기 때문에 수행승이다. 일곱 가지란 무엇인가?

2. 수행승들이여, 개체가 있다는 견해를 부수었고, 회의적 의심을 부수었고, 규범과 금계에 대한 집착을 부수었고, 탐욕을 부수었고, 성냄을 부수었고, 어리석음을 부수었고, 자만을 부수었기 때문이다.

3. 수행승들이여, 이와 같은 일곱 가지 원리를 부수었기 때문에 수행승이다."

694) AN. IV. 144 : 수행승의 원리에 대한 경[Bhikkhudhammasutta]

8. 여덟 모아모음[Aṭṭhakanipāta]

1. 세상을 움직이는 원리와 그것에서 벗어나는 방법이란 무엇인가?[695]

1. 한때 세존께서는 싸밧티 시에 계셨다.

[세존] "수행승들이여, 이와 같은 여덟 가지 세상의 원리가 세상을 전개시키고, 세상은 여덟 가지 세상의 원리 안에서 전개된다. 여덟 가지란 무엇인가?

2. 수행승들이여, 이득과 불익, 명예와 치욕, 칭찬과 비난, 행복과 불행이다. 수행승들이여, 이와 같은 여덟 가지 세상의 원리가 세상을 전개시키고, 세상은 여덟 가지 세상의 원리 안에서 전개된다.

3. 수행승들이여, 배우지 못한 일반 사람에게도 이득과 불익, 명예와 치욕, 칭찬과 비난, 행복과 불행이 생겨난다. 수행승들이여, 잘 배운 고귀한 제자에게도 이득과 불익, 명예와 치욕, 칭찬과 비난, 행복과 불행이 생겨난다. 수행승들이여. 그 점에 대하여 잘 배운 고귀한 제자와 배우지 못한 일반사람과는 어떠한 차이, 어떠한 차별, 어떠한 다른 점이 있는가?"

4. [수행승들] "세존이시여, 저희들의 원리는 세존을 뿌리로 하고 세존을 안내자로 하고 세존을 의지처로 합니다. 세존이시여, 세존께서 말씀하신 그 뜻을 설명해 주시면 감사하겠습니다. 모든 수행승들은

---

695) AN. IV. 157 : 원리의 경②[Dutiyalokadhammasutta], 잡아함43권8(대정2. 764b) 참조

세존의 말씀을 듣고 새기겠습니다."

[세존] "수행승들이여, 그렇다면 듣고 잘 새기도록 해라."

[수행승들] "세존이시여, 그렇게 하겠습니다."

수행승들은 세존께 대답했다.

5. 세존께서는 이와 같이 말씀하셨다.

[세존] "수행승들이여, 배우지 못한 일반사람에게 이득이 생겨나면, 그는 '이러한 이득이 나에게 생겨났는데, 그것은 무상하고 괴롭고 변화하는 것이다.'라고 있는 그대로 분명히 알지 못한다. 불익이 생겨나면, 그는 '이러한 불익이 나에게 생겨났는데, 그것은 무상하고 괴롭고 변화하는 것이다.'라고 있는 그대로 분명히 알지 못한다. 명예가 생겨나면, 그는 '이러한 명예가 나에게 생겨났는데, 그것은 무상하고 괴롭고 변화하는 것이다.'라고 있는 그대로 분명히 알지 못한다. 치욕가 생겨나면, 그는 '이러한 치욕가 나에게 생겨났는데, 그것은 무상하고 괴롭고 변화하는 것이다.'라고 있는 그대로 분명히 알지 못한다. 칭찬이 생겨나면, 그는 '이러한 칭찬이 나에게 생겨났는데, 그것은 무상하고 괴롭고 변화하는 것이다.'라고 있는 그대로 분명히 알지 못한다. 비난이 생겨나면, 그는 '이러한 비난이 나에게 생겨났는데, 그것은 무상하고 괴롭고 변화하는 것이다.'라고 있는 그대로 분명히 알지 못한다. 행복이 생겨나면, 그는 '이러한 행복이 나에게 생겨났는데, 그것은 무상하고 괴롭고 변화하는 것이다.'라고 있는 그대로 분명히 알지 못한다. 불행이 생겨나면, 그는 '이러한 불행이 나에게 생겨났는데, 그것은 무상하고 괴롭고 변화하는 것이다.'라고 있는 그대로 분명히 알지 못한다.

6. 그래서 이득도 그의 마음을 사로잡고, 불익도 그의 마음을 사로잡고, 명예도 그의 마음을 사로잡고, 치욕도 그의 마음을 사로잡고, 칭

찬도 그의 마음을 사로잡고, 비난도 그의 마음을 사로잡고, 행복도 그의 마음을 사로잡고, 불행도 그의 마음을 사로잡는다. 그는 이미 생겨난 이득에 경도되고 불익을 배척하고, 이미 생겨난 명예에 경도되고 치욕을 배척하고, 이미 생겨난 칭찬에 경도되고 비난을 배척하고, 이미 생겨난 행복에 경도되고 불행을 배척한다. 이와 같이 그는 경도와 배척에 빠져서 태어남, 늙음, 죽음, 슬픔, 비탄, 고통, 근심, 절망에서 벗어나지 못하고 모든 괴로움에서 벗어나지 못한다고 나는 말한다.

7. 수행승들이여, 잘 배운 고귀한 제자에게 이득이 생겨나면, 그는 '이러한 이득이 나에게 생겨났는데, 그것은 무상하고 괴롭고 변화하는 것이다'라고 있는 그대로 분명히 안다. 불익이 생겨나면, 그는 '이러한 불익이 나에게 생겨났는데, 그것은 무상하고 괴롭고 변화하는 것이다'라고 있는 그대로 분명히 안다. 명예가 생겨나면, 그는 '이러한 명예가 나에게 생겨났는데, 그것은 무상하고 괴롭고 변화하는 것이다'라고 있는 그대로 분명히 안다. 치욕가 생겨나면, 그는 '이러한 치욕가 나에게 생겨났는데, 그것은 무상하고 괴롭고 변화하는 것이다'라고 있는 그대로 분명히 안다. 칭찬이 생겨나면, 그는 '이러한 칭찬이 나에게 생겨났는데, 그것은 무상하고 괴롭고 변화하는 것이다'라고 있는 그대로 분명히 안다. 비난이 생겨나면, 그는 '이러한 비난이 나에게 생겨났는데, 그것은 무상하고 괴롭고 변화하는 것이다'라고 있는 그대로 분명히 안다. 행복이 생겨나면, 그는 '이러한 행복이 나에게 생겨났는데, 그것은 무상하고 괴롭고 변화하는 것이다'라고 있는 그대로 분명히 안다. 불행이 생겨나면, 그는 '이러한 불행이 나에게 생겨났는데, 그것은 무상하고 괴롭고 변화하는 것이다'라고 있는 그대로 분명히 안다.

8. 그래서 이득도 그의 마음을 사로잡지 못하고, 불익도 그의 마음을 사로잡지 못하고, 명예도 그의 마음을 사로잡지 못하고, 치욕도 그의 마음을 사로잡지 못하고, 칭찬도 그의 마음을 사로잡지 못하고, 비난도 그의 마음을 사로잡지 못하고, 행복도 그의 마음을 사로잡지 못하고, 불행도 그의 마음을 사로잡지 못한다. 그는 이미 생겨난 이득에 경도되지 않고 불익을 배척하지 않고, 이미 생겨난 명예에 경도되지 않고 치욕을 배척하지 않고, 이미 생겨난 칭찬에 경도되지 않고 비난을 배척하지 않고, 이미 생겨난 행복에 경도되지 않고 불행을 배척하지 않는다. 이와 같이 그는 경도와 배척을 버리고 태어남, 늙음, 죽음, 슬픔, 비탄, 고통, 근심, 절망에서 벗어나고 모든 괴로움에서 벗어난다고 나는 말한다.

9. 수행승들이여, 잘 배운 고귀한 제자와 배우지 못한 일반사람과는 이러한 차이, 이러한 차별, 이러한 다른 점이 있다."

10. [세존] "이득과 불익, 명예와 치욕,
칭찬과 비난, 행복과 불행
이러한 인간의 원리들은
항상하지 않고 변화하고야 마는 것이다.

이러한 것들을 알고 새김있고 현명한 님은
변화하고야 마는 것들을 관찰한다.
원하는 것이라도 그의 마음을 교란하지 못하고
원하지 않은 것도 혐오를 일으키지 못한다.

그것에 대해 매혹이나 혐오는
파괴되고 사라져서 존재하지 않으니
경지를 알고 티끌의 여읨과 슬픔의 여읨을 올바로 알아

님은 존재의 피안에 이른다."

2. 때때로 자신의 잘못과 타인의 잘못에 대해 깊이 성찰하는 것이 왜 필요한가?[696]

1. 한때 존자 웃따라가 마히싸밧투[697] 지방의 쌍케이야 산의 다바잘리까 승원에[698] 있었다. 그때에 존자 웃따라[699]는 '수행승들이여'라고 수행승들을 불렀다. '벗이여'라고 수행승들은 존자 웃따라에게 대답했다. 존자 웃따라는 이와 같이 말했다.

2. [웃따라] "벗들이여, 수행승이 때때로 자신의 잘못을 깊이 관찰하는 것은 훌륭한 일입니다. 벗들이여, 수행승이 때때로 타인의 잘못을 깊이 관찰하는 것은 훌륭한 일입니다. 벗들이여, 수행승이 때때로 자신의 성취를 깊이 관찰하는 것은 훌륭한 일입니다. 벗들이여, 수행승이 때때로 타인의 성취를 깊이 관찰하는 것은 훌륭한 일입니다."

3. 그때 대왕 벳싸바나[700]가 북쪽 지방에서 남쪽 지방으로 어떤 볼일이 있어서 가고 있었다. 마침 대왕 벳싸바나는 존자 웃따라가 마히싸밧투 지방의 쌍케이야 산의 다바잘리까 승원에서 수행승들에게 이와 같이 '벗들이여, 수행승이 때때로 자신의 잘못을 깊이 관찰하는 것은 훌륭한 일입니다. 벗들이여, 수행승이 때때로 타인의 잘

696) AN. IV. 162 : 웃따라의 경[Uttarasutta]

697) Mahisavatthu : 이 경에만 등장하는 지명이다.

698) saṅkheyyake pabbate dhavajālikāyaṃ : 쌍케이야 산은 이 경에만 등장하며, Mrp. IV. 73에 따르면, 다바잘리까는 승원의 이름이다.

699) Uttara : 싸께따(Sāketa) 시의 바라문의 아들로 싸밧티에서 장사를 하다가 부처님이 깔라까라마경(Kālakārāmasutta)을 설할 때, 쌍신변(雙神變)을 보고 출가하여 라자가하 시에서 부처님을 섬기다가 거룩한 님이 되었다.

700) vessavaṇo mahārājā : 최하층의 하늘나라에 거주하는 자들의 지도자인 사대왕천(四大王天 : cātummahārājikā devā) 즉, 사천왕 가운데 북방의 지배자이다. 동방의 다따랏타(Dhataraṭṭha : 持國天王)는 천상의 음악가들인 건달바(Gandhabba)들을, 남방의 비룰라까(Virūḷhaka : 增長天王)는 산이나 들의 숨겨진 보물을 관리하는 꿈반다(Kumbhaṇḍa)들을, 서방의 비루빡카(Virūpakkha : 廣目天王)는 용(Nāga)들을, 북방의 벳싸바나(Vessavaṇa : 多聞天王)는 야차(Yakkha)들을 통치한다.

못을 깊이 관찰하는 것은 훌륭한 일입니다. 벗들이여, 수행승이 때때로 자신의 성취를 깊이 관찰하는 것은 훌륭한 일입니다. 벗들이여, 수행승이 때때로 타인의 성취를 깊이 관찰하는 것은 훌륭한 일입니다.'라고 가르침을 설하는 것을 들었다.

4. 그래서 대왕 벳싸바나는 마치 힘센 사람이 굽혀진 팔을 펴고 펴진 팔을 굽히는 듯한 사이에, 마히싸밧투 지방의 쌍케이야 산의 다바잘리까 승원에서 모습을 감추고 서른 셋 신들의 하늘나라에 나타났다. 그리고 대왕 벳싸바나는 신들의 제왕 제석천이 있는 곳으로 찾아갔다. 가까이 다가가서 신들의 제왕 제석천에게 이와 같이 말했다.

[벳싸바나] "벗이여, 그대는 혹시 존자 웃따라가 마히싸밧투 지방의 쌍케이야 산의 다바잘리까 승원에서 수행승들에게 이와 같이 '벗들이여, 수행승이 때때로 자신의 잘못을 깊이 관찰하는 것은 훌륭한 일입니다. 벗들이여, 수행승이 때때로 타인의 잘못을 깊이 관찰하는 것은 훌륭한 일입니다. 벗들이여, 수행승이 때때로 자신의 성취를 깊이 관찰하는 것은 훌륭한 일입니다. 벗들이여, 수행승이 때때로 타인의 성취를 깊이 관찰하는 것은 훌륭한 일입니다.'라고 가르침을 설하는 것을 알고 있습니까?"

5. 그러자 신들의 제왕 제석천은 마치 힘센 사람이 굽혀진 팔을 펴고 펴진 팔을 굽히는 듯한 사이에, 서른 셋 신들의 하늘나라에서 모습을 감추고 마히싸밧투 지방의 쌍케이야 산의 다바잘리까 승원에 나타났다. 그리고 신들의 제왕 제석천은 존자 웃따라가 있는 곳으로 찾아갔다. 가까이 다가가서 존자 웃따라에게 인사를 하고 한쪽으로 물러나 섰다. 한쪽으로 물러나 서서 신들의 제왕 제석천은 존자 웃따라에게 이와 같이 말했다.

[제석천] "존자여, 존자 웃따라께서 수행승들에게 이와 같이 '벗

들이여, 수행승이 때때로 자신의 잘못을 깊이 관찰하는 것은 훌륭한 일입니다. 벗들이여, 수행승이 때때로 타인의 잘못을 깊이 관찰하는 것은 훌륭한 일입니다. 벗들이여, 수행승이 때때로 자신의 성취를 깊이 관찰하는 것은 훌륭한 일입니다. 벗들이여, 수행승이 때때로 타인의 성취를 깊이 관찰하는 것은 훌륭한 일입니다.'라고 가르침을 설하신 것은 사실입니까?"

[웃따라] "신들의 제왕이여, 사실입니다."

6. [제석천] "존자여, 그런데 존자 웃따라께서 스스로 말씀하신 것입니까 혹은 세상에 존경받는 님, 거룩한 님, 올바로 깨달은 님의 말씀입니까?"

[웃따라] "신들의 제왕이여, 그렇다면 내가 비유를 들겠습니다. 여기 현명한 사람이라면 비유를 통해 말한 바의 의미를 알 것입니다. 신들의 제왕이여, 예를 들어 마을이나 도시에서 멀지 않은 곳에 크나큰 곡식더미가 있는데, 많은 사람의 무리가 와서 운반봉이나 바구니나 주머니나 두 손으로 곡식을 가져간다고 합시다. 신들의 제왕이여, 누군가가 그 많은 사람에게 다가와서 이와 같이 '어디서 이 곡식을 가져왔는가?'라고 묻는다면, 어떻게 대답하겠습니까? 신들의 제왕이여, 그 많은 사람은 어떻게 대답해야 올바로 대답하는 것입니까?"

[제석천] "존자여, '저 곡식더미에서 가져왔습니다.'라고 대답하는 것이 올바로 대답하는 것입니다."

[웃따라] "신들의 제왕이여, 이와 같이 어떠한 잘 설해진 것이라도 그 모두는 세상에 존경받는 님, 거룩한 님, 올바로 원만히 깨달은 님의 말씀입니다. 그것에 기초해서 언제나 우리와 다른 사람들이 말합니다."

7. [제석천] “존자여, 아주 놀라운 일입니다. 존자여, 예전에 없던 일입니다. 존자여, 이와 같이 어떠한 잘 설해진 것이라도 그 모두는 세상에 존경받는 님, 거룩한 님, 올바로 원만히 깨달은 님의 말씀입니다. 그것에 기초해서 언제나 우리와 다른 사람들이 말합니다.”

8. [제석천] “존자 웃따라여, 한때 세존께서는 라자가하 시의 깃자꾸따 산에 계셨습니다. 데바닷따가 떠난 지 얼마되지 않았을 때입니다. 그때 세존께서는 데바닷따에 관하여 수행승들에게 알렸습니다.

9. [세존] ‘수행승들이여, 수행승이 때때로 자신의 잘못을 깊이 관찰하는 것은 훌륭한 일이다. 수행승들이여, 수행승이 때때로 타인의 잘못을 깊이 관찰하는 것은 훌륭한 일이다. 수행승들이여, 수행승이 때때로 자신의 성취를 깊이 관찰하는 것은 훌륭한 일이다. 수행승들이여, 수행승이 때때로 타인의 성취를 깊이 관찰하는 것은 훌륭한 일이다.

10. 수행승들이여, 데바닷따는 이와 같은 여덟 가지 삿된 원리에 정복되고 마음이 사로잡혀 비참한 곳에 태어나고 지옥에 떨어져서 일겁을 지내도록 구제가 불가능하다. 여덟 가지란 무엇인가?

11. 수행승들이여, 이익에 정복되고 마음이 사로잡혀 비참한 곳에 태어나고 지옥에 떨어져서 일겁을 지내도록 구제가 불가능한 것이다. 불익에 정복되고 마음이 사로잡혀 비참한 곳에 태어나고 지옥에 떨어져서 일겁을 지내도록 구제가 불가능한 것이다. 명예에 정복되고 마음이 사로잡혀 비참한 곳에 태어나고 지옥에 떨어져서 일겁을 지내도록 구제가 불가능한 것이다. 치욕에 정복되고 마음이 사로잡혀 비참한 곳에 태어나고 지옥에 떨어져서 일겁을 지내도록 구제가 불가능한 것이다. 환대에 정복되고 마음이 사로잡혀 비참한

곳에 태어나고 지옥에 떨어져서 일겁을 지내도록 구제가 불가능한 것이다. 천대에 정복되고 마음이 사로잡혀 비참한 곳에 태어나고 지옥에 떨어져서 일겁을 지내도록 구제가 불가능한 것이다. 삿된 욕망에 정복되고 마음이 사로잡혀 비참한 곳에 태어나고 지옥에 떨어져서 일겁을 지내도록 구제가 불가능한 것이다. 악한 벗에 정복되고 마음이 사로잡혀 비참한 곳에 태어나고 지옥에 떨어져서 일겁을 지내도록 구제가 불가능한 것이다. 수행승들이여, 데바닷따는 이와 같은 여덟 가지 삿된 원리에 정복되고 마음이 사로잡혀 비참한 곳에 태어나고 지옥에 떨어져서 일겁을 지내도록 구제가 불가능하다.

12. 수행승들이여, 이득이 생겨나면 생겨날 때마다 그것을 극복하고, 불익이 생겨나면 생겨날 때마다 그것을 극복하고, 명예가 생겨나면 생겨날 때마다 그것을 극복하고, 치욕가 생겨나면 생겨날 때마다 그것을 극복하고, 환대가 생겨나면 생겨날 때마다 그것을 극복하고, 천대가 생겨나면 생겨난 때마다 그것을 극복하고, 삿된 욕망이 생겨나면 생겨날 때마다 그것을 극복하고, 악한 벗이 생겨나면 생겨날 때마다 그것을 극복한다면, 그 수행승은 훌륭하다.

13. 수행승들이여, 수행승이 어떠한 이유로 이득이 생겨나면 생겨날 때 마다 그것을 극복해야 하는가? 수행승들이여, 수행승이 이득이 생겨났을 때 그것을 극복하지 않으면 곤혹과 고뇌의 번뇌가 생겨나고, 이득이 생겨났을 때 그것을 극복하면 곤혹과 고뇌의 번뇌가 생겨나지 않기 때문이다.

14. 수행승들이여, 수행승이 어떠한 이유로 불익이 생겨나면 생겨날 때 마다 그것을 극복해야 하는가? 수행승들이여, 수행승이 불익이 생겨났을 때 그것을 극복하지 않으면 곤혹과 고뇌의 번뇌가 생겨나

고, 불익이 생겨났을 때 그것을 극복하면 곤혹과 고뇌의 번뇌가 생겨나지 않기 때문이다.

15. 수행승들이여, 수행승이 어떠한 이유로 명예가 생겨나면 생겨날 때 마다 그것을 극복해야 하는가? 수행승들이여, 수행승이 명예가 생겨났을 때 그것을 극복하지 않으면 곤혹과 고뇌의 번뇌가 생겨나고, 명예가 생겨났을 때 그것을 극복하면 곤혹과 고뇌의 번뇌가 생겨나지 않기 때문이다.

16. 수행승들이여, 수행승이 어떠한 이유로 치욕가 생겨나면 생겨날 때 마다 그것을 극복해야 하는가? 수행승들이여, 수행승이 치욕가 생겨났을 때 그것을 극복하지 않으면 곤혹과 고뇌의 번뇌가 생겨나고, 치욕가 생겨났을 때 그것을 극복하면 곤혹과 고뇌의 번뇌가 생겨나지 않기 때문이다.

17. 수행승들이여, 수행승이 어떠한 이유로 환대가 생겨나면 생겨날 때 마다 그것을 극복해야 하는가? 수행승들이여, 수행승이 환대가 생겨났을 때 그것을 극복하지 않으면 곤혹과 고뇌의 번뇌가 생겨나고, 환대가 생겨났을 때 그것을 극복하면 곤혹과 고뇌의 번뇌가 생겨나지 않기 때문이다.

18. 수행승들이여, 수행승이 어떠한 이유로 천대가 생겨나면 생겨날 때 마다 그것을 극복해야 하는가? 수행승들이여, 수행승이 천대가 생겨났을 때 그것을 극복하지 않으면 곤혹과 고뇌의 번뇌가 생겨나고, 천대가 생겨났을 때 그것을 극복하면 곤혹과 고뇌의 번뇌가 생겨나지 않기 때문이다.

19. 수행승들이여, 수행승이 어떠한 이유로 삿된 욕망이 생겨나면 생겨날 때 마다 그것을 극복해야 하는가? 수행승들이여, 수행승이

삿된 욕망이 생겨났을 때 그것을 극복하지 않으면 곤혹과 고뇌의 번뇌가 생겨나고, 삿된 욕망이 생겨났을 때 그것을 극복하면 곤혹과 고뇌의 번뇌가 생겨나지 않기 때문이다.

20. 수행승들이여, 수행승이 어떠한 이유로 악한 벗이 생겨나면 생겨날 때 마다 그것을 극복해야 하는가? 수행승들이여, 수행승이 악한 벗이 생겨났을 때 그것을 극복하지 않으면 곤혹과 고뇌의 번뇌가 생겨나고, 악한 벗이 생겨났을 때 그것을 극복하면 곤혹과 고뇌의 번뇌가 생겨나지 않기 때문이다.

21. 수행승들이여, 이와 같은 이유로 이득이 생겨나면 언제나 그것을 극복해야 하고, 불익이 생겨나면 언제나 그것을 극복해야 하고, 명예가 생겨나면 언제나 그것을 극복해야 하고, 치욕가 생겨나면 언제나 그것을 극복해야 하고, 환대가 생겨나면 언제나 그것을 극복해야 하고, 천대가 생겨나면 언제나 그것을 극복해야 하고, 삿된 욕망이 생겨나면 언제나 그것을 극복해야 하고, 악한 벗이 생겨나면, 언제나 그것을 극복해야 한다.

22. 그러므로 수행승들이여, 그대들은 이와 같이 배워야 한다. '우리는 이득이 생겨나면 언제나 그것을 극복하리라. 우리는 불익이 생겨나면 언제나 그것을 극복하리라. 우리는 명예가 생겨나면 언제나 그것을 극복하리라. 우리는 치욕가 생겨나면 언제나 그것을 극복하리라. 우리는 환대가 생겨나면 언제나 그것을 극복하리라. 우리는 천대가 생겨나면 언제나 그것을 극복하리라. 우리는 삿된 욕망이 생겨나면 언제나 그것을 극복하리라. 우리는 악한 벗이 생겨나면, 언제나 그것을 극복하리라.' 수행승들이여, 그대들은 이와 같이 배워야 한다.'

23. [제석천] 존자 웃따라여, 인간 가운데 네 부류 즉, 수행승, 수행녀, 재가의 남자신도, 재가의 여자신도가 있는데, 아무도 이 법문을 소화하지 못했습니다. 존자여, 존자께서 이 최상의 법문을 파악하십시오. 존자여, 존자께서 이 최상의 법문을 기억하십시오. 존자여, 존자께서 이 최상의 법문을 새기십시오. 존자여, 의미가 풍부한 이 법문은 근본적인 청정한 삶에 기여합니다."

3. 부처님께서 혹독한 비난을 받았는데, 어떠한 혹독한 비난을 받았는가?[701)]

1. 이와 같이 나는 들었다. 한때 세존께서는 베란자[702)] 시의 라렐루뿌찌만다 나무 아래에[703)] 계셨다.

2. 그때 바라문 베란자는 세존께서 계신 곳으로 찾아왔다. 가까이 다가와서 세존과 함께 인사를 나누었다. 인사를 나누고 안부를 주고받은 뒤에 한쪽으로 물러나 앉았다. 한쪽으로 물러나 앉은 바라문 베란자는 세존께 이와 같이 말씀드렸다.

3. [베란자] "존자 고따마여, 저는 이와 같이 '수행자 고따마는 늙고 연로하고 나이가 들고 만년에 이른 노령에 달한 바라문에게 인사를 하지 않고 일어서서 맞이하지 않고 자리에 초대하지 않는다.'라고 들었습니다. 수행자 고따마여, 그것은 정말 사실이었습니다. 존자 고따마는 늙고 연로하고 나이가 들고 만년에 이른 노령에 달한 바라문에게 인사를 하지 않고 일어서서 맞이하지 않고 자리에 초대하지 않습니다. 존자 고따마여, 그것은 원숙하지 못한 것입니다."

---

701) AN. IV. 173 : 베란자의 경[Verañjasutta], 중아함157(대정1. 679b); Vin. III. 1 참조

702) Verañjā : 상업과 산업의 중심도시로 딱까씰라(Takkasilā), 싸받티(Savatthī), 베란자(Verañjā), 라자가하(Rājagaha), 바라나씨(Bārāṇasi) 시와는 직접 무역을 하는 요충지였다.

703) Naḷerupucimanda : 나렐루라는 야차에게 바쳐진 탑묘에 심어진 님바(Nimba) 나무로 알려진 뿌찌만다 나무를 말한다.

4. [세존] "바라문이여, 나는 신들과 악마들과 하느님들의 세계에서, 성직자들과 수행자들, 그리고 왕들과 백성들과 그 후예들의 세계에서 내가 인사를 하고 일어서서 맞이하고 자리에 초대할만한 자를 보지 못했습니다. 바라문이여, 여래가 누군가에게 인사를 하고 일어서서 맞이하고 자리에 초대한다면, 그의 머리가 부수어질 것입니다."

5. [베란자] "존자 고따마께서는 멋이 없습니다."

[세존] "바라문이여, 어떠한 이유로 나에 대하여 '수행자 고따마는 멋이 없다.'고 말한다면 마땅히 그렇게 말하는 이러한 이유가 있습니다. 바라문이여, 형상의 멋, 소리의 멋, 냄새의 멋, 맛의 멋, 감촉의 멋, 사실의 멋이 있는데, 여래에게는 그것들이 끊어지고, 뿌리째 뽑혀, 종려나무 그루터기처럼 되고, 존재하지 않게 되고, 미래에 다시는 생겨나지 않습니다. 바라문이여, 어떠한 이유로 나에 대하여 '수행자 고따마는 멋이 없다.'고 말한다면 마땅히 그렇게 말하는 이러한 이유가 있습니다. 그대가 말하는 것과 같은 것은 아닙니다."

6. [베란자] "존자 고따마께서는 즐김이 없습니다."

[세존] "바라문이여, 어떠한 이유로 나에 대하여 '수행자 고따마는 즐김이 없다.'고 말한다면 마땅히 그렇게 말하는 이러한 이유가 있습니다. 바라문이여, 형상의 즐김, 소리의 즐김, 냄새의 즐김, 맛의 즐김, 감촉의 즐김, 사실의 즐김이 있는데, 여래에게는 그것들이 끊어지고, 뿌리째 뽑혀, 종려나무 그루터기처럼 되고, 존재하지 않게 되고, 미래에 다시는 생겨나지 않습니다. 바라문이여, 어떠한 이유로 나에 대하여 '수행자 고따마는 즐김이 없다.'고 말한다면 마땅히 그렇게 말하는 이러한 이유가 있습니다. 그대가 말하는 것과 같은 것은 아닙니다."

7. [베란자] “존자 고따마께서는 무작을 설합니다.[704]”

[세존] “바라문이여, 어떠한 이유로 나에 대하여 ‘수행자 고따마는 무작을 설한다.’고 말한다면 마땅히 그렇게 말하는 이러한 이유가 있습니다. 바라문이여, 나는 신체적인 악행, 언어적인 악행, 정신적인 악행의 무작을 설하고 여러 가지 악하고 불건전한 것들의 무작을 설합니다. 바라문이여, 어떠한 이유로 나에 대하여 ‘수행자 고따마는 무작을 설한다.’고 말한다면 마땅히 그렇게 말하는 이러한 이유가 있습니다. 그대가 말하는 것과 같은 것은 아닙니다.”

8. [베란자] “존자 고따마께서는 단멸을 설합니다.[705]”

---

704) akiriyavādo : 한역에서 무작(無作論者)이라고 한다. 인간의 도덕적인 삶을 부정하는 강한 결정론이나 강한 비결정론을 무작설이라고 한다. 깟싸빠(Kassapa)의 비결정론 — 대왕이여, 참으로 [어떠한 일을] 하거나 하도록 시켜도, 도륙하고 도륙하도록 시켜도, 학대하고 학대하도록 시켜도, 슬프게 하고 피곤하게 하고 전율하고 전율하게 만들고 생명을 해치고 주지 않는 것을 빼앗고 가택을 침입하고 약탈하고 절도하고 노략질하고 타인의 처를 겁탈하고 거짓말을 하더라도 죄를 범하는 것이 아니다(DN. I. 52) — 은 일상적 의미의 우연론이 아니라 절대적인 우연론으로서의 무인론(無因論 : ahetuvāda)이다. 그는 모든 원인과 결과는 무(無)에서 유(有)가 나오는 것처럼 초월적이고 완전히 우연적이어서 절대적으로 예측가능하지도 않고, 무법칙적으로 변화하므로 인과관계는 애초부터 성립될 수 없으며, 인과적 연속성을 담보할 수 없으므로 단멸론(斷滅論 : ucchedavāda)에 속한다. 따라서 인간 행위에 있어서도 도덕적 책임감은 성립될 수 없다. 이것이 깟싸빠가 윤리적인 삶을 부정하는 무작설(無作說 : akiriyavāda)이라고 불리우는 견해를 갖게 된 이유이다. AN. I. 287에 따르면, 부처님은 그러한 깟싸빠를 무작론자(無作論者 : akiriyavādin)라고 부르고, 자신은 작론자(作論者 : kiriyavādin)라고 불렀다. 그와는 반대로 고쌀라(Gosala)의 주장은 인과법칙의 가혹함에서 연원된 것이다. 그러나 이러한 숙명론은 결과적으로 정신적인 인과성에서 자명한 자유의지마저 부정할 수밖에 없었다. 그는 이렇게 주장했다. “팔만사천 대겁이 있어서, 그 사이에 어리석은 자도 현자도 유전윤회하면서 괴로움의 종극을 이룬다. 그래서 그 사이에는 ‘나는 계행과 덕행과 고행과 범행에 의해 미숙업을 성숙시키고, 혹은 이미 익은 업을 참아내고 그것을 소멸시킨다’는 것이 없다..... 어리석은 자도 현자도 유전윤회한 뒤에 괴로움의 종극을 이룬다.(DN. I. 54)” 초기경전은 그의 이론을 깟싸빠의 경우처럼 인간의 도덕적 행위를 무력하게 만든다는 측면에서는 무작설(無作說 : akiriyavāda)이라고도 하며, 팔만사천 대겁 뒤에는 윤회가 종식한다는 측면에서는 단멸론(斷滅論 : ucchedavāda)이며, 인간의 도덕적 행위의 필요성을 거부하는 절대적인 결정론으로서의 무인론(無因論 : ahetuvāda)이고, 정해진 윤회의 기간이 종식하면 청정해진다는 측면에서는 윤회청정(輪廻淸淨 : saṁsarasuddhi)의 이론이라고도 한다. 그리고 이 밖에 바로 이 경에서는 절대자에 의해 모든 것이 운명지어졌다고 하는 절대신에 의한 창조설, 즉 존우화작설(尊祐化作說 : issaranimmāṇahetuvāda)이나 절대신(絶對神 : issaro)의 창조자(創造者 : sañjitā)로서의 창생(創生)과 일체견자(一切見者 : aññadatthudaso)로서의 전지(全知)와 주재자(主宰者 : vasī)로서의 전능(全能)에 의해 모든 것이 결정된다는 신학적 견해도 무작설에 포함시키고 있다. 그리고 이 경에서 무작설의 전형으로 거론되는 숙작인(宿作因 : pubbekatahetu)은 자이나교도인 니간타들의 사상을 말하는데, 그 교주인 마하비라(Mahavira)는 사물들이 ‘부분적으로는 결정되고 부분적으로는 비결정된다(Sū. I. 1. 2. 4 niyayā niyayaṁ saṁtaṁ)’고 주장했다. 그러므로 그것이 강한 결정론과 강한 비결정론의 조합이고 업에 관한 한 강한 결정론적 입장을 취하기 때문에 불경에서는 주로 강한 결정론자로서 나오며 결국 무작설로 인정되는 것이다.

[세존] "바라문이여, 어떠한 이유로 나에 대하여 '수행자 고따마는 단멸을 설한다.'고 말한다면 마땅히 그렇게 말하는 이러한 이유가 있습니다. 바라문이여, 나는 탐욕, 성냄, 어리석음의 단멸을 설하고 여러 가지 악하고 불건전한 것들의 단멸을 설합니다. 바라문이여, 어떠한 이유로 나에 대하여 '수행자 고따마는 단멸을 설한다.'고 말한다면 마땅히 그렇게 말하는 이러한 이유가 있습니다. 그대가 말하는 것과 같은 것은 아닙니다."

9. [베란자] "존자 고따마께서는 혐오를 설합니다."

[세존] "바라문이여, 어떠한 이유로 나에 대하여 '수행자 고따마는 혐오를 설한다.'고 말한다면 마땅히 그렇게 말하는 이러한 이유가 있습니다. 바라문이여, 나는 신체적인 악행, 언어적인 악행, 정신적인 악행의 혐오를 설하고 여러 가지 악하고 불건전한 것들의 혐오를 설합니다. 바라문이여, 어떠한 이유로 나에 대하여 '수행자 고따마는 혐오를 설한다.'고 말한다면 마땅히 그렇게 말하는 이러한 이유가 있습니다. 그대가 말하는 것과 같은 것은 아닙니다."

10. [베란자] "존자 고따마께서 제거를 설합니다."[706]

[세존] "바라문이여, 어떠한 이유로 나에 대하여 '수행자 고따마는 제거를 설한다.'고 말한다면 마땅히 그렇게 말하는 이러한 이유가 있습니다. 바라문이여, 나는 신체적인 악행, 언어적인 악행, 정신적인 악행의 제거를 설하고 여러 가지 악하고 불건전한 것들의 제거를 설합니다. 바라문이여, 어떠한 이유로 나에 대하여 '수행자 고따마는 제거를 설한다.'고 말한다면 마땅히 그렇게 말하는 이러한 이유가 있습니다. 그대가 말하는 것과 같은 것은 아닙니다."

---

705) ucchedavādo : '단멸론자(斷滅論者)' 위의 무작(無作)에 대한 주석을 보라.
706) venayiko : '제거론자(除去論者)' 또는 '허무론자(虛無論者)'를 말한다.

11. [베란자] "존자 고따마께서는 학대를 설합니다."[707]

[세존] "바라문이여, 어떠한 이유로 나에 대하여 '수행자 고따마는 학대를 설한다.'고 말한다면 마땅히 그렇게 말하는 이러한 이유가 있습니다. 바라문이여, 나는 신체적인 악행, 언어적인 악행, 정신적인 악행에 대한 학대를 설하고 여러 가지 악하고 불건전한 것들에 대한 학대를 설합니다. 여래에게는 여러 가지 악하고 불건전한 것들이 학대받아 끊어지고, 뿌리째 뽑혀, 종려나무 그루터기처럼 되고, 존재하지 않게 되고, 미래에 다시는 생겨나지 않기 때문에 그 때문에 학대론자라고 나는 말합니다. 여래에게는 여러 가지 악하고 불건전한 것들이 학대받아 끊어지고, 뿌리째 뽑혀, 종려나무 그루터기처럼 되고, 존재하지 않게 되고, 미래에 다시는 생겨나지 않습니다. 바라문이여, 어떠한 이유로 나에 대하여 '수행자 고따마는 학대론자이다.'고 말한다면 마땅히 그렇게 말하는 이러한 이유가 있습니다. 그대가 말하는 것과 같은 것은 아닙니다."

12. [베란자] "수행자 고따마께서는 입태를 거부합니다."[708]

[세존] "바라문이여, 어떠한 이유로 나에 대하여 '수행자 고따마는 입태를 거부한다.'고 말한다면 마땅히 그렇게 말하는 이러한 이유가 있습니다. 바라문이여, 누군가에게 미래에 모태에 들어 다시 존재로 태어나는 것이 끊어지고, 뿌리째 뽑혀, 종려나무 그루터기처럼 되고, 존재하지 않게 되고, 미래에 다시는 생겨나지 않는다면, 그를 두고 입태를 거부한 자라고 나는 말합니다. 바라문이여, 여래에게는 미래에 모태에 들어 다시 존재로 태어나는 것이 끊어지고, 뿌

707) tapassī : '고행주의자(苦行主義者)'란 뜻이다.

708) apagabbho : 입태(托胎)를 멀리하는 자라는 뜻이다. Mrp. IV. 82에 따르면, apagabbho는 '입태의 거부'가 아니라 바라문의 의도는 '저열한 태에서 태어난 자, 하늘에 태어날 수 없는 자'를 말한다.

리째 뽑혀, 종려나무 그루터기처럼 되고, 존재하지 않게 되고, 미래에 다시는 생겨나지 않습니다. 바라문이여, 어떠한 이유로 나에 대하여 '수행자 고따마는 입태를 거부한다.'고 말한다면 마땅히 그렇게 말하는 이러한 이유가 있습니다. 그대가 말하는 것과 같은 것은 아닙니다."

13. [세존] "바라문이여, 예를 들어 한 마리의 암탉이 있는데 여덟 개나 열 개나 열두 개나 계란을 올바로 품고 올바로 온기를 주고 올바로 부화시킬 때, 어떤 병아리가 병아리들 가운데 첫 번째로 발톱이나 부리의 끝으로 알껍질을 쪼아서 안전하게 알껍질을 깨고 나온다면, 그 병아리를 손위라고 할 수 있습니까, 손아래라고 할 수 있습니까?"

[베란자] "존자 고따마여, 손위라고 할 수 있습니다. 그가 그들 가운데 손위이기 때문입니다."

[세존] "이와 같이 바라문이여, 나는 무명에 빠진 계란의 존재와 같은 뭇삶들을 위하여, 둘러싸인 무명의 껍질을 깨고 홀로 세상에서 위없이 바르고 원만한 깨달음을 바르고 원만히 깨달았습니다. 바라문이여, 나는 참으로 손위고 세상의 최상자입니다.

14. 바라문이여, 나는 열심히 노력하고 정진하여 권태로움이 없었고 새김을 확립하여 미혹에 떨어지지 않았고 몸이 고요하여 격정이 없었고 마음은 집중되어 통일되었습니다.

1) 바라문이여, 나는 감각적 쾌락의 욕망을 여의고 악하고 불건전한 상태를 떠난 뒤, 사유와 숙고를 갖추고 멀리 여읨에서 생겨나는 희열과 행복을 갖춘 첫 번째 선정에 들었습니다.

2) 바라문이여, 나는 사유와 숙고가 멈추어진 뒤, 내적인 평온과 마음의 통일을 이루고, 사유와 숙고를 여의어, 삼매에서 생겨나는

희열과 행복을 갖춘 두 번째 선정에 들었습니다.

3) 바라문이여, 나는 희열이 사라진 뒤, 평정하고 새김이 있고 올바로 알아차리며 신체적으로 행복을 느끼며 고귀한 님들이 평정하고 새김이 있고 행복하다고 표현하는 세 번째 선정에 들었습니다.

4) 바라문이여, 나는 행복과 고통이 버려지고 만족과 불만도 사라진 뒤, 괴로움도 없고 즐거움도 없는, 평정하고 새김이 있고 청정한 네 번째 선정에 들었습니다.

15. 이와 같이 맑아지고 청정해지고 더러움이 없고 번뇌가 사라져, 부드럽고 유연하고 확립되고 흔들림 없고 집중된 마음으로 나는 전생의 삶을 새기는 궁극적인 앎에 마음을 기울였습니다. 바라문이여, 나는 전생의 여러 가지 삶의 형태를 기억했습니다. 예를 들어 '한 번 태어나고 두 번 태어나고 세 번 태어나고 네 번 태어나고 다섯 번 태어나고 열 번 태어나고 스무 번 태어나고 서른 번 태어나고 마흔 번 태어나고 쉰 번 태어나고 백 번 태어나고 천 번 태어나고 십만 번 태어나고 수많은 세계 파괴의 겁을 지나고 수많은 세계 발생의 겁을 지나고 수많은 세계 파괴와 세계 발생의 겁을 지나면서, 당시에 나는 이러한 이름과 이러한 성을 지니고 이러한 용모를 지니고 이러한 음식을 먹고 이러한 괴로움과 즐거움을 맛보고 이러한 목숨을 지녔고, 나는 그곳에서 죽은 뒤에 다른 곳에 태어났는데, 거기서 나는 이러한 이름과 이러한 성을 지니고 이러한 용모를 지니고 이러한 음식을 먹고 이러한 괴로움과 즐거움을 맛보고 이러한 목숨을 지녔었다. 그곳에서 죽은 뒤에 여기에 태어났다.'라고 이와 같이 나는 나 자신의 전생의 여러 가지 삶의 형태를 구체적으로 상세히 기억했습니다. 바라문이여, 방일하지 않고 열심히 정진한 자에게 그렇듯이, 나에게 한 밤의 초야에 첫 번째 밝음을 얻자 무명이

부서지고 명지가 생겨나고 어둠이 부서지고 광명이 생겨났습니다. 바라문이여, 이것이 병아리가 알껍질을 깨고 나오는 것과 같은 나의 첫 번째 깨고나옴이었습니다.

16. 이와 같이 맑아지고 청정해지고 더러움이 없고 번뇌가 사라져, 부드럽고 유연하고 확립되고 흔들림 없고 집중된 마음으로 나는 뭇삶의 태어남과 죽음에 대한 궁극적인 앎에 마음을 기울였습니다. 바라문이여, 나는 청정하여 인간을 뛰어넘는 하늘눈으로 뭇삶들을 관찰하여 죽거나 다시 태어나거나 천하거나 귀하거나 아름답거나 추하거나 행복하거나 불행하거나 업보에 따른 뭇삶들에 관하여 분명히 알았습니다. 예를 들어 '이 뭇삶들은 신체적으로 악행을 갖추고 언어적으로 악행을 갖추고 정신적으로 악행을 갖추었다. 그들은 고귀한 님들을 비난하고 잘못된 견해를 갖추고 잘못된 견해에 따른 행동을 갖추었다. 그래서 이들은 육체가 파괴된 뒤 죽어서 괴로운 곳, 나쁜 곳, 타락한 곳, 지옥에 태어났다. 그러나 이 뭇삶들은 신체적으로 선행을 갖추고 언어적으로 선행을 갖추고 정신적으로 선행을 갖추었다. 그들은 고귀한 님들을 비난하지 않고 올바른 견해를 지니고 올바른 견해에 따른 행동을 갖추었다. 그래서 이들은 육체가 파괴된 뒤 죽어서 좋은 곳, 하늘나라에 태어났다.'라고 이와 같이 나는 청정하여 인간을 뛰어넘는 하늘눈으로 뭇삶들을 관찰하여 죽거나 다시 태어나거나 천하거나 귀하거나 아름답거나 추하거나 행복하거나 불행하거나 업보에 따른 뭇삶들에 관하여 분명히 알았습니다. 바라문이여, 방일하지 않고 열심히 정진한 자에게 그렇듯이, 나에게 한 밤의 중야에 두 번째 밝음을 얻자 무명이 부서지고 명지가 생겨나고 어둠이 부서지고 광명이 생겨났습니다. 바라문이여, 이것이 병아리가 알껍질을 깨고 나오는 것과 같은 나의 두 번째

깨고나옴이었습니다.

17. 이와 같이 맑아지고 청정해지고 더러움이 없고 번뇌가 사라져, 부드럽고 유연하고 확립되고 흔들림 없고 집중된 마음으로 나는 번뇌의 부숨에 대한 궁극적인 앎에 마음을 기울였습니다. 나는 '이것이 괴로움이다.'라고 있는 그대로 곧바로 알고, '이것이 괴로움의 발생이다.'라고 있는 그대로 곧바로 알고, '이것이 괴로움의 소멸이다.'라고 있는 그대로 곧바로 알고, '이것이 괴로움의 소멸로 이끄는 길이다.'라고 있는 그대로 곧바로 알았습니다. 나는 '이것이 번뇌이다.'라고 있는 그대로 곧바로 알고, '이것이 번뇌의 발생이다.'라고 있는 그대로 곧바로 알고, '이것이 번뇌의 소멸이다.'라고 있는 그대로 곧바로 알고, '이것이 번뇌의 소멸로 이끄는 길이다.'라고 있는 그대로 곧바로 알았습니다. 나는 이와 같이 알고 이와 같이 보아서 감각적 쾌락에 대한 욕망의 번뇌에서 마음을 해탈하고, 존재의 번뇌에서 마음을 해탈하고, 무명의 번뇌에서 마음을 해탈했습니다. 내가 해탈했을 때 '해탈되었다'라는 궁극적인 앎이 생겨났습니다. 나는 '태어남은 부서지고, 청정한 삶은 이루어지고, 해야 할 일은 해마쳤으며, 더 이상 세상에 태어나지 않는다.'라고 곧바로 알았습니다. 바라문이여, 방일하지 않고 열심히 정진한 자에게 그렇듯이, 나에게 한 밤의 후야에 세 번째 밝음을 얻자 무명이 부서지고 명지가 생겨나고 어둠이 부서지고 광명이 생겨났습니다. 바라문이여, 이것이 병아리가 알껍질을 깨고 나오는 것과 같은 나의 세 번째 깨고나옴이었습니다."

18. 이처럼 말씀하시자 바라문 베란자는 세존께 이와 같이 말씀드렸다.

[베란자] "존자 고따마께서는 손위십니다. 존자 고따마께서는 최

상자입니다. 존자 고따마여, 훌륭하십니다. 존자 고따마여, 훌륭하십니다. 존자 고따마여, 마치 넘어진 것을 일으켜 세우듯, 가려진 것을 열어보이듯, 어리석은 자에게 길을 가리켜주듯, 눈 있는 자는 형상을 보라고 어둠 속에 등불을 들어 올리듯, 존자 고따마께서는 이와 같이 여러 가지 방법으로 진리를 밝혀주셨습니다. 그러므로 이제 세존이신 고따마께 귀의합니다. 또한 그 가르침에 귀의합니다. 또한 그 수행승의 모임에 귀의합니다. 세존이신 고따마께서는 재가신자로서 저를 받아 주십시오. 오늘부터 목숨이 다하도록 귀의하겠습니다."

4. 진리의 바다에서 궁극적인 앎에 대한 갑작스런 꿰뚫음이 있을 수 있는가?[709]

1. 한때 세존께서는 베란자 시의 나렐루뿌찌만다 나무 아래 계셨다.

2. 그때 아수라의 제왕인 빠하라다[710]가 세존께서 계신 곳으로 찾아왔다. 가까이 다가와서 세존께 인사를 드리고 한쪽으로 물러나 섰다. 한쪽에 선 아수라의 제왕인 빠하라다에게 세존께서는 이와 같이 말씀하셨다.

[세존] "빠하라다여, 그런데 아수라들이 크나큰 바다를 좋아하는 것이 사실입니까?"

[빠하라다] "세존이시여, 아수라들이 크나큰 바다를 좋아하는 것이 사실입니다."

3. [세존] "빠하라다여, 그런데 아수라들이 크나큰 바다를 보고 크나큰 바다를 좋아하는 아주 놀랍고도 경이로운 어떤 이유들이 있습니까?"

---

709) AN. IV. 197 : 빠하라다의 경[Pahārādasutta], 증일아함42(대정2. 752c); 중아함35(대정1. 475c); 시설론(대정26. 526c); Vin. 2. 237; Ud. V. 5 참조

710) Pahārāda : Mrp. IV. 106에 따르면, 세 강력한 아수라의 제왕(Vepacitti, Rāhu, Pahārāda) 가운데 하나이다.

[빠하라다] “세존이시여, 아수라들이 크나큰 바다를 보고 크나큰 바다를 좋아하는 아주 놀랍고도 경이로운 이와 같은 여덟 가지 이유들이 있습니다. 여덟 가지란 무엇입니까?

4. 세존이시여, 크나큰 바다는 점차적으로 나아가고 점차적으로 기울고 점차적으로 깊어지고 갑자기 절벽을 이루지는 않습니다. 세존이시여, 크나큰 바다가 점차적으로 나아가고 점차적으로 기울고 점차적으로 깊어지고 갑자기 절벽을 이루지는 않는다는 사실이 크나큰 바다를 보고 아수라들이 크나큰 바다를 좋아하는 첫 번째 아주 놀랍고도 경이로운 이유입니다.

5. 세존이시여, 또한 크나큰 바다는 안정되어 있어 해안을 침범하지 않습니다. 세존이시여, 크나큰 바다가 안정되어 있어 해안을 침범하지 않는다는 사실이 크나큰 바다를 보고 아수라들이 크나큰 바다를 좋아하는 두 번째 아주 놀랍고도 경이로운 이유입니다.

6. 세존이시여, 또한 크나큰 바다는 죽은 사체와 함께 지내지 않기 때문에, 크나큰 바다에 죽은 사체가 생기면 그것을 신속하게 해안으로 옮겨서 육지에 올려놓습니다. 세존이시여, 크나큰 바다가 죽은 사체와 함께 지내지 않기 때문에, 크나큰 바다에 죽은 사체가 생기면 그것을 신속하게 해안으로 옮겨서 육지에 올려놓는다는 사실이 크나큰 바다를 보고 아수라들이 크나큰 바다를 좋아하는 세 번째 아주 놀랍고도 경이로운 이유입니다.

7. 세존이시여, 또한 어떠한 크나큰 강이든 갠지스, 야무나, 아찌라바띠, 싸라부, 마히[711]와 같은 크나큰 강이 크나큰 바다에 이르면

711) gaṅgā yamunā aciravatī sarabhū mahī : 여기에 언급된 강들은 북인도의 오대강(五大江 : pañcamahānadā)이다. 야무나(Yamuna) 강은 꼬쌈비(Kosambī) 시를 지나 갠지스(Gāṅgā) 강으로 흘러들고, 히말라야에서 흘러오는 아찌라바띠(Aciravatī) 강은 싸라부(Sarabhū) 강과 만나 북 꼬쌀라와 남 꼬쌀라를 사이를 가르면서 흐르다가 갠지스 강에 합류한다. 마히(Mahī) 강은 아라발리(Aravalli) 산맥에서 기원하여 캠베이(Cambay) 만

이전의 각각의 이름을 버리고 크나큰 바다라고 불립니다. 세존이시여, 어떠한 크나큰 강이든 갠지스, 야무나, 아찌라바띠, 싸라부, 마히와 같은 크나큰 강이 크나큰 바다에 이르면 이전의 각각의 이름을 버리고 크나큰 바다라고 불리는 사실이 크나큰 바다를 보고 아수라들이 크나큰 바다를 좋아하는 네 번째 아주 놀랍고도 경이로운 이유입니다.

8. 세존이시여, 또한 크나큰 바다에 세상의 모든 하천이 흘러들고 하늘의 비가 쏟아져도 그 때문에 크나큰 바다는 늘어나거나 줄어들지 않습니다. 세존이시여, 크나큰 바다에 세상의 모든 하천이 흘러들고 하늘의 비가 쏟아져도 그 때문에 크나큰 바다는 늘어나거나 줄어들지 않는다는 사실이 크나큰 바다를 보고 아수라들이 크나큰 바다를 좋아하는 다섯 번째 아주 놀랍고도 경이로운 이유입니다.

9. 세존이시여, 또한 크나큰 바다는 오직 한 맛인 짠 맛을 지니고 있습니다. 세존이시여, 크나큰 바다가 오직 한 맛인 짠 맛을 지니고 있다는 사실이 크나큰 바다를 보고 아수라들이 크나큰 바다를 좋아하는 여섯 번째 아주 놀랍고도 경이로운 이유입니다.

10. 세존이시여, 크나큰 바다에는 많은 보물 다양한 보물들이 있는데, 그 가운데서도 보물로서 진주, 수정, 유리, 소라, 벽옥, 산호, 은, 금, 루비, 마노[712]가 있습니다. 세존이시여, 크나큰 바다에는 많은

에 도달하는 강의 이름이다.

712) seyyathīdaṃ : muttā maṇi veḷuriyo saṅkho silā pavāḷaṃ rajataṃ jātarūpaṃ lohitaṅko masāragallaṃ : UdA. 303에 따르면, 여기서 진주(眞珠 : muttā)에는 작거나 큰 것과 둥글거나 긴 것이 있다. 수정(摩尼珠 : maṇi)에는 붉거나 푸른 것이 있다. 유리(瑠璃=猫眼石 : veḷuriyo)에는 대나무 색깔이나 아카시아꽃의 색깔이 있다. 소라(硨磲 : saṅkho)는 오른쪽으로 도는 나선형이고 구리빛색깔이고 비어있고 트럼펫껍질과 같다. 벽옥(璧玉 : silā)은 흰색이나 검은 색이고 완두콩 모양이다. 산호(珊瑚 : pavāḷa)와 은(銀 : rajata)과 금(金 : jātarūpa)은 , 작거나 크고 루비(紅玉 : lohitaṅka)는 핑크색이나 붉은색이다. 그리고 마노(瑪瑙 : masāragalla)에는 여러 가지 색깔의 에머랄드이다.

보물 다양한 보물들이 있는데, 그 가운데서도 보물로서 진주, 수정, 유리, 소라, 벽옥, 산호, 은, 금, 루비, 마노가 있다는 사실이 크나큰 바다를 보고 아수라들이 크나큰 바다를 좋아하는 일곱 번째 아주 놀랍고도 경이로운 이유입니다.

11. 세존이시여, 크나큰 바다에는 크나큰 존재들이 살고 있는데, 그 가운데서도 크나큰 존재로 거대어, 바다괴어, 바다괴물,[713] 아수라, 용, 건달바가 살고 있고, 그 키가 일백 요자나의 존재, 이백 요자나의 존재, 삼백 요자나의 존재, 사백 요자나의 존재, 오백 요자나의 존재가 살고 있습니다. 세존이시여, 크나큰 바다에는 크나큰 존재들이 살고 있는데, 그 가운데서도 크나큰 존재로 거대어, 바다괴어, 바다괴물, 아수라, 용, 건달바가 살고 있고, 그 키가 일백 요자나의 존재, 이백 요자나의 존재, 삼백 요자나의 존재, 사백 요자나의 존재, 오백 요자나의 존재가 살고 있다는 사실이 크나큰 바다를 보고 아수라들이 크나큰 바다를 좋아하는 여덟 번째 아주 놀랍고도 경이로운 이유입니다. 세존이시여, 그런데 크나큰 바다를 보고 아수라들이 크나큰 바다를 좋아하는 이와 같은 여덟 가지 아주 놀랍고도 경이로운 이유들이 있습니다."

12. [빠하라다] "세존이시여, 그런데 수행승들이 이 가르침과 계율을 좋아합니까?"

[세존] "빠하라다여, 수행승들이 이 가르침과 계율을 좋아합니다."

13. [빠하라다] "세존이시여, 그런데 이 가르침과 계율을 보고 수행승들이 이 가르침과 계율을 좋아하는 어떠한 아주 놀랍고도 경이로운 이유가 있습니까?"

---

713) timī timiṅgalā timirapiṅgalā : Ud.의 주석에 따르면, 거대어는 바다괴어가 삼킬 수 있고, 바다괴어는 바다괴물이 삼킬 수 있다.

[세존] "빠하라다여, 이 가르침과 계율을 보고 수행승들이 이 가르침과 계율을 좋아하는 여덟 가지 아주 놀랍고도 경이로운 이유가 있습니다.

14. 빠하라다여, 크나큰 바다는 점차적으로 나아가고 점차적으로 기울고 점차적으로 깊어지고 갑자기 절벽을 이루지는 않듯, 빠하라다여, 이와 같이 이 가르침과 계율에서는 점차적인 배움, 점차적인 실천, 점차적인 진보가 있지 궁극적인 앎에 대한 갑작스런 꿰뚫음은 없습니다. 빠하라다여, 이 가르침과 계율에서는 점차적인 배움, 점차적인 실천, 점차적인 진보가 있지 궁극적인 앎에 대한 갑작스런 꿰뚫음은 없다는 사실이 이 가르침과 계율을 보고 수행승들이 이 가르침과 계율을 좋아하는 첫 번째 아주 놀랍고도 경이로운 이유입니다.

15. 빠하라다여, 또한 크나큰 바다는 안정되어 있어 해안을 침범하지 않듯, 빠하라다여, 이와 같이 내가 제자들을 위해 시설한 학습계율을 나의 제자들은 생계를 위해 침범하지 않습니다. 빠하라다여, 이 가르침과 계율에서는 내가 제자들을 위해 시설한 학습계율을 나의 제자들은 생계를 위해 침범하지 않는다는 사실이 이 가르침과 계율을 보고 수행승들이 이 가르침과 계율을 좋아하는 두 번째 아주 놀랍고도 경이로운 이유입니다.

16. 빠하라다여, 또한 크나큰 바다는 죽은 사체와 함께 지내지 않기 때문에, 크나큰 바다에 죽은 사체가 생기면 그것을 신속하게 해안으로 옮겨서 육지에 올려놓듯, 빠하라다여, 이와 같이 어떤 사람이 계행을 지키지 않고 악행을 하고 순수하지 못하고 의심스러운 행동을 하고 자신의 행위를 은폐하고 수행자가 아니면서 수행자인 체하고 청정한 삶을 살지 않으면서 청정한 삶을 사는 체하고 안으로 부패하고 탐욕스럽고 본성이 부정한데, 그러한 사람이 있다면 참모임

은 그와 함께 살지 않으며, 즉시 모여서 그를 쫓아내며, 그가 수행승의 참모임에 앉아있더라도, 그는 참모임과 멀어져 있고 참모임도 그와 멀어져 있습니다. 빠하라다여, 이 가르침과 계율에서는 어떤 사람이 계행을 지키지 않고 악행을 하고 순수하지 못하고 의심스러운 행동을 하고 자신의 행위를 은폐하고 수행자가 아니면서 수행자인 체하고 청정한 삶을 살지 않으면서 청정한 삶을 사는 체하고 안으로 부패하고 탐욕스럽고 본성이 부정한데, 그러한 사람이 있다면 참모임은 그와 함께 살지 않으며, 즉시 모여서 그를 쫓아내며, 그가 수행승의 참모임에 앉아있더라도, 그는 참모임과 멀어져 있고 참모임도 그와 멀어져 있다는 사실이 이 가르침과 계율을 보고 수행승들이 이 가르침과 계율을 좋아하는 세 번째 아주 놀랍고도 경이로운 이유입니다.

17. 빠하라다여, 또한 어떠한 크나큰 강이든 갠지스, 야무나, 아찌라바띠, 싸라부, 마히와 같은 크나큰 강이 크나큰 바다에 이르면 이전의 각각의 이름을 버리고 크나큰 바다라고 불리듯, 빠하라다여, 이와 같이 어떠한 네 계급에 속하는 사람이든 즉, 왕족, 바라문, 평민, 노예이든, 여래가 설한 가르침과 계율에 따라 집에서 집없는 곳으로 출가하면, 예전의 이름과 성을 버리고 '수행자 싸끼야의 아들'이라고 불립니다. 빠하라다여, 어떠한 네 계급에 속하는 사람이든 즉, 왕족, 바라문, 평민, 노예이든, 여래가 설한 가르침과 계율에 따라 집에서 집없는 곳으로 출가하면, 예전의 이름과 성을 버리고 '수행자 싸끼야의 아들'이라고 불린다는 사실이 이 가르침과 계율을 보고 수행승들이 이 가르침과 계율을 좋아하는 네 번째 아주 놀랍고도 경이로운 이유입니다.

18. 빠하라다여, 또한 크나큰 바다에 세상의 모든 하천이 흘러들고

하늘의 비가 쏟아져도 그 때문에 크나큰 바다는 늘어나거나 줄어들지 않듯, 빠하라다여, 이와 같이 많은 수행승들이 잔여가 없는 열반의 세계에서 완전한 열반에 들지만, 열반의 세계가 늘어나거나 줄어들지 않습니다.[714] 빠하라다여, 많은 수행승들이 잔여가 없는 열반의 세계에서 완전한 열반에 들지만, 열반의 세계가 늘어나거나 줄어들지 않는다는 사실이 이 가르침과 계율을 보고 수행승들이 이 가르침과 계율을 좋아하는 다섯 번째 아주 놀랍고도 경이로운 이유입니다.

19. 빠하라다여, 또한 크나큰 바다가 유일한 맛인 짠 맛을 지니고 있듯, 빠하라다여, 이와 같이 이 가르침과 계율은 유일한 맛인 해탈의 맛을 지니고 있습니다.[715] 빠하라다여, 이 가르침과 계율이 유일한 맛인 해탈의 맛을 지니고 있다는 사실이 이 가르침과 계율을

---

714) bahu cepi bhikkhū anupādisesāya nibbānadhātuyā parinibbāyanti. na tena nibbānadhātuyā ūnattaṃ vā pūrattaṃ vā paññāyati : 경전상에는 두 가지 열반, 즉 '잔여가 있는 열반(有餘依涅槃 : saupādisesanibbāna)'과 '잔여가 없는 열반(有餘依涅槃 : anupādisesanibbāna)'이 있다. 여기서 잔여란 갈애와 업에 의해서 생겨난 다섯 가시 존새의 다빌의 복힙체를 말힌디.(It. 38 39) 전자는 살아있는 동안 아라한이 획득한 탐욕과 성냄과 어리석음의 소멸을 뜻하고, 후자는 아라한의 죽음과 더불어 모든 조건지어진 것들의 남김없는 소멸을 뜻한다. 그러나 양자는 이미 자아에 취착된 유위법적인 세속적 죽음을 완전히 초월해서 불사(不死 : amata)라고 불리며, 아라한은 이미 자아에 취착된 다섯 가지 존재의 집착다발(五取蘊)의 짐을 모두 내려놓은 상태(ohitabhāro)에 있기 때문이다. 아라한에게 죽음은 애초에 적용되지 않는다. 동일한 완전한 소멸임에도 차이가 나는 것은 잔여가 있는 열반의 경우에는 '마치 도자기 만드는 사람이 돌리고 있던 물레에서 손을 떼어버려도 얼마간은 계속 회전하는 것처럼 열반을 얻은 성인도 과거에 지은 업에 의해 결정된 얼마 동안은 삶을 계속하면서 업에 대한 고락을 받는다.'는 것이다. 과거의 업에 의해서 결정된 삶이 바로 경전에 나와 있는 아직 남아 있는 다섯 가지 감관에 의한 고락의 체험이다. 그리고 육체적인 삶의 죽음과 더불어 업의 잔여물인 다섯 가지 감관마저 사라져버릴 때 잔여가 없는 열반에 이른다. 이러한 두 가지 열반의 세계를 주석서는 각각 아라한의 경지를 얻을 때의 '번뇌의 완전한 소멸(kilesaparinibbāna)'과 아라한이 목숨을 내려놓을 때의 존재의 다발의 활동의 소멸을 의미하는 '존재의 다발의 완전한 소멸(khandhaparinibbāna)'로 구별하면서, 열반인 닙바나(nibbāna)와 '완전한 소멸' 또는 '완전한 열반'을 의미하는 빠리닙바나(parinibbāna)를 상호교환 가능하고 동의어로서 본다. 그러나 경전상에서 사용방식은 위 두 종류의 빠리닙바나는 닙바나의 세계에 접근하는 사건으로 보는 것을 선호하기 때문에 빠리닙바나는 소멸하는 행위이고 닙바나는 소멸된 상태를 의미한다. 열반의 세계(nibbānadhātu)는 Srp. III. 123에 따르면, '조건지어지지 않고 불사(不死)인 열반의 세계(asaṅkhatāya amatāya nibbānadhātuya)'를 말한다.

715) seyyathāpi pahārāda, mahāsamuddo ekaraso loṇaraso, evameva kho pahārāda, ayaṃ dhammavinayo ekaraso vimuttiraso : Maitrayāṇa-Brāhmaṇa-Upaniṣad VI. 35에서는 범아일여(梵我一如)의 체험을 바다에서 소금처럼 용해되는 것에 비유했다.

보고 수행승들이 이 가르침과 계율을 좋아하는 여섯 번째 아주 놀랍고도 경이로운 이유입니다.

20. 빠하라다여, 크나큰 바다에는 많은 보물 다양한 보물들이 있는데, 그 가운데서도 보물로서 진주, 수정, 유리, 소라, 벽옥, 산호, 은, 금, 루비, 마노가 있듯, 빠하라다여, 이와 같이 이 가르침과 계율에도 많은 보물 다양한 보물들이 있는데, 그 가운데서도 보물로서 네 가지 새김의 토대, 네 가지 올바른 노력, 네 가지 신통의 기초, 다섯 가지 능력, 다섯 가지 힘, 일곱 가지 깨달음 고리, 여덟 가지 고귀한 길을[716] 갖고 있습니다. 빠하라다여, 이 가르침과 계율에 많은 보물 다양한 보물들이 있는데, 그 가운데서도 보물로서 네 가지 새김의 토대, 네 가지 올바른 노력, 네 가지 신통의 기초, 다섯 가지 능력, 다섯 가지 힘, 일곱 가지 깨달음 고리, 여덟 가지 고귀한 길을 갖고 있다는 사실이 이 가르침과 계율을 보고 수행승들이 이 가르침과 계율을 좋아하는 일곱 번째 아주 놀랍고도 경이로운 이유입니다.

21. 빠하라다여, 크나큰 바다에는 크나큰 존재들이 살고 있는데, 그 가운데서도 크나큰 존재로 거대어, 바다괴어, 바다괴물, 아수라, 용, 건달바가 살고 있고, 그 키가 일백 요자나의 존재, 이백 요자나의 존재, 삼백 요자나의 존재, 사백 요자나의 존재, 오백 요자나의 존재가 살고 있듯, 빠하라다여, 이와 같이 이 가르침과 계율에도 크나큰 존재들이 살고 있는데, 그 가운데서도 크나큰 존재로 흐름에 든 님, 흐름에 든 경지를 실현하기 위해 흐름에 듦의 길을 가는 님, 한번 돌아오는 님, 한번 돌아오는 경지를 실현하기 위해 한 번 돌아옴의 길을

716) 서른일곱 가지 깨달음에 도움이 되는 수행법(三十七助道品, 三十七菩提分法, 三十七助道品 : sattatiṁsa bodhipakkhiyā dhammā)을 말한다. 사념처(四念處 : catāro satipaṭṭhānā), 사정근(四正勤 : catāro sammappadhānā), 사신족(四神足 : catāro iddhipādā), 오근(五根 : pañca indriyāni), 오력(五力 : pañca balāni). 칠각지(七覺支 : satta bojjhaṅgā). 팔정도(八聖道 : ariya aṭṭhaṅgika magga)를 말한다.

가는 님, 돌아오지 않는 님, 돌아오지 않는 경지를 실현하기 위해 돌아오지 않음의 길을 가는 님, 거룩한 님, 거룩한 경지를 실현하기 위해 거룩한 길을 가는 님이 살고 있습니다. 빠하라다여, 이 가르침과 계율에 크나큰 존재들이 살고 있는데, 그 가운데서도 크나큰 존재로 흐름에 든 님, 흐름에 든 경지를 실현하기 위해 흐름에 듦의 길을 가는 님, 한번 돌아오는 님, 한번 돌아오는 경지를 실현하기 위해 한번 돌아옴의 길을 가는 님, 돌아오지 않는 님, 돌아오지 않는 경지를 실현하기 위해 돌아오지 않음의 길을 가는 님, 거룩한 님, 거룩한 경지를 실현하기 위해 거룩한 길을 가는 님이 살고 있다는 사실이 이 가르침과 계율을 보고 수행승들이 이 가르침과 계율을 좋아하는 여덟 번째 아주 놀랍고도 경이로운 이유입니다.

22. 빠하라다여, 이와 같이 가르침과 계율을 보고 수행승들이 이 가르침과 계율을 좋아하는 여덟 가지 아주 놀랍고도 경이로운 이유가 있습니다."

5. 재가수행자로서 수행에서 받아들인 놀랍고 경이로운 원리는 무엇인가?[717]

1. 한때 세존께서 베쌀리[718] 시의 마하바나[719] 숲에 있는 꾸따가라 쌀라[720] 강당에 계셨다.

2. 그때 세존께서는 '수행승들이여'라고 부르셨다. '세존이시여'라고 수행승들은 세존께 대답했다. 세존께서는 이와 같이 말씀하셨다.

[세존] "수행승들이여, 베쌀리의 장자 욱가[721]는 이와 같은 여덟

717) AN. IV. 208 : 베쌀리의 욱가에 대한 경[Vesālikuggasutta], 중아함38(대정1. 479c) 참조

718) Vesāli(*sk.* Vaiśāli) : 릿차비(Licchavi) 족의 영토에 있는 도시로 한역에서는 비사리(毘舍離)라고 한다. 그 도시에 인접한 갠지스 강의 남안에는 빠딸리뿟따(Pāṭaliputta : 지금의 Patna)가 있었다.

719) Mahāvana : 마하바나는 베쌀리 시의 승원이다.

720) Kūṭāgārasālā : 마하바나 승원의 중각강당(重閣講堂)이다.

721) Ugga : 부처님의 제자인 재가의 남자 신자 가운데 '즐거운 보시를 하는 가운데 제일(manāpadāyakānaṃ

가지 아주 놀랍고 경이로운 원리를 지녔다는 사실을 알아라."

세존께서는 이와 같이 말씀하셨다. 이처럼 말씀하시고 나서 바른 길로 잘 가신 님께서는 자리에서 일어나 승원으로 들어가셨다.

3. 그 후 한 수행승이 아침 일찍 옷을 입고 발우와 가사를 갖추고 장자 욱가가 있는 곳으로 찾아갔다. 가까이 다가가서 마련된 자리에 앉았다. 그러자 베쌀리의 장자 욱가는 그 수행승이 있는 곳으로 찾아왔다. 가까이 다가와서 인사를 하고 한쪽으로 물러나 앉았다. 한쪽으로 물러나 앉은 그 베쌀리의 장자 욱가에게 그 수행승은 이와 같이 말했다.

[한 수행승] "장자여, 그대는 여덟 가지 아주 놀랍고 경이로운 원리를 지녔다고 세존께서 말씀하셨습니다. 장자여, 세존께서 말씀하신 그대가 지닌 아주 놀랍고 경이로운 여덟 가지 원리란 무엇입니까?"

[욱가] "존자여, 세존께서 나에 대하여 어떠한 여덟 가지 아주 놀랍고 경이로운 원리를 지녔다고 세존께서 말씀하셨는지 저는 모릅니다. 존자여, 제게 아주 놀랍고 경이로운 여덟 가지 원리가 있는데, 듣고 잘 새기십시오. 제가 말하겠습니다."

[한 수행승] "장자여, 그렇게 하십시오."

그 수행승은 베쌀리의 장자 욱가에게 대답했다. 베쌀리의 장자 욱가는 이와 같이 말했다.

4. [욱가] "존자여, 제가 처음 세존을 멀리서 뵈었을 때, 보자마자 존자여, 나에게 세존에 대한 청정한 믿음이 생겨났습니다. 존자여, 이것이 저에게 있는 아주 놀랍고 경이로운 첫 번째 원리입니다.

---

aggo)'이다. 그는 베쌀리(Vesāli) 시의 장자였다. 그의 원래 이름은 알 수 없고 욱가라는 이름은 키가 훤출하고 성품이 고상하여 붙여진 것이다. 그는 부처님을 보자마자 흐름에 든 님이 되었고, 나중에 돌아오지 않는 님이 되었고, 부처님과 참모임에 자신이 가장 마음에 드는 것을 보시하였다.

5. 존자여, 제가 세존을 청정한 믿음의 마음으로 모시자 세존께서는 제게 차제에 맞는 설법을 하셨습니다. 곧, 보시에 대한 법문, 계행에 대한 법문, 천상에 대한 법문, 감각적 쾌락의 욕망의 위험, 유혹, 오염과 그 여읨의 공덕에 대하여 설명하셨습니다. 세존께서는 저의 그 마음이 여물고 그 마음이 부드러워지고 그 마음이 열리고 그 마음이 고무되고 그 마음이 청정한 믿음으로 채워진 것을 아시고는 저에게 깨달은 님에게 고유한 법문 즉, 괴로움과 괴로움의 발생과 괴로움의 소멸과 괴로움의 소멸에 이르는 길을 설하셨습니다. 때묻지 않은 깨끗한 옷이 곧바로 물감을 받아들이듯, 저는 그 자리에서 '어떠한 것이든 생겨난 것은 소멸되고야 만다.'라는 티끌 없는 청정한 가르침의 눈을 떴습니다. 그래서 저는 가르침을 보고 가르침에 도달하고 가르침을 자각하고 가르침에 뛰어들어 의심을 건너고 의혹을 뛰어넘어 두려움을 여의고 다른 사람이 아닌 자로 그 분 스승의 말씀에 영향을 받아 즉시 부처님과 가르침과 참모임에 귀의하였고, 또한 학습계율을 받아들였고, 그리고 다섯 번째로 청정한 삶을 수용했습니다. 존자여, 이것이 저에게 있는 아주 놀랍고 경이로운 두 번째 원리입니다.

6. 존자여, 제게는 아내로서 네 명의 소녀가 있었는데, 존자여, 그 후 그들 아내들을 찾아가서 그들 아내들에게 이와 같이 '자매들이여, 나는 부처님과 가르침과 참모임에 귀의하였고, 또한 학습계율을 받아들였고, 그리고 다섯 번째로 청정한 삶을 수용했습니다. 원하는 자는 여기에 남아 이 재보를 즐기고 공덕을 쌓거나 자신의 친족에게로 가십시오. 그리고 만약에 남편을 원한다면, 그대들을 누구에게 인도할 것인지 말하시오.'라고 말했습니다. 이처럼 말하자, 첫 번째 아내가 제게 이와 같이 '여보, 나를 모씨에게 인도해주시오.'라고 말

했습니다. 존자여, 그래서 그 남자를 오게 한 뒤에, 왼손으로 아내를 잡고 오른 손으로 금꽃병을 잡고, 그녀를 그 남자에게 씻겨서 넘겨 주었습니다. 존자여, 이처럼 제가 젊은 아내들을 보내버렸어도 저는 제 마음에 동요가 없었습니다. 존자여, 이것이 저에게 있는 아주 놀랍고 경이로운 세 번째 원리입니다.

7. 존자여, 저의 가족에게는 재산이 있는데, 그것들을 계행을 지키고 선한 성품을 지닌 사람들에게 공평하게 나누어주었습니다. 존자여, 이것이 저에게 있는 아주 놀랍고 경이로운 네 번째 원리입니다.

8. 존자여, 저는 수행승을 모실 때에 공경하며 모시지 무례하게 모시지 않습니다. 존자여, 이것이 저에게 있는 아주 놀랍고 경이로운 다섯 번째 원리입니다.

9. 존자여, 저는 존자가 가르침을 설할 때에 공경하여 경청하지 무례하게 경청하지 않습니다. 존자여, 이것이 저에게 있는 아주 놀랍고 경이로운 여섯 번째 원리입니다.

10. 존자여, 저는 하늘 사람이 다가와서 '장자여, 세존의 가르침은 훌륭하게 설해진 것입니다.'라고 알려주었을 때에 놀라지 않았습니다. 존자여, 이처럼 말하자 저는 그에게 이와 같이 '하늘사람이여, 그대가 나에게 말하건 말하지 않건 세존의 가르침은 훌륭하게 설해진 것입니다.'라고 말했습니다. 존자여, 그리고 그 때문에 생겨난 '하늘사람들이 나를 찾아온다. 나는 하늘사람들과 대화한다.'는 마음의 교만을 곧바로 알아차렸습니다. 이것이 저에게 있는 아주 놀랍고 경이로운 일곱 번째 원리입니다.

11. 존자여, 세존께서 다섯 가지 낮은 단계의 결박에 관해 말씀하셨는데, 저에게 그것들 가운데 어떠한 것도 버려지지 않은 것을 결코

보지 못합니다. 존자여, 이것이 저에게 있는 아주 놀랍고 경이로운 여덟 번째 원리입니다.

12. 존자여, 저에게는 이와 같은 아주 놀랍고 경이로운 여덟 가지 원리가 있습니다. 존자여, 세존께서 저에 대하여 어떠한 여덟 가지 아주 놀랍고 경이로운 원리를 지녔다고 세존께서 말씀하셨는지 저는 모릅니다."

13. 그러자 그 수행승은 베쌀리의 장자 욱가의 처소에서 발우에 음식을 얻은 뒤에 자리에서 일어나 그곳을 떠났다.

14. 그 후 그 수행승은 세존께서 계신 곳으로 찾아왔다. 가까이 다가와서 세존과 함께 인사를 드리고 한쪽으로 물러나 앉았다. 한쪽으로 물러나 앉은 그 수행승은 베쌀리의 장자 욱가와 함께 나눈 이야기를 모두 세존께 말씀드렸다.

15. [세존] "수행승이여, 훌륭하다. 훌륭하다. 수행승이여, 베쌀리의 장자 욱가가 올바로 설명한 바와 같이, 수행승이여, 베쌀리의 장자 욱가는 아주 놀랍고 경이로운 여덟 가지 원리를 지녔다고 나는 설한다. 수행승이여, 베쌀리의 장자 욱가는 아주 놀랍고 경이로운 여덟 가지 원리를 지녔다는 사실을 알아라."

6. 위대한 사람의 사유란 어떠한 것을 두고 하는 말인가?[722]

1. 한때 세존께서 박가[723] 국의 쑹쑤마라기리[724]에 있는 베싸깔라

---

722) AN. IV. 228 : 아누룻다의 경[Anuruddhasutta], 증일아함42권6(대정2. 754a); 중아함74(대정1. 540c) 참조

723) Bhaggā : 부족의 이름이자 나라의 이름. 수도는 쑹쑤마라기리(Suṁsumāragiri)였다. 박가 국은 꼬쌈비 시의 속국으로 베쌀리 시와 싸밧티 시 사이에 놓여 있었다. 부처님은 여행 도중 여러 번 이곳을 방문하였는데 꼬쌈비 시의 우데나(Udena) 왕의 아들 보디라자 왕자(Bodhirājakumāra)가 부왕을 대신해서 총독으로 살고 있었다.

724) suṁsumāragiri : Srp. II. 249에 따르면, 그곳에서 '악어가 소리를 질렀다.'고 해서 붙여진 이름이다. 산의 이름이다.

바나[725] 숲의 미가다야 공원에 계셨다.

2. 그런데 그때 존자 아누룻다가 쩨띠[726] 국의 빠찌나방싸 공원에[727] 있었다. 마침 존자 아누룻다는 홀로 명상하다가 이와 같이 마음에 사념을 일으켰다.

[아누룻다] '이 가르침은 욕망을 여읜 자를 위한 것이지, 이 가르침은 욕망이 많은 자를 위한 것이 아니다. 이 가르침은 만족할 줄 아는 자를 위한 것이지, 이 가르침은 만족을 모르는 자를 위한 것이 아니다. 이 가르침은 멀리 여의는 자를 위한 것이지, 이 가르침은 교제를 즐기는 자를 위한 것이 아니다. 이 가르침은 열심히 정진하는 자를 위한 것이지, 이 가르침은 게으른 자를 위한 것이 아니다. 이 가르침은 새김을 확립한 자를 위한 것이지, 이 가르침은 새김을 잃은 자를 위한 것이 아니다. 이 가르침은 집중하는 자를 위한 것이지, 이 가르침은 산만한 자를 위한 것이 아니다. 이 가르침은 지혜를 갖춘 자를 위한 것이지, 이 가르침은 지혜가 없는 자를 위한 것이 아니다.'

3. 그러자 세존께서는 아누룻다가 생각하는 것을 마음으로 알아채고는 마치 힘센 사람이 굽혀진 팔을 펴고 펴진 팔을 굽히는 듯한 사이에, 박가 국의 쑹쑤마라기리에 있는 베싸깔라바나 숲의 미가다야 공원에서 모습을 감추고 쩨띠 국의 빠찌나방싸 공원에 있는 존자 아누룻다의 앞에 나타나셨다. 세존께서는 자리가 마련되자 앉으셨다. 존자 아누룻다는 세존께 인사를 드리고 한쪽으로 물러나 앉았다. 한

725) bhesakaḷāvana : 박가(Bhagga) 국의 숲으로 바싸깔라(Bhasakalā)라고 하는 야차녀가 살았다.

726) Cetī : 부처님 당시의 16대국(Mahājanapada) 가운데 하나로 옛 성은 지금의 네팔로 추측되고 있고 새로운 식민지는 야무나 강 근처에 있었다. Jāt. I. 253에 따르면, 바라나씨에서 쩨띠로 여행할 때에 많은 도적이 출몰했다. AN. III. 355에 따르면, 부처님은 싸하자띠(Sahajāti)에 머물면서 쩨띠(Cetī) 인들에게 설법했다.

727) pācīnavaṃsadāya : 쩨찌 국의 공원 또는 동물원(migadāya)이다.

쪽으로 물러나 앉은 존자 아누룻다에게 세존께서는 이와 같이 말씀하셨다.

4. [세존] "아누룻다여, 훌륭하다. 훌륭하다. 아누룻다여, 그대가 이와 같이 '이 가르침은 욕망을 여읜 자를 위한 것이지, 이 가르침은 욕망이 많은 자를 위한 것이 아니다. 이 가르침은 만족할 줄 아는 자를 위한 것이지, 이 가르침은 만족을 모르는 자를 위한 것이 아니다. 이 가르침은 멀리 여의는 자를 위한 것이지, 이 가르침은 교제를 즐기는 자를 위한 것이 아니다. 이 가르침은 열심히 정진하는 자를 위한 것이지, 이 가르침은 게으른 자를 위한 것이 아니다. 이 가르침은 새김을 확립한 자를 위한 것이지, 이 가르침은 새김을 잃은 자를 위한 것이 아니다. 이 가르침은 집중하는 자를 위한 것이지, 이 가르침은 산만한 자를 위한 것이 아니다. 이 가르침은 지혜를 갖춘 자를 위한 것이지, 이 가르침은 지혜가 없는 자를 위한 것이 아니다.'라고 일곱 가지 위대한 사람의 사유를 생각한 것이야말로 훌륭한 일이다.

5. 아누룻다여, 그렇다면 그대는 이와 같이 '이 가르침은 희론[728]의 여읨을 즐기고 희론의 여읨을 기뻐하는 자를 위한 것이지, 이 가르

728) papañca : 희론(戱論 : papañca)은 MN. I. 111~112에 따르면, 지각한 것을 사유하고 사유한 것을 희론하는 것으로 보아 희론은 지각의 '확장'을 의미하는 것으로 한역에서 망상(妄想)이나 사량분별(思量分別) 때로는 장애(障碍)라고도 번역한다. 희론은 '나는 존재한다'라는 것에 의한 확장의식(asmīti papañcitaṁ)에 기반을 두고 있는 것으로 일상적 지각의 확산, 즉 망상을 의미한다. 이러한 망상은 개인적으로든 사회적으로든 모든 질병의 근원이다. MN. I. 109에 따르면, 이것이 개인적으로 나타나면 탐욕(rāga), 성냄(dosa), 어리석음(moha)을 수반하고 사회적으로 나타나면 싸움(kalaha), 논쟁(viggaha), 언쟁(vivāda), 교만(mānātimāna), 중상(pesuñña), 질투(issā), 간탐(macchariya)을 수반한다. DA. II. 721에 따르면, 이러한 확장된 망상은 세 가지 희론, 즉 갈애에 의한 희론, 아만에 의한 희론, 견해에 의한 희론으로 나뉘어 진다. 지각된 것이 희론된다는 것은 모든 실제적 사태들이 개념적인 언어를 통해 인위적으로 조작되어 범주화된다는 의미이다. 이러한 희론의 측면인 견해희론(diṭṭhipapañca)이 다른 모든 것을 함축하는 가장 중요한 의미를 지니는데, 이것이 지각현상의 마지막 과정으로 지각과정을 지배하게 된다. 이 견해희론에는 62가지의 사견(micchādiṭṭhi)을 대변하는 10가지 설하지 않은 명제[無記命題]나 또는 개념화된 올바른 정견(sammādiṭṭhi)도 포함된다. 여기서 희론이 끊어진 것은 이러한 모든 희론이 끊어진 상태를 의미하는 것이다. 그러나 붓다고싸가 Srp. II. 370에서 '갈애에 의한 희론이 끊어진 것(taṇhāpapañcassa chinnattā)'을 의미한다고 한정지은 것은 이해할 수 없다.

침은 희론을 즐기고 희론을 기뻐하는 자를 위한 것이 아니다.'라고 여덟 번째 위대한 사람의 사유를 생각하라.

6. 아누룻다여, 그대가 이러한 여덟 가지 위대한 사람의 사유를 생각하면, 그로인해 아누룻다여, 그대는 그대가 원하는 대로 감각적 쾌락의 욕망을 여의고 악하고 불건전한 상태를 떠난 뒤, 사유와 숙고를 갖추고 멀리 여읨에서 생겨나는 희열과 행복을 갖춘 첫 번째 선정에 들 수 있다.

7. 아누룻다여, 그대가 이러한 여덟 가지 위대한 사람의 사유를 생각하면, 그로인해 아누룻다여, 그대는 그대가 원하는 대로 사유와 숙고가 멈추어진 뒤, 내적인 평온과 마음의 통일을 이루고, 사유와 숙고를 여의어, 삼매에서 생겨나는 희열과 행복을 갖춘 두 번째 선정에 들 수 있다.

8. 아누룻다여, 그대가 이러한 여덟 가지 위대한 사람의 사유를 생각하면, 그로인해 아누룻다여, 그대는 그대가 원하는 대로 희열이 사라진 뒤, 평정하고 새김이 있고 올바로 알아차리며 신체적으로 행복을 느끼며 고귀한 님들이 평정하고 새김이 있고 행복하다고 표현하는 세 번째 선정에 들 수 있다.

9. 아누룻다여, 그대가 이러한 여덟 가지 위대한 사람의 사유를 생각하면, 그로인해 아누룻다여, 그대는 그대가 원하는 대로 행복과 고통이 버려지고 만족과 불만도 사라진 뒤, 괴로움도 없고 즐거움도 없는, 평정하고 새김이 있고 청정한 네 번째 선정에 들 수 있다.

10. 아누룻다여, 그대가 이러한 여덟 가지 위대한 사람의 사유를 생각하면, 그로인해 아누룻다여, 그대는 네 가지 선정에 들어 보다 높은 마음의 상태에서 현세에서의 행복한 삶을 원하는 대로 어려움

없이 곤란 없이 성취할 수 있다. 그러면 아누룻다여, 장자나 장자의 아들에게 옷장에 가득 찬 갖가지 색깔의 옷들이 나타나듯, 만족하여 지내는 그대에게 누더기 옷은 기쁨을 얻는데 도움을 주고, 두려움 없음을 얻는데 도움을 주고, 안온한 삶을 얻는데 도움을 주고, 열반에 드는데 도움을 준다.

11. 아누룻다여, 그대가 이러한 여덟 가지 위대한 사람의 사유를 생각하면, 그로인해 아누룻다여, 그대는 네 가지 선정에 들어 보다 높은 마음의 상태에서 현세에서의 행복한 삶을 원하는 대로 어려움 없이 곤란 없이 성취할 수 있다. 그러면 아누룻다여, 장자나 장자의 아들에게 검은 알갱이를 골라 낸 쌀밥이 다양한 수프와 다양한 조미료가 곁들여 나타나듯, 만족하여 지내는 그대에게 탁발 음식은 기쁨을 얻는데 도움을 주고, 두려움 없음을 얻는데 도움을 주고, 안온한 삶을 얻는데 도움을 주고, 열반에 드는데 도움을 준다.

12. 아누룻다여, 그대가 이러한 여덟 가지 위대한 사람의 사유를 생각하면, 그로인해 아누룻다여, 그대는 네 가지 선정에 들어 보다 높은 마음의 상태에서 현세에서의 행복한 삶을 원하는 대로 어려움 없이 곤란 없이 성취할 수 있다. 그러면 아누룻다여, 장자나 장자의 아들에게 중각의 집이 안팎으로 칠해지고 바람을 막고 빗장을 채우고 창문을 장치하고 나타나듯, 만족하여 지내는 그대에게 나무 밑 처소는 기쁨을 얻는데 도움을 주고, 두려움 없음을 얻는데 도움을 주고, 안온한 삶을 얻는데 도움을 주고, 열반에 드는데 도움을 준다.

13. 아누룻다여, 그대가 이러한 여덟 가지 위대한 사람의 사유를 생각하면, 그로인해 아누룻다여, 그대는 네 가지 선정에 들어 보다 높은 마음의 상태에서 현세에서의 행복한 삶을 원하는 대로 어려움 없이 곤란 없이 성취할 수 있다. 그러면 아누룻다여, 장자나 장자의

아들에게 침대가 있는데, 긴 털의 흑색 양모가 깔리고, 백색 양모가 깔리고, 꽃무늬의 양모포가 깔리고, 값비싼 카달리 사슴의 가죽이 깔리고, 그 위에 차양이 있고, 양쪽으로는 붉은 베개가 달려 있듯, 만족하여 지내는 그대에게 풀섶을 깐 침대는 기쁨을 얻는데 도움을 주고, 두려움 없음을 얻는데 도움을 주고, 안온한 삶을 얻는데 도움을 주고, 열반에 드는데 도움을 준다.

14. 아누룻다여, 그대가 이러한 여덟 가지 위대한 사람의 사유를 생각하면, 그로인해 아누룻다여, 그대는 네 가지 선정에 들어 보다 높은 마음의 상태에서 현세에서의 행복한 삶을 원하는 대로 어려움 없이 곤란 없이 성취할 수 있다. 그러면 아누룻다여, 장자나 장자의 아들에게 여러 가지 의약품이 있는데, 버터기름, 버터, 참기름, 꿀, 당밀이 있듯, 만족하여 지내는 그대에게 발효된 오줌약은[729] 기쁨을 얻는데 도움을 주고, 두려움 없음을 얻는데 도움을 주고, 안온한 삶을 얻는데 도움을 주고, 열반에 드는데 도움을 준다."

15. [세존] "아누룻다여, 그러면 그대는 다가오는 우기를 여기 쩨띠국의 빠찌나방싸 공원에서 보내려고 하는가?"

[아누룻다] "세존이시여, 그렇습니다."

존자 아누룻다는 세존께 대답했다.

16. 그러자 세존께서는 존자 아누룻다를 이러한 가르침으로 훈계한 뒤에 마치 힘센 사람이 굽혀진 팔을 펴고 펴진 팔을 굽히는 듯한 사이에, 쩨띠 국의 빠찌나방싸 공원에서 모습을 감추고 박가 국의 쑹쑤마라기리에 있는 베싸깔라바나 숲의 미가다야 공원에 나타나셨다. 세존께서는 마련된 자리에 앉으셨다. 자리에 앉으셔서 세존

729) pūtimuttaṃ bhesajjānaṃ : 한역에서는 부뇨수(腐尿水)나 진기약(陳棄藥)이라고 한다. 소의 오줌을 발효시킨 것이다.

께서는 수행승들에게 말씀하셨다.

17. [세존] "수행승들이여, 여덟 가지 위대한 사람의 사유에 관하여 가르치겠다. 듣고 잘 새겨라. 내가 설하겠다."

[수행승들] "세존이시여, 그렇게 하겠습니다."

수행승들은 세존께 대답했다. 세존께서는 이와 같이 말씀하셨다.

18. [세존] "수행승들이여, 여덟 가지 위대한 사람의 사유란 무엇인가? 수행승들이여, 이 가르침은 욕망을 여읜 자를 위한 것이지, 이 가르침은 욕망이 많은 자를 위한 것이 아니다. 수행승들이여, 이 가르침은 만족할 줄 아는 자를 위한 것이지, 이 가르침은 만족을 모르는 자를 위한 것이 아니다. 수행승들이여, 이 가르침은 멀리 여의는 자를 위한 것이지, 이 가르침은 교제를 즐기는 자를 위한 것이 아니다. 수행승들이여, 이 가르침은 열심히 정진하는 자를 위한 것이지, 이 가르침은 게으른 자를 위한 것이 아니다. 수행승들이여, 이 가르침은 새김을 확립한 자를 위한 것이지, 이 가르침은 새김을 잃은 자를 위한 것이 아니다. 수행승들이여, 이 가르침은 집중하는 자를 위한 것이지, 이 가르침은 산만한 자를 위한 것이 아니다. 수행승들이여, 이 가르침은 지혜를 갖춘 자를 위한 것이지, 이 가르침은 지혜가 없는 자를 위한 것이 아니다. 수행승들이여, 이 가르침은 희론의 여읨을 즐기고 희론의 여읨을 기뻐하는 자를 위한 것이지, 이 가르침은 희론을 즐기고 희론을 기뻐하는 자를 위한 것이 아니다.

19. 수행승들이여, '이 가르침은 욕망을 여읜 자를 위한 것이지, 이 가르침은 욕망이 많은 자를 위한 것이 아니다.'라고 말하는 것은 어떠한 것을 조건으로 말한 것인가? 수행승들이여, 세상에 수행승이 욕심이 없으면서 욕심이 없다고 나를 알아주기를 바라지 않는다. 만족할 줄 알면서 만족할 줄 안다고 나를 알아주기를 바라지 않는

다. 멀리 여의면서 멀리 여읜다고 나를 알아주기를 바라지 않는다. 열심히 정진하면서 열심히 정진한다고 나를 알아주기를 바라지 않는다. 새김을 확립하면서 새김을 확립한다고 나를 알아주기를 바라지 않는다. 집중하면서 집중한다고 나를 알아주기를 바라지 않는다. 지혜를 갖추면서 지혜를 갖춘다고 나를 알아주기를 바라지 않는다. 희론의 여읨을 즐기고 희론의 여읨을 기뻐하면서 희론의 여읨을 즐기고 희론의 여읨을 기뻐한다고 나를 알아주기를 바라지 않는다. 수행승들이여, '이 가르침은 욕망을 여읜 자를 위한 것이지, 이 가르침은 욕망이 많은 자를 위한 것이 아니다.'라고 말하는 것은 이와 같은 것을 조건으로 말한 것이다.

20. 수행승들이여, '이 가르침은 만족할 줄 아는 자를 위한 것이지, 이 가르침은 만족을 모르는 자를 위한 것이 아니다.'라고 말하는 것은 어떠한 것을 조건으로 말한 것인가? 수행승들이여, 세상에 수행승이 이러저러한 옷이나 음식이나 처소나 필수약품에 만족한다. 수행승들이여, '이 가르침은 만족할 줄 아는 자를 위한 것이지, 이 가르침은 만족을 모르는 자를 위한 것이 아니다.'라고 말하는 것은 이와 같은 것을 조건으로 말한 것이다.

21. 수행승들이여, '이 가르침은 멀리 여의는 자를 위한 것이지, 이 가르침은 교제를 즐기는 자를 위한 것이 아니다.'라고 말하는 것은 어떠한 것을 조건으로 말한 것인가? 수행승들이여, 세상에 수행승이 멀리 여의고 지내는데, 수행승, 수행녀, 재가의 남자 신도, 재가의 여자신도, 왕, 왕의 대신, 이교도, 이교도의 제자들이 오면, 그때 그 수행승은 멀리 여읨으로 향하고 멀리 여읨으로 기울고 멀리 여읨으로 들어가고 멀리 여읨을 확립하고 멀리 여읨을 즐기는 마음으로 어떠한 것이든 그것을 간곡히 권유하는 대화를[730] 나눈다. 수행

승들이여, '이 가르침은 멀리 여의는 자를 위한 것이지, 이 가르침은 교제를 즐기는 자를 위한 것이 아니다.'라고 말하는 것은 이와 같은 것을 조건으로 말한 것이다.

22. 수행승들이여, '이 가르침은 열심히 정진하는 자를 위한 것이지, 이 가르침은 게으른 자를 위한 것이 아니다.'라고 말하는 것은 어떠한 것을 조건으로 말한 것인가? 수행승들이여, 세상에 수행승이 악하고 불건전한 것을 끊어 버리고 착하고 건전한 것을 성취하기 위해, 견고하고 확고하게 노력하며 착하고 건전한 것에 멍에를 지는 것을 마다하지 않으며 열심히 정진한다. 수행승들이여, '이 가르침은 열심히 정진하는 자를 위한 것이지, 이 가르침은 게으른 자를 위한 것이 아니다.'라고 말하는 것은 이와 같은 것을 조건으로 말한 것이다.

23. 수행승들이여, '이 가르침은 새김을 확립한 자를 위한 것이지, 이 가르침은 새김을 잃은 자를 위한 것이 아니다.'라고 말하는 것은 어떠한 것을 조건으로 말한 것인가? 수행승들이여, 세상의 수행승이 최상의 기억과 분별을 갖추어 오래 전에 행한 일이나 오래 전에 행한 말도 기억하고 상기하며 새김을 확립한다. 수행승들이여, '이 가르침은 새김을 확립한 자를 위한 것이지, 이 가르침은 새김을 잃은 자를 위한 것이 아니다.'라고 말하는 것은 이와 같은 것을 조건으로 말한 것이다.

24. 수행승들이여, '이 가르침은 집중하는 자를 위한 것이지, 이 가르침은 산만한 자를 위한 것이 아니다.'라고 말하는 것은 어떠한 것을 조건으로 말한 것인가? 수행승들이여, 세상에 수행승이 감각적

730) uyyojanikapaṭisaṃyuttaṃyeva kathaṃ : 멀리 여읨을 확립하고 멀리 여읨을 즐기는 대화, 즉 사교에 매이지 않은 대화를 말한다.

쾌락의 욕망을 여의고 악하고 불건전한 상태에서 떠난 뒤, 사유와 숙고를 갖추고 멀리 여읨에서 생겨나는 희열과 행복을 갖춘 첫 번째 선정에 들고, 사유와 숙고가 멈추어진 뒤, 내적인 평온과 마음의 통일을 이루고, 사유와 숙고를 여의어, 삼매에서 생겨나는 희열과 행복을 갖춘 두 번째 선정에 들고, 희열이 사라진 뒤, 평정하고 새김이 있고 올바로 알아차리며 신체적으로 행복을 느끼며 고귀한 님들이 '평정하고 새김이 있고 행복하다.'고 표현하는 세 번째 선정에 들고, 행복도 고통도 버려지고, 기쁨도 근심도 사라진 뒤, 괴로움도 없고 즐거움도 없는, 평정하고 새김이 있고 청정한 네 번째 선정에 든다. 수행승들이여, '이 가르침은 집중하는 자를 위한 것이지, 이 가르침은 산만한 자를 위한 것이 아니다.'라고 말하는 것은 이와 같은 것을 조건으로 말한 것이다.

25. 수행승들이여, '이 가르침은 지혜를 갖춘 자를 위한 것이지, 이 가르침은 지혜가 없는 자를 위한 것이 아니다.'라고 말하는 것은 어떠한 것을 조건으로 말한 것인가? 수행승들이여, 세상에 수행승이 현명하여 발생과 소멸에 대하여 분명히 아는 고귀한 꿰뚫음으로 완전한 괴로움의 소멸로 이끄는 지혜를 갖춘다. 수행승들이여, '이 가르침은 지혜를 갖춘 자를 위한 것이지, 이 가르침은 지혜가 없는 자를 위한 것이 아니다.'라고 말하는 것은 이와 같은 것을 조건으로 말한 것이다.

26. 수행승들이여, '이 가르침은 희론의 여읨을 즐기고 희론의 여읨을 기뻐하는 자를 위한 것이지, 이 가르침은 희론을 즐기고 희론을 기뻐하는 자를 위한 것이 아니다.'라고 말하는 것은 어떠한 것을 조건으로 말한 것인가? 수행승들이여, 세상에 수행승이 희론의 소멸에 마음이 뛰어들고, 환희하고, 안주하고, 몰입한다. 수행승들이여,

'이 가르침은 희론의 여읨을 즐기고 희론의 여읨을 기뻐하는 자를 위한 것이지, 이 가르침은 희론을 즐기고 희론을 기뻐하는 자를 위한 것이 아니다.'라고 말하는 것은 이와 같은 것을 조건으로 말한 것이다."

27. 한편, 존자 아누룻다는 다가온 우기의 안거를 그곳 쩨띠 국에 있는 빠찌나방싸 공원에서 보냈다. 그때 존자 아누룻다는 홀로 떨어져 방일하지 않고 열심히 정진하여 오래지 않아, 그러기 위해 양가의 자제들이 당연히 집에서 집 없는 곳으로 출가했듯이, 그 위없는 청정한 삶을 바로 현세에서 스스로 곧바로 알고 깨달아 성취했다. 그는 '태어남은 부서졌고, 청정한 삶은 이루어졌고, 해야 할 일은 다 마쳤으니, 더 이상 윤회하지 않는다.'라고 곧바로 알았다.

28. 그리하여 존자 아누룻다는 거룩한 님 가운데 한 분이 되었다. 그리고 존자 아누룻다가 거룩한 님이 되었을 때에 바로 이러한 시를 읊었다.

29. [아누룻다] "세상의 위없는 스승
나의 사유를 아시고
정신으로 이루어진 몸731)으로
신통으로 다가오셨다.732)

내가 사유한 그대로
그것에 덧붙여 가르치셨다.

---

731) manomayena kāyena : 한역의 의소성신(意所成身 : manomayakāya)이다. Srp. III. 261에 따르면, 네 번째 선정에 든 수행자의 신체적인 몸에서 생겨난 미세한 신체를 말한다. 이것에 대해 '물질을 수반하고, 정신으로 이루어진 것으로, 모든 지체를 가지고, 능력에 결함이 없는(rūpim manomayaṁ sabbaṅgapaccaṅgiṁ ahīndriyaṁ)'것으로 묘사된다. MN. II. 17; DN. I. 77; Vism. 406; Paṭis. II. 210 참조.

732) mama saṅkappamaññāya | satthā loke anuttaro | manomayena kāyena | iddhiyā upasaṅkami ‖ Thag. 901-903 참조

희론의 여읨을 즐기는 깨달은 님
희론의 여읨을 가르치셨다.[733]

나는 그의 가르침을 알아
그 가르침을 기뻐한다.
세 가지 명지에 도달하여
깨달은 님의 가르침은 이루어졌다."[734]

7. 보시와 계행과 수행으로 이루어지는 공덕의 결과의 차이는 무엇일까?[735]

1. 한때 세존께서는 싸밧티 시에 계셨다.

[세존] "수행승들이여, 이와 같은 세 가지 공덕을 낳는 토대가 있다. 세 가지란 무엇인가? 보시로 이루어진 공덕을 낳는 토대, 계행으로 이루어진 공덕을 낳는 토대, 수행으로 이루어진 공덕을 낳는 토대가 있다.

2. 수행승들이여, 세상에 어떤 사람이 보시로 이루어진 공덕을 낳는 토대를 조금 계발하고, 계행으로 이루어진 공덕을 낳는 토대를 조금 계발하고, 수행으로 이루어진 공덕을 낳는 토대는 전혀 계발하지 않는다면, 그는 몸이 파괴되고 죽은 후에 인간 사이의 불행한 관계 속에 태어난다.

3. 수행승들이여, 세상에 어떤 사람이 보시로 이루어진 공덕을 낳는 토대를 적당히 계발하고, 계행으로 이루어진 공덕을 낳는 토대를 적당히 계발하면, 수행으로 이루어진 공덕을 낳는 토대를 계발하지 않더라도, 그는 몸이 파괴되고 죽은 후에 인간 사이의 행복한 관계 속

733) yathā me ahu saṅkappo | tato uttari desayī | nippapañcarato buddho | nippapañcaṃ adesayi ||
734) tassāhaṃ dhammamaññāya | vihāsiṃ sāsane rato | tisso vijjā anuppatto kataṃ | buddhassa sāsanaṃ ||
735) AN. IV. 241 : 공덕을 낳는 토대의 경[Puññakiriyavatthusutta] : DN. III. 218; Ud. 51, 참조

에 태어난다.

4. 수행승들이여, 세상에 어떤 사람이 보시로 이루어진 공덕을 낳는 토대를 극도로 계발하고, 계행으로 이루어진 공덕을 낳는 토대를 극도로 계발하면, 수행으로 이루어진 공덕을 낳는 토대를 계발하지 않더라도, 그는 몸이 파괴되고 죽은 후에 네 위대한 왕의 하늘나라 신들의 사이에 태어난다. 수행승들이여, 그 가운데 네 위대한 왕은 보시로 이루어진 공덕을 낳는 토대를 아주 극도로 계발하고, 계행으로 이루어진 공덕을 낳는 토대를 아주 극도로 계발하여 네 위대한 왕의 하늘나라 신들 가운데 열 가지 경우 즉, 하늘수명, 하늘용모, 하늘안락, 하늘명예, 하늘주권, 하늘형상, 하늘소리, 하늘향기, 하늘맛, 하늘감촉에서 탁월하다.

5. 수행승들이여, 세상에 어떤 사람이 보시로 이루어진 공덕을 낳는 토대를 극도로 계발하고, 계행으로 이루어진 공덕을 낳는 토대를 극도로 계발하면, 수행으로 이루어진 공덕을 낳는 토대를 계발하지 않더라도, 그는 몸이 파괴되고 죽은 후에 서른 셋 하늘나라 신들의 사이에 태어난다. 수행승들이여, 그 가운데 제석천은 보시로 이루어진 공덕을 낳는 토대를 아주 극도로 계발하고, 계행으로 이루어진 공덕을 낳는 토대를 아주 극도로 계발하여 서른셋 하늘나라 신들 가운데 열 가지 경우 즉, 하늘수명, 하늘용모, 하늘안락, 하늘명예, 하늘주권, 하늘형상, 하늘소리, 하늘향기, 하늘맛, 하늘감촉에서 탁월하다.

6. 수행승들이여, 세상에 어떤 사람이 보시로 이루어진 공덕을 낳는 토대를 극도로 계발하고, 계행으로 이루어진 공덕을 낳는 토대를 극도로 계발하면, 수행으로 이루어진 공덕을 낳는 토대를 계발하지 않더라도, 그는 몸이 파괴되고 죽은 후에 축복받은 하늘나라 신들의 사이에 태어난다. 수행승들이여, 그 가운데 하늘아들 쑤야마는 보시

로 이루어진 공덕을 낳는 토대를 아주 극도로 계발하고, 계행으로 이루어진 공덕을 낳는 토대를 아주 극도로 계발하여 축복받은 하늘나라 신들 가운데 열 가지 경우 즉, 하늘수명, 하늘용모, 하늘안락, 하늘명예, 하늘주권, 하늘형상, 하늘소리, 하늘향기, 하늘맛, 하늘감촉에서 탁월하다.

7. 수행승들이여, 세상에 어떤 사람이 보시로 이루어진 공덕을 낳는 토대를 극도로 계발하고, 계행으로 이루어진 공덕을 낳는 토대를 극도로 계발하면, 수행으로 이루어진 공덕을 낳는 토대를 계발하지 않더라도, 그는 몸이 파괴되고 죽은 후에 만족을 아는 하늘나라 신들의 사이에 태어난다. 수행승들이여, 그 가운데 하늘아들 싼뚜씨따는 보시로 이루어진 공덕을 낳는 토대를 아주 극도로 계발하고, 계행으로 이루어진 공덕을 낳는 토대를 아주 극도로 계발하여 만족을 아는 하늘나라 신들 가운데 열 가지 경우 즉, 하늘수명, 하늘용모, 하늘안락, 하늘명예, 하늘주권, 하늘형상, 하늘소리, 하늘향기, 하늘맛, 하늘감촉에서 탁월하다.

8. 수행승들이여, 세상에 어떤 사람이 보시로 이루어진 공덕을 낳는 토대를 극도로 계발하고, 계행으로 이루어진 공덕을 낳는 토대를 극도로 계발하면, 수행으로 이루어진 공덕을 낳는 토대를 계발하지 않더라도, 그는 몸이 파괴되고 죽은 후에 창조하고 기뻐하는 하늘나라 신들의 사이에 태어난다. 수행승들이여, 그 가운데 하늘아들 쑤님미따는 보시로 이루어진 공덕을 낳는 토대를 아주 극도로 계발하고, 계행으로 이루어진 공덕을 낳는 토대를 아주 극도로 계발하여 창조하고 기뻐하는 하늘나라 신들 가운데 열 가지 경우 즉, 하늘수명, 하늘용모, 하늘안락, 하늘명예, 하늘주권, 하늘형상, 하늘소리, 하늘향기, 하늘맛, 하늘감촉에서 탁월하다.

9. 수행승들이여, 세상에 어떤 사람이 보시로 이루어진 공덕을 낳는 토대를 극도로 계발하고, 계행으로 이루어진 공덕을 낳는 토대를 극도로 계발하면, 수행으로 이루어진 공덕을 낳는 토대를 계발하지 않더라도, 그는 몸이 파괴되고 죽은 후에 다른 신들이 창조한 것을 누리는 하늘나라 신들의 사이에 태어난다. 수행승들이여, 그 가운데 하늘아들 바싸밧띠는 보시로 이루어진 공덕을 낳는 토대를 아주 극도로 계발하고, 계행으로 이루어진 공덕을 낳는 토대를 아주 극도로 계발하여 다른 신들이 창조한 것을 누리는 하늘나라 신들 가운데 열 가지 경우 즉, 하늘수명, 하늘용모, 하늘안락, 하늘명예, 하늘주권, 하늘형상, 하늘소리, 하늘향기, 하늘맛, 하늘감촉에서 탁월하다.

10. 수행승들이여, 이와 같은 세 가지 공덕을 낳는 토대가 있다."

8. 학습계율을 어김의 경중에 따른 업보의 차이는 어떻게 될까?736)

1. 한때 세존께서는 싸밧티 시에 계셨다.

[세존] "수행승들이여, 살아있는 생명을 죽이는 것을 추구하고 실천하고 자주 실천하는 자는 지옥에 태어나고 축생에 태어나고 아귀에 태어난다. 그리고 살아있는 생명을 죽이는 것이 아주 경미한 자는 인간으로 태어나게 되지만 단명하게 태어난다.

2. 수행승들이여, 주지 않는 것을 빼앗는 것을 추구하고 실천하고 자주 실천하는 자는 지옥에 태어나고 축생에 태어나고 아귀에 태어난다. 그리고 주지 않는 것을 빼앗는 것이 아주 경미한 자는 인간으로 태어나게 되지만 재산을 상실한다.

3. 수행승들이여, 사랑을 나눔에 잘못을 범하는 것을 추구하고 실천

736) AN. IV. 247 : 괴로운 곳으로 이끄는 것의 경[Apāyasaṃvattanikasutta]

하고 자주 실천하는 자는 지옥에 태어나고 축생에 태어나고 아귀에 태어난다. 그리고 사랑을 나눔에 잘못을 범하는 것이 아주 경미한 자는 인간으로 태어나게 되지만 상대의 원한을 산다.

4. 수행승들이여, 거짓말을 하는 것을 추구하고 실천하고 자주 실천하는 자는 지옥에 태어나고 축생에 태어나고 아귀에 태어난다. 그리고 거짓말을 하는 것이 아주 경미한 자는 인간으로 태어나게 되지만 사실이 아닌 것으로 모함을 받는다.

5. 수행승들이여, 이간질하는 것을 추구하고 실천하고 자주 실천하는 자는 지옥에 태어나고 축생에 태어나고 아귀에 태어난다. 그리고 이간질하는 것이 아주 경미한 자는 인간으로 태어나게 되지만 친구와 다투게 된다.

6. 수행승들이여, 욕지거리를 하는 것을 추구하고 실천하고 자주 실천하는 자는 지옥에 태어나고 축생에 태어나고 아귀에 태어난다. 그리고 욕지거리를 하는 것이 아주 경미한 자는 인간으로 태어나게 되지만 듣기 거북한 말을 듣는다.

7. 수행승들이여, 꾸며대는 말을 하는 것을 추구하고 실천하고 자주 실천하는 자는 지옥에 태어나고 축생에 태어나고 아귀에 태어난다. 그리고 꾸며대는 말을 하는 것이 아주 경미한 자는 인간으로 태어나게 되지만 쓸데없는 말을 듣는다.

8. 수행승들이여, 곡주나 과일주 등의 취기에 취하는 것을 추구하고 실천하고 자주 실천하는 자는 지옥에 태어나고 축생에 태어나고 아귀에 태어난다. 그리고 곡주나 과일주 등의 취기에 취하는 것이 아주 경미한 자는 인간으로 태어나게 되지만 정신적 장애를 얻게 된다."[737]

9. 차제적 명상수행이란 어떻게 이루어져야 하는 것인가?[738]

1. 한때 세존께서는 싸밧티 시에 계셨다. 그때 어떤 수행승이 세존께서 계신 곳으로 찾아왔다. 가까이 다가와서 세존께 인사를 드리고 한쪽으로 물러나 앉았다.

2. 한쪽으로 물러나 앉은 그 수행승은 세존께 이와 같이 말씀드렸다.

[수행승] "세존이시여, 세존께서는 저에게 간략한 가르침을 주시면 감사하겠습니다. 저는 그 가르침을 듣고 홀로 떨어져 방일하지 않고 열심히 정진하겠습니다."

3. [세존] "그런데 세상에 이와 같이 어떤 어리석은 사람이 있어, 그가 나에게 청원하여 내가 가르침을 설했는데도 언제나 나를 따라다녀야 한다고 생각한다."

[수행승] "세존이시여, 세상에 존경받는 님께서는 저에게 간략한 가르침을 주십시오. 올바른 길로 잘 가신 님이시여, 세존께서는 저에게 간략한 가르침을 주십시오. 아마도 저는 세존께서 말씀하신 그 뜻을 알 수 있을 것입니다. 아마도 저는 세존께서 말씀하신 것을 상속할 수 있을 것입니다."

4. [세존] "그렇다면, 수행승이여, 그대는 이와 같이 '안으로 마음이 확립되고 잘 정립되어야 하고, 악하고 불건전한 것들이 생겨나도 마음이 거기에 사로잡혀서는 안 된다.'라고 배워야 한다. 수행승이여, 이와 같이 배워야 한다.

5. 수행승이여, 그대에게 안으로 마음이 확립되고 잘 정립되고, 악하고 불건전한 것들이 생겨나도 마음이 거기에 사로잡히지 않는다면,

737) manussabhūtassa ummattakasaṃvattaniko hoti : Mrp. VI. 129에 따르면, 마음의 혼란(khittacitto)을 겪거나 바보(eḷamūga)가 되는 것을 말한다.

738) AN. IV. 299 : 간략한 설법의 경[Saṅkhittadesitasutta]

수행승이여, 그대는 이와 같이 '나는 자애의 마음에 의한 해탈을 닦고 익히고 수레로 삼고 토대로 만들고 확립하고 구현하고 훌륭하게 성취하겠다.'라고 배워야 한다. 수행승이여, 이와 같이 배워야 한다. 수행승이여, 그대에게 이러한 삼매가 이와 같이 닦여져 잘 계발되면, 수행승이여, 다음으로 그대는 이와 같이 '사유를 수반하고 숙고를 수반하는 삼매를 닦고, 사유를 여의고 숙고를 수반하는 삼매를 닦고, 사유를 여의고 숙고를 여의는 삼매를 닦고, 희열을 수반하는 삼매를 닦고, 희열을 여의는 삼매를 닦고, 열락을 수반하는 삼매를 닦고, 평정을 수반하는 삼매를 닦겠다.'[739]라고 배워야 한다. 수행승이여, 이와 같이 배워야 한다.

6. 수행승이여, 그대에게 이러한 삼매가 이와 같이 닦여져 잘 계발되면, 수행승이여, 다음으로 그대는 이와 같이 '나는 연민의 마음에 의한 해탈을 닦고 익히고 수레로 삼고 토대로 만들고 확립하고 구현하고 훌륭하게 성취하겠다.'라고 배워야 한다. 수행승이여, 이와 같이 배워야 한다. 수행승이여, 그대에게 이러한 삼매가 이와 같이 닦여져 잘 계발되면, 수행승이여, 다음으로 그대는 이와 같이 '사유를 수반하고 숙고를 수반하는 삼매를 닦고, 사유를 여의고 숙고를 수반하는 삼매를 닦고, 사유를 여의고 숙고를 여의는 삼매를 닦고, 희열을 수반하는 삼매를 닦고, 희열을 여의는 삼매를 닦고, 열락을 수반하는 삼매를 닦고, 평정을 수반하는 삼매를 닦겠다.'라고 배워야 한다. 수행승이여, 이와 같이 배워야 한다.

---

739) imaṃ samādhiṃ savitakkampi savicāraṃ bhāveyyāsi. avitakkampi vicāramattaṃ bhāveyayāsi. avitakkampi avicāraṃ. bhāveyyāsi. sappītikampi bhāveyyāsi, nippītikampi bhāveyyāsi, sātasahagatampi bhāveyyāsi upekkhāsahagatampi bhāveyyāsi : Mrp. IV. 142에 따르면, 각각 ① 첫 번째 선정에 드는 과정과 첫 번째 선정 ② 두 번째 선정에 드는 과정 ③ 두 번째 선정 ④ 첫 번째와 두 번째 선정 또는 첫 번째에서 세 번째 선정 ⑤ 세 번째와 네 번째 선정 또는 네 번째와 다섯 번째 선정 ⑥ 세 번째와 네 번째 선정 ⑦ 네 번째와 다섯 번째 선정에서 일어난다. 여기서 열락(sāta : 悅樂)은 지복(sukha)을 말한다.

7. 수행승이여, 그대에게 이러한 삼매가 이와 같이 닦여져 잘 계발되면, 수행승이여, 다음으로 그대는 이와 같이 '나는 기쁨의 마음에 의한 해탈을 닦고 익히고 수레로 삼고 토대로 만들고 확립하고 구현하고 훌륭하게 성취하겠다.'라고 배워야 한다. 수행승이여, 이와 같이 배워야 한다. 수행승이여, 그대에게 이러한 삼매가 이와 같이 닦여져 잘 계발되면, 수행승이여, 다음으로 그대는 이와 같이 '사유를 수반하고 숙고를 수반하는 삼매를 닦고, 사유를 여의고 숙고를 수반하는 삼매를 닦고, 사유를 여의고 숙고를 여의는 삼매를 닦고, 희열을 수반하는 삼매를 닦고, 희열을 여의는 삼매를 닦고, 열락을 수반하는 삼매를 닦고, 평정을 수반하는 삼매를 닦겠다.'라고 배워야 한다. 수행승이여, 이와 같이 배워야 한다.

8. 수행승이여, 그대에게 이러한 삼매가 이와 같이 닦여져 잘 계발되면, 수행승이여, 다음으로 그대는 이와 같이 '나는 평정의 마음에 의한 해탈을 닦고 익히고 수레로 삼고 토대로 만들고 확립하고 구현하고 훌륭하게 성취하겠다.'라고 배워야 한다. 수행승이여, 이와 같이 배워야 한다. 수행승이여, 그대에게 이러한 삼매가 이와 같이 닦여져 잘 계발되면, 수행승이여, 다음으로 그대는 이와 같이 '사유를 수반하고 숙고를 수반하는 삼매를 닦고, 사유를 여의고 숙고를 수반하는 삼매를 닦고, 사유를 여의고 숙고를 여의는 삼매를 닦고, 희열을 수반하는 삼매를 닦고, 희열을 여의는 삼매를 닦고, 열락을 수반하는 삼매를 닦고, 평정을 수반하는 삼매를 닦겠다.'라고 배워야 한다. 수행승이여, 이와 같이 배워야 한다.

9. 수행승이여, 그대에게 이러한 삼매가 이와 같이 닦여져 잘 계발되면, 수행승이여, 다음으로 그대는 이와 같이 '열심히 노력하고 올바로 알아차리고 새김을 확립하여 세상의 탐욕과 근심을 제거하며, 몸

에 대하여 몸을 관찰하겠다.'라고 배워야 한다. 수행승이여, 이와 같이 배워야 한다. 수행승이여, 그대에게 이러한 삼매가 이와 같이 닦여져 잘 계발되면, 수행승이여, 다음으로 그대는 이와 같이 '사유를 수반하고 숙고를 수반하는 삼매를 닦고, 사유를 여의고 숙고를 수반하는 삼매를 닦고, 사유를 여의고 숙고를 여의는 삼매를 닦고, 희열을 수반하는 삼매를 닦고, 희열을 여의는 삼매를 닦고, 열락을 수반하는 삼매를 닦고, 평정을 수반하는 삼매를 닦겠다.'라고 배워야 한다. 수행승이여, 이와 같이 배워야 한다.

10. 수행승이여, 그대에게 이러한 삼매가 이와 같이 닦여져 잘 계발되면, 수행승이여, 다음으로 그대는 이와 같이 '열심히 노력하고 올바로 알아차리고 새김을 확립하여 세상의 탐욕과 근심을 제거하며, 느낌에 대하여 느낌을 관찰하겠다.'라고 배워야 한다. 수행승이여, 이와 같이 배워야 한다. 수행승이여, 그대에게 이러한 삼매가 이와 같이 닦여져 잘 계발되면, 수행승이여, 다음으로 그대는 이와 같이 '사유를 수반하고 숙고를 수반하는 삼매를 닦고, 사유를 여의고 숙고를 수반하는 삼매를 닦고, 사유를 여의고 숙고를 여의는 삼매를 닦고, 희열을 수반하는 삼매를 닦고, 희열을 여의는 삼매를 닦고, 열락을 수반하는 삼매를 닦고, 평정을 수반하는 삼매를 닦겠다.'라고 배워야 한다. 수행승이여, 이와 같이 배워야 한다.

11. 수행승이여, 그대에게 이러한 삼매가 이와 같이 닦여져 잘 계발되면, 수행승이여, 다음으로 그대는 이와 같이 '열심히 노력하고 올바로 알아차리고 새김을 확립하여 세상의 탐욕과 근심을 제거하며, 마음에 대하여 마음을 관찰하겠다.'라고 배워야 한다. 수행승이여, 이와 같이 배워야 한다. 수행승이여, 그대에게 이러한 삼매가 이와 같이 닦여져 잘 계발되면, 수행승이여, 다음으로 그대는 이와 같이

'사유를 수반하고 숙고를 수반하는 삼매를 닦고, 사유를 여의고 숙고를 수반하는 삼매를 닦고, 사유를 여의고 숙고를 여의는 삼매를 닦고, 희열을 수반하는 삼매를 닦고, 희열을 여의는 삼매를 닦고, 열락을 수반하는 삼매를 닦고, 평정을 수반하는 삼매를 닦겠다.'라고 배워야 한다. 수행승이여, 이와 같이 배워야 한다.

12. 수행승이여, 그대에게 이러한 삼매가 이와 같이 닦여져 잘 계발되면, 수행승이여, 다음으로 그대는 이와 같이 '열심히 노력하고 올바로 알아차리고 새김을 확립하여 세상의 탐욕과 근심을 제거하며, 사실에 대하여 사실을 관찰하겠다.'라고 배워야 한다. 수행승이여, 이와 같이 배워야 한다. 수행승이여, 그대에게 이러한 삼매가 이와 같이 닦여져 잘 계발되면, 수행승이여, 다음으로 그대는 이와 같이 '사유를 수반하고 숙고를 수반하는 삼매를 닦고, 사유를 여의고 숙고를 수반하는 삼매를 닦고, 사유를 여의고 숙고를 여의는 삼매를 닦고, 희열을 수반하는 삼매를 닦고, 희열을 여의는 삼매를 닦고, 열락을 수반하는 삼매를 닦고, 평정을 수반하는 삼매를 닦겠다.'라고 배워야 한다. 수행승이여, 이와 같이 배워야 한다.

13. 수행승이여, 그대에게 이러한 삼매가 이와 같이 닦여져 잘 계발되면, 수행승이여, 마침내 그대는 가는 곳마다 안온하게 가고, 머무는 곳마다 안온하게 머물고, 앉는 곳마다 안온하게 앉고, 눕는 곳마다 안온하게 눕는다."

14. 그러자 그 수행승은 홀로 떨어져서 방일하지 않고 열심히 정진하였다. 그는 오래지 않아, 그러기 위해 양가의 자제들이 당연히 집에서 집 없는 곳으로 출가했듯이, 그 위없는 청정한 삶을 바로 현세에서 스스로 곧바로 알고 깨달아 성취했다. 그는 '태어남은 부서졌고, 청정한 삶은 이루어졌고, 해야 할 일은 다 마쳤으니, 더 이상 윤

회하지 않는다.'라고 곧바로 알았다. 그리하여 그 수행승은 거룩한 님 가운데 한 분이 되었다.

10. 빛과 형태에 대한 지각과 천신들과의 대화는 어떻게 가능한가?[740]

1. 한때 세존께서 가야 시에 가야씨싸 산에 계셨다.

2. 그때 세존께서는 '수행승들이여'라고 수행승들을 부르셨다. 수행승들은 '세존이시여'라고 대답했다. 세존께서는 이와 같이 말씀하셨다.

3. [세존] "수행승들이여, 예전에 아직 바르고 원만한 깨달음을 성취하지 못한 보살이었을 때 나는 빛을 지각하였으나[741] 형태를 보지 못했다.

4. 수행승들이여, 그래서 나는 이와 같이 '만약 내가 빛을 지각하고 형태를 본다면, 나에게 앎과 봄이[742] 더욱 정화될 것이다.'라고 생각했다. 수행승들이여, 나는 다른 때에 방일하지 않고 열심히 정진해서 빛을 지각하고 형태를 보았다. 그러나 그 신들과 함께 지내지 않고, 대화하지 않고 담론하지 않았다.

5. 수행승들이여, 그래서 나는 이와 같이 '만약 내가 빛을 지각하고 형태를 보고 그 천신들과 함께 지내고 대화하고 담론한다면, 나에게 앎과 봄이 더욱 정화될 것이다.'라고 생각했다. 수행승들이여, 나는 그 후 방일하지 않고 열심히 정진해서 빛을 지각하고 형태를 보고 천신들과 함께 지내고 대화하고 담론하였다. 그러나 나는 그 천신들이 이러저러한 신들의 세계에 속하는지 알지 못했다.

---

740) AN. IV. 302 : 천상에 대한 앎과 봄에 대한 경[Adhidevañāṇadassanasutta], 중아함(대정1. 539b) 참조
741) obhāsaññeva kho sañjānāmi : Mrp. IV. 143에 따르면, 하늘눈[天眼 : dibbacakkhu]으로 아는 빛을 말한다.
742) ñāṇadassana : Mrp. IV. 143에 따르면, 하늘눈을 통한 앎과 봄을 말한다.

6. 수행승들이여, 그래서 나는 이와 같이 '만약 내가 빛을 지각하고 형태를 보고 그 천신들과 함께 지내고 대화하고 담론하고 그 천신들이 이러저러한 신들의 세계에 속하는지 안다면, 나에게 앎과 봄이 더욱 정화될 것이다.'라고 생각했다. 수행승들이여, 나는 그 후 방일하지 않고 열심히 정진해서 빛을 지각하고 형태를 보고 천신들과 함께 지내고 대화하고 담론하고, 그 천신들이 이러저러한 신들의 세계에 속하는지 알았다. 그러나 나는 그 천신들은 이러한 업으로 여기서 죽어서 저기에 태어났다고 알지 못했다.

7. 수행승들이여, 그래서 나는 이와 같이 '만약 내가 빛을 지각하고 형태를 보고 그 천신들과 함께 지내고 대화하고 담론하고 그 천신들이 이러저러한 신들의 세계에 속하는지 알고, 그 천신들은 이러한 업으로 여기서 죽어서 저기에 태어났다고 안다면, 나에게 앎과 봄이 더욱 정화될 것이다.'라고 생각했다. 수행승들이여, 나는 그 후 방일하지 않고 열심히 정진해서 빛을 지각하고 형태를 보고 천신들과 함께 지내고 대화하고 담론하고, 그 천신들이 이러저러한 신들의 세계에 속하는지 알았고 그 천신들은 이러한 업으로 여기서 죽어서 저기에 태어났다고 알았다. 그러나 그 천신들은 이러한 음식을 먹고, 이러한 즐겁고 괴로운 경험을 한다고 알지 못했다.

8. 수행승들이여, 그래서 나는 이와 같이 '만약 내가 빛을 지각하고 형태를 보고 그 천신들과 함께 지내고 대화하고 담론하고 그 천신들이 이러저러한 신들의 세계에 속하는지 알고, 그 천신들은 이러한 업으로 여기서 죽어서 저기에 태어났다고 알고, 그 천신들은 이러한 음식을 먹고, 이러한 즐겁고 괴로운 경험을 한다고 안다면, 나에게 앎과 봄이 더욱 정화될 것이다.'라고 생각했다. 수행승들이여, 나는 그 후 방일하지 않고 열심히 정진해서 빛을 지각하고 형태를 보고 천신

들과 함께 지내고 대화하고 담론하고, 그 천신들이 이러저러한 신들의 세계에 속하는지 알았고 그 천신들은 이러한 업으로 여기서 죽어서 저기에 태어났다고 알았고, 그 천신들은 이러한 음식을 먹고, 이러한 즐겁고 괴로운 경험을 한다고 알았다. 그러나 그 천신들은 이러한 나이를 지녔고, 이러한 수명을 지녔다라고 알지 못했다.

9. 수행승들이여, 그래서 나는 이와 같이 '만약 내가 빛을 지각하고 형태를 보고 그 천신들과 함께 지내고 대화하고 담론하고 그 천신들이 이러저러한 신들의 세계에 속하는지 알고, 그 천신들은 이러한 업으로 여기서 죽어서 저기에 태어났다고 알고, 그 천신들은 이러한 음식을 먹고, 이러한 즐겁고 괴로운 경험을 한다고 알고, 그 천신들은 이러한 나이를 지녔고, 이러한 수명을 지녔다라고 안다면, 나에게 앎과 봄이 더욱 정화될 것이다.'라고 생각했다. 수행승들이여, 나는 그 후 방일하지 않고 열심히 정진해서 빛을 지각하고 형태를 보고 천신들과 함께 지내고 대화하고 담론하고, 그 천신들이 이러저러한 신들의 세계에 속하는지 알았고 그 천신들은 이러한 업으로 여기서 죽어서 저기에 태어났다고 알았고, 그 천신들은 이러한 음식을 먹고, 이러한 즐겁고 괴로운 경험을 한다고 알았고, 그 천신들은 이러한 나이를 지녔고, 이러한 수명을 지녔다라고 알았다. 그러나 그 천신들과 내가 예전에 함께 살았는지 예전에 함께 살지 않았는지를 알지 못했다.

10. 수행승들이여, 그래서 나는 이와 같이 '만약 내가 빛을 지각하고 형태를 보고 그 천신들과 함께 지내고 대화하고 담론하고 그 천신들이 이러저러한 신들의 세계에 속하는지 알고, 그 천신들은 이러한 업으로 여기서 죽어서 저기에 태어났다고 알고, 그 천신들은 이러한 음식을 먹고, 이러한 즐겁고 괴로운 경험을 한다고 알고, 그

천신들은 이러한 나이를 지녔고, 이러한 수명을 지녔다라고 알고 그 천신들과 내가 예전에 함께 살았는지 예전에 함께 살지 않았는지를 안다면, 나에게 앎과 봄이 더욱 정화될 것이다.'라고 생각했다. 수행승들이여, 나는 그 후 방일하지 않고 열심히 정진해서 빛을 지각하고 형태를 보고 천신들과 함께 지내고 대화하고 담론하고, 그 천신들이 이러저러한 신들의 세계에 속하는지 알았고 그 천신들은 이러한 업으로 여기서 죽어서 저기에 태어났다고 알았고, 그 천신들은 이러한 음식을 먹고, 이러한 즐겁고 괴로운 경험을 한다고 알았고, 그 천신들은 이러한 나이를 지녔고, 이러한 수명을 지녔다라고 알았고, 그 천신들과 내가 예전에 함께 살았는지 예전에 함께 살지 않았는지를 알았다.

11. 수행승들이여, 이와 같은 여덟 번 굴린 나의 하늘에 대한 앎과 봄이 아직 완전히 정화되지 않았더라면, 수행승들이여, 나는 신들과 악마들과 하느님들의 세계에서, 성직자들과 수행자들, 그리고 왕들과 백성들과 그 후예들의 세계에서 위없이 바르고 원만한 깨달음을 곧바로 깨달았다고 선언하지 못했을 것이다. 수행승들이여, 이와 같은 여덟 번 굴린 나의 하늘에 대한 앎과 봄이 완전히 정화되었기 때문에, 수행승들이여, 나는 신들과 악마들과 하느님들의 세계에서, 성직자들과 수행자들, 그리고 왕들과 백성들과 그 후예들의 세계에서 위없이 바르고 원만한 깨달음을 곧바로 깨달았다고 선언했다. 그래서 나에게 이와 같이 '나의 마음의 해탈은 흔들림이 없다. 이것이 최후의 태어남이고 더 이상 태어남은 없다.'라는 앎과 봄이 일어났다."[743]

---

743) Mrp. IV. 143에 따르면, 이 경에서 여덟 가지 앎 즉, ① 하늘눈을 통한 앎(dibbacakkhuñāṇa), ② 초월적 능력을 통한 앎(iddhividhañāṇa) ③ 마음을 읽음을 통한 앎(cetopariyañāṇa) ④ 업의 발현을 통한 앎(yathākammūpagañāṇa) ⑤ 미래에 대한 앎(anāgatañāṇa) ⑥ 현재에 대한 앎(paccuppannañāṇa) ⑦ 과거에 대한 앎

11. 여덟 가지 해탈이란 어떠한 것인가?[744]

1. 한때 세존께서는 싸밧티 시에 계셨다.

[세존] "수행승들이여, 성냄을 곧바로 알고, 완전히 알고, 완전히 부수고, 끊어버리고, 부서뜨리고, 무너뜨리고, 사라지게 하고, 소멸하고, 포기하고, 놓아버리기 위해, 이와 같은 여덟 가지 해탈[745]을 닦아야 한다. 여덟 가지란 무엇인가?

2. 수행승들이여, 형상을 지닌 자로서 형상을 본다. 이것이 첫 번째 해탈이다.[746]

3. 안으로 형상의 지각을 여의고 밖으로 형상을 본다. 이것이 두 번째 해탈이다.[747]

4. 청정한 아름다움에 전념한다. 이것이 세 번째 해탈이다.[748]

5. 형상에 대한 지각을 완전히 뛰어넘어[749] 감각적 저촉에 대한 지각을 종식하고[750] 다양성에 대한 지각에 정신활동을 일으키지 않음으로써 '공간이 무한하다.'라고 알아채며 무한공간의 세계에[751] 든

(atītañāṇa) ⑧ 전생의 삶에 대한 앎(pubbenivāsañāṇa)을 다루고 있다.

744) AN. IV. 349 : 여덟 가지 해탈의 경[Aṭṭhavimokkhasutta]

745) aṭṭha vimokkhā : 한역의 팔해탈(八解脫)을 말한다.

746) rūpi rūpāni passati. ayaṃ paṭhamo vimokkho : 여기서 형상은 빛깔로 번역할 수 있다. Mrp. IV. 146에 따르면, 미세한 물질계의 선정에서 안으로 자신의 몸에서 택한 머리카락 등에서 생겨난 푸름의 두루채움(kasiṇa) 등을 통해서, 밖으로 푸름의 두루채움 등을 지닌 형상을 선정의 눈(jhānacakkhu)으로 본다.

747) ajjhattaṃ arūpasaññī eko bahiddhā rūpāni passati. ayaṃ dutiyo vimokkho : 안으로 색깔의 형상에 대한 지각이 여의고 밖으로 한계가 있거나 한계가 없는 아름답거나 추한 형상들을 보는 것이다. 이것은 외부적인 형상으로 이루어지는 일차적인 명상이고 외부적으로 특징을 일으키는 명상이다.

748) subhanteva adhimutto hoti. ayaṃ tatiyā vimokkho : Mrp. IV. 146에 따르면, 여기서 미세한 물질계의 선정은 두루채움의 대상으로서 순수하고 빛나는 형상에 전념하는 것을 말한다. 다섯 번째에서 여덟 번째의 초극의 세계와 같다.

749) rūpasaññānaṃ samatikkamā : 미세한 물질마저 여읜다는 뜻으로, 미세한 물질계[色界]의 선정을 뛰어넘는다는 뜻이다.

750) paṭighasaññānaṁ atthagāmā : '감각적 저촉(障碍 : paṭigha)'은 '밖으로 향하는 의식에 제공된 저항'을 말한다. 우리는 그것으로 사물을 인식한다. Vibh. 261, Vism. 329에 따르면, 감각적 저촉은 다섯 가지 감역에서의 그 감각적 쾌락의 대상의 충격을 말한다.

다. 이것이 네 번째 해탈이다.

6. 무한공간의 세계를 완전히 뛰어넘어 '의식이 무한하다.'라고 알아채며 무한의식의 세계에 든다. 이것이 다섯 번째 해탈이다.

7. 무한의식의 세계를 완전히 뛰어넘어 '아무 것도 없다.'라고 알아채며 아무 것도 없는 세계에 든다. 이것이 여섯 번째 해탈이다.

8. 아무 것도 없는 세계를 완전히 뛰어넘어 지각하는 것도 아니고 지각하지 않는 것도 아닌 세계에 든다. 이것이 일곱 번째 해탈이다.

9. 지각하는 것도 아니고 지각하지 않는 것도 아닌 세계를 완전히 뛰어넘어 지각과 느낌의 소멸에[752] 든다. 이것이 여덟 번째 해탈이다.

10. 수행승들이여, 성냄을 곧바로 알고, 완전히 알고, 완전히 부수고, 끊어버리고, 부서뜨리고, 무너뜨리고, 사라지게 하고, 소멸하고, 포기하고, 놓아버리기 위해, 이와 같은 여덟 가지 해탈을 닦아야 한다."

751) ākāsānañcāyatana … viññāṇānañcāyatana … ākiṁcaññāyatana … nevasaññanāsaññāyatana : 이하의 네 가지는 한역의 공무변처(空無邊處), 식무변처(識無邊處), 무소유처(無所有處), 비상비비상처(非想非非想處)를 뜻하며, 비물질계의 네 가지 선정[無色界四禪]에 상응하는 세계에 해당한다. 상세한 것은 Vism. 326-340을 보라. 이 책의 부록 「불교의 세계관」을 참조하라.

752) saññāvedayitanirodha : 한역의 상수멸(想受滅)을 뜻한다. MN. I. 296에서 싸리뿟따는 마하 꼿티따에게 죽음과 상수멸의 차이를 다음과 같이 설명한다. '죽어서 목숨이 다한 자에게는 신체적인 형성이 소멸하여 고요해지고, 언어적인 형성이 소멸하여 고요해지고, 정신적인 형성이 소멸하여 고요해지고, 생명력이 다하고, 체열이 소모되고, 감관들이 완전히 파괴됩니다. 지각과 느낌의 소멸을 성취한 수행승에게도 신체적인 형성이 소멸하여 고요해지고, 언어적인 형성이 소멸하여 고요해지고, 정신적인 형성이 소멸하여 고요해지지만, 생명력이 다하지 않고, 체열이 다 소모되지 않고, 감관들은 아주 청정해집니다. 벗이여, 죽어서 목숨이 다한 자와 지각과 느낌의 소멸을 성취한 수행승이 있는데, 이들 사이에 이러한 차이가 있습니다.' 여기서 언어적인 형성은 사유와 숙고를 말하는 것으로 두 번째 선정을 통해 그치고, 신체적인 형성은 호흡을 말하는 것으로 네 번째 선정에서 그치고, 정신적 형성은 지각과 느낌을 말하는 것으로 상수멸을 통해 그친다.

9. 아홉 모아모음[Navakanipāta]

1. 선정수행의 단계와 번뇌의 부숨의 관계는 어떠한 것인가?[753]

1. 한때 세존께서는 싸밧티 시에 계셨다.

2. [세존] "수행승들이여, 첫 번째 선정에 의지하여 나는 번뇌의 부숨에 대해 설한다. 수행승들이여, 두 번째 선정에 의지하여 나는 번뇌의 부숨에 대해 설한다. 수행승들이여, 세 번째 선정에 의지하여 나는 번뇌의 부숨에 대해 설한다. 수행승들이여, 네 번째 선정에 의지하여 나는 번뇌의 부숨에 대해 설한다. 수행승들이여, 무한공간의 세계에 의지하여 나는 번뇌의 부숨에 대해 설한다. 수행승들이여, 무한의식의 세계에 의지하여 나는 번뇌의 부숨에 대해 설한다. 수행승들이여, 아무것도 없는 세계에 의지하여 나는 번뇌의 부숨에 대해 설한다. [수행승들이여, 지각하는 것도 아니고 지각하지 않는 것도 아닌 세계에 의지하여 나는 번뇌의 부숨에 대해 설한다. 수행승들이여, 지각과 느낌의 소멸에 의지하여 나는 번뇌의 부숨에 대해 설한다.][754]

---

753) AN. IV. 422 : 선정에 의지함의 경[Jhānanissayasutta]

754) nevasaññānāsaññāyatanampahaṃ bhikkhave nissāya āsavānaṃ khayaṃ vadāmi. saññāvedayitanirodhampahaṃ bhikkhave nissāya āsavānaṃ khayaṃ vadāmi : 이 두 상태는 PTS.본이나 미얀마 본에도 언급되고 있으나 번뇌의 소멸로 이끄는 두 과정이 아니므로 여기서 빠져야 한다는 것을 주석은 암시하고 있다. 그리고 이 경 전체를 보더라도 두 과정은 마지막에 별도로 언급되고 있다. 따라서 빠지는 것이 옳거나 아니면 이 두 상태와 관련해서 이 경의 마지막이 보완되어야 한다. Mrp. IV. 197에 따르면, 왜 여기서 지각하는 것도 아니고 지각하지 않는 것도 아닌 세계가 언급되지 않았는가? 섬세하기 때문이다. 거기서 네 가지 비물질적인 존재의 다발이 극히 미세하므로 접근하기 어렵다. 지각과 관련된 명상의 성취가 있는 한, 궁극적인 앎의 꿰뚫음

3. 수행승들이여, '첫 번째 선정에 의지하여 나는 번뇌의 부숨에 대해 설한다.'라고 말한 것은 무엇을 조건으로 말한 것인가?

수행승들이여, 여기 수행승이 감각적 쾌락의 욕망을 여의고 악하고 불건전한 상태를 떠난 뒤, 사유와 숙고를 갖추고 멀리 여읨에서 생겨나는 희열과 행복을 갖춘 첫 번째 선정에 든다.

그는 거기서 물질과 관련된 것, 느낌과 관련된 것, 지각과 관련된 것, 형성과 관련된 것, 의식과 관련된 것이라면, 그 모든 것을 무상하고 괴롭고 질병이고 종기이고 화살이고 근심이고 아픔이고 타자적인 것이고 괴멸적인 것이고 텅 빈 것이고 실체가 없는 것으로 보아야 한다. 그는 이러한 것들에서 마음을 돌리며, 마음을 돌려서 불사의 세계로 이와 같이 '일체의 형성의 멈춤, 일체의 집착의 버림, 갈애의 부숨, 사라짐, 소멸, 열반, 이것이 적멸이고 이것이 최상이다.'라고 마음을 모은다. 그는 그것에 입각하여 모든 번뇌의 부숨을 성취한다.

만약에 그가 번뇌의 부숨을 성취하지 못하더라도, 법에 대한 갈구와 법에 대한 환희 때문에[755] 다섯 가지 낮은 단계의 결박을 끊고 화생하여 거기서 열반에 들어 저 세상에서 돌아오지 않는다.

수행승들이여, 예를 들어 궁수나 궁수의 제자가 짚으로 만든 인형이나 점토더미에서 연습을 하고 나중에 멀리서 번개처럼 쏘아서 크나큰 무리를 쳐부수는 것과 같다.

수행승들이여, 이와 같이 수행승이 감각적 쾌락의 욕망을 여의고 악하고 불건전한 상태를 떠난 뒤, 사유와 숙고를 갖추고 멀리 여읨

이 있다.(yāvatā saññāsamāpatti tāvatā aññāpaṭivedho) 그러므로 지각하는 것도 아니고 지각하지 않는 것도 아닌 세계는 누군가가 지각과 연결된 명상적인 성취를 이루더라도 그 섬세한 특성 때문에 그가 그것을 파악할 수 없다. 지각과 느낌의 소멸에 대해서야 더 이상 말할 것이 없다.

755) teneva dhammarāgena tāya dhammanandiyā : Mrp. IV. 197에 따르면, 멈춤과 통찰(samathavipassanā)의 법에 대한 갈구와 멈춤과 통찰의 법에 대한 환희를 말한다.

에서 생겨나는 희열과 행복을 갖춘 첫 번째 선정에 든다.

그는 거기서 물질과 관련된 것, 느낌과 관련된 것, 지각과 관련된 것, 형성과 관련된 것, 의식과 관련된 것이라면, 그 모든 것을 무상하고 괴롭고 질병이고 종기이고 화살이고 근심이고 아픔이고 타자적인 것이고 괴멸적인 것이고 텅 빈 것이고 실체가 없는 것으로 보아야 한다. 그는 이러한 것들에서 마음을 돌리며, 마음을 돌려서 불사의 세계로 이와 같이 '일체의 형성의 멈춤, 일체의 집착의 버림, 갈애의 부숨, 사라짐, 소멸, 열반, 이것이 적멸이고 이것이 최상이다.'라고 마음을 모은다. 그는 그것에 입각하여 모든 번뇌의 부숨을 성취한다.

만약에 그가 번뇌의 부숨을 얻지 못하더라도 아직 존재하는 법에 대한 갈구와 법에 대한 환희 때문에 다섯 가지 낮은 단계의 결박을 끊고 화생하여 거기서 열반에 들어 저 세상에서 돌아오지 않는다.[756]

수행승들이여, '첫 번째 선정에 의지하여 나는 번뇌의 부숨에 대해 설한다.'라고 말한 것은 이러한 것을 조건으로 말한 것이다.

4. 수행승들이여, '두 번째 선정에 의지하여 나는 번뇌의 부숨에 대해 설한다.'라고 말한 것은 무엇을 조건으로 말한 것인가?

수행승들이여, 여기 수행승이 사유와 숙고가 멈추어진 뒤, 내적인 평온과 마음의 통일을 이루고, 사유와 숙고를 여의어, 삼매에서 생겨나는 희열과 행복을 갖춘 두 번째 선정에 든다.

그는 거기서 물질과 관련된 것, 느낌과 관련된 것, 지각과 관련된 것, 형성과 관련된 것, 의식과 관련된 것이라면, 그 모든 것을 무상

---

756) tattha parinibbāyī anāvattidhammo tasmā lokā : '거기서'라는 것은 돌아오지 않는 님의 마지막 환생처인 청정한 삶을 사는 하늘나라[淨居天 : Suddhāvāsakāyikā devā]를 말한다.

하고 괴롭고 질병이고 종기이고 화살이고 근심이고 아픔이고 타자적인 것이고 괴멸적인 것이고 텅 빈 것이고 실체가 없는 것으로 보아야 한다. 그는 이러한 것들에서 마음을 돌리며, 마음을 돌려서 불사의 세계로 이와 같이 '일체의 형성의 멈춤, 일체의 집착의 버림, 갈애의 부숨, 사라짐, 소멸, 열반, 이것이 적멸이고 이것이 최상이다.'라고 마음을 모은다. 그는 그것에 입각하여 모든 번뇌의 부숨을 성취한다.

만약에 그가 번뇌의 부숨을 성취하지 못하더라도, 법에 대한 갈구와 법에 대한 환희 때문에 다섯 가지 낮은 단계의 결박을 부수고 화생하여 거기서 열반에 들어 저 세상에서 돌아오지 않는다.

수행승들이여, 예를 들어 궁수나 궁수의 제자가 짚으로 만든 인형이나 점토더미에서 연습을 하고 나중에 멀리서 번개처럼 쏘아서 크나큰 무리를 쳐부수는 것과 같다.

수행승들이여, 이와 같이 수행승이 사유와 숙고가 멈추어진 뒤, 내적인 평온과 마음의 통일을 이루고, 사유와 숙고를 여의어, 삼매에서 생겨나는 희열과 행복을 갖춘 두 번째 선정에 든다.

그는 거기서 물질과 관련된 것, 느낌과 관련된 것, 지각과 관련된 것, 형성과 관련된 것, 의식과 관련된 것이라면, 그 모든 것을 무상하고 괴롭고 질병이고 종기이고 화살이고 근심이고 아픔이고 타자적인 것이고 괴멸적인 것이고 텅 빈 것이고 실체가 없는 것으로 보아야 한다. 그는 이러한 것들에서 마음을 돌리며, 마음을 돌려서 불사의 세계로 이와 같이 '일체의 형성의 멈춤, 일체의 집착의 버림, 갈애의 부숨, 사라짐, 소멸, 열반, 이것이 적멸이고 이것이 최상이다.'라고 마음을 모은다. 그는 그것에 입각하여 모든 번뇌의 부숨을 성취한다.

만약에 그가 번뇌의 부숨을 성취하지 못하더라도, 법에 대한 갈구와 법에 대한 환희 때문에 다섯 가지 낮은 단계의 결박을 부수고 화생하여 거기서 열반에 들어 저 세상에서 돌아오지 않는다.

수행승들이여, '두 번째 선정에 의지하여 나는 번뇌의 부숨에 대해 설한다.'라고 말한 것은 이러한 것을 조건으로 말한 것이다.

5. 수행승들이여, '세 번째 선정에 의지하여 나는 번뇌의 부숨에 대해 설한다.'라고 말한 것은 무엇을 조건으로 말한 것인가?

수행승들이여, 여기 수행승이 희열이 사라진 뒤, 평정하고 새김이 있고 올바로 알아차리며 신체적으로 행복을 느끼며 고귀한 님들이 평정하고 새김이 있고 행복하다고 표현하는 세 번째 선정에 든다.

그는 거기서 물질과 관련된 것, 느낌과 관련된 것, 지각과 관련된 것, 형성과 관련된 것, 의식과 관련된 것이라면, 그 모든 것을 무상하고 괴롭고 질병이고 종기이고 화살이고 근심이고 아픔이고 타자적인 것이고 괴멸적인 것이고 텅 빈 것이고 실체가 없는 것으로 보아야 한다. 그는 이러한 것들에서 마음을 돌리며, 마음을 돌려서 불사의 세계로 이와 같이 '일체의 형성의 멈춤, 일체의 집착의 버림, 갈애의 부숨, 사라짐, 소멸, 열반, 이것이 적멸이고 이것이 최상이다.'라고 마음을 모은다. 그는 그것에 입각하여 모든 번뇌의 부숨을 성취한다.

만약에 그가 번뇌의 부숨을 성취하지 못하더라도, 법에 대한 갈구와 법에 대한 환희 때문에 다섯 가지 낮은 단계의 결박을 부수고 화생하여 거기서 열반에 들어 저 세상에서 돌아오지 않는다.

수행승들이여, 예를 들어 궁수나 궁수의 제자가 짚으로 만든 인형이나 점토더미에서 연습을 하고 나중에 멀리서 번개처럼 쏘아서 크나큰 무리를 쳐부수는 것과 같다.

수행승들이여, 이와 같이 수행승이 희열이 사라진 뒤, 평정하고 새김이 있고 올바로 알아차리며 신체적으로 행복을 느끼며 고귀한 님들이 평정하고 새김이 있고 행복하다고 표현하는 세 번째 선정에 든다.

그는 거기서 물질과 관련된 것, 느낌과 관련된 것, 지각과 관련된 것, 형성과 관련된 것, 의식과 관련된 것이라면, 그 모든 것을 무상하고 괴롭고 질병이고 종기이고 화살이고 근심이고 아픔이고 타자적인 것이고 괴멸적인 것이고 텅 빈 것이고 실체가 없는 것으로 보아야 한다. 그는 이러한 것들에서 마음을 돌리며, 마음을 돌려서 불사의 세계로 이와 같이 '일체의 형성의 멈춤, 일체의 집착의 버림, 갈애의 부숨, 사라짐, 소멸, 열반, 이것이 적멸이고 이것이 최상이다.'라고 마음을 모은다. 그는 그것에 입각하여 모든 번뇌의 부숨을 성취한다.

만약에 그가 번뇌의 부숨을 얻지 성취하지 못하더라도, 법에 대한 갈구와 법에 대한 환희 때문에 다섯 가지 낮은 단계의 결박을 부수고 화생하여 거기서 열반에 들어 저 세상에서 돌아오지 않는다.

수행승들이여, '세 번째 선정에 의지하여 나는 번뇌의 부숨에 대해 설한다.'라고 말한 것은 이러한 것을 조건으로 말한 것이다.

6. 수행승들이여, '네 번째 선정에 의지하여 나는 번뇌의 부숨에 대해 설한다.'라고 말한 것은 무엇을 조건으로 말한 것인가?

수행승들이여, 여기 수행승이 행복과 고통이 버려지고 만족과 불만도 사라진 뒤, 괴로움도 없고 즐거움도 없는, 평정하고 새김이 있고 청정한 네 번째 선정에 든다.

그는 거기서 물질과 관련된 것, 느낌과 관련된 것, 지각과 관련된 것, 형성과 관련된 것, 의식과 관련된 것이라면, 그 모든 것을 무상하고 괴롭고 질병이고 종기이고 화살이고 근심이고 아픔이고 타자적인 것이고 괴멸적인 것이고 텅 빈 것이고 실체가 없는 것으로 보아야 한다. 그는 이러한 것들에서 마음을 돌리며, 마음을 돌려서 불사의 세계로 이와 같이 '일체의 형성의 멈춤, 일체의 집착의 버림, 갈애의 부숨, 사라짐, 소멸, 열반, 이것이 적멸이고 이것이 최상이다.'라고 마음을 모은다. 그는 그것에 입각하여 모든 번뇌의 부숨을 성취한다.

만약에 그가 번뇌의 부숨을 성취하지 못하더라도, 법에 대한 갈구와 법에 대한 환희 때문에 다섯 가지 낮은 단계의 결박을 부수고 화생하여 거기서 열반에 들어 저 세상에서 돌아오지 않는다.

수행승들이여, 예를 들어 궁수나 궁수의 제자가 짚으로 만든 인형이나 점토더미에서 연습을 하고 나중에 멀리서 번개처럼 쏘아서 크나큰 무리를 쳐부수는 것과 같다.

수행승들이여, 이와 같이 수행승이 행복과 고통이 버려지고 만족과 불만도 사라진 뒤, 괴로움도 없고 즐거움도 없는, 평정하고 새김이 있고 청정한 네 번째 선정에 든다.

그는 거기서 물질과 관련된 것, 느낌과 관련된 것, 지각과 관련된 것, 형성과 관련된 것, 의식과 관련된 것이라면, 그 모든 것을 무상하고 괴롭고 질병이고 종기이고 화살이고 근심이고 아픔이고 타자적인 것이고 괴멸적인 것이고 텅 빈 것이고 실체가 없는 것으로 보아야 한다. 그는 이러한 것들에서 마음을 돌리며, 마음을 돌려서 불사의 세계로 이와 같이 '일체의 형성의 멈춤, 일체의 집착의 버림, 갈애의 부숨, 사라짐, 소멸, 열반, 이것이 적멸이고 이것이 최상이다.'라고 마음을 모은다. 그는 그것에 입각하여 모든 번뇌의 부숨을 성취한다.

만약에 그가 번뇌의 부숨을 성취하지 못하더라도, 법에 대한 갈구와 법에 대한 환희 때문에 다섯 가지 낮은 단계의 결박을 부수고 화생하여 거기서 열반에 들어 저 세상에서 돌아오지 않는다.

수행승들이여, '네 번째 선정에 의지하여 나는 번뇌의 부숨에 대해 설한다.'라고 말한 것은 이러한 것을 조건으로 말한 것이다.

7. 수행승들이여, '무한공간의 세계에 의지하여 나는 번뇌의 부숨에 대해 설한다.'라고 말한 것은 무엇을 조건으로 말한 것인가?

수행승들이여, 여기 수행승이 물질에 대한 지각을 완전히 뛰어넘어, 감각적 저촉에 대한 지각을 종식하고 다양한 지각에 정신활동을 일으키지 않음으로써 '공간은 무한하다'고 알아채며 무한공간의 세계에 든다.

그는 거기서 물질과 관련된 것, 느낌과 관련된 것, 지각과 관련된 것, 형성과 관련된 것, 의식과 관련된 것이라면, 그 모든 것을 무상하고 괴롭고 질병이고 종기이고 화살이고 근심이고 아픔이고 타자적인 것이고 괴멸적인 것이고 텅 빈 것이고 실체가 없는 것으로 보아야 한다. 그는 이러한 것들에서 마음을 돌리며, 마음을 돌려서 불사의 세계로 이와 같이 '일체의 형성의 멈춤, 일체의 집착의 버림, 갈애의 부숨, 사라짐, 소멸, 열반, 이것이 적멸이고 이것이 최상이다.'라고 마음을 모은다. 그는 그것에 입각하여 모든 번뇌의 부숨을 성취한다.

만약에 그가 번뇌의 부숨을 성취하지 못하더라도, 법에 대한 갈구와 법에 대한 환희 때문에 다섯 가지 낮은 단계의 결박을 부수고 화생하여 거기서 열반에 들어 저 세상에서 돌아오지 않는다.

수행승들이여, 예를 들어 궁수나 궁수의 제자가 짚으로 만든 인형이나 점토더미에서 연습을 하고 나중에 멀리서 번개처럼 쏘아서 크나큰 무리를 쳐부수는 것과 같다.

수행승들이여, 이와 같이 수행승이 물질에 대한 지각을 완전히 뛰어넘어, 감각적 저촉에 대한 지각을 종식하고 다양한 지각에 정신활동을 일으키지 않음으로써 '공간은 무한하다'고 알아채며 무한공간의 세계에 든다.

그는 거기서 물질과 관련된 것, 느낌과 관련된 것, 지각과 관련된 것, 형성과 관련된 것, 의식과 관련된 것이라면, 그 모든 것을 무상하고 괴롭고 질병이고 종기이고 화살이고 근심이고 아픔이고 타자적인 것이고 괴멸적인 것이고 텅 빈 것이고 실체가 없는 것으로 보아야 한다. 그는 이러한 것들에서 마음을 돌리며, 마음을 돌려서 불사의 세계로 이와 같이 '일체의 형성의 멈춤, 일체의 집착의 버림, 갈애의 부숨, 사라짐, 소멸, 열반, 이것이 적멸이고 이것이 최상이다.'라고 마음을 모은다. 그는 그것에 입각하여 모든 번뇌의 부숨을 성취한다.

만약에 그가 번뇌의 부숨을 성취하지 못하더라도, 법에 대한 갈구와 법에 대한 환희 때문에 다섯 가지 낮은 단계의 결박을 부수고 화생하여 거기서 열반에 들어 저 세상에서 돌아오지 않는다.

수행승들이여, '무한공간의 세계에 의지하여 나는 번뇌의 부숨에 대해 설한다.'라고 말한 것은 이러한 것을 조건으로 말한 것이다.

8. 수행승들이여, '무한의식의 세계에 의지하여 나는 번뇌의 부숨에 대해 설한다.'라고 말한 것은 무엇을 조건으로 말한 것인가?

수행승들이여, 여기 수행승이 무한공간의 세계를 완전히 뛰어넘어, '의식이 무한하다'고 알아채며 무한의식의 세계에 든다.

그는 거기서 물질과 관련된 것, 느낌과 관련된 것, 지각과 관련된 것, 형성과 관련된 것, 의식과 관련된 것이라면, 그 모든 것을 무상하고 괴롭고 질병이고 종기이고 화살이고 근심이고 아픔이고 타자적인 것이고 괴멸적인 것이고 텅 빈 것이고 실체가 없는 것으로 보아야 한다. 그는 이러한 것들에서 마음을 돌리며, 마음을 돌려서 불사의 세계로 이와 같이 '일체의 형성의 멈춤, 일체의 집착의 버림, 갈애의 부숨, 사라짐, 소멸, 열반, 이것이 적멸이고 이것이 최상이다.'라고 마음을 모은다. 그는 그것에 입각하여 모든 번뇌의 부숨을 성취한다.

만약에 그가 번뇌의 부숨을 성취하지 못하더라도, 법에 대한 갈구와 법에 대한 환희 때문에 다섯 가지 낮은 단계의 결박을 부수고 화생하여 거기서 열반에 들어 저 세상에서 돌아오지 않는다.

수행승들이여, 예를 들어 궁수나 궁수의 제자가 짚으로 만든 인형이나 점토더미에서 연습을 하고 나중에 멀리서 번개처럼 쏘아서 크나큰 무리를 쳐부수는 것과 같다.

수행승들이여, 이와 같이 수행승이 무한공간의 세계를 완전히 뛰어넘어, '의식이 무한하다'고 알아채며 무한의식의 세계에 든다.

그는 거기서 물질과 관련된 것, 느낌과 관련된 것, 지각과 관련된 것, 형성과 관련된 것, 의식과 관련된 것이라면, 그 모든 것을 무상하고 괴롭고 질병이고 종기이고 화살이고 근심이고 아픔이고 타자적인 것이고 괴멸적인 것이고 텅 빈 것이고 실체가 없는 것으로 보아야 한다. 그는 이러한 것들에서 마음을 돌리며, 마음을 돌려서 불사의 세계로 이와 같이 '일체의 형성의 멈춤, 일체의 집착의 버림, 갈애의 부숨, 사라짐, 소멸, 열반, 이것이 적멸이고 이것이 최상이다.'라고 마음을 모은다. 그는 그것에 입각하여 모든 번뇌의 부숨을 성취한다.

만약에 그가 번뇌의 부숨을 성취하지 못하더라도, 법에 대한 갈구와 법에 대한 환희 때문에 다섯 가지 낮은 단계의 결박을 부수고 화생하여 거기서 열반에 들어 저 세상에서 돌아오지 않는다.

수행승들이여, '무한의식의 세계에 의지하여 나는 번뇌의 부숨에 대해 설한다.'라고 말한 것은 이러한 것을 조건으로 말한 것이다.

9. 수행승들이여, '아무것도 없는 세계에 의지하여 나는 번뇌의 부숨에 대해 설한다.'라고 말한 것은 무엇을 조건으로 말한 것인가?

수행승들이여, 여기 수행승이 무한의식의 세계를 완전히 뛰어넘어, '아무것도 없다'고 알아채며 아무것도 없는 세계에 든다.

그는 거기서 물질과 관련된 것, 느낌과 관련된 것, 지각과 관련된 것, 형성과 관련된 것, 의식과 관련된 것이라면, 그 모든 것을 무상하고 괴롭고 질병이고 종기이고 화살이고 근심이고 아픔이고 타자적인 것이고 괴멸적인 것이고 텅 빈 것이고 실체가 없는 것으로 보아야 한다. 그는 이러한 것들에서 마음을 돌리며, 마음을 돌려서 불사의 세계로 이와 같이 '일체의 형성의 멈춤, 일체의 집착의 버림, 갈애의 부숨, 사라짐, 소멸, 열반, 이것이 적멸이고 이것이 최상이다.'라고 마음을 모은다. 그는 그것에 입각하여 모든 번뇌의 부숨을 성취한다.

만약에 그가 번뇌의 부숨을 성취하지 못하더라도, 법에 대한 갈구와 법에 대한 환희 때문에 다섯 가지 낮은 단계의 결박을 부수고 화생하여 거기서 열반에 들어 저 세상에서 돌아오지 않는다.

수행승들이여, 예를 들어 궁수나 궁수의 제자가 짚으로 만든 인형이나 점토더미에서 연습을 하고 나중에 멀리서 번개처럼 쏘아서 크나큰 무리를 쳐부수는 것과 같다.

수행승들이여, 이와 같이 수행승이 무한의식의 세계를 완전히 뛰어넘어, '아무것도 없다'고 알아채며 아무것도 없는 세계에 든다.

그는 거기서 물질과 관련된 것, 느낌과 관련된 것, 지각과 관련된 것, 형성과 관련된 것, 의식과 관련된 것이라면, 그 모든 것을 무상하고 괴롭고 질병이고 종기이고 화살이고 근심이고 아픔이고 타자적인 것이고 괴멸적인 것이고 텅 빈 것이고 실체가 없는 것으로 보아야 한다. 그는 이러한 것들에서 마음을 돌리며, 마음을 돌려서 불사의 세계로 이와 같이 '일체의 형성의 멈춤, 일체의 집착의 버림, 갈애의 부숨, 사라짐, 소멸, 열반, 이것이 적멸이고 이것이 최상이다.'라고 마음을 모은다. 그는 그것에 입각하여 모든 번뇌의 부숨을 성취한다.

만약에 그가 번뇌의 부숨을 성취하지 못하더라도, 법에 대한 갈구와 법에 대한 환희 때문에 다섯 가지 낮은 단계의 결박을 부수고 화생하여 거기서 열반에 들어 저 세상에서 돌아오지 않는다.

수행승들이여, '아무것도 없는 세계에 의지하여 나는 번뇌의 부숨에 대해 설한다.'라고 말한 것은 이러한 것을 조건으로 말한 것이다.

10. 수행승들이여, 이와 같이 지각과 관련된 명상의 성취가 있는 한, 궁극적인 앎의 꿰뚫음이 있다.[757] 수행승들이여, 그러나 지각하는 것도 아니고 지각하지 않는 것도 아닌 성취[758]와 지각과 느낌의 소멸[759]의 두 가지 세계에 관한 한, 수행승들이여, 이것들은 명상의 성취에 드는데 밝고, 명상의 성취에서 나오는데 밝은 선정수행승들에 의해서, 그들이 명상의 성취에 들고 명상의 성취에서 나온 뒤에, 올바로 알려져야 한다[760]고 나는 말한다."

---

757) yāvatā saññāsamāpatti tāvatā aññāpaṭivedho : 지각과 관련된 명상의 성취(saññāsamāpatti)가 있는 한, 궁극적인 앎에 의한 꿰뚫음(aññāpaṭivedho)도 있다.

758) nevasaññānāsaññāyatanasamāpatti : 한역의 비상비비상처등지(非想非非想處等至)를 말한다.

759) saññāvedayitanirodho : 한역의 상수멸(想受滅)을 말한다.

760) jhāyīhete bhikkhave bhikkhūhi samāpattikusalehi samāpattivuṭṭhānakusalehi samāpajjitvā vuṭṭhahitvā samakkhātabbānīti : 여기서 'samakkhātabbāni'는 Mrp. IV. 198에 의하면, '적절하게' 또는 '올바로'(sam

2. 선정수행에서 감각영역을 초월할 수 있는가?[761]

1. 이와 같이 나는 들었다. 한때 존자 아난다가 꼬쌈비 시의 고씨따라마 승원에 있었다.

2. 그때 존자 아난다는 '벗들이여 수행승들이여'라고 불렀다. '벗이여'라고 그 수행승들은 존자 아난다에게 대답했다. 존자 아난다는 이와 같이 말했다.

3. [아난다] "벗들이여, 아주 놀라운 일입니다. 벗들이여, 예전에 없었던 일입니다. 세상에 존경받는 님, 아는 님, 보는 님, 거룩한 님, 올바로 원만히 깨달은 님께서는 차폐(遮蔽)에서 열개(裂開)를 찾아[762] 알고 또한 보아 뭇삶들을 청정하게 하고 슬픔과 비탄을 뛰어넘어 고통과 근심을 사라지게 하고 올바른 길에 도달하여 열반을 실현하십니다.

4. 바로 시각이 존재하고 형상이 존재하더라도 그 감역을 감지하지 않을 수 있습니다.[763] 바로 청각이 존재하고 소리가 존재하더라도

---

mā) '알려져야 한다' 또는 '선언되어야 한다'(akkhātabbāni)는 뜻이다.

761) AN. IV. 426 : 아난다의 경[Ānandasutta], 잡아함20.21(대정2. 146a)

762) sambādho okāsādhigamo anubuddho : 역자는 초역에서 '곤궁한 곳에서 출구를 파악하고'라고 Lba. IV. 233에 따라 번역했으나, 역자의 번역 ≪쌍윳따니까야≫ 2 : 7에 따라 곤궁한 곳을 차폐(遮蔽 : sambādha), 출구를 열개(裂開 : okāsa)라고 번역한다. Mrp. IV. 198; Srp. I. 106에 따르면, 다섯 가지 장애(五障 : pañca nīvaraṇāni)와 다섯 가지 감각적 쾌락의 종류(五種欲 : pañca kāmagunā)가 차폐(sambādha)이고, 그 반대어로 주어지는 첫 번째 선정이 열개가 된다. AN. IV. 449-451에 따르면, 이와 같이 해서 첫 번째 선정이 성립하고, 사유와 숙고가 차폐가 되면서 두 번째 선정이 열개되고, 차례로 마침내 번뇌의 부숨이 열개되어 깨달음에 이른다. 참고로 힌두교의 딴다바(Tāṇḍava)의 춤을 즐기는 시바 신은 우주적인 신으로 다섯 가지 활동영역을, 즉 창조, 유지, 파괴와 무지의 베일의 차폐와 열개이다. 춤추는 시바 신이 밟고 있는 악마는 중생이 윤회의 고통에서 해방되는데 방해가 되는 부정적인 것들을 의인화한 것으로 무지의 베일에 의해 가리어지는 것을 상징한다. 그리고 춤추는 시바 신을 둘러싼 불꽃 광휘는 승리를 나타내며 무지의 베일이 열개되는 것을 상징한다. 현세의 윤회의 수레바퀴에 묶는 악마를 정복하면 여신 강가(Gaṅgā)로 상징되는 지혜가 생겨나, 춤추는 시바 신을 둘러싼 불꽃의 원반으로 상징되는 해탈의 빛나는 광휘 속에서 무지의 베일이 열개된다. 지혜의 빛은 현상세계에서의 승리를 드러내며 딴다바의 춤은 해탈의 지복으로 인한 환희를 나타낸다.

763) tadeva nāma cakkhuṃ bhavissati te rūpā tañcāyatanaṃ no paṭisaṃvedissati : Grs. IV. 286에서는 '시각이 존재하더라도, 그 대상과 그 감역의 감지는 없을 것입니다.'라고 번역하고 있고, Lba. IV. 235에서는 '그 시각과 그 형상이 실로 존재해야 한다고 하더라도, 그 감역을 사람이 지각하지 않아야 한다.'라고 번역하고 있다. Ndb.

그 감역을 감지하지 않을 수 있습니다. 바로 후각이 존재하고 냄새가 존재하더라도 그 감역을 감지하지 않을 수 있습니다. 바로 미각이 존재하고 맛이 존재하더라도 그 감역을 감지하지 않을 수 있습니다. 바로 촉각이 존재하고 감촉이 존재하더라도 그 감역을 감지하지 않을 수 있습니다."

5. 이처럼 말하자 존자 우다인은 존자 아난다에게 이와 같이 말했다.

[우다인] "벗이여 아난다여, 그 감역을 감지하지 못하는데, 지각을 합니까, 지각을 하지 못합니까?"

[아난다] "벗이여, 그 감역을 감지하지 못하더라도, 지각을 하며, 지각을 하지 못하는 것이 아닙니다."

[우다인] "벗이여, 어떻게 그 감역을 감지하지 못하더라도, 지각을 합니까?"

6. [아난다] "벗이여, 세상에 수행승이 물질에 대한 지각을 완전히 뛰어넘어 감각적 저촉에 대한 지각을 종식하고 다양성에 대한 지각에 정신활동을 일으키지 않음으로써 '공간이 무한하다'라고 알아채며 무한공간의 세계에 듭니다. 벗이여, 이와 같이 그 감역을 감지하지 못하더라도, 지각을 합니다.

7. 벗이여, 또한 수행승이 무한공간의 세계를 완전히 뛰어넘어 '의식이 무한하다'고 알아채며 무한의식의 세계에 듭니다. 벗이여, 이와 같이 그 감역을 감지하지 못하더라도, 지각을 합니다.

8. 벗이여, 또한 수행승이 무한의식의 세계를 완전히 뛰어넘어 '아무것도 없다'고 알아채며 아무 것도 없는 세계에 듭니다. 벗이여, 이와

1829에서는 이 경에서처럼 여기에 해당하는 감역을 감지하지 못하더라도 지각할 수 있는 것으로 비물질계의 사선정만 포함시킬 것이 아니라 미세한 물질계의 사선정과 이 경의 끝에서 언급하는 특별한 삼매인 상수멸정까지 포함시켜야 한다고 주장한다.

같이 그 감역을 감지하지 못하더라도, 지각을 합니다.

9. 벗이여, 한때 내가 싸께따 시에 있는 안자나 숲의 미가다야 공원에 있었습니다. 그때 벗이여, 수행녀 자띨라가히야[764]가 내가 있는 곳으로 찾아왔습니다. 가까이 다가와서 내게 인사를 하고 한쪽으로 물러나 섰습니다. 한쪽으로 물러나 서서 벗이여, 수행녀 자띨라가히야는 나에게 말했습니다.

[자띨라가히야] '존자 아난다여, 경향을 갖거나 혐오를 갖지 않고,[765] 노력을 기울인 제어에서 유래하고, 해탈되었기 때문에 확립되고, 확립되었기 때문에 행복하고, 행복하기 때문에 동요하지 않는 삼매가 있는데, 존자 아난다여, 이러한 삼매는 어떠한 과보가 있다고 세존께서 말씀하셨습니까?'

10. 이처럼 말하자 벗이여, 나는 그 수행녀 자띨라가히야에게 이와 같이 '자매여, 경향을 갖거나 혐오를 지니지 않고, 노력을 기울인 제어에서 유래하고, 해탈되었기 때문에 확립되고, 확립되었기 때문에 행복하고, 행복하기 때문에 동요하지 않는 삼매가 있는데, 자매여, 이러한 삼매는 궁극의 앎이라는 과보가 있다고 세존께서 말씀하셨습니다.'라고 말했습니다. 벗이여, 이와 같이 그 감역을 감지하지 못하더라도 지각을 합니다."

3. 무한한 지혜로 유한한 세계를 본다면, 어떻게 세계의 종식에 도달할 수 있는가?[766]

1. 한때 세존께서는 싸밧티 시에 계셨다. 그때 두 세속철학을 신봉하는[767] 바라문들이 세존께서 계신 곳으로 찾아왔다. 가까이 다가와

---

764) Jaṭilagāhiyā : 수행녀의 이름으로 이 경에만 등장하며, Mrp. IV. 199에 따르면, Jaṭilagaha 시에서 살기 때문에 붙여진 이름이다.

765) na cābhinato na cāpanato : Mrp. IV. 199에 따르면, 탐욕을 통해 경향을 갖거나 성냄을 통해 혐오를 갖는다.

766) AN. IV. 428 : 앎과 봄의 문제바라문 세속철학자의 경[Lokāyatikabrāhmaṇasutta]

서 세존과 함께 인사를 나누고 안부를 주고받은 뒤에 한쪽으로 물러나 앉았다.

2 한쪽으로 물러나 앉은 그 바라문들은 세존께 이와 같이 말씀드렸다.

[바라문들] "존자 고따마여, 뿌라나 깟싸빠[768]는 일체를 아는 자, 일체를 보는 자, 한계 없는 앎과 봄을 지닌 자라고 주장하며 이와 같이 '내가 걷고 있거나 서 있거나 잠자고 있거나 깨어 있거나 항상

---

767) Lokāyatika : 한역에서는 순세파(順世派)라고 한다. 서양학자(W. Geiger, Rhys Davids, R. O. Franke 등)들은 이들을 궤변론자(Sophist)라고 번역한다. 이들이 다루던 문제에 관하여는 DA. I. 1. 25에 상세히 나온다. 순세(lokāyata)라는 말 속에는 물질주의적이고 세속적이라는 뜻이 함축되어 있다. 그들은 자신의 결론을 논리적 귀결에 종속시키지 않고 변증적으로 끌어내려고 했기 때문에 많은 사람으로부터 비난 받았다. 그들은 예를 들어 '까마귀는 희다. 왜냐하면 그의 뼈가 희기 때문이다. 백조는 붉다. 왜냐하면 그의 피가 붉기 때문이다.' 식의 허무맹랑한 이론까지 증명해 보이려고 시도했다. Srp. II. 76에 의하면 그들은 궤변술사(vitaṇḍasattha)이다. 자야띨레께(Jayatileke)의 Early Buddhist Theory of Knowledge pp. 48-57에 따르면, 이들은 주로 우주론을 다루고 있었다.

768) Puraṇa Kassapa : 유물론자이자 비결정론자로 절대적인 우연론으로서의 무인론(無因論 : ahetuvāda)을 주장했고, 모든 원인과 결과는 무(無)에서 유(有)가 나오는 것처럼 초월적이고 완전히 우연적이어서 절대적으로 예측가능하지도 않고, 무법칙적으로 변화하므로 인과관계는 애초부터 성립될 수 없으며, 인과적 연속성을 담보할 수 없는 허무주의(斷滅論 : ucchedavāda)를 주장했다. 그는 살생, 도둑질, 간음, 거짓말 등을 해도 악을 행한다고 할 수 없으며 분노 과보도 없다고 주장했다. 또한 제사, 보시, 극기, 진실어를 행하여도 선을 행한다고 할 수 없고 선의 과보도 없다고 주장하였다. 그는 이처럼 도덕적 책임감을 부정하는 무작론(無作論 : akiriyavāda)을 주장했다. 그러나 여기서 뿌라나 깟싸빠가 주장했다는 여섯 계층에 대한 학설은 실제로는 사명외도인 막칼리 고쌀라(Makkhali Gosāla)의 주장일 가능성이 높다. 그에 관해서는 DN. I. 53~54와 MN. I. 516~517에 잘 나타나 있다. 그는 사명외도(邪命外道 : Ājīvika)의 결정론자로서 모든 존재는 결정과 종과 자연의 본성(niyati saṅgatibhāvapariṇatā)에 의해 지배된다고 주장했다. '모든 동물, 모든 유정, 모든 존재, 모든 생명은 … 결정과 종과 자연의 본성에 의해서 서로 변이하여 여섯 가지 종류에 따라서 즐거움과 괴로움을 받는다.(sabbe sattā sabbe pāṇā sabbe bhūtā sabbe jīvā.… niyatisaṅgatibhāvapariṇatā chass evābhijātisu sukhadukkhaṁ paṭisaṁvedenti)' 고쌀라의 결정론이 유물론적이든 그렇지 않든 간에 고쌀라는 모든 사건의 원인과 결과들이 강하게 결정되어 있는 것을 너무 강조한 나머지 모든 사건들이 미리 결정되어 있으며 운명지어져 있다는 것을 강조했다. 운명은 신들의 힘과 권능뿐만 아니라 인간의 모든 노력을 넘어서는 것이다. 그러나 이러한 너무 극단적인 결정론은 무조건적 결정론으로 무인론(ahetuvāda)이며, 결과적으로 무인무연론(無因無緣論)이 될 수밖에 없었다. '유정의 염오(染汚)에는 원인도 없고 조건도 없다. 유정은 무원인, 무조건적으로 오염된다. 유정의 청정에도 원인도 없고 조건도 없다. 유정은 무원인, 무조건적으로 청정해진다.(n'atthi hetu n'atthi paccayo sattānaṁ saṁkilesāya, ahetuapccayā sattā saṁkilesanti. n'atthi hetu n'atthi paccayo sattānaṁ visuddhiyā, ahetu paccayā sa-ttā visujjhanti)' 그리고 그에 의하면 인간과 세계는 마치 실타래가 던져졌을 때 완전히 풀릴 때까지 풀려나가듯이(seyyathā pi nāma suttaguḷe khitte nibbeṭhiyamānaṁ eva phaleti) 가차없는 목적론과 일치하는 무자비한 과정의 산물이다. 고쌀라의 주장은 인과법칙의 가혹함에서 연원된 것이다. 그러나 이러한 숙명론은 결과적으로 정신적인 인과성에서 자명한 자유의지마저 부정할 수밖에 없었다.

언제나 앎과 봄이 현전한다.'라고 말하고 또한 '나는 무한한 지혜로 유한한 세계를 알고 또한 본다.'라고 말합니다. 그리고 또한 존자 고따마여, 니간타 나따뿟따[769]도 일체를 아는 자, 일체를 보는 자, 한계 없는 앎과 봄을 지닌 자라고 주장하며 이와 같이 '내가 걷고 있거나 서 있거나 잠자고 있거나 깨어 있거나 항상 언제나 앎과 봄이 현전한다.'라고 말하고 또한 '나는 무한한 지혜로 유한한 세계를 알고 또한 본다.'라고 말합니다. 존자 고따마여, 이 양자의 지혜에 대한 이론은 서로 다르고 모순되는 이론인데, 어느 것이 진실이고 어느 것이 거짓입니까?"

3. [세존] "바라문들이여, 그만 두십시오. '이 양자의 지혜에 대한 이론은 서로 다르고 모순되는 이론인데, 어느 것이 진실이고 어느 것이 거짓입니까?'라는 질문은 그냥 놔두십시오. 바라문들이여, 나는 그대들에게 가르침을 설하겠습니다. 듣고 잘 새기십시오. 내가 설하겠습니다."

[바라문들] "존자여, 그렇게 하겠습니다."

바라문들은 세존께 대답했다. 세존께서는 이와 같이 말씀하셨다.

4. [세존] "바라문들이여, 예를 들어 사방을 향해 네 명의 사람이 있는데, 최상의 속력을 갖추고 최상의 보폭을 갖추었습니다. 바라문들이여, 그들은 마치 강력하고 능숙하고 솜씨있고 재주있는 궁술사가 가볍게 쏘아 힘들이지 않고 종려나무 잎사귀를 꿰뚫어버리는 것과

---

769) Nigaṇṭha Nāthaputta : 니간타 나타뿟따(Nigaṇṭha Nāthaputta)는 니간타 나따뿟따(Nigaṇṭha Nātaputta)로 읽기도 한다. 그는 자이나교의 교조로 본명은 바르다마나(Vardhamāna)였다. 니간타(Nigaṇṭha)의 어원적 의미는 '속박에서 벗어난 자'의 뜻이다. 경전에서 니간타라고만 할 경우에는 자이나교도를 의미한다. 경에 자주 등장하지만 부처님이 그를 직접 대면한 적은 없다. 그의 가르침의 중심은 DN. I. 57과 MN. I. 377에 의하면 '네 가지의 금계에 의한 제어(cātuyāmasusaṁvara)'이다. 네 가지의 금계에 의한 제어는 ① 모든 물을 사용하지 않고 ② 모든 악을 떠나는 것에 따르고 ③ 모든 악을 떠나는 것을 책임으로 하고 ④ 모든 악을 떠나는 것에 도달한다. 이 네 가지 금계 가운데 첫 번째 모든 물을 사용하지 않는다는 것(sabbavārivārito)만은 우리가 이해할 수 없다. 붓다고싸에 의하면 이 단어는 생명이 있을지 모르는 차가운 물을 마시는 것에 대한 금지를 뜻한다.

같은 속력을 갖추었고, 그들은 마치 동쪽 바다에서 서쪽바다에 이르는 거리의 보폭을 갖추었습니다.

5. 그때 동쪽으로 향해 선 사람이 '나는 걸어서 세계의 끝에 도달하겠다.'라고 말한다고 합시다. 그가 먹지도 않고 마시지도 않고 삼키지도 않고 잠자지도 않고 대소변을 보지도 않고 나태와 피곤을 몰아내며 백세의 수명을 지니고 백년을 살면서 백년 동안 간다하더라도, 마침내 세계의 끝에 도달하지도 못하고 도중에 죽고 말 것입니다.

6. 그리고 서쪽으로 향해 선 사람이 '나는 걸어서 세계의 끝에 도달하겠다.'라고 말한다고 합시다. 그가 먹지도 않고 마시지도 않고 삼키지도 않고 잠자지도 않고 대소변을 보지도 않고 나태와 피곤을 몰아내며 백세의 수명을 지니고 백년을 살면서 백년 동안 간다하더라도, 마침내 세계의 끝에 도달하지도 못하고 도중에 죽고 말 것입니다.

7. 그리고 북쪽으로 향해 선 사람이 '나는 걸어서 세계의 끝에 도달하겠다.'라고 말한다고 합시다. 그가 먹지도 않고 마시지도 않고 삼키지도 않고 잠자지도 않고 대소변을 보지도 않고 나태와 피곤을 몰아내며 백세의 수명을 지니고 백년을 살면서 백년 동안 간다하더라도, 마침내 세계의 끝에 도달하지도 못하고 도중에 죽고 말 것입니다.

8. 그리고 남쪽으로 향해 선 사람이 '나는 걸어서 세계의 끝에 도달하겠다.'라고 말한다고 합시다. 그가 먹지도 않고 마시지도 않고 삼키지도 않고 잠자지도 않고 대소변을 보지도 않고 나태와 피곤을 몰아내며 백세의 수명을 지니고 백년을 살면서 백년 동안 간다하더라도, 마침내 세계의 끝에 도달하지도 못하고 도중에 죽고 말 것입

니다.

9. 그것은 무슨 까닭입니까? 바라문들이여, 그러한 경주를 통해서는 세계의 끝을 알 수 없고 볼 수 없고 도달할 수 없다고 나는 말합니다. 바라문이여, 그렇지만 나는 세계의 끝에 도달하지 않고서는 괴로움을 끝낼 수 없다고 말합니다.[770]

10. 바라문들이여, 고귀한 님의 계율에 비추어 이와 같은 다섯 가지 감각적 쾌락의 대상들이 세계라고 불립니다. 다섯 가지란 무엇입니까?

1) 시각으로 인식되는 형상들은 원하고 즐겁고 마음에 들고 사랑스럽고 감각적 욕망을 자극하고 애착의 대상이 됩니다.
2) 청각으로 인식되는 소리들은 원하고 즐겁고 마음에 들고 사랑스럽고 감각적 욕망을 자극하고 애착의 대상이 됩니다.
3) 후각으로 인식되는 냄새들은 원하고 즐겁고 마음에 들고 사랑스럽고 감각적 욕망을 자극하고 애착의 대상이 됩니다.
4) 미각으로 인식되는 맛들은 원하고 즐겁고 마음에 들고 사랑스럽고 감각적 욕망을 자극하고 애착의 대상이 됩니다.
5) 촉각으로 인식되는 감촉들은 원하고 즐겁고 마음에 들고 사랑스럽고 감각적 욕망을 자극하고 애착의 대상이 됩니다.

바라문들이여, 고귀한 님의 계율에 비추어 이와 같은 다섯 가지 감각적 쾌락의 대상들이 세계라고 불립니다.

11. 바라문들이여, 세상에 수행승이 감각적 쾌락의 욕망을 여의고 악하고 불건전한 상태를 떠난 뒤, 사유와 숙고를 갖추고 멀리 여읨

---

770) na cāhaṃ brāhmaṇā, appatvāva lokassa antaṃ dukkhassantakiriyaṃ vadāmīti : 세계는 Srp. I. 117에 의하면, 두 가지 뜻이 있다. 이동해서 갈 수 있는 공간적 세계(cakkavāḷaloka)와 업력으로 이루어진 '형성의 세계(saṁkhāraloka)'이다. 부처님은 두 번째의 세계를 언급하고 있다.

에서 생겨나는 희열과 행복을 갖춘 첫 번째 선정에 듭니다. 바라문들이여, 이것을 두고 수행승이 세계의 끝에 도달하여 세계의 끝에서 지낸다고 말하는 것입니다. 다른 사람들이 그에 대하여 '이 사람도 세계에 속해 있지 세계에서 벗어나지 못했다.'라고 말합니다. 그리고 나도 그에 대하여 '이 사람도 세계에 속해 있지 세계에서 벗어나지 못했다.'라고 말합니다.

12. 바라문들이여, 또한 수행승이 사유와 숙고가 멈추어진 뒤, 내적인 평온과 마음의 통일을 이루고, 사유와 숙고를 여의어, 삼매에서 생겨나는 희열과 행복을 갖춘 두 번째 선정에 듭니다. 바라문들이여, 이것을 두고 수행승이 세계의 끝에 도달하여 세계의 끝에서 지낸다고 말하는 것입니다. 다른 사람들이 그에 대하여 '이 사람도 세계에 속해 있지 세계에서 벗어나지 못했다.'라고 말합니다. 그리고 나도 그에 대하여 '이 사람도 세계에 속해 있지 세계에서 벗어나지 못했다.'라고 말합니다.

13. 바라문들이여, 또한 수행승이 희열이 사라진 뒤, 평정하고 새김이 있고 올바로 알아차리며 신체적으로 행복을 느끼며 고귀한 님들이 평정하고 새김이 있고 행복하다고 표현하는 세 번째 선정에 듭니다. 바라문들이여, 이것을 두고 수행승이 세계의 끝에 도달하여 세계의 끝에서 지낸다고 말하는 것입니다. 다른 사람들이 그에 대하여 '이 사람도 세계에 속해 있지 세계에서 벗어나지 못했다.'라고 말합니다. 그리고 나도 그에 대하여 '이 사람도 세계에 속해 있지 세계에서 벗어나지 못했다.'라고 말합니다.

14. 바라문들이여, 또한 수행승이 행복과 고통이 버려지고 만족과 불만도 사라진 뒤, 괴로움도 없고 즐거움도 없는, 평정하고 새김이 있고 청정한 네 번째 선정에 듭니다. 바라문들이여, 이것을 두고 수

행승이 세계의 끝에 도달하여 세계의 끝에서 지낸다고 말하는 것입니다. 다른 사람들이 그에 대하여 '이 사람도 세계에 속해 있지 세계에서 벗어나지 못했다.'라고 말합니다. 그리고 나도 그에 대하여 '이 사람도 세계에 속해 있지 세계에서 벗어나지 못했다.'라고 말합니다.

15. 바라문들이여, 또한 수행승이 물질에 대한 지각을 완전히 뛰어넘어 감각적 저촉에 대한 지각을 종식하고 다양성에 대한 지각에 정신활동을 일으키지 않음으로써 '공간이 무한하다'라고 알아채며 무한공간의 세계에 듭니다. 바라문들이여, 이것을 두고 수행승이 세계의 끝에 도달하여 세계의 끝에서 지낸다고 말하는 것입니다. 다른 사람들이 그에 대하여 '이 사람도 세계에 속해 있지 세계에서 벗어나지 못했다.'라고 말합니다. 그리고 나도 그에 대하여 '이 사람도 세계에 속해 있지 세계에서 벗어나지 못했다.'라고 말합니다.

16. 바라문들이여, 또한 수행승이 무한공간의 세계를 완전히 뛰어넘어 '의식이 무한하다'고 알아채며 무한의식의 세계에 듭니다. 바라문들이여, 이것을 두고 수행승이 세계의 끝에 도달하여 세계의 끝에서 지낸다고 말하는 것입니다. 다른 사람들이 그에 대하여 '이 사람도 세계에 속해 있지 세계에서 벗어나지 못했다.'라고 말합니다. 그리고 나도 그에 대하여 '이 사람도 세계에 속해 있지 세계에서 벗어나지 못했다.'라고 말합니다.

17. 바라문들이여, 또한 수행승이 무한의식의 세계를 완전히 뛰어넘어 '아무 것도 없다'고 알아채며 아무 것도 없는 세계에 듭니다. 바라문들이여, 이것을 두고 수행승이 세계의 끝에 도달하여 세계의 끝에서 지낸다고 말하는 것입니다. 다른 사람들이 그에 대하여 '이 사람도 세계에 속해 있지 세계에서 벗어나지 못했다.'라고 말합니

다. 그리고 나도 그에 대하여 '이 사람도 세계에 속해 있지 세계에서 벗어나지 못했다.'라고 말합니다.

18. 바라문들이여, 또한 수행승이 아무 것도 없는 세계를 완전히 뛰어넘어 지각하는 것도 아니고 지각하지 않는 것도 아닌 세계에 듭니다. 바라문들이여, 이것을 두고 수행승이 세계의 끝에 도달하여 세계의 끝에서 지낸다고 말하는 것입니다. 다른 사람들이 그에 대하여 '이 사람도 세계에 속해 있지 세계에서 벗어나지 못했다.'라고 말합니다. 그리고 나도 그에 대하여 '이 사람도 세계에 속해 있지 세계에서 벗어나지 못했다.'라고 말합니다.

19. 바라문들이여, 또한 수행승이 지각하는 것도 아니고 지각하지 않는 것도 아닌 세계를 완전히 뛰어넘어 지각과 느낌의 소멸에 듭니다. 지혜로써 보아, 그에게 모든 번뇌가 부서집니다. 바라문들이여, 이것을 두고 그 수행승이 세계의 끝에 도달하여 세계의 끝에서 지내며 세계에 대한 집착을 여의었다고 말하는 것입니다."

4. 차폐(遮蔽)에서 열개(裂開)를 찾는 명상수행이란 어떠한 것인가?[771]

1. 이와 같이 나는 들었다. 한때 존자 아난다는 꼬쌈비 시의 고씨따라마 승원에 있었다.

2. 그때 존자 우다인이 존자 아난다가 있는 곳으로 찾아왔다. 가까이 다가와서 존자 아난다와 인사를 나누고 안부를 주고받은 뒤 한쪽으로 물러나 앉았다. 한쪽으로 물러나 앉아 존자 우다인은 존자 아난다에게 이와 같이 말했다.

3. [우다인] "벗이여, 하늘아들 빤짤라짠다[772]가 이와 같이 말했습

771) AN. IV. 449; 차폐(遮蔽)의 경[Sambādhasutta], ≪앙굿따라니까야≫ 9 : 37경과 비교하라.
772) Pañcālacaṇḍa : 천신의 이름으로 ≪쌍윳따니까야≫ 2 : 7경에도 등장한다.

니다.

[빤짤라짠다] '광대한 지혜를 지닌 님은
차폐(遮蔽)에서 열개(裂開)를 찾았으니,
무리의 영웅이자 해탈하신 님,
깨달은 님께서는 선정을 깨우치셨다.'773)

벗이여, 차폐란 어떠한 것이고 차폐에서 열개를 찾는다는 것은 어떠한 것이라고 세존께서 말씀하셨습니까?"

4. [아난다] "벗이여, 이러한 다섯 가지 감각적 쾌락의 대상이 차폐라고 세존께서 말씀하셨습니다. 다섯 가지란 무엇입니까?

1) 시각으로 인식되는 형상들은 원하고 즐겁고 마음에 들고 사랑스럽고 감각적 욕망을 자극하고 애착의 대상이 됩니다.
2) 청각으로 인식되는 소리들은 원하고 즐겁고 마음에 들고 사랑스럽고 감각적 욕망을 자극하고 애착의 대상이 됩니다.
3) 후각으로 인식되는 냄새들은 원하고 즐겁고 마음에 들고 사랑스럽고 감각적 욕망을 자극하고 애착의 대상이 됩니다.
4) 미각으로 인식되는 맛들은 원하고 즐겁고 마음에 들고 사랑스럽고 감각적 욕망을 자극하고 애착의 대상이 됩니다.
5) 촉각으로 인식되는 감촉들은 원하고 즐겁고 마음에 들고 사랑스럽고 감각적 욕망을 자극하고 애착의 대상이 됩니다.

5. 벗이여, 세상에 수행승이 감각적 쾌락의 욕망을 여의고 악하고 불건전한 상태를 떠난 뒤, 사유와 숙고를 갖추고 멀리 여읨에서 생겨나는 희열과 행복을 갖춘 첫 번째 선정에 듭니다. 벗이여, 이러한 경우 그 특정한 관점에서 차폐에서 열개를 찾은 님이라고 세존

773) 1. sambādhe vata okāsaṃ | avindi bhūrimedhaso | yo jhānamabudhā buddho | paṭilīnanisabho munī ti || 차폐(遮蔽)와 열 개(裂開)에 대해서는 이 책 552쪽의 주석을 보라.

께서는 말씀하셨습니다.[774] 거기에 또한 차폐가 있다면, 무엇이 차폐입니까? 사유와 숙고가 멈추지 않는다면, 거기서 그것이 차폐입니다.

6. 벗이여, 또한 수행승이 사유와 숙고가 멈추어진 뒤, 내적인 평온과 마음의 통일을 이루고, 사유와 숙고를 여의어, 삼매에서 생겨나는 희열과 행복을 갖춘 두 번째 선정에 듭니다. 벗이여, 이러한 경우 그 특정한 관점에서 차폐에서 열개를 찾은 님이라고 세존께서는 말씀하셨습니다. 거기에 또한 차폐가 있다면, 무엇이 차폐입니까? 희열이 멈추지 않는다면, 거기서 그것이 차폐입니다.

7. 벗이여, 또한 수행승이 희열이 사라진 뒤, 평정하고 새김이 있고 올바로 알아차리며 신체적으로 행복을 느끼며 고귀한 님들이 평정하고 새김이 있고 행복하다고 표현하는 세 번째 선정에 듭니다. 벗이여, 이러한 경우 그 특정한 관점에서 차폐에서 열개를 찾은 님이라고 세존께서는 말씀하셨습니다. 거기에 또한 차폐가 있다면, 무엇이 차폐입니까? 평정의 행복이 멈추지 않는다면, 거기서 그것이 차폐입니다.

8. 벗이여, 또한 수행승이 행복과 고통이 버려지고 만족과 불만도 사라진 뒤, 괴로움도 없고 즐거움도 없는, 평정하고 새김이 있고 청정한 네 번째 선정에 듭니다. 벗이여, 이러한 경우 그 특정한 관점에서 차폐에서 열개를 찾은 님이라고 세존께서는 말씀하셨습니다. 거기에 또한 차폐가 있다면, 무엇이 차폐입니까? 미세한 물질에 대한 지각이 멈추지 않는다면, 거기서 그것이 차폐입니다.

---

774) ettāvatā pi kho āvuso sambādhe okāsādhigamo vutto bhagavatā pariyāyena : Lba. IV. 243에 따르면, 여기서 '이러한 경우 그 특정한 관점에서(ettāvatā pariyāyena)'라는 것은 궁극적인 번뇌의 소멸의 관점이 아니기 때문에 '한정적인 관점에서'라는 뜻이다. 궁극적인 번뇌의 소멸은 무상하고 괴롭고 실체 없음에 대한 통찰(vipassanā)을 통해서 깨달아질 수 있다.

9. 벗이여, 또한 수행승이 물질에 대한 지각을 완전히 뛰어넘어 감각적 저촉에 대한 지각을 종식하고 다양성에 대한 지각에 정신활동을 일으키지 않음으로써 '공간이 무한하다'라고 알아채며 무한공간의 세계에 듭니다. 벗이여, 이러한 경우 그 특정한 관점에서 차폐에서 열개를 찾은 님이라고 세존께서는 말씀하셨습니다. 거기에 또한 차폐가 있다면, 무엇이 차폐입니까? 무한공간의 세계의 지각이 멈추지 않는다면, 거기서 그것이 차폐입니다.

10. 벗이여, 또한 수행승이 무한공간의 세계를 완전히 뛰어넘어 '의식이 무한하다'고 알아채며 무한의식의 세계에 듭니다. 벗이여, 이러한 경우 그 특정한 관점에서 차폐에서 열개를 찾은 님이라고 세존께서는 말씀하셨습니다. 거기에 또한 차폐가 있다면, 무엇이 차폐입니까? 무한의식의 세계의 지각이 멈추지 않는다면, 거기서 그것이 차폐입니다.

11. 벗이여, 또한 수행승이 무한의식의 세계를 완전히 뛰어넘어 '아무 것도 없다'고 알아채며 아무 것도 없는 세계에 듭니다. 벗이여, 이러한 경우 그 특정한 관점에서 차폐에서 열개를 찾은 님이라고 세존께서는 말씀하셨습니다. 거기에 또한 차폐가 있다면, 무엇이 차폐입니까? 아무것도 없는 세계의 지각이 멈추지 않는다면, 거기서 그것이 차폐입니다.

12. 벗이여, 또한 수행승이 아무 것도 없는 세계를 완전히 뛰어넘어 지각하는 것도 아니고 지각하지 않는 것도 아닌 세계에 듭니다. 벗이여, 이러한 경우 그 특정한 관점에서 차폐에서 열개를 찾은 님이라고 세존께서는 말씀하셨습니다. 거기에 또한 차폐가 있다면, 무엇이 차폐입니까? 지각하는 것도 아니고 지각하지 않는 것도 아닌

세계의 지각이 멈추지 않는다면, 거기서 그것이 차폐입니다.

13. 벗이여, 또한 수행승이 지각하는 것도 아니고 지각하지 않는 것도 아닌 세계를 완전히 뛰어넘어 지각과 느낌의 소멸에 듭니다. 지혜로써 보아, 그에게 모든 번뇌가 부서집니다. 벗이여, 이와 같이 차폐에서 열개를 찾는다는 것에 대해 세존께서 말씀하셨습니다."

5. 몸으로 깨우친 님은 어떠한 선정의 경험을 가진 자를 일컫는 것일까?[775]

1. 한때 존자 아난다는 꼬쌈비 시에 있었다. 그때 존자 우다인이 존자 아난다가 있는 곳으로 찾아왔다. 가까이 다가와서 존자 아난다와 인사를 나누고 안부를 주고받은 뒤 한쪽으로 물러나 앉았다.

2. 한쪽으로 물러나 앉아 존자 우다인은 존자 아난다에게 이와 같이 말했다.

[우다인] "벗이여, '몸으로 깨우친 님, 몸으로 깨우친 님'이라고 말하는데, 세존께서는 어떻게 몸으로 깨우친 님[776]에 대하여 말씀하셨습니까?"

3. [아난다] "벗이여, 세상에 수행승이 감각적 쾌락의 욕망을 여의고 악하고 불건전한 상태를 떠난 뒤, 사유와 숙고를 갖추고 멀리 여읨에서 생겨나는 희열과 행복을 갖춘 첫 번째 선정에 듭니다. 그는 그 경지의 확장의 정도에 따라 그 경지를 몸으로 접촉합니다. 세존께서는 이러한 경우 그 특정한 관점에서 그 분을 몸으로 깨우친 님이라

775) AN. IV. 451 : 몸으로 깨우친 님의 경[Kāyasakkhīsutta]

776) kāyasakkhin : Mrp. IV. 206에 따르면, 여기서 몸이란 물질적 신체라기보다는 '정신적인 몸 또는 정신적인 무리(nāmakāya)' 즉, 느낌과 지각과 형성과 의식의 무리를 뜻한다. 이러한 정신적인 무리로 선정을 성취한 자를 말한다. 따라서 통찰(vipassanā)이 아니라 멈춤(samatha)을 통해 해탈한 자라고 할 수 있다. 지혜에 의한 해탈을 이룬 자는 반드시 몸으로 깨우친 님이라고 할 수 없으나 양면으로 해탈한 자는 반드시 몸으로 깨우친 님이라고 할 수 있다.

고 말씀하셨습니다.

4. 벗이여, 또한 수행승이 사유와 숙고가 멈추어진 뒤, 내적인 평온과 마음의 통일을 이루고, 사유와 숙고를 여의어, 삼매에서 생겨나는 희열과 행복을 갖춘 두 번째 선정에 듭니다. 그는 그 경지의 확장의 정도에 따라 그 경지를 몸으로 접촉합니다. 세존께서는 이러한 경우 그 특정한 관점에서 그 분을 몸으로 깨우친 님이라고 말씀하셨습니다.

5. 벗이여, 또한 수행승이 희열이 사라진 뒤, 평정하고 새김이 있고 올바로 알아차리며 신체적으로 행복을 느끼며 고귀한 님들이 평정하고 새김이 있고 행복하다고 표현하는 세 번째 선정에 듭니다. 그는 그 경지의 확장의 정도에 따라 그 경지를 몸으로 접촉합니다. 세존께서는 이러한 경우 그 특정한 관점에서 그 분을 몸으로 깨우친 님이라고 말씀하셨습니다.

6. 벗이여, 또한 수행승이 행복과 고통이 버려지고 만족과 불만도 사라진 뒤, 괴로움도 없고 즐거움도 없는, 평정하고 새김이 있고 청정한 네 번째 선정에 듭니다. 그는 그 경지의 확장의 정도에 따라 그 경지를 몸으로 접촉합니다. 세존께서는 이러한 경우 그 특정한 관점에서 그 분을 몸으로 깨우친 님이라고 말씀하셨습니다.

7. 벗이여, 또한 수행승이 물질에 대한 지각을 완전히 뛰어넘어 감각적 저촉에 대한 지각을 종식하고 다양성에 대한 지각에 정신활동을 일으키지 않음으로써 '공간이 무한하다'라고 알아채며 무한공간의 세계에 듭니다. 그는 그 경지의 확장의 정도에 따라 그 경지를 몸으로 접촉합니다. 세존께서는 이러한 경우 그 특정한 관점에서 그 분을 몸으로 깨우친 님이라고 말씀하셨습니다.

8. 벗이여, 또한 수행승이 무한공간의 세계를 완전히 뛰어넘어 '의식이 무한하다'고 알아채며 무한의식의 세계에 듭니다. 그는 그 경지의 확장의 정도에 따라 그 경지를 몸으로 접촉합니다. 세존께서는 이러한 경우 그 특정한 관점에서 그 분을 몸으로 깨우친 님이라고 말씀하셨습니다.

9. 벗이여, 또한 수행승이 무한의식의 세계를 완전히 뛰어넘어 '아무것도 없다'고 알아채며 아무 것도 없는 세계에 듭니다. 그는 그 경지의 확장의 정도에 따라 그 경지를 몸으로 접촉합니다. 세존께서는 이러한 경우 그 특정한 관점에서 그 분을 몸으로 깨우친 님이라고 말씀하셨습니다.

10. 벗이여, 또한 수행승이 아무 것도 없는 세계를 완전히 뛰어넘어 지각하는 것도 아니고 지각하지 않는 것도 아닌 세계에 듭니다. 그는 그 경지의 확장의 정도에 따라 그 경지를 몸으로 접촉합니다. 세존께서는 이러한 경우 그 특정한 관점에서 그 분을 몸으로 깨우친 님이라고 말씀하셨습니다.

11. 벗이여, 또한 수행승이 지각하는 것도 아니고 지각하지 않는 것도 아닌 세계를 완전히 뛰어넘어 지각과 느낌의 소멸에 듭니다. 지혜로써 보아, 그에게 모든 번뇌가 부서집니다. 그는 그 경지의 확장의 정도에 따라 그 경지를 몸으로 접촉합니다. 세존께서는 이러한 경우 그 특정한 관점에서 그 분을 몸으로 깨우친 님이라고 말씀하셨습니다."

6. 지혜로 해탈한 님의 선정에 대한 인식은 어떠한 것인가?[777]

---

777) AN. IV. 452 : 지혜로 해탈한 님의 경[Paññāvimuttasutta]

1. 한때 존자 아난다는 꼬쌈비 시에 있었다.
그때 존자 우다인이 존자 아난다가 있는 곳으로 찾아왔다. 가까이 다가와서 존자 아난다와 인사를 나누고 안부를 주고받은 뒤 한쪽으로 물러나 앉았다. 한쪽으로 물러나 앉아 존자 우다인은 존자 아난다에게 이와 같이 말했다.

2. [우다인] "벗이여, '지혜로 해탈한 님, 지혜로 해탈한 님'이라고 말하는데, 세존께서는 어떻게 지혜로 해탈한 님에 대하여 말씀하셨습니까?"

3. [아난다] "벗이여, 세상에 수행승이 감각적 쾌락의 욕망을 여의고 악하고 불건전한 상태를 떠난 뒤, 사유와 숙고를 갖추고 멀리 여윔에서 생겨나는 희열과 행복을 갖춘 첫 번째 선정에 듭니다. 그는 지혜로 그것을 분명히 압니다. 세존께서는 이러한 경우 그 특정한 관점에서 그 분을 지혜로 해탈한 님이라고 말씀하셨습니다.

4. 벗이여, 또한 수행승이 사유와 숙고가 멈추어진 뒤, 내적인 평온과 마음의 통일을 이루고, 사유와 숙고를 여의어, 삼매에서 생겨나는 희열과 행복을 갖춘 두 번째 선정에 듭니다. 그는 지혜로 그것을 분명히 압니다. 세존께서는 이러한 경우 그 특정한 관점에서 그 분을 지혜로 해탈한 님이라고 말씀하셨습니다.

5. 벗이여, 또한 수행승이 희열이 사라진 뒤, 평정하고 새김이 있고 올바로 알아차리며 신체적으로 행복을 느끼며 고귀한 님들이 평정하고 새김이 있고 행복하다고 표현하는 세 번째 선정에 듭니다. 그는 지혜로 그것을 분명히 압니다. 세존께서는 이러한 경우 그 특정한 관점에서 그 분을 지혜로 해탈한 님이라고 말씀하셨습니다.

6. 벗이여, 또한 수행승이 행복과 고통이 버려지고 만족과 불만도 사

라진 뒤, 괴로움도 없고 즐거움도 없는, 평정하고 새김이 있고 청정한 네 번째 선정에 듭니다. 그는 지혜로 그것을 분명히 압니다. 세존께서는 이러한 경우 그 특정한 관점에서 그 분을 지혜로 해탈한 님이라고 말씀하셨습니다.

7. 벗이여, 또한 수행승이 물질에 대한 지각을 완전히 뛰어넘어 감각적 저촉에 대한 지각을 종식하고 다양성에 대한 지각에 정신활동을 일으키지 않음으로써 '공간이 무한하다'라고 알아채며 무한공간의 세계에 듭니다. 그는 지혜로 그것을 분명히 압니다. 세존께서는 이러한 경우 그 특정한 관점에서 그 분을 지혜로 해탈한 님이라고 말씀하셨습니다.

8. 벗이여, 또한 수행승이 무한공간의 세계를 완전히 뛰어넘어 '의식이 무한하다'고 알아채며 무한의식의 세계에 듭니다. 그는 지혜로 그것을 분명히 압니다. 세존께서는 이러한 경우 그 특정한 관점에서 그 분을 지혜로 해탈한 님이라고 말씀하셨습니다.

9. 벗이여, 또한 수행승이 무한의식의 세계를 완전히 뛰어넘어 '아무 것도 없다'고 알아채며 아무 것도 없는 세계에 듭니다. 그는 지혜로 그것을 분명히 압니다. 세존께서는 이러한 경우 그 특정한 관점에서 그 분을 지혜로 해탈한 님이라고 말씀하셨습니다.

10. 벗이여, 또한 수행승이 아무 것도 없는 세계를 완전히 뛰어넘어 지각하는 것도 아니고 지각하지 않는 것도 아닌 세계에 듭니다. 그는 지혜로 그것을 분명히 압니다. 세존께서는 이러한 경우 그 특정한 관점에서 그 분을 지혜로 해탈한 님이라고 말씀하셨습니다.

11. 벗이여, 또한 수행승이 지각하는 것도 아니고 지각하지 않는 것도 아닌 세계를 완전히 뛰어넘어 지각과 느낌의 소멸에 듭니다. 지

혜로써 보아, 그에게 모든 번뇌가 부서집니다. 그는 지혜로 그것을 분명히 압니다. 세존께서는 이러한 경우 그 특정한 관점에서 그 분을 지혜로 해탈한 님이라고 말씀하셨습니다."

7. 양면으로 해탈한 님의 선정에 대한 인식은 어떠한 것인가?778)

1. 한때 존자 아난다는 꼬쌈비 시에 있었다. 그때 존자 우다인이 존자 아난다가 있는 곳으로 찾아왔다. 가까이 다가와서 존자 아난다와 인사를 나누고 안부를 주고받은 뒤 한쪽으로 물러나 앉았다.

2. 한쪽으로 물러나 앉아 존자 우다인은 존자 아난다에게 이와 같이 말했다.

[우다인] "벗이여, '양면으로 해탈한 님, 양면으로 해탈한 님'779) 이라고 말하는데, 세존께서는 어떻게 양면으로 해탈한 님에 대하여 말씀하셨습니까?"

3. [아난다] "벗이여, 세상에 수행승이 감각적 쾌락의 욕망을 여의고 악하고 불건전한 상태를 떠난 뒤, 사유와 숙고를 갖추고 멀리 여읨에서 생겨나는 희열과 행복을 갖춘 첫 번째 선정에 듭니다. 그는 그 경지의 확장의 정도에 따라 그 경지를 몸으로 접촉할 뿐만 아니라 지혜로 그것을 분명히 압니다. 세존께서는 이러한 경우 그 특정한 관점에서 그 분을 양면으로 해탈한 님이라고 말씀하셨습니다.

---

778) AN. IV. 453 : 양면으로 해탈한 님의 경[Ubhatobhāgavimuttasutta]

779) ubhatobhāgavimutto : 일반적으로 양면으로 해탈한 님은 마음에 의한 해탈과 지혜에 의한 해탈을 동시에 이룬 자를 말하는데, 이 경에서는 몸으로 깨우친 자와 지혜로 해탈한 자를 말한다. 그런데 몸이란 바로 정신적인 몸을 말하므로 몸으로 깨우친 자는 마음에 의한 해탈을 이룬 자와 동일한 의미로 쓰인 것이다. 그러나 주석서의 설명은 뉘앙스를 달리한다. Mrp. IV. 207에 따르면, 양면해탈이란 멈춤(samatha)과 통찰(vipassana)을 가리는 양면의 오염에서 해탈하는 것을 의미한다. 그러나 최종적으로는 명상의 성취를 통해 물질적인 몸(rūpakāya)에서 해탈하고 고귀한 길을 통해 정신적인 몸(nāmakāya)에서 해탈함으로서 양면해탈이 알려진다.

4. 벗이여, 또한 수행승이 사유와 숙고가 멈추어진 뒤, 내적인 평온과 마음의 통일을 이루고, 사유와 숙고를 여의어, 삼매에서 생겨나는 희열과 행복을 갖춘 두 번째 선정에 듭니다. 그는 그 경지의 확장의 정도에 따라 그 경지를 몸으로 접촉할 뿐만 아니라 지혜로 그것을 분명히 압니다. 세존께서는 이러한 경우 그 특정한 관점에서 그 분을 양면으로 해탈한 님이라고 말씀하셨습니다.

5. 벗이여, 또한 수행승이 희열이 사라진 뒤, 평정하고 새김이 있고 올바로 알아차리며 신체적으로 행복을 느끼며 고귀한 님들이 평정하고 새김이 있고 행복하다고 표현하는 세 번째 선정에 듭니다. 그는 그 경지의 확장의 정도에 따라 그 경지를 몸으로 접촉할 뿐만 아니라 지혜로 그것을 분명히 압니다. 세존께서는 이러한 경우 그 특정한 관점에서 그 분을 양면으로 해탈한 님이라고 말씀하셨습니다.

6. 벗이여, 또한 수행승이 행복과 고통이 버려지고 만족과 불만도 사라진 뒤, 괴로움도 없고 즐거움도 없는, 평정하고 새김이 있고 청정한 네 번째 선정에 듭니다. 그는 그 경지의 확장의 정도에 따라 그 경지를 몸으로 접촉할 뿐만 아니라 지혜로 그것을 분명히 압니다. 세존께서는 이러한 경우 그 특정한 관점에서 그 분을 양면으로 해탈한 님이라고 말씀하셨습니다.

7. 벗이여, 또한 수행승이 물질에 대한 지각을 완전히 뛰어넘어 감각적 저촉에 대한 지각을 종식하고 다양성에 대한 지각에 정신활동을 일으키지 않음으로써 '공간이 무한하다'라고 알아채며 무한공간의 세계에 듭니다. 그는 그 경지의 확장의 정도에 따라 그 경지를 몸으로 접촉할 뿐만 아니라 지혜로 그것을 분명히 압니다. 세존께서는 이러한 경우 그 특정한 관점에서 그 분을 양면으로 해탈한 님이라

고 말씀하셨습니다.

8. 벗이여, 또한 수행승이 무한공간의 세계를 완전히 뛰어넘어 '의식이 무한하다'고 알아채며 무한의식의 세계에 듭니다. 그는 그 경지의 확장의 정도에 따라 그 경지를 몸으로 접촉할 뿐만 아니라 지혜로 그것을 분명히 압니다. 세존께서는 이러한 경우 그 특정한 관점에서 그 분을 양면으로 해탈한 님이라고 말씀하셨습니다.

9. 벗이여, 또한 수행승이 무한의식의 세계를 완전히 뛰어넘어 '아무것도 없다'고 알아채며 아무 것도 없는 세계에 듭니다. 그는 그 경지의 확장의 정도에 따라 그 경지를 몸으로 접촉할 뿐만 아니라 지혜로 그것을 분명히 압니다. 세존께서는 이러한 경우 그 특정한 관점에서 그 분을 양면으로 해탈한 님이라고 말씀하셨습니다.

10. 벗이여, 또한 수행승이 아무 것도 없는 세계를 완전히 뛰어넘어 지각하는 것도 아니고 지각하지 않는 것도 아닌 세계에 듭니다. 그는 그 경지의 확장의 정도에 따라 그 경지를 몸으로 접촉할 뿐만 아니라 지혜로 그것을 분명히 압니다. 세존께서는 이러한 경우 그 특정한 관점에서 그 분을 양면으로 해탈한 님이라고 말씀하셨습니다.

11. 벗이여, 또한 수행승이 지각하는 것도 아니고 지각하지 않는 것도 아닌 세계를 완전히 뛰어넘어 지각과 느낌의 소멸에 듭니다. 지혜로써 보아, 그에게 모든 번뇌가 부서집니다. 그는 그 경지의 확장의 정도에 따라 그 경지를 몸으로 접촉할 뿐만 아니라 지혜로 그것을 분명히 압니다. 세존께서는 이러한 경우 그 특정한 관점에서 그 분을 양면으로 해탈한 님이라고 말씀하셨습니다."

8. 선정의 단계와 특정한 관점에서의 열반이란 무엇을 뜻하는가?780)

1. 한때 존자 아난다는 꼬쌈비 시에 있었다.

그때 존자 우다인이 존자 아난다가 있는 곳으로 찾아왔다. 가까이 다가와서 존자 아난다와 인사를 나누고 안부를 주고받은 뒤 한쪽으로 물러나 앉았다. 한쪽으로 물러나 앉아 존자 우다인은 존자 아난다에게 이와 같이 말했다.

2. [우다인] "벗이여, '열반, 열반'이라고 말하는데, 세존께서는 어떻게 열반에 대하여 말씀하셨습니까?"

3. [아난다] "벗이여, 세상에 수행승이 감각적 쾌락의 욕망을 여의고 악하고 불건전한 상태를 떠난 뒤, 사유와 숙고를 갖추고 멀리 여읨에서 생겨나는 희열과 행복을 갖춘 첫 번째 선정에 듭니다. 지혜로써 보아, 그에게 모든 번뇌가 부서집니다. 세존께서는 이러한 경우 그 특정한 관점에서 그것을 열반이라고 말씀하셨습니다.

4. 벗이여, 또한 수행승이 사유와 숙고가 멈추어진 뒤, 내적인 평온과 마음의 통일을 이루고, 사유와 숙고를 여의어, 삼매에서 생겨나는 희열과 행복을 갖춘 두 번째 선정에 듭니다. 지혜로써 보아, 그에게 모든 번뇌가 부서집니다. 세존께서는 이러한 경우 그 특정한 관점에서 그것을 열반이라고 말씀하셨습니다.

5. 벗이여, 또한 수행승이 희열이 사라진 뒤, 평정하고 새김이 있고 올바로 알아차리며 신체적으로 행복을 느끼며 고귀한 님들이 평정하고 새김이 있고 행복하다고 표현하는 세 번째 선정에 듭니다. 지혜로써 보아, 그에게 모든 번뇌가 부서집니다. 세존께서는 이러한 경우 그 특정한 관점에서 그것을 열반이라고 말씀하셨습니다.

---

780) AN. IV. 454 : 열반의 경[Nibbānasutta]

6. 벗이여, 또한 수행승이 행복과 고통이 버려지고 만족과 불만도 사라진 뒤, 괴로움도 없고 즐거움도 없는, 평정하고 새김이 있고 청정한 네 번째 선정에 듭니다. 지혜로써 보아, 그에게 모든 번뇌가 부서집니다. 세존께서는 이러한 경우 그 특정한 관점에서 그것을 열반이라고 말씀하셨습니다.

7. 벗이여, 또한 수행승이 물질에 대한 지각을 완전히 뛰어넘어 감각적 저촉에 대한 지각을 종식하고 다양성에 대한 지각에 정신활동을 일으키지 않음으로써 '공간이 무한하다'라고 알아채며 무한공간의 세계에 듭니다. 지혜로써 보아, 그에게 모든 번뇌가 부서집니다. 세존께서는 이러한 경우 그 특정한 관점에서 그것을 열반이라고 말씀하셨습니다.

8. 벗이여, 또한 수행승이 무한공간의 세계를 완전히 뛰어넘어 '의식이 무한하다'고 알아채며 무한의식의 세계에 듭니다. 지혜로써 보아, 그에게 모든 번뇌가 부서집니다. 세존께서는 이러한 경우 그 특정한 관점에서 그것을 열반이라고 말씀하셨습니다.

9. 벗이여, 또한 수행승이 무한의식의 세계를 완전히 뛰어넘어 '아무것도 없다'고 알아채며 아무 것도 없는 세계에 듭니다. 지혜로써 보아, 그에게 모든 번뇌가 부서집니다. 세존께서는 이러한 경우 그 특정한 관점에서 그것을 열반이라고 말씀하셨습니다.

10. 벗이여, 또한 수행승이 아무 것도 없는 세계를 완전히 뛰어넘어 지각하는 것도 아니고 지각하지 않는 것도 아닌 세계에 듭니다. 지혜로써 보아, 그에게 모든 번뇌가 부서집니다. 세존께서는 이러한 경우 그 특정한 관점에서 그것을 열반이라고 말씀하셨습니다.

11. 벗이여, 또한 수행승이 지각하는 것도 아니고 지각하지 않는 것

도 아닌 세계를 완전히 뛰어넘어 지각과 느낌의 소멸에 듭니다. 지혜로써 보아, 그에게 모든 번뇌가 부서집니다. 세존께서는 이러한 경우 그 특정한 관점에서 그것을 열반이라고 말씀하셨습니다.”

10. 열 모아모음[Dasakanipāta]

1. 수행자가 소원을 이루기 위해서 해야 할 일은 무엇인가?[781]

1. 한때 세존께서 싸밧티 시의 제따바나 숲에 있는 아나타삔디까 승원에 계셨다.

2. 그때 세존께서는 '수행승들이여'라고 수행승들을 부르셨다. '세존이시여'라고 그들 수행승들은 세존께 대답했다. 세존께서는 이와 같이 말씀하셨다.

3. [세존] "수행승들이여, 계행을 갖추고, 의무계율을 갖추어라. 의무계율의 수호로 자제하고, 올바른 행위의 경계를 갖추어라. 사소한 잘못에서 두려움을 보고, 지켜야 할 학습계율을 수용하여 배워라.

4. 수행승들이여, 수행승이 '나는 동료수행자들에게 사랑받고 평가받고 존중받고 공경받고 싶다!'고 원한다면, 계행을 원만히 하고 안으로 마음의 멈춤을 이루고 선정을 버리지 말고 통찰을 갖추어 빈집에서 지내는 자가 되라.

5. 수행승들이여, 수행승이 '나는 옷과 탁발음식과 와좌구와 필수약품을 얻고 싶다!'고 원한다면, 계행을 원만히 하고 안으로 마음의 멈춤을 이루고 선정을 버리지 말고 통찰을 갖추어 빈집에서 지내는 자가 되라.

---

781) AN. V. 131; MN. 6 : 원한다면의 경[Ākaṅkheyyasutta] 참조

6. 수행승들이여, 수행승이 '옷과 탁발음식과 와좌구와 필수약품을 향유하도록 내게 보시한 사람들에게 크나큰 과보, 크나큰 공덕이 있기를 바란다!'고 원한다면, 계행을 원만히 하고 안으로 마음의 멈춤을 이루고 선정을 버리지 말고 통찰을 갖추어 빈집에서 지내는 자가 되라.

7. 수행승들이여, 수행승이 '청정한 믿음을 지니고 나를 기억하는 돌아가신 친지의 영혼들에게 크나큰 과보, 크나큰 공덕이 있기를 바란다!'고 원한다면, 계행을 원만히 하고 안으로 마음의 멈춤을 이루고 선정을 버리지 말고 통찰을 갖추어 빈집에서 지내는 자가 되라.

8. 수행승들이여, 수행승이 '나는 이러저러한 어떠한 옷과 탁발음식과 와좌구와 필수약품에도 만족하리라!'고 원한다면, 계행을 원만히 하고 안으로 마음의 멈춤을 이루고 선정을 버리지 말고 통찰을 갖추어 빈집에서 지내는 자가 되라.

9. 수행승들이여, 수행승이 '나는 추위와 더위, 기아와 기갈, 등에, 모기, 바람, 열기, 뱀과의 접촉, 불친절하고 환영하지 않는 말을 건네는 것, 이미 생겨난 괴롭고, 찌르고, 쓰리고, 아리고, 불쾌하고, 마음에 들지 않고, 목숨을 빼앗는 것과 같은 몸의 고통을 참아내어 인내하리라!'고 원한다면, 계행을 원만히 하고 안으로 마음의 멈춤을 이루고 선정을 버리지 말고 통찰을 갖추어 빈집에서 지내는 자가 되라.

10. 수행승들이여, 수행승이 '나는 불쾌와 쾌락을 극복하고, 불쾌와 쾌락이 나를 극복하게 만들지 않으리라. 이미 생겨난 불쾌와 쾌락을 극복하면서 지내리라!'고 원한다면, 계행을 원만히 하고 안으로 마음의 멈춤을 이루고 선정을 버리지 말고 통찰을 갖추어 빈집에서 지내는 자가 되라.

11. 수행승들이여, 수행승이 '나는 두려움과 공포를 극복하고, 두려움과 공포가 나를 극복하게 만들지 않으리라. 이미 생겨난 두려움과 공포를 극복하면서 지내리라!'고 원한다면, 계행을 원만히 하고 안으로 마음의 멈춤을 이루고 선정을 버리지 말고 통찰을 갖추어 빈집에서 지내는 자가 되라.

12. 수행승들이여, 수행승이 '나는 보다 높은 마음이자 지금 여기에서의 행복한 삶인 네 가지 선정을 힘들이지 않고 어려움 없이 얻고 싶다.'고 원한다면, 계행을 원만히 하고 안으로 마음의 멈춤을 이루고 선정을 버리지 말고 통찰을 갖추어 빈집에서 지내는 자가 되라.

13. 수행승들이여, 수행승이 '나는 번뇌가 부서져서 번뇌 없이 마음에 의한 해탈과 지혜에 의한 해탈을 현세에서 스스로 곧바로 알고 깨달아 성취하고 싶다!'고 원한다면, 계행을 원만히 하고 안으로 마음의 멈춤을 이루고 선정을 버리지 말고 통찰을 갖추어 빈집에서 지내는 자가 되라.

14. 수행승들이여, '계행을 갖추고, 의무계율을 갖추어라. 의무계율의 수호로 자제하고, 올바른 행위의 경계를 갖추어라. 사소한 잘못에서 두려움을 보고, 지켜야 할 학습계율을 수용하여 배워라.'라고 말한 것은 이와 같은 것을 고려하여 말한 것이다."

2. 한계 없는 마음은 어떻게 성취할 수 있는가?[782]

1. 한때 세존께서 짬빠[783] 시의 각가라 연못가에서[784] 계셨다.

---

782) AN. V. 151 : 바후나의 경[Bāhunasutta]

783) Campa : 앙가(Aṅga) 국의 수도로, 동쪽에 마가다 국이 있었다. 오늘날의 바갈뿌르(Bhagalpur)에 해당한다. 부처님 당시에 앙가 국은 마가다 국에 병합된다.

784) Gaggarā : 짬빠(Campā) 시에 있던 연못. 부처님은 여러 번 이곳에 머물러 법문을 했고 싸리뿟따도 이곳에서 법문을 하기도 했다. 이 연못은 왕비의 이름을 따라 지은 것인데 제따바나(Jetavana) 숲과 더불어 가장 아름

2. 그때 존자 바후나[785]가 세존께서 계신 곳으로 찾아왔다. 가까이 다가와서 세존께 인사를 드리고 한쪽으로 물러나 앉았다. 한쪽으로 물러나 앉은 존자 바후나는 세존께 이와 같이 말씀드렸다.

3. [바후나] "세존이시여, 여래께서는 얼마나 많은 것들을 포기하고 놓아버리고 벗어나서 한계 없는 마음으로[786] 지내십니까?"

4. [세존] "바후나여, 여래는 이와 같은 열 가지 것들을 포기하고 놓아버리고 벗어나서 한계 없는 마음으로 지낸다. 열 가지란 무엇인가?

5. 바후나여, 여래는 물질을 포기하고 놓아버리고 벗어나서 한계 없는 마음으로 지낸다. 바후나여, 여래는 느낌을 포기하고 놓아버리고 벗어나서 한계 없는 마음으로 지낸다. 바후나여, 여래는 지각을 포기하고 놓아버리고 벗어나서 한계 없는 마음으로 지낸다. 바후나여, 여래는 형성을 포기하고 놓아버리고 벗어나서 한계 없는 마음으로 지낸다. 바후나여, 여래는 의식을 포기하고 놓아버리고 벗어나서 한계 없는 마음으로 지낸다. 바후나여, 여래는 태어남을 포기하고 놓아버리고 벗어나서 한계 없는 마음으로 지낸다. 바후나여, 여래는 늙음을 포기하고 놓아버리고 벗어나서 한계 없는 마음으로 지낸다. 바후나여, 여래는 죽음을 포기하고 놓아버리고 벗어나서 한계 없는 마음으로 지낸다. 바후나여, 여래는 괴로움을 포기하고 놓아버리고 벗어나서 한계 없는 마음으로 지낸다. 바후나여, 여래는 번뇌를 포기하고 놓아버리고 벗어나서 한계 없는 마음으로 지낸다.

6. 바후나여, 예를 들어 청련화, 홍련화, 백련화가 물속에서 생겨나 물속에서 자라지만 물속에서 벗어나서 물에 젖지 않듯, 여래는 이와

다운 곳이었다.

785) Bāhuna : 이 경에만 등장하는 수행승이다.

786) vimariyādīkatena cetasā : Mrp. V. 55에 따르면, '오염에 영향을 받지 않고'의 뜻이다.

같은 열 가지 것들을 포기하고 놓아버리고 벗어나서 한계 없는 마음으로 지낸다."

3. 궁극적 앎을 선언한 자에 대하여 어떻게 검증할 수 있을까?[787]

1. 한때 세존께서는 싸밧티 시에 계셨다.

그때에 존자 마하 목갈라나는 '벗들이여, 수행승들이여'라고 수행승들을 불렀다. '벗이여'라고 수행승들은 존자 마하 목갈라나에게 대답했다. 마하 목갈라나는 이와 같이 말했다.

2. [마하 목갈라나] "벗들이여, 여기 수행승이 '나는 '태어남은 부서지고, 청정한 삶은 이루어지고, 해야 할 일은 해 마쳤으며, 더 이상 세상에 태어나지 않는다.'라고 분명히 안다.'고 궁극적인 앎을 선언합니다.

3. 그런데, 그러한 그를 두고, 선정을 얻고 성취에 밝고 타인의 마음에 밝고, 타인의 마음의 상태에 밝은 여래나 여래의 제자가 자세히 조사하고 질문하고 대화합니다. 그러한 그를 두고 선정을 얻고 성취에 밝고 타인의 마음에 밝고, 타인의 마음의 상태에 밝은 여래나 여래의 제자가 자세히 조사하고 질문하고 대화한다면, 그러한 그는 사막으로 가고 정글로 가고 재난을 만나고 파멸을 만나고 재난과 파멸을 만납니다.

4. 그러한 그에 대하여 선정을 얻고 성취에 밝고 타인의 마음에 밝고, 타인의 마음의 상태에 밝은 여래나 여래의 제자가 그의 마음을 정신적으로 꿰뚫어 이와 같이 '이 존자는 도대체 왜 '나는 '태어남은 부서지고, 청정한 삶은 이루어지고, 해야 할 일은 해 마쳤으며, 더

787) AN. V. 155 : 선언의 경[Byākaraṇasutta]

이상 세상에 태어나지 않는다.'라고 분명히 안다.'고 궁극적인 앎을 선언하는가?'라고 정신활동을 일으킵니다. 그러한 그를 두고 선정을 얻고 성취에 밝고 타인의 마음에 밝고, 타인의 마음의 상태에 밝은 여래나 여래의 제자는 그의 마음을 정신적으로 꿰뚫어 이와 같이 분명히 압니다.

5. [여래나 여래의 제자]

1) '이 존자는 분노하고 있다. 분노에 사로잡힌 마음으로 대체로 지내고 있다. 여래가 설한 가르침과 계율에 비추어 분노에 사로잡히면, 그것은 퇴전이다.'

2) '이 존자는 원한을 품고 있다. 원한에 사로잡힌 마음으로 대체로 지내고 있다. 여래가 설한 가르침과 계율에 비추어 원한에 사로잡히면, 그것은 퇴전이다.'

3) '이 존자는 위선을 품고 있다. 위선에 사로잡힌 마음으로 대체로 지내고 있다. 여래가 설한 가르침과 계율에 비추어 위선에 사로잡히면, 그것은 퇴전이다.'

4) '이 존자는 잔인하다. 잔인에 사로잡힌 마음으로 대체로 지내고 있다. 여래가 설한 가르침과 계율에 비추어 잔인에 사로잡히면, 그것은 퇴전이다.'

5) '이 존자는 질투하고 있다. 질투에 사로잡힌 마음으로 대체로 지내고 있다. 여래가 설한 가르침과 계율에 비추어 질투에 사로잡히면, 그것은 퇴전이다.'

6) '이 존자는 간탐을 지니고 있다. 간탐에 사로잡힌 마음으로 대체로 지내고 있다. 여래가 설한 가르침과 계율에 비추어 간탐에 사로잡히면, 그것은 퇴전이다.'

7) '이 존자는 간계를 지니고 있다. 간계에 사로잡힌 마음으로 대체

로 지내고 있다. 여래가 설한 가르침과 계율에 비추어 간계에 사로잡히면, 그것은 퇴전이다.'

8) '이 존자는 환술을 품고 있다. 환술에 사로잡힌 마음으로 대체로 지내고 있다. 여래가 설한 가르침과 계율에 비추어 환술에 사로잡히면, 그것은 퇴전이다.'

9) '이 존자는 삿된 욕망을 갖고 있다. 욕망에 사로잡힌 마음으로 대체로 지내고 있다. 여래가 설한 가르침과 계율에 비추어 욕망에 사로잡히면, 그것은 퇴전이다.'

10) '이 존자는 새김을 잃고 보다 높은 할 일이 있어도 저열한 성과밖에 얻지 못하고 중도에 중단한다. 여래가 설한 가르침과 계율에 비추어 중도에 중단하면, 그것은 퇴전이다.'

6. 벗들이여, 수행승이 이와 같은 열 가지 원리를 버리지 않고 가르침과 계율 안에서 성숙하고 성장하고 광대해지고자 한다면 참으로 그것은 불가능합니다. 벗들이여, 수행승이 이와 같은 열 가지 원리를 버리고 이 가르침과 계율 안에서 성숙하고 성장하고 광대해지고자 한다면 참으로 그것은 가능합니다."

4. 욕망을 향유하는 자들에게 존재하는 윤리적 다양성이란 무엇인가?[788]

1. 이와 같이 나는 들었다. 한때 세존께서는 싸밧티 시의 제따바나 숲에 있는 아나타삔디까 승원에 계셨다.

2. 그때 장자 아나타삔디까가 세존께서 계신 곳으로 찾아왔다. 가까이 다가와서 세존께 인사를 드리고 한쪽으로 물러나 앉았다. 한쪽으로 물러나 앉은 장자 아나타삔디까에게 세존께서는 이와 같이 말씀

788) AN. V. 176; 욕망을 향유하는 자의 경[Kāmabhogīsutta], 중아함126(대정1. 615a); 복음경(대정1. 863c) 참조

하셨다.

3. [세존] "장자여, 세상에는 열 종류의 감각적 쾌락의 욕망을 향유하는 자가 존재합니다. 열 종류란 무엇입니까?

4. 장자여, 세상에 어떤 감각적 쾌락의 욕망을 향유하는 자는 정의롭지 못하게 폭력으로 재물을 구합니다. 정의롭지 못하게 폭력으로 재물을 구하여 자신을 안락하게 하지 못하고 기쁘게 하지 못하고 남에게 나누어 주지 않고 공덕을 쌓지 못합니다.

5. 장자여, 세상에 어떤 감각적 쾌락의 욕망을 향유하는 자는 정의롭지 못하게 폭력으로 재물을 구합니다. 정의롭지 못하게 폭력으로 재물을 구하여 자신을 안락하게 하고 기쁘게 하지만 남에게 나누어 주지 않고 공덕을 쌓지 못합니다.

6. 장자여, 세상에 어떤 감각적 쾌락의 욕망을 향유하는 자는 정의롭지 못하게 폭력으로 재물을 구합니다. 정의롭지 못하게 폭력으로 재물을 구하여 자신을 안락하게 하고 기쁘게 하고 남에게도 나누어 주고 공덕을 쌓습니다.

7. 장자여, 세상에 어떤 감각적 쾌락의 욕망을 향유하는 자는, 정의롭거나 정의롭지 못하게, 폭력적이거나 비폭력적으로, 재물을 구합니다. 정의롭거나 정의롭지 못하게, 폭력적이거나 비폭력적으로, 재물을 구하여 자신을 안락하게 하지 못하고 기쁘게 하지 못하고 남에게도 나누어 주지 않고 공덕을 쌓지 못합니다.

8. 장자여, 세상에 어떤 감각적 쾌락의 욕망을 향유하는 자는, 정의롭거나 정의롭지 못하게, 폭력적이거나 비폭력적으로, 재물을 구합니다. 정의롭거나 정의롭지 못하게, 폭력적이거나 비폭력적으로, 재물을 구하여 자신을 안락하게 하고 기쁘게 하지만 남에게는 나누어

주지 않고 공덕을 쌓지 못합니다.

9. 장자여, 세상에 어떤 감각적 쾌락의 욕망을 향유하는 자는, 정의롭거나 정의롭지 못하게, 폭력적이거나 비폭력적으로, 재물을 구합니다. 정의롭거나 정의롭지 못하게, 폭력적이거나 비폭력적으로, 재물을 구하여 자신을 안락하게 하고 기쁘게 하고 남에게도 나누어 주고 공덕을 쌓습니다.

10. 장자여, 세상에 어떤 감각적 쾌락의 욕망을 향유하는 자는 정의롭게 비폭력적으로 재물을 구합니다. 정의롭게 비폭력적으로 재물을 구하여 자신을 안락하게 하지 못하고 기쁘게 하지 못하고 남에게도 나누어 주지 않고 공덕을 쌓지 못합니다.

11. 장자여, 세상에 어떤 감각적 쾌락의 욕망을 향유하는 자는 정의롭게 비폭력적으로 재물을 구합니다. 정의롭게 비폭력적으로 재물을 구하여 자신을 안락하게 하고 기쁘게 하지만 남에게는 나누어 주지 않고 공덕을 쌓지 못합니다.

12. 장자여, 세상에 어떤 감각적 쾌락의 욕망을 향유하는 자는 정의롭게 비폭력적으로 재물을 구합니다. 정의롭게 비폭력적으로 재물을 구하여 자신을 안락하게 하고 기쁘게 하고 남에게도 나누어 주고 공덕을 쌓습니다. 그는 재물을 향유하지만, 그것에 탐착하고 미혹해서 죄악을 범하고 위험을 보지 못하고 여읨을 알지 못합니다.

13. 장자여, 세상에 어떤 감각적 쾌락의 욕망을 향유하는 자는 정의롭게 비폭력적으로 재물을 구합니다. 정의롭게 비폭력적으로 재물을 구하여 자신을 안락하게 하고 기쁘게 하고 남에게도 나누어 주고 공덕을 쌓습니다. 그는 재물을 향유하지만, 그것에 탐착하지 않고 미혹하지 않아서 죄악을 범하지 않고 위험을 보고 여읨을 압니다.

14. 장자여, 세상에 어떤 감각적 쾌락의 욕망을 향유하는 자는 정의롭지 못하게 폭력으로 재물을 구합니다. 정의롭지 못하게 폭력으로 재물을 구하여 자신을 안락하게 하지 못하고 기쁘게 하지 못하고 남에게 나누어 주지 않고 공덕을 쌓지 못합니다. 장자여, 그 감각적 쾌락의 욕망을 향유하는 자는 세 가지 이유로 비난받을 만합니다. 세 가지 비난받을 만한 이유는 무엇입니까? 정의롭지 못하게 폭력으로 재물을 구하는 것이 첫 번째의 비난받을 만한 이유입니다. 자신을 안락하게 하지 못하고 기쁘게 하지 못하는 것이 두 번째의 비난받을 만한 이유입니다. 남에게 나누어 주지 않고 공덕을 쌓지 못하는 것이 세 번째의 비난받을 만한 이유입니다. 장자여, 이와 같이 그 감각적 쾌락의 욕망을 향유하는 자는 세 가지 이유로 비난받을 만합니다.

15. 장자여, 세상에 어떤 감각적 쾌락의 욕망을 향유하는 자는 정의롭지 못하게 폭력으로 재물을 구합니다. 정의롭지 못하게 폭력으로 재물을 구하여 자신을 안락하게 하고 기쁘게 하지만, 남에게 나누어 주지 않고 공덕을 쌓지 못합니다. 장자여, 그 감각적 쾌락의 욕망을 향유하는 자는 두 가지 이유로 비난받을 만하고 한 가지 이유로 칭찬받을 만합니다. 두 가지 비난받을 만한 이유는 무엇입니까? 정의롭지 못하게 폭력으로 재물을 구하는 것이 첫 번째의 비난받을 만한 이유입니다. 남에게 나누어 주지 않고 공덕을 쌓지 못하는 것이 두 번째의 비난받을 만한 이유입니다. 한 가지 칭찬받을 만한 이유는 무엇입니까? 자신을 안락하게 하고 기쁘게 한 것은 한 가지의 칭찬받을 만한 이유입니다. 장자여, 이와 같이 그 감각적 쾌락의 욕망을 향유하는 자는 두 가지 이유로 비난받을 만하고 한 가지 이유로 칭찬받을 만합니다.

16. 장자여, 세상에 어떤 감각적 쾌락의 욕망을 향유하는 자는 정의롭지 못하게 폭력으로 재물을 구합니다. 정의롭지 못하고 폭력으로 재물을 구하여 자신을 안락하게 하고 기쁘게 하고 남에게 나누어 주고 공덕을 쌓습니다. 장자여, 그 감각적 쾌락의 욕망을 향유하는 자는 한 가지 이유로 비난받을 만하고 두 가지 이유로 칭찬받을 만합니다. 한 가지 비난받을 만한 이유는 무엇입니까? 정의롭지 못하게 폭력으로 재물을 구하는 것이 한 가지의 비난받을 만한 이유입니다. 두 가지 칭찬받을 만한 이유는 무엇입니까? 자신을 안락하게 하고 기쁘게 한 것은 첫 번째의 칭찬받을 만한 이유입니다. 남에게 나누어 주고 공덕을 쌓는 것이 두 번째의 칭찬받을 만한 이유입니다. 장자여, 이와 같이 그 감각적 쾌락의 욕망을 향유하는 자는 한 가지 이유로 비난받을 만하고 두 가지 이유로 칭찬받을 만합니다.

17. 장자여, 세상에 어떤 감각적 쾌락의 욕망을 향유하는 자는, 정의롭거나 정의롭지 못하게, 폭력적이거나 비폭력적으로, 재물을 구합니다. 정의롭거나 정의롭지 못하게, 폭력적이거나 비폭력적으로, 재물을 구하여 자신을 안락하게 하지 못하고 기쁘게 하지 못하고 남에게 나누어 주지 않고 공덕을 쌓지 못합니다. 장자여, 그 감각적 쾌락의 욕망을 향유하는 자는 한 가지 이유로 칭찬받을 만하고 세 가지 이유로 비난받을 만합니다. 한 가지 칭찬받을 만한 이유는 무엇입니까? 정의롭게 비폭력적으로 재물을 구하는 것이 한 가지의 칭찬받을 만한 이유입니다. 세 가지 비난받을 만한 이유는 무엇입니까? 정의롭지 못하게 폭력적으로 재물을 구하는 것이 첫 번째의 비난받을 만한 이유입니다. 자신을 안락하게 하지 않고 기쁘게 하지 못한 것은 두 번째의 비난받을 만한 이유입니다. 남에게 나누어 주지 않고 공덕을 쌓지 않은 것이 세 번째의 비난받을 만한 이유입니

다. 장자여, 이와 같이 그 감각적 쾌락의 욕망을 향유하는 자는 한 가지 이유로 칭찬받을 만하고 세 가지 이유로 비난받을 만합니다.

18. 장자여, 세상에 어떤 감각적 쾌락의 욕망을 향유하는 자는, 정의롭거나 정의롭지 못하게, 폭력적이거나 비폭력적으로, 재물을 구합니다. 정의롭거나 정의롭지 못하게, 폭력적이거나 비폭력적으로, 재물을 구하여 자신을 안락하게 하고 기쁘게 하지만 남에게는 나누어 주지 않고 공덕을 쌓지 못합니다. 장자여, 그 감각적 쾌락의 욕망을 향유하는 자는 두 가지 이유로 칭찬받을 만하고 두 가지 이유로 비난받을 만합니다. 두 가지 칭찬받을 만한 이유는 무엇입니까? 정의롭게 비폭력적으로 재물을 구하는 것이 첫 번째의 칭찬받을 만한 이유입니다. 자신을 안락하게 하고 기쁘게 한 것은 두 번째의 칭찬받을 만한 이유입니다. 두 가지 비난받을 만한 이유는 무엇입니까? 정의롭지 못하게 폭력적으로 재물을 구하는 것이 첫 번째의 비난받을 만한 이유입니다. 남에게 나누어 주지 않고 공덕을 쌓지 않은 것이 두 번째의 비난받을 만한 이유입니다. 장자여, 이와 같이 그 감각적 쾌락의 욕망을 향유하는 자는 두 가지 이유로 칭찬받을 만하고 두 가지 이유로 비난받을 만합니다.

19. 장자여, 세상에 어떤 감각적 쾌락의 욕망을 향유하는 자는 정의롭거나 정의롭지 못하게 폭력적으로나 비폭력적으로 재물을 구합니다. 정의롭거나 정의롭지 못하게 폭력적으로나 비폭력적으로 재물을 구하여 자신을 안락하게 하고 기쁘게 하고 남에게 나누어 주고 공덕을 쌓습니다. 장자여, 그 감각적 쾌락의 욕망을 향유하는 자는 세 가지 이유로 칭찬받을 만하고 한 가지 이유로 비난받을 만합니다. 세 가지 칭찬받을 만한 이유는 무엇입니까? 정의롭게 비폭력적으로 재물을 구하는 것이 첫 번째의 칭찬받을 만한 이유입니다.

자신을 안락하게 하고 기쁘게 한 것은 두 번째의 칭찬받을 만한 이유입니다. 남에게 나누어 주고 공덕을 쌓는 것이 세 번째의 칭찬받을 만한 이유입니다. 한 가지 비난받을 만한 이유는 무엇입니까? 정의롭지 못하게 폭력적으로 재물을 구하는 것이 한 가지의 비난받을 만한 이유입니다. 장자여, 이와 같이 그 감각적 쾌락의 욕망을 향유하는 자는 세 가지 이유로 칭찬받을 만하고 한 가지 이유로 비난받을 만합니다.

20. 장자여, 세상에 어떤 감각적 쾌락의 욕망을 향유하는 자는 정의롭게 비폭력적으로 재물을 구합니다. 정의롭게 비폭력적으로 재물을 구하여 자신을 안락하게 하지 못하고 기쁘게 하지 못하고 남에게 나누어 주지 않고 공덕을 쌓지 못합니다. 장자여, 그 감각적 쾌락의 욕망을 향유하는 자는 한 가지 이유로 칭찬받을 만하고 두 가지 이유로 비난받을 만합니다. 한 가지 칭찬받을 만한 이유는 무엇입니까? 정의롭게 비폭력적으로 재물을 구하는 것이 첫 번째의 칭찬받을 만한 이유입니다. 두 가지 비난받을 만한 이유는 무엇입니까? 자신을 안락하게 하지 못하고 기쁘게 하지 못한 것은 첫 번째의 비난받을 만한 이유입니다. 남에게 나누어 주지 않고 공덕을 쌓지 않은 것은 두 번째의 비난받을 만한 이유입니다. 장자여, 이와 같이 그 감각적 쾌락의 욕망을 향유하는 자는 한 가지 이유로 칭찬받을 만하고 두 가지 이유로 비난받을 만합니다.

21. 장자여, 세상에 어떤 감각적 쾌락의 욕망을 향유하는 자는 정의롭게 비폭력적으로 재물을 구합니다. 정의롭게 비폭력적으로 재물을 구하여 자신을 안락하고 기쁘게 하지만 남에게 나누어 주지 않고 공덕을 쌓지 못합니다. 장자여, 그 감각적 쾌락의 욕망을 향유하는 자는 두 가지 이유로 칭찬받을 만하고 한 가지 이유로 비난받을

만합니다. 두 가지 칭찬받을 만한 이유는 무엇입니까? 정의롭게 비폭력적으로 재물을 구하는 것이 첫 번째의 칭찬받을 만한 이유입니다. 자신을 안락하게 하고 기쁘게 한 것은 두 번째의 칭찬받을 만한 이유입니다. 한 가지 비난받을 만한 이유는 무엇입니까? 남에게 나누어 주지 않고 공덕을 쌓지 않은 것은 한 가지의 비난받을 만한 이유입니다. 장자여, 이와 같이 그 감각적 쾌락의 욕망을 향유하는 자는 두 가지 이유로 칭찬받을 만하고 한 가지 이유로 비난받을 만합니다.

22. 장자여, 세상에 어떤 감각적 쾌락의 욕망을 향유하는 자는 정의롭게 비폭력적으로 재물을 구합니다. 정의롭게 비폭력적으로 재물을 구하여 자신을 안락하게 하고 기쁘게 하고 남에게 나누어 주고 공덕을 쌓습니다. 그러나 그는 재물을 향유하며 그것에 탐착하고 미혹해서 죄악을 범하고 위험을 보지 못하고 여읨을 알지 못합니다. 장자여, 그 감각적 쾌락의 욕망을 향유하는 자는 세 가지 이유로 칭찬받을 만하고 한 가지 이유로 비난받을 만합니다. 세 가지 칭찬받을 만한 이유는 무엇입니까? 정의롭게 비폭력으로 재물을 구하는 것이 첫 번째의 칭찬받을 만한 이유입니다. 자신을 안락하게 하고 기쁘게 한 것은 두 번째의 칭찬받을 만한 이유입니다. 남에게 나누어 주고 공덕을 쌓는 것은 세 번째의 칭찬받을 만한 이유입니다. 한 가지 비난받을 만한 이유는 무엇입니까? 재물을 향유하며 그것에 탐착하고 미혹해서 죄악을 범하고 위험을 보지 못하고 여읨을 알지 못하는 것이 한 가지 비난받을 만한 이유입니다. 장자여, 이와 같이 그 감각적 쾌락의 욕망을 향유하는 자는 세 가지 이유로 칭찬받을 만하고 한 가지 이유로 비난받을 만합니다.

23. 장자여, 세상에 어떤 감각적 쾌락의 욕망을 향유하는 자는 정의

롭게 비폭력적으로 재물을 구합니다. 정의롭게 비폭력적으로 재물을 구하여 자신을 안락하게 하고 기쁘게 하고 남에게 나누어 주고 공덕을 쌓습니다. 그러나 그는 재물을 향유하지만, 그것에 탐착하지 않고 미혹하지 않아서 죄악을 범하지 않고 위험을 보고 여읨을 압니다. 장자여, 그 감각적 쾌락의 욕망을 향유하는 자는 네 가지 이유로 칭찬받을 만합니다. 네 가지 칭찬받을 만한 이유는 무엇입니까? 정의롭게 비폭력으로 재물을 구하는 것이 첫 번째의 칭찬받을 만한 이유입니다. 자신을 안락하게 하고 기쁘게 한 것은 두 번째의 칭찬받을 만한 이유입니다. 남에게 나누어 주고 공덕을 쌓는 것은 세 번째의 칭찬받을 만한 이유입니다. 재물을 향유하지만, 그것에 탐착하지 않고 미혹하지 않아서 죄악을 범하지 않고 위험을 보고 여읨을 아는 것이 네 번째의 칭찬받을 만한 이유입니다. 장자여, 이와 같이 그 감각적 쾌락의 욕망을 향유하는 자는 네 가지 이유로 칭찬받을 만합니다.

24. 장자여, 세상에는 이와 같은 열 종류의 감각적 쾌락의 욕망을 향유하는 자가 존재합니다. 장자여, 이들 열 종류의 감각적 쾌락의 욕망을 향유하는 자 가운데 정의롭게 비폭력적으로 재물을 구하고, 정의롭게 비폭력적으로 재물을 구하여 자신을 안락하게 하고 기쁘게 하고 남에게 나누어 주고 공덕을 쌓고, 재물을 향유하지만 그것에 탐착하지 않고 미혹하지 않아서 죄악을 범하지 않고 위험을 보고 여읨을 아는 감각적 쾌락의 욕망을 향유하는 자가 있습니다. 그가 이 열 가지 종류의 감각적 쾌락의 욕망을 향유하는 자 가운데 가장 존경스러운 자이고 가장 훌륭한 자이고 가장 뛰어난 자이고 가장 높은 자이고 가장 탁월한 자입니다.

25. 장자여, 예를 들어 소에서 우유가, 우유에서 크림이, 크림에서

신선한 버터가, 신선한 버터에서 버터기름이, 버터기름에서 버터크림이[789] 나오는데, 그것들 가운데 버터크림을 가장 훌륭한 것이라고 합니다. 장자여, 이와 같이 이들 열 종류의 감각적 쾌락의 욕망을 향유하는 자 가운데 정의롭게 비폭력적으로 재물을 구하고, 정의롭게 비폭력적으로 재물을 구하여 자신을 안락하게 하고 기쁘게 하고 남에게 나누어 주고 공덕을 쌓고, 재물을 향유하지만 그것에 탐착하지 않고 미혹하지 않아서 죄악을 범하지 않고 위험을 보고 여읨을 아는 감각적 쾌락의 욕망을 향유하는 자가 있습니다. 그가 이 열 가지 종류의 감각적 쾌락의 욕망을 향유하는 자 가운데 가장 존경스러운 자이고 가장 훌륭한 자이고 가장 뛰어난 자이고 가장 높은 자이고 가장 탁월한 자입니다."

5. 모든 형이상학은 단지 '이것이야말로 진리이다.'라는 견해에 불과한 것인가?[790]

1. 한때 존자 아난다가 라자가하 시의 따뽀다라마 승원에[791] 있었다.

2. 그때 존자 아난다는 밤이 지나 이른 아침에 일어나 몸을 씻기 위해 온천이 있는 곳으로 찾아 갔다. 온천에서 몸을 씻고 올라와 옷을 걸치고 몸을 말리기 위해 서있었다.

3. 마침 유행자 꼬까나다[792]도 밤이 지나 이른 아침에 일어나 몸을 씻기 위해 -온천이 있는 곳으로 찾아 갔다. 유행자 꼬까나다는 존자

789) seyyathāpi gahapati gavā khīraṃ, khīramhā dadhi, dadhimhā navanītaṃ, navanītamhā sappi, sappimhā sappimaṇḍo tattha aggamakkhāyati : 각각 우유(乳 : khīra), 크림(酪 : dadhi), 신선한 버터(生酥 : navanīta), 버터기름(熟酥 : sappi), 버터크림(醍醐 sappimaṇḍa)을 말한다.

790) AN. V. 195 : 꼬까나다의 경[Kokanadasutta], 잡아함34.29(대정2.248b); 별역잡아함11.3(대정2.448a)

791) Tapodā : Srp. I. 38에 따르면, 온천(溫泉 : tattodaka)이다. 따뽀다는 베바라(Vebhāra)[지금의 Baibhār] 산의 용들이 사는 호수의 물줄기였는데, 물이 따뜻한 것은 두 철과지옥(鐵鍋地獄 : Lohakumbhi) 사이를 흐르기 때문이라고 한다. 따뽀다라마 또한 DN II. 116과 AN. V. 196에 나온다. Swb.에 의하면 하리방싸(Harivaṁsa)에서는 따뽀다를 성스러운 나루터(tīrtha)라고 불렀다.

792) Kokanada : 이 경에만 등장하는 유행자의 이름이다.

아난다가 멀리서 오고 있는 것을 보았다. 보고나서 존자 아난다에게 이와 같이 말했다.

4. [꼬까나다] "벗이여, 그대는 누구입니까?"

[아난다] "벗이여, 나는 수행승입니다."

[꼬까나다] "벗이여, 수행승들 가운데 한 분입니까?"

[아난다] "수행자인 싸끼야의 아들 가운데 한 사람입니다."

5. [꼬까나다] "저는 존자가 질문에 대답해주시는 것을 허락하신다면, 저는 존자에게 무엇이든 기꺼이 질문하겠습니다."

[아난다] "벗이여, 질문하십시오, 저는 듣고 대답하겠습니다."

6. [꼬까나다] "벗이여, 존자는 참으로 '세상은 영원하다. 이것이야말로 진리이고 다른 것은 거짓이다.'라는 견해를 갖고 있습니까?"

[아난다] "벗이여, 나는 참으로 '세상은 영원하다. 이것이야말로 진리이고 다른 것은 거짓이다.'라는 견해를 갖고 있지 않습니다."

7. [꼬까나다] "벗이여, 그렇다면 존자는 '세상은 영원하지 않다. 이것이야말로 진리이고 다른 것은 거짓이다.'라는 견해를 갖고 있습니까?"

[아난다] "벗이여, 나는 참으로 '세상은 영원하지 않다. 이것이야말로 진리이고 다른 것은 거짓이다.'라는 견해를 갖고 있지 않습니다."

8. [꼬까나다] "벗이여, 그렇다면 존자는 '세상은 유한하다. 이것이야말로 진리이고 다른 것은 거짓이다.'라는 견해를 갖고 있습니까?"

[아난다] "벗이여, 나는 참으로 '세상은 유한하다. 이것이야말로 진리이고 다른 것은 거짓이다.'라는 견해를 갖고 있지 않습니다."

9. [꼬까나다] "벗이여, 그렇다면 존자는 '세상은 무한하다. 이것이야

말로 진리이고 다른 것은 거짓이다.'라는 견해를 갖고 있습니까?"

[아난다] "벗이여, 나는 참으로 '세상은 무한하다. 이것이야말로 진리이고 다른 것은 거짓이다.'라는 견해를 갖고 있지 않습니다."

10. [꼬까나다] "벗이여, 그렇다면 존자는 '영혼과 육체는 같다. 이것이야말로 진리이고 다른 것은 거짓이다.'라는 견해를 갖고 있습니까?"

[아난다] "벗이여, 나는 참으로 '영혼과 육체는 같다. 이것이야말로 진리이고 다른 것은 거짓이다.'라는 견해를 갖고 있지 않습니다."

11. [꼬까나다] "벗이여, 그렇다면 존자는 '영혼과 육체는 다르다. 이것이야말로 진리이고 다른 것은 거짓이다.'라는 견해를 갖고 있습니까?"

[아난다] "벗이여, 나는 참으로 '영혼과 육체는 다르다. 이것이야말로 진리이고 다른 것은 거짓이다.'라는 견해를 갖고 있지 않습니다."

12. [꼬까나다] "벗이여, 그렇다면 존자는 '여래는 사후에 존재한다. 이것이야말로 진리이고 다른 것은 거짓이다.'라는 견해를 갖고 있습니까?"

[아난다] "벗이여, 나는 참으로 '여래는 사후에 존재한다. 이것이야말로 진리이고 다른 것은 거짓이다.'라는 견해를 갖고 있지 않습니다."

13. [꼬까나다] "벗이여, 그렇다면 존자는 '여래는 사후에 존재하지 않는다. 이것이야말로 진리이고 다른 것은 거짓이다.'라는 견해를 갖고 있습니까?"

[아난다] "벗이여, 나는 참으로 '여래는 사후에 존재하지 않는다. 이것이야말로 진리이고 다른 것은 거짓이다.'라는 견해를 갖고 있지

않습니다."

14. [꼬까나다] "벗이여, 그렇다면 존자는 '여래는 사후에 존재하기도 하고 존재하지 않기도 한다. 이것이야말로 진리이고 다른 것은 거짓이다.'라는 견해를 갖고 있습니까?"

[아난다] "벗이여, 나는 참으로 '여래는 사후에 존재하기도 하고 존재하지 않기도 한다. 이것이야말로 진리이고 다른 것은 거짓이다.'라는 견해를 갖고 있지 않습니다."

15. [꼬까나다] "벗이여, 그렇다면 존자는 '여래는 사후에 존재하는 것도 아니고 존재하지 않는 것도 아니다. 이것이야말로 진리이고 다른 것은 거짓이다.'라는 견해를 갖고 있습니까?"

[아난다] "벗이여, 나는 참으로 '여래는 사후에 존재하는 것도 아니고 존재하지 않는 것도 아니다. 이것이야말로 진리이고 다른 것은 거짓이다.'라는 견해를 갖고 있지 않습니다."

16. [꼬까나다] "그렇다면, 존자는 알지 못하고 보지 못하는 것입니까?"

[아난다] "벗이여, 나는 알지 못하고 보지 못하는 것이 아니라, 벗이여, 나는 알고 또한 봅니다."

17. [꼬까나다] "벗이여, 참으로 '그대는 '세상은 영원하다. 이것이야말로 진리이고 다른 것은 거짓이다.'라는 견해를 갖고 있습니까?'라고 물어도, '벗이여, 나는 '세상은 영원하다. 이것이야말로 진리이고 다른 것은 거짓이다.'라는 견해를 갖고 있지 않습니다.'라고 말했습니다.

18. 벗이여, 참으로 '그대는 '세상은 영원하지 않다. 이것이야말로 진리이고 다른 것은 거짓이다.'라는 견해를 갖고 있습니까?'라고 물

어도, '벗이여, 나는 '세상은 영원하지 않다. 이것이야말로 진리이고 다른 것은 거짓이다.'라는 견해를 갖고 있지 않습니다.'라고 말했습니다.

19. 벗이여, 참으로 '그대는 '세상은 유한하다. 이것이야말로 진리이고 다른 것은 거짓이다.'라는 견해를 갖고 있습니까?'라고 물어도, '벗이여, 나는 '세상은 유한하다. 이것이야말로 진리이고 다른 것은 거짓이다.'라는 견해를 갖고 있지 않습니다.'라고 말했습니다.

20. 벗이여, 참으로 '그대는 '세상은 무한하다. 이것이야말로 진리이고 다른 것은 거짓이다.'라는 견해를 갖고 있습니까?'라고 물어도, '벗이여, 나는 '세상은 무한하다. 이것이야말로 진리이고 다른 것은 거짓이다.'라는 견해를 갖고 있지 않습니다.'라고 말했습니다.

21. 벗이여, 참으로 '그대는 '영혼과 육체는 같다. 이것이야말로 진리이고 다른 것은 거짓이다.'라는 견해를 갖고 있습니까?'라고 물어도, '벗이여, 나는 '영혼과 육체는 같다. 이것이야말로 진리이고 다른 것은 거짓이다.'라는 견해를 갖고 있지 않습니다.'라고 말했습니다.

22. 벗이여, 참으로 '그대는 '영혼과 육체는 다르다. 이것이야말로 진리이고 다른 것은 거짓이다.'라는 견해를 갖고 있습니까?'라고 물어도, '벗이여, 나는 '영혼과 육체는 다르다. 이것이야말로 진리이고 다른 것은 거짓이다.'라는 견해를 갖고 있지 않습니다.'라고 말했습니다.

23. 벗이여, 참으로 '그대는 '여래는 사후에 존재한다. 이것이야말로 진리이고 다른 것은 거짓이다.'라는 견해를 갖고 있습니까?'라고 물어도, '벗이여, 나는 '여래는 사후에 존재한다. 이것이야말로 진리이

고 다른 것은 거짓이다.'라는 견해를 갖고 있지 않습니다.'라고 말했습니다.

24. 벗이여, 참으로 '그대는 '여래는 사후에 존재하지 않는다. 이것이야말로 진리이고 다른 것은 거짓이다.'라는 견해를 갖고 있습니까?'라고 물어도, '벗이여, 나는 '여래는 사후에 존재하지 않는다. 이것이야말로 진리이고 다른 것은 거짓이다.'라는 견해를 갖고 있지 않습니다.'라고 말했습니다.

25. 벗이여, 참으로 '그대는 '여래는 사후에 존재하기도 하고 존재하지 않기도 한다. 이것이야말로 진리이고 다른 것은 거짓이다.'라는 견해를 갖고 있습니까?'라고 물어도, '벗이여, 나는 '여래는 사후에 존재하기도 하고 존재하지 않기도 한다. 이것이야말로 진리이고 다른 것은 거짓이다.'라는 견해를 갖고 있지 않습니다.'라고 말했습니다.

26. 벗이여, 참으로 '그대는 '여래는 사후에 존재하는 것도 아니고 존재하지 않는 것도 아니다. 이것이야말로 진리이고 다른 것은 거짓이다.'라는 견해를 갖고 있습니까?'라고 물어도, '벗이여, 나는 '여래는 사후에 존재하는 것도 아니고 존재하지 않는 것도 아니다. 이것이야말로 진리이고 다른 것은 거짓이다.'라는 견해를 갖고 있지 않습니다.'라고 말했습니다."

27. [꼬까나다] "그리고 내가 '그렇다면, 존자는 알지 못하고 보지 못하는 것입니까?'라고 물었으나, '벗이여, 나는 알지 못하고 보지 못하는 것이 아니라, 벗이여, 나는 알고 또한 봅니다.'라고 대답했습니다. 벗이여, 그 말씀하신 바의 뜻을 어떻게 보아야 합니까?"

28. [아난다] "벗이여, '세상은 영원하다. 이것이야말로 진리이고 다른 것은 거짓이다.'라는 것은 하나의 견해에 불과합니다. 벗이여,

'세상은 영원하지 않다. 이것이야말로 진리이고 다른 것은 거짓이다.'라는 것도 하나의 견해에 불과합니다. 벗이여, '세상은 유한하다. 이것이야말로 진리이고 다른 것은 거짓이다.'라는 것도 하나의 견해에 불과합니다. 벗이여, '세상은 무한하다. 이것이야말로 진리이고 다른 것은 거짓이다.'라는 것도 하나의 견해에 불과합니다. 벗이여, '영혼과 육체는 같다. 이것이야말로 진리이고 다른 것은 거짓이다.'라는 것도 하나의 견해에 불과합니다. 벗이여, '영혼과 육체는 다르다. 이것이야말로 진리이고 다른 것은 거짓이다.'라는 것도 하나의 견해에 불과합니다. 벗이여, '여래는 사후에 존재한다. 이것이야말로 진리이고 다른 것은 거짓이다.'라는 것도 하나의 견해에 불과합니다. 벗이여, '여래는 사후에 존재하지 않는다. 이것이야말로 진리이고 다른 것은 거짓이다.'라는 것도 하나의 견해에 불과합니다. 벗이여, '여래는 사후에 존재하기도 하고 존재하지 않기도 한다. 이것이야말로 진리이고 다른 것은 거짓이다.'라는 것도 하나의 견해에 불과합니다. 벗이여, '여래는 사후에 존재하는 것도 아니고 존재하지 않는 것도 아니다. 이것이야말로 진리이고 다른 것은 거짓이다.'라는 것도 하나의 견해에 불과합니다."

29. [아난다] "벗이여, 견해가 이루어지고 견해에 고착되고 견해에 사로잡히고 견해에서 생겨나고 견해가 끊어지는 것과 관해서 나는 그것을 알고 그것을 봅니다. 나는 그것을 알고 그것을 보면서 내가 어떻게 '나는 그것을 알지 못하고 그것을 보지 못한다.'라고 말하겠습니까? 벗이여 나는 알고 또한 봅니다."

30. [꼬까나다] "존자는 이름이 무엇입니까? 동료수행자들은 존자를 어떻게 알고 있습니까?"

[아난다] "벗이여, 나는 아난다라고 합니다. 나의 동료수행자들은

나를 아난다라고 알고 있습니다."

31. [꼬까나다] "저는 참으로 위대한 스승과 함께 대화를 나누면서 '존자 아난다'라고는 알지 못했습니다. 제가 '존자 아난다'라고 알았으면, 이처럼 반박하지 않았을 것입니다. 존자 아난다께서는 저를 용서하여주십시오."

6. 수행자가 숲속의 외딴 처소의 삶에서 누리는 즐거움은 어떠한 것인가?[793)]

1. 한때 존자 우빨리가 세존께서 계신 곳으로 찾아왔다. 가까이 다가와서 세존과 함께 인사를 나누었다. 인사를 나누고 안부를 주고받은 뒤에 한쪽으로 물러나 앉았다.

2. 한쪽으로 물러나 앉은 존자 우빨리는 세존께 이와 같이 말씀드렸다.

[우빨리] "세존이시여, 저는 한적한 숲이나 우거진 숲의 외딴 처소에서 지내길 원합니다."

3. [세존] "우빨리여, 한적한 숲이나 우거진 숲의 외딴 처소는 도달하기 어렵고, 멀리 떠남은 이루기 어렵고, 홀로 지냄은 즐기기 어렵고, 수행승이 삼매를 얻지 못하면 생각건대 숲이 그의 정신을 빼앗는다. 우빨리여, 만약 그가 '내가 삼매를 얻지 못하면서 한적한 숲이나 우거진 숲의 외딴 처소에서 지내고 싶다.'고 말한다면, 그는 바닥으로 가라앉거나 표면으로 떠오를 것이 자명하다.[794)]

4. 우빨리여, 예를 들어, 크나큰 깊은 못이 있는데, 마침 7척이나 8척

793) AN. V. 201 : 우빨리의 경[Upālisutta]

794) tassetaṃ pāṭikaṅkhaṃ saṃsīdissati vā uppilavissativā : Mrp. V. 67에 따르면, 바닥으로 가라앉는다는 것은 감각적 쾌락의 욕망에 매인 사유로 가라앉는다는 것을 말하고 표면으로 떠오른다는 것은 분노에 매인 사유와 폭력에 매인 사유로 떠오른다는 것이다.

이 되는 코끼리가 왔다면, 그는 이와 같이 '내가 이 호수에 들어가 귀를 씻으면서 놀고, 등을 씻으면서 놀고, 귀를 씻으면서 놀고, 등을 씻으면서 놀고 나서, 목욕을 하고 물을 마시고 다시 나와서 내가 가고 싶은 대로 가면 어떨까?'라고 생각할 것이다. 그래서 그는 그 호수에 들어가 귀를 씻으면서 놀고 등을 씻으면서 놀고, 귀를 씻으면서 놀고 등을 씻으면서 놀고 나서, 목욕을 하고 물을 마시고 다시 나와서 그가 가고 싶은 대로 갈 수 있다. 그것은 무슨 까닭인가? 우빨리여, 크나큰 존재는 깊은 곳에도 서있을 수가 있기 때문이다. 그런데, 토끼나 고양이가 왔다면, 그도 이와 같이 '나와 코끼리 사이에 무슨 차이가 있는가? 나도 이 호수에 들어가 귀를 씻으면서 놀고, 등을 씻으면서 놀고, 귀를 씻으면서 놀고, 등을 씻으면서 놀고 나서, 목욕을 하고 물을 마시고 다시 나와서 내가 가고 싶은 대로 가면 어떨까?'라고 생각할 것이다. 그래서 그가 그 호수에 갑자기 생각 없이 뛰어들었다면, 그는 바닥에 가라앉거나 표면으로 떠오를 것이다. 그것은 무슨 까닭인가? 우빨리여, 작은 존재는 깊은 곳에도 서 있을 수가 없기 때문이다. 우빨리여, 이와 같이 그가 '나는 한적한 숲이나 우거진 숲의 외딴 처소에서 지내고 싶다.'고 말한다면, 그는 바닥에 가라앉거나 표면으로 떠오를 것이다."

5. [세존] "우빨리여, 예를 들어 유약하고 어린 갓난아이가 침대에 누워 자신의 똥을 가지고 논다. 우빨리여, 어떻게 생각하는가? 그것은 단지 순전히 어리석은 유희가 아닌가?"

[우빨리] "세존이시여, 그렇습니다."

6. [세존] "우빨리여, 그렇다면 그 어린 아이가 나중에 자라서 감관이 성숙함에 따라, 소년들의 놀이도구 즉, 장난감 쟁기, 자치기, 재주넘기, 장남감 풍차, 장난감 됫박, 장남감 수레, 장남감 활 등을 가

지고 놀게 된다. 우빨리여, 어떻게 생각하는가? 이 놀이가 앞의 놀이 보다 더 우월하고 더 탁월한 놀이가 아닌가?"

[우빨리] "세존이시여, 그렇습니다."

7. [세존] "우빨리여, 그렇다면 그 어린 아이가 나중에 자라서 감관이 성숙함에 따라, 다섯 가지 종류의 감각적 쾌락 즉,

1) 원하고 즐겁고 마음에 들고 사랑스럽고 감각적 욕망을 자극하고 애착의 대상이 되는 시각으로 인식되는 형상들,
2) 원하고 즐겁고 마음에 들고 사랑스럽고 감각적 욕망을 자극하고 애착의 대상이 되는 청각으로 인식되는 소리들,
3) 원하고 즐겁고 마음에 들고 사랑스럽고 감각적 욕망을 자극하고 애착의 대상이 되는 후각으로 인식되는 냄새들,
4) 원하고 즐겁고 마음에 들고 사랑스럽고 감각적 욕망을 자극하고 애착의 대상이 되는 미각으로 인식되는 맛들,
5) 원하고 즐겁고 마음에 들고 사랑스럽고 감각적 욕망을 자극하고 애착의 대상이 되는 촉각으로 인식되는 감촉들을 갖추고 완비하여 즐기게 된다.

우빨리여, 어떻게 생각하는가? 이 놀이가 앞의 놀이 보다 더 우월하고 더 탁월한 놀이가 아닌가?"

[우빨리] "세존이시여, 그렇습니다."

8. [세존] "우빨리여, 그런데 이렇게 오신 님, 거룩한 님, 올바로 원만히 깨달은 님, 명지와 덕행을 갖춘 님, 올바른 길로 잘 가신 님, 세상을 아는 님, 위없이 높으신 님, 사람을 길들이는 님, 하늘사람과 인간의 스승이신 님, 깨달은 님, 세상의 존귀한 님께서 이 세상에 출현한다. 그가 신들과 악마들과 하느님들의 세계, 성직자들과 수행자들, 그리고 왕들과 백성들과 그 후예들의 세계에 대하여 스스로

곧바로 알고 깨달아 가르침을 설한다. 그는 처음도 훌륭하고 중간도 훌륭하고 마지막도 훌륭한, 내용을 갖추고 형식이 완성된 가르침을 설하고, 지극히 원만하고 오로지 청정한 거룩한 삶을 드러낸다.

9. 장자나 장자의 아들이나 어떤 가문에 태어난 자가 그 가르침을 듣는다. 그 가르침을 듣고 나서 여래에게 믿음을 얻는다. 믿음으로 가득 차서 그는 이와 같이 '재가의 생활은 티끌의 길이지만, 출가는 자유로운 공간과 같다. 가정생활을 하는 자가 아주 완전하고 아주 깨끗하게, 연마된 소라껍질처럼 빛나는[795] 청정한 삶을 실천하는 것은 쉽지 않다. 나는 머리와 수염을 깎고 황색법의를 입고 집에서 집 없는 곳으로 출가하는 것이 어떨까?'라고 성찰한다. 그는 나중에 적은 재물의 더미를 버리거나 많은 재물의 더미를 버리고 적은 친족의 무리를 버리거나 많은 친족의 무리를 버리고 머리와 수염을 깎고 황색법의를 입고 집에서 집 없는 곳으로 출가한다.

10. 이처럼 출가하여 수행승들의 삶에 필요한 학습계율을 갖추어서

1) 그는 살아있는 생명을 죽이는 것을 떠나고, 살아있는 생명을 죽이는 것을 삼가니, 몽둥이를 버리고 칼을 버리고 부끄러움을 알고 자비를 갖추어 일체의 뭇삶들을 애민하게 여긴다.

2) 그는 주지 않는 것을 빼앗는 것을 떠나고, 주지 않는 것을 빼앗는 것을 삼가니, 주는 것만을 갖고 주는 것만을 원하고 훔치지 않고 자신을 정화한다.

3) 그는 청정하지 못한 삶을 버리고, 청정한 삶을 살며, 멀리 떠남을 실천하고, 성적 교섭의 저열한 행위를 하지 않는다.

4) 그는 거짓말을 버리고, 거짓말을 삼가고, 진실을 말하고, 신뢰할

---

795) saṅkhalikhita : Srp. II. 180에 따르면, 이 단어는 '연마된 소라껍질 같이, 세척된 소라껍질과 유사하게(likhitasaṅkhasadisaṁ dhotasaṅkhappaṭibhāgaṁ caritabbaṁ)'라는 뜻이다.

만하고, 의지할 만하고, 세상을 속이지 않는다.

5) 그는 이간질을 버리고 이간질을 삼가니, 여기서 들어서 저기에 말하여 저들을 갈라놓지 않고, 혹은 저기서 들어서 여기에 말하여 이들을 갈라놓지 않으며, 분열을 화합하고, 화합을 도모하고, 화합을 좋아하고, 화합을 기뻐하고, 화합을 일으키는 말을 한다.

6) 그는 욕지거리를 버리고 욕지거리를 삼가니, 온화하고, 귀에 듣기 좋고, 사랑스럽고, 유쾌하고, 우아하고, 많은 사람이 좋아하고, 많은 사람이 바라고, 많은 사람이 좋아하는 이와 같은 말을 한다.

7) 그는 꾸며대는 말을 버리고 꾸며대는 말을 삼가니, 때맞추어 말하고, 사실을 말하고, 의미를 말하고, 가르침을 말하고, 계율을 말하고, 올바른 때에 근거가 있고, 이치에 맞고, 절제가 있고, 유익한 말을 한다.

11. 그리고

1) 그는 종자나 식물을 해치는 것에서도 떠난다.

2) 그는 하루 한 번 식사하고, 밤에는 식사하지 않으며, 때 아닌 때에 먹는 것을 떠난다.796)

3) 노래·춤·음악·연극 등을 보는 것에서 떠난다.

4) 꽃다발·향료·크림을 가지고 화장하고 장식하는 것에서 떠난다.

5) 높은 침대, 큰 침대에서 떠난다.

6) 금은을 받는 것에서 떠난다.

7) 날곡식을 받는 것에서 떠난다.

8) 날고기를 받는 것에서 떠난다.

9) 여인이나 여자아이를 받는 것에서 떠난다.

---

796) ekabhattiko hoti. rattuparato virato vikālabhojanā : 하루 한번 식사를 점심시간(12시)까지 식사를 마쳐야 한다.

10) 하녀나 하인을 받는 것에서 떠난다.
11) 산양이나 양을 받는 것에서 떠난다.
12) 닭이나 돼지를 받는 것에서 떠난다.
13) 코끼리나 소나 암말이나 수말을 받는 것에서 떠난다.
14) 전답이나 땅을 받는 것에서 떠난다.
15) 심부름을 보내거나 가는 것에서 떠난다.
16) 사고 파는 것을 떠난다.
17) 저울을 속이고, 화폐를 속이고, 도량을 속이는 것에서 떠난다.
18) 사기·기만·간계·부정에서 떠난다.
19) 절단하고 살육하고 포박하고 노략하고 약탈하고 폭행하는 것에서 떠난다.
20) 그리고 그는 옷은 몸을 보호하는 것으로 족하게 걸치고, 탁발음식은 배를 유지하는 것으로 족하게 하고, 어디에 가든지 오로지 필수품만을 가지고 간다. 마치 날개를 가진 새가 어디로 날든지 날개를 유일한 짐으로 하늘을 날듯이, 이와 같이 수행승은 옷은 몸을 보호하는 것으로 족하게 걸치고, 탁발음식은 배를 유지하는 것으로 족하게 하고, 어디에 가든지 오로지 필수품들만 가지고 간다.

12. 그는 고귀한 여러 가지 계율을 갖추고 안으로 허물이 없는 행복을 느낀다.

13. 그리고

1) 그는 시각으로 형상을 보더라도 그 인상에 집착하지 않고 그 연상에 집착하지 않는다. 그가 시각능력을 이렇게 제어하지 않으면, 그것을 원인으로 탐욕과 불만의 악하고 불건전한 것들이 그를 침범할 것이기 때문에, 그는 그렇게 제어하기 위해 노력함으로써,

시각능력을 보호하고 시각능력을 수호한다.

2) 그는 청각으로 소리를 듣더라도 그 인상에 집착하지 않고 그 연상에 집착하지 않는다. 그가 청각능력을 이렇게 제어하지 않으면, 그것을 원인으로 탐욕과 불만의 악하고 불건전한 것들이 그를 공격할 것이기 때문에, 그는 그렇게 제어하기 위해 노력함으로써, 청각능력을 보호하고 청각능력을 수호한다.

3) 그는 후각으로 냄새를 맡더라도 그 인상에 집착하지 않고 그 연상에 집착하지 않는다. 그가 후각능력을 이렇게 제어하지 않으면, 그것을 원인으로 탐욕과 불만의 악하고 불건전한 것들이 그를 공격할 것이기 때문에, 그는 그렇게 제어하기 위해 노력함으로써, 후각능력을 보호하고 후각능력을 수호한다.

4) 그는 미각으로 맛을 맛보더라도 그 인상에 집착하지 않고 그 연상에 집착하지 않는다. 그가 미각능력을 이렇게 제어하지 않으면, 그것을 원인으로 탐욕과 불만의 악하고 불건전한 것들이 그를 공격할 것이기 때문에, 그는 그렇게 제어하기 위해 노력함으로써, 미각능력을 보호하고 미각능력을 수호한다.

5) 그는 촉각으로 감촉을 촉지하더라도 그 인상에 집착하지 않고 그 연상에 집착하지 않는다. 그가 촉각능력을 이렇게 제어하지 않으면, 그것을 원인으로 탐욕과 불만의 악하고 불건전한 것들이 그를 공격할 것이기 때문에, 그는 그렇게 제어하기 위해 노력함으로써, 촉각능력을 보호하고 촉각능력을 수호한다.

6) 그는 정신으로 사실을 인식하더라도 그 인상에 집착하지 않고 그 연상에 집착하지 않는다. 그가 정신능력을 이렇게 제어하지 않으면, 그것을 원인으로 탐욕과 불만의 악하고 불건전한 것들이 그를 공격할 것이기 때문에, 그는 그렇게 제어하기 위해 노력함으

로써, 정신능력을 보호하고 정신능력을 수호한다. 그는 이 고귀한 감각능력들을 수호하고, 안으로 허물이 없는 행복을 느낀다.

14. 그는 나아가는 것과 돌아오는 것을 올바로 알고, 앞을 바라보는 것과 뒤를 바라보는 것을 올바로 알고, 굽히는 것과 펼치는 것을 올바로 알고, 가사와 발우를 간수하는 것을 올바로 알고, 먹고 마시고 씹고 맛보는 것을 올바로 알고, 대변과 소변을 보는 것을 올바로 알고, 가고 서고 앉고 잠자고 깨어나고 말하고 침묵하는 것을 올바로 안다.

15. 그는 이 고귀한 여러 계율을 갖추고 이 고귀한 감각능력을 수호하여 갖추고, 이 고귀한 올바른 앎을 갖추고, 한적한 숲이나 나무아래나 산이나 계곡이나 동굴이나 묘지나 숲속이나 노천이나 짚더미가 있는 곳과 같은 격리된 처소를 벗으로 삼는다. 그는 식사를 마친 뒤, 탁발에서 돌아와 앉아서 가부좌를 틀고, 몸을 곧게 세우고, 얼굴 앞으로 새김을 일으킨다.

16. 그는 세상에 대한 탐욕을 버리고, 탐욕을 여읜 마음으로 지내며, 탐욕에서 마음을 정화시킨다. 그는 세상에 대한 분노를 버리고 분노를 여읜 마음으로 지내며, 모든 뭇삶을 가엾게 여기며, 분노에서 마음을 정화시킨다. 해태와 혼침을 버리고 해태와 혼침을 떠나서, 빛을 지각하고, 깊이 새기고, 올바로 알아차리며, 해태와 혼침에서 마음을 정화시킨다. 흥분과 회한을 버리고 차분하게 지내며, 안으로 마음을 고요히 하여, 흥분과 회한으로부터 마음을 정화시킨다. 의심을 버리고 의심을 건너서, 착하고 건전한 것에 의혹을 품지 않고 의심으로부터 마음을 정화시킨다.797)

797) so abhijjhaṃ loke pahāya vigatābhijjhena cetasā viharati. abhijjhāya cittaṃ parisodheti. vyāpādapadosaṃ pahāya abyāpannacitto viharati sabbapāṇabhūtahitānukampī, vyāpādapadosā cittaṃ parisodheti. thīna

17. 그는 이들 다섯 가지 장애, 즉 지혜를 허약하게 만드는 마음의 오염을 버리고, 감각적 쾌락의 욕망을 버리고 악하고 불건전한 상태를 떠난 뒤, 사유를 갖추고 숙고를 갖추어, 멀리 여읨에서 생겨난 희열과 행복을 갖춘 첫 번째 선정에 든다. 우빨리여, 어떻게 생각하는가? 이 경지가 앞의 경지 보다 더 우월하고 더 탁월한 경지가 아닌가?"

[우빨리] "세존이시여, 그렇습니다."

[세존] "우빨리여, 나의 제자들은 자기 안에서 이러한 원리를 보면서 한적한 숲이나 우거진 숲의 외딴 처소에서 지낸다. 그러나 아직 최상의 의미를 체득한 것은 아니다."

18. [세존] "우빨리여, 또한 수행승이 사유와 숙고가 멈추어진 뒤, 안으로 고요하게 하여 마음을 통일하고, 사유를 뛰어넘고 숙고를 뛰어넘어, 삼매에서 생겨나는 희열과 행복을 갖춘 두 번째 선정에 든다. 우빨리여, 어떻게 생각하는가? 이 경지가 앞의 경지 보다 더 우월하고 더 탁월한 경지가 아닌가?"

[우빨리] "세존이시여, 그렇습니다."

[세존] "우빨리여, 나의 제자들은 자기 안에서 이러한 원리를 보면서 한적한 숲이나 우거진 숲의 외딴 처소에서 지낸다. 그러나 아직 최상의 의미를 체득한 것은 아니다."

19. [세존] "우빨리여, 또한 수행승이 희열이 사라진 뒤, 아직 신체적으로 즐거움을 느끼지만, 깊이 새기고 올바로 알아차리며 평정하게

---

middhaṃ pahāya vīgata thīnamiddho viharati ālokasaññī sato sampajāno, thīnamiddhā cittaṃ parisodheti. uddhaccakukkuccaṃ pahāya anuddhato viharati ajjhattaṃ vūpasannacitto uddhaccakukkuccā cittaṃ paris odheti. vicikicchaṃ pahāya tiṇṇavicikiccho viharati akathaṃkathī kusalesu dhammesu, vicikicchāya cittaṃ parisodheti : 다섯 가지 장애로 부터 마음을 정화하는 것은 선정에 드는 토대가 된다. 다섯 가지 장애[五障 : pañca nīvaraṇāni] : ① 감각적 쾌락의 욕망[欲 : kāma] ② 분노[瞋恚 : vyāpāda] ③ 해태와 혼침[混沈 : thīnamiddha] ④ 흥분과 회한[悼擧惡作 : uddhaccakukkucca] ⑤ 회의적 의심[疑 : vicikicchā].

지낸다. 그래서 고귀한 이들이 '평정하고 새김이 깊고 행복을 느낀다.'고 말하는 세 번째 선정에 든다. 우빨리여, 어떻게 생각하는가? 이 경지가 앞의 경지 보다 더 우월하고 더 탁월한 경지가 아닌가?"

[우빨리] "세존이시여, 그렇습니다."

[세존] "우빨리여, 나의 제자들은 자기 안에서 이러한 원리를 보면서 한적한 숲이나 우거진 숲의 외딴 처소에서 지낸다. 그러나 아직 최상의 의미를 체득한 것은 아니다."

20. [세존] "우빨리여, 또한 수행승이 행복을 버리고 고통을 버려서, 이전의 쾌락과 근심을 사라지게 하고, 괴로움을 뛰어넘고 즐거움을 뛰어넘어, 평정하고 새김이 깊고 청정한 네 번째 선정에 든다. 우빨리여, 어떻게 생각하는가? 이 경지가 앞의 경지 보다 더 우월하고 더 탁월한 경지가 아닌가?"

[우빨리] "세존이시여, 그렇습니다."

[세존] "우빨리여, 나의 제자들은 자기 안에서 이러한 원리를 보면서 한적한 숲이나 우거진 숲의 외딴 처소에서 지낸다. 그러나 아직 최상의 의미를 체득한 것은 아니다."

21. [세존] "우빨리여, 또한 수행승이 물질에 대한 지각을 완전히 뛰어넘어 감각적 저촉에 대한 지각을 종식하고 다양성에 대한 지각에 정신활동을 일으키지 않음으로써 '공간이 무한하다'라고 알아채며 무한공간의 세계에 든다. 우빨리여, 어떻게 생각하는가? 이 경지가 앞의 경지 보다 더 우월하고 더 탁월한 경지가 아닌가?"

[우빨리] "세존이시여, 그렇습니다."

[세존] "우빨리여, 나의 제자들은 자기 안에서 이러한 원리를 보면서 한적한 숲이나 우거진 숲의 외딴 처소에서 지낸다. 그러나 아직 최상의 의미를 체득한 것은 아니다."

22. [세존] "우빨리여, 또한 수행승이 무한공간의 세계를 완전히 뛰어넘어 '의식이 무한하다'고 알아채며 무한의식의 세계에 든다. 우빨리여, 어떻게 생각하는가? 이 경지가 앞의 경지 보다 더 우월하고 더 탁월한 경지가 아닌가?"

[우빨리] "세존이시여, 그렇습니다."

[세존] "우빨리여, 나의 제자들은 자기 안에서 이러한 원리를 보면서 한적한 숲이나 우거진 숲의 외딴 처소에서 지낸다. 그러나 아직 최상의 의미를 체득한 것은 아니다."

23. [세존] "우빨리여, 또한 수행승이 무한의식의 세계를 완전히 뛰어넘어 '아무 것도 없다'고 알아채며 아무 것도 없는 세계에 든다. 우빨리여, 어떻게 생각하는가? 이 경지가 앞의 경지 보다 더 우월하고 더 탁월한 경지가 아닌가?"

[우빨리] "세존이시여, 그렇습니다."

[세존] "우빨리여, 나의 제자들은 자기 안에서 이러한 원리를 보면서 한적한 숲이나 우거진 숲의 외딴 처소에서 지낸다. 그러나 아직 최상의 의미를 체득한 것은 아니다."

24. [세존] "우빨리여, 또한 수행승이 아무 것도 없는 세계를 완전히 뛰어넘어 지각하는 것도 아니고 지각하지 않는 것도 아닌 세계에 든다. 우빨리여, 어떻게 생각하는가? 이 경지가 앞의 경지 보다 더 우월하고 더 탁월한 경지가 아닌가?"

[우빨리] "세존이시여, 그렇습니다."

[세존] "우빨리여, 나의 제자들은 자기 안에서 이러한 원리를 보면서 한적한 숲이나 우거진 숲의 외딴 처소에서 지낸다. 그러나 아직 최상의 의미를 체득한 것은 아니다."

25. [세존] "우빨리여, 또한 수행승이 지각하는 것도 아니고 지각하지 않는 것도 아닌 세계를 완전히 뛰어넘어 지각과 느낌의 소멸에 든다. 우빨리여, 어떻게 생각하는가? 이 경지가 앞의 경지 보다 더 우월하고 더 탁월한 경지가 아닌가?"

[우빨리] "세존이시여, 그렇습니다."

[세존] "우빨리여, 나의 제자들은 자기 안에서 이러한 원리를 보면서 한적한 숲이나 우거진 숲의 외딴 처소에서 지낸다. 그러나 아직 최상의 의미를 체득한 것은 아니다."

26. [세존] "우빨리여, 그대는 참모임 안에서 지내라. 참모임 안에서 지내면 평안하리라."

7. 가르침에 어긋나는 유해한 것과 가르침에 일치하는 유익한 것은 무엇인가?[798]

1. [세존] "수행승들이여, 이와 같이 가르침에 어긋나는 것과 유해한 것을 알아야 하고, 가르침에 일치하는 것과 유익한 것을 알아야 한다. 가르침에 어긋나는 것과 유해한 것을 알고, 가르침에 일치하는 것과 유익한 것을 알고 나서, 가르침에 일치하도록 유익하도록 실천해야 한다.

2. 수행승들이여, 가르침에 어긋나는 것과 유해한 것이란 어떠한 것인가?

3. 수행승들이여, 잘못된 견해, 잘못된 사유, 잘못된 언어, 잘못된 행위, 잘못된 생활, 잘못된 정진, 잘못된 새김, 잘못된 집중, 잘못된 앎, 잘못된 해탈이다. 수행승들이여, 가르침에 어긋나는 것과 유해한 것이란 이와 같다.

798) AN. V. 222 : 가르침에 어긋남의 경①[Paṭhamādhammasutta]

4. 수행승들이여, 가르침에 일치하는 것과 유익한 것이란 어떠한 것인가?

5. 수행승들이여, 올바른 견해, 올바른 사유, 올바른 언어, 올바른 행위, 올바른 생활, 올바른 정진, 올바른 새김, 올바른 집중, 올바른 앎, 올바른 해탈이다. 수행승들이여, 가르침에 일치하는 것과 유익한 것이란 이와 같다.

6. 수행승들이여, 이와 같이 가르침에 어긋나는 것과 유해한 것을 알아야 하고, 가르침에 일치하는 것과 유익한 것을 알아야 한다. 가르침에 어긋나는 것과 유해한 것을 알고, 가르침에 일치하는 것과 유익한 것을 알고 나서, 가르침에 일치하도록 유익하도록 실천해야 한다. 이렇게 말한 것은 이러한 것과 관련하여 말한 것이다."

8. 현자인지 현자가 아닌지에 대해 알아보는 척도는 무엇인가?[799)]

1. 한때 유행자 아지따[800)]가 세존께서 계신 곳으로 찾아왔다. 가까이 다가와서 세존과 함께 인사를 하고 안부를 주고받은 뒤에 한쪽으로 물러나 앉았다.

2. 한쪽으로 물러나 앉은 유행자 아지따는 세존께 이와 같이 말씀드렸다.

[아지따] "존자 고따마여, 우리에게 현자라고 불리는 동료수행자가 있는데, 그는 오백 가지 논거를[801)] 생각해 냅니다. 이교도들은 그것으로 반박당하면 '우리는 반박당했다.'라고 분명히 알 정

799) AN. V. 229 : 아지따의 경[Ajitasutta], 중아함아이나경후반(대정1.734a) 참조
800) Ajita : 이 경에만 나오는 유행자의 이름이다.
801) pañcamattāni cittaṭṭhānasatāni : 역자는 초역에서 '오백 명의 마음의 상태'라고 번역한 것을 오역으로 교정한다.

도입니다.”

3. 그러자 세존께서는 수행승들을 향해서 말씀하셨다.

[세존] “그대들은 현자에 대한 척도를 기억하는가?”

[수행승들] “세상에 존경받는 님이시여, 그렇게 하겠습니다. 올바로 가신 님이시여, 그렇게 하겠습니다. 세존께서 말씀하신 것을 듣고 수행승들이 마땅히 기억해야 할 것입니다.”

[세존] “수행승들이여, 그렇다면, 듣고 잘 새겨라. 내가 설하겠다.”

[수행승들] “세존이시여, 그렇게 하겠습니다.”

수행승들은 세존께 대답했다. 세존께서는 이와 같이 말씀하셨다.

4. [세존] “수행승들이여, 세상에 어떤 자는 가르침에 어긋나는 이론으로 가르침에 어긋나는 이론을 반박하고 억압한다. 그것을 통해 가르침에 맞지 않게 사는 무리들을 감동시킨다. 그러면 그 가르침에 맞지 않게 사는 무리들은 그에 대하여 ‘참으로 현자이다. 참으로 현자이다.’라고 높게 외쳐대고 크게 떠들어댄다.

5. 수행승들이여, 그런데 어떤 자는 가르침에 어긋나는 이론으로 가르침에 일치하는 이론을 반박하고 억압한다. 그것을 통해 가르침에 맞지 않게 사는 무리들을 감동시킨다. 그러면 그 가르침에 맞지 않게 사는 무리들은 그에 대하여 ‘참으로 현자이다. 참으로 현자이다.’라고 높게 외쳐대고 크게 떠들어댄다.

6. 수행승들이여, 그런데 어떤 자는 가르침에 어긋나는 이론으로 부분적으로 가르침에 일치하는 이론과 부분적으로 가르침에 어긋나는 이론을 반박하고 억압한다. 그것을 통해 가르침에 맞지 않게 사는 무리들을 감동시킨다. 그러면 그 가르침에 맞지 않게 사는 무리들은 그에 대하여 ‘참으로 현자이다. 참으로 현자이다.’라고 높게 외

쳐대고 크게 떠들어댄다.

7. 수행승들이여, 그런데 어떤 자는 가르침에 일치하는 이론으로 부분적으로 가르침에 일치하는 이론과 부분적으로 가르침에 어긋나는 이론을 반박하고 억압한다. 그것을 통해 가르침에 일치하게 사는 무리들을 감동시킨다. 그러면 그 가르침에 일치하게 사는 무리들은 그에 대하여 '참으로 현자이다. 참으로 현자이다.'라고 높게 외쳐대고 크게 떠들어댄다.

8. 수행승들이여, 이와 같이 가르침에 어긋나는 것과 가르침에 일치하는 것을 알아야 하고, 유해한 것과 유익한 것을 알아야 한다. 가르침에 어긋나는 것과 가르침에 일치하는 것을 알아야 하고, 유해한 것과 유익한 것을 알고 나서, 가르침에 일치하도록 유익하도록 실천해야 한다.

9. 수행승들이여, 가르침에 어긋나는 것은 어떠한 것이고 가르침에 일치하는 것은 어떠한 것이고, 유해한 것은 어떠한 것이고 유익한 것은 어떠한 것인가?

10. 수행승들이여, 잘못된 견해는 가르침에 어긋나는 것이고 올바른 견해는 가르침에 일치하는 것이다. 잘못된 견해를 조건으로 무수한 악하고 불건전한 것들이 생겨난다면, 그것들이 유해한 것이다. 그리고 올바른 견해를 조건으로 무수한 착하고 건전한 것들이 계발되고 완성되면, 그것들이 유익한 것이다.

11. 수행승들이여, 잘못된 사유는 가르침에 어긋나는 것이고 올바른 사유는 가르침에 일치하는 것이다. 잘못된 사유를 조건으로 무수한 악하고 불건전한 것들이 생겨난다면, 그것들이 유해한 것이다. 그리고 올바른 사유를 조건으로 무수한 착하고 건전한 것들이 계발되

고 완성되면, 그것들이 유익한 것이다.

12. 수행승들이여, 잘못된 언어는 가르침에 어긋나는 것이고 올바른 언어는 가르침에 일치하는 것이다. 잘못된 언어를 조건으로 무수한 악하고 불건전한 것들이 생겨난다면, 그것들이 유해한 것이다. 그리고 올바른 언어를 조건으로 무수한 착하고 건전한 것들이 계발되고 완성되면, 그것들이 유익한 것이다.

13. 수행승들이여, 잘못된 행위는 가르침에 어긋나는 것이고 올바른 행위는 가르침에 일치하는 것이다. 잘못된 행위를 조건으로 무수한 악하고 불건전한 것들이 생겨난다면, 그것들이 유해한 것이다. 그리고 올바른 행위를 조건으로 무수한 착하고 건전한 것들이 계발되고 완성되면, 그것들이 유익한 것이다.

14. 수행승들이여, 잘못된 생활은 가르침에 어긋나는 것이고 올바른 생활은 가르침에 일치하는 것이다. 잘못된 생활을 조건으로 무수한 악하고 불건전한 것들이 생겨난다면, 그것들이 유해한 것이다. 그리고 올바른 생활을 조건으로 무수한 착하고 건전한 것들이 계발되고 완성되면, 그것들이 유익한 것이다.

15. 수행승들이여, 잘못된 정진은 가르침에 어긋나는 것이고 올바른 정진은 가르침에 일치하는 것이다. 잘못된 정진을 조건으로 무수한 악하고 불건전한 것들이 생겨난다면, 그것들이 유해한 것이다. 그리고 올바른 정진을 조건으로 무수한 착하고 건전한 것들이 계발되고 완성되면, 그것들이 유익한 것이다.

16. 수행승들이여, 잘못된 새김은 가르침에 어긋나는 것이고 올바른 새김은 가르침에 일치하는 것이다. 잘못된 새김을 조건으로 무수한 악하고 불건전한 것들이 생겨난다면, 그것들이 유해한 것이다. 그

리고 올바른 새김을 조건으로 무수한 착하고 건전한 것들이 계발되고 완성되면, 그것들이 유익한 것이다.

17. 수행승들이여, 잘못된 집중은 가르침에 어긋나는 것이고 올바른 집중은 가르침에 일치하는 것이다. 잘못된 집중을 조건으로 무수한 악하고 불건전한 것들이 생겨난다면, 그것들이 유해한 것이다. 그리고 올바른 집중을 조건으로 무수한 착하고 건전한 것들이 계발되고 완성되면, 그것들이 유익한 것이다.

18. 수행승들이여, 잘못된 앎은 가르침에 어긋나는 것이고 올바른 앎은 가르침에 일치하는 것이다. 잘못된 앎을 조건으로 무수한 악하고 불건전한 것들이 생겨난다면, 그것들이 유해한 것이다. 그리고 올바른 앎을 조건으로 무수한 착하고 건전한 것들이 계발되고 완성되면, 그것들이 유익한 것이다.

19. 수행승들이여, 잘못된 해탈은 가르침에 어긋나는 것이고 올바른 해탈은 가르침에 일치하는 것이다. 잘못된 해탈을 조건으로 무수한 악하고 불건전한 것들이 생겨난다면, 그것들이 유해한 것이다. 그리고 올바른 해탈을 조건으로 무수한 착하고 건전한 것들이 계발되고 완성되면, 그것들이 유익한 것이다.

20. 수행승들이여, 이와 같이 가르침에 어긋나는 것과 가르침에 일치하는 것을 알아야 하고, 유해한 것과 유익한 것을 알아야 한다. 가르침에 어긋나는 것과 가르침에 일치하는 것을 알아야 하고, 유해한 것과 유익한 것을 알고 나서, 가르침에 일치하도록 유익하도록 실천해야 한다. 이렇게 말한 것은 이러한 것과 관련하여 말한 것이다."

9. 타종교의 종교적 의례에 대한 부처님의 수용방식은 어떠한 것일까?[802]

1. 한때 바라문 자눗쏘니[803]가 포살일에 머리를 감고 한 쌍의 아마옷을 입고 손에 젖은 꾸싸 풀을 들고 세존으로부터 멀지 않은 곳의 한쪽에 서있었다.

2. 세존께서는 바라문 자눗쏘니가 포살일에 머리를 감고 한 쌍의 아마옷을 입고 손에 젖은 꾸싸 풀을 들고 멀지 않은 곳의 한쪽에 서있는 것을 보았다. 보고나서 자눗쏘니에게 이와 같이 말씀하셨다.

3. [세존] "바라문이여, 포살일에 머리를 감고 한 쌍의 아마옷을 입고 손에 젖은 꾸싸 풀을 들고 세존으로부터 멀지 않은 곳에 서있는 그대는 누구입니까? 바라문 가정에서 오늘 무엇을 합니까?"

[자눗쏘니] "존자 고따마여, 오늘 바라문 가정에서는 하강이 있습니다."[804]

4. [세존] "바라문이여, 그러면 바라문들의 하강이란 어떻게 하는 것입니까?"

[자눗쏘니] "존자 고따마여, 바라문들은 포살일에 머리를 감고 새로운 한 쌍의 아마옷을 입고 신선한 쇠똥을 땅에 바르고 신선한 꾸싸 풀을 깔고 모래와 화로 사이에 침대를 마련합니다. 그는 밤에 세 번 일어나 화신에게 합장하고 귀의하며 '우리가 존귀한 그대를 숭배하기 위하여 하강합니다. 우리가 존귀한 그대를 숭배하기 위해 하강

---

802) AN. V. 233; 하강의 경①[Paṭhamapaccorohaṇīsutta], 잡아함37.18(대정2.272a) 참조

803) Jānussoṇi : 바라문으로서 경에 자주 나온다. DN. I. 235와 MN. II. 202에 따르면, 그는 꼬쌀라(Kosala)국 바라문 마을 마나싸까따(Manasākaṭa)에서 아주 훌륭한 다른 바라문과 함께 살았다. MN. I. 175와 SN. V. 4에서 그는 고귀하고 부유한 사람으로 묘사되고 있다. Pps. I. 109와 Mrp. II. 115에 따르면, 자눗쏘니는 꼬쌀라국의 궁중제관의 작위명이다. 부처님과의 대론은 여러 경전에서 다양한 주제로 나오는데, 이 경에서는 존재(有 : atthi)와 비존재(無 : natthi)에 관하여 논하고 있다.

804) paccorohaṇī bho gotama, ajja brāhmaṇakulassā ti : 바라문의 의례인 하강의례(paccorohaṇī)가 있다는 말이다. 그 내용은 이 경 자체에서 설명하고 있다. Lba. V. 110에서는 하강(paccorohaṇī)을 정화(Leinigung)라고 번역하고 그 주석에서는 원래의 의미가 재상승(再上乘)이라고 해석했는데, 문맥상 옳지 않다.

합니다.'라고 말하고, 많은 신선한 버터기름과 참기름과 버터를 화신에게 바칩니다. 밤이 지나면, 씹을 만하고 먹을 만한 맛있는 음식을 바라문들에게 제공합니다. 존자 고따마여, 이와 같이 바라문의 하강이 행해집니다."

5. [세존] "바라문이여, 바라문들의 하강과 고귀한 님의 계율에 입각한 하강은 다릅니다."

[자눗쏘니] "그렇다면, 존자 고따마여, 고귀한 님의 계율에 입각한 하강은 어떠한 것입니까? 존자 고따마께서는 고귀한 님의 계율에 입각한 하강이 어떠한 것인지 가르침을 주십시오."

[세존] "바라문이여, 그렇다면 듣고 잘 새기십시오. 내가 설하겠습니다."

[자눗쏘니] "세존이시여, 알겠습니다."

바라문 자눗쏘니는 세존께 대답했다. 세존께서는 이와 같이 말씀하셨다.

6. [세존] "바라문이여, 세상에 고귀한 제자는 이와 같이 '잘못된 견해는 현세에서도 내세에서도 악한 과보를 가져온다.'라고 성찰하여 잘못된 견해를 버리고 잘못된 견해로부터 하강합니다.

7. 바라문이여, 세상에 고귀한 제자는 이와 같이 '잘못된 사유는 현세에서도 내세에서도 악한 과보를 가져온다.'라고 성찰하여 잘못된 사유를 버리고 잘못된 사유로부터 하강합니다.

8. 바라문이여, 세상에 고귀한 제자는 이와 같이 '잘못된 언어는 현세에서도 내세에서도 악한 과보를 가져온다.'라고 성찰하여 잘못된 언어를 버리고 잘못된 언어로부터 하강합니다.

9. 바라문이여, 세상에 고귀한 제자는 이와 같이 '잘못된 행위는 현

세에서도 내세에서도 악한 과보를 가져온다.'라고 성찰하여 잘못된 행위를 버리고 잘못된 행위로부터 하강합니다.

10. 바라문이여, 세상에 고귀한 제자는 이와 같이 '잘못된 생활은 현세에서도 내세에서도 악한 과보를 가져온다.'라고 성찰하여 잘못된 생활을 버리고 잘못된 생활로부터 하강합니다.

11. 바라문이여, 세상에 고귀한 제자는 이와 같이 '잘못된 정진은 현세에서도 내세에서도 악한 과보를 가져온다.'라고 성찰하여 잘못된 정진을 버리고 잘못된 정진으로부터 하강합니다.

12. 바라문이여, 세상에 고귀한 제자는 이와 같이 '잘못된 새김은 현세에서도 내세에서도 악한 과보를 가져온다.'라고 성찰하여 잘못된 새김을 버리고 잘못된 새김으로부터 하강합니다.

13. 바라문이여, 세상에 고귀한 제자는 이와 같이 '잘못된 집중은 현세에서도 내세에서도 악한 과보를 가져온다.'라고 성찰하여 잘못된 집중을 버리고 잘못된 집중으로부터 하강합니다.

14. 바라문이여, 세상에 고귀한 제자는 이와 같이 '잘못된 앎은 현세에서도 내세에서도 악한 과보를 가져온다.'라고 성찰하여 잘못된 앎을 버리고 잘못된 앎으로부터 하강합니다.

15. 바라문이여, 세상에 고귀한 제자는 이와 같이 '잘못된 해탈은 현세에서도 내세에서도 악한 과보를 가져온다.'라고 성찰하여 잘못된 해탈을 버리고 잘못된 해탈로부터 하강합니다. 바라문이여, 고귀한 님의 계율에 입각한 하강은 이러한 것입니다."

16. [자눗쏘니] "존자 고따마여, 바라문들의 하강과 고귀한 님의 계율에 입각한 하강은 다릅니다. 존자 고따마여, 이러한 고귀한 님의 계율에 입각한 하강에 비추어 바라문들의 하강은 그 십육 분의 일

에도 미치지 못합니다.

17. 존자 고따마여, 마치 넘어진 것을 일으켜 세우듯, 가려진 것을 열어보이듯, 어리석은 자에게 길을 가리켜주듯, 눈 있는 자는 형상을 보라고 어둠 속에 등불을 들어 올리듯, 존자 고따마께서는 이와 같이 여러 가지 방법으로 진리를 밝혀주셨습니다. 그러므로 이제 세존이신 고따마께 귀의합니다. 또한 그 가르침에 귀의합니다. 또한 그 수행승의 모임에 귀의합니다. 세존이신 고따마께서는 재가신자로서 저를 받아 주십시오. 오늘부터 목숨이 다하도록 귀의하겠습니다."

10. 착하고 건전한 것의 전조로서 새벽에 비유될 수 있는 것은 무엇인가?805)

1. [세존] "수행승들이여, 태양이 떠오를 때 그 선구이자 전조가 되는 것은 바로 새벽이다.

2. 수행승들이여, 이와 같이 착하고 건전한 것들이 생겨날 때 그 선구이자 전조가 되는 것은 바로 올바른 견해이다.

3. 수행승들이여, 올바른 견해가 있으면 올바른 사유가 생겨나고, 올바른 사유가 있으면 올바른 언어가 생겨나고, 올바른 언어가 있으면 올바른 행위가 생겨나고, 올바른 행위가 있으면 올바른 생활이 생겨나고, 올바른 생활이 있으면 올바른 정진이 생겨나고, 올바른 정진이 있으면 올바른 새김이 생겨나고, 올바른 새김이 있으면 올바른 집중이 생겨나고, 올바른 집중이 있으면 올바른 앎이 생겨나고, 올바른 앎이 있으면 올바른 해탈이 생겨난다."

11. 쌓아 모으는 것과 버리고 없애는 것의 차이는 어디에 있는가?806)

---

805) AN. V. 236 : 선구의 경[Pubbaṅgamasutta]

1. [세존] "수행승들이여, 그대들에게 쌓아 모으는 것과 버리고 없애는 것에 대해 가르치겠다. 듣고 잘 새겨라. 내가 설하겠다."

[수행승들] "세존이시여, 알겠습니다."

수행승들은 세존께 대답했다. 세존께서는 이와 같이 말씀하셨다.

2. [세존] "수행승들이여, 쌓아 모으는 것이란 무엇인가? 살아있는 생명을 죽이고, 주지 않는 것을 빼앗고, 사랑을 나눔에 잘못을 범하고, 거짓말을 하고, 이간질하고, 욕지거리하고, 꾸며대는 말을 하고, 탐착을 갖고, 분노의 마음을 품고, 잘못된 견해를 지니는 것이다. 수행승들이여, 이것을 쌓아 모으는 것이라고 한다.

3. 수행승들이여, 버리고 없애는 것이란 무엇인가? 살아있는 생명을 죽이는 것을 삼가고, 주지 않는 것을 빼앗는 것을 삼가고, 사랑을 나눔에 잘못을 범하는 것을 삼가고, 거짓말을 하는 것을 삼가고, 이간질하는 것을 삼가고, 욕지거리하는 것을 삼가고, 꾸며대는 말을 하는 것을 삼가고, 탐착을 여의고, 분노의 마음을 여의고, 올바른 견해를 갖추는 것이다. 수행승들이여, 이것을 버리고 없애는 것이라고 한다."

12. 의도적으로 만들어지고 집적된 업은 그 과보를 받아야만 하는가?[807]

1. [세존] "수행승들이여, 의도적으로 만들어지고 집적된 업들은 현세나 다음 생이나 다른 생에 그 갚음을 받지 않고 고갈될 수 있다고 나는 말하지 않는다. 수행승들이여, 뿐만 아니라 의도적으로 만들어지고 집적된 업들이 현세나 다음 생이나 다른 생에 그 갚음을 받기

---

806) AN. V. 276 : 쌓아 모으는 것의 경[Ācayagāmīsutta]

807) AN. V. 292; 의도적인 것에 대한 경①[Paṭhamasañcetanikasutta], 잡아함37.25-26(대정2.274a); 증일아함48.1(대정2.785c) 참조

전에 괴로움의 종식에 이를 수 있다고도 나는 말하지 않는다.[808]

2. 수행승들이여, 거기에 악하고 불건전한 의도에서 생겨나고 고통을 초래하고 고통의 과보를 가져오는 세 가지 종류의 신체적인 행위의 오염에서 비롯된 잘못이 있고, 악하고 불건전한 의도에서 생겨나고 고통을 초래하고 고통의 과보를 가져오는 네 가지 종류의 언어적인 행위의 오염에서 비롯된 잘못이 있고, 악하고 불건전한 의도에서 생겨나고 고통을 초래하고 고통의 과보를 가져오는 세 가지 종류의 정신적인 행위의 오염에서 비롯된 잘못이 있다.

3. 수행승들이여, 어떻게 악하고 불건전한 의도에서 생겨나고 고통을 초래하고 고통의 과보를 가져오는 세 가지 종류의 신체적인 행위의 오염에서 비롯된 잘못이 있는가?

4. 수행승들이여, 세상에 어떤 사람은

1) 살아있는 생명을 죽이니, 잔혹하고 손에 피를 묻히고 살육에 전념하고 살아있는 존재에 대하여 자비심이 없다.

2) 주지 않는 것을 빼앗으니, 마을이나 숲에 있는 다른 사람의 부와 재산을 주지 않는 것임에도 남몰래 훔친다.

3) 사랑을 나눔에 잘못을 범하니, 어머니의 보호를 받고 있거나, 아버지의 보호를 받고 있거나, 부모의 보호를 받고 있거나, 형제의 보호를 받고 있거나, 자매의 보호를 받고 있거나, 친족의 보호를 받고 있거나, 이미 혼인했거나, 주인이 있거나, 법의 보호를 받고

---

808) nāhaṃ bhikkhave sañcetanikānaṃ kammānaṃ katānaṃ upacitānaṃ appaṭisaṃviditvā vyantībhāvaṃ vadāmi. tañca kho diṭṭhe va dhamme upapajjel vā apare vā pariyāye. na tve vāhaṃ bhikkhave sañcetanikānaṃ kammānaṃ katānaṃ upacitānaṃ appaṭisaṃviditvā dukkhassantakiriyaṃ vadāmi : 한역은 다음과 같이 되어 있다: '만일 일부러 짓는 업이 있으면, 나는 반드시 그 갚음을 받되 현세에서 받거나 후세에서 받는다고 말한다. 만일 일부러 지은 업이 아니면, 나는 이는 반드시 그 갚음을 받는다고는 말하지 않는다.(世尊告諸比丘。若有故作業。我說彼必受其報。或現世受。或後世受。若不故作業。我說此不必受報 : 중아함15 : 대정 1.437b). 그러나 이러한 한역은 어떠한 판본에 의거했는지 모르지만, 반역상에 미묘한 차이로 인해 업보론에 심각한 오해를 불러일으킬 수 있다.

있거나, 심지어 약혼의 표시로 꽃다발을 쓴 여인들이 있는데, 이러한 여인들과 관계한다.

5. 수행승들이여, 이와 같이 악하고 불건전한 의도에서 생겨난 것으로 고통을 초래하고 고통의 과보를 가져오는 세 가지 종류의 신체적인 행위의 오염에서 비롯된 잘못이 있다.

6. 수행승들이여, 어떻게 악하고 불건전한 의도에서 생겨나고 고통을 초래하고 고통의 과보를 가져오는 네 가지 종류의 언어적인 행위의 오염에서 비롯된 잘못이 있는가?

7. 수행승들이여, 세상에 어떤 사람은

1) 거짓말을 하니, 법정에 불려가거나 모임에 나아가거나 친지 가운데 있거나 조합에 참여하거나 왕족 가운데 있거나 증인으로서 질문을 받아, '오, 이 사람아, 그대가 아는 것을 말하라.'라고 하면, 그가 모르면서도 '나는 안다.'고 대답하고, 알면서도 '나는 모른다.'고 대답한다. 보지 못하면서도 '나는 본다.'고 말하며, 보면서도 '나는 보지 못한다.'고 말한다. 이와 같이 그는 자신을 위하여, 혹은 타인을 위하여, 혹은 뭔가 이득을 위하여 고의로 거짓말을 한다.

2) 이간질하니, 여기서 들어서 저기에 말하여 저들을 갈라놓고, 혹은 저기서 들어서 여기에 말하여 이들을 갈라놓으며, 분열을 조장하고, 화합을 깨뜨리고, 불화를 좋아하고, 불화를 기뻐하고, 불화를 일으키는 말을 한다.

3) 욕지거리하니, 거칠고 난폭한 말로서 다른 사람을 괴롭히고, 다른 사람을 저주하고, 다른 사람을 성나게 하며, 스스로 분노하여, 삼매에 도움이 되지 않는 이와 같은 말을 한다.

4) 꾸며대는 말을 하니, 때맞추어 말하지 않고, 사실을 말하지 않고, 의미를 말하지 않고, 가르침을 말하지 않고, 계율을 말하지 않고,

때 아닌 때에 근거가 없고, 이치에 맞지 않고, 무절제하고, 유익하지 않은 말을 한다.

8. 수행승들이여, 이와 같이 악하고 불건전한 의도에서 생겨나고 고통을 초래하고 고통의 과보를 가져오는 네 가지 종류의 언어적인 행위의 오염에서 비롯된 잘못이 있다.

9. 수행승들이여, 어떻게 악하고 불건전한 의도에서 생겨나고 고통을 초래하고 고통의 과보를 가져오는 세 가지 종류의 정신적인 행위의 오염에서 비롯된 잘못이 있는가?

10. 수행승들이여, 세상에 어떤 사람은

1) 탐착하니, '아, 다른 사람의 것이라도 나의 것이면 정말 좋겠다.'라고 다른 사람의 부와 재산을 탐착한다.

2) 분노의 마음을 품어 '이 뭇삶들은 살해되고 피살되고 도살되고 파멸되어 존재하지 않길 바란다.'고 해칠 의도를 갖는다.

3) 잘못된 견해를 가지니 '보시에는 공덕이 없다. 제사의 공덕도 없다. 공양의 공덕도 없다. 선악의 과보도 없다. 이 세상도 없고 저 세상도 없다. 어머니도 없고 아버지도 없다. 마음에서 홀연히 생겨나는 존재도 없다. 이 세상과 저 세상을 알며 스스로 깨달아 가르치는 올바로 성취한 수행자나 성직자는 세상에 없다.'라고 전도된 견해를 갖는다. 쭌다여, 이렇게 정신적으로 세 가지 부정한 의례가 있다.

11. 수행승들이여, 이와 같이 악하고 불건전한 의도에서 생겨나고 고통을 초래하고 고통의 과보를 가져오는 세 가지 종류의 정신적인 행위의 오염에서 비롯된 잘못이 있다.

12. 수행승들이여, 악하고 불건전한 의도에서 생겨난 세 가지 종류

의 신체적인 행위의 오염에서 비롯된 잘못이 있는 뭇삶은 몸이 파괴되어 죽은 뒤에 괴로운 곳, 나쁜 곳, 타락한 곳, 지옥에 태어난다. 악하고 불건전한 의도에서 생겨난 네 가지 종류의 언어적인 행위의 오염에서 비롯된 잘못이 있는 뭇삶은 몸이 파괴되어 죽은 뒤에 괴로운 곳, 나쁜 곳, 타락한 곳, 지옥에 태어난다. 악하고 불건전한 의도에서 생겨난 세 가지 종류의 정신적인 행위의 오염에서 비롯된 잘못이 있는 뭇삶은 몸이 파괴되어 죽은 뒤에 괴로운 곳, 나쁜 곳, 타락한 곳, 지옥에 태어난다.

13. 수행승들이여, 예를 들어 완전한 주사위를[809] 공중으로 던지면 그것이 어디에 정립되든지 잘 확고히 정립된다. 수행승들이여, 이와 마찬가지로 악하고 불건전한 의도에서 생겨난 세 가지 종류의 신체적인 행위의 오염에서 비롯된 잘못이 있는 뭇삶은 몸이 파괴되어 죽은 뒤에 괴로운 곳, 나쁜 곳, 타락한 곳, 지옥에 태어난다. 악하고 불건전한 의도에서 생겨난 네 가지 종류의 언어적인 행위의 오염에서 비롯된 잘못이 있는 뭇삶은 몸이 파괴되어 죽은 뒤에 괴로운 곳, 나쁜 곳, 타락한 곳, 지옥에 태어난다. 악하고 불건전한 의도에서 생겨난 세 가지 종류의 정신적인 행위의 오염에서 비롯된 잘못이 있는 뭇삶은 몸이 파괴되어 죽은 뒤에 괴로운 곳, 나쁜 곳, 타락한 곳, 지옥에 태어난다.

14. 수행승들이여, 의도적으로 만들어지고 집적된 업들이 현세나 다음 생이나 다른 생에 경험되지 않고 종식된다고 나는 말하지 않는다. 수행승들이여, 뿐만 아니라 의도적으로 만들어지고 집적된 업들이 현세나 다음 생이나 다른 생에 경험되지 않고 그것들과 관련

---

809) apaṇṇako maṇi : 완전한 보석을 의미하지만, Mrp. V. 77에 따르면, '사방으로 네모난 던지는 것(samantato caturasso pāsako)'을 의미한다.

된 괴로움의 종식이 이루어진다고도 나는 말하지 않는다.

15. 수행승들이여, 거기에 착하고 건전한 의도에서 생겨나고 행복을 초래하고 행복의 과보를 가져오는 세 가지 종류의 신체적인 행위의 성취가 있고, 착하고 건전한 의도에서 생겨나고 행복을 초래하고 행복의 과보를 가져오는 네 가지 종류의 언어적인 행위의 성취가 있고, 착하고 건전한 의도에서 생겨나고 행복을 초래하고 행복의 과보를 가져오는 세 가지 종류의 정신적인 행위의 성취가 있다.

16. 수행승들이여, 어떻게 착하고 건전한 의도에서 생겨나고 행복을 초래하고 행복의 과보를 가져오는 세 가지 종류의 신체적인 행위의 성취가 있는가?

17. 수행승들이여, 세상에 어떤 사람은

1) 살아있는 생명을 죽이는 것을 떠나고, 살아있는 생명을 죽이는 것을 삼가니, 몽둥이를 버리고, 칼을 버리고, 부끄러워하고, 자비로워서, 모든 뭇삶을 가엾게 여긴다.

2) 주지 않는 것을 빼앗는 것을 떠나고, 주지 않는 것을 빼앗는 것을 삼가니, 그는 마을이나 또는 숲에 있는 다른 사람의 부와 재산에 대하여, 그 주지 않는 것을 남몰래 훔치지 않는다.

3) 사랑을 나눔에 잘못된 행위를 떠나고 사랑을 나눔에 잘못된 행위를 삼가니, 어머니의 보호를 받고 있거나, 아버지의 보호를 받고 있거나, 부모의 보호를 받고 있거나, 형제의 보호를 받고 있거나, 자매의 보호를 받고 있거나, 친족의 보호를 받고 있거나, 이미 혼인했거나, 주인이 있거나, 법의 보호를 받고 있거나, 심지어 약혼의 표시로 꽃다발을 썼거나 한 여인들과 관계하지 않는다.

18. 수행승들이여, 이와 같이 착하고 건전한 의도에서 생겨나고 행

복을 초래하고 행복의 과보를 가져오는 세 가지 종류의 신체적인 행위의 성취가 있다.

19. 수행승들이여, 어떻게 착하고 건전한 의도에서 생겨나고 행복을 초래하고 행복의 과보를 가져오는 네 가지 종류의 언어적인 행위의 성취가 있는가?

20. 수행승들이여, 세상에 어떤 사람은

1) 거짓말을 떠나고 거짓말을 삼가니, 법정에 불려가거나 모임에 나아가거나 친지 가운데 있거나 조합에 참여하거나 왕족 가운데 있거나 증인으로서 질문을 받아, '오! 이 사람아, 그대가 아는 것을 말하라.'라고 하면, 그가 모르면 '나는 모른다.'고 대답하고, 알면 '나는 안다.'고 대답한다. 보지 못하면 '나는 보지 못한다.'고 말하며, 보면 '나는 본다.'고 말한다. 이와 같이 그는 자신을 위하여, 혹은 타인을 위하여, 혹은 뭔가 이득을 위하여 고의로 거짓말을 하지 않는다.
2) 이간질을 버리고 이간질을 삼가니, 여기서 들어서 저기에 말하여 저들을 갈라놓지 않고, 혹은 저기서 들어서 여기에 말하여 이들을 갈라놓지 않으며, 분열을 화합하고, 화합을 도모하고, 화합을 좋아하고, 화합을 기뻐하고, 화합을 일으키는 말을 한다.
3) 욕지거리를 버리고 욕지거리를 삼가니, 온화하고, 귀에 듣기 좋고, 사랑스럽고, 유쾌하고, 우아하고, 많은 사람이 좋아하고, 많은 사람이 바라고, 많은 사람이 좋아하는 이와 같은 말을 한다.
4) 꾸며대는 말을 버리고 꾸며대는 말을 삼가니, 때맞추어 말하고, 사실을 말하고, 의미를 말하고, 가르침을 말하고, 계율을 말하고, 올바른 때에 근거가 있고, 이치에 맞고, 절제가 있고, 유익한 말을 한다.

21. 수행승들이여, 이와 같이 착하고 건전한 의도에서 생겨나고 행복을 초래하고 행복의 과보를 가져오는 네 가지 종류의 언어적인 행위의 성취가 있다.

22. 수행승들이여, 어떻게 착하고 건전한 의도에서 생겨나고 행복을 초래하고 행복의 과보를 가져오는 세 가지 종류의 정신적인 행위의 성취가 있는가?

23. 수행승들이여, 세상에 어떤 사람은,

1) 탐착하지 않으니 '아, 다른 사람의 것이라도 나의 것이면 정말 좋겠다.'라고 다른 사람의 부와 재산을 탐하지 않는다.
2) 분노의 마음을 여의니 '이 뭇삶들은 원한 없고 분노 없고 근심 없이 행복하여 스스로를 수호하길 바란다.'고 해칠 의도를 갖지 않는다.
3) 올바른 견해를 가지니 '보시에는 공덕이 있다. 제사의 공덕도 있다. 공양의 공덕도 있다. 선악의 과보도 있다. 이 세상도 있고 저 세상도 있다. 어머니도 있고 아버지도 있다. 마음에서 홀연히 생겨나는 삶도 있다. 이 세상과 저 세상을 알며 스스로 깨달아 가르치는 올바로 성취한 수행자나 성직자가 세상에 있다.'고 전도되지 않은 견해를 갖는다.

24. 수행승들이여, 이와 같이 착하고 건전한 의도에서 생겨나고 행복을 초래하고 행복의 과보를 가져오는 세 가지 종류의 정신적인 행위의 성취가 있다.

25. 수행승들이여, 착하고 건전한 의도에서 생겨난 세 가지 종류의 신체적인 행위의 성취가 있는 뭇삶은 몸이 파괴되어 죽은 뒤에 즐거운 곳, 천상에 태어난다. 착하고 건전한 의도에서 생겨난 네 가지

종류의 언어적인 행위의 성취가 있는 뭇삶은 몸이 파괴되어 죽은 뒤에 즐거운 곳, 천상에 태어난다. 착하고 건전한 의도에서 생겨난 세 가지 종류의 정신적인 행위의 성취가 있는 뭇삶은 몸이 파괴되어 죽은 뒤에 즐거운 곳, 천상에 태어난다.

26. 수행승들이여, 예를 들어 완전한 주사위를 공중으로 던지면 그것이 어디에 정립되든지 잘 확고히 정립된다. 수행승들이여, 이와 마찬 가지로 착하고 건전한 의도에서 생겨난 세 가지 종류의 신체적인 행위의 성취가 있는 뭇삶은 몸이 파괴되어 죽은 뒤에 즐거운 곳, 천상에 태어난다. 착하고 건전한 의도에서 생겨난 네 가지 종류의 언어적인 행위의 성취가 있는 뭇삶은 몸이 파괴되어 죽은 뒤에 즐거운 곳, 천상에 태어난다. 착하고 건전한 의도에서 생겨난 세 가지 종류의 정신적인 행위의 성취가 있는 뭇삶은 몸이 파괴되어 죽은 뒤에 즐거운 곳, 천상에 태어난다.

27. 수행승들이여, 의도적으로 만들어지고 집적된 업들은 현세나 다음 생이나 다른 생에 그 갚음을 받지 않고 고갈될 수 있다고 나는 말하지 않는다. 수행승들이여, 뿐만 아니라 의도적으로 만들어지고 집적된 업들이 현세나 다음 생이나 다른 생에 그 갚음을 받기 전에 괴로움의 종식에 이를 수 있다고도 나는 말하지 않는다."

13. 죽을 이 몸을 갖고 갈 수 없다면 우리가 해야 할 일은 무엇인가?[810)]

1. [세존] "수행승들이여, 의도적으로 만들어지고 집적된 업들이 현세나 다음 생이나 다른 생에 경험되지 않고 종식된다고 나는 말하지 않는다. 수행승들이여, 뿐만 아니라 의도적으로 만들어지고 집적된 업들이 현세나 다음 생이나 다른 생에 경험되지 않고 그것들과

810) AN. V. 299; 행위에서 비롯된 몸의 경[Karajakāyasutta], 중아함15(대정1.437b) 참조

관련된 괴로움의 종식이 이루어진다고도 나는 말하지 않는다.

2. 수행승들이여, 그 고귀한 제자가 탐착을 떠나고 분노를 떠나서 미혹을 여의고 올바로 알아차리고 새김을 확립하여 자애의 마음으로 동쪽 방향을 가득 채우고, 자애의 마음으로 남쪽 방향을 가득 채우고, 자애의 마음으로 서쪽 방향을 가득 채우고, 자애의 마음으로 북쪽 방향을 가득 채우고, 자애의 마음으로 위와 아래와 옆과 모든 곳을 빠짐 없이 가득 채워서, 광대하고 멀리 미치고 한량 없고 원한 없고 분노 없는 자애의 마음으로 일체의 세계를 가득 채운다. 그는 이와 같이 '예전에 나의 마음은 한계 지어졌고 계발되지 못했다. 그러나 지금 나의 이러한 마음은 무량하게 잘 계발되었다. 어떠한 것이든 한계 지어진 업은 거기에 남아있지 않고, 거기에 잔류하지 않는다.'라고 분명히 안다."

[세존] "수행승들이여, 그대들은 어떻게 생각하는가? 이 소년이 어렸을 때부터 자애의 마음에 의한 해탈을 닦아도, 악한 행위를 할 수 있겠는가?"

[수행승들] "세존이시여, 그렇지 않습니다."

[세존] "그런데 악한 행위를 하지 않았는데도 고통을 겪겠는가?"

[수행승들] "세존이시여, 그렇지 않습니다. 악한 행위를 하지 않았다면, 어떻게 고통을 겪겠습니까?"

[세존] "수행승들이여, 여자이건 남자이건 자애의 마음에 의한 해탈을 닦아야 한다. 수행승들이여, 여자나 남자나 죽을 때 이 몸을 가지고 갈 수는 없다. 수행승들이여, 죽어야 하는 자는 마음을 사이 존재로 가지고 있다.[811] 그는 이와 같이 '어떠한 것이든 예전의 행

811) cittantaro bhikkhave macco : Mrp. V. 77에 따르면, 마음이 원인이 되거나 중간이 마음에 기인한다(citta karaṇo citte'va antariko)는 뜻이다. 한 생각의 순간에는 이 세상에 있고 다음 순간에는 천상이나 지옥에 있는 것을 말한다.

위에서 생겨난 몸인 내가 악한 업을 만들었다면, 그 모든 것을 나는 여기서 받으리라. 나중에는 따라서 존재하지 않을 것이다.'라고[812] 분명히 안다. 수행승들이여. 지혜를 지닌 수행승으로서 최상의 해탈을 꿰뚫지 못했더라도, 수행승들이여, 이와 같이 자애의 마음에 의한 해탈이 계발하면, 그것이 돌아오지 않는 경지로 이끈다.

3. 수행승들이여, 그 고귀한 제자는 탐착을 떠나고 분노를 떠나서 미혹을 여의고 올바로 알아차리고 새김을 확립하여 연민의 마음으로 동쪽 방향을 가득 채우고, 연민의 마음으로 남쪽 방향을 가득 채우고, 연민의 마음으로 서쪽 방향을 가득 채우고, 연민의 마음으로 북쪽 방향을 가득 채우고, 연민의 마음으로 위와 아래와 옆과 모든 곳을 빠짐 없이 가득 채워서, 광대하고 멀리 미치고 한량 없고 원한 없고 분노 없는 연민의 마음으로 일체의 세계를 가득 채운다. 그는 이와 같이 '예전에 나의 마음은 한계 지어졌고 계발되지 못했다. 그러나 지금 나의 이러한 마음은 무량하게 잘 계발되었다. 어떠한 것이든 한계 지어진 업은 거기에 남아있지 않고, 거기에 잔류하지 않는다.'라고 분명히 안다."

[세존] "수행승들이여, 그대들은 어떻게 생각하는가? 이 소년이 어렸을 때부터 연민의 마음에 의한 해탈을 닦아도, 악한 행위를 할 수 있겠는가?"

[수행승들] "세존이시여, 그렇지 않습니다."

[세존] "그런데 악한 행위를 하지 않았는데도 고통을 겪겠는가?"

[수행승들] "세존이시여, 그렇지 않습니다. 악한 행위를 하지 않

812) yaṃ kho me idha kiñcī pubbe iminā karajakāyena pāpakammaṃ kataṃ, sabbaṃ taṃ idha vedanīyaṃ, na taṃ anugaṃ bhavissati : Mrp. V. 78에 따르면, '여기서 받으리라'는 것은 현세에서의 받아야 하는 업과 관련된 것이고 '나중에는 따라서 존재하지 않으리라'는 것은 자애(mettā)를 통해서 다음 생에 받아야 하는 것들이 끊어지면, 그것에 따라서 존재하지 않게 된다는 뜻이다. 이것은 흐름에 든 님과 한번 돌아오는 님의 성찰이다.

았다면, 어떻게 고통을 겪겠습니까?"

[세존] "수행승들이여, 여자이건 남자이건 연민의 마음에 의한 해탈을 닦아야 한다. 수행승들이여, 여자나 남자나 죽을 때 이 몸을 가지고 갈 수는 없다. 수행승들이여, 죽어야 하는 자는 마음을 사이 존재로 가지고 있다. 그는 이와 같이 '어떠한 것이든 예전의 행위에서 생겨난 몸인 내가 악한 업을 만들었다면, 그 모든 것을 나는 여기서 받으리라. 나중에는 따라서 존재하지 않을 것이다.'라고 분명히 안다. 수행승들이여. 지혜를 지닌 수행승으로서 최상의 해탈을 꿰뚫지 못했더라도, 수행승들이여, 이와 같이 연민의 마음에 의한 해탈이 계발되면, 그것이 돌아오지 않는 경지로 이끈다.

4. 수행승들이여, 그 고귀한 제자는 탐착을 떠나고 분노를 떠나서 미혹을 여의고 올바로 알아차리고 새김을 확립하여 기쁨의 마음으로 동쪽 방향을 가득 채우고, 기쁨의 마음으로 남쪽 방향을 가득 채우고, 기쁨의 마음으로 서쪽 방향을 가득 채우고, 기쁨의 마음으로 북쪽 방향을 가득 채우고, 기쁨의 마음으로 위와 아래와 옆과 모든 곳을 빠짐 없이 가득 채워서, 광대하고 멀리 미치고 한량 없고 원한 없고 분노 없는 기쁨의 마음으로 일체의 세계를 가득 채운다. 그는 이와 같이 '예전에 나의 마음은 한계 지어졌고 계발되지 못했다. 그러나 지금 나의 이러한 마음은 무량하게 잘 계발되었다. 어떠한 것이든 한계 지어진 업은 거기에 남아있지 않고, 거기에 잔류하지 않는다.'라고 분명히 안다."

[세존] "수행승들이여, 그대들은 어떻게 생각하는가? 이 소년이 어렸을 때부터 기쁨의 마음에 의한 해탈을 닦아도, 악한 행위를 할 수 있겠는가?"

[수행승들] "세존이시여, 그렇지 않습니다."

[세존] "그런데 악한 행위를 하지 않았는데도 고통을 겪겠는가?"

[수행승들] "세존이시여, 그렇지 않습니다. 악한 행위를 하지 않았다면, 어떻게 고통을 겪겠습니까?"

[세존] "수행승들이여, 여자이건 남자이건 기쁨의 마음에 의한 해탈을 닦아야 한다. 수행승들이여, 여자나 남자나 죽을 때 이 몸을 가지고 갈 수는 없다. 수행승들이여, 죽어야 하는 자는 마음을 사이 존재로 가지고 있다. 그는 이와 같이 '어떠한 것이든 예전의 행위에서 생겨난 몸인 내가 악한 업을 만들었다면, 그 모든 것을 나는 여기서 받으리라. 나중에는 따라서 존재하지 않을 것이다.'라고 분명히 안다. 수행승들이여. 지혜를 지닌 수행승으로서 최상의 해탈을 꿰뚫지 못했더라도, 수행승들이여, 이와 같이 기쁨의 마음에 의한 해탈이 계발되면, 그것이 돌아오지 않는 경지로 이끈다.

5. 수행승들이여, 그 고귀한 제자는 탐착을 떠나고 분노를 떠나서 미혹을 여의고 올바로 알아차리고 새김을 확립하여 평정의 마음으로 동쪽 방향을 가득 채우고, 평정의 마음으로 남쪽 방향을 가득 채우고, 평정의 마음으로 서쪽 방향을 가득 채우고, 평정의 마음으로 북쪽 방향을 가득 채우고, 평정의 마음으로 위와 아래와 옆과 모든 곳을 빠짐 없이 가득 채워서, 광대하고 멀리 미치고 한량 없고 원한 없고 분노 없는, 평정의 마음으로 일체의 세계를 가득 채운다. 그는 이와 같이 '예전에 나의 마음은 한계 지어졌고 계발되지 못했다. 그러나 지금 나의 이러한 마음은 무량하게 잘 계발되었다. 어떠한 것이든 한계 지어진 업은 거기에 남아있지 않고, 거기에 잔류하지 않는다.'라고 분명히 안다."

[세존] "수행승들이여, 그대들은 어떻게 생각하는가? 이 소년이 어렸을 때부터 평정의 마음에 의한 해탈을 닦아도, 악한 행위를 할

수 있겠는가?"

[수행승들] "세존이시여, 그렇지 않습니다."

[세존] "그런데 악한 행위를 하지 않았는데도 고통을 겪겠는가?"

[수행승들] "세존이시여, 그렇지 않습니다. 악한 행위를 하지 않았다면, 어떻게 고통을 겪겠습니까?"

[세존] "수행승들이여, 여자이건 남자이건 평정의 마음에 의한 해탈을 닦아야 한다. 수행승들이여, 여자나 남자나 죽을 때 이 몸을 가지고 갈 수는 없다. 수행승들이여, 죽어야 하는 자는 마음을 사이 존재로 가지고 있다. 그는 이와 같이 '어떠한 것이든 예전의 행위에서 생겨난 몸인 내가 악한 업을 만들었다면, 그 모든 것을 나는 여기서 받으리라. 나중에는 따라서 존재하지 않을 것이다.'라고 분명히 안다. 수행승들이여. 지혜를 지닌 수행승으로서 최상의 해탈을 꿰뚫지 못했더라도, 수행승들이여, 이와 같이 평정의 마음에 의한 해탈이 계발되면, 그것이 돌아오지 않는 경지로 이끈다."

11. **열하나 모아모음**[Ekādasakanipāta]

1. 수행의 각 단계에서 이익과 공덕에는 어떠한 것들이 있을까?[813]

1. 이와 같이 나는 들었다. 한때 세존께서는 싸밧티 시의 제따바나 숲에 있는 아나타삔디까 승원에 계셨다.

2. 그때 존자 아난다는 세존께서 계신 곳으로 찾아왔다. 가까이 다가와서 세존께 인사를 드리고 한쪽으로 물러나 앉았다. 한쪽으로 물러나 앉은 존자 아난다는 세존께 이와 같이 말씀드렸다.

3. [아난다] "세존이시여, 착하고 건전한 계행에는 어떠한 이익과 어떠한 공덕이 있습니까?"

[세존] "아난다여, 착하고 건전한 계행에는 후회하지 않음의 이익과 후회하지 않음의 공덕이 있다."

4. [아난다] "세존이시여, 후회하지 않음에는 어떠한 이익과 어떠한 공덕이 있습니까?"

[세존] "아난다여, 후회하지 않음에는 기쁨의 이익과 기쁨의 공덕이 있다."

5. [아난다] "세존이시여, 기쁨에는 어떠한 이익과 어떠한 공덕이 있습니까?"

[세존] "아난다여, 기쁨에는 희열의 이익과 희열의 공덕이 있다."

---

813) AN. V. 311 : 무엇을 위하여의 경[Kimatthiyasutta]

6. [아난다] "세존이시여, 희열에는 어떠한 이익과 어떠한 공덕이 있습니까?"

[세존] "아난다여, 희열에는 평온의 이익과 평온의 공덕이 있다."

7. [아난다] "세존이시여, 평온에는 어떠한 이익과 어떠한 공덕이 있습니까?"

[세존] "아난다여, 평온에는 행복의 이익과 행복의 공덕이 있다."

8. [아난다] "세존이시여, 행복에는 어떠한 이익과 어떠한 공덕이 있습니까?"

[세존] "아난다여, 행복에는 삼매의 이익과 삼매의 공덕이 있다."

9. [아난다] "세존이시여, 삼매에는 어떠한 이익과 어떠한 공덕이 있습니까?"

[세존] "아난다여, 삼매에는 있는 그대로 앎과 봄의 이익과 있는 그대로 앎과 봄의 공덕이 있다."

10. [아난다] "세존이시여, 있는 그대로 앎과 봄에는 어떠한 이익과 어떠한 공덕이 있습니까?"

[세존] "아난다여, 있는 그대로 앎과 봄에는 싫어하여 떠남의 이익과 싫어하여 떠남의 공덕이 있다."

11. [아난다] "세존이시여, 싫어하여 떠남에는 어떠한 이익과 어떠한 공덕이 있습니까?"

[세존] "아난다여, 싫어하여 떠남에는 사라짐의 이익과 사라짐의 공덕이 있다."

12. [아난다] "세존이시여, 사라짐에는 어떠한 이익과 어떠한 공덕이 있습니까?"

[세존] "아난다여, 사라짐에는 해탈에 대한 앎과 봄의 이익과 해

탈에 대한 앎과 봄의 공덕이 있다."

13. [세존] "아난다여, 이와 같이 착하고 건전한 계행에는 후회하지 않음의 이익과 후회하지 않음의 공덕이 있다. 후회하지 않음에는 기쁨의 이익과 기쁨의 공덕이 있다. 기쁨에는 희열의 이익과 희열의 공덕이 있다. 희열에는 평온의 이익과 평온의 공덕이 있다. 평온에는 행복의 이익과 행복의 공덕이 있다. 행복에는 삼매의 이익과 삼매의 공덕이 있다. 삼매에는 있는 그대로 앎과 봄의 이익과 있는 그대로 앎과 봄의 공덕이 있다. 있는 그대로 앎과 봄에는 싫어하여 떠남의 이익과 싫어하여 떠남의 공덕이 있다. 싫어하여 떠남에는 사라짐의 이익과 사라짐의 공덕이 있다. 사라짐에는 해탈에 대한 앎과 봄의 이익과 해탈에 대한 앎과 봄의 공덕이 있다. 아난다여, 이와 같이 착하고 건전한 계행은 점차적으로 최상의 상태에 도달한다."

2. 조건의 충족 없이 성취된 마음의 상태가 나타나길 의도하는 것은 옳은 것인가?814)

1. [세존] "수행승들이여, 계행이 있어 계행을 갖춘 자는 '나에게 후회하지 않음이 생겨나라.'라고 의도할 필요가 없다. 수행승들이여, 계행이 있어 계행을 갖춘 자에게 후회하지 않음이 생겨난다는 사실은 당연한 것이다.

2. 수행승들이여, 후회하지 않는 자가 '나에게 기쁨이 생겨나라.'라고 의도할 필요가 없다. 수행승들이여, 후회하지 않는 자에게 기쁨이 생겨난다는 사실은 당연한 것이다.

3. 수행승들이여, 기쁨을 이룬 자가 '나에게 희열이 생겨나라.'라고 의도할 필요가 없다. 수행승들이여, 기쁨을 이룬 자에게 희열이 생

---

814) AN. V. 312 : 의도의 불필요에 대한 경[Cetanākaraṇīyasutta]

겨난다는 사실은 당연한 것이다.

4. 수행승들이여, 희열을 이룬 자가 '나에게 평온이 생겨나라.'라고 의도할 필요가 없다. 수행승들이여, 희열을 이룬 자에게 평온이 생겨난다는 사실은 당연한 것이다.

5. 수행승들이여, 평온을 이룬 자가 '나에게 행복이 생겨나라.'라고 의도할 필요가 없다. 수행승들이여, 평온을 이룬 자에게 행복이 생겨난다는 사실은 당연한 것이다.

6. 수행승들이여, 행복을 이룬 자가 '나의 마음이 삼매에 들어라.'라고 의도할 필요가 없다. 수행승들이여, 행복을 이룬 자에게 마음이 삼매에 든다는 사실은 당연한 것이다.

7. 수행승들이여, 삼매에 든 자가 '나는 있는 그대로 알고 또한 보리라.'라고 의도할 필요가 없다. 수행승들이여, 삼매에 든 자가 있는 그대로 알고 또한 본다는 사실은 당연한 것이다.

8. 수행승들이여, 있는 그대로 알고 또한 보는 자가 '나는 싫어하여 떠나리라.'라고 의도할 필요가 없다. 수행승들이여, 있는 그대로 알고 또한 보는 자가 싫어하여 떠난다는 사실은 당연한 것이다.

9. 수행승들이여, 싫어하여 떠나는 자가 '나는 사라지리라.'라고 의도할 필요가 없다. 수행승들이여, 싫어하여 떠나는 자가 사라진다는 사실은 당연한 것이다.

10. 수행승들이여, 사라지는 자가 '나는 해탈에 대한 앎과 봄을 실현하리라.'라고 의도할 필요가 없다. 수행승들이여, 사라지는 자가 해탈에 대한 앎과 봄을 실현한다는 사실은 당연한 것이다.

11. 수행승들이여, 이와 같이 사라짐에는 해탈에 대한 앎과 봄의 이

익과 해탈에 대한 앎과 봄의 공덕이 있다. 싫어하여 떠남에는 사라짐의 이익과 사라짐의 공덕이 있다. 있는 그대로 앎과 봄에는 싫어하여 떠남의 이익과 싫어하여 떠남의 공덕이 있다. 삼매에는 있는 그대로 앎과 봄의 이익과 있는 그대로 앎과 봄의 공덕이 있다. 행복에는 삼매의 이익과 삼매의 공덕이 있다. 평온에는 행복의 이익과 행복의 공덕이 있다. 희열에는 평온의 이익과 평온의 공덕이 있다. 기쁨에는 희열의 이익과 희열의 공덕이 있다. 후회하지 않음에는 기쁨의 이익과 기쁨의 공덕이 있다. 착하고 건전한 계행에는 후회하지 않음의 이익과 후회하지 않음의 공덕이 있다.

12. 수행승들이여, 이와 같이 하나의 원리가 다른 원리를 낳고 하나의 원리가 다른 원리를 완성하여 마침내 이 언덕에서 저 언덕에 이른다."

3. 지각을 여읜 열반에 대한 지각은 어떻게 가능한 것일까?[815)]

1. 한때 존자 아난다가 세존께서 계신 곳으로 찾아왔다. 가까이 다가와서 세존께 인사를 드리고 한쪽으로 물러나 앉았다. 한쪽으로 물러나 앉아 존자 아난다는 세존께 이와 같이 말씀드렸다.

2. [아난다] "세존이시여, 수행승이 땅에 대하여 땅의 지각을 여의고, 물에 대하여 물의 지각을 여의고, 불에 대하여 불의 지각을 여의고, 바람에 대하여 바람의 지각을 여의고, 무한 공간의 세계에 대하여 무한 공간의 세계의 지각을 여의고, 무한 의식의 세계에 대하여 무한 의식의 세계의 지각을 여의고, 아무것도 없는 세계에 대하여 아무것도 없는 세계의 지각을 여의고, 지각하는 것도 아니고 지각하지 않는 것도 아닌 세계에 대하여 지각하는 것도 아니고 지각하지 않

815) AN. V. 318 : 지각의 경①[Paṭhamasaññāsutta]

는 것도 아닌 세계의 지각을 여의고, 이 세상에 대하여 이 세상의 지각을 여의고, 저 세상에 대하여 저 세상의 지각을 여의고, 보고 · 듣고 · 인지하고 · 인식하고 · 파악하고 · 탐구하고 · 정신적으로 숙고한 것에 대한 지각을 여의었으나, 그럼에도 불구하고 지각할 수 있는 삼매를 얻을 수 있습니까?"

3. [세존] "아난다여, 수행승이 땅에 대하여 땅의 지각을 여의고, 물에 대하여 물의 지각을 여의고, 불에 대하여 불의 지각을 여의고, 바람에 대하여 바람의 지각을 여의고, 무한 공간의 세계에 대하여 무한 공간의 세계의 지각을 여의고, 무한 의식의 세계에 대하여 무한 의식의 세계의 지각을 여의고, 아무것도 없는 세계에 대하여 아무것도 없는 세계의 지각을 여의고, 지각하는 것도 아니고 지각하지 않는 것도 아닌 세계에 대하여 지각하는 것도 아니고 지각하지 않는 것도 아닌 세계의 지각을 여의고, 이 세상에 대하여 이 세상의 지각을 여의고, 저 세상에 대하여 저 세상의 지각을 여의고, 보고 · 듣고 · 인지하고 · 인식하고 · 파악하고 · 탐구하고 · 정신적으로 숙고한 것에 대한 지각을 여의었으나, 그럼에도 불구하고 지각할 수 있는 삼매를 얻을 수 있다."

4. [아난다] "세존이시여, 수행승이 땅에 대하여 땅의 지각을 여의고, 물에 대하여 물의 지각을 여의고, 불에 대하여 불의 지각을 여의고, 바람에 대하여 바람의 지각을 여의고, 무한 공간의 세계에 대하여 무한 공간의 세계의 지각을 여의고, 무한 의식의 세계에 대하여 무한 의식의 세계의 지각을 여의고, 아무것도 없는 세계에 대하여 아무것도 없는 세계의 지각을 여의고, 지각하는 것도 아니고 지각하지 않는 것도 아닌 세계에 대하여 지각하는 것도 아니고 지각하지 않는 것도 아닌 세계의 지각을 여의고, 이 세상에 대하여 이 세상의

지각을 여의고, 저 세상에 대하여 저 세상의 지각을 여의고, 보고 · 듣고 · 인지하고 · 인식하고 · 파악하고 · 탐구하고 · 정신적으로 숙고한 것에 대한 지각을 여의었으나, 그럼에도 불구하고 지각할 수 있는 삼매를 어떻게 얻을 수 있습니까?"

5. [세존] "아난다여, 세상에서 수행승이 이와 같이 '일체의 형성의 멈춤, 일체의 집착의 버림, 갈애의 부숨, 사라짐, 소멸, 열반, 이것이 적멸이고 이것이 최상이다.'라고 지각한다. 아난다여, 이러한 방식으로 수행승은 땅에 대하여 땅의 지각을 여의고, 물에 대하여 물의 지각을 여의고, 불에 대하여 불의 지각을 여의고, 바람에 대하여 바람의 지각을 여의고, 무한 공간의 세계에 대하여 무한 공간의 세계의 지각을 여의고, 무한 의식의 세계에 대하여 무한 의식의 세계의 지각을 여의고, 아무것도 없는 세계에 대하여 아무것도 없는 세계의 지각을 여의고, 지각하는 것도 아니고 지각하지 않는 것도 아닌 세계에 대하여 지각하는 것도 아니고 지각하지 않는 것도 아닌 세계의 지각을 여의고, 이 세상에 대하여 이 세상의 지각을 여의고, 저 세상에 대하여 저 세상의 지각을 여의고, 보고 · 듣고 · 인지하고 · 인식하고 · 파악하고 · 탐구하고 · 정신적으로 숙고한 것에 대한 지각을 여의었으나, 그럼에도 불구하고 지각할 수 있는 삼매를 얻을 수 있다."

6. 그러자 존자 아난다는 세존께서 말씀하신 것에 기뻐하고 환희하여 자리에서 일어나 세존께 인사를 드리고 오른 쪽으로 돌아 나와 존자 싸리뿟따가 있는 곳으로 찾아갔다. 가까이 다가가서 존자 싸리뿟따와 함께 인사를 나누고 안부를 주고받은 뒤에 한쪽으로 물러나 앉았다. 한쪽으로 물러나 앉은 존자 아난다는 존자 싸리뿟따에게 이와 같이 말했다.

7. [아난다] “벗이여 싸리뿟따여, 수행승이 땅에 대하여 땅의 지각을 여의고, 물에 대하여 물의 지각을 여의고, 불에 대하여 불의 지각을 여의고, 바람에 대하여 바람의 지각을 여의고, 무한 공간의 세계에 대하여 무한 공간의 세계의 지각을 여의고, 무한 의식의 세계에 대하여 무한 의식의 세계의 지각을 여의고, 아무것도 없는 세계에 대하여 아무것도 없는 세계의 지각을 여의고, 지각하는 것도 아니고 지각하지 않는 것도 아닌 세계에 대하여 지각하는 것도 아니고 지각하지 않는 것도 아닌 세계의 지각을 여의고, 이 세상에 대하여 이 세상의 지각을 여의고, 저 세상에 대하여 저 세상의 지각을 여의고, 보고 · 듣고 · 인지하고 · 인식하고 · 파악하고 · 탐구하고 · 정신적으로 숙고한 것에 대한 지각을 여의었으나, 그럼에도 불구하고 지각할 수 있는 삼매를 얻을 수 있습니까?”

8. [싸리뿟따] “벗이여 아난다여, 수행승이 땅에 대하여 땅의 지각을 여의고, 물에 대하여 물의 지각을 여의고, 불에 대하여 불의 지각을 여의고, 바람에 대하여 바람의 지각을 여의고, 무한 공간의 세계에 대하여 무한 공간의 세계의 지각을 여의고, 무한 의식의 세계에 대하여 무한 의식의 세계의 지각을 여의고, 아무것도 없는 세계에 대하여 아무것도 없는 세계의 지각을 여의고, 지각하는 것도 아니고 지각하지 않는 것도 아닌 세계에 대하여 지각하는 것도 아니고 지각하지 않는 것도 아닌 세계의 지각을 여의고, 이 세상에 대하여 이 세상의 지각을 여의고, 저 세상에 대하여 저 세상의 지각을 여의고, 보고 · 듣고 · 인지하고 · 인식하고 · 파악하고 · 탐구하고 · 정신적으로 숙고한 것에 대한 지각을 여의었으나, 그럼에도 불구하고 지각할 수 있는 삼매를 얻을 수 있습니다.”

9. [아난다] “벗이여 싸리뿟따여, 수행승이 땅에 대하여 땅의 지각을

여의고, 물에 대하여 물의 지각을 여의고, 불에 대하여 불의 지각을 여의고, 바람에 대하여 바람의 지각을 여의고, 무한 공간의 세계에 대하여 무한 공간의 세계의 지각을 여의고, 무한 의식의 세계에 대하여 무한 의식의 세계의 지각을 여의고, 아무것도 없는 세계에 대하여 아무것도 없는 세계의 지각을 여의고, 지각하는 것도 아니고 지각하지 않는 것도 아닌 세계에 대하여 지각하는 것도 아니고 지각하지 않는 것도 아닌 세계의 지각을 여의고, 이 세상에 대하여 이 세상의 지각을 여의고, 저 세상에 대하여 저 세상의 지각을 여의고, 보고 · 듣고 · 인지하고 · 인식하고 · 파악하고 · 탐구하고 · 정신적으로 숙고한 것에 대한 지각을 여의었으나, 그럼에도 불구하고 지각할 수 있는 삼매를 어떻게 얻을 수 있습니까?"

10. [싸리뿟따] "벗이여 아난다여, 세상에서 수행승이 이와 같이 '일체의 형성의 멈춤, 일체의 집착의 버림, 갈애의 부숨, 사라짐, 소멸, 열반, 이것이 적멸이고 이것이 최상이다.'라고 지각합니다. 아난다여, 이러한 방식으로 수행승은 땅에 대하여 땅의 지각을 여의고, 물에 대하여 물의 지각을 여의고, 불에 대하여 불의 지각을 여의고, 바람에 대하여 바람의 지각을 여의고, 무한 공간의 세계에 대하여 무한 공간의 세계의 지각을 여의고, 무한 의식의 세계에 대하여 무한 의식의 세계의 지각을 여의고, 아무것도 없는 세계에 대하여 아무것도 없는 세계의 지각을 여의고, 지각하는 것도 아니고 지각하지 않는 것도 아닌 세계에 대하여 지각하는 것도 아니고 지각하지 않는 것도 아닌 세계의 지각을 여의고, 이 세상에 대하여 이 세상의 지각을 여의고, 저 세상에 대하여 저 세상의 지각을 여의고, 보고 · 듣고 · 인지하고 · 인식하고 · 파악하고 · 탐구하고 · 정신적으로 숙고한 것에 대한 지각을 여의었으나, 그럼에도 불구하고 지각할 수

있는 삼매를 얻을 수 있습니다."

11. [아난다] "벗이여, 아주 놀라운 일입니다. 벗이여, 예전에 없었던 일입니다. 참으로 스승과 제자가 그 최상의 진리에서[816] 의미와 의미, 말귀와 말귀가 서로 합치하고 서로 일치하여 어긋남이 없습니다. 벗이여, 방금 전에 나는 세존을 방문하여 그 의미를 물었었습니다. 세존께서도 존자 싸리뿟따와 같이 그러한 말귀, 그러한 표현으로 그 의미를 설명하셨습니다. 벗이여, 예전에 없었던 일입니다. 참으로 스승과 제자가 그 최상의 진리에서 의미와 의미, 말귀와 말귀가 서로 합치하고 서로 일치하여 어긋남이 없습니다."

4. 정신활동을 여읜 열반에 대한 정신활동은 어떻게 이루어질 수 있을까?[817]

1. 한때 존자 아난다가 세존께서 계신 곳으로 찾아왔다. 가까이 다가와서 세존께 인사를 드리고 한쪽으로 물러나 앉았다. 한쪽으로 물러나 앉아 존자 아난다는 세존께 이와 같이 말씀드렸다.

2. [아난다] "세존이시여, 시각에 정신활동을 기울이지 않고, 형상에 정신활동을 기울이지 않고, 청각에 정신활동을 기울이지 않고, 소리에 정신활동을 기울이지 않고, 후각에 정신활동을 기울이지 않고, 냄새에 정신활동을 기울이지 않고, 미각에 정신활동을 기울이지 않고, 맛에 정신활동을 기울이지 않고, 촉각에 정신활동을 기울이지 않고, 감촉에 정신활동을 기울이지 않고, 땅에 정신활동을 기울이지 않고, 물에 정신활동을 기울이지 않고, 불에 정신활동을 기울이지 않고, 바람에 정신활동을 기울이지 않고, 무한공간의 세계에 정신활동을 기울이지 않고, 무한의식의 세계에 정신활동을 기울이지 않고,

---

816) aggapadasmiṃ : 최상의 진리(aggapada)는 열반을 말한다.
817) AN. V. 319 : 정신활동의 경[Manasikārasutta]

아무것도 없는 세계에 정신활동을 기울이지 않고, 지각하는 것도 아니고 지각하지 않는 것도 아닌 세계에 정신활동을 기울이지 않고, 이 세상에 정신활동을 기울이지 않고, 저 세상에 정신활동을 기울이지 않고, 보고 · 듣고 · 인지하고 · 인식하고 · 파악하고 · 탐구하고 · 정신적으로 숙고한 것에 정신활동을 기울이지 않았으나, 그럼에도 불구하고 정신활동을 기울일 수 있는 삼매를 얻을 수 있습니까?"

3. [세존] "아난다여, 시각에 정신활동을 기울이지 않고, 형상에 정신활동을 기울이지 않고, 청각에 정신활동을 기울이지 않고, 소리에 정신활동을 기울이지 않고, 후각에 정신활동을 기울이지 않고, 냄새에 정신활동을 기울이지 않고, 미각에 정신활동을 기울이지 않고, 맛에 정신활동을 기울이지 않고, 촉각에 정신활동을 기울이지 않고, 감촉에 정신활동을 기울이지 않고, 땅에 정신활동을 기울이지 않고, 물에 정신활동을 기울이지 않고, 불에 정신활동을 기울이지 않고, 바람에 정신활동을 기울이지 않고, 무한공간의 세계에 정신활동을 기울이지 않고, 무한의식의 세계에 정신활동을 기울이지 않고, 아무것도 없는 세계에 정신활동을 기울이지 않고, 지각하는 것도 아니고 지각하지 않는 것도 아닌 세계에 정신활동을 기울이지 않고, 이 세상에 정신활동을 기울이지 않고, 저 세상에 정신활동을 기울이지 않고, 보고 · 듣고 · 인지하고 · 인식하고 · 파악하고 · 탐구하고 · 정신적으로 숙고한 것에 정신활동을 기울이지 않았으나, 그럼에도 불구하고 정신활동을 기울일 수 있는 삼매를 얻을 수 있다."

4. [아난다] "세존이시여, 시각에 정신활동을 기울이지 않고, 형상에 정신활동을 기울이지 않고, 청각에 정신활동을 기울이지 않고, 소리에 정신활동을 기울이지 않고, 후각에 정신활동을 기울이지 않고, 냄새에 정신활동을 기울이지 않고, 미각에 정신활동을 기울이지 않

고, 맛에 정신활동을 기울이지 않고, 촉각에 정신활동을 기울이지 않고, 감촉에 정신활동을 기울이지 않고, 땅에 정신활동을 기울이지 않고, 물에 정신활동을 기울이지 않고, 불에 정신활동을 기울이지 않고, 바람에 정신활동을 기울이지 않고, 무한공간의 세계에 정신활동을 기울이지 않고, 무한의식의 세계에 정신활동을 기울이지 않고, 아무것도 없는 세계에 정신활동을 기울이지 않고, 지각하는 것도 아니고 지각하지 않는 것도 아닌 세계에 정신활동을 기울이지 않고, 이 세상에 정신활동을 기울이지 않고, 저 세상에 정신활동을 기울이지 않고, 보고 · 듣고 · 인지하고 · 인식하고 · 파악하고 · 탐구하고· 정신적으로 숙고한 것에 정신활동을 기울이지 않았으나, 그럼에도 불구하고 정신활동을 기울일 수 있는 삼매를 어떻게 얻을 수 있습니까?"

5. [세존] "아난다여, 세상에서 이와 같이 '일체의 형성의 멈춤, 일체의 집착의 버림, 갈애의 부숨, 사라짐, 소멸, 열반, 이것이 적멸이고 이것이 최상이다.'라고 정신활동을 기울인다. 아난다여, 이러한 방식으로 수행승이 시각에 정신활동을 기울이지 않고, 형상에 정신활동을 기울이지 않고, 청각에 정신활동을 기울이지 않고, 소리에 정신활동을 기울이지 않고, 후각에 정신활동을 기울이지 않고, 냄새에 정신활동을 기울이지 않고, 미각에 정신활동을 기울이지 않고, 맛에 정신활동을 기울이지 않고, 촉각에 정신활동을 기울이지 않고, 감촉에 정신활동을 기울이지 않고, 땅에 정신활동을 기울이지 않고, 물에 정신활동을 기울이지 않고, 불에 정신활동을 기울이지 않고, 바람에 정신활동을 기울이지 않고, 무한공간의 세계에 정신활동을 기울이지 않고, 무한의식의 세계에 정신활동을 기울이지 않고, 아무것도 없는 세계에 정신활동을 기울이지 않고, 지각하는 것도 아니고

지각하지 않는 것도 아닌 세계에 정신활동을 기울이지 않고, 이 세상에 정신활동을 기울이지 않고, 저 세상에 정신활동을 기울이지 않고, 보고 · 듣고 · 인지하고 · 인식하고 · 파악하고 · 탐구하고 · 정신적으로 숙고한 것에 정신활동을 기울이지 않았으나, 그럼에도 불구하고 정신활동을 기울일 수 있는 삼매를 얻을 수 있다."

5. 길들여진 준마처럼 사유하라는 것은 어떠한 의미를 지니는가?[818]

1. 한때 세존께서는 나디까 마을의 긴자까바싸타에 계셨다.

2. 그때 존자 쌋다[819]가 세존께서 계신 곳으로 찾아 왔다. 가까이 다가와서 세존께 인사를 드리고 한쪽으로 물러나 앉았다. 한쪽으로 물러나 앉은 존자 쌋다에게 세존께서는 이와 같이 말씀하셨다.

3. [세존] "쌋다여, 잘 길들여진 준마처럼 사유하라.[820] 길들여지지 않은 거친 말처럼 사유하지 말라.

4. 어떻게 길들여지지 않은 거친 말처럼 사유하는가? 쌋다여, 길들여지지 않은 거친 말은 먹이통에 묶어놓아도 '먹이, 먹이'라고만 사유한다. 그것은 무슨 까닭인가? 쌋다여, 길들여지지 않은 거친 말은 먹이통에 묶어놓아도 이와 같이 '오늘 조련사가 나에게 무슨 일을 시킬 것인가? 나는 거기에 잘 대처할 수 있을까?'라고 사유하지 못한다. 그는 먹이통에 묶어놓아도 '먹이, 먹이'라고만 사유한다.

---

818) AN. V. 331 : 쌋다의 경[Saddhasutta]

819) Saddha : 싼다(Sandha)라고도 한다. ≪앙굿까라니까야≫ 11 : 15에서도 쌋다란 이름과 동일 인물일 가능성이 있다. Ppn. II. 1027에 따르면, ≪쌍윳따니까야≫ 14 : 13에 등장하는 '믿음이 깊은 깟자야나'는 원래 Saddha Kaccāyana를 번역한 것인데, 쌋짜 깟짜야나란 인물이 별도로 있었다면, 여기 앙굿따라니까야에 등장하는 쌋다와 동일인물일 가능성이 있다.

820) ājānīyajjhāyitaṃ sandhajhāya, mā khaluṅkajjhāyitaṃ : 여기서 사유(思惟)란 바로 추론적인 사유나 생각이란 의미와 선정과 관계된 사유수(思惟修)란 의미를 복합적으로 지니고 있다. 그래서 나중에 사유가 바로 지각현상과 연결된다.

5. 쌋다여, 이와 같이 세상에 어떤 길들여지지 않은 사람이 한적한 숲에서 살고, 나무 밑에 살고, 빈 집에 산다.

1) 그는 마음으로 감각적 쾌락의 탐욕에 묶이고, 감각적 쾌락의 탐욕에 관통된다. 그는 이미 생겨난 감각적 쾌락의 탐욕을 여의는 것을 있는 그대로 알지 못한다. 그는 감각적 쾌락의 탐욕을 안으로 숨기고 사유하고 숙고하고 심사하고 심려한다.

2) 그는 마음으로 분노에 묶이고, 분노에 관통된다. 그는 이미 생겨난 분노를 여의는 것을 있는 그대로 알지 못한다. 그는 분노를 안으로 숨기고 사유하고 숙고하고 심사하고 심려한다.

3) 그는 마음으로 해태와 혼침에 묶이고, 해태와 혼침에 관통된다. 그는 이미 생겨난 해태와 혼침을 여의는 것을 있는 그대로 알지 못한다. 그는 해태와 혼침을 안으로 숨기고 사유하고 숙고하고 심사하고 심려한다.

4) 그는 마음으로 흥분과 회한에 묶이고, 흥분과 회한에 관통된다. 그는 이미 생겨난 흥분과 회한을 여의는 것을 있는 그대로 알지 못한다. 그는 흥분과 회한을 안으로 숨기고 사유하고 숙고하고 심사하고 심려한다.

5) 그는 마음으로 회의적 의심에 묶이고, 회의적 의심에 관통된다. 그는 이미 생겨난 회의적 의심을 여의는 것을 있는 그대로 알지 못한다. 그는 회의적 의심을 안으로 숨기고 사유하고 숙고하고 심사하고 심려한다.

6. 그는 땅에 의지하여 사유하고, 물에 의지하여 사유하고, 불에 의지하여 사유하고, 바람에 의지하여 사유하고, 무한허공의 세계에 의지하여 사유하고, 무한의식의 세계에 의지하여 사유하고, 아무것도 없는 세계에 의지하여 사유하고, 지각하는 것도 아니고 지각하지 않

는 것도 아닌 세계에 의지하여 사유하고, 이 세상에 의지하여 사유하고, 저 세상에 의지하여 사유하고, 보고 · 듣고 · 인지하고 · 인식하고 · 파악하고 · 탐구하고 · 정신적으로 숙고한 것에 의지하여 사유한다. 쌋다여, 이와 같이 세상에 어떤 길들여지지 않은 사람은 사유한다.

7. 어떻게 잘 길들여진 준마처럼 사유하는가? 쌋다여, 잘 길들여진 준마는 현명해서 먹이통에 묶어놓아도 '먹이, 먹이'라고 사유하지 않는다. 그것은 무슨 까닭인가? 쌋다여, 잘 길들여진 준마는 현명해서 먹이통에 묶어놓아도 이와 같이 '오늘 조련사가 나에게 무슨 일을 시킬 것인가? 나는 거기에 잘 대처할 수 있을까?'라고 사유한다. 그는 먹이통에 묶어놓아도 '먹이, 먹이'라고 사유하지 않는다. 쌋다여, 잘 길들여진 준마는 현명해서 채찍을 받는 것을 빚처럼 속박처럼 치욕처럼 악운처럼 여긴다.

8. 쌋다여, 이와 같이 잘 길들여진 사람은 현명하게 한적한 숲에서 살고, 나무 밑에 살고, 빈 집에 산다.

1) 그는 마음으로 감각적 쾌락의 탐욕에 묶이지 않고, 감각적 쾌락의 탐욕에 관통되지 않는다. 그는 이미 생겨난 감각적 쾌락의 탐욕을 여의는 것을 있는 그대로 분명히 안다.

2) 그는 마음으로 분노에 묶이지 않고, 분노에 관통되지 않는다. 그는 이미 생겨난 분노를 여의는 것을 있는 그대로 분명히 안다.

3) 그는 마음으로 해태와 혼침에 묶이지 않고, 해태와 혼침에 관통되지 않는다. 그는 이미 생겨난 해태와 혼침을 여의는 것을 있는 그대로 분명히 안다.

4) 그는 마음으로 흥분과 회한에 묶이지 않고, 흥분과 회한에 관통되지 않는다. 그는 이미 생겨난 흥분과 회한을 여의는 것을 있는 그

대로 분명히 안다.

5) 그는 마음으로 회의적 의심에 묶이지 않고, 회의적 의심에 관통되지 않는다. 그는 이미 생겨난 회의적 의심을 여의는 것을 있는 그대로 분명히 안다.

9. 그는 땅에 의지하여 사유하지 않고, 물에 의지하여 사유하지 않고, 불에 의지하여 사유하지 않고, 바람에 의지하여 사유하지 않고, 무한허공의 세계에 의지하여 사유하지 않고, 무한의식의 세계에 의지하여 사유하지 않고, 아무것도 없는 세계에 의지하여 사유하지 않고, 지각하는 것도 아니고 지각하지 않는 것도 아닌 세계에 의지하여 사유하지 않고, 이 세상에 의지하여 사유하지 않고, 저 세상에 의지하여 사유하지 않고, 보고 · 듣고 · 인지하고 · 인식하고 · 파악하고 · 탐구하고 · 정신적으로 숙고한 것에 의지하여 사유하지 않지만, 그럼에도 불구하고 그는 사유한다.

10. 쌋다여, 이렇게 잘 길들여진 사람에게는 제석천 · 하느님 · 생명의 신과 함께[821] 천상의 존재들이 멀리서 이와 같이 귀의한다.

[천상의 존재들] '인간 가운데 준마시여,
인간의 최승자시여, 님께 귀의하오니
님께서 사유하신 것에 관해
저희가 곧바로 알기 심히 어렵습니다.'[822]라고."

11. 이처럼 말씀하시자 존자 쌋다는 세존께 이와 같이 말씀드렸다.

[쌋다] "세존이시여, 어떻게 사유하는 자로서 잘 길들여진 현명한 사람이 사유하면, 땅에 의지하여 사유하지 않고, 물에 의지하여 사

821) saindādevā sabrahmakā sapajāpatikā : 제석천(帝釋天), 범천(梵天), 생주천(生主天)을 말한다.
822) namo te purisājañña | namo te purisuttam | yassa te nābhijānāma | yampi nissāya jhāyasī ti ‖

유하지 않고, 불에 의지하여 사유하지 않고, 바람에 의지하여 사유하지 않고, 무한허공의 세계에 의지하여 사유하지 않고, 무한의식의 세계에 의지하여 사유하지 않고, 아무것도 없는 세계에 의지하여 사유하지 않고, 지각하는 것도 아니고 지각하지 않는 것도 아닌 세계에 의지하여 사유하지 않고, 이 세상에 의지하여 사유하지 않고, 저 세상에 의지하여 사유하지 않고, 보고 · 듣고 · 인지하고 · 인식하고 · 파악하고 · 탐구하고 · 정신적으로 숙고한 것에 의지하여 사유하지 않지만, 그럼에도 불구하고 어떻게 그는 사유합니까? 세존이시여, 또한 어떻게 잘 길들여진 사람에게는 제석천 · 하느님 · 생명의 신과 함께 천상의 존재들이 멀리서 이와 같이 귀의합니까?

[천상의 존재들] '인간 가운데 준마시여,
인간의 최승자시여, 님께 귀의하오니
님께서 사유하신 것에 관해
저희가 곧바로 알기 심히 어렵습니다.'라고."

12\. [세존] "쌋다여, 여기 현명한 잘 길들여진 사람에게는 땅에 대한 땅의 지각이 분명하게 드러나고,[823] 물에 대한 물의 지각이 분명하게 드러나고, 불에 대한 불의 지각이 분명하게 드러나고, 바람에 대한 바람의 지각이 분명하게 드러나고, 무한허공의 세계에 대한 무한허공의 세계의 지각이 분명하게 드러나고, 무한의식의 세계에 대한 무한의식의 세계의 지각이 분명하게 드러나고, 아무것도 없는 세계에 대한 아무것도 없는 세계의 지각이 분명하게 드러나고, 지각하는 것도 아니고 지각하지 않는 것도 아닌 세계에 대한 지각하

823) idha sandha bhadrassa purisajānīyassa paṭhaviyā paṭhavisaññā vibhūtā hoti : Mrp. V. 80에 따르면, 땅의 대상에서 생겨난 네 번째, 다섯 번째 선정의 지각이 맑고 분명해진다. '형상에 대한 지각은 분명한데 뼈에 대한 지각은 불분명하다.'라고 하듯이, 지각의 초월성 때문에 이 경에서 분명함과 관련되어 진술되었다. 여기서 지각은 분명한 통찰을 통해서 — 무상하고 괴롭고 실체가 없는 것으로서 파악하는 — 분명하게 된다.

는 것도 아니고 지각하지 않는 것도 아닌 세계의 지각이 분명하게 드러나고, 이 세계의 지각이 분명하게 드러나고, 저 세계의 지각이 분명하게 드러나고, 보고 · 듣고 · 인지하고 · 인식하고 · 파악하고 · 탐구하고 · 정신적으로 숙고한 것의 지각이 분명히 드러난다.

13. 쌋다여, 이와 같이 사유하는 자로서 잘 길들여진 현명한 사람이 사유하면, 땅에 의지하여 사유하지 않고, 물에 의지하여 사유하지 않고, 불에 의지하여 사유하지 않고, 바람에 의지하여 사유하지 않고, 무한허공의 세계에 의지하여 사유하지 않고, 무한의식의 세계에 의지하여 사유하지 않고, 아무것도 없는 세계에 의지하여 사유하지 않고, 지각하는 것도 아니고 지각하지 않는 것도 아닌 세계에 의지하여 사유하지 않고, 이 세상에 의지하여 사유하지 않고, 저 세상에 의지하여 사유하지 않고, 보고 · 듣고 · 인지하고 · 인식하고 · 파악하고 · 탐구하고 · 정신적으로 숙고한 것에 의지하여 사유하지 않지만, 그럼에도 불구하고 그는 사유한다. 쌋다여, 또한 이렇게 잘 길들여진 사람에게는 제석천 · 하느님 · 생명의 신과 함께 천상의 존재들이 멀리서 이와 같이 귀의한다.

14. [천상의 존재들] '인간 가운데 준마시여,
인간의 최승자시여, 님께 귀의하오니
님께서 사유하신 것에 관해
저희가 곧바로 알기 심히 어렵습니다.'라고."

앙굿따라니까야

부 록

약 어 표

참 고 문 헌

빠알리어 한글표기법

불교의 세계관

주요번역술어

고유명사와 비유의 색인

빠알리성전협회 안내

약 어 표

AN.	Aṅguttara Nikāya
Ap.	Apadāna
Dhp.	Dhammapada
Dhs.	Dhammasaṅgaṇī
DhpA.	Dhammapada-Aṭṭhakathā
DN.	Dīgha Nikāya
Ggs.	Die in Gruppen geordnete Sammlung
It.	Itivuttaka
Jāt.	Jātaka-Aṭṭhakathā
Krs.	The Book of the Kindred Sayings
Lba.	Die Lehrreden des Buddha aus Angereihten Sammlung
Mdb.	The Middle Length Discourse of the Buddha
Mrp.	Manorathāpūraṇī(Aṅguttaranikāya-Aṭṭhakathā)
MN.	Majjhima Nikāya
Mps.	Mahāparinirvāṇasūtra
Mrp.	Manorathapūraṇī(Aṅguttara-Aṭṭhakathā)
Paṭis.	Paṭisambhidāmagga
Ppn.	Dictionary of Pāli Proper Names
Pps.	Papañcasūdani(Majjhimanikāya-Aṭṭhakathā)
Prj.	Paramatthajotikā(Suttanipāta-Aṭṭhakathā)
PTS.	Pali Text Society, London
Rbg.	Die Reden des Buddha-Gruppierte Sammlung
SN.	Saṁyutta Nikāya
Srp.	Sāratthappakāsinī(Saṁyutta-Aṭṭhakathā)
Stn.	Suttanipāta
Smv.	Sumaṅgalavilāsinī(Dighanikāya-Aṭṭhakathā)
Thag.	Theragathā
ThagA.	Theragathā-Aṭṭhakathā
Thig.	Therīgātha
ThigA.	Therīgathā-Aṭṭhakathā
Ud.	Udāna
Uv.	Udānavarga
Vdm.	Vedic Mythology
Vibh.	Vibhaṅga
Vin.	Vinaya Piṭaka
Vism.	Visuddhimagga

참 고 문 헌

● 원전류(앙굿따라따니까야)

『Aṅguttara Nikāya』 ed. by R. Moms & E. Hardy, 5vols(London : PTS, 1885-1900) tr. by F. L. Woodward & E. M. Hare,

『The Book of the Gradual Sayings(Aṅguttara Nikāya)』5vols(London : PTS, 1932-1936), trans. by F. L. Woodward, M. A./Mrs. Rhys Davids D.Litt., M. A.

『Die Lehrreden des Buddha aus Angereihten Sammlung : Aṅguttara Nikāya』 übersetzt von Nyanatiloka. 5vols (Braunschweig Aurum Verlag : 1993),

『Numerical Discourses of The Buddha』(An Anthology of Suttas from Aṅguttaranikāya) tr. by Nyanaponika & Nhikkhu Bodhi. (Vistaar Publications. New Dhelhi 2000)

『Manorathapūraṇī』 ed. by M. Walleser & H. Kopp, 5vols(London : PTS, 1924-1926)

● 원전류(비앙굿따라니까야)

『Abhidhammatthasaṅgaha(Comprehensive Manual of Abhidhamma)』 tr.by Bodhi Bhikkhu.(Kandy : Buddhist Publication Society, 1993)

『Abhidharmakośabhasyam of Vasubandhu』 ed. by Pradhan, P.(Patna : K. P. Jayaswal Research Institute, 1975) tr. by Louis de la Vallée Poussin, 4vols, eng. tr. by Pruden, L. M.(Berkeley : Asian Humanities Press, 1988)

『Abhidharmasamuccayabhāṣya』 ed. by Tatia, N. Tibetan Sanskrit Works Series, 17(Patna : 1976)

『Avadānaśataka 2vols.』 Bibliotheca Buddhica 3. ed. by Speyer, J. S.(St. Petesburg : PTS, 1902-1909)

『Āyuṁparyantasūtra』 ed. by Enomoto, F. Hartman, J-U. and Matsumura, H. Sanskrit-Texte aus dem buddhistischen Kanon : Neuentdeckungen und Neueditionen, 1.(Göttingen : 1989)

『Catuṣpariṣatsūtra』(Abhandlung der Deutschen Akademie der Wissenschaften zu Berlin, Kalsse für Sprachen, Literatur, und Kunst) ed. and tr. by Waldschmidt, E.(Berlin : 1952-1962)

『Chandrasūtra-Buddha Frees the Disc of the Moon』 ed. and tr. by Waldschmidt, E. (Bulletin of the School of Oriental and African Studies. 33 : 1 1976)

『Dhammapada』 ed. by S. Sumangala(London : PTS, 1914)

『Dīgha Nikāya』 ed. by T. W. Rhys Davids & J. E. Carpenter, 3vols(London : PTS, 1890-1911) tr. by T. W. & C. A. F. Rhys Davids, 『Dialogues of the Buddha』 3vols(London : PTS, 1899-1921)

『Divyāvadāna』 ed. by Cowell. E. B. and R. A. Neil. (London : PTS, 1914)

『The Gilgit Manuscript of Saṅghabhedavastu』 ed. Gnoli, R. Serie Orientale Roma, 49 2parts. (Rome : 1077-1978)

『Gāndhārī Dhammapada』 ed. by Brough. John(London : Oxford University, 1962)

『Itivuttaka』 ed. by E. Windish(London : PTS, 1889)
『The Jātakas or Stories of the Buddha's Former Births 6vols.』 ed. by Cowell. E. B.(London : PTS, 1969)
『Majjhima Nikāya』 ed. by V. Trenckner & R. Chalmers, 3vols(London : PTS, 1887-1901) tr. I. B. Homer, 『Middle Length Sayings』 3vols(London : PTS, 1954-1959), tr. by Bhikkhu Ñāṇamoli and Bhikkhu Bodhi 『The Middle Length Discourse of the Buddha』(Massachusetts : Wisdom Publication 1995)
『Mahāvastu』 ed. by Senart, E. 3 parts. (Paris 1882-1897); tr. by John, J. J., 3vols(London : Luzac, 1949-1956)
『Maha Pirit Pota(The Great Book of Protection)』 tr. by Lokuliyana, Lionel.(Colombo : Mrs. H. M. Gunasekera Trust, n.d)
『Mahāparinirvāṇasūtra』(Abhandlungen der Deutschen Akademie der Wissenschaften zu Berlin, Kalsse für Sprachen, Literatur, und Kunst) ed. and tr. by Waldschmidt, E.(Berlin : 1950-1951)
『Mahāsamājasūtra』 inclided in 『Central Asian Sūtra Fragments and their Relations to the Chinese Āgamas』 in Bechert 1980.
『Milindapañha』 ed. by V Trenckner(London : PTS, 1928) tr. by I. B. Horner, 『Milinda's Questions』 2vols(London : PTS, 1963-1964)
『Mūlasarvāstivādavinayavastu』 Part III of Gilgit Manuscript. ed. by Dutt, Nalinaksha.(Calcutta, Srinagar : 1939-1959)
『Niddesa I = Mahāniddesa I. II』 ed. by De La Vallée Poussin and E. J. Thomas (London : PTS, 1916, 1917)
『Niddesa II = Cullaniddesa』 ed. by W. Stede (London : PTS, 1918)
『On a Sanskrit Version of the Verahaccāni Sutta of the Saṁyuttanikāya』(Nachrichten der Akademie der Wissenschaften in Göttingen : Vandenhoeck and Ruprecht, 1980)
『Papañcasūdanī』 ed. by J. H. Woods, D. Kosambi & I. B. Horner, 5vols (London : PTS, 1922-1938)
『Paramatthajotikā I.(= The Khuddakapāṭha)』 ed. by Helmer Smith (London : PTS, 1978)
『Paramatthajotikā II.』 ed. by Helmer Smith vols. I. II. III(London : PTS, 1989)
『Patna-Dhammapada』 ed. by Cone, Margaret. Journal of the Pali Text Society 13 : 101-217(London : PTS, 1989)
『Paṭisambhidāmagga I. II』 ed. by Taylor. (London : PTS, 1905-1907)
『Saṁyutta Nikāya』 ① Roman Script. ed. by L. Feer, 6vols(Ee4 : London : PTS, 1884-1904; Ee2 : 1998) ② Burmese Script. Chaṭṭhasaṅgāyana-edition, 3 vols. Ranggoon : Buddhasāsana Samiti, 1954.
『The Connected Discourse of the Buddha(A New Translation of the Saṃyuttanikāya)2vols.』 tr. by Bodhi Bhikkhu, (Boston : Wisdom Publication, 2000)
『The Book of the Kindered Sayings, 5vols.』 tr. by C. A. F. Rhys Davids & F. L. Woodward, (London : PTS, 1917-1930)
『Die in Gruppen geordnete Sammlung(Saṁyuttanikāya) aus dem Pāli-Kanon der Buddhisten. 2vols.』 übersetzt von W. Geiger. (Munich-Neubiberg. Oskar Schloss Verlag. 1925)

『Die Reden des Buddha-Gruppierte Sammlung aus dem Pāli-Kanon』 übersetzt von W. Geiger, Nyāponika Mahāthera, H. Hecker. (Herrnschrott. Verlag Beyerlein & Steinschulte 2003)
『On a Sanskrit Version of the Verahaccāni Sutta of the Saṁyuttanikāya』 by E. Waldschmidt. Nachrichiten der Akademie der Wissenschaften in Göttingen Philologisch-Historische Klasse. Göttingen : Vandenhoeck and Ruprecht, 1980.
『Nidāna Saṁyutta』 edited by Myanmar Pitaka Association, Yangon, 1992.
『相應部經典(南傳大藏經 第12-17卷)』 赤沼智善 外 譯 (大正新修大藏經刊行會 昭和12年)
『Sanskithandschriften aus den Turfanfunden』(Verzeichnis der Orientalischen Handschriften in Deutschland, 10)(Wiesbaden, Stuttgart : 1965)
『Sāratthappakāsinī : Saṁyuttanikāyaṭṭhakathā』 ed. by Woodward, F. L. 3vols.(London : PTS, 1977)
『Spuṭārthā Abhidharmakośavākhyā』 ed. by Wogihara und Yaśomitra 2parts.(Tokyo : 1032-1936)
『Sumaṅgalavilāsini』 ed. by T. W. Rhys Davids, J. E. Carpenter & W. Stede, 3vols(London : PTS, 1886-1932)
『Suttanipata』 ed. by Andersen, D. & Smith, H.(London : PTS, 1984)
『Suttanipāta Aṭṭhakathā』 ed. by H. Smith, 2vols(London : PTS, 1916-1917)
『Suttanipāta』, edited by Dines Andersen& Helmer Smith. first published in 1913. published for PTS. by Routledge & Kegan Paul. 1965. London.
『Suttanipāta』, edited by Ven. Suriya Sumangala P. V. Bapat, Devanagari characters. Bibliotheca Indo Buddhica 75, Sri Satguru Publications, Poona 1924, Delhi, 1990.
『Suttanipāta』 Pali Text with Translation into English and notes by N. A. Jayawickrama Post-Graduate Institude of Pali & Buddhist Studies. University of Kelaniya, Srilanka. 2001.
『The Suttanipāta』. tr. by Saddhatissa Ven. H. Curzon Press Ltd. London 1985.
『Śrāvakabhūmi』 ed. by Shukla, K. Tibetan Sanskrit Works Series, 14(Patna : 1973)
『Thera-Theri-Gathā』 tr. by A. F. Rhys Davids, 『Psalms of the Early Buddhists』 2vols(London : PTS, 1903-1913); tr. by Norman. K. P. 『Elders' Verses I. II』(London : PTS, 1969-1971)
『Udāna』 ed. by Steinthal, P.(London : PTS, 1982) tr. by Masefield, P.(London : PTS, 1994)
『Udānavarga』 ed. by Bernhard, Franz, Sanskrittexte aus den Turfanfunden, 10; Abhandlungen der Akademie der Wissenschaften in Göttingen, 54(Göttingen : Vandenhoeck and Ruprecht, 1965-1968)
『Śarīrārthagāthā of the Yogācārabhūmi』 in F. Enomoto, J-U Hartman, and Matsumura, Sanskrit Texte aus dem buddhistischen Kanaon : Neuentdeckung und Neuedition, 1. (Göttingen. 1989)
『Vimānavatthu』 ed. by Jayawickrama, N. A.(London : PTS, 1977)
『Visuddhimagga of Buddhaghosa』 ed. by Rhcys Davids, C. A. F.(London : PTS, 1975)
『Vibhaṅga』 tr. by Thittila, Ashin 『The Book of Analysis』(London : PTS, 1969)
『Upanisads』 ed. & tr. by S. Radhakrishnan, 『The Principal Upaniṣads』 2nd ed.(London : George Allen & Unwin, 1953) : tr. by R. E. Hume, 『The Thirteen Principal Upaniṣads』 2nd ed.(London : Oxford University Press, 1934)
『長阿含經』 22권 大正新修大藏經 一卷

『中阿含經』 60권 大正新修大藏經 一卷
『雜阿含經』 50권 大正新修大藏經 二卷
『增一阿含經』 51권 大正新修大藏經 二卷
『別譯雜阿含經』 16권 大正新修大藏經 二卷

● 일반단행본(동서양서)

Barua, D. K. 『An Analytical Study of Four Nikāyas』(Delhi : Munshiram Manoharlal Publisher. 2003)

Basham, A. L. 『History and Doctrine of the Ājīvikas』(Delhi : Motilal Banarsidass. 1981)

Bodhi Bhikkhu. 『The Noble Eightfold Path』(Kandy : Buddhist Publication Society, 1984)

Bodhi Bhikkhu. 『Transcendental Dependent Arising』(Kandy : Buddhist Publication Society, 1980)

Bechert, Heinz. 『Buddhism in Ceylon and Studies in Religious Syncretism in Buddist Countries』 (Göttingen : Vandenhoeck and Ruprecht, 1978)

Bunge, M. 『Causality and Modern Science』(New York : Dover Publications Inc., 1986)

Enomoto, Fumio. A Comprehensive Study of the Chinese Saṁyuktāgama (Kyoto 1994)

Fahs, A. 『Grammatik des Pali』(Leipzig : Verlag Enzyklopädie, 1989)

Frauwallner, E. 『Die Philosophie des Buddhismus』(Berlin : Akademie Verlag, 1958)

Gethin, R. M. L. 『The Buddhist Path to Awakening : A Study of the Bodhipakkhiyā Dhammā』 Leiden : Brill, 1992.

Gombrich, Richard F. 『How Buddhism Began : The Conditioned Genesis of the Early Teachings』 (Athlone : London & Atlantic Highlands, N. J. 1996.)

Glasenapp, H. V. 『Pfad zur Erleuchtung(Das Kleine, das Grosse und das Diamant-Fahrzeug)』 (Köln : Eugen Diederichs Verlag, 1956)

Goleman, D. 『The Buddha on Meditation and Higher States of Consciousness』 The Wheel Publication no.189/190(Kandy : Buddhist Publication Society, 1980)

Hamilton, Sue. 『Identity and Experience : The Constitution of the Human Being according to Early Buddhism』(London : Luzac, 1996)

Hinüber, Oskar von. 『A Handbook of Pāli Literature』(Berlin,New York : Walter de Guyter, 1996)

Hiriyanna, M. 『Outlines of Indian Philosophy』(London : George Allen &Unwin, 1932)

Hoffman, F. J. 『Rationality and Mind in Early Buddhism』(Delhi : Motilal Banarsidass, 1987)

Htoon, U. C. 『Buddhism and the Age of Science』 『The Wheel』 Publication no.36/37(Kandy : Buddhist Publication Society, 1981)

Jayatilleke, K. N. 『Early Buddhist Theory of Knowlege』(Delhi : Motilal Banarsidass, 1963)

Jayatilleke, K. N. etc, 『Buddhism and Science』 『The Wheel』 Publication no.3(Kandy : Buddhist Publication Society, 1980)

Johansson, R. E. A. 『The Dynamic Psychology of Early Buddhism』(London : Curzon Press Ltd., 1979)

Johansson, R. E. A. 『The Psychology of Nirvana』(London : George Allen & Unwin Ltd., 1969)

Kalupahana, D. J. 『Causality : The Central philosophy of Buddhism』(Honolulu : The University Press of Hawai, 1975)
Kalupahana, D. J. 『Buddhist Philosophy, A Historical Analysis』(Honolulu : The University Press of Hawaii, 1976)
Karunaratne, W. S. 『The Theory of Causality in Early Buddhism』(Colombo : Indumati Karunaratne, 1988)
Kim, Jaegwon. 『Supervenience and Mind』(New York : Cambridge Press, 1933)
Kirfel, W. 『Die Kosmographie der Inder』(Bonn : Schroeder, 1920)
Knight, C. F. etc, 『Concept and Meaning』 『The Wheel』 Publication no.250(Kandy : Buddhist Publication Society, 1977)
Malalasekera, G. P. & Jayatilleke, K. N. 『Buddhism and Race Question』(Paris : UNESCO, 1958)
Macdonell, A. A. 『A Vedic Reader for Students』(Oxford : Oxford University Press, 1917)
Macy, J. 『Mutual Causality in Buddhism and General Systems Theory』(New York : State University of New York Press, 1992)
Narada, Maha Thera. 『The Buddha and His Teaching』(Kuala Lumpur : Buddhist Missionary Society, 1964)
Murti, T. R. V. 『The Central Philosophy of Buddhism』(London : George Allen & Unwin Ltd., 1955)
Nyanoponika Thera, 『The Heart of Buddhist Meditation』(London : Rider, 1962)
Nyanaponika. 『The Five Mental Hindrances and their Conquest』 Wheel no. 26(Kandy : Buddhist Publication Society, 1961)
Nyanaponika. 『The Four Nutritments of Life』 Wheel no. 105/106 (Kandy : Buddhist Publication Society, 1961)
Nyanaponika Thera & Helmut Hecker. 『Great Disciples of the Buddha : Their Lives, Their Works, Their Legacy』 (Boston : Wisdom Publication, 1997)
Norman, K. R. 『Pāli Literature, including the Canonical Literature in Prakrit and Sanskrit of the Hīnayāna Schools of Buddhism』(Wiesbaden : Otto Harrassowitz, 1983)
Norman, K. R. 『The Group of Discourses』 - Revised Translation with Introduction and Notes. PTS. London. 1992
Oldenberg, H. 『Buddha : sein Leben, seine Lehre, seine Gemeinde』 (Stuttgart : Magnus Verlag, 1881)
Oldenberg, H. 『Religion des Veda』 3Aufl. (Stuttgart und Berlin : Magnus Verlag. 1923)
Chakravarti, U. 『The Social Dimensions of Early Buddhism』(Oxford : Oxford University Press, 1987)
Ñāṇamoli, Bhikkhu. 『The Life of Buddha according to the Pāli Canon』 (Kandy : Buddhist Publication Society, 1992)
Ñāṇananda, Bhikkhu. 『Concept and Reality in Early Buddhist Thought』 (Kandy : Buddhist Publication Society, 1971)
Pande, G. C. 『Studies in the Origins of Buddhism』(Allahabad : University of Allahabad, 1957)
Piyananda, D. 『The Concept of Mind in Early Buddhism』(Cathoric University of America,

1974)
Rahula, W. S. 『What the Buddha Taught』(London & Bedford : Gardon Fraser, 1978)
Rahula, W. S. 『History of Budddism in Ceylon』 (Colombo, 1956)
Sayādaw, Mahāsi, 『The Great Discourse on the Wheel of Dhamma』 tr. by U Ko Lay(Rangoon : Buddhasāsana Nuggaha Organization, 1981)
Sayādaw, Mahāsi, 『Pāticcāsamuppāda(A Discourse)』 tr. by U Aye Maung(Rangoon : Buddasāsana Nuggaha Organization, 1982)
Schumann, H. W. 『The Historical Buddha』 tr. by M. O'C Walshe Arkana(London : Penguin Group, 1989)
Stebbing, L. S. 『A Modern Introduction to Logic』(London : Metuen & Co, 1962)
Soma Thera, 『The Way of Mindfulness : The Satipaṭṭhāna Sutta and its Commentary』(Kandy : BPS, 1975)
Story, F. 『Dimensions of Buddhist Thought』 『The Wheel』 Publication no.212/213/214(Kandy : Buddhist Publication Society)
Varma, V. P. 『Early Buddhism and It's Origin』(Delhi : Munshiram Monoharlal, 1973)
Watanabe, F. 『Philosophy and Its Development in the Nikāyas and Abhidhamma』(Delhi : Motilal Banarsidass, 1983)
Wettimuny, R. G. de S. 『The Buddha's Teaching』(Colombo : M. D. Gunasena & Co. Ltd., 1977)
Wettimuny, R. G. de S. 『The Buddha's Teaching and the Ambiguity of Existence』(Colombo : M. D. Gunasena & Co. Ltd., 1977)
Wijesekera, O. H. 『Knowledge & Conduct : Buddhist Contributions to Philosophy and Ethics』 (Kandy : Buddhist Publication Society, 1977)
Wijesekera, O. H. 『Buddhist and Vedic Studies』(Delhi : Motilal Banarsidass, 1994)
Wittgenstein, L. 『Philosophische Untersuchungen』 『Ludwig Wittgenstein Werkausgabe』 Band,I (Frankfurt am Main, 1984)
Winternitz, M. 『History of Indian Literature』 vol.2(Dheli : Motilal Banarsidass, 1963)

● 일반단행본(한국, 일본)

김동화, 『원시불교사상』(서울 : 보련각, 1988)
김재권 외, 『수반의 형이상학』(서울 : 철학과 현실사, 1994)
김재권, 『수반과 심리철학』(서울 : 철학과 현실사, 1994)
길희성, 『인도철학사』(서울 : 민음사, 1984)
원의범, 『인도철학사상』(서울 : 집문당, 1980)
이중표, 『아함의 중도체계』(서울 : 불광출판부, 1991)
전재성, 『범어문법학』(서울 : 한국빠알리성전협회, 2002)
정태혁, 『인도철학』(서울 : 학연사, 1988)
정태혁, 『인도종교철학사』(서울 : 김영사, 1985)
中村元, 『原始佛教の思想』上,下(東京 : 春秋社, 昭和45)
中村元, 『原始佛教の生活倫理』(東京 : 春秋社, 昭和47)

中村元, 『ブッダの ことば』, 東京 岩波書店, 1981年
和什哲郎, 『原始佛教の實踐哲學』(東京 : 岩波書店, 昭和15)
木村泰賢, 『原始佛教思想論』(東京 : 大法倫閣, 昭和43)
木村泰賢, 『印度六派哲學』『木村泰賢全集』第2卷(昭和43)
舟橋一哉, 『原始佛教思想の硏究』(京都 : 法藏館, 昭和27)
水野弘元, 『原始佛教』(京都 : 平樂寺書店, 1956)

● 논문류(동서양)

Chatallian, G., 「Early Buddhism and the Nature of Philosophy」『Journal of Indian philosophy』 vol.11 no.2(1983)
Franke, R. O., 「Das einheitliche Thema des Dighanikāya : Gotama Buddha ist ein Tathāgata」「Die Verknüpfung der Dīghanikāya-Suttas untereinander」「Majjhimanikāya und Suttanipāta, Die Zusammenhänge der Majjhimanikāyasuttas」「Der einheitliche Grundgedanke des Majjhimanikāya : Die Erziehung gemass der Lehre (Dhamma-Vinaya)」「Der Dogmatische Buddha nach dem Dīghanikāya」「Die Buddhalehre in ihrer erreichbar-ältesten Gestalt im Dīghanikāya」「Die Buddhlehre in ihrer erreichbarältesten Gestalt」『Kleine Schliften』(Wiesbaden : Franz Steiner Verlag, 1978)
Fryba, M., 「Suññatā : Experience of Void in Buddhist Mind Training」 SJBS. vol.11(1988)
Geiger, W., 「Pāli Dhamma」『Kleine Schriften』(Wiesbaden : Franz Steiner Verlag, 1973)
Gethin, R., 「The Five Khandhas : Their Treatment in the Nikāyas and Early Abhidhamma」『Journal of Indian Philosophy』 vol.14 no.1(1986)
Heimann, B., 「The Significance of Prefixes in Sanskrit Philosophical Terminology」 RASM vol.25(1951)
Hoffman, E. J., 「Rationablity in Early Buddhist Four Fold Logic」『Journal of Indian Philosophy』 vol.10 no.4(1982)
Karunadasa, Y., 「Buddhist Doctrine of Anicca」『The Basic Facts of Existence』(Kandy : Buddhist Publication Society, 1981)
Premasiri, P. D., 「Early Buddhist Analysis of Varieties of Cognition」 SJBS vol.1(1981)
Wijesekera, O. H. de A., 「Vedic Gandharva and Pali Gandhabba」 『Ceyron University Review』 vol.3 no.1(April, 1945)
洪淳海, 「印度哲學에서의 正에 관한 考察」 석사학위 논문, 동국대학교 대학원 인도철학과 1983.

● 사전류

Childers, R. C., 『A Dictionary of the Pali Language』(London : 1875)
Anderson, D., 『A Pāli Reader with Notes and Glossary』 2parts(London & Leipzig : Copenhagen, 1901-1907)
Rhys Davids, T. W. and Stede, W., 『Pali-English Dictionary』(London : PTS, 1921-1925)
Buddhadatta, A. P., 『Concise Pāli-English Dictionary』(Colombo : 1955)
Malalasekera, G. P., 『Dictionary of Pāli Proper Names』 vol.1, 2 (London : PTS, 1974)
雲井昭善, 『巴和小辭典』(京都 : 法藏館, 1961)
水野弘元, 『パーリ語辭典』(東京 : 春秋社, 1968, 二訂版 1981)

全在星,『개정판 빠알리-한글사전』(서울 : 한국빠알리성전협회, 2005)
Bothlingk, O. und Roth, R.,『Sanskrit-Wörterbuch』7Bande(St. Petersburg : Kaiserischen Akademie der Wissenschaften, 1872-1875)
Monier Williams, M.,『A Sanskrit-English Dictionary』(Oxford, 1899)
Uhlenbeck, C. C.,『Etymologisches Wörterbuch des Alt-Indischen Sprache』(Osnabrück, 1973)
Edgerton, F.,『Buddhist Hybrid Sanskrit Grammar and Dictionary』2vols(New Haven : Yale Univ., 1953)
V. S. Apte,『The Practical Sanskrit-English Dictionary』(Poona : Prasad Prakshan, 1957)
鈴木學術財團,『梵和大辭典』(東京 : 講談社, 1974, 增補改訂版 1979)
織田得能,『佛敎大辭典』(東京 : 大藏出版株式會社, 1953)
耘虛龍夏,『佛敎辭典』(서울 : 東國譯經院, 1961)
中村元,『佛敎語大辭典』(東京 : 東京書籍, 1971)
弘法院 編輯部,『佛敎學大辭典』(서울 : 弘法院, 1988)
Nyanatiloka,『Buddhistisches Wörterbuch』(Konstanz : Christiani Konstanz, 1989)
Malalasekera, G. P.『Encyclopadia of Buddhism』(Ceylon : The Government of Sri Lanka, 1970-)
Glare『Oxford Latin Dictionary』(Oxford : The Clarendon Press, 1983)
Hermann Krings usw.『Handbuch Philosophischer Grundbegriffe』(München : Kösel Verlag, 1973)

● 문법류

Buddhadatta, A P. : The New Pali Course I, II, Colombo, 1974
Buddhadatta, A P. : Aids to Pali Conversation and Translation, Colombo, 1974
Childers, R. C. A : Dictionary of the Pali Language, London 1875
Anderson, D. A : Pāli Reader with Notes and Glossary, 2 parts, London and Leipzig. Copenhagen, 1901-1907
Rhys Davids, T. W. and Stede, W. : Pali-English Dictionary, P.T.S London , 1921-1925
Buddhadatta, A. P. : Concise Pāli-English Dictionary, Colombo 1955.
Malalasekera, G. P. : Dictionary of Pāli Proper Names Vol. I. II, London P.T.S. 1974.
Fahs, A. : Grammatik des Pali, Verlag Enzyklopädie, Leipzig, 1989 1989
Allen, W. S. : Phonetic in Ancient India, Oxford University Press, London, 1965
Oskar von Hinüber : Das Buddhistische Recht und die Phonetik, Studien zur Indologie und Iranistik Heft 13-14. Reinbek, 1987
Allen, W. S. : The Theoretica Phonetic and Historical Bases of Wordjuntion in Sanskrit : The Hague, Paris, 1965
Whitney, W. D. : Indische Grammatik, übersetzt von Heinlich Zimmer : Leipzig, 1979
Weber, A. : Pāṇiniyaśikṣā, Indische Studien IV. pp. 345-371, 1858
Weber, A. : Vājasaneyiprātiśākhya, Indische Studien IV. pp. 65-171, pp. 177-331, 1858
Franke, A. D. : Sarvasammataśikṣā, Göttingen, 1866
Böthlingk, O. : Pāṇini's Grammatik. Georg Olms Verlagsbuchhanddun, Hildesheim, 1964
Warder, A.K. : Introduction to Pali, PTS. London. 1963
Geiger, W. : Pali Literatur und Sprache, Straßburg. 1916.

빠알리어 한글표기법

빠알리어는 구전되어 오다가 각 나라 문자로 정착되었으므로 고유한 문자가 없다. 그러므로 일반적으로 빠알리성전협회(Pali Text Society)의 표기에 따라 영어 알파벳을 보완하여 사용한다. 빠알리어의 알파벳은 41개이며, 33개의 자음과 8개의 모음으로 되어 있다.

모음에는 단모음과 장모음이 있다. a, ā, i, ī, u, ū, e, o 모음의 발음은 영어와 같다. 단 단음은 영어나 우리말의 발음보다 짧고, 장음은 영어나 우리말보다 약간 길다. 단음에는 a, i, u가 있고, 장음에는 ā, ī, ū, e, o가 있다. 유의할 점은 e와 o는 장모음이지만 종종 복자음 앞에서 짧게 발음된다 : metta, okkamati.

자음의 발음과 한글표기는 아래의 도표와 같다.

자음(子音)	폐쇄음(閉鎖音)				비음(鼻音)
	무성음(無聲音)		유성음(有聲音)		
	무기음	대기음	무기음	대기음	무기음
① 후음(喉音)	ka 까	kha 카	ga 가	gha 가	ṅa 나
② 구개음(口蓋音)	ca 짜	cha 차	ja 자	jha 자	ña 냐
③ 권설음(捲舌音)	ṭa 따	ṭha 타	ḍa 다	ḍha 다	ṇa 나
④ 치음(齒音)	ta 따	tha 타	da 다	dha 다	na 나
⑤ 순음(脣音)	pa 빠	pha 파	ba 바	bha 바	ma 마
⑥ 반모음(半母音)	ya 야, 이야 va 바, 와				
⑦ 유활음(流滑音)	ra 라 la ㄹ라 ḷa ㄹ라				
⑧ 마찰음(摩擦音)	sa 싸				
⑨ 기식음(氣息音)	ha 하				
⑩ 억제음(抑制音)	ṁ -ㅇ, -ㅁ, -ㄴ				

ka는 '까'에 가깝게 발음되고, kha는 '카'에 가깝게 소리나므로 그대로 표기한다. ga, gha는 하나는 무기음이고 하나는 대기음이지만 우리말에는 구별이 없으므로 모두 '가'으로 표기한다. 발음에서 특히 유의해야 할 것은 aṅ은 '앙'으로, añ은 '얀'으로, aṇ은 '안, 언'으로, an은 '안'으로, aṁ은 그 다음에 오는 소리가 ① ② ③ ④ ⑤일 경우에는 각각 aṅ, añ, aṇ, an, am으로 소리나며, 모음일 경우에는 '암', 그 밖의 다른 소리일 경우에는 '앙'으로 소리난다. 그리고 y와 v일 경우에는 일반적으로 영어처럼 발음되지만 그 앞에 자음이 올 경우와 모음이 올 경우 각각 발음이 달라진다. 예를 들어 aya는 '아야'로 tya는 '띠야'로 ava는 '아바'로 tva는 '뜨와'로 소리난다. 또한 añña는 어원에 따라 '앙냐' 또는 '안냐'로 소리난다. 예를 들어 *sk.* saṁjñā에서 유래한 saññā는 쌍냐로 *sk.* prajñā에서 유래한 paññā는 '빤냐'로 읽는 것이 좋다. yya는 '이야'로 소리난다. 폐모음 ② ③ ④가 묵음화되어 받침이 될 경우에는 ㅅ, ①은 ㄱ ⑤는 ㅂ으로 표기한다.

글자의 사전적 순서는 위의 모음과 자음의 왼쪽부터 오른쪽으로의 순서와 일치한다. 닌지 ṁ은 항상 모음과 결합하여 비모음에 소속되므로 해당 모음의 뒤에 배치된다.

빠알리어나 범어에 대한 정확한 발음은 본 협회의 개정판 ≪빠알리-한글사전≫을 참고하기 바란다.

불교의 세계관

불교의 세계관은 일반적으로 알려진 것처럼 단순히 신화적인 비합리성에 근거하는 것이 아니라 인간의 정신세계인 명상 수행의 차제에 대응하는 방식으로 합리적으로 조직되었다. 물론 고대 인도의 세계관을 반영하고 있는 것은 사실이지만 언어의 한계를 넘어선다면 보편적인 우주의 정신세계를 다루고 있다고 볼 수 있다.

여기서 세계의 존재(有 : bhavo)라고 하는 것은, 엄밀히 말하면 육도윤회하는 무상한 존재를 의미하며, 감각적 쾌락에 대한 욕망의 세계(欲界), 미세한 물질의 세계(色界), 비물질의 세계(無色界)라는 세 가지 세계의 존재가 언급되고 있다. 감각적 쾌락에 대한 욕망의 세계, 즉 감각적 욕망계의 존재(欲有 : kāmabhava)는 지옥, 아귀, 축생, 수라, 인간뿐만 아니라 욕계의 하늘에 사는 거친 신체를 지닌 존재를 의미한다.

미세한 물질의 세계, 즉 색계에 사는 존재(色有 : rūpabhava)는 하느님의 세계의 하느님의 권속인 신들의 하늘(梵衆天)에서 궁극적인 미세한 물질로 이루어진 신들의 하늘(色究竟天=有頂天)에 이르기까지 첫 번째 선정에서 네 번째 선정에 이르기까지 명상의 깊이를 조건으로 화생되는 세계를 말한다. 따라서 이들 세계는 첫 번째 선정의 하느님의 세계의 신들(初禪天)에서부터 청정한 삶을 사는 하늘나라의 신들(Suddhāvāsakāyikā devā : 淨居天은 無煩天, 無熱天, 善現天, 善見天, 色究竟天)까지의 이름으로도 불린다. 초선천부터는 하느님의 세계에 소속된다.

가장 높은 단계의 세계인 비물질의 세계, 즉 무색계에 사는 존재(無色有 : arūpabhava)에는 '무한공간의 하느님의 세계의 신들'(空無邊處天), '무한의식의 하느님의 세계의 신들'(識無邊處天), '아무 것도 없는 하느님의 세계의 신들'(無所有處天), '지각하는 것도 아니고 지각하지 않는 것도 아닌 하느님의 세계의 신들'(非想非非想處天)이 있다. '무한공간의 세계'에서 '지각하는 것도 아니고 지각하지 않는 것도 아닌 세계'에 이르기까지는 첫 번째 비물질계의 선정에서 네 번째의 비물질계의 선정에 이르기까지의 명상의 깊이를 조건으로 화현하는 비물질의 세계이다.

이들 하늘나라(天上界)나 하느님의 세계(梵天界)에 사는 존재들은 화생, 인간은 태생, 축생은 태생·난생·습생·화생의 발생방식을 택하고 있다. 그것들의 형성

조건은 윤리적이고 명상적인 경지를 얼마만큼 성취했는지에 달려있다.

하늘나라의 감각적 쾌락에 대한 욕망의 세계에 태어나려면 믿음과 보시와 지계와 같은 윤리적인 덕목을 지켜야 한다. 인간으로 태어나기 위해서는 오계에 대한 인식이 있어야 한다. 그리고 아수라는 분노에 의해서, 축생은 어리석음과 탐욕에 의해서, 아귀는 간탐함과 집착에 의해서, 지옥은 잔인함과 살생을 저지르는 것에 의해서 태어난다.

미세한 물질의 세계에 속해 있는 존재들은 첫 번째 선정[初禪]에서부터 네 번째 선정[四禪]에 이르기까지 명상의 깊이에 따라 차별적으로 하느님의 세계에 태어난다. 미세한 물질의 세계의 최상층에 태어나는 존재들은 돌아오지 않는 님[不還者]의 경지를 조건으로 한다. 물질이 소멸한 비물질적 세계의 존재들은 '무한공간의 세계'에서 '지각하는 것도 아니고 지각하지 않는 것도 아닌 세계'에 이르기까지 비물질적 세계의 선정의 깊이에 따라 차별적으로 각각의 세계에 태어난다.

불교에서 여섯 갈래의 길(六道)은 천상계, 인간, 아수라, 축생, 아귀, 지옥을 말하는데, 이 때 하늘나라(天上界)는 감각적 쾌락의 욕망이 있는 하늘나라(欲界天)와 하느님의 세계(梵天界)로 나뉘며, 하느님의 세계는 다시 미세한 물질의 세계와 비물질의 세계로 나뉜다. 그리고 부처님은 이러한 육도윤회의 세계를 뛰어넘어 불생불멸하는 자이다. 여기 소개된 천상의 세계, 즉 하늘의 세계에 대하여 이 책에서는 다음과 같이 번역한다.

1) 감각적 쾌락에 대한 욕망의 세계의 여섯 하늘나라

① 네 위대한 왕들의 하늘나라(Cātummahārājikā devā : 四王天) ② 서른셋 신들의 하늘나라(Tāvatiṁsā devā : 三十三天=忉利天) ③ 축복 받는 신들의 하늘나라(Yāmā devā : 耶摩天) ④ 만족을 아는 신들의 하늘나라(Tusitā devā : 兜率天) ⑤ 창조하고 기뻐하는 신들의 하늘나라(Nimmānaratī devā : 化樂天) ⑥ 다른 신들이 창조한 것을 누리는 신들의 하늘나라(Paranimmitavasavattino devā : 他化自在天),

2) 첫 번째 선정의 세계의 세 하느님의 세계

⑦ 하느님의 권속인 신들의 하느님의 세계(Brahmakāyikā devā : 梵衆天) ⑧ 하느님을 보좌하는 신들의 하느님의 세계(Brahmapurohitā devā : 梵輔天) ⑨ 위대한 신들의 하느님의 세계(Mahābrahmā devā : 大梵天)

3) 두 번째 선정의 세계의 세 하느님의 세계

⑩ 작게 빛나는 신들의 하느님의 세계(Parittābhā devā : 小光天) ⑪ 한량없이 빛나는 신들의 하느님의 세계(Appamāṇābhā devā : 無量光天) ⑫ 빛이 흐르는 신들의 하느님의 세계(Ābhāssarā devā : 極光天, 光音天)

4) 세 번째 선정의 세계의 세 하느님의 세계

⑬ 작은 영광의 신들의 하느님의 세계(Parittasubhā devā : 小淨天) ⑭ 한량없는 영광의 신들의 하느님의 세계(Appamāṇasubhā devā : 無量淨天) ⑮ 영광으로 충만한 신들의 하느님의 세계(Subhakiṇṇā devā : 遍淨天)

5) 네 번째 선정의 세계의 아홉 하느님의 세계

⑯ 번뇌의 구름이 없는 신들의 하느님의 세계(Anabbhakā devā : 無雲天「大乘」) ⑰ 공덕이 생겨나는 신들의 하느님의 세계(Puññappasavā devā : 福生天「大乘」) ⑱ 광대한 경지를 갖춘 신들의 하느님의 세계(Vehapphalā devā : 廣果天) ⑲ 지각을 초월한 신들의 하느님의 세계(Asaññasattā devā : 無想有情天) = 승리하는 신들의 하느님의 세계(Abhibhū devā : 勝者天) ⑳ 성공으로 타락하지 않는 신들의 하느님의 세계(Avihā devā : 無煩天) ㉑ 타는 듯한 고뇌를 여읜 신들의 하느님의 세계(Atappā devā : 無熱天) ㉒ 선정이 잘 이루어지는 신들의 하느님의 세계(Sudassā devā : 善現天) ㉓ 관찰이 잘 이루어지는 신들의 하느님의 세계(Sudassī devā : 善見天) ㉔ 궁극적인 미세한 물질로 이루어진 신들의 하느님의 세계(Akaniṭṭhā devā : 色究竟天=有丁天) 그리고 이 가운데 ⑳-㉔의 다섯 하느님 세계는 청정한 삶을 사는 신들의 하느님 세계(Suddhāvāsa devā : 淨居天)이라고도 한다.

6) 비물질적 세계에서의 네 하느님의 세계

㉕ 무한공간의 신들의 하느님의 세계(Ākāsānañcāyatanūpagā devā : 空無邊處天) ㉖ 무한의식의 신들의 하느님의 세계(Viññāṇañcāyatanūpagā devā : 識無邊處天) ㉗ 아무 것도 없는 신들의 하느님의 세계(Ākiñcaññāyatanūpagā devā : 無所有處天) ㉘ 지각하는 것도 아니고 지각하지 않는 것도 아닌 신들의 하느님의 세계(Nevasaññānāsaññāyatanūpagā devā : 非想非非想處天)

<table>
<tr><th>형성조건</th><th>발생방식</th><th colspan="2">명　　칭(漢譯 : 수명)</th><th colspan="4">분　류</th></tr>
<tr><td>無形象</td><td>化生</td><td colspan="2">nevasaññanāsaññāyatana(非想非非想處天 : 84,000劫)
akiñcaññāyatana (無所有處天 : 60,000劫)
viññāṇañcāyatana(識無邊處天 : 40,000劫)
ākāsānañcāyatana(空無邊處天 : 20,000劫)</td><td rowspan="7">梵
天
界</td><td>無
色
界</td><td rowspan="9">天
上
界</td><td rowspan="10">善
業
報
界</td></tr>
<tr><td colspan="4">형 상 또는 물질의 소 멸</td><td></td></tr>
<tr><td>不還者의
清淨
(四禪)</td><td>化生</td><td>akaniṭṭha(色究竟天=有頂天 : 16000劫)
sudassin(善見天 : 8,000劫)
sudassa(善現天 : 4,000劫)
atappa(無熱天 : 2,000劫)
aviha(無煩天 : 1,000劫)</td><td>suddhāvāsa
(淨居天)</td><td rowspan="5">色
界</td></tr>
<tr><td>四禪</td><td>化生</td><td colspan="2">asaññasatta(無想有情天)=abhibhū(勝者天 : 500劫)
vehapphala(廣果天 : 500劫)
puññappasava(福生天 : 大乘)
anabhaka(無雲天 : 大乘)</td></tr>
<tr><td>三禪</td><td>化生</td><td colspan="2">subhakiṇṇa(遍淨天 : 64)
appamāṇasubha(無量淨天 : 32)
parittasubha(小淨天 : 16)</td></tr>
<tr><td>二禪</td><td>化生</td><td colspan="2">ābhassara(極光天 : 8劫)
appamāṇābha(無量光天 : 4劫)
parittābha(小光天 : 2劫)</td></tr>
<tr><td>初禪</td><td>化生</td><td colspan="2">mahābrahmā(大梵天 : 1劫)
brahmapurohita(梵輔天 : 1/2劫)
brahmapārisajja(梵衆天 : 1/3劫)</td></tr>
<tr><td colspan="6">다섯 가지 장애(五障)의 소멸</td></tr>
<tr><td>信
布施
持戒</td><td>化生</td><td colspan="2">paranimmitavasavattī
(他化自在天 : 500天上年=9,216百萬年)
nimmāṇarati(化樂天 : 8,000天上年=2,304百萬年)
tusita(兜率天 : 4,000天上年=576百萬年)
yāma(耶麻天 : 2,000天上年=144百萬年)
tāvatiṁsa(三十三天 : 1,000天上年=36百萬年)
cātumāharājikā(四天王 : 500天上年=9百萬年)</td><td>天
上
의
欲
界</td><td rowspan="7">欲
界</td></tr>
<tr><td>五戒</td><td>胎生</td><td colspan="3">manussa(人間 : 非決定)</td><td>人間</td></tr>
<tr><td>瞋恚</td><td>化生</td><td colspan="3">asura(阿修羅 : 非決定)</td><td>修羅</td><td rowspan="5">惡
業
報
界</td></tr>
<tr><td>慳貪
執著</td><td>化生</td><td colspan="3">peta(餓鬼 : 非決定)</td><td>餓鬼</td></tr>
<tr><td>愚癡
貪欲</td><td>胎生 卵生
濕生 化生</td><td colspan="3">tiracchāna(畜生 : 非決定)</td><td>畜生</td></tr>
<tr><td>殘忍
殺害</td><td>化生</td><td colspan="3">niraya(地獄 : 非決定)</td><td rowspan="2">地獄</td></tr>
<tr><td colspan="5">※ 天上의 欲界의 하루는 四天王부터 他化自在天까지 각각 인간의 50년, 100년, 200년, 400년, 800년, 1,600년에 해당하고 人間이하의 수명은 결정되어 있지 않다.</td></tr>
</table>

주요번역술어

[ㄱ]

갈애(渴愛 : taṇhā)
감각적 쾌락(欲 : kāma)
감각적 쾌락의 욕망에 대한 갈애(欲愛 : kāmataṇhā)
감각적 쾌락의 욕망(欲貪 : kāmarāga)
감각적 쾌락의 욕망에 대한 집착(愛取 : kām'upadhi)
감각적 쾌락에 대한 욕망의 거센 흐름(欲流 : kām'ogha)
감각적 쾌락에 대한 욕망의 세계(欲界 : kāmaloka)
감촉(觸 : phoṭṭhabba)
강생(降生 : okkanti)
개체(有身 : sakkāya)개체가 있다는 견해(有身見 : sakkāyadiṭṭhi)
거룩한 님, 하느님(梵天 : Brāhmaṇa)
거룩한 님, 아라한(阿羅漢 : Arahant)
거룩한 경지의 님(阿羅漢果 : arahattaphala)
거룩한 길의 사람(阿羅漢向 : arahattamagga)
거센 흐름(暴流 : ogha)
거짓말을 하지 않음(不妄語 : musāvāda veramaṇī)
거칠거나 미세한 물질의 자양분(麤細摶食 : kabaliṅkāro āhāro oḷāriko sukhumo)
겁(劫 : kappa)
견해에 대한 이해(見審諦忍 : diṭṭhinijjhānakhanti)
견해의 거센 흐름(見流 : diṭṭh'ogha)
경장(經藏 : suttapiṭaka)
경지, 과보, 공덕(果 : phala)
고요한 몸(寂靜身 : santikāya)
고요함, 적정(寂靜 : santi)
곧바른 지혜, 초월적 지혜 : 신통(神通 : abhiññā). 초범지(超凡智 : abhiññā)
공무변처천(空無邊處天 : Ākāsānañcāyatanūpagā devā)
곡주나 과일주 등 취하게 하는 것을 마시지 않음(不飮酒 : surāmerayamajjapamādaṭṭhānā veramaṇī)
과보, 경지(果 : phala)
관찰이 잘 이루어지는 신들의 하느님의 세계(善見天 : Sudassī devā)
광과천(廣果天 : Vehapphalā devā)
괴로운 곳, 괴로운 세계(苦處 : upāya)
괴로움에 대한 진리(苦聖諦 : dukkhâriyasaccāni)
괴로움의 소멸에 대한 진리(滅聖諦 : dukkhanirodhâriyasaccāni)
괴로움의 소멸에 이르는 진리(道聖諦 : dukkhanirodhagāminīpaṭipadāariyasaccāni)
괴로움의 발생에 대한 진리(集聖諦 : dukkhasamudayâriyasaccāni)
교만(慢 : māna)
규범과 금기에 대한 집착(戒禁取 : sīlabhatapatāmāsa)
기마부대(馬軍 : assakāya)
긴자까바싸타(煉瓦堂, 繁耆迦精舍 : Giñjakāvasatha)
깃자꾸따 산(靈鷲山 : Gijjhakūṭapabhata)
깔란다까니바빠(栗鼠飼養園 : Kalandakanivāpa)
깨달은 님, 부처님(佛 : Buddha)
꿰뚫는 지혜(明達慧 : nibbedhikapañña)
공무변처(空無邊處天 : Ākāsānañcāyatana)
공무변처천(空無邊處天 : Ākāsānañcāyatanūpagā devā)
궁극적인 미세한 물질로 이루어진 신들의 하느님의 세계(色究竟天 : Akaniṭṭhā devā)
극광천(極光天 : Ābhassarānā devā)

[ㄴ]

나쁜 곳, 나쁜 세계(惡處 : duggati)
난생(卵生 : aṇḍaja)
냄새(香 : gandha)
넓은 지혜(廣慧 : puthupañña)
네 가지 새김의 토대(四念處 : cattaro satipaṭṭhanā)
네 가지 거룩한 진리(四聖諦 : cattāri ariyasaccāni)
네 가지 신통의 기초(四神足 또는 四如意足 : cattāro iddhipādā)
네 가지 자양분(四食 : cāttāro āhārā)
네 가지 광대한 존재(四大 : cattāro mahābhūtāni)
네 쌍으로 여덟이 되는 참사람(四雙八輩 : cattāri purisayugāni aṭṭhapurisapugalā)
네 번째 선정(四禪 : catutthajjhāna)
네 위대한 왕의 하늘나라(cātummahārājikā devā : 四天王)
논장(論藏 : abhidhammapiṭaka)
누진통(漏盡通 : āsavakkhayâbhiñña)
느낌(受 : vedāna)
느낌에 대한 관찰(受隨觀 : vedanānupassanā)
느낌의 다발(受蘊 : vedanākkhandha)
늙음과 죽음(老死 : jarāmaraṇa)
니간타(尼乾陀徒 : nigaṇṭhā[자이나교도])
니그로다라마 승원(尼俱律園 : Nigrodhārāma)

[ㄷ]

다른 신들이 창조한 것을 누리는 신들의 하늘나라(他化自在天 : paranimmitavasavattino devā)
다섯 가지 감각적 쾌락(五欲樂 : pañcakāmaguṇa)
다섯 가지 계행, 오계(五戒 : pañcasīla)
다섯 가지 능력(五根 : pañca indriyāni)
다섯 가지 낮은 단계의 결박(五下分結 : orambhāgiyāni saṁyojjanāni)
다섯 가지 높은 단계의 결박(五上分結 : uddhambhāgiyāni saṁyojjanāni)
다섯 가지 장애(五障 : pañca nīvaraṇāni)
다섯 가지 존재의 다발(五蘊 : pañcakkhandha)
다섯 가지 존재의 집착다발(五取蘊 : pañca upādānakkhandā)
도리천(忉利天 : tāvatiṁsā)
도솔천(兜率天 : tusitā devā)
돌아오지 않는 경지의 님(不還果 : anāgāmīphala)
돌아오지 않는 길을 가는 님(不還向 : anāgāmī magga)
두 번째 선정(二禪 : dutiyajjhāna)
들어섬(okkanti)
따뽀다라마(Tapodārāma)

[ㄹ]

라자가하(王舍城 : Rājagaha)

[ㅁ]

마음(心 : citta)
마음에 대한 관찰(心隨觀 : cittānupassanā)
마음에 의한 해탈(心解脫 : cetovimutti)
마음의 분노, 마음의 저항(有對 : paṭigha)
마음의 통일, 한마음(心一境性 : ekaggacitta)
만족(欲 : ruci)
만족을 아는 신의 하늘나라(tusitā devā : 兜率天)
맛(味 : rasa)
멀리 여읨, 홀로 있음(遠離 : viveka)
명색(名色 : nāmarūpa)
명예를 주는 보시(yasadāyakaṁ)
명쾌한 지혜(疾慧 : hāsapañña)
몸에 대한 관찰(身隨觀 : kāyānupassanā)
무량광천(無量光天 : Appamāṇābhānā devā)
무량정천(無量淨天 : Appamāṇasubhānā devā)
무명, 무지, 진리를 모르는 것(無明 : avijjā)
무번천(無煩天 : Avihā devā)
무소유처(無所有處 : Ākiñcaññāyata devā)
무소유처천(無所有處天 : Ākiñcaññāyatanūpagā devā)
무열천(無熱天 : Atappā devā)
무명의 거센 흐름(無明流 : avijj'ogha)
무한공간의 세계(空無邊處 : ākāsānañcāyatana)
무한공간의 신들의 하느님의 세계(Ākāsānañcāyatanūpagā devā : 空無邊處天)
무한의식의 세계(識無邊處 : viññāṇānañcāyatana)
무한의식의 신들의 하느님의 세계(識無邊處天 : Viññāṇañcāyatanūpagā devā)

물질, 형상(色 : rūpa)
물질에 대한 지각(色想 : rūpasañña)
물질의 다발(色蘊 : rūpakkhandha)
뭇삶, 생명, 존재, 사람(衆生 : satta)
미가다야(鹿野園 : Migadāya)
미가라마뚜 강당(鹿子母講堂 : Migāramatu)
미각(舌 : jihvā)
미각의 접촉(舌觸 : jihvāsamphassa)
미각의 접촉에서 생겨난 의식의 영역(舌觸識處 : jihvāsamphassaviññāṇāyatana)
미각의식(舌識 : jivhāviññāṇa)
미세한 물질의 세계(色界 : rūpaloka)
믿음(信 : saddhā)

[ㅂ]

바라문, 성직자(婆羅門 : brāhmaṇa)
방지의 노력(律儀勤 : saṁvarappadhāna)
배움(聞 : anussava)
버림의 노력(斷勤 : pahānappadhāna)
번뇌(煩惱 : āsavā)
번뇌를 소멸하는 능력(漏盡通 : āsavakkhaya)
번뇌에 대한 집착(煩惱取 : kiles'upadhi)
번뇌의 끊음에 관한 완전한 이해(斷遍知 : pahānapariññā)
범보천(梵輔天 : Brahmapurohitā devā)
범중천(梵衆天 : brahmakāyikā devā)
법, 현상, 성품, 사물, 사실, 가르침, 진리(法 : dhamma)
벨루바나(竹林 : Veḷuvana)
변정천(遍淨天 : Subhakiṇṇā devā)
보살(菩薩 : Bodhisatta)
보편에 대한 지식(類智 : anvaye ñāṇaṁ)
부끄러움(愧 : otappa)
분노(瞋恚 : vyāpāda)
비물질계에 대한 탐욕(無色貪 : arūparāga)
비물질의 세계(無色界 : arūpaloka)
불사(不死 : amaraṁ)
비상비비상처(非想非非想處 : Nevasaññānāsaññāyatana)
비상비비상처천(非想非非想處天 : Nevasaññānāsaññāyatanūpagā devā)
비존재(無 : natthi)
비존재에 대한 갈애(無有愛 : vibhavataṇhā)
빛이 흐르는 신들의 하느님의 세계(極光天 : Ābhāssarānā devā)
빠른 지혜(速慧 : javanapañña)
빠세나디(波斯匿王 : 빠세나디)
뿝바라마 승원(東園 : Pubbārāma)

[ㅅ]

사라짐(離貪 : virāga)
사람, 참사람(補特伽羅 : puggala)
사람을 길들이는 님(調御丈夫 : Purisadammasārathī)
사랑을 나눔에 잘못을 범하지 않음(不邪婬 : kāmesu micchācārā veramaṇī)
사건, 사물, 사실, 현상(法 : dhamma)
사물에 대한 관찰(法隨觀 : dhammānupassanā)
사실에 대한 관찰(法隨觀 : dhammānupassanā)
사실에 대한 지식(法智 : dhamme ñāṇaṁ)
사실의 상태에 대한 지식(法住智 : dhammaṭṭhitiñāṇaṁ)
사천왕(四天王 : cātummahārājikā devā)
사유(尋 : vitakka)
살아있는 생명을 해치지 않음(不殺生戒 : pāṇātipātaveramaṇī)
삼십삼천(三十三天 : tāvatiṁsā)
삼장(三藏 : tripiṭaka, tipiṭaka)
삿된 길(邪道 : micchāpatipadā)
상태에 대한 숙고(行覺想 : ākāraparivitakka)
새김, 새김(念 : sati)
색(色 : rūpa)
색구경천(色究竟天 : Akaniṭṭhā devā)
생물, 존재, 귀신(鬼神 : bhūta)
서른셋 신들의 하늘나라(tāvatiṁsā devā : 三十三天)
선녀(仙女 : accharā)
선정(禪定 : dhyāna)
선정이 잘 이루어지는 신들의 하느님의 세계(善現天 : Sudassā devā)
선견천(善見天 : Sudassī devā)
선현천(善現天 : Sudassā devā)

성냄, 분노(瞋 : dosa)
성공으로 타락하지 않는 신들의 하느님의 세계(無煩天 : Avihā devā)
성취를 주는 보시(sampattidāyakaṁ)
세 가지 배움(三學 : tayo sikkhā)
세 번째 선정(三禪 : tatiyajjhāna)
세상의 존귀한 님(世尊 : Bhagavant)
세상을 아는 님(世間解 : Lokavidū)
세존(世尊 : bhagavant)
소광천(小光天 : Parittābhānā devā)
소정천(小淨天 : Parittasubhānā devā)
소리(聲 : sadda)
수행승(比丘 : bhikhhu)
수행의 노력(修勤 : bhāvanāppadhāna)
수행자(沙門 : samaṇā)
수호의 노력(守護勤 : anurakkhaṇāppadhāna)
숙고(伺 : vicāra)
숙명통(宿命通 : pubbenivasānussati)
스승(師 : satthā)
습생(濕生 : saṁsedaja)
승리자(勝者 : jina)
시각(眼 : cakkhu)
시각의 접촉(眼觸 : cakkhusamphassa)
시각의 접촉에서 생겨난 의식의 영역(眼觸識處 : cakkhusamphassaviññāṇāyatana)
시각의식(眼識 : cakkhuviññāṇa)
시간을 초월하는(akālika)
신족통(神足通 : iddhi)
신통, 곧바른 지혜, 초월적 지혜, 초범지(超凡智, 神通 : abhiññā)
신체적 형성(身行 : kāyasaṁkhāra)
개체가 있다는 견해(有身見 : sakkāyadiṭṭhi)
싫어하여 떠남(厭離 : nibbidā)
심리적인 배움(增上心學 : adhicittasikkha)
싸끼야 족의 성자, 석가모니(釋迦牟尼 : Sākyamuni)
싸밧티(舍衛城 : Sāvatthī)
쓸 데 없는 말을 하지 않음(不綺語 : samphappalāpā veramaṇī)

[ㅇ]

아나타삔디까 승원(給孤獨園 : Anāthapiṇḍikārāma)
아나타삔디까(給孤獨 : Anāthapiṇḍika)
아무 것도 없는 세계(無所有處 : ākiṁcaññāyatana)
아무 것도 없는 신들의 하느님의 세계(無所有處天 : Ākiñcaññāyatanūpagā devā)
아자따쌋뚜(Ajātasattu)
악마, 귀신(非人 : amanussā)
악하고 불건전한 것들, 불건전한 상태 (不善法 : akusalā dhammā)
알려진 것에 대한 완전한 이해(知遍知 : ñātapariññā)
야차(夜叉 : yakkha)
야마천(yāmā devā : 耶摩天)
양자에 의한 해탈(俱分解脫 : ubhato bhāgavimuttā)
어리석음(痴 : moha)
언어적 형성(口行 : vacisaṁkhāra)
업, 행위(業 : kamma)
여덟 가지 고귀한 길(八正道 : ariyâṭṭhaṅgikamagga)
여러 가지 '해탈되었다'는 지견(解脫知見 : vimittiññāṇadassanakkhandha)
여러 가지 계율(戒蘊 : sīlakkhandha)
여러 가지 삼매(定蘊 : sāmadhikkhandha)
여러 가지 지혜(慧蘊 : paññakkhandha)
여러 가지 해탈(解脫蘊 : vimittikkhandha)
여리작의(如理作意 : yoniso manasikāra)
여섯 가지 감각능력(六根 : chaindriya)
여섯 가지 감각대상(六境 : chavisaya)
여섯 가지 의식(六識 : chaviññāṇa)
여섯 가지 감역, 여섯 가지 감각영역(六入 : saḷāyatana)
연기(緣起 : paṭiccasamuppāda)
열반(涅槃 : nibbāna)
열여덟 가지 세계(十八界 : aṭṭhadasa dhātuyo)
영광으로 충만한 신들의 하느님의 세계(遍淨天 : Subhakiṇṇā devā)
영원주의(常見 : sassatadiṭṭhi)
예리한 지혜(利慧 : tikkhapañña)

예지적인 배움(增上慧學 : adhipaññasikkhā)
올바로 원만히 깨달은 님(正等覺者 : Sammāsa mbudha)
올바른 가르침(正法 : saddhamma)
올바른 견해(正見 : sammādiṭṭhi)
올바른 길(正道 : sammāpaṭipadā)
올바른 길로 잘 가신 님(善逝 : Sugata)
올바른 사유(正思惟 : sammasaṅkappa)
올바른 새김(正念 : sammāsati)
올바른 생활(正命 : sammāājīva)
올바른 언어(正言 : sammāvācā)
올바른 정진(正精進 : sammāvāyāma)
올바른 집중(正定 : sammāsamādhi)
올바른 행위(正業 : sammākammanta)
와서 보라고 할 만한(ehipassika)
완전한 이해(遍知 : pariññā)
완전한 버림, 포기(捨遣 : vossagga)
요정(accharā)
위대한 영웅(大雄 : mahāvira)
위대한 신들의 하느님의 세계(大梵天 : Mahābr ahmā devā)
광대한 경지를 갖춘 신들의 하느님의 세계(廣果天 : Vehapphalā devā)
위대한 하느님(大梵天 : Mahābrahmā devā)
위없이 높으신 님(無上師 : Anuttaro)
유령(pisācā)
유신(有身 : sakkāya)
유신견(有身見 : sakkāyadiṭṭhi)
윤리적 배움(增上戒學 : adhisīlasikkhā)
윤회(輪廻 : saṁsāra)
윤회의 바다를 건넘에 관한 완전한 이해(度遍知 : tīraṇapariññā)
율장(律藏 : vinayapiṭaka)
의도의 자양분(意思食 : manosañcetanā āhāro)
의식(識 : viññāṇa)
의식의 다발(識蘊 : viññāṇakkhandha)
의식의 자양분(識食 : viññāṇa āhāro)
의심, 의심(疑 : vicikicchā)
의지(欲 : chanda)
이간질을 하지 않음(不兩舌 : pisuṇāya vācāya veramaṇī)
이렇게 오신 님, 여래(如來 : Tathāgata)
이씨빠따나 승원(仙人墮處 : Isipatanārāma)
이치에 맞게 정신활동을 일으킴(如理作意 : yoniso masikāra)
이치에 맞지 않게 정신활동을 일으킴,(非如理作意 : ayoniso masikāra)
인간의 네 가지 자태(威儀路 : iriyāpathā)
일시적인 마음에 의한 해탈(samadhikā cetovimutti)

[ㅈ]

자따까(本生譚 : Jātaka)
자만(慢 : māna)
자유(自由 : pamokkha)
작게 빛나는 신들의 하느님의 세계(小光天 : Parittābhānā devā)
작은 영광의 신들의 하느님의 세계(小淨天 : Parittasubhānā devā)
잘못된 견해(邪見 : diṭṭhi)
장미사과나무(閻浮樹 : jambu)
장애(對 : paṭigha)
재가신도, 청신사(淸信士, 居士, 優婆塞 : Upāsaka)
재가의 여신자, 청신녀(靑信女, 優婆夷 : Upāsikā)
재생의식(結生識 : paṭisandhiviññāṇa)
전개(展開 : okkanti)
전생(轉生 : abhinibbatti)
전지자(全知者 : sabbaññu)
접촉(觸 : phassa, samphassa)
접촉의 자양분(細觸食 : phasso āhāro)
정신(意 : mano)
정신의 접촉(意觸 : manosamphassa)
정신의 접촉에서 생겨난 의식의 영역(意觸識處 : manosamphassaviññāṇāyatana)
정신의식(意識 : manoviññāṇa)
정신적 형성(意行 : manosaṁkhāra)
정진(精進 : viriya)
제따바나(祇陀林, 祇樹 : Jetavana)
제석천(帝釋天 : sakka)
조건적 발생(緣起 : paṭiccasamuppāda)
존재(有 : atthi, bhava)

존재에 대한 갈애(有愛 : bhavataṇhā)
존재의 거센 흐름(有流 : bhav'ogha)
존재의 다발들에 대한 집착(蘊取 : khandh'upadhi)
주지 않은 것을 빼앗지 않음(不偸盜 : adinnādānā veramaṇī)
죽음의 신, 야마의 세계(死神 : yama)
중도(中道 : majjhimapaṭipadā)
지각(想 : saññā)
지각과 느낌의 소멸(想受滅 : saññāvedayitanirodha)
지각의 다발(想蘊 : saññākkhanda)
지각하는 것도 아니고 지각하지 않는 것도 아닌 세계(非想非非想處 : nevasaññanāsaññāyatana)
지각하는 것도 아니고 지각하지 않는 것도 아닌 신들의 하느님의 세계(非想非非想處天 : Nevasaññānāsaññāyatanūpagā devā)
지멸, 소멸(止滅 : nirodha)
지혜(慧 : paññā)
지혜에 의한 해탈(慧解脫 : paññāvimutti)
지혜와 덕행을 갖춘 님(明行足 : Vijjācaraṇasampanna)
진리의 제왕(法王, Dammarāja)
집중(三昧 : samādhi)
집착(染著 : saṅgā, 取, 執着 : upādāna)
집착의 대상(取著 : upadhi)

[ㅊ]

참사람(善人, 善男子, 正人, 正士, 善士 : sappurisa)
창피함(愧 : ottappa)
창조하고 기뻐하는 신의 하늘나라(化樂天 : nimmānaratī devā)
천안통(天眼通 : dibbacakkhu)
천이통(天耳通 : dibbasota)
첫 번째 선정(初禪 : paṭhamajjhāna)
청각(耳 : sota)
청각의 접촉(耳觸 : sotasamphassa)
청각의 접촉에서 생겨난 의식영역(耳觸識處 : sotasamphassaviññāṇāyatana)
청각의식(耳識 : sotaviññāṇa)
초월적 능력(神足通 : iddhi)
초월적 지혜, 신통, 초범지(神通, 超凡智 : abhiññā)
초선(初禪 : paṭhamajjhāna)
촉각(身 : kāya)
촉각의 접촉(身觸 : kāyasamphassa)
촉각의 접촉에서 생겨난 의식영역(身觸識處 : kāyasamphassaviññāṇāyatana)
촉각의식(身識 : kāyaviññāṇa)
추악한 말을 하지 않음(不惡口 : pharusāya vācāya veramaṇī)
축복의 신의 하늘나라(耶摩天 : yāmā devā)

[ㅋ]

크나큰 지혜(大慧 : mahāpañña)

[ㅌ]

타는 듯한 고뇌를 여윈 신들의 하느님의 세계(無熱天 : Atappā devā)
타락한 곳(無樂處, 墮處 : vinipāta)
타인의 마음을 꿰뚫어 보는 능력(他心通 : parassa cetopariyañāṇa)
타화자재천(他化自在天 : paranimmitavasavattino devā)
탄생(誕生 : sañjāti)
탐구(思惟 : vimaṁsa)
탐욕(貪 : rāga)
태생(胎生 : jalābuja)
태어남(生 : jāti)

[ㅎ]

하느님의 세계에서 하느님을 보좌하는 신들의 하늘(梵輔天 : Brahmapurohitā devā)
하느님의 세계의 하느님의 권속인 신들의 하늘(梵衆天 : brahmakāyikā devā)
하늘귀(天耳通 : dibbasota)
하늘눈(天眼通 : dibbacakkhu)
하늘사람(天人, 天神 : devatā)
신들과 인간의 스승이신 님(天人師 : Satthā devamanussānaṁ)
하늘아들(神子 : devaputtā)
하늘의 딸(神女 : devadhītaro)
학인(學人 : sekhā)

한 번 돌아오는 경지의 님(一來果 : sakadāgāmī phala)
한 번 돌아오는 길을 가는 님(一來向 : sakadāgā mīmagga)
한량 없이 빛나는 신들의 하느님의 세계(無量光天 : Appamāṇābhānā devā)
한량 없는 영광의 신들의 하느님의 세계(Appam āṇasubhānā devā : 無量淨天)
해탈(解脫 : vimutti, nimokkha)
행복을 주는 보시(sukhadāyakaṁ)
행복한 곳(善趣 : sugati)
허무주의(斷見 : ucchedadiṭṭhi)
형상에 대한 욕망(色貪 : rūparāga)
형성(行 : saṅkhārā)
형성의 다발(行蘊 : saṇkhārakkhandha)
성냄(瞋 : dosa)
화락천(化樂天 : nimmānaratī devā)
화생(化生 : opapātika)
홀로 연기법을 깨달은 님(辟支佛, 獨覺, 緣覺 : pa ccekabuddha)
홀연히 생겨남(化生 : opapātika)
후각(鼻 : ghāna)
후각의 접촉(鼻觸 : ghānasamphassa)
후각의 접촉에서 생겨난 의식의 영역(鼻觸識處 : ghānasamphassaviññāṇāyatana)
후각의식(鼻識 : ghānaviññāṇa)
흐름에 든 경지의 님(sottāpattiphala : 豫流果)
흐름에 드는 길의 사람(sottāpattimagga : 豫流向)
흥분과 회한(掉擧惡作 : uddhaccakukkucca)
흥분(掉擧 : uddhacca)

[A]

abhidhammapiṭaka : 논장(論藏)
abhinibbatti : 전생(轉生)
abhiññā : 곧바른 앎, 초월적 지혜. 신통(神通). 초범지(超凡智).
accharā : 선녀(仙女)
accharā : 요정
adhicittasikkha : 심리적인 배움(增上心學)
adhipaññasikkhā : 예지적인 배움(增上慧學)
adhisīlasikkhā : 윤리적 배움(增上戒學)
adinnādānā veramaṇī : 주지 않은 것을 빼앗지 않음(不偸盜)
Ajātasattu : 아자따쌋뚜
akusalā dhammā : 악하고 불건전한 것들(不善法)
Akaniṭṭhā devā : 궁극적인 미세한 물질로 이루어진 신들의 하느님의 세계(色究竟天)
akālika : 시간을 초월하는
amanussā : 악마, 귀신(非人)
amaraṁ : 불사(不死)
anāgāmīmagga : 돌아오지 않는 경지의 님(不還向)
anāgāmīphala : 돌아오지 않는 길을 가는 님(不還果)
Anāthapiṇḍikārāma : 아나타삔디까 승원(給孤獨園)
Anāthapiṇḍika : 아나타삔디까(給孤獨)
anurakkhaṇāppadhāna : 수호의 노력(守護勤)
anussava : 배움(聞)
Anuttaro : 위없이 높으신 님(無上師)
anvaye ñāṇaṁ : 보편에 대한 지식(類智)
aṇḍaja : 난생(卵生)
Appamāṇābhānā devā : 한량없이 빛나는 신들의 하느님의 세계(無量光天)
Appamāṇasubhānā devā : 한량 없는 영광의 신들의 하느님의 세계(無量淨天)
Arahant : 거룩한 님, 아라한(阿羅漢)
arahattamagga : 거룩한 길을 가는 님(阿羅漢向)
arahattaphala : 거룩한 경지의 님(阿羅漢果)
ariyaṭṭhaṅgikamagga : 여덟 가지 고귀한 길 (八正道)
arūpaloka : 비물질의 세계(無色界)
arūparāga : 비물질계에 대한 탐욕(無色貪)
assakāya : 기마부대(馬軍)
Atappā devā : 괴롭힘이 없는 신들의 하느님의 세계(無熱天)
atthi, bhava : 존재(有)
aṭṭhadasa dhātuyo : 열여덟 가지 세계(十八界)
ayoniso masikāra : 이치에 맞게 정신활동을 일으킴(如理作意)
avijj'ogha : 무명의 거센 흐름(無明流)
avijjā : 무명(無明), 진리를 모르는 것

Avihā devā : 성공으로 타락하지 않는 신들의 하느님의 세계(無煩天)
ākāraparivitakka : 상태에 대한 숙고(行覺想)
ākāsānañcāyatana : 무한공간의 세계(空無邊處)
Ākāsānañcāyatanūpagā devā : 무한공간의 신들의 하느님의 세계(空無邊處天)
ākiṁcaññāyatana : 아무 것도 없는 세계(無所有處)
Ākiñcaññāyatanūpagā devā : 아무 것도 없는 신들의 하느님의 세계(無所有處天)
āsavakkhaya : 번뇌의 소멸(漏盡通)
āsavā : 번뇌(煩惱)
Ābhāssarānā devā : 빛이 흐르는 신들의 하느님의 세계(極光天)

[B]

Bhagavant : 세상의 존귀한 님, 세존(世尊)
bhav'ogha : 존재의 거센 흐름(有流)
bhavataṇhā : 존재에 대한 갈애(有愛)
bhāvanāppadhāna : 수행의 노력(修勤)
bhikhhu : 수행승(比丘)
bhūta : 생물, 존재, 귀신(鬼神)
Bodhisatta : 보살(菩薩)
Brahma : 거룩한 님, 하느님(梵天)
brahmakāyikā devā : 하느님의 세계의 하느님의 권속인 신들의 하늘(梵衆天)
Brahmapurohitā devā : 하느님의 세계에서 하느님을 보좌하는 신들의 하늘(梵輔天)
brāhmaṇa : 바라문(婆羅門), 성직자
Buddha : 부처님, 깨달은 님(佛)

[C]

cakkhusamphassaviññāṇāyatana : 시각의 접촉에서 생겨난 의식의 영역(眼觸識處)
cakkhusamphassa : 시각의 접촉(眼觸)
cakkhuviññāṇa : 시각의식(眼識)
cakkhu : 시각(眼)
cattaro satipaṭṭhānā : 네 가지 새김의 토대(四念處)
cattāri ariyasaccāni : 네 가지 거룩한 진리(四聖諦)
cattāri purisayugāni aṭṭhapurisapugalā : 네 쌍으로 여덟이 되는 참사람(四雙八輩)
cattāro iddhipādā : 네 가지 신통력의 토대(四神足, 四如意足)
cattāro mahābhūtāni : 네 가지 광대한 존재(四大)
catutthajjhāna : 네 번째 선정(四禪)
cāttāro āhārā : 네 가지 자양분(四食)
cātummahārājikā devā : 네 하늘나라 대왕의 신들의 하늘(四天王)
cetovimutti : 마음에 의한 해탈, 마음에 의한 해탈(心解脫)
chaindriya : 여섯 가지 감각능력(六根)
chavisaya : 여섯 가지 감각대상(六境)
chaviññāṇa : 여섯 가지 의식(六識)
chanda : 의지(欲)
citta : 마음(心)
cittānupassanā : 마음에 대한 관찰(心隨觀)

[D]

dammarāja : 진리의 제왕(法王)
devadhītaro : 하늘의 딸(神女)
devaputtā : 하늘아들(神子)
devatā : 하늘사람(天人, 天神)
dhammaṭṭhitiñāṇaṁ : 사실의 상태에 대한 지식(法住智)
dhamma : 법, 현상, 성품, 사물, 사실, 가르침, 진리(法)
dhamme ñāṇaṁ : 사실에 대한 지식(法智)
dhammānupassanā : 사실에 대한 관찰, 사물에 대한 관찰(法隨觀)
dhyāna : 선정(禪定)
dibbacakkhu : 하늘눈(天眼通)
dibbasota : 하늘귀(天耳通)
diṭṭhi : 잘못된 견해(邪見)
diṭṭhinijjhānakhanti : 견해에 대한 이해(見審諦忍)
diṭṭh'ogha : 견해의 거센 흐름(見流)
dosa : 분노, 성냄(瞋)
duggati : 나쁜 곳, 나쁜 세계(惡處)
dukkhâriyasaccāni : 괴로움에 대한 진리(苦聖諦)
dukkhanirodhâriyasaccāni : 괴로움의 소멸에 대한 진리(滅聖諦)
dukkhanirodhagāminīpaṭipadāariyasaccāni : 괴로움의 소멸에 이르는 진리(道聖諦)

dukkhasamudayâriyasaccāni : 괴로움의 발생에 대한 진리(集聖諦)
dutiyajjhāna : 두 번째 선정(二禪)

[E]

ehipassika : 와서 보라고 할 만한
ekaggacitta : 한마음, 마음의 통일(心一境性)

[G]

gandha : 냄새(香)
ghāna : 후각(鼻)
ghānasamphassaviññāṇāyatana : 후각의 접촉에서 생겨난 의식의 영역(鼻觸識處)
ghānasamphassa : 후각의 접촉(鼻觸)
ghānaviññāṇa : 후각의식(鼻識)
Gijjhakūṭapabhata : 깃자꾸따 산(靈鷲山)
Giñjakāvasatha : 긴자까바싸타(煉瓦堂, 繁耆迦精舍)

[H]

hāsapañña : 명쾌한 지혜(疾慧)

[I]

iddhi : 초월적 능력, 신족통(神足通)
iriyāpathā : 인간의 네 가지 자태(威儀路)
Isipatanārāma : 이씨빠따나 승원(仙人墮處)

[J]

jalābuja : 태생(胎生)
jambu : 장미사과나무(閻浮樹)
jarāmaraṇa : 늙음과 죽음(老死)
javanapañña : 빠른 지혜(速慧)
Jātaka : 자따까(本生譚)
jāti : 태어남(生)
Jetavana : 제따바나(祇陀林, 祇樹)
jihvāsamphassaviññāṇāyatana : 미각의 접촉에서 생겨난 의식의 영역(舌觸識處)
jihvāsamphassa : 미각의 접촉(舌觸)
jihvā : 미각(舌)
jina : 승리자(勝者)
jivhāviññāṇa : 미각의식(舌識)

[K]

kabaliṅkāro āhāro oḷāriko sukhumo : 거칠거나 미세한 물질의 자양분(麤細摶食)
Kalandakanivāpa : 깔란다까니바빠(栗鼠飼養園)
kappa : 겁(劫)
kamma : 업, 행위(業)
kāma : 감각적 쾌락(欲)
kāmaloka : 감각적 쾌락에 대한 욕망의 세계(欲界)
kāmarāga : 감각적 쾌락에 대한 욕망(欲貪)
kāmataṇhā : 감각적 쾌락의 욕망에 대한 갈애(欲愛)
kāmesu micchācārā veramaṇī : 사랑을 나눔에 잘못을 범하지 않음(不邪婬)
kām'ogha : 감각적 쾌락에 대한 욕망의 거센 흐름(欲流)
kām'upadhi : 감각적 쾌락의 욕망에 대한 집착(愛取)
kāya : 촉각(身)
kāyasamphassaviññāṇāyatana : 촉각의 접촉에서 생겨난 의식영역(身觸識處)
kāyasamphassa : 촉각의 접촉(身觸)
kāyasaṅkhāra : 신체적 형성(身行)
kāyaviññāṇa : 촉각의식(身識)
kāyānupassanā : 몸에 대한 관찰(身隨觀)
khandh'upadhi : 존재의 다발들에 대한 집착(蘊取)
kiles'upadhi : 오염된 번뇌에 대한 집착(煩惱取)

[L]

Lokavidū : 세상을 아는 님(世間解)

[M]

mahāpañña : 크나큰 지혜(大慧)
Mahābrahmā devā : 위대한 신들의 하느님의 세계(大梵天)
mahāvira : 위대한 영웅(大雄)
majjhimapaṭipadā : 중도(中道)
mano : 정신(意)
manosañcetanā āhāro : 의도의 자양분(意思食)
manosamphassaviññāṇāyatana : 정신의 접촉에서 생겨난 의식의 영역(意觸識處)
manosamphassa : 정신의 접촉(意觸)
manosaṅkhāra : 정신적 형성(意行)
manoviññāṇa : 정신의식(意識)
māna : 자만, 교만(慢)

micchāpatipadā : 삿된 길(邪道)
Migadāya : 미가다야(鹿野園)
Migāramatu : 미가라마뚜 강당(鹿子母講堂)
moha : 어리석음(痴)
musāvāda veramaṇī : 거짓말을 하지 않음(不妄語)

[N]

natthi : 비존재(無)
nāmarūpa : 명색(名色)
nibbedhikapañña : 꿰뚫는 지혜(明達慧)
nibbidā : 싫어하여 떠남(厭離)
nibbāna : 열반(涅槃)
nigaṇṭhā : 니간타(尼乾陀徒[자이나교도])
Nigrodhārāma : 니그로다라마 승원(尼俱律園)
nimmānaratī devā : 창조하고 기뻐하는 신의 하늘나라(化樂天)
nirodha : 지멸, 소멸(止滅)
nevasaññānāsaññāyatana : 지각하는 것도 아니고 지각하지 않는 것도 아닌 세계(非想非非想處)
nevasaññānāsaññāyatanūpagā devā : 지각하는 것도 아니고 지각하지 않는 것도 아닌 신들의 하느님의 세계(非想非非想處天)
ñātapariññā : 알려진 것에 대한 완전한 이해(知遍知)

[O]

ogha : 거센 흐름(暴流)
okkanti : 강생(降生), 전개(展開, 들어섬.)
opapātika : 홀연히 생겨남, 화생(化生·者)
orambhāgiyāni saṁyojjanāni : 다섯 가지 낮은 경지의 장애(五下分結)
ottappa : 창피함(愧)

[P]

paccekabuddha : 홀로 연기법을 깨달은 님(辟支佛, 獨覺, 緣覺)
pahānapariññā : 번뇌의 끊음에 관한 완전한 이해(斷遍知)
pahānappadhāna : 버림의 노력(斷勤)
pañca indriyāni : 다섯 가지 능력(五根)
pañca nīvaraṇāni : 다섯 가지 장애(五障)
pañca upādānakkhandā : 다섯 가지 존재의 집착다발(五取蘊)
pañcakāmaguṇa : 다섯 가지 감각적 쾌락(五欲樂)
pañcakkhandha : 다섯 가지 존재의 다발(五蘊)
pañcasīla : 다섯 가지 계행, 오계(五戒)
paññā : 지혜(慧)
paññakkhandha : 여러 가지 지혜(慧蘊)
paññāvimutti : 지혜에 의한 해탈(慧解脫)
pamokkha : 자유(自由)
paranimmitavasavattino devā : 다른 신들이 창조한 것을 누리는 신의 하늘나라(他化自在天)
parassa cetopariyañāṇa : 타인의 마음을 꿰뚫어 보는 능력(他心通)
pariññā : 완전한 이해(遍知)
Parittābhānā devā : 작게 빛나는 신들의 하느님의 세계(小光天)
Parittasubhānā devā : 작은 영광의 신들의 하느님의 세계(小淨天)
Pasenadi : 빠쎄나디(波斯匿王)
paṭhamajjhāna : 첫 번째 선정(初禪)
paṭiccasamuppāda : 조건적 발생, 연기(緣起)
paṭigha : 마음의 분노, 마음의 저항(有對)
paṭigha : 장애(對)
paṭisandhiviññāṇa : 재생의식(結生識)
paṇatipataveramaṇī : 살아있는 생명을 해치지 않음(不殺生戒)
phala : 경지, 과보, 공덕(果)
pharusāya vācāya veramaṇī : 추악한 말을 하지 않음(不惡口)
phassa, samphassa : 접촉(觸)
phasso āhāro : 접촉의 자양분(細觸食)
phoṭṭhabba 감촉(觸)
pisuṇāya vācāya veramaṇī : 이간질을 하지 않음(不兩舌)
pisācā : 유령
pubbenivasānussati : 숙명통(宿命通)
Pubbārāma : 뿝바라마 승원(東園)
puggala : 참사람, 사람(補特伽羅)
Purisadammasārathī : 사람을 길들이는 님(調御丈夫)
puthupañña : 넓은 지혜(廣慧)

[R]

rasa : 맛(味)
rāga : 탐욕(貪)
Rājagaha : 라자가하(王舍城)
ruci : 만족(欲)
rūpa : 물질, 형상(色)
rūpakkhandha : 물질의 다발(色蘊)
rūpaloka : 미세한 물질의 세계(色界)
rūparāga : 형상에 대한 욕망(色貪)
rūpasañña : 형상에 대한 지각(色想)

[S]

sabbaññu : 전지자(全知者)
sadda : 소리(聲)
saddhamma : 올바른 가르침(正法)
saddhā : 믿음(信)
sakadāgāmīmagga : 한 번 돌아오는 길을 가는 님(一來向)
sakadāgāmīphala : 한 번 돌아오는 경지의 님(一來果)
sakka : 제석천(帝釋天)
sakkāyadiṭṭhi : 개체가 있다는 견해(有身見)
saḷāyatana : 여섯 가지 감각영역, 여섯 가지 감역(六入)
samadhikā cetovimutti : 일시적인 마음에 의한 해탈
samaṇā : 수행자(沙門)
samādhi : 집중(三昧)
sammasaṅkappa : 올바른 사유(正思惟)
sammāājīva : 올바른 생활(正命)
sammādiṭṭhi : 올바른 견해(正見)
sammākammanta : 올바른 행위(正業)
sammāpaṭipadā : 올바른 길(正道)
sammāsamādhi : 올바른 집중(正定)
Sammāsambudha : 올바로 원만히 깨달은 님(正等覺者)
sammāsati : 올바른 새김(正念)
sammāvācā : 올바른 언어(正言)
sammāvāyāma : 올바른 정진(正精進)
sampattidāyakaṁ : 성취를 주는 보시
samphappalāpā veramaṇī : 쓸모없는 말을 하지 않음(不綺語)
saṁsāra : 윤회(輪廻)
saṁvarappadhāna : 방지의 노력(律儀勤)
saṁsedaja : 습생(濕生)
santi : 고요함, 적정(寂靜)
santikāya : 고요한 몸(寂靜身)
sañjāti : 탄생(誕生)
saññā : 지각(想)
saññākkhanda : 지각의 다발(想蘊)
saññāvedayitanirodha : 지각과 느낌이 소멸하는 선정(想受滅定)
saṅgā : 집착(染著, 取, 取著)
saṅkhārā :형성(行)
saṇkhārakkhandha : 형성의 다발(行蘊)
sappurisa : 참사람(善人, 善男子, 正人, 正士, 善士)
sassatadiṭṭhi : 영원주의(常見)
sati : 새김(念)
satta : 뭇삶, 생명, 존재, 사람(衆生)
satthā : 스승(師)
Satthā devamanussānaṁ : 신들과 인간의 스승이신 님(天人師)
Sākyamuni : 싸끼야 족의 성자, 석가모니(釋迦牟尼)
sāmadhikkhandha : 여러 가지 삼매(定蘊)
Sāvatthī 싸밧티(舍衛城)
sekhā : 학인(學人)
sīlabhatapatāmāsa : 규범과 금기에 대한 집착(戒禁取)
sīlakkhandha : 여러 가지 계율(戒蘊)
sota : 청각(耳)
sotasamphassaviññāṇāyatana : 청각의 접촉에서 생겨난 의식영역(耳觸識處)
sotasamphassa : 청각의 접촉(耳觸)
sotaviññāṇa : 청각의식(耳識)
sottāpattimagga : 흐름에 드는 길의 사람(豫流向)
sottāpattiphala : 흐름에 든 경지의 님(豫流果)
Subhakiṇṇā devā : 영광으로 충만한 신들의 하느님의 세계(遍淨天)
Sugata : 올바른 길로 잘 가신 님, 행복하신 분(善逝)

sugati : 행복한 곳(善趣)
sukhadāyakaṁ : 행복을 주는 보시
Sudassā devā : 선정이 잘 이루어지는 신들의 하느님의 세계(善現天)
Sudassī devā : 관찰이 잘 이루어지는 신들의 하느님의 세계(善見天)
surāmerayamajjapamādaṭṭhānā veramaṇī : 곡주나 과일주 등 취하게 하는 것을 마시지 않음(不飮酒)
suttapiṭaka : 경장(經藏)

[T]

taṇhā : 갈애(渴愛)
Tapodārāma : 따뽀다라마 승원
Tathāgata : 이렇게 오신 님, 여래(如來)
tatiyajjhāna : 세 번째 선정(三禪)
tayo sikkhā : 세 가지 배움(三學)
Tāvatiṁsā : 서른셋 신들의 하늘나라, 도리천(忉利天), 삼십삼천(三十三天)
tikkhapañña : 예리한 지혜(利慧)
tipiṭaka : 삼장(三藏)
tīraṇapariññā : 윤회의 바다에서 건넘에 관한 완전한 이해(度遍知)
Tusitā devā : 만족을 아는 신의 하늘나라(兜率天)

[U]

ubhato bhāgavimuttā : 양자에 의한 해탈(俱分解脫)
ucchedadiṭṭhi : 허무주의(斷見)
uddhacca : 흥분(掉擧)
uddhaccakukkucca : 흥분과 회한(掉擧惡作)
uddhambhāgiyāni saṁyojjanāni : 다섯 가지 높은 단계의 결박(五上分結)
upadhi : 집착(取, 取著)
upādāna : 집착(取著)
upāsaka : 재가신도, 청신사(淸信士), 우바새(優婆塞)
upāsikā : 재가의 여신자, 청신녀(靑信女), 우바이(優婆夷)
upāya : 괴로운 곳, 괴로운 세계(苦處)

[V]

vacisaṁkhāra : 언어적 형성(口行)
vedanākkhandha : 느낌의 다발(受蘊)
vedanānupassanā : 느낌에 대한 관찰(受隨觀)
vedāna : 느낌(受)
Veḷuvana : 벨루바나(竹林)
vibhavataṇhā : 비존재에 대한 갈애(無有愛)
vicāra : 숙고(伺)
vicikicchā : 의심, 의심(疑)
Vijjācaraṇasampanna : 지혜와 덕행을 갖춘 님(明行足)
vimaṁsā : 탐구(思惟)
vimittikkhandha : 여러 가지 해탈(解脫蘊)
vimittiññāṇadassanakkhandha : 여러 가지 '해탈되었다'는 지견(解脫知見)
vimutti, nimokkha : 해탈(解脫)
vinayapiṭaka : 율장(律藏)
vinipāta : 비참한 곳, 비참한 세계(無樂處, 墮處)
viññāṇa āhāro : 의식의 자양분(識食)
viññāṇakkhandha : 의식의 다발(識蘊)
viññāṇa : 의식(識)
viññāṇānañcāyatana : 무한의식의 세계(識無邊處)
Viññāṇañcāyatanūpagā devā : 무한의식의 신들의 하느님의 세계(識無邊處天)
virāga : 사라심(離貪)
viriya : 정진(精進)
vitakka : 사유(尋)
viveka : 멀리 여읨, 홀로 있음
Vehapphalā devā : 광대한 경지를 갖춘 신들의 하느님의 세계(廣果天)
vossagga : 완전한 버림, 포기(捨遣)
vyāpāda : 분노(瞋恚)

[Y]

yakkha : 야차(夜叉)
yama : 죽음의 신, 야마의 세계(死神)
yasadāyakaṁ : 명예를 주는 보시
yāmā devā : 축복의 신의 하늘나라(耶摩天)
yoniso masikāra : 이치에 맞게 정신활동을 일으킴(如理作意)

고유명사와 비유의 색인

[ㄱ]

각가라 …… 548
간다라 …… 130
간답바 …… 260
갈대로 엮은 집 …… 58
강한 노끈 …… 441
갠지스 …… 472, 476
거대어 …… 474
계행의다발 …… 169
고귀한 님의 높고 큰 침대 …… 16, 98
고름 …… 71
고씨따라마 …… 134, 224, 328, 336
…… 531, 535, 538, 540, 522, 543
곡식 더미 …… 457
굴과 조개 …… 15, 39, 40
궁술사 …… 526
금 …… 473
금강 …… 71
기름칠해진 창 …… 443
긴자까바싸타 …… 615
길들여지지 않은 거친 말 …… 615
깃자꾸따 …… 256, 400, 458
까마귀 …… 283
까삘라밧투 …… 269, 350
까하빠나 …… 148
깔라마 …… 103
깔란다까니바빠 …… 249, 259
깜보자 …… 130
께싸뿟따 …… 103, 104
꼬까나다 …… 561
꼬쌀라 …… 95, 103, 130, 287
꼬쌈비 …… 134, 224, 328, 336
…… 522, 531, 535, 538, 540, 543
꼴리야 …… 266
꽃 향기 …… 141
꽃 …… 72
꾸따가라 …… 479
꾸루 …… 130
꿀 …… 72

[ㄴ]

나기따 …… 288
나디까 …… 615
나렐루뿌찌만다 …… 471
나무몸통 …… 274
나무심 향기 …… 141
나빈다끼 …… 260
남자 …… 31
네란자라 …… 180
높고 큰 침대 …… 99
니간타 …… 120
니간타 나따뿟따 …… 526
니그로다 …… 269, 350

[ㄷ]

다라수향 …… 142
다바잘리까 …… 455
다이어몬드 …… 473
닥키나기리 …… 420
당나귀 …… 143
데바닷따 …… 458
따뽀다라마 …… 561

때밀이 ········· 280
또데이야 ········· 260, 261
똥 ········· 72
띠깐다끼바나 ········· 321

[ㄹ]

라마뿟따 ········· 260
라자가하 ········· 249, 256, 259
········· 381, 400, 458, 561
루비 ········· 473

[ㅁ]

마가다 ········· 130, 249, 314
마부 ········· 284
마하 꼿티따 ········· 239
마하 목갈라나 ········· 550
마하바나 ········· 479
마하나마 ········· 350
마히 ········· 472, 473, 476
마히싸밧투 ········· 455
말라 ········· 130
말리까향 ········· 142
맛차 ········· 130
목갈라 ········· 260
목갈라나 ········· 270, 422
몰리야 씨바까 ········· 378
무일푼 ········· 372
물고기와 수초 ········· 15, 40
물고기 ········· 15, 39
물에 빠진 자 ········· 397
물이 가득 찬 호수 ········· 39
미가다야 ········· 162, 484
미가라 ········· 120
미가라마뚜 ········· 120, 262
미가쌀라 ········· 365

[ㅂ]

바다괴물 ········· 474
바다괴어 ········· 474
바라나씨 ········· 162, 163
바라다라 ········· 256
바위산 ········· 387
바후나 ········· 549
박가 ········· 483
밥빠 ········· 270
밧다지 ········· 336
밧싸까라 ········· 259, 401
밧지 ········· 130, 402
방싸 ········· 130
밭 ········· 78
백련 ········· 282
버터기름 ········· 212
버터 ········· 212
버터크림 ········· 212
번개 ········· 71
베나가뿌라 ········· 96
베데히 ········· 401
베란자 ········· 462, 471
베싸깔라바나 ········· 483, 484, 488
베쌀리 ········· 479
벨루비니 ········· 259
벨루깐다끼야 ········· 421
벳싸바나 ········· 421, 455
벼이삭 ········· 38
병아리 ········· 467
보리이삭 ········· 38
보물 ········· 432
부처님의 정각 이전의 꿈 ········· 328
불꽃 튀는 쇠구슬 ········· 445
불꽃 튀는 쇠못 ········· 445
불꽃 튀는 철판 ········· 443, 444
불꽃 튀는 쇠침상 ········· 446
비구름 ········· 215
비린내 ········· 163
비싸카 ········· 120, 130
비악가빳자 ········· 267
비파 ········· 382

빛 ………… 372
빠찌나방싸 ………… 484, 488
빠하라다 ………… 471
빤짤라 ………… 130
빤짤라짠다 ………… 531
뽀딸리야 ………… 212
뿌라나 깟싸빠 ………… 525
뿌리 향기 ………… 141
뽑바라마 ………… 120, 262

[ㅅ]

사체 ………… 475
산호 ………… 473
상인 ………… 68
소금 ………… 477
소금덩어리 ………… 147
소떼들 ………… 143
소라 ………… 473
소치기 ………… 120
수레바퀴 ………… 187
수초 ………… 15, 39
십육대국 ………… 130
싸께따 ………… 321
싸꿀루다인 ………… 256
싸끼야 ………… 350
싸라부 ………… 472, 473, 476
싸리뿟따 ………… 75, 239, 331, 407, 420
싸밧티 ………… 31, 33, 38, 45, 54, 55 58, 73, 81, 85, 120, 134, 143, 165, 168, 180, 184, 187, 198, 215, 251, 262, 277, 278, 290, 302, 331, 365, 372, 397, 406, 413, 418, 435, 450, 451, 462, 494, 504, 508, 524, 546, 552, 603
싸뿌가 ………… 266
싸함빠띠 ………… 183
쌉삐니 ………… 256
쌋다 ………… 615
쏘나 ………… 381
쑤라쎄나 ………… 130
쑤마나 ………… 290
쑤자따 ………… 436
쑷따니빠따 ………… 13
쑹쑤마라기리 ………… 483, 484, 488
씨따바나 ………… 381

[ㅇ]

아나타삔디까 ………… 31, 58, 81, 198 ………… 290, 435, 462, 504, 552, 603, 615
아난다 ………… 135, 140, 224 ………… 266, 366, 522, 531, 535, 538 ………… 540, 543, 562, 603, 607, 612
아누룻다 ………… 484
아반띠 ………… 130
아수라 ………… 471
아자따쌋뚜 ………… 401, 406
아자빨라 ………… 180
아지따 ………… 580
아찌라바띠 ………… 472, 473, 476
악기베싸 ………… 260
안나바라 ………… 256
안다까빈다 ………… 314
앗싸까 ………… 130
앙가 ………… 130
야마까 ………… 260
야무나 ………… 472, 473, 476
엘레이야 ………… 260
여자 ………… 31
연못 ………… 283
옷이 불타고 머리가 불타는 사람 ………… 210
옹기 ………… 217
우다인 ………… 329, 523, 531 ………… 535, 538, 540, 543
우루벨라 ………… 180
우빨리 ………… 568
우유 ………… 211
욱가 ………… 260, 479
웃따라 ………… 455
유리 ………… 473

은 ············ 473
이씨빠따나 ············ 162
잇차낭갈라 ············ 287

[ㅈ]

자갈과 돌 ············ 15, 39, 40
자눗쏘니 ············ 82, 251, 413, 585
자띨라가히야 ············ 524
전단향 ············ 142
제따바나 ············ 31, 58, 290, 435
············ 462, 504, 552, 603, 615
종기 ············ 71
종려나무 그루터기 ············ 80, 274
종자 ············ 78
준마 ············ 618, 619, 620
지바까 ············ 16, 250, 251
진주 ············ 473
질병 ············ 223, 252
짬빠 ············ 548
쩨띠 ············ 484, 488
쩨띠야 ············ 130

[ㅊ]

천둥 ············ 16, 215
청련 ············ 282

[ㅋ]

칼을 뽑아든 살인자 ············ 395
커다란 바다 ············ 471
커다란 불더미 ············ 440
크림 ············ 211

[ㅌ]

태양과 달 ············ 133

[ㅍ]

파리 ············ 163
판다나 나무 ············ 41
폭풍우 ············ 387
풀로 엮은 집 ············ 58

[ㅎ]

하느님의 높고 큰 침대 ············ 16, 98
하느님 ············ 73
하늘사람의 높고 큰 침대 ············ 98
해와 달 ············ 195
향기 ············ 141
호수 ············ 15, 40
홍련 ············ 282
화장용 장작 ············ 211
황금세공사 ············ 152
흰 옷 ············ 282

빠알리대장경 구성

빠알리삼장	주석서
Vinaya Piṭaka(律藏)	Samantapāsādikā(善見律毘婆沙疏)
	Kaṅkhāvitaraṇī(on Pātimokkha)
	(解疑疏:戒本에 대한 것)
Sutta Piṭaka(經藏);	
Dīgha Nikāya(長部阿含)	Sumaṅgalavilāsinī(妙吉祥讚)
Majjhima Nikāya(中部阿含)	Papañcasūdanī(滅戲論疏)
Saṁyutta Nikāya(相應阿含)	Sāratthappakāsinī(要義解疏)
Aṅguttara Nikāya(增部阿含)	Manorathapūraṇī(如意成就)
Khuddaka Nikāya(小部阿含);	
Khuddakapāṭha(小誦經)	Paramatthajotikā(I)(勝義明疏)
Dhammapada(法句經)	Dhamapadaṭṭhakathā(法句義釋)
Udāna(自說經)	Paramatthadīpanī(I)(勝義燈疏)
Itivuttaka(如是語經)	Paramatthadīpanī(II)(勝義燈疏)
Suttanipāta(經集)	Paramatthajotikā(II)(勝義明疏)
Vimānavatthu(天宮事)	Paramatthadīpanī(III)(勝義燈疏)
Petavatthu(餓鬼事)	Paramatthadīpanī(IV)(勝義燈疏)
Theragāthā(長老偈)	Paramatthadīpanī(V)(勝義燈疏)
Therīgāthā(長老尼偈)	
Jātaka(本生經)	Jātakaṭṭhavaṇṇanā(本生經讚)
Niddesa(義釋)	Saddhammapajotikā(妙法解疏)
Paṭisambhidāmagga(無碍解道)	Saddhammappakāsinī(妙法明釋)
Apadāna(譬喩經)	Visuddhajanavilāsinī(淨人贊疏)
Buddhavaṁsa(佛種姓經)	Madhuratthavilāsinī(如蜜義讚)
Cariyāpiṭaka(所行藏)	Paramatthadīpanī(VII)(勝義燈疏)
Abhidhamma Piṭaka(論藏);	
Dhammasaṅgaṇi(法集論)	Aṭṭhasālinī(勝義論疏)
Vibhaṅga(分別論)	Sammohavinodani(除迷妄疏)
Dhātukathā(界論)	Pañcappakarañatthakathā(五論義疏)
Puggalapaññatti(人施設論)	Pañcappakarañatthakathā(五論義疏)
Kathavatthu(論事)	Pañcappakaraṇatthakathā(五論義疏)
Yamaka(雙論)	Pañcappakaraṇatthakathā(五論義疏)
Tika-paṭṭhāna(發趣論)	Pañcappakaraṇatthakathā(五論義疏)
Duka-paṭṭhāna(發趣論)	Pañcappakaraṇatthakathā(五論義疏)

한국빠알리성전협회
Korea Pali Text Society
Founded 1997 by Cheon, Jae Seong

한국빠알리성전협회는 빠알리성전협회의 한국대표인 전재성 박사가 빠알리성전, 즉 불교의 근본경전인 빠알리삼장의 대장경을 우리말로 옮겨 널리 알리기 위한 목적으로, 당시 빠알리성전협회 회장인 리챠드 곰브리지 박사의 승인을 맡아 1997년 설립하였습니다. 그 구체적 사업으로써 빠알리성전을 우리말로 옮기는 한편, 부처님께서 사용하신 빠알리어의 이해를 돕기 위하여, 사전, 문법서를 발간하였으며, 기타 연구서, 잡지, 팸플릿, 등을 출판하고 있습니다. 부처님의 가르침을 빠알리어에서 직접 우리말로 옮겨 보급함으로써 부처님의 가르침이 누구에게나 쉽게 다가가고, 명료하게 이해될 수 있도록 더욱 노력할 것입니다. 한국빠알리성전협회는 부처님의 가르침이 널리 퍼짐으로써, 이 세상이 지혜와 자비가 가득한 사회로 나아가게 되기를 바랍니다.

한국빠알리성전협회 120-090 서울 서대문구 모래내로430 #102-102(성원@)
TEL : 2631-1381, FAX : 02-2219-3748
전자우편 kpts@naver.com

빠알리성전협회
Pali Text Society

세계빠알리성전협회는 1881년 리스 데이비드 박사가 '빠알리성전의 연구를 촉진시키고 발전시키기 위해' 영국의 옥스퍼드에 만든 협회로 한 세기가 넘도록 동남아 각국에 보관되어 있는 빠알리 성전을 로마자로 표기하고, 교열 출판한 뒤에 영어로 옮기고 있습니다. 또한 사전, 색인, 문법서, 연구서, 잡지 등의 보조서적을 출판하여 부처님 말씀의 세계적인 전파에 불멸의 공헌을 하고 있습니다.

President : Dr. R. M. L. Gethinn, Pali Text Society
73 Lime Walk Headington Oxford Ox3 7AD, England

빠알리성전 간행에 힘을 보태 주십시오

이 세상에 꽃비가 되어 흩날리는 모든 공덕의 근원은 역사적인 부처님께서 몸소 실천하신 자비의 한걸음 한걸음 속에 있습니다. 한국빠알리성전협회는 부처님의 가르침을 생생한 원음으로 만나고자 원하는 분들을 위하여 부처님말씀을 살아있는 오늘의 우리말로 번역 보급하고 있습니다. 불교를 알고자 하는 분이나 좀 더 깊은 수행을 원하는 분에게 우리말 빠알리대장경은 세상에 대한 앎과 봄의 지혜를 열어줄 것입니다. 한국빠알리성전협회에 내시는 후원금이나 회비 그리고 책판매수익금은 모두 빠알리성전의 우리말 번역과 출판, 보급을 위해 쓰입니다. 작은 물방울이 모여서 바다를 이루듯, 작은 정성이 모여 역경불사가 원만히 성취되도록 많은 격려와 성원을 부탁드립니다.

신한은행 110-005-106360	국민은행 752-21-0363-543	예금주 : 전재성
우리은행 1002-403-195868	농　협 023-02-417420	

발간사를 헌정하실 명예발간인을 초빙합니다.

빠알리성전협회에서는 경전은 기본적으로 천권 단위로 출간을 합니다. 새로 번역되는 경전의 출간뿐만 아니라 이미 역출하여 발간된 경전도 지속적으로 재간하여 가르침의 혈맥이 법계에 끊이지 않고 전파되도록 개인이나 가족단위로 기부금을 받고 있습니다. 본협회에서는 한 번에 천권 단위의 경전을 출간할 때에 필요한 최소한의 출판비를 전액 기부하시는 분에게는 그 경전의 명예 발간인으로 초대하여 발간사를 헌정하는 전통을 갖고 있습니다. 이미 출간된 많은 경전이 오 년 내지 칠 년이 지나 재출간을 기다리고 있습니다. 명예발간인은 역경된 빠알리성전의 출간뿐만 아니라 재출간이나 개정본출간에도 발간사를 헌정할 수 있습니다. 또한 명예발간인은 본협회발행의 경전들 가운데 어떤 특정한 경전을 지정하여 출간비를 보시할 수도 있습니다. 단, 그럴 경우 경전에 따라서 재출간되기까지 상당한 시일이 소요될 수 있습니다.

KĀLI GA
MORI
SAKYA
Kapilavatthu I
Lumbinī
Sāvatthi
Kapilavatthu II
KOLIYA
ACIRAVATĪ
Sāketa
(Ayojjhā)
Kusināra
Gorakhpur
Lucknow
KOSALA
GHĀGARA
GOMATI
KĀLĀMA
VAMSĀ
GANGES
KĀSI
GANGES
YAMUNĀ
Prayāga
(Allāhabād)
Sārnāth
Kosambī
Benares
M
AVANTI
부처님 당시의 도시들
부처님 이후의 도시들
네팔 국경선
부처님 당시의 강줄기
무역로

Kathmandu
SUN KOSI
ARUN
VIDEHA
Mithilā
NEPAL
DAK
VAJJI
INDIA
Darbhanga
LICCHAVI
Muzaffarpur
Vesāli
BĀGHMATI
SAPTI KOSI
tta(Patna)
SONA
Monghyr
Bhāgalpur
Campā
GADHA
Nālandā
Rājagaha
AṄGA
Gayā
Uruvelā
NERAN-JARĀ
PHALGU